司法解释理解与适用丛书

最高人民法院 行政诉讼法司法解释 理解与适用

〔上〕

最高人民法院行政审判庭　编著

人民法院出版社

PEOPLE'S COURT PRESS

图书在版编目（CIP）数据

最高人民法院行政诉讼法司法解释理解与适用／最高人民法院行政审判庭编著．—北京：人民法院出版社，2018.4

（司法解释理解与适用丛书）

ISBN 978-7-5109-2078-3

Ⅰ.①最… Ⅱ.①最… Ⅲ.①行政诉讼法—法律解释—中国 ②行政诉讼法—法律适用—中国 Ⅳ.①D925.305

中国版本图书馆 CIP 数据核字（2018）第 038750 号

最高人民法院行政诉讼法司法解释理解与适用
最高人民法院行政审判庭　编著

责任编辑	范春雪　姜　峤　丁丽娜　路建华
出版发行	人民法院出版社
地　　址	北京市东城区东交民巷 27 号（100745）
电　　话	（010）67550525（责任编辑）　67550558（发行部查询）
	65223677（读者服务部）
客服 QQ	2092078039
网　　址	http：//www.courtbook.com.cn
E-mail	courtpress@sohu.com
印　　刷	保定市中画美凯印刷有限公司
经　　销	新华书店
开　　本	787×1092 毫米　1/16
字　　数	987 千字
印　　张	66.5
版　　次	2018 年 4 月第 1 版　2025 年 2 月第 6 次印刷
书　　号	ISBN 978-7-5109-2078-3
定　　价	258.00 元（上下册）

版权所有　侵权必究

《最高人民法院行政诉讼法司法解释理解与适用》编辑委员会

主　　任　江必新
副 主 任　黄永维　王振宇
编　　委（以姓氏笔画为序）
　　　　　　于　泓　马永欣　王海峰　王艳彬　王晓滨
　　　　　　仝　蕾　李广宇　李小梅　李　涛　李纬华
　　　　　　李德申　杨　军　杨科雄　张　艳　罗　霞
　　　　　　周　觅　耿宝建　郭修江　梁凤云　阎　巍
执行编委　章文英

司法解释对行政诉讼制度的发展和创新
（代序）

最高人民法院党组副书记、副院长　江必新

《最高人民法院关于适用〈中华人民共和国行政诉讼法〉的解释》（以下简称《行诉解释》），已于2017年11月13日由最高人民法院审判委员会第1726次会议讨论通过，并于2月8日正式实施。这部司法解释是在党的十九大胜利召开之际最高人民法院通过的又一部诉讼法的全面司法解释，将对保障人民合法权益、推进法治政府建设、推动行政审判工作健康发展产生重要而深远的影响。司法解释严格依照法律授权作出解释，同时也实现了若干制度创新和发展。下面，我就这部司法解释的主要内容、创新发展和贯彻执行作一简要的介绍和说明。

一、《行诉解释》起草背景和指导思想

（一）起草背景

党的十八大以来，各级人民法院在以习近平同志为核心的党中央坚强领导下，以习近平新时代中国特色社会主义思想为指导，紧紧围绕"努力让人民群众在每一个司法案件中感受到公平正义"的目标，坚持司法为民、公正司法，2012年以来共审理行政案件108.139万件，办理非诉行政执行案件118.7517万件，有力保护了公民、法人和其他组织的合法权益，有力推动了法治政府建设。党的十八大以来，特别是十八届三中、四中全会对全面推进依法治国作出了整体部署，对人民法院行政审判工作提出了一系列新的要求。主要是严格规范公正文明执法、强化对行政权力的制约

和监督、健全行政机关依法出庭应诉、支持法院受理行政案件、完善惩戒妨碍司法机关依法行使职权和藐视法庭权威的行为、探索设立跨行政区划法院、完善行政诉讼体制机制、合理调整行政诉讼案件管辖制度等等。党的十九大将坚持全面依法治国确立为新时代坚持和发展中国特色社会主义基本方略的重要内容，对深化依法治国实践作出全面部署，进一步提出建设法治政府，推进依法行政，严格规范公正文明执法，加强人权法治保障等等一系列目标，对人民法院行政审判工作提出了更高要求。在新的形势下，有必要制定新的司法解释，以更好地贯彻落实十八大、十九大提出的新要求、新精神。

2014年11月1日，第十二届全国人大常委会第十一次会议通过了新修改的行政诉讼法，新法自2015年5月1日起施行。这次修改是自1989年行政诉讼法颁布以来的一次全面修改。新法当中新制度新规定较多，在司法实践中还存在不同的理解和认识，需要通过司法解释进一步统一、明确和细化。为了贯彻落实好新行政诉讼法，2015年4月20日，最高人民法院审判委员会第1648次会议通过了《关于适用〈中华人民共和国行政诉讼法〉若干问题的解释》（法释〔2015〕9号，以下简称《适用解释》）。由于《适用解释》是针对新法的部分新制度、新条款的择要式、配套式规定，条文内容较少，因此，没有规定的部分仍然适用1999年11月24日最高人民法院审判委员会第1088次会议通过的《关于执行〈中华人民共和国行政诉讼法〉若干问题的解释》（法释〔2000〕8号，以下简称《若干解释》）。这就造成了新旧司法解释不能衔接甚至冲突条款并存的局面。在司法实践中，地方人民法院对于如何正确适用新行政诉讼法、如何准确适用新旧司法解释还存在不同的理解和做法，造成了法律适用的不统一，有必要制定一部全面的行政诉讼法司法解释。

从2016年开始，最高人民法院正式启动行政诉讼法司法解释的起草工作。在起草过程中，我们广泛征求和听取了全国人大法工委、国务院法制办、最高人民检察院、三十余个部委、部分法院特别是中基层人民法院、铁路运输法院的意见建议，并先后在内蒙古、陕西、北京、南京、上海、沈阳等地开展了十余次调研活动。同时，我们高度关注行政诉讼理论研究成果，注意听取行政法学界专家学者意见建议等。在归纳、总结和研究分析各种意见的基础上，经过多次修改，由最高人民法院审判委员会讨论通过。

（二）指导思想

在起草过程中，我们始终坚持了以下指导思想。

——以习近平新时代中国特色社会主义思想为行动指南。在制定司法解释过程中，我们始终坚持以习近平新时代中国特色社会主义思想为指导，始终把贯彻落实十八大、十九大精神摆在突出位置。新行政诉讼法的很多内容都体现了十八届三中、四中全会的要求，司法解释在这些方面要继续巩固和坚持。新行政诉讼法颁布后，十九大又提出了很多新的更高的要求，要将其作为司法解释的政策依据，使行政诉讼制度能够与时俱进，始终沿着中国特色社会主义法治道路前进。

——以以人民为中心的发展思想为根本宗旨。坚持人民主体地位，践行全心全意为人民服务根本宗旨，把人民对美好生活的向往作为司法解释的目标。按照加强人权法治保障的要求完善和发展行政诉讼制度，切实保障人民群众的诉讼权利，为人民群众提供更便捷、更高效、更优质的司法救济，不断满足人民群众日益增长的多元司法需求，切实保证人民群众有更多获得感、幸福感、安全感。

——以新行政诉讼法的规定为基本依据。新行政诉讼法为了解决过去长期存在的"立案难、审理难、执行难"的突出难题，回应人民群众对新时代行政审判的新期盼和新要求，直面问题，作出很多符合中国国情和司法实际的新规定，其中很多具有体制机制改革的意义。这些新制度新规定能否落地生根，决定着行政审判在新的时代背景下，能否完成新的历史使命。因此，我们在起草司法解释过程中，不仅坚持在法律规定的权限范围内起草司法解释，同时也充分运用司法智慧，确保新行政诉讼法的各项新制度可操作、可运行，以实现行政诉讼制度保障人民群众合法权益、监督行政机关依法行政、解决行政争议的基本宗旨。

——以推进依法行政为使命担当。行政诉讼既是"民告官"的制度设计，也是监督促进行政机关依法行政，确保行政权规范运行的"制度笼子"。司法解释突出行政行为合法性审查的原则，在追求法律效果、政治效果和社会效果相统一的同时，始终强调合法性审查原则不折不扣得到执行。

二、《行诉解释》的主要内容

《行诉解释》全文分为十三个部分，共 163 条。《行诉解释》是对《若干解释》《适用解释》的修改、补充和完善。以下就《行诉解释》的主要内容作一说明。

（一）明确行政诉讼受案范围边界，既要解决"立案难"痼疾，又要防止滥诉现象。根据行政诉讼法第二条的规定，公民、法人或者其他组织认为行政机关和行政机关工作人员的行政行为侵犯其合法权益，有权向人民法院提起诉讼。这一规定明确了可诉行政行为的标准，但是比较原则，在司法实践中难以准确把握。有的地方出现了对于可诉行政行为把握不准、错误理解立案登记和诉权滥用的现象。为了明确可诉行政行为的界限，保障行政诉讼救济渠道的实效，保障当事人合法权益，结合司法实践，《行诉解释》增加规定了下列五种不可诉的行为：一是不产生外部法律效力的行为。对外性是可诉的行政行为的重要特征之一。行政机关在行政程序内部所作的行为，例如行政机关的内部沟通、会签意见、内部报批等行为，并不对外发生法律效力，不对公民、法人或者其他组织合法权益产生影响，因此不属于可诉的行为。二是过程性行为。可诉的行政行为需要具备成熟性。行政机关在作出行政行为之前，一般要为作出行政行为进行准备、论证、研究、层报、咨询等，这些行为尚不具备最终的法律效力，一般称为"过程性行为"，不属于可诉的行为。三是协助执行行为。可诉的行政行为须是行政机关基于自身意思表示作出的行为。行政机关依照法院生效裁判作出的行为，本质上属于履行生效裁判的行为，并非行政机关自身依职权主动作出的行为，亦不属于可诉的行为。四是内部层级监督行为。内部层级监督属于行政机关上下级之间管理的内部事务。司法实践中，有的法律规定上级行政机关对下级行政机关的监督。例如《国有土地上房屋征收与补偿条例》规定上级人民政府应当加强对下级人民政府房屋征收补偿工作的监督。有的当事人起诉要求法院判决上级人民政府履行监督下级人民政府的职责。法律法规规定的内部层级监督，并不直接设定当事人新的权利义务关系，因此，该类行为属于不可诉的行为。五是信访办理行为。信访办理行为不是行政机关行使"首次判断权"的行为。根据《信访条例》的规定，信访工作机构依据《信访条例》作出的登记、受理、交办、转送、承办、协调处理、监督检查、指导信访事项等行为，对信访人不具有强制力，对信访人的实体权利义务不产生实质影响，因此不具有可诉性。

（二）总结行政诉讼管辖改革成果，既要解决"诉讼主客场"的问题，又要遵循"两便"原则。行政诉讼管辖改革，特别是跨行政区划法院管辖改革，是十八届四中全会决定解决"诉讼主客场"问题的重大决策，也是新行政诉讼法的重要规定。党的十八届四中全会提出，"探索设立跨行政区划的人民法院和人民检察院，办理跨地区案件。完善行政诉讼体制机制，合理调整行政诉讼案件管辖制度，切实解决行政诉讼立案难、审理难、执行难等突出问题"。新行政诉讼法第十八条第二款规定，"经最高人民法院批准，高级人民法院可以根据审判工作的实际情况，确定若干人民法院跨行政区域管辖行政案件。"在司法实践中，跨行政区划法院改革已经取得重要突破。例如，2015年，北京市第四中级人民法院共受理以区县政府为被告的一审行政案件1397件，占受理案件总数的73.8%，是2014年全北京市法院受理同类行政案件总数216件的6.5倍。2016年，该院受理一审行政案件2893件，比2015年又增长107.09%，达到2014年同类案件总数的13.4倍。为了进一步推动跨行政区划法院管辖改革，《行诉解释》根据上述政策法律依据，就跨行政区划法院管辖改革以及需要履行的程序作了进一步明确，铁路运输法院等专门人民法院审理行政案件，应当执行行政诉讼法第十八条第二款的规定。此外，为了解决司法实践中个别当事人利用管辖权异议制度干扰行政诉讼的问题，《行诉解释》明确规定了管辖异议处理程序制度。人民法院对管辖异议审查后确定有管辖权的，不因当事人增加或者变更诉讼请求等改变管辖，但违反级别管辖、专属管辖规定的除外。《行诉解释》同时明确了对于人民法院发回重审或者按第一审程序再审的案件，当事人提出管辖异议的，以及当事人在第一审程序中未按照法律规定的期限和形式提出管辖异议，在第二审程序中提出的，人民法院不予审查，确保提高行政诉讼效率。为了方便人民法院审理，方便当事人诉讼，《行诉解释》对于涉及限制公民人身自由的行政强制措施，行政机关又采取其他行政强制措施或者行政处罚的，规定了原告可以行使选择管辖权的制度。

（三）明确界定当事人资格，既要畅通救济渠道，又要确保有限司法资源效益的最大化。行政诉讼法对原告资格和被告资格的规定，有利于畅通救济渠道，同时，为了确保有限司法资源得到充分利用，《行诉解释》对原告和被告的诉讼主体资格也作了明确。在行政诉讼原告资格方面，根据行政诉讼法第二十五条第一款规定，行政行为的相对人以及其他与行政行为有利害关系的公民、法人或者其他组织，有权提起诉讼。这一规定强调了行政诉讼原告资格的标准为"与行政行为有利害关系"。《行诉解释》主要在四个方面作了重点规定：一是投诉举报者的原告资格。在司法实践中，投诉类行政案件等滋扰性案件数量激增。一些与自身合法权益没有关系或者与被投诉事项没有关联的"投诉专业户"，利用立案登记制度降低门槛之机，反复向行政机关进行投诉。被投诉机关无论作出还是不作出处理决定，"投诉专业户"等都会基于施加压力等目的而提起行政诉讼。这些人为制造的诉讼，既干扰了行政机关的正常管理，也浪费了法院有限的司法资源，也使得其他公民正当的投诉权利受到影响。《行诉解释》明确规定，为维护自身合法权益向行政机关投诉，具有处理投诉职责的行政机关作出或者未作出处理的公民、法人或者其他组织具有原告主体资格。二是债权人的原告资格。司法解释规定，债权人以行政机关对债务人所作的行政行为损害债权实现为由提起行政诉讼的，人民法院应当告知其就民事争议提起民事诉讼，但行政机关作出行政行为时依法应予保护或者应予考虑的除外。三是非营利法人的原告主体资格。司法解释规定，事业单位、社会团体、基金会、社会服务机构等非营利法人的出资人、设立人认为行政行为损害法人合法权益的，可以自己的名义提起诉讼。四是涉及业主共有利益的原告主体资格。业主委员会对于行政机关作出的涉及业主共有利益的行政行为，可以自己的名义提起诉讼。业主委员会不起诉的，专有部分占建筑物总面积过半数或者占总户数过半数的业主可以提起诉讼。在行政诉讼被告方面，主要明确了以下几个方面的内容：一是明确开发区管理机构及其职能部门的被告资格。即，当事人对由国务院、省级人民政府批准设立的开发区管理机构作出的行政行为不服提起诉讼的，以该开发区管理机构为被告；对由国务院、省级人民政府批准设立的开发区管理机构所属职能部门作出的行政行为不服提起诉讼的，以其职能部门为被告；对其他开发区管理机构所属职能部门作出的行政行为不服提起诉讼的，以开发区管理机构为被告；开发区管理机构没有行政主体资格的，以设立该机构的地方人民政府为被告。二是明确村委会和居委会的被告资格。即，当事人对村民委员会或者居民委员会依据法律、法规、规章的授权履行行政管理职责的行为不服提起诉讼的，以村民委员会或者居民委员会为被告。三是明确事业单位和行业协会的被告资格。即当事人对高等学校等事业单位以及律师协会、注册会计师协会等行业协会依据法律、法规、规章的授权实施的行政行为不服提起诉讼的，以该事业单位、行业协会为被告。

（四）完善行政诉讼证据规则，既要力求恢复客观真实，又要坚持程序公正的导向。行政诉讼法对于行政诉讼证据作了规定，科学的证据规则有利于法院查明事实，恢复案件的客观真实。同时，由于行政机关在行政程序中所处的取证优势地位，在证据规则上也应当有相应的程序制约和倾斜，确保"官"民在诉讼程序中处于实质平等的地位。《行诉解释》在以下几个方面作了规定：一是细化非法证据排除规则。司法解释规定，行政诉讼法第四十三条第三款规定的"以非法手段取得的证据"包括：严重违反法定程序收集的证据材料；以违反法律强制性规定的手段获取且侵害他人合法权益的证据材料；以利诱、欺诈、胁迫、暴力等手段获取的证据材料。二是明确当事人的到庭义务。司法解释规定，人民法院认为有必要的，可以要求当事人本人或者行政机关执法人员到庭，就案件有关事实接受询问。在询问之前，可以要求其签署保证书。保证书应当载明据实陈述、如有虚假陈述愿意接受处罚等内容。当事人或者行政机关执法人员应当在保证书上签名或者捺印。负有举证责任的当事人拒绝到庭、拒绝接受询问或者拒绝签署保证书，待证事实又欠缺其他证据加以佐证的，人民法院对其主张的事实不予认定。三是明确因被告原因导致损害的举证规则。司法解释规定，在行政赔偿、补偿案件中，因被告的原因导致原告无法就损害情况举证的，应当由被告就该损害情况承担举证责任。对于各方主张损失的价值无法认定的，应当由负有举证责任的一方当事人申请鉴定，但法律、法规、规章规定行政机关在作出行政行为时，依法应当评估或者鉴定的除外；负有举证责任的当事人拒绝申请鉴定的，由其承担不利的法律后果。当事人的损失因客观原因无法鉴定的，人民法院应当结合当事人的主张和在案证据，遵循法官职业道德，运用逻辑推理和生活经验、生活常识等，酌情确定赔偿数额。

（五）全面落实立案登记制度，既要保障当事人合法诉权，又要保证起诉符合法律规定。新行政诉讼法实施以来，各级人民法院坚决贯彻落实立案登记制，大力破除"立案难"制度壁垒。实行立案登记制当年，全国法院受理一审行政案件220398件，比2014年上升了55.34%，比1990年增长了17倍，行政案件"立案难"问题初步缓解。同时，各级人民法院对于立案登记制条件下是否需要审查起诉条件等问题，各地把握尺度不一，一些不符合起诉条件的案件也进入到诉讼程序，导致案件激增，亟需通过司法解释统一规范。在全面落实立案登记制度方面，《行诉解释》主要作了以下几个方面的规定：一是明确起诉人提交必要起诉材料的义务。司法解释规定，依照行政诉讼法第四十九条的规定，公民、法人或者其他组织提起诉讼时应当提交以下起诉材料：原告的身份证明材料以及有效联系方式；被诉行政行为或者不作为存在的材料；原告与被诉行政行为具有利害关系的材料；人民法院认为需要提交的其他材料。由法定代理人或者委托代理人代为起诉的，还应当向人民法院说明法定代理人或者委托代理人的基本情况，并提交身份证明和代理权限证明等材料。二是明确人民法院的审查权力和释明义务。司法解释规定，依照行政诉讼法第五十一条的规定，人民法院应当就起诉状内容和材料是否完备以及是否符合行政诉讼法规定的起诉条件进行审查。起诉状内容或者材料欠缺的，人民法院应当给予指导和释明，并一次性全面告知当事人需要补正的内容、补充的材料及期限。在指定期限内补正并符合起诉条件的，应当登记立案。当事人拒绝补正或者经补正仍不符合起诉条件的，退回诉状并记录在册；坚持起诉的，裁定不予立案，并载明不予立案的理由。三是明确复议维持情形下的起诉期限。司法解释规定，公民、法人或者其他组织向复议机关申请行政复议后，复议机关作出维持决定的，应当以复议机关和原行政机关为共同被告，并以复议决定送达时间确定起诉期限。四是明确行政机关未履行教示义务情形下的起诉期限。司法解释规定，行政机关作出行政行为时，未告知公民、法人或者其他组织起诉期限的，起诉期限从公民、法人或者其他组织知道或者应当知道起诉期限之日起计算，但从知道或者应当知道行政行为内容之日起最长不得超过1年。复议决定未告知公民、法人或者其他组织起诉期限的，适用前款规定。

（六）规范审理判决程序，既要确保案件得到公正审理，又要注意提高诉讼实效。行政诉讼法规定的审理和判决程序，不仅要求审理的实体和程序公正，也要求行政诉讼的实际效果。司法实践中，个别当事人的行为损害了诉讼程序的严肃性，还有的案件判决标准和规则不统一，影响了司法的权威性。据此，《行诉解释》主要作了以下规定：一是明确滥用回避申请权的法律后果。司法实践中，个别当事人或者代理人出于干扰法庭秩序、施加压力、延缓开庭等目的，随意提出回避申请。例如，有的当事人认为法院没有满足自己要求不能公正审判，要求法院整体回避，有的当事人认为行政机关负责人未出庭应诉，在法院释明后认为法院打压原告而要求审判人员回避等等，这些所谓的回避申请，明显不属于申请回避的正当情形，严重影响了法庭的正常秩序，有必要加以规制。《行诉解释》规定，对当事人提出的明显不属于法定回避事由的申请，法庭可以依法当庭驳回。二是明确拒绝陈述的法律后果。司法实践中，个别当事人将法庭当成发泄个人不满的舞台，不服从审判长指挥；个别当事人藐视法庭不举证不陈述，致使庭审无法进行等等，严重背离了行政诉讼的目的，损害了司法权威。目前，在行政诉讼领域，这种情况比较突出，必须依法予以遏制。《行诉解释》规定，原告或者上诉人在庭审中明确拒绝陈述或者以其他方式拒绝陈述，导致庭审无法进行，经法庭释明后仍不陈述意见的，视为放弃陈述权利，由其承担不利的法律后果。三是明确确认无效判决规则。公民、法人或者其他组织向人民法院提起行政诉讼，可以提出请求法院判决撤销的诉讼请求，也可以提出要求判决确认违法的诉讼请求。判决撤销的行政行为是指存在一般违法的行政行为，判决确认无效的行政行为是指存在重大且明显违法的行政行为。人民法院在审理行政案件时，对于两种违法情形的审查程度也不同。在司法实践中，有的原告提起的是撤销诉讼，法院经审理后发现被诉行政行为不属于一般违法情形，而属于重大且明显的无效行为；有的原告提起的是确认无效诉讼，法院经审理后发现被诉行政行为不属于重大且明显的无效行为，而属于一般违法行为。对于这两种情况如何处理，《行诉解释》规定，公民、法人或者其他组织起诉请求撤销行政行为，人民法院经审查认为行政行为无效的，应当作出确认无效的判决。公民、法人或者其他组织起诉请求确认行政行为无效，人民法院审查认为行政行为不属于无效情形，经释明，原告请求撤销行政行为的，应当继续审理并依法作出相应判决；原告请求撤销行政行为但超过法定起诉期限的，裁定驳回起诉；原告拒绝变更诉讼请求的，判决驳回其诉讼请求。四是明确共同过错的赔偿责任。司法解释规定，原告或者第三人的损失系由其自身过错和行政机关的违法行政行为共同造成的，人民法院应当依据各方行为与损害结果之间有无因果关系以及在损害发生和结果中作用力的大小，确定行政机关相应的赔偿责任。五是明确不作为赔偿责任。司法解释规定，因行政机关不履行、拖延履行法定职责，致使公民、法人或者其他组织的合法权益遭受损害的，人民法院应当判决行政机关承担行政赔偿责任。在确定赔偿数额时，应当考虑不履行、拖延履行法定职责的行为在损害发生过程和结果中所起的作用等因素。

（七）规范行政机关负责人出庭应诉，既要体现行政诉讼的严肃性，又要确保行政纠纷实质化解。新行政诉讼法规定的行政机关负责人出庭应诉制度在司法实践中已经取得初步成效。例如，山东法院2015年开庭审理的行政案件中，行政机关负责人出庭应诉达1637人（次），比2014年增长4倍多；北京市平谷区人民法院2015年审理的行政案件中，行政机关负责人出庭应诉96件，出庭应诉率为63.6%。行政机关负责人出庭应诉制度既体现了法律对于行政机关出庭应诉的要求，也体现了行政纠纷实质化解的立法宗旨。为了进一步推动行政机关负责人出庭应诉，确保行政纠纷获得实质化解，《行诉解释》主要在以下几个方面作了规定：一是适度扩大行政机关负责人的范围，确保制度落地生根。为了进一步推动行政机关负责人出庭应诉制度，《行诉解释》适度扩大了行政机关负责人的范围。司法解释规定，行政诉讼法第三条第三款规定的行政机关负责人，包括行政机关的正职、副职负责人以及其他参与分管的负责人。行政机关负责人出庭应诉的，可以另行委托一至二名诉讼代理人。行政机关负责人不能出庭的，应当委托行政机关相应的工作人员出庭，不得仅委托律师出庭。二是明确应当出庭应诉的情形，促进行政机关负责人依法出庭应诉。司法解释规定，涉及重大公共利益、社会高度关注或者可能引发群体性事件等案件以及人民法院书面建议行政机关负责人出庭的案件，被诉行政机关负责人应当出庭。三是明确行政机关负责人不出庭的说明义务，确保行政机关负责人出庭应诉制度的实效。司法解释规定，行政机关负责人有正当理由不能出庭应诉的，应当向人民法院提交情况说明，并加盖行政机关印章或者由该机关主要负责人签字认可。行政机关拒绝说明理由的，不发生阻止案件审理的效果，人民法院可以向监察机关、上一级行政机关提出司法建议。四是明确"行政机关相应的工作人员"的含义，确保"告官见官"。司法解释规定，行政诉讼法第三条第三款规定的"行政机关相应的工作人员"，包括该行政机关具有国家行政编制身份的工作人员以及其他依法履行公职的人员。被诉行政行为是地方人民政府作出的，地方人民政府所属法制工作机构的工作人员，以及被诉行政行为具体承办机关工作人员，可以视为被诉人民政府相应的工作人员。五是明确不出庭应诉的不利后果。即行政机关负责人和行政机关相应的工作人员均不出庭，仅委托律师出庭的或者人民法院书面建议行政机关负责人出庭应诉，行政机关负责人不出庭应诉的，人民法院应当记录在案和在裁判文书中载明，并可以建议有关机关依法作出处理。

（八）落实复议机关作共同被告制度，既要强化行政复议监督职能，又要聚焦真正争议的解决。新行政诉讼法为了强化行政复议监督职能，明确规定行政复议机关维持原行政行为的，复议机关作共同被告。两年多来，各级人民法院、各级行政机关认真贯彻新行政诉讼法，复议机关作共同被告的案件大幅增加。例如，国土资源部2015年单独作被告案件128件，因复议作共同被告案件163件，合计比2014年上升780%。随着"双被告"规定的逐步实施，复议机关的维持率不断下降。2015年全国行政复议机关作出维持决定的比例为54.59%，比2014年下降超过5个百分点；2016年作出维持决定的比例为48.48%，又比2015年下降超过6个百分点。2016年全国行政复议纠错率是2013年的2倍多。这一变化表明，包括复议机关在内的行政机关依法行政的意识和水平越来越高，复议机关发挥内部层级监督的作用和功能越来越好。与此同时，审判中也出现了一些共同被告制度适用范围和举证责任等方面理解不一致的问题。为了在强化行政复议机关监督职能前提下，保证争议真正得到解决，《行诉解释》作了如下规定：一是明确复议决定维持原行政行为的概念。行政诉讼法第二十六条第二款规定的"复议机关决定维持原行政行为"，包括复议机关驳回复议申请或者复议请求的情形，但以复议申请不符合受理条件为由驳回的除外。二是明确复议机关作共同被告的法定性。复议机关决定维持原行政行为的，作出原行政行为的行政机关和复议机关是共同被告。原告只起诉作出原行政行为的行政机关或者复议机关的，人民法院应当告知原告追加被告。原告不同意追加的，人民法院应当将另一机关列为共同被告。行政复议决定既有维持原行政行为内容，又有改变原行政行为内容或者不予受理申请内容的，作出原行政行为的行政机关和复议机关为共同被告。三是明确复议机关作共同被告时的举证责任。作出原行政行为的行政机关和复议机关对原行政行为合法性共同承担举证责任，可以由其中一个机关实施举证行为。复议机关对复议决定的合法性承担举证责任。复议机关作共同被告的案件，复议机关在复议程序中依法收集和补充的证据，可以作为人民法院认定复议决定和原行政行为合法的依据。四是明确复议机关作共同被告时的裁判规则。人民法院对原行政行为作出判决的同时，应当对复议决定一并作出相应判决。人民法院依职权追加作出原行政行为的行政机关或者复议机关为共同被告的，对原行政行为或者复议决定可以作出相应判决。人民法院判决撤销原行政行为和复议决定的，可以判决作出原行政行为的行政机关重新作出行政行为。人民法院判决作出原行政行为的行政机关履行法定职责或者给付义务的，应当同时判决撤销复议决定。原行政行为合法、复议决定违法的，人民法院可以判决撤销复议决定或者确认复议决定违法，同时判决驳回原告针对原行政行为的诉讼请求。原行政行为被撤销、确认违法或者无效，给原告造成损失的，应当由作出原行政行为的行政机关承担赔偿责任；因复议决定加重损害的，由复议机关对加重部分承担赔偿责任。原行政行为不符合复议或者诉讼受案范围等受理条件，复议机关作出维持决定的，人民法院应当裁定一并驳回对原行政行为和复议决定的起诉。

（九）细化规范性文件附带审查，既要依法维护合法行政规范性文件的效力，又要防止不合法条款进入实施过程。人民法院依照行政诉讼法的规定，对规范性文件进行合法性审查，对于合法的规范性文件，应当作为行政行为的执法依据；对于不合法的规范性文件，人民法院不得作为行政行为合法性的依据。《行诉解释》主要从以下几个方面作了规定：一是明确规范性文件制定机关的权利。人民法院在对规范性文件审查过程中，发现规范性文件可能存在不合法的，应当听取规范性文件制定机关的意见。制定机关申请出庭陈述意见的，人民法院应当准许。行政机关未陈述意见或者未提供相关证明材料的，不能阻止人民法院对规范性文件进行审查。二是明确规范性文件审查的具体方式。人民法院对规范性文件进行一并审查时，可以从规范性文件制定机关是否超越权限或者违反法定程序、作出行政行为所依据的条款以及相关条款等方面进行。有下列情形之一的，属于行政诉讼法第六十四条规定的"规范性文件不合法"：超越制定机关的法定职权或者超越法律、法规、规章的授权范围的；与法律、法规、规章等上位法的规定相抵触的；没有法律、法规、规章依据，违法增加公民、法人和其他组织义务或者减损公民、法人和其他组织合法权益的；未履行法定批准程序、公开发布程序，严重违反制定程序的；其他违反法律、法规以及规章规定的情形。三是明确规范性文件不合法的处理方式。人民法院经审查认为行政行为所依据的规范性文件合法的，应当作为认定行政为合法的依据；经审查认为规范性文件不合法的，不作为人民法院认定行政行为合法的依据，并在裁判理由中予以阐明。作出生效裁判的人民法院应当向规范性文件的制定机关提出处理建议，并可以抄送制定机关的同级人民政府、上一级行政机关、监察机关以及规范性文件的备案机关。规范性文件不合法的，人民法院可以在裁判生效之日起3个月内，向规范性文件制定机关提出修改或者废止该规范性文件的司法建议。规范性文件由多个部门联合制定的，人民法院可以向该规范性文件的主办机关或者共同上一级行政机关发送司法建议。情况紧急的，人民法院可以建议制定机关或者其上一级行政机关立即停止执行该规范性文件。人民法院认为规范性文件不合法的，应当在裁判生效后报送上一级人民法院进行备案。涉及国务院部门、省级行政机关制定的规范性文件，司法建议还应当分别层报最高人民法院、高级人民法院进行备案。四是明确规范性文件审查的审判监督程序。各级人民法院院长对本院已经发生法律效力的判决、裁定，发现规范性文件合法性认定错误，认为需要再审的，应当提交审判委员会讨论。最高人民法院对地方各级人民法院已经发生法律效力的判决、裁定，上级人民法院对下级人民法院已经发生法律效力的判决、裁定，发现规范性文件合法性认定错误的，有权提审或者指令下级人民法院再审。

三、《行诉解释》对行政诉讼制度的发展创新

《行诉解释》是在全国上下掀起学习贯彻党的十九大精神热潮的背景下通过的，是人民法院在习近平新时代中国特色社会主义思想指导下的最新司法制度成果。根据新行政诉讼法的规定，《行诉解释》对《若干解释》《适用解释》进行了全面修改和整合，坚持深化改革，坚持发展理念，在许多重要制度和关键环节取得了突破性进展，实现了行政诉讼制度的发展创新。主要是：

一是落实新法要求，确保制度落地。新行政诉讼法新制度新规定新要求较多，《行诉解释》依据新法规定，作了许多针对性的规定。主要是：为了确保行政机关负责人出庭应诉制度生根落地，对于行政机关负责人及其工作人员不依法出庭应诉的，明确了不利法律后果；针对行政诉讼案件

激增态势，《行诉解释》就简易程序作了更为细致的规定，确保简易程序制度的实操性，提高适用简易程序的比例；《行诉解释》就行政诉讼法规定的调解制度作了进一步规定，明确调解的具体程序、调解协议等内容，推动行政纠纷实质性化解；丰富行政裁判方式，强化课予义务判决、给付判决的运用，通过具体判决的方式确保诉判一致；就相关民事争议一并审理问题作出具体规定，明确行政诉讼和民事诉讼交叉案件的裁判规则，确保行政纠纷和民事纠纷获得一体解决；等等。

二是依照新法规定，调整原有规定。《行诉解释》是对原有司法解释的修改、补充和完善。对于不符合新法规定的内容，《行诉解释》作了相应的调整。主要是：突出行政案件作为特殊案件的典型特征，强力破除行政审判实践中比较突出的"诉讼主客场"问题；明确管辖异议程序，确保行政诉讼管辖改革有序推进；明确责令行政机关提交证据规则，保障处于弱势地位的原告或者第三人诉讼权利；明确因被告原因影响原告举证时的举证、鉴定规则，确保程序公平；明确包括诉前财产保全在内的财产保全制度；规范当事人行使诉讼权利，细化回避程序，明确滥用回避申请权的不利后果；明确拒绝陈述等方式影响法庭秩序的由其承担不利后果；规定行政机关不履行教示义务的起诉期限由2年调整为1年；明确申请再审的受理、审查和裁定程序；等等。

三是遵循法律原意，填补法律漏洞。由于我国行政法治实践发展迅速，又处于转型特殊时期，加之我国行政诉讼历史较短，经验不足，不可能指望行政诉讼法能够解决所有行政纠纷问题。《行诉解释》在起草过程中，始终坚持既忠实于法律原意，又对法律规定不明确的内容予以解释。主要是：依照可诉行政行为的特征，列举规定不可诉行为的类型；明确特殊情形下债权人的行政诉讼原告主体资格；明确行政诉讼最长起诉期限适用条件；明确重复起诉的具体情形；明确公民诉讼代理人的条件；明确对于明显不符合行政诉讼实体判决的事项可以依法作出行政裁定的情形；明确不动产案件专属管辖的具体含义；明确无效行政行为的具体情形；等等。

四、贯彻执行《行诉解释》应当注意的问题

《行诉解释》是行政诉讼法的系统的、全面的司法解释，将对我国行政诉讼制度和行政审判工作产生重要而深远的影响。各级人民法院在贯彻执行过程中要注意以下四个方面的"结合"。

一是要将贯彻执行《行诉解释》和学习贯彻十九大精神、中央政法工作会议精神结合起来。《行诉解释》是在党的十九大胜利召开之际由最高人民法院审委会通过的。这部司法解释充分体现了十九大报告关于"建设法治国家，推进依法行政，严格规范公正文明执法""加强人权法治保障""深化机构和行政体制改革"的重要要求，是人民法院贯彻落实十九大精神的重大司法举措。在2018年元月召开的中央政法工作会议上，习近平总书记也就政法工作作出重要指示。各级人民法院要将学习贯彻实施《行诉解释》和学习贯彻十九大精神、中央政法工作会议精神紧密结合起来。要将《行诉解释》的贯彻实施，纳入到重要议事日程。《行诉解释》也是行政诉讼法的重要配套性制度，是人民法院根据法律授权对行政诉讼法实施和法律适用中的若干重要问题作出的统一规定，也是人民法院今后一段时间执法办案的重要依据，必须认真领会和准确把握。

二是要将贯彻执行《行诉解释》与贯彻落实新行政诉讼法结合起来。贯彻落实新行政诉讼法的新制度新规定新要求，是今后一个时期人民法院行政审判工作的重要任务。行政诉讼法是人民法院行政审判工作的基本依据，各级法院干警必须在学懂弄通学深悟透上下功夫。根据法律对最高人民法院制定司法解释的授权，《行诉解释》严格遵照新行政诉讼法的条文规定，在法律赋予司法解释权限范围内作出解释。同时，注意采用援引具体的法律条文进行解释的方式，始终坚持符合立法目的、原则和原意，对法律规定的具体应用问题作出解释。人民法院在贯彻执行《行诉解释》中要高度重视对新行政诉讼法的学习，认真领会立法原意。在司法实践中，要做到不突破法律规定，不突破法律底线，不突破立法原意，严格依照行政诉讼法和《行诉解释》的规定，确保认定事实清楚，适用法律正确，经得起时间和历史的检验。

三是要将贯彻执行《行诉解释》和贯彻执行其他司法解释结合起来。《行诉解释》是对《若干解释》和《适用解释》的全面覆盖,《行诉解释》实施后,前述两项司法解释相应废止。人民法院在审理案件中,要按照"程序从新"的原则,对于已经按照《若干解释》和《适用解释》完成的程序事项,仍然有效。《适用解释》中关于行政协议的部分,最高人民法院将制定专项的司法解释,拟在今年出台。在此期间,人民法院审理行政协议案件,可以参照《适用解释》的有关内容,在适用法律方面可以援引行政诉讼法、民事诉讼法以及合同法的有关规定。有关行政公益诉讼的问题,最高人民法院也决定制定专项司法解释,《行诉解释》中亦未作规定。《行诉解释》对一些司法实践中亟待解决的、具有共通性的问题作了规定。有些行政审判实践中的问题,由于种种原因,本次司法解释没有作出硬性的统一规定。下一步,我们将根据新行政诉讼法的规定,针对新法中具有中国特色的、中国气派的内容,例如规范性文件附带审查、一并审理民事争议、行政机关负责人出庭应诉、复议机关作共同被告等进行深入研究和实践论证,不断完善行政诉讼制度改革的"四梁八柱"。

四是要将贯彻执行《行诉解释》和推动行政审判实践结合起来。《行诉解释》是行政诉讼法相关内容的具体规定,有利于人民法院准确、统一适用行政诉讼法。在司法实践中,既要坚持行政诉讼合法性审查原则,又要确保行政纠纷实质性化解;既要解决有案不收的问题,又要解决滥用诉权的问题;既要解决案件审理的质量问题,又要解决案件审理的效率问题。对于《行诉解释》规定的新内容新制度,各级人民法院可以根据辖区实际,聚焦新制度新规定,找准司法实践中的弱项、短板问题,严格依法审理行政案件,及时作出具有良好社会效果、具有典型意义的裁判,及时总结《行诉解释》适用执行过程中的经验,及时形成具有可复制、可推广意义的诉讼规则。

凡 例

一、法律、法规、规章和规范性文件名称中的"中华人民共和国"省略，其余一般不省略，例如，《中华人民共和国行政诉讼法》简称为行政诉讼法。

二、叙述法律、法规、规章和规范性文件，必要时在名称前标明其制定机关和制定、修改年份。例如，1989年行政诉讼法、2014年行政诉讼法。但如无特别说明，2017年修正行政诉讼法不再注明修改年份，一律简称为行政诉讼法。

三、全文引用法律条文时，一个条文的各个款、项之间不分段、不分行。

四、对于本书以下出现较多的司法解释和司法文件，使用缩略语：

1.《最高人民法院关于适用〈中华人民共和国行政诉讼法〉的解释》（法释〔2018〕1号），简称为《行诉解释》；

2.《最高人民法院关于适用〈中华人民共和国行政诉讼法〉若干问题的解释》（法释〔2015〕9号），简称为《适用解释》；

3.《最高人民法院关于执行〈中华人民共和国行政诉讼法〉若干问题的解释》（法释〔2000〕8号），简称为《若干解释》；

4.《最高人民法院关于贯彻执行〈中华人民共和国行政诉讼法〉若干问题的意见（试行）》（法〔1991〕19号），简称为《贯彻意见》；

5.《最高人民法院关于适用〈中华人民共和国民事诉讼法〉的解释》（法释〔2015〕5号），简称为《民诉解释》；

6.《最高人民法院关于适用〈中华人民共和国刑事诉讼法〉的解释》（法释〔2012〕21号），简称为《刑诉解释》；

7.《最高人民法院关于行政诉讼证据若干问题的规定》（法释

〔2002〕21号），简称为《行政诉讼证据规定》；

8.《最高人民法院关于民事诉讼证据的若干规定》（法释〔2001〕33号），简称为《民事诉讼证据规定》；

9.《最高人民法院关于行政案件管辖若干问题的规定》（法释〔2008〕1号），简称为《行政案件管辖规定》；

10.《最高人民法院关于行政申请再审案件立案程序的规定》（法释〔2017〕18号），简称为《行政再审立案规定》；

11.《最高人民法院关于进一步保护和规范当事人依法行使行政诉权的若干意见》（法发〔2017〕25号），简称为《保护和规范当事人行使诉权意见》；

12.《最高人民法院、最高人民检察院关于对民事审判活动与行政诉讼实行法律监督的若干意见（试行）》（高检会〔2011〕1号），简称为《民行监督意见》。

目 录

第一部分 条文全本

最高人民法院
  关于适用《中华人民共和国行政诉讼法》的解释
   （2018年2月6日） ·· 3

第二部分 条文释义

引　言 ··· 41

[条文主旨]

引言是关于《行诉解释》制定目的和根据的概括规定。

一、受案范围

第一条 ··· 44

[条文主旨]

本条是关于行政诉讼受案范围的原则规定和不属于行政诉讼受案范围的列举规定。

第二条 ·· 54

[条文主旨]

本条是关于"国家行为""具有普遍约束力的决定、命令""对行政机关工作人员的奖惩、任免等决定"以及"法律规定由行政机关最终裁决的行政行为"中的"法律"的规定。

二、管　辖

第三条 ·· 61

[条文主旨]

本条是关于法院内部管辖的规定。

第四条 ·· 65

[条文主旨]

本条是关于管辖恒定原则的规定。

第五条 ·· 68

[条文主旨]

本条是关于"本辖区内重大、复杂的案件"所包括具体情形的规定。

第六条 ·· 72

[条文主旨]

本条是关于中级人民法院对当事人向其提起的诉讼如何确定管辖的规定。

第七条 ·· 76

[条文主旨]

本条是关于中级人民法院对基层人民法院报请管辖如何处理的规定。

第八条 ·· 80

[条文主旨]

本条是关于"原告所在地"的具体情形的规定。

第九条 ··· 84
　[条文主旨]
　　本条是关于"因不动产提起的行政诉讼"的规定。

第十条 ··· 87
　[条文主旨]
　　本条是关于管辖异议及管辖恒定原则的规定。

第十一条 ··· 92
　[条文主旨]
　　本条是关于人民法院不予审查管辖权异议申请相关情形的规定。

三、诉讼参加人

第十二条 ··· 96
　[条文主旨]
　　本条是关于具有原告资格的几种特殊情形的规定。

第十三条 ·· 105
　[条文主旨]
　　本条是关于债权人原则上不具有原告资格的规定。

第十四条 ·· 107
　[条文主旨]
　　本条是关于"近亲属"的范围以及被限制人身自由的公民委托诉讼的规定。

第十五条 ·· 111
　[条文主旨]
　　本条是关于合伙企业、个体工商户提起行政诉讼的规定。

第十六条 ·· 115
[条文主旨]
　　本条是关于就行政机关针对企业法人作出的行政行为某些具有诉讼权利能力的特殊主体的规定。

第十七条 ·· 121
[条文主旨]
　　本条是关于非营利法人组织的出资人、设立人可以自己名义提起行政诉讼的资格的规定。

第十八条 ·· 124
[条文主旨]
　　本条是关于业主委员会提起行政诉讼资格的规定。

第十九条 ·· 128
[条文主旨]
　　本条是关于经批准的行政行为引起行政争议案件的被告确定的规定。

第二十条 ·· 131
[条文主旨]
　　本条是关于如何确定行政机关的内设机构、派出机构或者其他组织行政诉讼被告资格的规定。

第二十一条 ·· 134
[条文主旨]
　　本条是关于开发区管理机构及其所属职能部门的被告资格的规定。

第二十二条 ·· 138
[条文主旨]
　　本条是关于复议机关"改变原行政行为"的规定。

第二十三条 ·················· 141
[条文主旨]
　　本条是关于发生被告资格转移时如何确定行政诉讼被告的规定。

第二十四条 ·················· 144
[条文主旨]
　　本条是关于村民委员会、居民委员会、高等学校等事业单位以及律师协会、注册会计师协会等行业协会被告资格的规定。

第二十五条 ·················· 147
[条文主旨]
　　本条是关于涉房屋征收与补偿等行政案件如何确定被告的规定。

第二十六条 ·················· 153
[条文主旨]
　　本条是关于变更被告和追加被告的规定。

第二十七条 ·················· 157
[条文主旨]
　　本条是关于追加必要共同诉讼当事人的规定。

第二十八条 ·················· 161
[条文主旨]
　　本条是关于追加必要共同诉讼当事人的程序性规定。

第二十九条 ·················· 163
[条文主旨]
　　本条是关于共同诉讼"人数众多"及推举诉讼代表人的规定。

第三十条 ·················· 166
[条文主旨]
　　本条是关于第三人参加诉讼的方式及在诉讼中的权利义务的规定。

第三十一条 ………………………………………………………… 173

[条文主旨]

本条是关于当事人向人民法院提交授权委托书的规定。

第三十二条 ………………………………………………………… 178

[条文主旨]

本条是关于以当事人工作人员的名义作为诉讼代理人参加诉讼的规定。

第三十三条 ………………………………………………………… 182

[条文主旨]

本条是关于有关社会团体推荐公民担任诉讼代理人应当符合的条件的规定。

四、证 据

第三十四条 ………………………………………………………… 187

[条文主旨]

本条是关于被告延期提供证据和逾期提供证据的法律后果的规定。

第三十五条 ………………………………………………………… 193

[条文主旨]

本条是关于原告、第三人举证期限的规定。

第三十六条 ………………………………………………………… 197

[条文主旨]

本条是关于当事人申请延长举证期限具体规则的规定。

第三十七条 ………………………………………………………… 200

[条文主旨]

本条是关于人民法院有权要求当事人提供或者补充证据的规定。

第三十八条 ·· 206

[条文主旨]

本条是关于庭前证据交换的规定。

第三十九条 ·· 214

[条文主旨]

本条是关于人民法院对于当事人申请调查收集证据因无关联性而不予准许的规定。

第四十条 ·· 218

[条文主旨]

本条是关于人民法院告知证人出庭作证义务、法律后果以及证人出庭支出费用承担的规定。

第四十一条 ·· 224

[条文主旨]

本条是关于原告或第三人要求相关行政执法人员出庭说明的规定。

第四十二条 ·· 229

[条文主旨]

本条是关于定案证据基本条件的规定。

第四十三条 ·· 235

[条文主旨]

本条是关于何为"以非法手段取得的证据"的解释性规定。

第四十四条 ·· 243

[条文主旨]

本条是关于当事人和行政机关执法人员到庭接受询问的规定。

第四十五条 …… 247

[条文主旨]

本条是关于原告或者第三人在行政程序中未提交而在诉讼中提交的证据的效力的规定。

第四十六条 …… 254

[条文主旨]

本条是关于人民法院责令行政机关提交证据以及对持有证据当事人实施致使证据不能使用行为的处理的规定。

第四十七条 …… 262

[条文主旨]

本条是关于行政赔偿、补偿案件中因被告原因导致原告无法就损害情况举证、各方主张的损失价值无法认定、当事人的损失因客观原因无法鉴定情形的处理规则的规定。

五、期间、送达

第四十八条 …… 273

[条文主旨]

本条是关于期间种类和期间计算的规定。

第四十九条 …… 276

[条文主旨]

本条是关于立案期限计算的规定。

第五十条 …… 278

[条文主旨]

本条是关于审理期限的定义及扣除、再审案件审理期限的计算、基层人民法院申请延长审理期限报批的规定。

第五十一条 ………………………………………………… 282

[条文主旨]

　　本条是关于送达的规定。

第五十二条 ………………………………………………… 286

[条文主旨]

　　本条是关于在当事人住所地以外向当事人直接送达诉讼文书的规定。

六、起诉与受理

第五十三条 ………………………………………………… 288

[条文主旨]

　　本条是关于立案登记的规定。

第五十四条 ………………………………………………… 293

[条文主旨]

　　本条是关于当事人提交起诉证据材料的规定。

第五十五条 ………………………………………………… 297

[条文主旨]

　　本条是对立案阶段人民法院释明义务的规定。

第五十六条 ………………………………………………… 300

[条文主旨]

　　本条是关于复议前置情形下复议与诉讼衔接以及复议不作为可诉性的规定。

第五十七条 ………………………………………………… 305

[条文主旨]

　　本条是关于非复议前置情形下复议与诉讼衔接的规定。

第五十八条 …………………………………………………… 308

[条文主旨]

本条是关于非复议前置情形下,申请人撤回复议申请再起诉如何处理的规定。

第五十九条 …………………………………………………… 311

[条文主旨]

本条是关于非复议前置情形下复议决定维持原行政行为的,如何确定被告和起诉期限问题的规定。

第六十条 ……………………………………………………… 316

[条文主旨]

本条是关于准许撤诉的案件原告再起诉及准予撤诉的裁定确有错误的,人民法院处理程序的规定。

第六十一条 …………………………………………………… 319

[条文主旨]

本条是关于原告或上诉人未预交诉讼费按撤诉处理后在法定期限再次起诉或上诉如何处理的规定。

第六十二条 …………………………………………………… 322

[条文主旨]

本条是关于当事人对法院判决撤销行政行为后行政机关重新作出的行政行为不服起诉如何处理的规定。

第六十三条 …………………………………………………… 324

[条文主旨]

本条是关于行政机关作出行政行为时不制作、不送达决定书的情况下,原告起诉应否立案的规定。

第六十四条 ·· 327

[条文主旨]

本条是关于行政机关未告知诉权和起诉期限的起诉期限计算以及最长起诉期限的规定。

第六十五条 ·· 332

[条文主旨]

本条是关于当事人不知道行政行为内容的起诉期限计算及最长起诉期限的规定。

第六十六条 ·· 335

[条文主旨]

本条是关于对行政机关不履行法定职责提起诉讼的起诉期限的规定。

第六十七条 ·· 338

[条文主旨]

本条是关于"有明确的被告"的认定及不能认定被告明确的法律后果的规定。

第六十八条 ·· 341

[条文主旨]

本条是关于行政诉讼法第四十九条第三项规定的"有具体的诉讼请求"的解释。

第六十九条 ·· 347

[条文主旨]

本条是关于裁定驳回起诉情形的列举规定。

第七十条 ·· 358

[条文主旨]

本条是关于原告提出新的诉讼请求的规定。

七、审理与判决

第七十一条 ·· 361
[条文主旨]
本条是关于人民法院适用普通程序审理案件传唤诉讼参与人的规定。

第七十二条 ·· 363
[条文主旨]
本条是关于延期开庭审理的规定。

第七十三条 ·· 365
[条文主旨]
本条是关于合并审理的规定。

第七十四条 ·· 368
[条文主旨]
本条是关于当事人申请回避的期限、形式、回避的法律后果、当庭驳回的情形、作出回避决定的期限和形式等的规定。

第七十五条 ·· 372
[条文主旨]
本条是关于审判人员任职回避及发回重审中审判人员是否需要回避的规定。

第七十六条 ·· 374
[条文主旨]
本条是关于财产保全和行为保全的规定。

第七十七条 ·· 377
[条文主旨]
本条是关于诉前保全的规定。

第七十八条 ·· 379

[条文主旨]

　　本条是关于保全范围、保全方式、解除保全及赔偿的规定。

第七十九条 ·· 382

[条文主旨]

　　本条是关于原告、被告、第三人、上诉人无正当理由拒不到庭、中途退庭如何处理的规定。

第八十条 ·· 384

[条文主旨]

　　本条是关于当事人在法庭上故意拒绝陈述规制、不准予撤诉以及法庭辩论终结后原告申请撤诉如何处理的规定。

第八十一条 ·· 388

[条文主旨]

　　本条是关于被告在一审期间改变行政行为的具体规定。

第八十二条 ·· 392

[条文主旨]

　　本条是关于对当事人恶意诉讼如何处理的规定。

第八十三条 ·· 395

[条文主旨]

　　本条是关于对妨害行政诉讼行为适用罚款、拘留的规定。

第八十四条 ·· 400

[条文主旨]

　　本条是关于行政诉讼迳行调解制度的规定。

第八十五条 ·················· 403

[条文主旨]

本条是关于调解书的制作、内容、送达以及调解书生效的规定。

第八十六条 ·················· 406

[条文主旨]

本条是关于调解活动的规定。

第八十七条 ·················· 409

[条文主旨]

本条是关于中止诉讼的规定。

第八十八条 ·················· 413

[条文主旨]

本条是关于终结诉讼的规定。

第八十九条 ·················· 415

[条文主旨]

本条是关于人民法院撤销改变原行政行为的行政复议决定同时可以判决复议机关重新作出复议决定或者判决恢复原行政行为法律效力的规定。

第九十条 ·················· 419

[条文主旨]

本条是关于人民法院判决被告重新作出行政行为，对被告重新作出行政行为的基本要求的规定。

第九十一条 ·················· 423

[条文主旨]

本条是关于行政机关不履行法定职责案件判决方式的规定。

第九十二条 ·· 428
[条文主旨]
　　本条是关于给付判决的规定。

第九十三条 ·· 430
[条文主旨]
　　本条是关于不履行给付义务案件起诉条件的规定。

第九十四条 ·· 434
[条文主旨]
　　本条是关于人民法院依职权选择判决方式的规定。

第九十五条 ·· 439
[条文主旨]
　　本条是关于被诉行政行为违法或者无效造成原告损失，原告请求行政赔偿救济途径的规定。

第九十六条 ·· 443
[条文主旨]
　　本条是关于确认违法判决适用条件的规定。

第九十七条 ·· 447
[条文主旨]
　　本条是关于行政机关与原告或第三人共同造成损失时行政赔偿责任如何确定的原则规定。

第九十八条 ·· 451
[条文主旨]
　　本条是关于行政机关不履行、拖延履行法定职责造成原告损失时行政赔偿责任如何确定的原则规定。

第九十九条 ·· 455
[条文主旨]
　　本条是关于无效行政行为的具体列举规定。

第一百条 ·· 462
[条文主旨]
　　本条是关于司法解释、规范性文件引用的规定。

第一百零一条 ·· 469
[条文主旨]
　　本条是关于裁定适用范围的规定。

第一百零二条 ·· 479
[条文主旨]
　　本条是关于适用简易程序条件的解释。

第一百零三条 ·· 484
[条文主旨]
　　本条是关于简易程序的送达、通知、传唤方式的规定。

第一百零四条 ·· 490
[条文主旨]
　　本条是关于简易程序的举证期限、答辩期间的规定。

第一百零五条 ·· 495
[条文主旨]
　　本条是关于简易程序的转换程序以及审理期限的规定。

第一百零六条 ·· 501
[条文主旨]
　　本条是关于行政诉讼中"一事不再理"原则及判断标准的规定。

第一百零七条 ·· 508

[条文主旨]

本条是关于第二审程序中如何确定当事人诉讼地位的规定。

第一百零八条 ·· 511

[条文主旨]

本条是关于当事人提交上诉状、答辩状和人民法院发送上诉状、答辩状副本的程序性规定。

第一百零九条 ·· 515

[条文主旨]

本条是关于二审人民法院对一审人民法院裁定不予立案、驳回起诉错误如何处理的规定；关于被发回重审的一审案件必须另行组成合议庭的规定；关于原审判决遗漏当事人或诉讼请求及当事人在二审提出行政赔偿请求如何处理的规定。

第一百一十条 ·· 520

[条文主旨]

本条是关于申请再审期间的规定。

第一百一十一条 ·· 526

[条文主旨]

本条是关于申请再审过程中相关诉答程序的规定。

第一百一十二条 ·· 529

[条文主旨]

本条是关于人民法院再审审查期限的规定。

第一百一十三条 ·· 534

[条文主旨]

本条是关于人民法院再审审查过程中询问程序的规定。

第一百一十四条 ·· 538

[条文主旨]

本条是关于被申请人及原审其他当事人提出再审申请如何处理的规定。

第一百一十五条 ·· 541

[条文主旨]

本条是关于再审审查期间当事人申请法院委托鉴定、勘验、撤回再审申请等有关问题的规定。

第一百一十六条 ·· 547

[条文主旨]

本条是关于申请再审案件审查后如何处理以及裁定再审标准的规定。

第一百一十七条 ·· 550

[条文主旨]

本条是关于向检察机关申请抗诉或检察建议的规定。

第一百一十八条 ·· 553

[条文主旨]

本条是关于按照审判监督程序决定再审时裁定中止原判决、裁定、调解书的执行的有关规定。

第一百一十九条 ·· 555

[条文主旨]

本条是关于再审的审理程序、再审裁判的法律效力以及审理再审案件合议庭组成的规定。

第一百二十条 ·· 558

[条文主旨]

本条是关于人民法院在审理再审案件时审理范围的规定。

第一百二十一条 ·················· 562
[条文主旨]
　　本条是关于再审审理期间裁定终结再审程序情形及原生效判决的效力问题的规定。

第一百二十二条 ·················· 567
[条文主旨]
　　本条是关于对原生效判决、裁定确有错误的再审案件如何处理的规定。

第一百二十三条 ·················· 570
[条文主旨]
　　本条是关于二审和再审人民法院对原审人民法院立案、不予立案或者驳回起诉错误的案件如何处理的规定。

第一百二十四条 ·················· 572
[条文主旨]
　　本条是关于抗诉案件启动程序的规定。

第一百二十五条 ·················· 578
[条文主旨]
　　本条是关于人民检察院针对抗诉案件出席法庭的规定。

第一百二十六条 ·················· 581
[条文主旨]
　　本条是关于人民法院对再审检察建议的审查程序的规定。

第一百二十七条 ·················· 584
[条文主旨]
　　本条是关于人民检察院抗诉或者检察建议裁定再审案件不受驳回裁定限制的规定。

八、行政机关负责人出庭应诉

第一百二十八条 ································· 589
[条文主旨]
　　本条是关于行政机关负责人范围、委托代理及有关禁止的规定。

第一百二十九条 ································· 598
[条文主旨]
　　本条是关于行政机关负责人出庭应诉情形及例外的规定。

第一百三十条 ··································· 603
[条文主旨]
　　本条是关于行政机关相应的工作人员的规定。

第一百三十一条 ································· 606
[条文主旨]
　　本条是关于行政机关负责人或者行政机关委托工作人员出庭应诉需要提供的材料的规定。

第一百三十二条 ································· 609
[条文主旨]
　　本条是关于行政机关仅委托律师出庭以及法院建议行政机关负责人出庭应诉而不出庭应诉的法律后果的规定。

九、复议机关作共同被告

第一百三十三条 ································· 616
[条文主旨]
　　本条是关于复议机关决定维持原行政行为的规定。

第一百三十四条 ·· 621

[条文主旨]

　　本条共分三款内容。第一款是复议决定维持原行政行为时，人民法院释明原告追加或者依职权追加共同被告的规定。第二款是新增加的内容，明确了在复议决定既有维持又有改变或不予受理申请内容情况下复议机关为共同被告。第三款是关于复议机关作共同被告时的级别管辖规定。

第一百三十五条 ·· 627

[条文主旨]

　　本条是人民法院对于复议决定维持原行政行为案件的审查对象及原行政机关和复议机关的举证责任、证据效力认定的规定。

第一百三十六条 ·· 633

[条文主旨]

　　本条是关于复议机关为共同被告情况下的裁判方式的规定。

十、相关民事争议一并审理

第一百三十七条 ·· 643

[条文主旨]

　　本条是关于一并审理民事争议提出时间的规定。

第一百三十八条 ·· 649

[条文主旨]

　　本条是关于一并审理民事争议的管辖、释明的规定。

第一百三十九条 ·· 657

[条文主旨]

　　本条是关于一并审理民事争议排除范围的规定。

第一百四十条 ………………………………………… 662
[条文主旨]
本条是关于一并审理民事争议审判组织和立案的规定。

第一百四十一条 ……………………………………… 668
[条文主旨]
本条是关于在一并审理相关民事争议案件中法律适用及调解的规定。

第一百四十二条 ……………………………………… 673
[条文主旨]
本条是关于一并审理相关民事争议案件中分别裁判、上诉审理以及发现生效裁判确有错误如何处理的规定。

第一百四十三条 ……………………………………… 677
[条文主旨]
本条是关于一并审理相关民事争议案件中原告申请撤诉的规定。

第一百四十四条 ……………………………………… 684
[条文主旨]
本条是关于一并审理相关民事争议案件诉讼费用收取标准的规定。

十一、规范性文件的一并审查

第一百四十五条 ……………………………………… 688
[条文主旨]
本条是关于当事人请求一并审查规范性文件的管辖法院的相关规定。

第一百四十六条 ……………………………………… 690
[条文主旨]
本条是关于当事人请求一并审查规范性文件的提出时间的规定。

第一百四十七条 ……………………………………… 693

［条文主旨］

本条是关于听取制定机关意见、制定机关申请出庭陈述意见以及行政机关未陈述意见或者未提供相关证明材料的法律后果的规定。

第一百四十八条 ……………………………………… 695

［条文主旨］

本条是关于人民法院如何对规范性文件进行司法审查以及如何认定规范性文件不合法的规定。

第一百四十九条 ……………………………………… 699

［条文主旨］

本条是关于规范性文件不合法处理方式的具体规定。

第一百五十条 ………………………………………… 703

［条文主旨］

本条是关于规范性文件不合法时备案程序的规定。

第一百五十一条 ……………………………………… 705

［条文主旨］

本条是关于人民法院发现已生效判决、裁定中规范性文件合法性认定错误时如何纠正的程序规定。

十二、执　行

第一百五十二条 ……………………………………… 711

［条文主旨］

本条是关于行政诉讼的执行名义的规定。

第一百五十三条 ……………………………………… 716

［条文主旨］

本条是关于申请强制执行期限的规定。

第一百五十四条 ·················· 721

[条文主旨]

本条是关于执行管辖的规定。

第一百五十五条 ·················· 727

[条文主旨]

本条是关于行政机关在行政非诉案件中申请法院强制执行其行政行为的申请条件、应提交材料以及人民法院立案受理程序的一般规定。

第一百五十六条 ·················· 735

[条文主旨]

本条是行政机关向人民法院提出行政非诉执行申请有效期限的规定。

第一百五十七条 ·················· 745

[条文主旨]

本条是对行政非诉案件管辖的规定。

第一百五十八条 ·················· 747

[条文主旨]

本条是关于申请人民法院强制执行非诉行政行为主体的特殊规定。

第一百五十九条 ·················· 750

[条文主旨]

本条是关于申请执行前申请人可以申请财产保全和提供担保的规定。

第一百六十条 ·················· 753

[条文主旨]

本条是关于人民法院审查行政非诉案件的期限、组织、审查后果以及执行机构方面的规定。

第一百六十一条 ·· 764

[条文主旨]

本条是关于行政非诉案件审查内容、标准以及不准予执行裁定复议程序的规定。

十三、附 则

第一百六十二条 ·· 774

[条文主旨]

本条是关于在 2015 年 5 月 1 日之前请求确认行政行为无效，人民法院是否立案的规定。

第一百六十三条 ·· 777

[条文主旨]

本条是关于本解释时间效力和新旧司法解释衔接适用的规定。

第三部分 条文对照

行政诉讼法与行政诉讼法司法解释条文对照表 ·················· 785
行政诉讼法司法解释新旧条文对照表 ······························ 900

第一部分　条文全本

最高人民法院
关于适用《中华人民共和国行政诉讼法》的解释

法释〔2018〕1号

(2017年11月13日最高人民法院审判委员会第1726次会议通过 2018年2月6日最高人民法院公告公布 自2018年2月8日起施行)

为正确适用《中华人民共和国行政诉讼法》(以下简称行政诉讼法),结合人民法院行政审判工作实际,制定本解释。

一、受案范围

第一条 公民、法人或者其他组织对行政机关及其工作人员的行政行为不服,依法提起诉讼的,属于人民法院行政诉讼的受案范围。

下列行为不属于人民法院行政诉讼的受案范围:

(一)公安、国家安全等机关依照刑事诉讼法的明确授权实施的行为;

(二)调解行为以及法律规定的仲裁行为;

(三)行政指导行为;

(四)驳回当事人对行政行为提起申诉的重复处理行为;

(五)行政机关作出的不产生外部法律效力的行为;

(六)行政机关为作出行政行为而实施的准备、论证、研究、层报、咨询等过程性行为;

(七)行政机关根据人民法院的生效裁判、协助执行通知书作出的执行行为,但行政机关扩大执行范围或者采取违法方式实施的除外;

(八)上级行政机关基于内部层级监督关系对下级行政机关作出的听取报

告、执法检查、督促履责等行为；

（九）行政机关针对信访事项作出的登记、受理、交办、转送、复查、复核意见等行为；

（十）对公民、法人或者其他组织权利义务不产生实际影响的行为。

第二条 行政诉讼法第十三条第一项规定的"国家行为"，是指国务院、中央军事委员会、国防部、外交部等根据宪法和法律的授权，以国家的名义实施的有关国防和外交事务的行为，以及经宪法和法律授权的国家机关宣布紧急状态等行为。

行政诉讼法第十三条第二项规定的"具有普遍约束力的决定、命令"，是指行政机关针对不特定对象发布的能反复适用的规范性文件。

行政诉讼法第十三条第三项规定的"对行政机关工作人员的奖惩、任免等决定"，是指行政机关作出的涉及行政机关工作人员公务员权利义务的决定。

行政诉讼法第十三条第四项规定的"法律规定由行政机关最终裁决的行政行为"中的"法律"，是指全国人民代表大会及其常务委员会制定、通过的规范性文件。

二、管　辖

第三条 各级人民法院行政审判庭审理行政案件和审查行政机关申请执行其行政行为的案件。

专门人民法院、人民法庭不审理行政案件，也不审查和执行行政机关申请执行其行政行为的案件。铁路运输法院等专门人民法院审理行政案件，应当执行行政诉讼法第十八条第二款的规定。

第四条 立案后，受诉人民法院的管辖权不受当事人住所地改变、追加被告等事实和法律状态变更的影响。

第五条 有下列情形之一的，属于行政诉讼法第十五条第三项规定的"本辖区内重大、复杂的案件"：

（一）社会影响重大的共同诉讼案件；

（二）涉外或者涉及香港特别行政区、澳门特别行政区、台湾地区的案件；

（三）其他重大、复杂案件。

第六条 当事人以案件重大复杂为由，认为有管辖权的基层人民法院不宜行使管辖权或者根据行政诉讼法第五十二条的规定，向中级人民法院起诉，中级人民法院应当根据不同情况在七日内分别作出以下处理：

（一）决定自行审理；

（二）指定本辖区其他基层人民法院管辖；

（三）书面告知当事人向有管辖权的基层人民法院起诉。

第七条 基层人民法院对其管辖的第一审行政案件，认为需要由中级人民法院审理或者指定管辖的，可以报请中级人民法院决定。中级人民法院应当根据不同情况在七日内分别作出以下处理：

（一）决定自行审理；

（二）指定本辖区其他基层人民法院管辖；

（三）决定由报请的人民法院审理。

第八条 行政诉讼法第十九条规定的"原告所在地"，包括原告的户籍所在地、经常居住地和被限制人身自由地。

对行政机关基于同一事实，既采取限制公民人身自由的行政强制措施，又采取其他行政强制措施或者行政处罚不服的，由被告所在地或者原告所在地的人民法院管辖。

第九条 行政诉讼法第二十条规定的"因不动产提起的行政诉讼"是指因行政行为导致不动产物权变动而提起的诉讼。

不动产已登记的，以不动产登记簿记载的所在地为不动产所在地；不动产未登记的，以不动产实际所在地为不动产所在地。

第十条 人民法院受理案件后，被告提出管辖异议的，应当在收到起诉状副本之日起十五日内提出。

对当事人提出的管辖异议，人民法院应当进行审查。异议成立的，裁定将案件移送有管辖权的人民法院；异议不成立的，裁定驳回。

人民法院对管辖异议审查后确定有管辖权的，不因当事人增加或者变更诉讼请求等改变管辖，但违反级别管辖、专属管辖规定的除外。

第十一条 有下列情形之一的，人民法院不予审查：

（一）人民法院发回重审或者按第一审程序再审的案件，当事人提出管辖异议的；

（二）当事人在第一审程序中未按照法律规定的期限和形式提出管辖异议，在第二审程序中提出的。

三、诉讼参加人

第十二条 有下列情形之一的，属于行政诉讼法第二十五条第一款规定的"与行政行为有利害关系"：

（一）被诉的行政行为涉及其相邻权或者公平竞争权的；

（二）在行政复议等行政程序中被追加为第三人的；

（三）要求行政机关依法追究加害人法律责任的；

（四）撤销或者变更行政行为涉及其合法权益的；

（五）为维护自身合法权益向行政机关投诉，具有处理投诉职责的行政机关作出或者未作出处理的；

（六）其他与行政行为有利害关系的情形。

第十三条 债权人以行政机关对债务人所作的行政行为损害债权实现为由提起行政诉讼的，人民法院应当告知其就民事争议提起民事诉讼，但行政机关作出行政行为时依法应予保护或者应予考虑的除外。

第十四条 行政诉讼法第二十五条第二款规定的"近亲属"，包括配偶、父母、子女、兄弟姐妹、祖父母、外祖父母、孙子女、外孙子女和其他具有扶养、赡养关系的亲属。

公民因被限制人身自由而不能提起诉讼的，其近亲属可以依其口头或者书面委托以该公民的名义提起诉讼。近亲属起诉时无法与被限制人身自由的公民取得联系，近亲属可以先行起诉，并在诉讼中补充提交委托证明。

第十五条 合伙企业向人民法院提起诉讼的，应当以核准登记的字号为原告。未依法登记领取营业执照的个人合伙的全体合伙人为共同原告；全体合伙人可以推选代表人，被推选的代表人，应当由全体合伙人出具推选书。

个体工商户向人民法院提起诉讼的，以营业执照上登记的经营者为原告。有字号的，以营业执照上登记的字号为原告，并应当注明该字号经营者的基本信息。

第十六条 股份制企业的股东大会、股东会、董事会等认为行政机关作出的行政行为侵犯企业经营自主权的，可以企业名义提起诉讼。

联营企业、中外合资或者合作企业的联营、合资、合作各方，认为联营、合资、合作企业权益或者自己一方合法权益受行政行为侵害的，可以自己的名义提起诉讼。

非国有企业被行政机关注销、撤销、合并、强令兼并、出售、分立或者改变企业隶属关系的，该企业或者其法定代表人可以提起诉讼。

第十七条 事业单位、社会团体、基金会、社会服务机构等非营利法人的出资人、设立人认为行政行为损害法人合法权益的，可以自己的名义提起诉讼。

第十八条 业主委员会对于行政机关作出的涉及业主共有利益的行政行为，可以自己的名义提起诉讼。

业主委员会不起诉的，专有部分占建筑物总面积过半数或者占总户数过半数的业主可以提起诉讼。

第十九条 当事人不服经上级行政机关批准的行政行为，向人民法院提起诉讼的，以在对外发生法律效力的文书上署名的机关为被告。

第二十条 行政机关组建并赋予行政管理职能但不具有独立承担法律责任能力的机构，以自己的名义作出行政行为，当事人不服提起诉讼的，应当以组建该机构的行政机关为被告。

法律、法规或者规章授权行使行政职权的行政机关内设机构、派出机构或者其他组织，超出法定授权范围实施行政行为，当事人不服提起诉讼的，应当以实施该行为的机构或者组织为被告。

没有法律、法规或者规章规定，行政机关授权其内设机构、派出机构或者其他组织行使行政职权的，属于行政诉讼法第二十六条规定的委托。当事人不服提起诉讼的，应当以该行政机关为被告。

第二十一条 当事人对由国务院、省级人民政府批准设立的开发区管理机构作出的行政行为不服提起诉讼的，以该开发区管理机构为被告；对由国务院、省级人民政府批准设立的开发区管理机构所属职能部门作出的行政行为不服提起诉讼的，以其职能部门为被告；对其他开发区管理机构所属职能部门作出的行政行为不服提起诉讼的，以开发区管理机构为被告；开发区管理机构没有行政主体资格的，以设立该机构的地方人民政府为被告。

第二十二条 行政诉讼法第二十六条第二款规定的"复议机关改变原行政行为"，是指复议机关改变原行政行为的处理结果。复议机关改变原行政行为所认定的主要事实和证据、改变原行政行为所适用的规范依据，但未改变原行政行为处理结果的，视为复议机关维持原行政行为。

复议机关确认原行政行为无效，属于改变原行政行为。

复议机关确认原行政行为违法，属于改变原行政行为，但复议机关以违反法定程序为由确认原行政行为违法的除外。

第二十三条 行政机关被撤销或者职权变更，没有继续行使其职权的行政机关的，以其所属的人民政府为被告；实行垂直领导的，以垂直领导的上一级行政机关为被告。

第二十四条 当事人对村民委员会或者居民委员会依据法律、法规、规章的授权履行行政管理职责的行为不服提起诉讼的，以村民委员会或者居民委员会为被告。

当事人对村民委员会、居民委员会受行政机关委托作出的行为不服提起诉讼的，以委托的行政机关为被告。

当事人对高等学校等事业单位以及律师协会、注册会计师协会等行业协会依据法律、法规、规章的授权实施的行政行为不服提起诉讼的，以该事业单位、行业协会为被告。

当事人对高等学校等事业单位以及律师协会、注册会计师协会等行业协会受行政机关委托作出的行为不服提起诉讼的，以委托的行政机关为被告。

第二十五条 市、县级人民政府确定的房屋征收部门组织实施房屋征收与补偿工作过程中作出行政行为，被征收人不服提起诉讼的，以房屋征收部门为被告。

征收实施单位受房屋征收部门委托，在委托范围内从事的行为，被征收人不服提起诉讼的，应当以房屋征收部门为被告。

第二十六条 原告所起诉的被告不适格，人民法院应当告知原告变更被告；原告不同意变更的，裁定驳回起诉。

应当追加被告而原告不同意追加的，人民法院应当通知其以第三人的身份参加诉讼，但行政复议机关作共同被告的除外。

第二十七条 必须共同进行诉讼的当事人没有参加诉讼的，人民法院应当依法通知其参加；当事人也可以向人民法院申请参加。

人民法院应当对当事人提出的申请进行审查，申请理由不成立的，裁定驳回；申请理由成立的，书面通知其参加诉讼。

前款所称的必须共同进行诉讼，是指按照行政诉讼法第二十七条的规定，当事人一方或者双方为两人以上，因同一行政行为发生行政争议，人民法院必须合并审理的诉讼。

第二十八条 人民法院追加共同诉讼的当事人时，应当通知其他当事人。应当追加的原告，已明确表示放弃实体权利的，可不予追加；既不愿意参加诉讼，又不放弃实体权利的，应追加为第三人，其不参加诉讼，不能阻碍人民法院对案件的审理和裁判。

第二十九条 行政诉讼法第二十八条规定的"人数众多"，一般指十人以上。

根据行政诉讼法第二十八条的规定，当事人一方人数众多的，由当事人推选代表人。当事人推选不出的，可以由人民法院在起诉的当事人中指定代表人。

行政诉讼法第二十八条规定的代表人为二至五人。代表人可以委托一至二人作为诉讼代理人。

第三十条 行政机关的同一行政行为涉及两个以上利害关系人，其中一部分利害关系人对行政行为不服提起诉讼，人民法院应当通知没有起诉的其他利害关系人作为第三人参加诉讼。

与行政案件处理结果有利害关系的第三人，可以申请参加诉讼，或者由人民法院通知其参加诉讼。人民法院判决其承担义务或者减损其权益的第三人，有权提出上诉或者申请再审。

行政诉讼法第二十九条规定的第三人，因不能归责于本人的事由未参加诉讼，但有证据证明发生法律效力的判决、裁定、调解书损害其合法权益的，可以依照行政诉讼法第九十条的规定，自知道或者应当知道其合法权益受到损害之日起六个月内，向上一级人民法院申请再审。

第三十一条 当事人委托诉讼代理人，应当向人民法院提交由委托人签名或者盖章的授权委托书。委托书应当载明委托事项和具体权限。公民在特殊情况下无法书面委托的，也可以由他人代书，并由自己捺印等方式确认，人民法院应当核实并记录在卷；被诉行政机关或者其他有义务协助的机关拒绝人民法院向被限制人身自由的公民核实的，视为委托成立。当事人解除或者变更委托的，应当书面报告人民法院。

第三十二条　依照行政诉讼法第三十一条第二款第二项规定，与当事人有合法劳动人事关系的职工，可以当事人工作人员的名义作为诉讼代理人。以当事人的工作人员身份参加诉讼活动，应当提交以下证据之一加以证明：

（一）缴纳社会保险记录凭证；

（二）领取工资凭证；

（三）其他能够证明其为当事人工作人员身份的证据。

第三十三条　根据行政诉讼法第三十一条第二款第三项规定，有关社会团体推荐公民担任诉讼代理人的，应当符合下列条件：

（一）社会团体属于依法登记设立或者依法免予登记设立的非营利性法人组织；

（二）被代理人属于该社会团体的成员，或者当事人一方住所地位于该社会团体的活动地域；

（三）代理事务属于该社会团体章程载明的业务范围；

（四）被推荐的公民是该社会团体的负责人或者与该社会团体有合法劳动人事关系的工作人员。

专利代理人经中华全国专利代理人协会推荐，可以在专利行政案件中担任诉讼代理人。

四、证　　据

第三十四条　根据行政诉讼法第三十六条第一款的规定，被告申请延期提供证据的，应当在收到起诉状副本之日起十五日内以书面方式向人民法院提出。人民法院准许延期提供的，被告应当在正当事由消除后十五日内提供证据。逾期提供的，视为被诉行政行为没有相应的证据。

第三十五条　原告或者第三人应当在开庭审理前或者人民法院指定的交

换证据清单之日提供证据。因正当事由申请延期提供证据的，经人民法院准许，可以在法庭调查中提供。逾期提供证据的，人民法院应当责令其说明理由；拒不说明理由或者理由不成立的，视为放弃举证权利。

原告或者第三人在第一审程序中无正当事由未提供而在第二审程序中提供的证据，人民法院不予接纳。

第三十六条 当事人申请延长举证期限，应当在举证期限届满前向人民法院提出书面申请。

申请理由成立的，人民法院应当准许，适当延长举证期限，并通知其他当事人。申请理由不成立的，人民法院不予准许，并通知申请人。

第三十七条 根据行政诉讼法第三十九条的规定，对当事人无争议，但涉及国家利益、公共利益或者他人合法权益的事实，人民法院可以责令当事人提供或者补充有关证据。

第三十八条 对于案情比较复杂或者证据数量较多的案件，人民法院可以组织当事人在开庭前向对方出示或者交换证据，并将交换证据清单的情况记录在卷。

当事人在庭前证据交换过程中没有争议并记录在卷的证据，经审判人员在庭审中说明后，可以作为认定案件事实的依据。

第三十九条 当事人申请调查收集证据，但该证据与待证事实无关联、对证明待证事实无意义或者其他无调查收集必要的，人民法院不予准许。

第四十条 人民法院在证人出庭作证前应当告知其如实作证的义务以及作伪证的法律后果。

证人因履行出庭作证义务而支出的交通、住宿、就餐等必要费用以及误工损失，由败诉一方当事人承担。

第四十一条 有下列情形之一，原告或者第三人要求相关行政执法人员出庭说明的，人民法院可以准许：

（一）对现场笔录的合法性或者真实性有异议的；

（二）对扣押财产的品种或者数量有异议的；

（三）对检验的物品取样或者保管有异议的；

（四）对行政执法人员身份的合法性有异议的；

（五）需要出庭说明的其他情形。

第四十二条　能够反映案件真实情况、与待证事实相关联、来源和形式符合法律规定的证据，应当作为认定案件事实的根据。

第四十三条　有下列情形之一的，属于行政诉讼法第四十三条第三款规定的"以非法手段取得的证据"：

（一）严重违反法定程序收集的证据材料；

（二）以违反法律强制性规定的手段获取且侵害他人合法权益的证据材料；

（三）以利诱、欺诈、胁迫、暴力等手段获取的证据材料。

第四十四条　人民法院认为有必要的，可以要求当事人本人或者行政机关执法人员到庭，就案件有关事实接受询问。在询问之前，可以要求其签署保证书。

保证书应当载明据实陈述、如有虚假陈述愿意接受处罚等内容。当事人或者行政机关执法人员应当在保证书上签名或者捺印。

负有举证责任的当事人拒绝到庭、拒绝接受询问或者拒绝签署保证书，待证事实又欠缺其他证据加以佐证的，人民法院对其主张的事实不予认定。

第四十五条　被告有证据证明其在行政程序中依照法定程序要求原告或者第三人提供证据，原告或者第三人依法应当提供而没有提供，在诉讼程序中提供的证据，人民法院一般不予采纳。

第四十六条　原告或者第三人确有证据证明被告持有的证据对原告或者第三人有利的，可以在开庭审理前书面申请人民法院责令行政机关提交。

申请理由成立的，人民法院应当责令行政机关提交，因提交证据所产生的费用，由申请人预付。行政机关无正当理由拒不提交的，人民法院可以推定原告或者第三人基于该证据主张的事实成立。

持有证据的当事人以妨碍对方当事人使用为目的，毁灭有关证据或者实施其他致使证据不能使用行为的，人民法院可以推定对方当事人基于该证据主张的事实成立，并可依照行政诉讼法第五十九条规定处理。

第四十七条　根据行政诉讼法第三十八条第二款的规定，在行政赔偿、补偿案件中，因被告的原因导致原告无法就损害情况举证的，应当由被告就该损害情况承担举证责任。

对于各方主张损失的价值无法认定的，应当由负有举证责任的一方当事人申请鉴定，但法律、法规、规章规定行政机关在作出行政行为时依法应当评估或者鉴定的除外；负有举证责任的当事人拒绝申请鉴定的，由其承担不利的法律后果。

当事人的损失因客观原因无法鉴定的，人民法院应当结合当事人的主张和在案证据，遵循法官职业道德，运用逻辑推理和生活经验、生活常识等，酌情确定赔偿数额。

五、期间、送达

第四十八条 期间包括法定期间和人民法院指定的期间。

期间以时、日、月、年计算。期间开始的时和日，不计算在期间内。

期间届满的最后一日是节假日的，以节假日后的第一日为期间届满的日期。

期间不包括在途时间，诉讼文书在期满前交邮的，视为在期限内发送。

第四十九条 行政诉讼法第五十一条第二款规定的立案期限，因起诉状内容欠缺或者有其他错误通知原告限期补正的，从补正后递交人民法院的次日起算。由上级人民法院转交下级人民法院立案的案件，从受诉人民法院收到起诉状的次日起算。

第五十条 行政诉讼法第八十一条、第八十三条、第八十八条规定的审理期限，是指从立案之日起至裁判宣告、调解书送达之日止的期间，但公告期间、鉴定期间、调解期间、中止诉讼期间、审理当事人提出的管辖异议以及处理人民法院之间的管辖争议期间不应计算在内。

再审案件按照第一审程序或者第二审程序审理的，适用行政诉讼法第八十一条、第八十八条规定的审理期限。审理期限自再审立案的次日起算。

基层人民法院申请延长审理期限，应当直接报请高级人民法院批准，同时报中级人民法院备案。

第五十一条 人民法院可以要求当事人签署送达地址确认书，当事人确认的送达地址为人民法院法律文书的送达地址。

当事人同意电子送达的，应当提供并确认传真号、电子信箱等电子送达地址。

当事人送达地址发生变更的,应当及时书面告知受理案件的人民法院;未及时告知的,人民法院按原地址送达,视为依法送达。

人民法院可以通过国家邮政机构以法院专递方式进行送达。

第五十二条 人民法院可以在当事人住所地以外向当事人直接送达诉讼文书。当事人拒绝签署送达回证的,采用拍照、录像等方式记录送达过程即视为送达。审判人员、书记员应当在送达回证上注明送达情况并签名。

六、起诉与受理

第五十三条 人民法院对符合起诉条件的案件应当立案,依法保障当事人行使诉讼权利。

对当事人依法提起的诉讼,人民法院应当根据行政诉讼法第五十一条的规定接收起诉状。能够判断符合起诉条件的,应当当场登记立案;当场不能判断是否符合起诉条件的,应当在接收起诉状后七日内决定是否立案;七日内仍不能作出判断的,应当先予立案。

第五十四条 依照行政诉讼法第四十九条的规定,公民、法人或者其他组织提起诉讼时应当提交以下起诉材料:

(一)原告的身份证明材料以及有效联系方式;

(二)被诉行政行为或者不作为存在的材料;

(三)原告与被诉行政行为具有利害关系的材料;

(四)人民法院认为需要提交的其他材料。

由法定代理人或者委托代理人代为起诉的,还应当在起诉状中写明或者在口头起诉时向人民法院说明法定代理人或者委托代理人的基本情况,并提交法定代理人或者委托代理人的身份证明和代理权限证明等材料。

第五十五条 依照行政诉讼法第五十一条的规定,人民法院应当就起诉状内容和材料是否完备以及是否符合行政诉讼法规定的起诉条件进行审查。

起诉状内容或者材料欠缺的,人民法院应当给予指导和释明,并一次性全面告知当事人需要补正的内容、补充的材料及期限。在指定期限内补正并符合起诉条件的,应当登记立案。当事人拒绝补正或者经补正仍不符合起诉条件的,退回诉状并记录在册;坚持起诉的,裁定不予立案,并载明不予立案的理由。

第五十六条 法律、法规规定应当先申请复议，公民、法人或者其他组织未申请复议直接提起诉讼的，人民法院裁定不予立案。

依照行政诉讼法第四十五条的规定，复议机关不受理复议申请或者在法定期限内不作出复议决定，公民、法人或者其他组织不服，依法向人民法院提起诉讼的，人民法院应当依法立案。

第五十七条 法律、法规未规定行政复议为提起行政诉讼必经程序，公民、法人或者其他组织既提起诉讼又申请行政复议的，由先立案的机关管辖；同时立案的，由公民、法人或者其他组织选择。公民、法人或者其他组织已经申请行政复议，在法定复议期间内又向人民法院提起诉讼的，人民法院裁定不予立案。

第五十八条 法律、法规未规定行政复议为提起行政诉讼必经程序，公民、法人或者其他组织向复议机关申请行政复议后，又经复议机关同意撤回复议申请，在法定起诉期限内对原行政行为提起诉讼的，人民法院应当依法立案。

第五十九条 公民、法人或者其他组织向复议机关申请行政复议后，复议机关作出维持决定的，应当以复议机关和原行为机关为共同被告，并以复议决定送达时间确定起诉期限。

第六十条 人民法院裁定准许原告撤诉后，原告以同一事实和理由重新起诉的，人民法院不予立案。

准予撤诉的裁定确有错误，原告申请再审的，人民法院应当通过审判监督程序撤销原准予撤诉的裁定，重新对案件进行审理。

第六十一条 原告或者上诉人未按规定的期限预交案件受理费，又不提出缓交、减交、免交申请，或者提出申请未获批准的，按自动撤诉处理。在按撤诉处理后，原告或者上诉人在法定期限内再次起诉或者上诉，并依法解决诉讼费预交问题的，人民法院应予立案。

第六十二条 人民法院判决撤销行政机关的行政行为后，公民、法人或者其他组织对行政机关重新作出的行政行为不服向人民法院起诉的，人民法院应当依法立案。

第六十三条 行政机关作出行政行为时，没有制作或者没有送达法律文书，公民、法人或者其他组织只要能证明行政行为存在，并在法定期限内起诉的，人民法院应当依法立案。

第六十四条 行政机关作出行政行为时，未告知公民、法人或者其他组织起诉期限的，起诉期限从公民、法人或者其他组织知道或者应当知道起诉期限之日起计算，但从知道或者应当知道行政行为内容之日起最长不得超过一年。

复议决定未告知公民、法人或者其他组织起诉期限的，适用前款规定。

第六十五条 公民、法人或者其他组织不知道行政机关作出的行政行为内容的，其起诉期限从知道或者应当知道该行政行为内容之日起计算，但最长不得超过行政诉讼法第四十六条第二款规定的起诉期限。

第六十六条 公民、法人或者其他组织依照行政诉讼法第四十七条第一款的规定，对行政机关不履行法定职责提起诉讼的，应当在行政机关履行法定职责期限届满之日起六个月内提出。

第六十七条 原告提供被告的名称等信息足以使被告与其他行政机关相区别的，可以认定为行政诉讼法第四十九条第二项规定的"有明确的被告"。

起诉状列写被告信息不足以认定明确的被告的，人民法院可以告知原告补正；原告补正后仍不能确定明确的被告的，人民法院裁定不予立案。

第六十八条 行政诉讼法第四十九条第三项规定的"有具体的诉讼请求"是指：

（一）请求判决撤销或者变更行政行为；

（二）请求判决行政机关履行特定法定职责或者给付义务；

（三）请求判决确认行政行为违法；

（四）请求判决确认行政行为无效；

（五）请求判决行政机关予以赔偿或者补偿；

（六）请求解决行政协议争议；

（七）请求一并审查规章以下规范性文件；

（八）请求一并解决相关民事争议；

（九）其他诉讼请求。

当事人单独或者一并提起行政赔偿、补偿诉讼的，应当有具体的赔偿、补偿事项以及数额；请求一并审查规章以下规范性文件的，应当提供明确的文件名称或者审查对象；请求一并解决相关民事争议的，应当有具体的民事诉讼请求。

当事人未能正确表达诉讼请求的，人民法院应当要求其明确诉讼请求。

第六十九条 有下列情形之一，已经立案的，应当裁定驳回起诉：

（一）不符合行政诉讼法第四十九条规定的；

（二）超过法定起诉期限且无行政诉讼法第四十八条规定情形的；

（三）错列被告且拒绝变更的；

（四）未按照法律规定由法定代理人、指定代理人、代表人为诉讼行为的；

（五）未按照法律、法规规定先向行政机关申请复议的；

（六）重复起诉的；

（七）撤回起诉后无正当理由再行起诉的；

（八）行政行为对其合法权益明显不产生实际影响的；

（九）诉讼标的已为生效裁判或者调解书所羁束的；

（十）其他不符合法定起诉条件的情形。

前款所列情形可以补正或者更正的，人民法院应当指定期间责令补正或者更正；在指定期间已经补正或者更正的，应当依法审理。

人民法院经过阅卷、调查或者询问当事人，认为不需要开庭审理的，可以迳行裁定驳回起诉。

第七十条 起诉状副本送达被告后，原告提出新的诉讼请求的，人民法院不予准许，但有正当理由的除外。

七、审理与判决

第七十一条 人民法院适用普通程序审理案件，应当在开庭三日前用传票传唤当事人。对证人、鉴定人、勘验人、翻译人员，应当用通知书通知其到庭。当事人或者其他诉讼参与人在外地的，应当留有必要的在途时间。

第七十二条 有下列情形之一的，可以延期开庭审理：

（一）应当到庭的当事人和其他诉讼参与人有正当理由没有到庭的；

（二）当事人临时提出回避申请且无法及时作出决定的；

（三）需要通知新的证人到庭，调取新的证据，重新鉴定、勘验，或者需要补充调查的；

（四）其他应当延期的情形。

第七十三条 根据行政诉讼法第二十七条的规定，有下列情形之一的，人民法院可以决定合并审理：

（一）两个以上行政机关分别对同一事实作出行政行为，公民、法人或者其他组织不服向同一人民法院起诉的；

（二）行政机关就同一事实对若干公民、法人或者其他组织分别作出行政行为，公民、法人或者其他组织不服分别向同一人民法院起诉的；

（三）在诉讼过程中，被告对原告作出新的行政行为，原告不服向同一人民法院起诉的；

（四）人民法院认为可以合并审理的其他情形。

第七十四条 当事人申请回避，应当说明理由，在案件开始审理时提出；回避事由在案件开始审理后知道的，应当在法庭辩论终结前提出。

被申请回避的人员，在人民法院作出是否回避的决定前，应当暂停参与本案的工作，但案件需要采取紧急措施的除外。

对当事人提出的回避申请，人民法院应当在三日内以口头或者书面形式作出决定。对当事人提出的明显不属于法定回避事由的申请，法庭可以依法当庭驳回。

申请人对驳回回避申请决定不服的，可以向作出决定的人民法院申请复议一次。复议期间，被申请回避的人员不停止参与本案的工作。对申请人的复议申请，人民法院应当在三日内作出复议决定，并通知复议申请人。

第七十五条 在一个审判程序中参与过本案审判工作的审判人员，不得再参与该案其他程序的审判。

发回重审的案件，在一审法院作出裁判后又进入第二审程序的，原第二审程序中合议庭组成人员不受前款规定的限制。

第七十六条 人民法院对于因一方当事人的行为或者其他原因，可能使行政行为或者人民法院生效裁判不能或者难以执行的案件，根据对方当事人的申请，可以裁定对其财产进行保全、责令其作出一定行为或者禁止其作出一定行为；当事人没有提出申请的，人民法院在必要时也可以裁定采取上述保全措施。

人民法院采取保全措施，可以责令申请人提供担保；申请人不提供担保的，裁定驳回申请。

人民法院接受申请后，对情况紧急的，必须在四十八小时内作出裁定；裁定采取保全措施的，应当立即开始执行。

当事人对保全的裁定不服的，可以申请复议；复议期间不停止裁定的执行。

第七十七条 利害关系人因情况紧急，不立即申请保全将会使其合法权益受到难以弥补的损害的，可以在提起诉讼前向被保全财产所在地、被申请人住所地或者对案件有管辖权的人民法院申请采取保全措施。申请人应当提供担保，不提供担保的，裁定驳回申请。

人民法院接受申请后，必须在四十八小时内作出裁定；裁定采取保全措施的，应当立即开始执行。

申请人在人民法院采取保全措施后三十日内不依法提起诉讼的，人民法院应当解除保全。

当事人对保全的裁定不服的，可以申请复议；复议期间不停止裁定的执行。

第七十八条 保全限于请求的范围，或者与本案有关的财物。

财产保全采取查封、扣押、冻结或者法律规定的其他方法。人民法院保全财产后，应当立即通知被保全人。

财产已被查封、冻结的，不得重复查封、冻结。

涉及财产的案件，被申请人提供担保的，人民法院应当裁定解除保全。

申请有错误的，申请人应当赔偿被申请人因保全所遭受的损失。

第七十九条 原告或者上诉人申请撤诉，人民法院裁定不予准许的，原告或者上诉人经传票传唤无正当理由拒不到庭，或者未经法庭许可中途退庭的，人民法院可以缺席判决。

第三人经传票传唤无正当理由拒不到庭，或者未经法庭许可中途退庭的，不发生阻止案件审理的效果。

根据行政诉讼法第五十八条的规定，被告经传票传唤无正当理由拒不到庭，或者未经法庭许可中途退庭的，人民法院可以按期开庭或者继续开庭审理，对到庭的当事人诉讼请求、双方的诉辩理由以及已经提交的证据及其他诉讼材料进行审理后，依法缺席判决。

第八十条 原告或者上诉人在庭审中明确拒绝陈述或者以其他方式拒绝陈述，导致庭审无法进行，经法庭释明法律后果后仍不陈述意见的，视为放弃陈述权利，由其承担不利的法律后果。

当事人申请撤诉或者依法可以按撤诉处理的案件，当事人有违反法律的行为需要依法处理的，人民法院可以不准许撤诉或者不按撤诉处理。

法庭辩论终结后原告申请撤诉，人民法院可以准许，但涉及到国家利益和社会公共利益的除外。

第八十一条 被告在一审期间改变被诉行政行为的，应当书面告知人民法院。

原告或者第三人对改变后的行政行为不服提起诉讼的，人民法院应当就改变后的行政行为进行审理。

被告改变原违法行政行为，原告仍要求确认原行政行为违法的，人民法院应当依法作出确认判决。

原告起诉被告不作为，在诉讼中被告作出行政行为，原告不撤诉的，人民法院应当就不作为依法作出确认判决。

第八十二条 当事人之间恶意串通，企图通过诉讼等方式侵害国家利益、社会公共利益或者他人合法权益的，人民法院应当裁定驳回起诉或者判决驳回其请求，并根据情节轻重予以罚款、拘留；构成犯罪的，依法追究刑事责任。

第八十三条 行政诉讼法第五十九条规定的罚款、拘留可以单独适用，也可以合并适用。

对同一妨害行政诉讼行为的罚款、拘留不得连续适用。发生新的妨害行政诉讼行为的，人民法院可以重新予以罚款、拘留。

第八十四条 人民法院审理行政诉讼法第六十条第一款规定的行政案件，认为法律关系明确、事实清楚，在征得当事人双方同意后，可以迳行调解。

第八十五条 调解达成协议，人民法院应当制作调解书。调解书应当写明诉讼请求、案件的事实和调解结果。

调解书由审判人员、书记员署名，加盖人民法院印章，送达双方当事人。

调解书经双方当事人签收后，即具有法律效力。调解书生效日期根据最后收到调解书的当事人签收的日期确定。

第八十六条 人民法院审理行政案件，调解过程不公开，但当事人同意公开的除外。

经人民法院准许，第三人可以参加调解。人民法院认为有必要的，可以通知第三人参加调解。

调解协议内容不公开，但为保护国家利益、社会公共利益、他人合法权益，人民法院认为确有必要公开的除外。

当事人一方或者双方不愿调解、调解未达成协议的，人民法院应当及时判决。

当事人自行和解或者调解达成协议后，请求人民法院按照和解协议或者调解协议的内容制作判决书的，人民法院不予准许。

第八十七条 在诉讼过程中，有下列情形之一的，中止诉讼：

（一）原告死亡，须等待其近亲属表明是否参加诉讼的；

（二）原告丧失诉讼行为能力，尚未确定法定代理人的；

（三）作为一方当事人的行政机关、法人或者其他组织终止，尚未确定权利义务承受人的；

（四）一方当事人因不可抗力的事由不能参加诉讼的；

（五）案件涉及法律适用问题，需要送请有权机关作出解释或者确认的；

（六）案件的审判须以相关民事、刑事或者其他行政案件的审理结果为依据，而相关案件尚未审结的；

（七）其他应当中止诉讼的情形。

中止诉讼的原因消除后，恢复诉讼。

第八十八条 在诉讼过程中，有下列情形之一的，终结诉讼：

（一）原告死亡，没有近亲属或者近亲属放弃诉讼权利的；

（二）作为原告的法人或者其他组织终止后，其权利义务的承受人放弃诉讼权利的。

因本解释第八十七条第一款第一、二、三项原因中止诉讼满九十日仍无人继续诉讼的，裁定终结诉讼，但有特殊情况的除外。

第八十九条 复议决定改变原行政行为错误，人民法院判决撤销复议决定时，可以一并责令复议机关重新作出复议决定或者判决恢复原行政行为的法律效力。

第九十条 人民法院判决被告重新作出行政行为，被告重新作出的行政行为与原行政行为的结果相同，但主要事实或者主要理由有改变的，不属于行政诉讼法第七十一条规定的情形。

人民法院以违反法定程序为由，判决撤销被诉行政行为的，行政机关重新作出行政行为不受行政诉讼法第七十一条规定的限制。

行政机关以同一事实和理由重新作出与原行政行为基本相同的行政行为，人民法院应当根据行政诉讼法第七十条、第七十一条的规定判决撤销或者部分撤销，并根据行政诉讼法第九十六条的规定处理。

第九十一条 原告请求被告履行法定职责的理由成立，被告违法拒绝履行或者无正当理由逾期不予答复的，人民法院可以根据行政诉讼法第七十二条的规定，判决被告在一定期限内依法履行原告请求的法定职责；尚需被告调查或者裁量的，应当判决被告针对原告的请求重新作出处理。

第九十二条 原告申请被告依法履行支付抚恤金、最低生活保障待遇或者社会保险待遇等给付义务的理由成立，被告依法负有给付义务而拒绝或者拖延履行义务的，人民法院可以根据行政诉讼法第七十三条的规定，判决被告在一定期限内履行相应的给付义务。

第九十三条 原告请求被告履行法定职责或者依法履行支付抚恤金、最低生活保障待遇或者社会保险待遇等给付义务，原告未先向行政机关提出申请的，人民法院裁定驳回起诉。

人民法院经审理认为原告所请求履行的法定职责或者给付义务明显不属于行政机关权限范围的，可以裁定驳回起诉。

第九十四条 公民、法人或者其他组织起诉请求撤销行政行为，人民法院经审查认为行政行为无效的，应当作出确认无效的判决。

公民、法人或者其他组织起诉请求确认行政行为无效，人民法院审查认为行政行为不属于无效情形，经释明，原告请求撤销行政行为的，应当继续审理并依法作出相应判决；原告请求撤销行政行为但超过法定起诉期限的，裁定驳回起诉；原告拒绝变更诉讼请求的，判决驳回其诉讼请求。

第九十五条 人民法院经审理认为被诉行政行为违法或者无效，可能给原告造成损失,经释明,原告请求一并解决行政赔偿争议的,人民法院可以就赔偿事项进行调解;调解不成的,应当一并判决。人民法院也可以告知其就赔偿事项另行提起诉讼。

第九十六条 有下列情形之一,且对原告依法享有的听证、陈述、申辩等重要程序性权利不产生实质损害的,属于行政诉讼法第七十四条第一款第二项规定的"程序轻微违法":

(一)处理期限轻微违法;

(二)通知、送达等程序轻微违法;

(三)其他程序轻微违法的情形。

第九十七条 原告或者第三人的损失系由其自身过错和行政机关的违法行政行为共同造成的,人民法院应当依据各方行为与损害结果之间有无因果关系以及在损害发生和结果中作用力的大小,确定行政机关相应的赔偿责任。

第九十八条 因行政机关不履行、拖延履行法定职责,致使公民、法人或者其他组织的合法权益遭受损害的,人民法院应当判决行政机关承担行政赔偿责任。在确定赔偿数额时,应当考虑该不履行、拖延履行法定职责的行为在损害发生过程和结果中所起的作用等因素。

第九十九条 有下列情形之一的,属于行政诉讼法第七十五条规定的"重大且明显违法":

(一)行政行为实施主体不具有行政主体资格;

(二)减损权利或者增加义务的行政行为没有法律规范依据;

(三)行政行为的内容客观上不可能实施;

(四)其他重大且明显违法的情形。

第一百条 人民法院审理行政案件,适用最高人民法院司法解释的,应当在裁判文书中援引。

人民法院审理行政案件,可以在裁判文书中引用合法有效的规章及其他规范性文件。

第一百零一条 裁定适用于下列范围:

(一)不予立案;

(二)驳回起诉;

(三)管辖异议;

（四）终结诉讼；

（五）中止诉讼；

（六）移送或者指定管辖；

（七）诉讼期间停止行政行为的执行或者驳回停止执行的申请；

（八）财产保全；

（九）先予执行；

（十）准许或者不准许撤诉；

（十一）补正裁判文书中的笔误；

（十二）中止或者终结执行；

（十三）提审、指令再审或者发回重审；

（十四）准许或者不准许执行行政机关的行政行为；

（十五）其他需要裁定的事项。

对第一、二、三项裁定，当事人可以上诉。

裁定书应当写明裁定结果和作出该裁定的理由。裁定书由审判人员、书记员署名，加盖人民法院印章。口头裁定的，记入笔录。

第一百零二条 行政诉讼法第八十二条规定的行政案件中的"事实清楚"，是指当事人对争议的事实陈述基本一致，并能提供相应的证据，无须人民法院调查收集证据即可查明事实；"权利义务关系明确"，是指行政法律关系中权利和义务能够明确区分；"争议不大"，是指当事人对行政行为的合法性、责任承担等没有实质分歧。

第一百零三条 适用简易程序审理的行政案件，人民法院可以用口头通知、电话、短信、传真、电子邮件等简便方式传唤当事人、通知证人、送达裁判文书以外的诉讼文书。

以简便方式送达的开庭通知，未经当事人确认或者没有其他证据证明当事人已经收到的，人民法院不得缺席判决。

第一百零四条 适用简易程序案件的举证期限由人民法院确定，也可以由当事人协商一致并经人民法院准许，但不得超过十五日。被告要求书面答辩的，人民法院可以确定合理的答辩期间。

人民法院应当将举证期限和开庭日期告知双方当事人，并向当事人说明逾期举证以及拒不到庭的法律后果，由双方当事人在笔录和开庭传票的送达回证上签名或者捺印。

当事人双方均表示同意立即开庭或者缩短举证期限、答辩期间的，人民法院可以立即开庭审理或者确定近期开庭。

第一百零五条 人民法院发现案情复杂，需要转为普通程序审理的，应当在审理期限届满前作出裁定并将合议庭组成人员及相关事项书面通知双方当事人。

案件转为普通程序审理的，审理期限自人民法院立案之日起计算。

第一百零六条 当事人就已经提起诉讼的事项在诉讼过程中或者裁判生效后再次起诉，同时具有下列情形的，构成重复起诉：

（一）后诉与前诉的当事人相同；

（二）后诉与前诉的诉讼标的相同；

（三）后诉与前诉的诉讼请求相同，或者后诉的诉讼请求被前诉裁判所包含。

第一百零七条 第一审人民法院作出判决和裁定后，当事人均提起上诉的，上诉各方均为上诉人。

诉讼当事人中的一部分人提出上诉，没有提出上诉的对方当事人为被上诉人，其他当事人依原审诉讼地位列明。

第一百零八条 当事人提出上诉，应当按照其他当事人或者诉讼代表人的人数提出上诉状副本。

原审人民法院收到上诉状，应当在五日内将上诉状副本发送其他当事人，对方当事人应当在收到上诉状副本之日起十五日内提出答辩状。

原审人民法院应当在收到答辩状之日起五日内将副本发送上诉人。对方当事人不提出答辩状的，不影响人民法院审理。

原审人民法院收到上诉状、答辩状，应当在五日内连同全部案卷和证据，报送第二审人民法院；已经预收的诉讼费用，一并报送。

第一百零九条 第二审人民法院经审理认为原审人民法院不予立案或者驳回起诉的裁定确有错误且当事人的起诉符合起诉条件的，应当裁定撤销原审人民法院的裁定，指令原审人民法院依法立案或者继续审理。

第二审人民法院裁定发回原审人民法院重新审理的行政案件，原审人民法院应当另行组成合议庭进行审理。

原审判决遗漏了必须参加诉讼的当事人或者诉讼请求的,第二审人民法院应当裁定撤销原审判决,发回重审。

原审判决遗漏行政赔偿请求,第二审人民法院经审查认为依法不应当予以赔偿的,应当判决驳回行政赔偿请求。

原审判决遗漏行政赔偿请求,第二审人民法院经审理认为依法应当予以赔偿的,在确认被诉行政行为违法的同时,可以就行政赔偿问题进行调解;调解不成的,应当就行政赔偿部分发回重审。

当事人在第二审期间提出行政赔偿请求的,第二审人民法院可以进行调解;调解不成的,应当告知当事人另行起诉。

第一百一十条 当事人向上一级人民法院申请再审,应当在判决、裁定或者调解书发生法律效力后六个月内提出。有下列情形之一的,自知道或者应当知道之日起六个月内提出:

(一) 有新的证据,足以推翻原判决、裁定的;

(二) 原判决、裁定认定事实的主要证据是伪造的;

(三) 据以作出原判决、裁定的法律文书被撤销或者变更的;

(四) 审判人员审理该案件时有贪污受贿、徇私舞弊、枉法裁判行为的。

第一百一十一条 当事人申请再审的,应当提交再审申请书等材料。人民法院认为有必要的,可以自收到再审申请书之日起五日内将再审申请书副本发送对方当事人。对方当事人应当自收到再审申请书副本之日起十五日内提交书面意见。人民法院可以要求申请人和对方当事人补充有关材料,询问有关事项。

第一百一十二条 人民法院应当自再审申请案件立案之日起六个月内审查,有特殊情况需要延长的,由本院院长批准。

第一百一十三条 人民法院根据审查再审申请案件的需要决定是否询问当事人;新的证据可能推翻原判决、裁定的,人民法院应当询问当事人。

第一百一十四条 审查再审申请期间,被申请人及原审其他当事人依法提出再审申请的,人民法院应当将其列为再审申请人,对其再审事由一并审查,审查期限重新计算。经审查,其中一方再审申请人主张的再审事由成立的,应当裁定再审。各方再审申请人主张的再审事由均不成立的,一并裁定驳回再审申请。

第一百一十五条　审查再审申请期间，再审申请人申请人民法院委托鉴定、勘验的，人民法院不予准许。

审查再审申请期间，再审申请人撤回再审申请的，是否准许，由人民法院裁定。

再审申请人经传票传唤，无正当理由拒不接受询问的，按撤回再审申请处理。

人民法院准许撤回再审申请或者按撤回再审申请处理后，再审申请人再次申请再审的，不予立案，但有行政诉讼法第九十一条第二项、第三项、第七项、第八项规定情形，自知道或者应当知道之日起六个月内提出的除外。

第一百一十六条　当事人主张的再审事由成立，且符合行政诉讼法和本解释规定的申请再审条件的，人民法院应当裁定再审。

当事人主张的再审事由不成立，或者当事人申请再审超过法定申请再审期限、超出法定再审事由范围等不符合行政诉讼法和本解释规定的申请再审条件的，人民法院应当裁定驳回再审申请。

第一百一十七条　有下列情形之一的，当事人可以向人民检察院申请抗诉或者检察建议：

（一）人民法院驳回再审申请的；

（二）人民法院逾期未对再审申请作出裁定的；

（三）再审判决、裁定有明显错误的。

人民法院基于抗诉或者检察建议作出再审判决、裁定后，当事人申请再审的，人民法院不予立案。

第一百一十八条　按照审判监督程序决定再审的案件，裁定中止原判决、裁定、调解书的执行，但支付抚恤金、最低生活保障费或者社会保险待遇的案件，可以不中止执行。

上级人民法院决定提审或者指令下级人民法院再审的，应当作出裁定，裁定应当写明中止原判决的执行；情况紧急的，可以将中止执行的裁定口头通知负责执行的人民法院或者作出生效判决、裁定的人民法院，但应当在口头通知后十日内发出裁定书。

第一百一十九条　人民法院按照审判监督程序再审的案件，发生法律效力的判决、裁定是由第一审法院作出的，按照第一审程序审理，所作的判决、裁定，当事人可以上诉；发生法律效力的判决、裁定是由第二审法院作出的，按照第二审程序审理，所作的判决、裁定，是发生法律效力的判决、裁定；上级人民法院按照审判监督程序提审的，按照第二审程序审理，所作的判决、裁定是发生法律效力的判决、裁定。

人民法院审理再审案件，应当另行组成合议庭。

第一百二十条 人民法院审理再审案件应当围绕再审请求和被诉行政行为合法性进行。当事人的再审请求超出原审诉讼请求，符合另案诉讼条件的，告知当事人可以另行起诉。

被申请人及原审其他当事人在庭审辩论结束前提出的再审请求，符合本解释规定的申请期限的，人民法院应当一并审理。

人民法院经再审，发现已经发生法律效力的判决、裁定损害国家利益、社会公共利益、他人合法权益的，应当一并审理。

第一百二十一条 再审审理期间，有下列情形之一的，裁定终结再审程序：

（一）再审申请人在再审期间撤回再审请求，人民法院准许的；

（二）再审申请人经传票传唤，无正当理由拒不到庭的，或者未经法庭许可中途退庭，按撤回再审请求处理的；

（三）人民检察院撤回抗诉的；

（四）其他应当终结再审程序的情形。

因人民检察院提出抗诉裁定再审的案件，申请抗诉的当事人有前款规定的情形，且不损害国家利益、社会公共利益或者他人合法权益的，人民法院裁定终结再审程序。

再审程序终结后，人民法院裁定中止执行的原生效判决自动恢复执行。

第一百二十二条 人民法院审理再审案件，认为原生效判决、裁定确有错误，在撤销原生效判决或者裁定的同时，可以对生效判决、裁定的内容作出相应裁判，也可以裁定撤销生效判决或者裁定，发回作出生效判决、裁定的人民法院重新审理。

第一百二十三条 人民法院审理二审案件和再审案件，对原审法院立案、不予立案或者驳回起诉错误的，应当分别情况作如下处理：

（一）第一审人民法院作出实体判决后，第二审人民法院认为不应当立案

的,在撤销第一审人民法院判决的同时,可以迳行驳回起诉;

(二)第二审人民法院维持第一审人民法院不予立案裁定错误的,再审法院应当撤销第一审、第二审人民法院裁定,指令第一审人民法院受理;

(三)第二审人民法院维持第一审人民法院驳回起诉裁定错误的,再审法院应当撤销第一审、第二审人民法院裁定,指令第一审人民法院审理。

第一百二十四条 人民检察院提出抗诉的案件,接受抗诉的人民法院应当自收到抗诉书之日起三十日内作出再审的裁定;有行政诉讼法第九十一条第二、三项规定情形之一的,可以指令下一级人民法院再审,但经该下一级人民法院再审过的除外。

人民法院在审查抗诉材料期间,当事人之间已经达成和解协议的,人民法院可以建议人民检察院撤回抗诉。

第一百二十五条 人民检察院提出抗诉的案件,人民法院再审开庭时,应当在开庭三日前通知人民检察院派员出庭。

第一百二十六条 人民法院收到再审检察建议后,应当组成合议庭,在三个月内进行审查,发现原判决、裁定、调解书确有错误,需要再审的,依照行政诉讼法第九十二条规定裁定再审,并通知当事人;经审查,决定不予再审的,应当书面回复人民检察院。

第一百二十七条 人民法院审理因人民检察院抗诉或者检察建议裁定再审的案件,不受此前已经作出的驳回当事人再审申请裁定的限制。

八、行政机关负责人出庭应诉

第一百二十八条 行政诉讼法第三条第三款规定的行政机关负责人,包括行政机关的正职、副职负责人以及其他参与分管的负责人。

行政机关负责人出庭应诉的,可以另行委托一至二名诉讼代理人。行政机关负责人不能出庭的,应当委托行政机关相应的工作人员出庭,不得仅委托律师出庭。

第一百二十九条 涉及重大公共利益、社会高度关注或者可能引发群体性事件等案件以及人民法院书面建议行政机关负责人出庭的案件,被诉行政机关负责人应当出庭。

被诉行政机关负责人出庭应诉的，应当在当事人及其诉讼代理人基本情况、案件由来部分予以列明。

行政机关负责人有正当理由不能出庭应诉的，应当向人民法院提交情况说明，并加盖行政机关印章或者由该机关主要负责人签字认可。

行政机关拒绝说明理由的，不发生阻止案件审理的效果，人民法院可以向监察机关、上一级行政机关提出司法建议。

第一百三十条 行政诉讼法第三条第三款规定的"行政机关相应的工作人员"，包括该行政机关具有国家行政编制身份的工作人员以及其他依法履行公职的人员。

被诉行政行为是地方人民政府作出的，地方人民政府法制工作机构的工作人员，以及被诉行政行为具体承办机关工作人员，可以视为被诉人民政府相应的工作人员。

第一百三十一条 行政机关负责人出庭应诉的，应当向人民法院提交能够证明该行政机关负责人职务的材料。

行政机关委托相应的工作人员出庭应诉的，应当向人民法院提交加盖行政机关印章的授权委托书，并载明工作人员的姓名、职务和代理权限。

第一百三十二条 行政机关负责人和行政机关相应的工作人员均不出庭，仅委托律师出庭的或者人民法院书面建议行政机关负责人出庭应诉，行政机关负责人不出庭应诉的，人民法院应当记录在案和在裁判文书中载明，并可以建议有关机关依法作出处理。

九、复议机关作共同被告

第一百三十三条 行政诉讼法第二十六条第二款规定的"复议机关决定维持原行政行为"，包括复议机关驳回复议申请或者复议请求的情形，但以复议申请不符合受理条件为由驳回的除外。

第一百三十四条 复议机关决定维持原行政行为的，作出原行政行为的行政机关和复议机关是共同被告。原告只起诉作出原行政行为的行政机关或者复议机关的，人民法院应当告知原告追加被告。原告不同意追加的，人民法院应当将另一机关列为共同被告。

行政复议决定既有维持原行政行为内容，又有改变原行政行为内容或者不予受理申请内容的，作出原行政行为的行政机关和复议机关为共同被告。

复议机关作共同被告的案件，以作出原行政行为的行政机关确定案件的级别管辖。

第一百三十五条 复议机关决定维持原行政行为的，人民法院应当在审查原行政行为合法性的同时，一并审查复议决定的合法性。

作出原行政行为的行政机关和复议机关对原行政行为合法性共同承担举证责任，可以由其中一个机关实施举证行为。复议机关对复议决定的合法性承担举证责任。

复议机关作共同被告的案件，复议机关在复议程序中依法收集和补充的证据，可以作为人民法院认定复议决定和原行政行为合法的依据。

第一百三十六条 人民法院对原行政行为作出判决的同时，应当对复议决定一并作出相应判决。

人民法院依职权追加作出原行政行为的行政机关或者复议机关为共同被告的，对原行政行为或者复议决定可以作出相应判决。

人民法院判决撤销原行政行为和复议决定的，可以判决作出原行政行为的行政机关重新作出行政行为。

人民法院判决作出原行政行为的行政机关履行法定职责或者给付义务的，应当同时判决撤销复议决定。

原行政行为合法、复议决定违法的，人民法院可以判决撤销复议决定或者确认复议决定违法，同时判决驳回原告针对原行政行为的诉讼请求。

原行政行为被撤销、确认违法或者无效，给原告造成损失的，应当由作出原行政行为的行政机关承担赔偿责任；因复议决定加重损害的，由复议机关对加重部分承担赔偿责任。

原行政行为不符合复议或者诉讼受案范围等受理条件，复议机关作出维持决定的，人民法院应当裁定一并驳回对原行政行为和复议决定的起诉。

十、相关民事争议的一并审理

第一百三十七条 公民、法人或者其他组织请求一并审理行政诉讼法第六十一条规定的相关民事争议,应当在第一审开庭审理前提出;有正当理由的,也可以在法庭调查中提出。

第一百三十八条 人民法院决定在行政诉讼中一并审理相关民事争议,或者案件当事人一致同意相关民事争议在行政诉讼中一并解决,人民法院准许的,由受理行政案件的人民法院管辖。

公民、法人或者其他组织请求一并审理相关民事争议,人民法院经审查发现行政案件已经超过起诉期限,民事案件尚未立案的,告知当事人另行提起民事诉讼;民事案件已经立案的,由原审判组织继续审理。

人民法院在审理行政案件中发现民事争议为解决行政争议的基础,当事人没有请求人民法院一并审理相关民事争议的,人民法院应当告知当事人依法申请一并解决民事争议。当事人就民事争议另行提起民事诉讼并已立案的,人民法院应当中止行政诉讼的审理。民事争议处理期间不计算在行政诉讼审理期限内。

第一百三十九条 有下列情形之一的,人民法院应当作出不予准许一并审理民事争议的决定,并告知当事人可以依法通过其他渠道主张权利:

(一)法律规定应当由行政机关先行处理的;

(二)违反民事诉讼法专属管辖规定或者协议管辖约定的;

(三)约定仲裁或者已经提起民事诉讼的;

(四)其他不宜一并审理民事争议的情形。

对不予准许的决定可以申请复议一次。

第一百四十条 人民法院在行政诉讼中一并审理相关民事争议的,民事争议应当单独立案,由同一审判组织审理。

人民法院审理行政机关对民事争议所作裁决的案件,一并审理民事争议的,不另行立案。

第一百四十一条 人民法院一并审理相关民事争议,适用民事法律规范的相关规定,法律另有规定的除外。

当事人在调解中对民事权益的处分,不能作为审查被诉行政行为合法性的根据。

第一百四十二条 对行政争议和民事争议应当分别裁判。

当事人仅对行政裁判或者民事裁判提出上诉的,未上诉的裁判在上诉期满后即发生法律效力。第一审人民法院应当将全部案卷一并移送第二审人民法院,由行政审判庭审理。第二审人民法院发现未上诉的生效裁判确有错误的,应当按照审判监督程序再审。

第一百四十三条 行政诉讼原告在宣判前申请撤诉的,是否准许由人民法院裁定。人民法院裁定准许行政诉讼原告撤诉,但其对已经提起的一并审理相关民事争议不撤诉的,人民法院应当继续审理。

第一百四十四条 人民法院一并审理相关民事争议,应当按行政案件、民事案件的标准分别收取诉讼费用。

十一、规范性文件的一并审查

第一百四十五条 公民、法人或者其他组织在对行政行为提起诉讼时一并请求对所依据的规范性文件审查的,由行政行为案件管辖法院一并审查。

第一百四十六条 公民、法人或者其他组织请求人民法院一并审查行政诉讼法第五十三条规定的规范性文件,应当在第一审开庭审理前提出;有正当理由的,也可以在法庭调查中提出。

第一百四十七条 人民法院在对规范性文件审查过程中,发现规范性文件可能不合法的,应当听取规范性文件制定机关的意见。

制定机关申请出庭陈述意见的,人民法院应当准许。

行政机关未陈述意见或者未提供相关证明材料的,不能阻止人民法院对规范性文件进行审查。

第一百四十八条 人民法院对规范性文件进行一并审查时,可以从规范性文件制定机关是否超越权限或者违反法定程序、作出行政行为所依据的条款以及相关条款等方面进行。

有下列情形之一的,属于行政诉讼法第六十四条规定的"规范性文件不合法":

(一)超越制定机关的法定职权或者超越法律、法规、规章的授权范围的;

(二)与法律、法规、规章等上位法的规定相抵触的;

(三)没有法律、法规、规章依据,违法增加公民、法人和其他组织义务或者减损公民、法人和其他组织合法权益的；

（四）未履行法定批准程序、公开发布程序，严重违反制定程序的；

（五）其他违反法律、法规以及规章规定的情形。

第一百四十九条 人民法院经审查认为行政行为所依据的规范性文件合法的，应当作为认定行政行为合法的依据；经审查认为规范性文件不合法的，不作为人民法院认定行政行为合法的依据，并在裁判理由中予以阐明。作出生效裁判的人民法院应当向规范性文件的制定机关提出处理建议，并可以抄送制定机关的同级人民政府、上一级行政机关、监察机关以及规范性文件的备案机关。

规范性文件不合法的，人民法院可以在裁判生效之日起三个月内，向规范性文件制定机关提出修改或者废止该规范性文件的司法建议。

规范性文件由多个部门联合制定的，人民法院可以向该规范性文件的主办机关或者共同上一级行政机关发送司法建议。

接收司法建议的行政机关应当在收到司法建议之日起六十日内予以书面答复。情况紧急的，人民法院可以建议制定机关或者其上一级行政机关立即停止执行该规范性文件。

第一百五十条 人民法院认为规范性文件不合法的，应当在裁判生效后报送上一级人民法院进行备案。涉及国务院部门、省级行政机关制定的规范性文件，司法建议还应当分别层报最高人民法院、高级人民法院备案。

第一百五十一条 各级人民法院院长对本院已经发生法律效力的判决、裁定，发现规范性文件合法性认定错误，认为需要再审的，应当提交审判委员会讨论。

最高人民法院对地方各级人民法院已经发生法律效力的判决、裁定，上级人民法院对下级人民法院已经发生法律效力的判决、裁定，发现规范性文件合法性认定错误的，有权提审或者指令下级人民法院再审。

十二、执　　行

第一百五十二条 对发生法律效力的行政判决书、行政裁定书、行政赔偿判决书和行政调解书，负有义务的一方当事人拒绝履行的，对方当事人可以依法申请人民法院强制执行。

人民法院判决行政机关履行行政赔偿、行政补偿或者其他行政给付义务，行政机关拒不履行的，对方当事人可以依法向法院申请强制执行。

第一百五十三条 申请执行的期限为二年。申请执行时效的中止、中断，适用法律有关规定。

申请执行的期限从法律文书规定的履行期间最后一日起计算；法律文书规定分期履行的，从规定的每次履行期间的最后一日起计算；法律文书中没有规定履行期限的，从该法律文书送达当事人之日起计算。

逾期申请的，除有正当理由外，人民法院不予受理。

第一百五十四条 发生法律效力的行政判决书、行政裁定书、行政赔偿判决书和行政调解书，由第一审人民法院执行。

第一审人民法院认为情况特殊，需要由第二审人民法院执行的，可以报请第二审人民法院执行；第二审人民法院可以决定由其执行，也可以决定由第一审人民法院执行。

第一百五十五条 行政机关根据行政诉讼法第九十七条的规定申请执行其行政行为，应当具备以下条件：

（一）行政行为依法可以由人民法院执行；

（二）行政行为已经生效并具有可执行内容；

（三）申请人是作出该行政行为的行政机关或者法律、法规、规章授权的组织；

（四）被申请人是该行政行为所确定的义务人；

（五）被申请人在行政行为确定的期限内或者行政机关催告期限内未履行义务；

（六）申请人在法定期限内提出申请；

（七）被申请执行的行政案件属于受理执行申请的人民法院管辖。

行政机关申请人民法院执行，应当提交行政强制法第五十五条规定的相关材料。

人民法院对符合条件的申请，应当在五日内立案受理，并通知申请人；对不符合条件的申请，应当裁定不予受理。行政机关对不予受理裁定有异议，在十五日内向上一级人民法院申请复议的，上一级人民法院应当在收到复议申请之日起十五日内作出裁定。

第一百五十六条 没有强制执行权的行政机关申请人民法院强制执行其行政行为，应当自被执行人的法定起诉期限届满之日起三个月内提出。逾期申请的，除有正当理由外，人民法院不予受理。

第一百五十七条 行政机关申请人民法院强制执行其行政行为的，由申请人所在地的基层人民法院受理；执行对象为不动产的，由不动产所在地的基层人民法院受理。

基层人民法院认为执行确有困难的，可以报请上级人民法院执行；上级人民法院可以决定由其执行，也可以决定由下级人民法院执行。

第一百五十八条 行政机关根据法律的授权对平等主体之间民事争议作出裁决后，当事人在法定期限内不起诉又不履行，作出裁决的行政机关在申请执行的期限内未申请人民法院强制执行的，生效行政裁决确定的权利人或者其继承人、权利承受人在六个月内可以申请人民法院强制执行。

享有权利的公民、法人或者其他组织申请人民法院强制执行生效行政裁决，参照行政机关申请人民法院强制执行行政行为的规定。

第一百五十九条 行政机关或者行政行为确定的权利人申请人民法院强制执行前，有充分理由认为被执行人可能逃避执行的，可以申请人民法院采取财产保全措施。后者申请强制执行的，应当提供相应的财产担保。

第一百六十条 人民法院受理行政机关申请执行其行政行为的案件后，应当在七日内由行政审判庭对行政行为的合法性进行审查，并作出是否准予执行的裁定。

人民法院在作出裁定前发现行政行为明显违法并损害被执行人合法权益的，应当听取被执行人和行政机关的意见，并自受理之日起三十日内作出是否准予执行的裁定。

需要采取强制执行措施的，由本院负责强制执行非诉行政行为的机构执行。

第一百六十一条 被申请执行的行政行为有下列情形之一的，人民法院应当裁定不准予执行：

（一）实施主体不具有行政主体资格的；

（二）明显缺乏事实根据的；

（三）明显缺乏法律、法规依据的；

（四）其他明显违法并损害被执行人合法权益的情形。

行政机关对不准予执行的裁定有异议，在十五日内向上一级人民法院申请复议的，上一级人民法院应当在收到复议申请之日起三十日内作出裁定。

十三、附　　则

第一百六十二条　公民、法人或者其他组织对 2015 年 5 月 1 日之前作出的行政行为提起诉讼，请求确认行政行为无效的，人民法院不予立案。

第一百六十三条　本解释自 2018 年 2 月 8 日起施行。

本解释施行后，《最高人民法院关于执行〈中华人民共和国行政诉讼法〉若干问题的解释》（法释〔2000〕8 号）、《最高人民法院关于适用〈中华人民共和国行政诉讼法〉若干问题的解释》（法释〔2015〕9 号）同时废止。最高人民法院以前发布的司法解释与本解释不一致的，不再适用。

第二部分　条文释义

引 言

为正确适用《中华人民共和国行政诉讼法》(以下简称行政诉讼法),结合人民法院行政审判工作实际,制定本解释。

【条文主旨】

引言是关于《行诉解释》制定目的和根据的概括规定。

【条文释义】

引言主要包括两个方面内容。

一是制定本解释的目的。本解释的目的是为了正确理解和适用行政诉讼法。1949年以来,人民法院行政审判工作从无到有,从小到大,经历了一个不平凡的发展历程。人民法院行政审判工作的源头可以从中华人民共和国成立初期谈起。1949年9月29日公布的《中国人民政治协商会议共同纲领》第十九条第二款规定:"人民和人民团体有权向人民监察机关或人民司法机关控告任何国家机关和任何公务人员的违法失职行为。"这一规定十分明确地为我国建立行政诉讼制度奠定了基础,为行政诉讼制度的创立提供了宪法性依据。1954年宪法第九十七条规定:"中华人民共和国公民对于任何违法失职的国家机关工作人员,有向各级国家机关提出书面控告或者口头控告的权利。……"这一规定也包含了对行政诉讼制度的确认。当时,一些单行性的文件对行政诉讼作过一些规定。例如,1950年6月30日公布实施的土地改革法第三十一条规定,农民对区乡政府批准评定的成分,本人或者其他人有不同意见的,可以于批准后15日内向县人民法庭提出申诉,由其判决执行。1950年劳动部颁布的《关于劳动争议解决程序的规定》中规定,对劳动行政机关的仲裁不服,劳动争议当事人可以提请人民法院处理。类似的规范性文件还有,1952年政务院《关于"五反"运动中成立人民法庭的规定》中规定,工商户对于节约检查委会关于守法户、基本守法户和半守法户半违法户的审定和处理不服时，可以请求市人民法庭或市、县人民法院处理之。此外，类似的规定还可见1953年政务院《输出输入商品检验暂行条例》、1954年《海港管理暂行条例》等。但是，从现有资料看，似乎鲜有行政相对人不服上述行政行为提起行政诉讼的记载。1949年12月，中央人民政府委员会批准《最高人民法院试行组织条例》，规定在最高人民法院设置行政审判庭，为建立行政审判机构提供了法律依据。但是，由于种种原因，人民法院行政审判机构并没有建立。人民法院行政审判工作真正开展是在1979年改革开放以后，其是我国改革开放的重大法治成果。1980年通过的中外合资经营企业所得税法、1981年通过的外国企业所得税法和经济合同法、1982年的《国家建设征用土地条例》均规定人民法院可以受理行政案件。此后，越来越多的法律法规作了类似规定。人民法院根据这些规定开始受理行政案件。1982年3月8日，第五届全国人民代表大会常务委员会第二十二次会议通过的《中华人民共和国民事诉讼法（试行）》规定，法律规定由人民法院审理的行政案件，适用本法。这一规定开创了我国行政诉讼新的历史，标志着行政诉讼制度的建立有了良好的开端。之后，海洋环境保护法、海上安全交通法、《治安管理处罚条例》等法律法规也对人民法院可以受理行政案件作了规定。到1989年行政诉讼法颁布之时止，仅法律和行政法规规定可以向人民法院提起行政诉讼的就达130多件。在这一阶段，治安管理、土地等行政案件随之大量涌现，这两类案件也是行政案件的主要类型。1989年4月4日，第七届全国人民代表大会第二次会议通过了《中华人民共和国行政诉讼法》，标志着我国行政诉讼制度的正式建立，成为我国法制建设的重要里程碑，这是新中国第一部行政诉讼法典。1991年6月11日，经最高人民法院审判委员会讨论通过，最高人民法院发布了《贯彻意见》，共有115条。根据司法实践的需要，1999年11月24日最高人民法院审判委员会第1088次会议通过了《若干解释》。2014年11月1日，第十二届全国人大常委会第十一次会议通过了《全国人民代表大会常务委员会关于修改〈中华人民共和国行政诉讼法〉的决定》，决定自2015年5月1日起施行。这次修改是自1989年行政诉讼法颁布以来的一次全面修改。修改后的行政诉讼法由原来的 75 条增加到 103 条。其中修改 45 条，增加 33 条，删除 5 条，只有 25 条没有修改。为了贯彻落实好修正后的行政诉讼法，2015 年 4 月 20 日，最高人民法院审判委员会第 1648 次会议通过了《适用解释》。该司法解释就立案登记、起诉期限、行政机关负责人出庭应诉、复议机关作共同被告、行政协议、判决方式、一并审理民事争议、规范性文件附带审查、再审程序等十个方面的新制度作了具体规定，条文共计 27 条。该司法解释与修正后行政诉讼法同步实施，对于正确实施修正后行政诉讼法，起到了积极的推动和指引作用。由于 2015 年《适用解释》是针对新法的部分新制度、新条款的择要式、配套式规定，条文内容较少，因此，没有规定的部分仍然适用《若干解释》。这就在事实上造成了新旧司法解释并存的局面。在司法实践中，地方法院对于如何正确适用修正后行政诉讼法、如何准确适用新旧司法解释还存在不同的理解和做法，造成了法律适用的不统一。2017 年 11 月 13 日最高人民法院审判委员会第 1726 次会议讨论通过了《行诉解释》，2018 年 2 月 6 日公布了该司法解释，并确定自 2018 年 2 月 8 日起施行。这部司法解释是行政诉讼法的全面司法解释，将对推进法治政府建设、推动人民法院行政审判工作起到积极作用。

二是制定本解释的根据。根据上述规定，制定本解释的根据，一方面是行政诉讼法，另一方面是行政审判实践。本解释是对行政诉讼法的具体化，是对一些不确定的法律概念所作的解释。在司法实践中，人民法院对于如何适用行政诉讼法的规定还存在一些不同的理解。最高人民法院先后也发布了数量较多的专项司法解释、司法政策和司法文件，这些规范性文件为起草好这部司法解释也奠定了良好的实践和制度基础。本解释是根据行政审判工作实际，结合行政审判工作经验制定出来的。

（梁凤云撰写）

一、受案范围

受案范围是指人民法院对哪些行政案件具有司法主管权力。受案范围即表明了公民、法人或者其他组织对哪些行政行为可以向人民法院提起诉讼，也表明人民法院对哪些行政行为行使司法审查权力。受案范围标志着司法权与行政权的边界和关系，2也反映着公民、法人或者其他组织权利受保护的范围和程度。行政诉讼法第二章就受案范围作了规定，主要包括第十二条规定的肯定的受案范围和第十三条规定的不属于人民法院行政诉讼主管的否定的受案范围。《行诉解释》用了两个条文对受案范围作了解释，第一条首先概括规定了行政诉讼受案范围，又对不属于人民法院受案范围的情形作了排除。第二条对行政诉讼法第十三条规定的四种排除情形作了解释。

（梁凤云撰写）

第一条

公民、法人或者其他组织对行政机关及其工作人员的行政行为不服，依法提起诉讼的，属于人民法院行政诉讼的受案范围。

下列行为不属于人民法院行政诉讼的受案范围：

（一）公安、国家安全等机关依照刑事诉讼法的明确授权实施的行为；

（二）调解行为以及法律规定的仲裁行为；

（三）行政指导行为；

（四）驳回当事人对行政行为提起申诉的重复处理行为；

（五）行政机关作出的不产生外部法律效力的行为；

（六）行政机关为作出行政行为而实施的准备、论证、研究、层报、咨询等过程性行为；

（七）行政机关根据人民法院的生效裁判、协助执行通知书作出的执行行为，但行政机关扩大执行范围或者采取违法方式实施的除外；

（八）上级行政机关基于内部层级监督关系对下级行政机关作出的听取报告、执法检查、督促履责等行为；

（九）行政机关针对信访事项作出的登记、受理、交办、转送、复查、复核意见等行为；

（十）对公民、法人或者其他组织权利义务不产生实际影响的行为。

【条文主旨】

本条是关于行政诉讼受案范围的原则规定和不属于行政诉讼受案范围的列举规定。

【起草背景】

根据行政诉讼法第二条的规定，公民、法人或者其他组织认为行政机关和行政机关工作人员的行政行为侵犯其合法权益，有权向人民法院提起诉讼。这是关于行政诉讼法适用范围的规定。行政诉讼法第十二条规定了人民法院行政诉讼受案范围，该条对属于人民法院受案范围的行政行为进行了正面列举。第十三条规定了人民法院不予受理的范围。但是，在司法实践中，对于行政机关作出的特定行为是否属于可诉的行政行为，还存在较大争议。本条分为两款，第一款是关于行政诉讼受案范围的正面规定，第二款是对不属于人民法院行政诉讼受案范围事项的具体排除。

【条文释义】

一、关于行政诉讼受案范围的概括规定

本条是由《若干解释》修改而来。与《若干解释》相比，主要是将"具有国家行政职权的机关和组织"修改为"行政机关"。之所以这样修改，主要是考虑到"具有国家行政职权的机关和组织"含义不够明确。从行政诉讼法的规定来看，行政诉讼当事人被告一方主要是行政机关，除此之外，根据行政诉讼法第二条第二款的规定，被告也可能是法律、法规、规章授权的组织。后者实际上属于拟制的行政机关。考虑到在行政诉讼法中，行政机关的概念既包括了行政机关，也包括了法律、法规、规章授权组织，为了理解和适用的准确，本解释将"具有国家行政职权的机关和组织"修改为"行政机关"。修改之后的行政机关的含义与行政诉讼法第七十五条规定的行政主体含义一致。

关于行政行为的概念，在学术界和实务界还存在不同的理解。从域外的规定来看，主要是从对外性和个别性进行规范。例如，德国行政程序法第35条（行政行为的定义）规定，行政行为是行政机关为规范公法领域的个别情况采取的具有直接对外效力的处分、决定或其他官方措施。一般处分是一类行政行为，它针对依一般特征确定或可确定范围的人，或涉及物的公法性质或公众对该物的使用。我国台湾地区"行政程序法"第92条、"诉愿法"第3条（行政处分之定义）规定："本法所称行政处分，系指行政机关就公法上具体事件所为之决定或其他公权力措施而对外直接发生法律效果之单方行政行为。""前项决定或措施之相对人虽非特定，而依一般性特征可得确定其范围者，为一般处分，适用本法有关行政处分之规定。有关公物之设定、变更、废止或其一般使用者，亦同。"本解释第一条第一款并没有给行政行为下一个完整的定义。行政诉讼法学理论一般认为，可诉的行政行为是指行政机关针对特定的、具体的事项对外作出的能够产生法律效果的行为。对于可诉的行政行为的具体含义，应当从以下

几个方面来把握：一是可诉的行政行为，不仅包括作为类的行政行为，也包括不作为类的行政行为；不仅包括行政法律行为，也包括行政事实行为；不仅包括单方行为，也包括双方和多方行为。二是可诉的行政行为是针对特定的、具体的事项作出的行为，不包括针对不特定对象、不特定事项作出的行为。三是可诉的行政行为是对外发生法律效力的行为，不包括尚处于酝酿、研究等内部程序或者为作出最终的行政行为而实施的准备行为等。四是行政行为是一个涵盖性很强的概念，随着国家行政管理职能的转变，公共服务范围的扩大，行政行为的内容将会越来越丰富，行政行为的内涵也将不断发展。

二、关于不属于行政诉讼受案范围的列举规定

从域外（例如德国、法国、我国台湾地区等）的做法来看，一般均采用法律规定的方式明确可诉行政行为的条件，同时辅之以列举式的排除。根据司法实践，本条规定了下列十种不可诉的行为。

（一）刑事司法行为

刑事司法行为是指公安或者国家安全机关依照刑事诉讼法明确授权实施的行为，是公安或者国家安全机关在刑事案件的立案阶段采取的强制措施。对于刑事司法行为是否属于行政诉讼受案范围的争论主要源自于公安机关或者国家安全机关的双重身份。以公安机关为例，公安机关既作为行使刑事侦查职权的侦查机关存在，同时还作为行使治安管理职权的行政机关存在。公安机关在行政管理过程中可以作出采取行政强制措施的行政行为，同时，在刑事侦查过程中，亦可以作出刑事强制措施等刑事司法行为。过去在司法实践中，公安机关以刑事侦查为名，介入经济纠纷的案件十分常见。需要注意的是，第一条第二款第一项规定只有依照刑事诉讼法的"明确授权实施的行为"才属于刑事司法行为，即凡是刑事诉讼法明确授权公安机关或者国家安全机关实施某一行为的，该行为原则上属于刑事司法行为。例如刑事拘留、取保候审、监视居住、逮捕，这些行为都是刑事诉讼法明确授权的，当事人对于上述行为不服提起行政诉讼的，人民法院不应当立案。如果刑事诉讼法没有明确授权公安机关或者国家安全机关

实施某种行为,则该行为属于超越刑事诉讼法授权的行为,该行为就属于可诉的行政行为。① 这里的"明确授权实施的行为"包括两个方面的要求:既要符合授权的范围,也要符合刑事诉讼法的授权目的。

(二)调解行为和法律规定的仲裁行为

1. 行政调解行为。行政机关在行政管理活动中,经常采用行政调解方式化解行政纠纷。行政调解是指由国家行政机关主持的,以争议双方自愿为原则,通过行政机关的调停、斡旋等活动,促成争议双方当事人互让以达成协议,从而解决争议的行政活动和方式。我国许多法律法规对行政机关的调解作了规定,并且作为裁决的前置手段存在。这方面的规定主要集中在对于民事争议的处理方面。例如,土地承包法第五十一条规定,因土地承包经营发生纠纷的,双方当事人可以通过协商解决,也可以请求村民委员会、乡(镇)人民政府等调解解决。当事人不愿协商、调解或者协商、调解不成的,可以向农村土地承包仲裁机构申请仲裁,也可以直接向人民法院起诉。可见,行政机关的调解行为只是为了解决民事纠纷而设置的行政救济机制。行政调解所遵循的是自愿原则。民事争议的双方当事人完全处于意思自治状态。从要求行政机关调解开始,到最后达成或不能达成调解协议,双方的意思表示都是真实的。行政机关并不试图运用现有的法律规范来解决双方的冲突,而是对冲突双方提出的观点和要求策划一种妥协与和解的方法。正是由于行政调解体现了双方当事人的意思自治,双方当事人可以不经过调解程序或者不达成调解协议而直接起诉,即使是已经达成了调解协议,该调解协议也不具强制执行力,不具有限制人民法院对相关民事争议再行处理的效力。双方当事人事后对调解协议不满意的,因调解协议的达成是其自主选择的结果,不能以行政机关为被告提起行政诉讼,只能将原始的民事争议交人民法院裁判。行政调解的结果并不能约束当事人,当事人如果不服的,仍得就民事争议提起民事诉讼。

2. 仲裁行为是指法律规定的仲裁机构以中立者的身份对当事人之间的

---

① 江必新:《中国行政诉讼制度之发展——行政诉讼司法解释解读》,金城出版社2001年版,第60~61页。

民事纠纷依照法定的程序作出具有法律效力的裁决的行为。仲裁行为体现了民间性和自治性。对于法律规定的仲裁行为不能提起行政诉讼的理由主要是：其一，仲裁行为的独立性。仲裁行为是由相对独立的仲裁机构作出的，这些独立的仲裁机构独立于行政机关，仲裁行为不具有公权力性质。其二，一般情况下仲裁是由当事人约定的。根据仲裁法的规定，平等主体的公民、法人和其他组织之间发生的合同纠纷和其他财产权益纠纷，可以仲裁。当事人采用仲裁方式解决纠纷，应当双方自愿，达成仲裁协议。没有仲裁协议，一方申请仲裁的，仲裁委员会不予受理。也可以说，仲裁行为是当事人意思自治的体现。其三，仲裁具有最终性。根据仲裁法的规定，仲裁实行一裁终局。裁决作出后，当事人就同一纠纷再申请仲裁或者向人民法院起诉的，仲裁委员会或者人民法院不予受理。

（三）行政指导行为

行政指导是行政机关在其所管辖事务的范围内，对于特定的公民、企业、社会团体等，通过制定诱导性法规、政策、计划、纲要等规范性文件以及采用具体的示范、建议、劝告、鼓励、提倡、限制等非强制性方式并付之以利益诱导促使相对人自愿作出或不作出某种行为，以实现一定行政目的的行为。行政指导在社会生活中广泛存在，其显著特征是非强制性，公民、法人和其他组织没有服从的义务，行政主体与相对人之间不产生法定的权利义务关系。一般情况下，行政指导行为是一种柔性的行政活动，行政机关并无形成行政法律关系之意愿。如果行政机关以行政指导的形式，作出了发生行政法律关系的意思表示或者在实施了事实上影响行政相对人的合法权益的行为，那么这种行为就不再是行政指导行为，当事人对此种行为不服，可以向人民法院提起行政诉讼。

（四）重复处理行为

重复处理行为是指行政机关作出的没有改变原行政行为确定的法律关系，没有对行政相对人已有的权利义务关系带来新的影响的行为。重复处理行为是行政法上的重要概念，是行政行为效力理论的反映，"在人民对同一事实先后多次提出申请，官署亦一一为之批驳的情形，第一次批驳属行政处分固无问题，但其后再次的批驳是否皆属行政处分，则不无疑义。

基本上，倘官署对其后申请并未作成新的实质决定，也就是未重新作实质审查，而只是重申过去作成处分，亦即第一次处分的内容，因其本身不发生任何法律效果，故不能认系行政处分，学说上称之为重复处置（Wiederholende Verfügung）。""重复处置非属行政处分，故不能对其提起行政救济。"① 重复处理行为不可诉的理由主要是：一是重复处理行为并未创设新的行政法律关系。例如，行政相对人对行政机关作出的已经生效的行政行为不服，向行政机关申诉。行政机关经审查认为原行政行为正确，通知申请人审查意见，这种行为属于重复处理行为。行政机关在该行为中没有确定行政相对人的权利义务关系，仅仅告知其审查结果，不属于具有法律效果和法律意义的行政行为。凡是行政机关以已经存在相关的行政行为不得随意变更或者撤销为理由，明示或者默示拒绝行政相对人的申请，以及在拒绝的同时增加别的拒绝理由的，均属于重复处理行为，不发生法律效果，亦不属于行政诉讼受案范围。二是如果允许行政相对人对重复处理行为提起行政诉讼，就意味着行政诉讼法上关于起诉期限的规定失去了实际意义。

（五）内部行为

对外性是可诉的行政行为的重要特征之一。行政机关在行政程序内部所作的行为，例如行政机关的内部沟通、会签意见、内部报批等行为，并不对外发生法律效力，不对公民、法人或者其他组织合法权益产生影响，因此不属于可诉的行为。

（六）过程行为

可诉的行政行为需要具备成熟性、终结性。行政机关在作出行政行为之前，一般要为作出行政行为而进行准备、论证、研究、层报、咨询等，这些行为尚不具备最终的、对外的法律效力，一般称为"过程行为"，不属于可诉的行为。程序性行为的效力通常为最终的行政行为所吸收和覆盖，当事人可以通过对最终行政行为的起诉获得救济。例如，我国台湾地区"行政程序法"第174条明确规定该类行为不属于可诉的行为。本条第

---

① 翁岳生主编：《行政法》（上册），中国法制出版社2002年版，第646页。

二款第六项规定，行政机关为作出行政行为而实施的准备、论证、研究、层报、咨询等过程性行为，不属于人民法院行政诉讼受案范围。

（七）协助执行行为

可诉的行政行为须是行政机关基于自身意思表示作出的行为。行政机关依照人民法院生效裁判作出的行为，本质上属于履行生效裁判的行为，并非行政机关自身依职权主动作出的行为，亦不属于可诉的行为。例如，根据民事诉讼法第二百五十一条的规定，在执行中，需要办理有关财产权证照转移手续的，人民法院可以向有关单位发出协助执行通知书，有关单位必须办理。此时，行政机关有协助执行的义务。该类行为具有一定的"司法性"，不属于可诉的行为。《最高人民法院关于行政机关根据法院的协助执行通知书实施的行政行为是否属于人民法院行政诉讼受案范围的批复》（法释〔2004〕6号）明确："行政机关根据人民法院的协助执行通知书实施的行为，是行政机关必须履行的法定协助义务，不属于人民法院行政诉讼受案范围。但如果当事人认为行政机关在协助执行时扩大了范围或违法采取措施造成其损害，提起行政诉讼的，人民法院应当受理。"本司法解释对此问题予以明确。

（八）内部层级监督行为

内部层级监督属于行政机关上下级之间管理的内部事务。司法实践中，有的法律规定了上级行政机关对下级行政机关的监督，例如《国有土地上房屋征收与补偿条例》规定上级人民政府应当加强对下级人民政府房屋征收补偿工作的监督。有的当事人起诉要求法院判决上级人民政府履行监督下级人民政府的职责。法律法规规定的内部层级监督，并不直接设定当事人新的权利义务关系，因此，该类行为属于不可诉的行为。域外（例如我国台湾地区）裁判认为上级机关对下级机关本于职权所为的指挥监督，未对人民发生具体的法律效果，不具有可诉性。最高人民法院有关裁判对此问题也予以明确。

（九）信访办理行为

信访办理行为不是行政机关行使"首次判断权"的行为。根据《信访条例》的规定，信访工作机构是各级人民政府或政府工作部门授权负责信访工作的专门机构，其依据《信访条例》作出的登记、受理、交办、转送、承办、协调处理、督促检查、指导信访事项等行为，对信访人不具有强制力，对信访人的实体权利义务不产生实质影响，因此不具有可诉性。《最高人民法院关于不服信访工作机构依据〈信访条例〉处理信访事项的行为提起行政诉讼人民法院是否受理的复函》（〔2005〕行立他字第4号）对此予以明确，即"一、信访工作机构是各级人民政府或政府工作部门授权负责信访工作的专门机构，其依据《信访条例》作出的登记、受理、交办、转送、承办、协调处理、督促检查、指导信访事项等行为，对信访人不具有强制力，对信访人的实体权利义务不产生实质影响。信访人对信访工作机构依据《信访条例》处理信访事项的行为或者不履行《信访条例》规定的职责不服提起行政诉讼的，人民法院不予受理。二、对信访事项有权处理的行政机关依据《信访条例》作出的处理意见、复查意见、复核意见和不再受理决定，信访人不服提起行政诉讼的，人民法院不予受理。"

（十）不产生实际影响的行为

是否产生法律上的效果，是行政行为的重要特征之一。可诉性的行政行为必须是行政机关作出的发生法律效果的行为，也就是对行政相对人的权利义务关系产生调整作用。如果行政机关的行为并不产生法律上的效果，则不具备行政行为的特征，亦不属于行政诉讼的受案范围。不产生实际影响的行为属于观念通知。观念通知是大陆法系行政法学的一个重要概念，主要是指行政机关针对行政相对人作出的不发生法律效果的行为。这类行为与行政行为之间的主要区别在于行政机关的行为是否对行政相对人的申请有所批准或者有所驳回。一般而言，行政机关作出的告诫、劝告、建议、通知、初步意见等观念通知行为，属于不发生法律效果的事实行为。较为典型的观念表示是行政机关就某一事件的真相以及处理经过的阐述，该类行为并没有影响到行政相对人的权利义务关系，所以并非可诉的法律行为。例如行政机关在作出关于某一事件的处理决定后，向社会公众公布处理结果，即为不发生法律效果的观念表示行为。

【实务指导】

理解与适用本条第二款规定的不属于人民法院行政诉讼受案范围的十项内容需要注意以下两个问题：第一，该款列举不属于人民法院行政诉讼受案范围的事项属于不完全列举。主要是就司法实践中比较常见的、争议比较大的事项进行了列举。是否属于可诉的行政行为，应当考察该行政行为是否具有对外性、是否属于行政主体作出的行为、是否具有处分性等。第二，第二款各项之间的关系属于并列关系。在起草本司法解释过程中，有意见提出，本条第二款各项内容之间存在重合或者包含关系。例如，本条第二款中有关不对外发生效力的行为与行政机关作出的过程性行为之间有一定重合。如果单纯从行为的内外部效力来看，两种行为之间具有一定的相似性。但是，不对外发生法律效力的行为属于行政机关的内部程序中没有发生对外效力的行为；过程性行为则是为行政行为的作出而实施的准备、论证、研究、层报、咨询等行为。前者是从法律效果角度定义，后者是从实施目的角度定义。此外，还有意见提出，行政指导行为、重复处理行为与不产生实际影响的行为之间也存在一定的重合。这些行为的共同特征是缺乏行政行为应当具备的"处分性"，但是角度不同。行政指导行为是从尊重当事人意愿角度进行定义，重复处理行为是从"一事不再理"等角度进行定义，不产生实际影响则是从权利义务关系进行定义。这几种行为之间具有一定的相似性，但是角度和侧重点均有所不同。可见，本款内容是从不同角度、侧重不同作出的规定。

（梁凤云撰写）

第二条

行政诉讼法第十三条第一项规定的"国家行为",是指国务院、中央军事委员会、国防部、外交部等根据宪法和法律的授权,以国家的名义实施的有关国防和外交事务的行为,以及经宪法和法律授权的国家机关宣布紧急状态等行为。

行政诉讼法第十三条第二项规定的"具有普遍约束力的决定、命令",是指行政机关针对不特定对象发布的能反复适用的规范性文件。

行政诉讼法第十三条第三项规定的"对行政机关工作人员的奖惩、任免等决定",是指行政机关作出的涉及行政机关工作人员公务员权利义务的决定。

行政诉讼法第十三条第四项规定的"法律规定由行政机关最终裁决的行政行为"中的"法律",是指全国人民代表大会及其常务委员会制定、通过的规范性文件。

【条文主旨】

本条是关于"国家行为""具有普遍约束力的决定、命令""对行政机关工作人员的奖惩、任免等决定"以及"法律规定由行政机关最终裁决的行政行为"中的"法律"的规定。

【起草背景】

行政诉讼法第十三条规定:"人民法院不受理公民、法人或者其他组织对下列事项提起的诉讼:(一)国防、外交等国家行为;(二)行政法规、规章或者行政机关制定、发布的具有普遍约束力的决定、命令;(三)行政机关对行政机关工作人员的奖惩、任免等决定;(四)法律规定由行政机关最终裁决的行政行为。"行政诉讼法第十三条规定是对人民法院行政案件受理范围的否定式列举。本条沿用了《若干解释》第二条、第三条、第四条、第五条的规定,并将原四条单独规定合并为一条中的四款,分别就行政诉讼法第十三条规定中列举的四项内容作出解释。

【条文释义】

本条第一款是对"国家行为"如何理解的规定。根据行政诉讼法第十三条第一项的规定,行政相对人就国防、外交等国家行为提起行政诉讼的,人民法院不予受理。"国家行为"一词在行政法学上到目前为止并无一个统一、确切的含义。在国外其被解释为"与国家的重要政策有联系的行为","关系到国家存亡及国家统治之根本的、具有高度政治性的、国家最高机关(国会、内阁等)的行为"等。对于国家行为,各国目前一般不以法律作概括性规定,通常采取列举的方式加以界定。根据本条规定的精神,所谓国家行为,是指涉及国家根本制度的保护和国家主权的运用,由国家承担法律后果的政治行为。对国家行为可以有对外和对内两种意义的理解。对外国家行为是指经宪法和法律授权的专门国家机关,在国际事务中代表整个国家行使国际法上的权利和履行国际法上的义务的行为。这种国家行为是以国际法意义上的主权国家作为法律实体,用于处理国家间关系的对外国家行为,主要包括国防、外交两大类。国防是为保卫国家安全、领土完整和全民族利益而抵御外来侵略、颠覆所进行的活动,如进行军事演习、调集军队、实施战争动员令、宣战等等。外交是为实现国家的对外政策而进行的国家间的交往活动,如国家间的建交、断交、宣战、媾和、签订国际条约和协定、国家间的对等措施等等。对内国家行为是指经宪法和法律授权的有关国家机关,在国内全局性、重大性的国家事务中,代表整个国家对内实施的统治行为。这种国家行为是以公共权力意义上的国家作为法律实体,是用于处理国家与公民、法人或者其他组织间重大关系的对内国家行为。主要包括:为保卫国家政权、控制政局、防止国家分裂、抗救自然灾害等而采取的总动员、宣布戒严以及其他紧急性措施等行为。我国行政诉讼法规定的国家行为主要是指对外的国防、外交行为。对于国内问题所采取的总动员、戒严令等紧急措施,更多的是作为政治问题，司法不予介入，不纳入行政诉讼受案范围，而非作为国家行为不纳入行政诉讼受案范围。判定一个行为是否属于国家行为，主要应看这个行为是否以政治上的利益为目的，是否涉及国家主权的运用。对国家行为主要从两个方面进行限定：第一，从主体方面进行限定。国家行为只有特定机关才能实施，特定机关主要包括国务院、中央军事委员会、国防部、外交部等。第二，从行为的性质方面进行限定。一是涉及国防、外交事务的行为，二是涉及宣布紧急状态等行为。国防、外交等国家行为不能被提起行政诉讼，是各国行政诉讼制度的通例。我国行政诉讼法将国家行为排除在行政诉讼的受案范围之外，其主要原因在于：（1）国家行为不同于一般行政行为，具有特殊性，即它不是行政机关以自己的名义实施的行政管理行为，而是宪法、法律授权的特定主体，代表整个国家，以国家的名义实施的行为。（2）由于是以国家的名义实施，因而国家行为是体现国家主权的行为，其权力具有国家的整体性和统一性，因而不属于人民法院的司法审查范围。（3）国防、外交等国家行为不仅涉及相对人的利益，而且关系到国家整体利益和人民的根本利益，即使这种行为会影响某些公民、法人或者其他组织的利益，但在此种情况下，公民、法人或者其他组织的个别利益要服从国家的整体利益。

本条第二款是对"具有普遍约束力的决定、命令"如何理解的规定。行政机关享有一定的制定规则权限，是现代行政的必然要求和发展趋势。当今世界各国均授予行政机关此类权限。根据宪法、立法法等授权，我国行政机关依法也享有制定行政法规、规章，发布具有普遍约束力的决定、命令的法定职权。根据制定主体和效力等级的不同，其可以分为国务院制定行政法规的行为、国务院部委及直属机构制定部门规章的行为、省级人民政府和较大市的人民政府制定地方规章的行为，以及行政机关发布具有普遍约束力的决定、命令的行为。根据立法法的规定，行政机关制定和发布行政法规、规章的行为属于行政立法行为。行政立法行为涉及国家和地方的重大决策，政策性极强，根据现阶段我国国情，尚不宜纳入行政诉讼受案范围。除行政立法行为外，行政机关制定和发布具有普遍约束力的决定、命令的行为被称为行政机关制定其他规范性文件的行为。根据制定主体和效力等级的不同,行政机关制定其他规范性文件的行为也可以分为国务院、国务院部委及其直属机构、省级人民政府及其职能部门、地市级人民政府及其职能部门、区县级人民政府及其职能部门、乡镇人民政府等制定其他规范性文件的行为。虽然修改后的行政诉讼法将修改前的行政诉讼法中的"具体行政行为"改为"行政行为",但是,修改后的行政诉讼法并未将全部行政行为纳入行政诉讼的受案范围。根据行政诉讼法第五十三条的规定,当事人仅可就被诉行政行为所依据的规章以下的规范性文件提出一并审查的请求。

本条第三款是对"对行政机关工作人员的奖惩、任免等决定"如何理解的规定。按照双方当事人的相互关系分类,行政法律关系可分为外部行政法律关系和内部行政法律关系两种,也称外部行政行为和内部行政行为。行政机关与公民、法人和其他组织之间的管理与被管理关系是外部行政法律关系。双方当事人间上下级的从属关系是内部行政法律关系。在内部行政法律关系中,行政机关对其工作人员实施的奖惩、任免等行政行为,属于内部人事管理行为,针对的是行政机关的工作人员,这类行为根据本款规定不能作为行政诉讼的对象,属于不可诉的行为。行政机关所属工作人员如对奖惩、任免决定不服的,应当向该行政机关或者其上一级行政机关或者监察机关、人事机关提出复核或申诉,而不能向人民法院提起行政诉讼。另外,行政机关与其他国家机关之间、行政机关相互之间、行政机关内部机构之间产生的内部行政行为,因与公民、法人或者其他组织的"合法权益"不会产生直接联系,不会侵犯其合法权益,因此,亦属于不可诉的行政行为。关于如何区分内部行政行为与外部行政行为,我们认为,不能仅看行为的相对人与作出行为的行政机关之间是否有隶属关系。因为许多行政机关可能对其所属工作人员作出一个外部行政行为,如公安机关可能对违反治安管理处罚法的警察给予行政处罚,也有某些行政机关对不具有隶属关系的工作人员作出内部行政行为,如监察机关对其他机关工作人员给予警告等行政处分。因此,根据本款的规定,区分内部行政行为与外部行为主要应看行政行为所涉及的权利义务,是一个普通公民的权利义务,还是行政机关公务员所特有的权利义务,如果是后者,应当认定为内部行政行为。

本条第四款是对"法律规定由行政机关最终裁决的行政行为"如何理解的规定。行政机关最终裁决的行政行为简称为终局裁决行政行为。如果一个行政行为涉及公民的权利和义务，而又要求保留终局裁决权，则必须有充分的正当理由。根据本款的规定，只有全国人民代表大会及其常务委员会通过的法律才能规定终局裁决行政行为，才能排除出行政诉讼的受案范围。如果是行政法规、地方性法规、规章，甚至其他规范性文件规定的终局裁决行政行为，因与行政诉讼法第十三条第四项的规定相抵触而无效，该"终局裁决行政行为"依然属于可诉的行政行为。从世界各国行政法律发展趋势来看，行政终局裁决权的范围越来越窄，有的国家几乎取消了行政终局裁决权。目前，我国有些法律赋予了行政机关对于某些行政争议拥有最终裁决权，即由行政机关依法作出最终裁决，当事人不服，只能向作出最终裁决的行政机关或其上级行政机关申诉，而不能向人民法院起诉。规定由行政机关终局裁决行政行为的法律主要有：（1）行政复议法第十四条规定："对国务院部门或者省、自治区、直辖市人民政府的具体行政行为不服的，向作出该具体行政行为的国务院部门或者省、自治区、直辖市人民政府申请行政复议。对行政复议决定不服的，可以向人民法院提起行政诉讼；也可以向国务院申请裁决，国务院依照本法的规定作出最终裁决。"（2）行政复议法第三十条第二款规定："根据国务院或者省、自治区、直辖市人民政府对行政区划的勘定、调整或者征收土地的决定，省、自治区、直辖市人民政府确认土地、矿藏、水流、森林、山岭、草原、荒地、滩涂、海域等自然资源的所有权或者使用权的行政复议决定为最终裁决。"（3）出境入境管理法第六十四条规定："外国人对依照本法规定对其实施的继续盘问、拘留审查、限制活动范围、遣送出境措施不服的，可以依法申请行政复议，该行政复议决定为最终决定。其他境外人员对依照本法规定对其实施的遣送出境措施不服，申请行政复议的，适用前款规定。"在实践中，有的行政机关不愿意接受司法审查，试图扩大自己的终局裁决权，有鉴于此，本款通过对"法律"这一概念的解释，限制了终局裁决权的范围。

【实务指导】

1. 国防、外交行为等国家行为不可诉，主要是指发布军事演习、实行战争总动员决定等行为本身不可诉，并不代表与之相关的行政行为都不可诉。例如，军事演习结束后，如果因军事演习涉及征用土地补偿的，根据修改后的行政诉讼法第十二条第一款第五项的规定，对行政机关为配合军演作出的征用土地补偿决定不服的，依法属于行政诉讼受案范围。被征用土地的当事人因为国防、外交等国家行为使自身权益受到了损害，作出了牺牲，理应得到相应补偿。对地方政府作出的补偿决定是否合法进行司法审查，有利于促进地方政府依法公正作出补偿决定。人民法院不得以征用土地系为了军事演习，属于国防行为为由，对就征用土地补偿决定提起的行政诉讼不予立案或者裁定驳回起诉。

2. 掌握本条第二款精神，应当注意以下几个问题：一是这里所说的不特定对象，强调的是对象的不确定性，而不在乎对象的多少，不能认为涉及人数众多的行为具有普遍约束力，涉及人数少的行为就不具有普遍约束力；二是这里所说的反复适用应当理解为对事项或事件的反复适用，而不应理解为对人的反复适用；三是有时一个行政决定中可能包含几个行政行为，其中可能部分具有普遍约束力，部分不具有普遍约束力，实践中需要认真鉴别区分。

3. 在我国，不仅公务员所属行政机关可以对其作出奖惩、任免等决定，根据行政监察法的规定，监察机关亦可根据其干部管理权限分工，对公务员给予相应行政处分。我们认为，监察机关是行政机关内部的专门监察机关，与其管理的公务员之间仍然属于内部国家职务关系，其对公务员作出的行政处分一般属于内部行政行为，依法不属于行政诉讼受案范围。

4. 根据本条的解释，行政诉讼法第十三条第四项规定中的"法律"是狭义上的法律，即仅限于全国人民代表大会及其常务委员会制定、通过的规范性文件。也就是说，除了全国人民代表大会及其常务委员会以外，其他任何机关都无权设定行政终局裁决权。需要注意的是，拥有终局裁决权的机关并不对所有的事项都拥有终局裁决权，如果拥有终局裁决权的行政机关超出了法律规定的终局裁决权的范围，其所实施的行为就是可诉的。另外，某些行政机关通过行政解释扩大终局裁决的范围也是无效的。

（张雪明撰写）

二、管 辖

第三条

各级人民法院行政审判庭审理行政案件和审查行政机关申请执行其行政行为的案件。

专门人民法院、人民法庭不审理行政案件,也不审查和执行行政机关申请执行其行政行为的案件。铁路运输法院等专门人民法院审理行政案件,应当执行行政诉讼法第十八条第二款的规定。

【条文主旨】

本条是关于法院内部管辖的规定。

【起草背景】

行政诉讼法第四条第二款规定:"人民法院设行政审判庭,审理行政案件。"人民法院受理的行政案件,应当由行政审判庭审理,其他审判庭不得审理行政案件。对于人民法庭、专门人民法院是否应当审理行政案件,法律没有作出规定。本条是对《若干解释》第六条的补充和完善。

【条文释义】

行政诉讼法第四条第二款规定的"行政案件"包括两个方面:一是对

公民、法人或者其他组织不服行政机关的行政行为而起诉的案件；二是对行政机关申请执行其行政行为的案件（即非诉行政执行案件）。各级人民法院不得设立其他类的审判庭审理行政诉讼案件和非诉行政执行案件。

在特定领域设立的审理特定案件的法院，称为专门人民法院。专门人民法院主要包括军事法院、海事法院、知识产权法院、林区法院、油田法院、铁路运输法院等。按照人民法院组织法的规定，专门人民法院的组织和职权由全国人民代表大会常务委员会另行规定。一般情况下，专门人民法院不审理行政案件。据此本条规定，专门人民法院不审理行政案件，也不审查和执行行政机关申请执行其行政行为的案件。例如，《最高人民法院行政审判庭关于对吉林省高级人民法院〈关于因林业局所有的不动产提起的行政诉讼，林区法院有无管辖权的请示〉的答复》（1992年5月7日）同意吉林高院的意见，即林区法院对行政案件没有管辖权。

人民法庭是基层人民法院的组成部分。根据《最高人民法院关于人民法庭若干问题的规定》第六条的规定，人民法庭主要审理民事案件、刑事自诉案件、经济案件、办理本庭审理案件的执行事项、指导人民调解委员会的工作等。该司法解释未规定人民法庭可以审理行政案件和审查非诉行政执行案件。

本条第二款是关于铁路运输法院等专门人民法院跨行政区划管辖行政案件应当履行何种程序的规定。党的十八届四中全会通过的《中共中央关于全面推进依法治国若干重大问题的决定》提出，"探索设立跨行政区划的人民法院和人民检察院，办理跨地区案件。完善行政诉讼体制机制，合理调整行政诉讼案件管辖制度，切实解决行政诉讼立案难、审理难、执行难等突出问题"。2014年12月2日，中央全面深化改革领导小组第七次会议审议通过了《设立跨行政区划人民法院、人民检察院试点方案》。会议指出，"探索设立跨行政区划的人民法院、人民检察院，……有利于构建普通案件在行政区划法院审理、特殊案件在跨行政区划法院审理的诉讼格局。"行政诉讼法第十八条第二款规定，"经最高人民法院批准，高级人民法院可以根据审判工作的实际情况，确定若干人民法院跨行政区域管辖行政案件。"该款规定主要针对的是普通人民法院的跨行政区划管辖。

2014年10月16日，最高人民法院下发了《关于开展铁路法院管辖改革工作的通知》（法〔2014〕257号），确定北京、上海、吉林、辽宁、江苏、陕西、广东等7个省（市）在全国先期开展铁路运输法院管辖改革试点（吉林、辽宁两省因故未开展）。后甘肃、河南、天津、浙江、云南等5省也相继开展了铁路运输法院管辖改革试点。2015年6月17日，最高人民法院印发《关于人民法院跨行政区域集中管辖行政案件的指导意见》（法发〔2015〕8号），对全国各级人民法院跨行政区划集中管辖行政案件提出了具体指导意见和要求。该意见要求："行政案件集中管辖改革……可以充分挖掘其他可利用司法资源，诸如铁路运输法院、林区法院、农垦法院、油田法院及开发区法院等潜力。""已经设立跨行政区划人民法院的北京、上海，可以逐步将行政案件向跨行政区划法院及两地铁路运输基层法院集中。"该文件同时明确，要以2014年行政诉讼法第十八条第二款的规定作为依据。2014年行政诉讼法实施后，最高人民法院对于铁路运输法院等专门人民法院跨行政区划管辖的试点方案依据均为上述法律规定。此外，新疆生产建设兵团的农垦法院也管辖行政案件。截至目前，全国共有10个省份的21个铁路运输法院（铁路运输中级法院6个，铁路运输基层法院15个）跨行政区划管辖行政案件。在调研中，铁路运输法院有关同志强烈建议将铁路运输法院跨行政区划管辖写入司法解释。为了保证跨行政区划法院管辖改革依法有序进行，有必要强调履行行政诉讼法第十八条第二款的报批程序。本条第二款对铁路运输法院管辖行政案件的程序作了明确。

【实务指导】

在司法实践中，专门人民法院只有经过法定授权，才能审理行政案件。专门人民法院审理行政案件，需要注意以下几个问题。

1. 知识产权法院经授权可以审理行政案件。全国人大常委会《关于在北京、上海、广州设立知识产权法院的决定》明确，知识产权法院管辖有关专利、植物新品种、集成电路布图设计、技术秘密等专业技术性较强的第一审知识产权行政案件。不服国务院行政部门裁定或者决定而提起的第一审知识产权授权确权行政案件，由北京知识产权法院管辖。知识产权法院所在市的基层人民法院第一审著作权、商标等知识产权行政判决、裁定的上诉案件，由知识产权法院审理。《最高人民法院关于北京、上海、广州知识产权法院案件管辖的规定》规定："知识产权法院管辖所在市辖区内的下列第一审案件：（一）专利、植物新品种、集成电路布图设计、技术秘密、计算机软件民事和行政案件；（二）对国务院部门或者县级以上地方人民政府所作的涉及著作权、商标、不正当竞争等行政行为提起诉讼的行政案件；……""下列第一审行政案件由北京知识产权法院管辖：（一）不服国务院部门作出的有关专利、商标、植物新品种、集成电路布图设计等知识产权的授权确权裁定或者决定的；（二）不服国务院部门作出的有关专利、植物新品种、集成电路布图设计的强制许可决定以及强制许可使用费或者报酬的裁决的；（三）不服国务院部门作出的涉及知识产权授权确权的其他行政行为的。"

2. 海事法院经授权可以审理行政案件。根据《最高人民法院关于海事法院受理案件范围的规定》（法释〔2016〕4号）第79至第85项的规定，部分海事行政案件授权由海事法院受理。该司法解释规定的海事行政案件包括："79. 因不服海事行政机关作出的涉及海上、通海可航水域或者港口内的船舶、货物、设备设施、海运集装箱等财产的行政行为而提起的行政诉讼案件；80. 因不服海事行政机关作出的涉及海上、通海可航水域运输经营及相关辅助性经营、货运代理、船员适任与上船服务等方面资质资格与合法性事项的行政行为而提起的行政诉讼案件；81. 因不服海事行政机关作出的涉及海洋、通海可航水域开发利用、渔业、环境与生态资源保护等活动的行政行为而提起的行政诉讼案件；82. 以有关海事行政机关拒绝履行上述第79项至第81项所涉行政管理职责或者不予答复而提起的行政诉讼案件；83. 以有关海事行政机关及其工作人员作出上述第79项至第81项行政行为或者行使相关行政管理职权损害合法权益为由，请求有关行政机关承担国家赔偿责任的案件；84. 以有关海事行政机关及其工作人员作出上述第79项至第81项行政行为或者行使相关行政管理职权影响合法权益为由，请求有关行政机关承担国家补偿责任的案件；85. 有关海事行政机关作出上述第 79 项至第 81 项行政行为而依法申请强制执行的案件。"《最高人民法院关于海事诉讼管辖问题的规定》在海事行政案件管辖部分明确，海事法院审理第一审海事行政案件。海事法院所在地的高级人民法院审理海事行政上诉案件，由行政审判庭负责审理。

3. 其他专门人民法院经授权可以审理行政案件，并且应当执行行政诉讼法第十八条第二款的规定。关于第十八条第二款规定的程序，需要注意以下几个方面：一是高级人民法院确定的"若干人民法院"既包括基层人民法院，也包括中级人民法院。二是跨区域管辖的案件不应当仅仅限于第一审行政案件，第二审行政案件也应当实行跨区域管辖。三是根据立法法的规定，对于包括管辖在内的诉讼制度应当由全国人大制定法律。根据人民法院组织法和三大诉讼法的规定，最高人民法院有权指令下级人民法院管辖和批准各级人民法院的管辖权。同时，确定管辖的事权属于中央事权，必须由最高人民法院批准。

（梁凤云撰写）

第四条

立案后，受诉人民法院的管辖权不受当事人住所地改变、追加被告等事实和法律状态变更的影响。

【条文主旨】

本条是关于管辖恒定原则的规定。

【起草背景】

本条借鉴了《民诉解释》第三十七条的规定，并根据行政诉讼特点作出调整。管辖恒定原则是民事诉讼程序中的一个重要原则。我国民事诉讼法并未明文规定管辖恒定。《民诉解释》对此作出明确规定，其第三十七条规定："案件受理后，受诉人民法院的管辖权不受当事人住所地、经常居住地变更的影响。"不过《民诉解释》第三十七条仅规定了管辖权不受当事人住所地、经常居住地变更等事实状态变更的影响，而本条则根据行政诉讼的特点增加列举了管辖权还不受追加被告等法律状态变更的影响。

【条文释义】

管辖恒定原则主要是从民事诉讼法中发展起来的。管辖恒定原则，是指确定案件的管辖权以起诉时为标准，起诉时对案件享有管辖权的法院，不因确定管辖的事实在诉讼过程中发生变化而影响其管辖权。这一制度在2012年民事诉讼法条文中并没有体现，1992年施行的《最高人民法院关于适用〈中华人民共和国民事诉讼法〉若干问题的意见》第34、35条规定了这一制度，《民诉解释》制定时保留了原来的条文，并增加了一条（第三十九条），具体规定了适用管辖恒定原则的几种情形。这一制度的主要目的在于保证案件及时审理，避免法院之间互相推诿和争夺案件管辖权而造成司法资源的浪费，减少当事人的讼累，推动诉讼迅速、便捷进行，实现诉讼经济要求。

根据本条的规定，行政诉讼中的管辖恒定，是指一审法院对于已经系属的行政案件有管辖权，案件就应当自始至终由其管辖，其后即便确定管辖权的因素发生变化，受诉法院亦不得将案件移送给因确定管辖权因素发生变化而在理论上拥有管辖权的法院，而是应当继续审理本案直至作出判决。因此，在行政诉讼中，管辖法院一经确定，就应当具有恒定性和排他性，除非法律另有规定和其他特殊情况的发生，否则不得随意改变管辖法院,也即人民法院根据行政诉讼法的规定取得对某一具体行政争议的管辖权后,在作出判决之前,其对该案件始终拥有管辖权,除非有其他法定情形发生。具体说来,当事人住所地、起诉后行政区划的调整以及追加被告等事实和法律状态的变更均不能引起行政案件管辖权的变化。行政相对人在遵守了有关管辖的法律规定而选择了管辖法院提起行政诉讼后,司法机关就不应主动依职权变更纠纷的受诉法院,以保证诉讼程序的安定和纠纷的及时解决。如果确定管辖法院时不遵守管辖权恒定原则,将使得案件的最终管辖变得不确定,从而使得法的安定性受到挑战。

按照管辖恒定原则的要求,确定管辖的事实在诉讼过程中发生变化而管辖权不予改变。确定管辖的事实主要分为级别管辖依据和地域管辖依据。前者主要包括案件影响程度、诉讼标的额、被告级别等。后者主要包括原告住所地、被告住所地、财产所在地等。实践中,由于客观存在的地方利益、集团利益、行业利益保护的情形,诉讼中存在着各式各样的管辖规避和管辖争议现象。特别是当前的行政诉讼中,一些当事人为了达到向行政机关施压的目的,提出追加相关行政机关的要求,按照本条规定,该要求不影响行政案件的管辖。

【实务指导】

在我国民事诉讼中,管辖权恒定原则的适用以受诉法院依照民事诉讼法规定有管辖权为前提,而该法院是否现实行使管辖权,以原告起诉时为准。管辖权的效力及于案件诉讼的全过程,不仅及于一审程序,而且还及于一审以后可以进行的其他程序,如二审程序、审判监督程序或执行程序。如果在原告起诉时法院就无法定管辖权,就不存在管辖权恒定原则的适用。我们认为,管辖权恒定原则在我国行政诉讼法中的适用,也同样应该以行政诉讼法规定有管辖权为前提,而该法院是否现实行使管辖权,亦以原告起诉时为准。管辖权的效力及于行政案件诉讼的全过程,如果在原告起诉时法院就无法定管辖权,就不发生管辖权恒定的效力,法院也不得以此为由剥夺当事人的诉讼权利。

管辖确定始点为"原告起诉时",有两层涵义:一是当事人起诉时,如果受诉法院没有管辖权,则不发生管辖恒定的效力。根据行政诉讼法第二十二条的规定,法院受理案件后发现没有管辖权的,应当移送给有管辖权的法院,而不适用管辖恒定原则,无管辖权的法院不因此而取得管辖权。这是因为,无管辖权意味着没有管辖权的联结点,也就是该法院管辖没有任何理由,可能导致无法保障案件的审理质量。二是法院是否具有管辖权以当事人起诉时为始点。当事人起诉之前或者起诉之后发生的管辖权联结点的变动、变化并不影响法院的管辖权。

管辖恒定原则并不妨碍管辖权异议的行使。管辖恒定原则的前提是法院有管辖权。在诉讼中,如果当事人提出管辖权异议并且其异议成立,说明受诉法院的管辖权存在问题,也就谈不上管辖恒定原则的适用,法院将采用移送管辖的方式解决争议。但是,这并不是说,管辖恒定的效力从管辖权异议解决之时开始,其效力仍然应从当事人起诉时开始。管辖权异议只是一个异议检验和进一步明确管辖权的过程。

(张雪明撰写)

第五条

有下列情形之一的,属于行政诉讼法第十五条第三项规定的"本辖区内重大、复杂的案件":

(一)社会影响重大的共同诉讼案件;

(二)涉外或者涉及香港特别行政区、澳门特别行政区、台湾地区的案件;

(三)其他重大、复杂案件。

【条文主旨】

本条是关于"本辖区内重大、复杂的案件"所包括具体情形的规定。

【起草背景】

本条沿用了《若干解释》第八条的规定,并结合2014年行政诉讼法的修改作了相应调整。行政诉讼法第十五条规定:"中级人民法院管辖下列第一审行政案件:(一)对国务院部门或者县级以上地方人民政府所作的行政行为提起诉讼的案件;(二)海关处理的案件;(三)本辖区内重大、复杂的案件;(四)其他法律规定由中级人民法院管辖的案件。"该条前两项的规定明确具体,在实践中比较容易掌握,而第三项规定具有一定的灵活性,是在前两种列举式规定以外的一种弹性规定,从立法技术上说是对前两种情况的补充。所谓重大、复杂的案件一般指案情较为疑难、社会影响较大、涉及政策性和专业性等因素的案件。行政诉讼法第十五条第三项规定较为原则,难于掌握。为了使各地人民法院能够正确适用该项规定,本条对该项规定作出具体解释。

【条文释义】

根据本条规定,以下三种情形属于"本辖区内重大、复杂的案件"。

一、社会影响重大的共同诉讼案件

根据行政诉讼法第二十七条的规定,当事人一方或者双方为二人以上,因同一行政行为发生的行政案件,或者因同类行政行为发生的行政案件、人民法院认为可以合并审理并经当事人同意的,为共同诉讼。共同诉讼有必要共同诉讼和普通共同诉讼两种类型。其中诉讼标的同一的是必要共同诉讼,诉讼标的属于同种类的是普通共同诉讼。《若干解释》第八条第二项的表述为"社会影响重大的共同诉讼、集团诉讼案件"。本条规定虽沿用了《若干解释》第八条第二项的规定,但将"集团诉讼"予以删除,目的是避免重复表述。集团诉讼又称"代表人诉讼",是共同诉讼的一种特殊形式,是指当事人一方人数众多,由其中一人或数人代表全体相同权益人进行诉讼,法院判决效力及于全体相同权益人的诉讼。通常来讲,集团诉讼要比普通的共同诉讼影响更大,但是否构成"社会影响重大",是否应由中级人民法院管辖,还应结合其对社会稳定、重大公共利益的影响等相关因素作出综合判断。

二、涉外或者涉港、澳、台的案件

涉外行政案件是指原告或者第三人是外国人、无国籍人或者外国组织的行政案件。外国人指居住在我国境内,不具有我国国籍的人。无国籍人是指不具有任何国家国籍的人或国籍不明的人。外国组织包括外国法人组织和非法人组织。需要注意的是,中外合资经营企业、中外合作经营企业以及依照我国法律在我国境内设立的外资企业均不属于外国组织。涉港、澳、台的行政案件是指原告或者第三人是香港特别行政区、澳门特别行政区、台湾地区的公民或者组织。《若干解释》第八条第三项的表述为"重大涉外或者涉及香港特别行政区、澳门特别行政区、台湾地区的案件"。本规定将"重大"删除,意味着所有涉外及涉港、澳、台的行政案件将均由中级人民法院管辖,基层人民法院将不再管辖一般的涉外及涉港、澳、台的行政案件。之所以将此类案件提至中级人民法院管辖,主要是由于此类案件一般在政治上或经济上有较大影响。在政治上有较大影响主要是指当事人或者诉讼标的涉及的人和事在政治上有较大影响。如原告或者第三人是在国外或者港、澳、台有重要政治影响的个人或者组织,被行政行为处理的事项涉及与外国或者港、澳、台的政治关系等。在经济上有较大影响主要是指被行政行为处理的事项金额较大或经济价值较高,或者可能给涉外及涉港、澳、台的公民和组织造成较大经济利益损失,或者给国家和国内公民、组织造成较大经济利益损失等。

三、其他重大、复杂案件

其他重大、复杂案件是指上述两种情形没有包括的重大、复杂案件。这是一种弹性规定，也是兜底条款。至于哪些案件属于"其他重大、复杂案件"，因各地区情况不同难以一一列举，同时也需要在实践中不断探索和完善，所以赋予各地中级人民法院一定的自由裁量权。

【实务指导】

本条规定中的"本辖区"是指中级人民法院的辖区。"重大复杂"包括案情的疑难和轻重程度、政策性与专业性的深度与广度、案件的社会影响大小等，本条列举了社会影响重大的共同诉讼案件和重大涉外或涉港、澳、台的案件。这里的"重大复杂"是相对而言的，可能会因地区和案件的不同有所不同，在审判实践中，需要通过对具体案件的难度和影响进行衡量来确定。我们认为，"重大、复杂"应当从三个方面进行确定：一是案件所涉及的方面、领域多寡。与一般性行政案件只涉及某一方面、个别当事人不同，重大、复杂的行政案件往往涉及方面广，常常影响社会的公共利益或与相当一部分公民、组织的合法权益相联系。二是案件所产生的影响大小。由于重大、复杂的行政案件涉及的面很广，在其发生地往往产生较大影响，当地群众对此非常关注，对这类案件的处理结果也可能引起很大的社会反响。三是案件审理的难度高低。重大、复杂的行政案件中的行政行为往往具有较强的专业性、技术性，需要用较高的技术手段或者设备进行检测。有时案件所涉及的法律规范规定不够明确，或者相关政策界限不清，以致处理案件较为困难，由较高一级的法院审理更为妥当。

（张雪明撰写）

第六条

当事人以案件重大复杂为由,认为有管辖权的基层人民法院不宜行使管辖权或者根据行政诉讼法第五十二条的规定,向中级人民法院起诉,中级人民法院应当根据不同情况在七日内分别作出以下处理:

(一)决定自行审理;

(二)指定本辖区其他基层人民法院管辖;

(三)书面告知当事人向有管辖权的基层人民法院起诉。

【条文主旨】

本条是关于中级人民法院对当事人向其提起的诉讼如何确定管辖的规定。

【起草背景】

本条沿用了《行政案件管辖规定》第二条的规定。该条规定:"当事人以案件重大复杂为由或者认为有管辖权的基层人民法院不宜行使管辖权,直接向中级人民法院起诉,中级人民法院应当根据不同情况在7日内分别作出以下处理:(一)指定本辖区其他基层人民法院管辖;(二)决定自己审理;(三)书面告知当事人向有管辖权的基层人民法院起诉。"另外,本条增加规定了一种当事人可以直接向中级人民法院起诉的情形,即行政诉讼法第五十二条规定的情形:"人民法院既不立案,又不作出不予立案裁定的,当事人可以向上一级人民法院起诉。上一级人民法院认为符合起诉条件的,应当立案、审理,也可以指定其他下级人民法院立案、审理。"

【条文释义】

根据本条规定，当事人直接向中级人民法院起诉有两种情形：一是当事人以案件重大复杂为由，认为有管辖权的基层人民法院不宜行使管辖权而直接向中级人民法院起诉；二是当事人认为基层人民法院应当立案而未立案，直接向中级人民法院起诉。中级人民法院对上述两种情形经审查后应当分别根据不同情形作出相应处理。

一、当事人以案件重大复杂为由，认为有管辖权的基层人民法院不宜行使管辖权而直接向中级人民法院起诉，中级人民法院经审查后，应当根据不同情况作出不同处理

（一）案件确属重大复杂案件

如果中级人民法院经审查后认为案件确属重大复杂案件，则应决定自行立案、审理。行政诉讼法第十五条对中级人民法院的案件管辖范围作出了明确规定，其中第三项规定，本辖区内重大、复杂的案件属于中级人民法院管辖的第一审行政案件。当事人以案件重大复杂为由，认为有管辖权的基层人民法院不宜行使管辖权，直接向中级人民法院起诉。中级人民法院经审查后，认为案件确系重大复杂，则应根据行政诉讼法第十五条第三项的规定，决定自行审理该案。

（二）案件不属于重大复杂案件

中级人民法院经审查后，如果认为案件不属于重大复杂案件，则根据本条规定，一般有三种处理方式。

1. 书面告知当事人向有管辖权的基层人民法院起诉。中级人民法院经审查后，如果认为案件不属于重大复杂案件，则除非有管辖权的基层人民法院有特殊原因不能行使管辖权外，出于维护一般地域管辖原则的考虑，中级人民法院首先应当书面告知当事人向有管辖权的基层人民法院起诉。

2. 指定本辖区其他基层人民法院管辖。根据行政诉讼法第二十三条第一款规定:"有管辖权的人民法院由于特殊原因不能行使管辖权的,由上级人民法院指定管辖。"该条系指定管辖的规定。指定管辖是指上级人民法院依职权指定行政案件交由下级人民法院管辖的制度。指定管辖的实质是法律赋予上级人民法院在特殊情况下变更或者确定案件的管辖权的权限,以便保证案件及时审判,减少当事人讼累。特殊原因是指法律上或者事实上的原因。法律上的原因,如有管辖权的人民法院的全体审判人员与本案有利害关系,当事人申请回避或者有管辖权的人民法院自行回避,不能执行审判职务。事实上的原因,如有管辖权的人民法院因不可抗力或者其他障碍难以行使管辖权,如战争、地震、台风、山洪等。另外,管辖权不能确定时,亦须指定管辖。此种情形主要针对人民法院之间产生管辖权争议时处理中的指定。根据本条第二项的规定,当事人以案件重大复杂为由,认为有管辖权的基层人民法院不宜行使管辖权,直接向中级人民法院起诉,中级人民法院经审查认为属实的,从保障当事人诉讼权益的角度出发,宜指定本辖区内其他基层人民法院管辖。

3. 决定自行审理。当事人以案件重大复杂为由,认为有管辖权的基层人民法院不宜行使管辖权,直接向中级人民法院起诉,中级人民法院经审查认为,虽然案件不属于重大复杂案件,但有管辖权的基层人民法院亦不宜行使管辖权,且起诉符合起诉条件的,可以决定自行立案、审理。根据行政诉讼法第二十四条第一款规定:"上级人民法院有权审理下级人民法院管辖的第一审行政案件。"该条系管辖权转移的规定。管辖权的转移是指上下级人民法院之间相互转移管辖权的行为,即经上级人民法院决定或者同意,把有管辖权的案件,由下级人民法院移送上级人民法院,或者由上级人民法院移送下级人民法院。管辖权转移包括两种情形:一是上级人民法院有权审理下级人民法院管辖的第一审行政案件;二是下级人民法院对其管辖的第一审行政案件,认为需要由上级人民法院审理或者指定管辖的,可以报请上级人民法院决定。对于前一种情形,上级人民法院一经作出决定,案件的管辖权即发生转移;对于后一种情形,必须经上一级法院同意后,案件的管辖权才发生转移。管辖权转移实质是为克服整齐划一的级别管辖所带来的一些实际困难,而对级别管辖这一原则作出的变通和补充。司法实践中，有时有管辖权的法院因种种原因不能或者不宜行使管辖权时，就会发生下级人民法院将其管辖的案件转移给上级人民法院审理，或者上级人民法院将其管辖的案件交由下级人民法院审理的情形，此时就会在上下级人民法院之间发生管辖权的转移。管辖权的转移，一般应具备以下条件：一是该行政案件的管辖权明确无疑，没有争议；二是转移的人民法院与接受的人民法院之间有上下级隶属关系；三是关于管辖权转移的理由，法律没有作具体规定，而是赋予上级法院一定的裁量权。根据本条第一项的规定，当事人认为有管辖权的基层人民法院不宜行使管辖权，直接向中级人民法院起诉，中级人民法院经审查认为情况属实的，可以决定自行立案、审理。

二、当事人认为基层人民法院应当立案而未立案，直接向中级人民法院起诉，中级人民法院经审查后，亦应当根据不同情况作出不同处理

（一）决定自行审理

行政诉讼法第五十二条规定，人民法院既不立案，又不作出不予立案裁定的，当事人可以向上一级人民法院起诉。上一级人民法院认为符合起诉条件的，应当立案、审理，也可以指定其他下级人民法院立案、审理。行政诉讼法第五十二条规定了行政诉讼制度中的"飞跃起诉"制度。司法实践中，有些法院在收到起诉状后，7日内既不立案又不作出不予受理的裁定，不利于对起诉人合法权益的保护。为了保障起诉人的起诉权，也为了防止法院不依法立案，《若干解释》曾经规定了"飞跃起诉"制度。其第三十二条第三款规定，受诉人民法院在7日内既不立案，又不作出裁定的，起诉人可以向上一级人民法院申诉或者起诉。上级人民法院认为符合受理条件的，应予受理；受理后可以移交或者指定下级人民法院审理，也可以自行审理。从司法实践的实际情况来看，"飞跃起诉"制度有利于上级人民法院加强对下级人民法院的监督，也有利于强化下级人民法院的责任心。2014年修正行政诉讼法第五十二条规定沿用了《若干解释》第三十二条第三款的规定并予以进一步完善。根据本条规定，当事人向基层人民法院起诉，基层人民法院既不立案，又不作出不予立案裁定的，当事人可以直接向该基层人民法院对应的中级人民法院起诉。中级人民法院经审查认为情况属实的，并认为当事人符合起诉条件，可以决定自行立案、审理。

（二）指定本辖区其他基层人民法院管辖

按照前述指定管辖的有关规定，如果有管辖权的基层人民法院既不立案，又不作出不予立案裁定，而中级人民法院又认为本案不宜由其直接管辖时，中级人民法院可以指定辖区内的其他基层人民法院管辖。

（三）责令改正

对于符合起诉条件，基层人民法院既不立案又不作出不予立案裁定的行为，违反了行政诉讼法的规定，中级人民法院可以责令下级人民法院改正，也可以参照行政诉讼法第五十一条第四款的规定，对直接负责的主管人员和其他直接责任人员依法给予处分。

【实务指导】

虽然管辖权的转移具有一定的灵活性和积极意义，但是在司法实践中，有的上级法院为使案件的一审、二审都在本院辖区内，滥用管辖权转移制度，将本应由本院管辖的第一审行政案件交由下级法院审理，严重影响了当事人的审级利益，侵犯了当事人的诉讼权利。为此，2014年修正行政诉讼法删除了上级法院可以把自己管辖的案件移交给下级法院审理的条款，将"上级人民法院有权审判下级人民法院管辖的第一审行政案件，也可以将自己管辖的第一审行政案件交下级人民法院审判"修改为"上级人民法院有权审理下级人民法院管辖的第一审行政案件"。

（张雪明撰写）

第七条

基层人民法院对其管辖的第一审行政案件，认为需要由中级人民法院审理或者指定管辖的，可以报请中级人民法院决定。中级人民法院应当根据不同情况在七日内分别作出以下处理：

（一）决定自行审理；

（二）指定本辖区其他基层人民法院管辖；

（三）决定由报请的人民法院审理。

【条文主旨】

本条是关于中级人民法院对基层人民法院报请管辖如何处理的规定。

【起草背景】

行政诉讼法第二十三条第一款规定，有管辖权的人民法院由于特殊原因不能行使管辖权的，由上级人民法院指定管辖。第二十四条规定，上级人民法院有权审理下级人民法院管辖的第一审行政案件。下级人民法院对其管辖的第一审行政案件，认为需要由上级人民法院审理或者指定管辖的，可以报请上级人民法院决定。出于审判实践的需要，本司法解释第七条通过对中级人民法院如何处理基层人民法院报请的管辖进行细化解释，既增强了行政诉讼法相关规定的可操作性，又体现了行政诉讼制度的功能和目的。在现行司法体制和制度下，地方法院的人员、经费及物资装备等均受制于地方政府和行政机关，从某种意义上说，法院与同级政府之间存在直接的、密切的利害关系，受理以当地政府和行政机关为被告的案件，事实上存在应当回避的事由。实行适当提级管辖，能够保障法院更加公正审理行政案件，从而实现权利保障与权力监督的目的。

【条文释义】

当基层人民法院管辖的一些行政案件有可能受到干预，难以公正审理时，受诉基层法院为了排除干扰，可以报请中级法院审理或者指定异地审理。中级法院接到基层法院的报送请求后，可以根据案件情况选择三种处理方式：第一，中级法院决定自行审理，按照诉讼程序审理即可。中级法院是否决定本院自行审理，要看案件是否属于基层法院不宜审理的案件，同时还应当考虑本院行政审判庭人员配备和案件数量。中级法院直接受理固然可以较好地保护诉权，实现司法公正，但是中级法院大量受理行政案件，必然会造成高级法院受理大量二审案件，与中央提出矛盾化解在基层的要求相背离，而且审判队伍也需要重新调整。第二，中级法院接受基层法院请求后，认为基层法院确实不宜审理的可以指定本辖区其他基层法院审理。异地管辖应当作为本司法解释中管辖改革的常态。基层法院为间接追求司法公正，便寻求中级法院的正当干预，通过改变管辖以消除影响司法公正的因素。中级法院一般应当指定异地管辖，异地管辖可以较少的代价获得最好的效果，虽然被告可以通过异地党委政府实施干预，但是这种干预就从直接转变为间接，受诉法院和审理法官就可以排除干扰。中级法院在指定异地管辖时应当注意：（1）避开固定对应管辖，以避免涉及同一被告的案件相对固定地在某个基层法院进行审理，从而影响司法公正；（2）考虑基层人民法院的人员配备、办案能力和该基层法院辖区产生案件的数量。基层法院辖区产生行政案件的数量增加，随之应当调配增加行政法官，必要时中级法院可以明确要求相应的法院调配增加行政法官（3）保障原告诉讼的便捷。在本辖区内有数个基层人民法院均符合指定管辖的条件时，应当在保障案件公正审理的前提下，考虑原告应诉的便捷性，选择指定原告能够相对便利地参加诉讼活动的基层人民法院。第三，中级法院接受基层法院请求后，认为基层法院可以公正审理案件，则可以决定由报请的基层法院管辖。此外，也有部分中级法院辖区内只有一个基层法院，中级法院不直接管辖就意味着只能由有管辖权的基层法院管辖。

本条规定中包含一个法律概念，即管辖权转移。它是指经上级人民法院决定或者同意，将某个具体案件的管辖权转移给下级人民法院，或者由下级人民法院报请上级人民法院同意，将某个具体案件的管辖权转移给上级人民法院。管辖权的转移实际上是某个具体案件的管辖权根据法律规定在上下级人民法院之间相互转移。依此条规定，管辖权转移包括以下两种情况：其一，上级人民法院有权审理下级人民法院管辖的第一审行政案件；其二，下级人民法院对其管辖的第一审行政案件，认为需要由上级人民法院审理或者指定管辖的，可以报请上级人民法院决定。对于前一种情况，上级人民法院一经作出决定，案件的管辖权即发生转移；对于后一种情况，必须经上级法院同意后，案件的管辖权才发生转移。本条规定的就是后一种情形。管辖权的转移虽然体现了管辖制度的灵活性，具有一定积极意义，但在司法实践中，个别地方法院出于不正当的目的，滥用管辖权转移制度随意将管辖权向下转移，侵犯了当事人的诉讼权利，损害了级别管辖制度的科学性严肃性，亦有损法律的公正性。为了保障当事人的诉权，维护级别管辖制度的严肃性，2014年行政诉讼法修改时，取消了管辖权的向下转移，将"上级人民法院有权审判下级人民法院管辖的第一审行政案件，也可以把自己管辖的第一审行政案件交下级人民法院审判"修改为"上级人民法院有权审理下级人民法院管辖的第一审行政案件"。

管辖权转移一般应具备以下条件：一是该行政案件的管辖权明确无疑，毫无争议；二是转移的人民法院与接受的人民法院之间，相互之间有上下级隶属关系，否则不发生管辖权转移。三是关于管辖权转移的事由，法律没有具体规定，而是赋予上级法院一定的自由度。

【实务指导】

在本条的适用过程中，应当注意处理好以下几个问题：一是以确保独立公正审判为目标。行政案件管辖制度改革的目的在于防止和排除不当干预，使人民法院能够独立公正地受理和审理行政案件。因此，在如何确定案件管辖问题上，必须以是否有利于保证人民法院独立公正审判为标准。

对于可能存在影响审判独立和公正司法情形的案件,下级人民法院应当主动报请上级人民法院提级管辖或者指定管辖,上级人民法院要及时作出指定管辖或者提级管辖的决定。二是基层法院报请与中级法院决定相结合。在指定管辖和提级管辖的启动上,赋予基层法院报请的权利,但最终是否要实行指定管辖或者提级管辖,必须由中级人民法院作出决定,中级人民法院应当结合本地实际情况和案件具体情况确定案件的管辖,对于可能存在影响公正审理事由的,应当指定本辖区其他基层人民法院管辖或者决定自行审理。如果认为被告所在地人民法院能够保证案件审理的公正与效率,也可以决定由报请的基层人民法院审理案件。三是以指定管辖为主,以提级管辖为辅。实践证明,适当提高个别行政案件的审级对于保证公正审理案件是必要的,同时也要坚持和体现将矛盾和争议化解在基层的原则和精神。

依据《最高人民法院关于规范上下级人民法院审判业务关系的若干意见》第三条、第五条的规定,基层人民法院和中级人民法院对于已经受理的下列第一审案件,必要时可以根据相关法律规定,书面报请上一级人民法院审理:重大、疑难、复杂案件;新类型案件;具有普遍法律适用意义的案件;有管辖权的人民法院不宜行使审判权的案件。上级人民法院认为下级人民法院管辖的第一审案件,属于前述所列类型,有必要由自己审理的,可以决定提级管辖。

(李小梅撰写)

第八条

行政诉讼法第十九条规定的"原告所在地",包括原告的户籍所在地、经常居住地和被限制人身自由地。

对行政机关基于同一事实,既采取限制公民人身自由的行政强制措施,又采取其他行政强制措施或者行政处罚不服的,由被告所在地或者原告所在地的人民法院管辖。

【条文主旨】

本条是关于"原告所在地"的具体情形的规定。

【起草背景】

本条是对 2000 年的《若干解释》第九条进行文字调整后作出的规定。这一规定最早源于《若干解释》对 1989 年行政诉讼法第十八条所作的解释。1989 年行政诉讼法第十八条规定:"对限制人身自由的行政强制措施不服提起的诉讼,由被告所在地或者原告所在地人民法院管辖。"《若干解释》对法律规定进行了"适度扩大",除行政强制措施外,行政相对人对行政机关基于同一事实,既对人身又对财产实施行政处罚或者采取行政强制措施的,可以选择向原告所在地或被告所在地起诉。此时,选择管辖并未扩大到单纯限制人身自由的行政处罚(治安拘留),对于限制人身自由的行政处罚,只能由被告所在地人民法院管辖,原告所在地人民法院无管辖权。根据当时参与立法有关部门的解释,这一规定主要针对的是劳动教养强制措施。2013 年全国人大常委会通过《关于废止有关劳动教养法律规定的决定》,自此劳动教养制度依法废止。本次司法解释制定的过程中,全国人大法工委行政法室在与最高人民法院行政审判庭的工作沟通中表示,根据行政诉讼法第十九条的规定,只有原告对限制人身自由的行政强制措施不服提起诉讼的,才可以选择管辖法院,不包括对限制人身自由的行政处罚提起的诉讼。因此,在本条的制定过程中,我们听取了全国人大法工委的建议,作出规定:"对行政机关基于同一事实,既采取限制公民人身自由的行政强制措施,又采取其他行政强制措施或者行政处罚不服的,由被告所在地或者原告所在地的人民法院管辖。"理由是:司法解释回归法律的规定,同时根据司法实践,对原告的选择管辖作出适度的扩大。即当事人选择管辖的前提必须是其被采取限制人身自由的行政强制措施,此外,当事人还被采取了其他行政强制措施或者行政处罚的,可以选择被告所在地或者原告所在地法院起诉。

【条文释义】

行政诉讼法第十九条规定,对限制人身自由的行政强制措施不服提起的诉讼,由被告所在地或者原告所在地人民法院管辖。该条规定的立法目的是便于原告参加诉讼,充分保护其合法权益。根据这一原则,参照民事诉讼法的有关规定,本条第一款对"原告所在地"进行相应的界定。限制人身自由的行政强制措施涉及公民的人身自由,对公民本人产生的直接影响远大于对其财产实施强制措施的影响。同时,行政行为在诉讼期间一般不停止执行,因此原告在人身自由受到限制的前提下,其起诉和参加诉讼的能力都受到很大的限制。为便于其即使行使诉讼权利,参加诉讼活动,行政诉讼法对此类诉讼的管辖作出了特别的规定,即被告所在地或者原告所在地的人民法院均有管辖权,原告可以择一进行诉讼。

原告所在地包括原告的户籍所在地、经常居住地和被限制人身自由地。原告的户籍所在地即其户口簿登记所在地。所谓经常居住地,是指公民离开住所地,连续居住满一年以上的地方。公民在其户籍迁出后,迁入另一地区,其经常居住地仍应是其户籍所在地。所谓被限制人身自由地,是指行政机关对公民采取行政处罚、行政强制措施的场所,或行政机关对公民实施限制人身自由的事实行为的场所。

为了简化诉讼程序,提高办案效率,节省人力、物力、财力,贯彻便于人民群众诉讼,便于法院办案的原则,特别是防止人民法院在同一问题上作出相互矛盾的判决,对行政机关基于同一事实既采取限制原告人身自由的行政强制措施,又采取其他行政强制措施或者行政处罚的,被限制人身自由的公民对上述行为均不服提起诉讼的,人民法院应当将两个诉讼请求合并审理。但行政诉讼法第十九条未明确规定这类案件由何地人民法院管辖。为解决这一问题,本条明确规定,原告既可以向被告所在地人民法院提起行政诉讼,也可以向原告所在人民法院提起行政诉讼,受诉人民法院可以管辖。

【实务指导】

　　最高人民法院曾经对在同一事实中对同一当事人，行政机关同时作出限制人身自由和扣押财产两种行政行为，原告在其住所地起诉的，是否可以合并的问题作出答复。即在1993年作出的《最高人民法院关于江西省高级人民法院赣高法函〔1993〕4号请示的答复》。答复的主要内容为："行政机关基于同一事实，对同一当事人作出限制人身自由和扣押财产两种具体行政行为，如果当事人对这两种具体行政行为均不服，向原告所在地人民法院提起诉讼，原告所在地人民法院可以将当事人的两个诉讼请求合并审理。"在上述答复中，原告对于扣押财产的行政行为一般只能向被告所在地的人民法院提起行政诉讼。而由于原告首先或者同时就限制人身自由的行政行为提起行政诉讼，原告所在地人民法院具有管辖权。由于行政机关基于同一事实对同一当事人作出两个行政行为，这两个行政行为在认定事实方面具有紧密的甚至是不可分割的联系，这种"牵连性"使原告所在地人民法院具备了合并管辖的条件，即原告所在地可以合并管辖其本来不具有的对扣押财产行为的管辖权。1996年2月28日，最高人民法院行政审判庭作出《关于在同一事实中对同一当事人，行政机关同时作出限制人身自由和扣押财产两种具体行政行为，当事人依法向其住所地法院起诉，受诉法院是否可以合并审理问题的答复》。其内容为：行政机关基于同一事实，对同一当事人在作出限制人身自由的同时又作出其他具体行政行为，如果当事人对几种具体行政行为均不服，向原告所在地人民法院提起诉讼，原告所在地人民法院可以将当事人的几个诉讼请求合并审理。之后，《若干解释》吸收了上述两个司法答复的内容，并适度扩大1989年行政诉讼法第十八条规定，赋予了当事人对行政机关基于同一事实既对其人身又对其财产实施行政处罚或者采取行政强制措施的案件的选择管辖权。本次司法解释的制定过程中，条文回归了行政诉讼法的本义，对原来司法解释的规定作了限缩。因此在办理案件的过程中，一定要注意对本条的理解。首先,选择管辖权应当由公民享有,法人或者其他组织不享有选择管辖权。其次,公民应当被采取了限制人身自由的行政强制措施,且基于同一事实,行政机关又对其采取了其他的行政强制措施或者行政处罚,此时,该公民可以在被告所在地或者原告所在地的人民法院提起诉讼。

(李小梅撰写)

第九条

行政诉讼法第二十条规定的"因不动产提起的行政诉讼"是指因行政行为导致不动产物权变动而提起的诉讼。

不动产已登记的,以不动产登记簿记载的所在地为不动产所在地;不动产未登记的,以不动产实际所在地为不动产所在地。

【条文主旨】

本条是关于"因不动产提起的行政诉讼"的规定。

【起草背景】

《民诉解释》第二十八条规定:"民事诉讼法第三十三条第一项规定的不动产纠纷是指因不动产的权利确认、分割、相邻关系等引起的物权纠纷。……不动产已登记的,以不动产记簿记载的所在地为不动产所在地;不动产未登记的,以不动产实际所在地为不动产所在地。"本条规定参照《民诉解释》的上述规定,并根据行政诉讼的特点对"因不动产提起的行政诉讼"进行界定。因行政行为导致不动产物权的变动,包括物权的设立、变更、转让、消灭等。"因不动产提起的行政诉讼"即指因行政行为导致物权设立、变更、转让、消灭等而提起的诉讼。例如物权法第九条第一款规定:"不动产物权的设立、变更、转让和消灭,经依法登记,发生效力;未经登记,不发生效力,但法律另有规定的除外。"未经登记的,也存在行政行为的情况,如因人民政府的征收决定、拆除行为等事实行为导致物权的设立、变更、转让和消灭。

【条文释义】

不动产是指不能移动或者移动后其性能或者价值会降低或者丧失的财产,一般包括土地、房屋、草原、河流、滩涂等及其附着物。附着物是指自然的或者人工的附着在土地上或者土地之中的物体,如建筑物。

不动产物权的设立、变更、转让和消灭统称为不动产物权的变动。从权利主体方面来看,就是发生不动产物权的取得、变更和丧失。(1)不动产物权的取得。这是指主体取得对客体物的某种物权,是主体与客体物在法律上的结合,其效果是主体依据法律的规定对客体物享有排他性的支配权。不动产物权的取得包括所有权、用益物权、担保物权或者法律规定的其他类型的物权的取得。物权是对世性权利,因此法律必须规定严格的统一规则,使取得的物权具有统一的对世性效力。因此,不动产物权的取得必须是一种适法行为,只有符合法律规定的行为才能产生取得物权的效果。(2)不动产物权的变更。广义上包括不动产物权的主体、客体、内容的变更。主体的变更既可表现为主体质的变更如继受取得,也可表现为主体量的变更,如独占变共有或共有变独占等。应当说物权的主体变更与物权的取得或丧失有所不同,物权主体变更的后果主要是物权的相对消灭,而物权的丧失则还包括物权的绝对消灭。不动产物权内容的变更是指物权法律关系所包含的权利、义务内容的变化,包括权利、义务存续时间的变化,客体的范围或价值的变化等。物权客体的变化是指物权之客体物本身的变化,包括量的变化与质的变化。比如地震导致房屋的部分损毁。而物权客体的质或量上的变化又将直接影响到物权内容的变化,理论上一般统称为物权的变更。(3)不动产物权的消灭。是指不动产物权主体丧失物权权利。物权可因客体物的灭失而绝对消灭;因转让导致相对消灭,即仅相对于转让人而言意味着物权消灭,其结果仍是物的主体的变更,但如果物已灭失将导致绝对消灭。

本条第一款是对何为因不动产提起的行政诉讼所作的规定。根据上述分析,因行政行为导致不动产物权的设立、不动产物权主体的变化、不动产物权内容的变化、不动产物权客体的灭失等后果的,当事人不服提起诉讼的,该诉讼属于因不动产提起的行政诉讼,根据行政诉讼法第二十条的规定,应当由不动产所在地人民法院管辖。本条第二款是对何为不动产所在地所作的规定。即不动产已经在相关权力机关进行登记的,应以不动产登记簿记载的所在地为不动产所在地;如果涉案的不动产尚未登记的,则以不动产实际所在地为不动产所在地。

【实务指导】

在实践中,行政诉讼原告一般对何为因不动产提起的行政诉讼有较深的误解,这也导致其对相关案件的管辖法院、起诉期限的计算等问题产生错误认识。如在司法实践中,房屋被征收人对市县人民政府所作的房屋征收补偿决定提起诉讼时,往往会主张该纠纷属于因不动产引起的纠纷,应当由不动产所在地人民法院管辖,在起诉期限上也应当适用20年的最长保护期限。从本条司法解释的规定我们可以获知,因不动产提起的行政诉讼,必须是被诉行为产生了不动产物权设立、变更、转让或消灭的法律效果,而非行政诉讼中涉及不动产物权的因素即为因不动产引起的纠纷。

此外,值得注意的是,实践中涉以县级以上政府名义颁发不动产权属证书的案件数量较多,我们认为这类案件一律由中级法院一审,既无必要又大量增加中级法院和高级法院的工作量。颁发各类不动产权属证书,虽然颁证机关名义上是政府,但实际上均是土地、林业、房屋等政府职能部门的行为。提级管辖的目的在于避免行政干预,而上述物权登记案件表面上是行政争议,而其真正的争议往往是作为平等主体的原告和第三人之间的民事权益争议,政府一般不会干预法院公正审理。因此,《行政案件管辖规定》对此规定为:被告为县级以上人民政府的案件由中级法院管辖,但以县级以上人民政府名义颁发不动产权属证书的案件可以除外。2014年11月24日公布的《不动产登记暂行条例》第六条规定，国务院国土资源主管部门负责指导、监督全国不动产登记工作。县级以上地方人民政府应当确定一个部门为本行政区域的不动产登记机构，负责不动产登记工作，并接受上级人民政府不动产登记主管部门的指导、监督。第七条规定，不动产登记由不动产所在地的县级人民政府不动产登记机构办理；直辖市、设区的市人民政府可以确定本级不动产登记机构统一办理所属各区的不动产登记。跨县级行政区域的不动产登记，由所跨县级行政区域的不动产登记机构分别办理。不能分别办理的，由所跨县级行政区域的不动产登记机构协商办理；协商不成的，由共同的上一级人民政府不动产登记主管部门指定办理。国务院确定的重点国有林区的森林、林木和林地，国务院批准项目用海、用岛，中央国家机关使用的国有土地等不动产登记，由国务院国土资源主管部门会同有关部门规定。从该条例的规定来看，不动产登记由不动产所在地的县级人民政府不动产登记机构办理。从过去的不动产登记实际情况来看，登记工作也是由不动产所在地的县级人民政府不动产登记机构办理的。例如，《房屋登记办法》第四条第一款规定，房屋登记，由房屋所在地的房屋登记机构办理。但是，房屋登记簿上盖章的一般是县级以上人民政府。对于县级人民政府作被告的情形，还应当有不动产所在地专属管辖的例外。鉴于今后不动产的登记，不再由县级人民政府而是由不动产登记机构办理，因此，这类案件也将不再由中级人民法院管辖。

（李小梅撰写）

第十条

人民法院受理案件后，被告提出管辖异议的，应当在收到起诉状副本之日起十五日内提出。

对当事人提出的管辖异议，人民法院应当进行审查。异议成立的，裁定将案件移送有管辖权的人民法院；异议不成立的，裁定驳回。

人民法院对管辖异议审查后确定有管辖权的，不因当事人增加或者变更诉讼请求等改变管辖，但违反级别管辖、专属管辖规定的除外。

【条文主旨】

本条是关于管辖异议及管辖恒定原则的规定。

【起草背景】

关于管辖权异议，在《若干解释》第十条中有相关规定。本次司法解释的制定过程中，吸收了《若干解释》中的相关规定并作相应修改。一是对管辖权异议的主体进行了修订，将"当事人提出管辖异议"改为"被告提出管辖异议"；二是将管辖异议提出时间进行了修改，从"接到人民法院应诉通知之日起10日内"改为"收到起诉状副本之日起十五日内"；三是在管辖权异议提出方式上不再严格要求以书面形式提出。作出上述修改更加符合司法实践的要求。首先，管辖权异议提出的主体明确为被告。行政诉讼活动中当事人包括原告、被告、第三人等，根据其诉讼地位，原告和具有原告资格的第三人通过自身提起诉讼或申请参加诉讼的行为，已经认可了受诉法院的管辖权，因此只有被告才应享有管辖权异议的申请权。在提出时间上，提出管辖权异议的时间与被告提交作出行政行为的证据和答辩状的时间相同。本条第三款参照了《民诉解释》第三十九条第一款，对管辖恒定原则以及例外情形都作了相应的规定。

【条文释义】

所谓管辖异议，是指当事人认为受诉人民法院对该案无管辖权，而向受诉人民法院提出不服该法院管辖的意见或主张。人民法院对当事人提出的管辖权异议，未经审查或审查后尚未作出裁定的，不得进入该案的实体审理。提出管辖异议必须具备以下三个条件：第一，提出管辖异议的人必须是本案的被告。第二，当事人应当在收到人民法院送达的起诉状副本之日起15日内提出。在上述期限内未提出的，应当视为当事人对管辖无异议。第三，提出的形式一般应当以书面的形式提出。当事人提出的管辖异议，符合上述三个条件的，人民法院应先就对本案有无管辖权的问题进行审查。人民法院对管辖异议进行审查后，如果认为异议成立的，应当按照行政诉讼法第二十二条的规定，裁定将案件移送有管辖权的人民法院管辖。如果认为管辖异议不成立的，裁定驳回当事人的管辖异议申请。申请管辖异议的当事人对驳回管辖异议的裁定不服，可以在法定期限内提出上诉。逾期不提出上诉和二审人民法院裁定驳回上诉，维持原裁定的，原审人民法院应当继续本案的审理。当事人就原审人民法院有无管辖权问题提出再审的，不影响原审人民法院对案件的继续审理。

管辖恒定原则是指法院对某个行政案件是否享有管辖权，以起诉时为准。起诉时对案件享有管辖权的法院，不因确定管辖的因素在诉讼过程中发生变化而受影响。管辖恒定包括级别管辖恒定和地域管辖恒定。级别管辖恒定是指级别管辖按照起诉时的被告、诉讼标的额等确定后，不因诉讼过程中被告的追加或标的额的增加或减少而变动。地域管辖恒定是指地域管辖按起诉时的标准确定后，不因诉讼过程中据以确定管辖的因素的变动而受影响。具体说来，当事人住所地、经常居住地的变更以及起诉后行政区域的变更均不能引起管辖权的变化。

但是如果原告起诉时就违反了行政诉讼法第十四条至第十八条规定的级别管辖以及第二十条规定的专属管辖的，则不受管辖恒定原则的约束。

【实务指导】

1. 管辖权异议主体。被告享有管辖权异议的主体地位在法理上和实务中已得到一致肯定。原告无权提出管辖权异议，因为管辖法院是原告自己选择的，应当推定其认可受诉法院的管辖权，否则，其不应向该法院起诉，即使其后来发现受诉法院无管辖权，也可以通过撤诉的方式来否定法院的管辖权,因此,原告无权提出管辖权异议。而行政诉讼中的具有原告资格的第三人,其通过自己申请参加诉讼,说明其已经承认原告的诉讼行为,那么他应受约束不能再对原告选择的法院提出管辖权异议。从管辖权异议制度设置的价值来看,其目的在于监督法院行使管辖权的职权行为,保证诉讼管辖制度的正常,程序正义能够得到实现。

2. 管辖权异议的客体。指在哪些情况下当事人可以提出管辖权异议,也即在运用哪些管辖规则的情况下,一方当事人可以主张该法院没有管辖权。管辖规则以法律规定和法院裁定为标准,分为法定管辖和裁定管辖。法定管辖包括级别管辖和地域管辖,裁定管辖包括移送管辖、指定管辖和管辖权转移。实践中,当事人提出管辖异议多数是针对地域管辖,但是值得注意的是,级别管辖也应当是管辖权异议的客体。关于裁定管辖能否成为管辖权异议的客体,我们认为应根据不同的情形具体分析。移送管辖的发生有两种途径,一是法院对当事人提出的管辖权异议依法审查,异议成立的,裁定移送至有管辖权的法院审理;二是当事人没有提出管辖权异议,法院依职权审查后认为该院无管辖权,移送至有管辖权的法院。对于第一种移送管辖,当事人可以上诉,也即赋予了当事人对此种移送管辖提异议的权利。对于法院依职权作出的移送管辖,因其是法院的职权行为,为维护法院的权威,我们认为应当禁止当事人提异议。因为对于法院的依职权移送管辖,行政诉讼法第二十二条规定,受移送的人民法院认为受移送的案件按照规定不属于其管辖的,应当报请上级人民法院指定管辖。即该条规定的立法目的在于避免法院之间相互推诿,切实保障诉讼当事人的合法权益,而设立了指定管辖的审查救济途径,因此无须再由当事人提异议。指定管辖是法律赋予上级法院的权利,从维护上级法院权威的角度来看,不应赋予当事人管辖异议权。这也可以避免不同主体行使监督管辖权行为的交叉,防止当事人滥用诉权,实现诉讼经济。管辖权转移,是级别管辖制度中的一项变通性规定。在行政诉讼中,它包括两种情形,一是上级法院审理属于下级法院管辖的第一审行政案件,二是下级法院对其管辖的第一审行政案件,认为需要由上级法院审理或者指定管辖的,可以报请上级法院决定。管辖权转移,主要是上下级法院之间审理案件的分工和协调。

　　3. 管辖权异议程序。管辖权异议申请应向受理该案的人民法院提出。受理该案的法院对案件进行实体审理以前，应先审议当事人对管辖权提出的异议，就是否有管辖权问题作出书面裁定。受诉法院收到当事人提出的管辖权异议后，应当认真进行书面审查，必要时需召集双方当事人听证。对当事人所提出的管辖权异议，区别情况作出不同的处理：（1）当事人就地域管辖提出异议。经审查，异议成立的，受诉法院应当裁定将案件移送有管辖权的法院处理；异议不成立的，裁定驳回。当事人对裁定不服的，可以在裁定书送达之日起 10 日内向上一级法院提出上诉。当事人未提出上诉或者上诉被驳回的，受诉法院应通知双方当事人参加诉讼。当事人对管辖权问题申诉的，不影响受诉法院对该案件的审理。（2）当事人就级别管辖权提出异议。级别管辖是上下级法院之间就一审案件审理方面的分工。受诉法院审查后认为确无管辖权的，应将案件移送有管辖权的法院并告知双方当事人，但不作裁定。受诉法院拒不移送，当事人向上级法院反映并就此提出异议的，如情况属实确有必要移送的，上级法院应当通知受诉法院将案件移送有管辖权的法院；对受诉法院拒不移送且作出实体判决的，上级法院应当以程序违法为由撤销受诉法院的判决，并将案件移送有管辖权的法院审理。

　　此外，在司法实践中，要特别注意专属管辖具有如下效力：（1）排他效力。即法律规定因不动产提起的行政诉讼，由不动产所在地人民法院管辖。这便意味着唯有法律规定的法院才有权受理和裁判这类案件，其他法院均无权管辖这类案件，当事人不得向其他法院提起诉讼，其他法院也不得以任何理由来受理这类案件。排他性是相对于法院而言的，是针对法院所产生的效力。（2）排除效力。即排除当事人以协议选择管辖法院的效力。排除效力是由排他效力衍生的，是相对于当事人而产生的效力。专属管辖的案件既然只能专属于法律规定的法院管辖，当然也就不允许当事人以协议的方式改变专属管辖。（3）撤销效力。为了保证专属管辖的规定得到严格遵守，就要求法院在受理上诉案件时依职权审查下级法院是否遵守了专属管辖的规定，二审法院如果发现原审判决确实违反了专属管辖的规定，那么就应以程序重大违法为由，撤销已经作出的判决，将案件移送有管辖权的法院审理，而对于违反一般或特殊地域管辖受理案件的情形，虽然允许当事人提出管辖权异议，并在异议被驳回时提出控告，但如果法院已经作出了实体判决，那么当事人不得提出二审无管辖权的主张，二审法院也不能以此为理由撤销一审的判决。

(李小梅撰写)

第十一条

有下列情形之一的，人民法院不予审查：

（一）人民法院发回重审或者按第一审程序再审的案件，当事人提出管辖异议的；

（二）当事人在第一审程序中未按照法律规定的期限和形式提出管辖异议，在二审程序中提出的。

【条文主旨】

本条是关于人民法院不予审查管辖权异议申请相关情形的规定。

【起草背景】

司法实践中，行政诉讼当事人经常会在不同诉讼程序中提出管辖权异议申请，一定程度上阻碍了诉讼程序的正常进行，妨害了其他诉讼参加人的合法权益。为此，在本司法解释的制定过程中，我们借鉴了《民诉解释》第三十九条第二款的相关规定。该款规定，人民法院发回重审或者按第一审程序再审的案件，当事人提出管辖异议的，人民法院不予审查。当事人对管辖有异议的，应当依法在一审程序中提出。当事人参与诉讼表明其已经接受管辖，其在二审程序中提出管辖异议的，人民法院不予审查。

【条文释义】

人民法院在二审中作出撤销一审裁判、发回重审裁定的案件；或者人民法院按照第一审程序再审的案件，即人民法院按照审判监督程序再审的案件，发生法律效力的判决、裁定是由第一审法院作出的案件，当事人在发回重审阶段或者再审阶段提出管辖权异议的申请，人民法院不予审查。行政诉讼的被告应当在收到起诉状副本之日起15日内提出管辖权异议，超出此期限提出的申请，人民法院不予审查。人民法院对当事人提出的管辖权异议未经审查或审查后尚未作出裁定的，不得进入该案的实体审理。

提出管辖异议必须具备以下三个条件：第一，提出管辖异议的人必须是本案的被告。第二，当事人应当在收到人民法院送达的起诉状副本之日起15日内提出。在上述期限内未提出的，应当视为当事人对管辖无异议。第三，提出的形式一般应当以书面的形式提出。需要注意的是，管辖权异议应当由当事人在第一审程序中提出，即收到人民法院送达的起诉状副本之日起15日内提出。当事人提出的管辖异议，符合上述三个条件的，人民法院应先就其对本案有无管辖权的问题进行审查。人民法院对管辖异议进行审查后，如果异议成立的，应当按照行政诉讼法第二十二条的规定，裁定将案件移送有管辖权的人民法院管辖。如果认为管辖异议不成立的，裁定驳回当事人的管辖异议申请。申请管辖异议的当事人对驳回管辖异议的裁定不服，可以在法定期限内提出上诉。逾期不提出上诉和二审人民法院裁定驳回上诉，维持原裁定的，原审人民法院应当继续本案的审理。当事人就原审人民法院有无管辖权问题提出再审的，不影响原审人民法院对案件的继续审理。

【实务指导】

根据本条的规定，管辖权异议应当在法律规定的期限内提出。如果案件经由上级人民法院发回重审，或者案件按第一审程序再审，或当事人在二审程序中提出管辖异议的，人民法院对当事人的异议不予审查。如果管辖权异议在一审程序中由被告在法定期限内提出，那么无论其异议是否成立，法院都应作出裁定。即管辖异议成立的，裁定将案件移送有管辖权的人民法院管辖；管辖异议不成立的，裁定驳回当事人的管辖异议申请。但不予审查的规定，则不要求人民法院对于当事人提出的不适当的管辖权异议申请作出回应。

（李小梅撰写）

三、诉讼参加人

行政诉讼中,谁能参加诉讼、谁不能参加诉讼,即行政诉讼参加人如何确定,在很大程度上是一个决定着行政争议能否得到实质解决的重大问题。按照实质解决行政争议的要求,完善的行政诉讼参加人制度应该有助于整个行政诉讼制度做到以下两点:一是能够真正解决行政争议。要做到这一点,行政诉讼就必须在原告被告两造之外,向行政争议涉及的利害关系人敞开大门,赋予其第三人的诉讼地位;对于上述当事人寻求帮助以弥补诉讼能力不足的需求,亦应尽量满足,因此与民事诉讼和刑事诉讼一样,行政诉讼亦有代理制度之设。二是能够解决真正的行政争议。要聚焦行政争议本身,不要将无关的争议拉进来,徒增案件审理的难度和复杂性,更不要节外生枝,使本无争议的事情聚讼纷纭。要做到这一点,就需要明确行政诉讼参加人的条件,将与案件无关以及参加诉讼不利于争议解决的人排除在外。1989年行政诉讼法就原告资格、被告适格、共同诉讼、第三人、指定代理和委托代理、诉讼参加人阅卷权等作出了规定,共有7条。2014年行政诉讼法在原规定基础上,增加了三个内容,条文增加到8条。一是就原告资格的界定作出了规定。二是对有上诉权的第三人范围作出限定,限于其权益受到判决不利影响的情形。三是对委托代理的条件作出限定,将那些与案件无关或者无助于争议解决的人排除在外。第一点改变为法院提供了客观的审查标准。第二、三点改变则有利于充分利用司法资源以及行政争议的实质化解。

旧的司法解释就行政诉讼参加人的具体问题作出了14条规定,新的司法解释在此基础上,结合法律修改的新精神作出了相应的增、删、改,使这部分规定达到22条,主要涉及以下五个方面。一是关于原告。第一,列举了具备或者不具备原告资格最为常见的具体情形。第二，近亲属承继诉权以及代为行使诉权。第三，涉合伙企业、个体工商户、企业行政案件中原告的诉讼名义。二是关于被告。第一，涉经批准行政行为案件的适格被告问题。第二，行政机关组建的机构、内设机构、派出机构、开发区管理机构等机构的被告适格问题。第三，经过复议行政案件的被告确定问题。第四，村民委员会、事业单位、行业协会的被告适格问题。第五，房屋征收实施行为案件的被告确定问题。第六，被告的变更和追加问题。三是关于共同诉讼。主要是人民法院依职权和依申请追加对共同诉讼当事人的操作规程、对共同诉讼的含义以及"人数众多"等重要概念的解释。四是关于第三人。主要是在与行政行为有利害关系的第三人基础上，明确了与案件处理结果有利害关系的第三人地位，并就其上诉和申请再审等诉讼权利的行使作出了更为具体的规定。五是关于委托代理。在基本保留原有委托代理手续规定的基础上，就法律关于委托代理的特殊要求作出了更为具体的规定。

（王振宇撰写）

第十二条

有下列情形之一的，属于行政诉讼法第二十五条第一款规定的"与行政行为有利害关系"：

（一）被诉的行政行为涉及其相邻权或者公平竞争权的；

（二）在行政复议等行政程序中被追加为第三人的；

（三）要求行政机关依法追究加害人法律责任的；

（四）撤销或者变更行政行为涉及其合法权益的；

（五）为维护自身合法权益向行政机关投诉，具有处理投诉职责的行政机关作出或者未作出处理的；

（六）其他与行政行为有利害关系的情形。

【条文主旨】

本条是关于具有原告资格的几种特殊情形的规定。

【起草背景】

与民事行为相比，行政行为影响的范围更为广泛。如果任何人，只要受到行政行为影响就可以对该行为提起诉讼，既不问是直接影响还是间接影响，也不问是积极影响还是消极影响，对于寻求司法救济来说固然更为便利，但行政秩序和效率也将因此受到过分的干扰，更为严重的是，公共利益也将受到无法预计的损害。因此，在原告资格上设置一道门槛，以兼顾权利救济和公共利益，就显得十分必要。事实上，在所有建立行政诉讼制度的国家，原告资格都被看作是平衡公私利益的重要门槛。我国行政诉讼的原告资格制度是在行政审判实践中逐渐完善起来的。1989年行政诉讼法规定的原告是"认为具体行政行为侵犯自己合法权益的公民、法人或者其他组织"，其意在为起诉人提供指引。然而对于人民法院而言，该标准失之于空泛，难付实用。在此情况下，2000年《若干解释》第十二条规定，起诉人只有"与被诉具体行政行为具有法律上利害关系"才具有行政诉讼的原告资格。这就为人民法院提出了一个相对客观的审查标准。虽然从文义上看，"法律上利害关系"具有不确定性，但经过多年的实践探索，已形成很多共识，确定性逐渐增强。2014年行政诉讼法在吸取上述经验的基础上，对原告资格作出了规定，要求原告必须与行政行为"有利害关系"。虽然在表述上与《若干解释》略有区别（少了"法律上"三字），但精神实质是连贯一致的。

起诉人的情形非常复杂，因此原告资格的疑难问题很多，认识不尽一致。为了进一步统一判断标准，《若干解释》第十三条明确了具有原告资格的以下四种特定情形：一是被诉的具体行政行为涉及其相邻权或者公平竞争权的；二是与被诉的行政复议决定有法律上利害关系或者在复议程序中被追加为第三人的；三是要求主管行政机关依法追究加害人法律责任的；四是与撤销或者变更具体行政行为有法律上利害关系的。《行诉解释》在保留上述四项规定（除第二项扩展到行政复议之外的其他行政行为之外，仅作了部分文字调整）的基础上，增加了投诉人原告资格的规定（作为第五项）。另外，重申原告资格标准（第六项）作为兜底。

【条文释义】

一、涉及相对人相邻权或者公平竞争权的情形

相邻权属于民事权利范畴，是从相邻关系当中衍生出来的一项不动产物权。所谓相邻关系是指，两个或者两个以上相互毗邻不动产的所有权人或者使用权人，在行使权利的过程中，因相互之间应当给予便利和接受限制而发生的权利义务关系。设立相邻关系制度的目的在于物尽其用，充分发挥不动产的效用。在某些情况下，如果一方不能从相邻另一方获得便利，其不动产就不便利用甚至难以利用。因此，基于法律规定或者当地习惯，赋予一方不动产的权利人利用相邻不动产的权利，就是一个明智的选择，而这种权利就是相邻权。相邻权主要出现于物权行使的以下五种情形：一是自然流水的利用；二是通行；三是建造、修缮建筑物以及铺设电线、电缆、水管、暖气和燃气管线等；四是通风、采光和日照；五是排污（包括弃置固体废物、排放大气污染物、水污染物、噪声、光、电磁波辐射等有害物质）。与相邻权相对的是相邻不动产权利人的义务，前三种情形对应的是作为义务，即为自然流水利用、通行及特定建设行为提供便利的义务，后两种情形对应的则是不作为义务，即不得为侵权行为的义务。①

通常情况下，相邻权受到的损害都与相邻不动产的权利人不履行或者不充分履行相应义务有关，因此，相邻权人寻求司法救济通常可以通过民

---

① 物权法第八十九条规定："建造建筑物，不得违反国家有关工程建设标准，妨碍相邻建筑物的通风、采光和日照。"该法第九十条规定："不动产权利人不得违反国家规定弃置固体废物，排放大气污染物、水污染物、噪声、光、电磁波辐射等有害物质。"

事诉讼解决。不过，在某些情况下，行政机关的行政行为也会对相邻权人产生影响。符合以下三个条件的，应当承认相邻权人提起行政诉讼的资格：一是行政行为通常针对相邻不动产而为，比如批准相邻土地上的工程建设；二是从诉讼主张上看，相邻权受到损害具有可能性，比如当事人提出上述批准建设的工程与原告的建筑间距过窄，由此可以预见到其通风、采光等相邻权受到影响；三是相邻权在特定执法活动中受到行政法的保护，比如行政机关作出批准建设的行为时，相关规则要求其审查是否符合间距等技术标准，这就说明通风、采光等相邻权受到行政法层面的保护。但如果相邻权人起诉批准建设行为之前的投资项目立项审批行为，其原告资格就不能得到承认。原因就是相关规则并不要求发改委在审批时考虑是否影响相邻权的问题。

公平竞争权是经营者相对于其他具有竞争关系的经营者所享有的一种权利，这种权利的内容是要求其他经营者在市场活动中进行公平竞争，不得采取任何不正当竞争行为损害其合法权益。公平竞争权虽然在法律上并没有明确的规定，但从反不正当竞争法、反垄断法等法律所作的详细的反向规定当中可以推导出来。公平竞争权也属于民法权利的范畴，通常情况下应当通过民事诉讼解决。不过，有些情况下，行政机关的行政行为可能会对有关经营者的竞争关系产生影响，要么直接剥夺或者限制某个经营者的竞争机会，消除或者削弱其竞争能力，要么不正当地帮助其竞争对手。此时受到损害的经营者提起行政诉讼，是否承认其原告资格，关键就看行政行为是否"涉及"公平竞争权，即公平竞争权是否在相关行政法的保护范围内。反不正当竞争法第六条、第七条规定的不正当竞争情形，以及反垄断法第五章规定行政垄断情形，都表明在相关的执法活动中，行政机关不得无视公平竞争权的保护问题，在这一领域，竞争权人如果认为行政机关作出的行政行为损害了其公平竞争的利益，就应认可其原告资格。如果明显公平竞争权不在特定规范保护范围，就不应认可其原告资格。比如法律规定出口退税意在鼓励特定经济活动，与公平竞争无关，因此，经营者如果不主张公平竞争权，仅以应给自己退税而不退为由起诉，具有原告资格；但以公平竞争权受到损害为由对其他经营者的退税行为起诉，则不具备原告资格。

二、在行政复议等行政程序中被追加为第三人的情形

《若干解释》认可了行政复议程序第三人的原告资格，本解释基于同样的道理，进一步扩展到其他行政程序当中。在行政复议等行政程序中，如果行政机关在两造当事人之外，追加其他公民、法人或者其他组织为第三人，则意味着行政机关认为其与行政复议或者其他行政行为之间存在利害关系。如果最终作出的行政行为涉及第三人权利义务，则应当赋予其提起行政诉讼的原告资格。实践中有时会有以下情形，即行政机关在行政复议等行政程序中虽然追加了第三人，但在行政决定当中并未对其作出处理或者作出不利处理，是否还给予其原告资格。如果仅从本款文义判断，似乎应当承认。但按照体系解释的观点，应当把法律当作一个整体，只有准确把握法条之间的相互联系，才能实现正确的理解。按照行政诉讼法第二条规定，该法的调整范围局限于"公民、法人或者其他组织认为行政机关和行政机关工作人员的行政行为侵犯其合法权益"的情形，该条的规定具有贯穿性，本解释第十二条文义在理解时应当受到该条的约束。据此可知，第三人虽然被追加到行政复议等行政程序中，但明显并未受到行政行为的侵害（甚至可能获益）[①]，从而不受行政诉讼法的调整，其原告资格自然不宜承认。

三、要求依法追加加害人法律责任的情形

当事人在人身权、财产权等合法权益受到侵害时，通常可以通过民事诉讼加以解决。除此之外，有些法律还赋予特定行政机关作出处理决定的职责，这种职责不仅致力于保护受害人的合法权益，而且通过对加害人作

[①] 是否授益的判断有时并不像表面看起来那样简单，应当具体问题具体分析。不能笼统地讲行政许可是授益行为，因此获得许可的人不能就准予许可的行为起诉。比如某人获得探矿许可，表面看来是授益行为，但探矿范围大部分在风景区内，故其探矿行为被风景区管理部门叫停。叫停的行为于法有据，某人起诉风景区管理部门显然难以获得救济。追根溯源，其损失与行政机关把关不严违法审批有直接关系。因此，授益行政行为带给授益人的未必永远是利益，有时也可能是损害。在有损害的时候，就应当承认其诉权。

出行政处罚等不利处分来维护社会秩序。这种情形中最典型的就是治安案件，公安机关作出处理决定后。受害人认为加害人未受到处罚或者处罚过轻提起行政诉讼时，其原告资格应予认可。除此之外，消费者权益保护领域实践中比较常见的情形就是，购买伪劣商品的消费者起诉行政机关，要求行政机关对商家依法处理的案件。如果案件涉及的对象或者范围具有广泛性，法院应当在审慎判断的基础上依法作出处理。比如公民认为某类食品或者药品不合格，要求行政机关作出处理，进而对行政机关的处理不服提起诉讼。在此情况下，人民法院就应当分析起诉是否具有个别性。具体地说，就是要看起诉人是否购买了该产品或者是否受到了该产品的损害，行政机关是否负有为保护其合法权益而作出具体处理的职责（比如修订国家标准使之更加完善就不是一个具体处理的职责）。如果任何一项答案为否，则不应承认起诉人的原告资格。如果涉及的范围非常广泛，在众多的受害人当中，起诉人如同汪洋中的一滴水，且其损害显著轻微，亦不宜承认其原告资格。解决此类问题合适的途径是公益诉讼，而公益诉讼则需要以法律特别规定作为依据。

四、撤销或者变更行政行为涉及其合法权益的情形

行政行为作出之后，行政机关基于某些理由将其撤销或者变更，这里存在两个行为：一是行政行为，二是将该行政行为撤销或者变更的行为。合法权益受到两个行为影响的公民、法人或者其他组织，具有分别起诉两个行政行为的原告资格。不过，需要注意的是，前后两个行为虽有关联，但其原告的范围可能并不完全相同，因为同样一个人受到了前者的影响，但未必也受到了后者的影响；反过来受到后者影响的人，可能并未受到前者的影响。比如，某甲新房落成，申请不动产初始登记获颁相关不动产权证。后某甲更改姓名，并办理了相应的变更登记。某乙认为其享有使用权的土地为某甲所占，此时影响其权益的是初始登记，而非变更登记。如果情况稍作改变，某甲在初始登记后，扩建房屋并获得变更登记，某乙认为某甲扩建占用了自己的土地，则情形恰好相反，影响其权益的是变更登记，而与初始登记无关。在上述情况下，如果对两类行为不加区分，对原

告资格判断的失误就在所难免。迄今为止，这样错误仍然时有出现，值得注意。

五、为维护自身合法权益向行政机关投诉，具有处理投诉职责的行政机关作出或者未作出处理的情形

这是本司法解释新增的内容。行政机关要充分发挥职能，尤其是实现有效的管理，首先必须要掌握相关的信息或者情报。正如施瓦茨所说："情报是燃料，没有它行政机器就无法发动。"[①] 行政机关获得情报，除了主动调查之外，社会公众主动提供也是一个重要的渠道。因此，法律法规当中关于投诉的规定比比皆是。那么，对于行政机关接到投诉之后的处理，投诉人是否可以起诉？我们认为，投诉处理行为可诉需要满足两个条件：一是行政机关作出或者未作出处理。这里的"处理"指的是对相对人的权利义务或者地位加以改变或者意图改变。二是投诉的目的在于维护投诉人的合法权益。行政诉讼本质上是受害人之诉，只有主张维护自身合法权益的人才可能成为行政诉讼的原告。比如，按照产品质量法的规定，产品质量监督部门或者工商管理部门接到产品质量问题的申诉后，可以对生产者或者销售者进行调查，如果问题属实，则可以作出处罚等相关处理。因此，该投诉、申诉行为可诉。如果申诉人是出于消费目的的购买者，则其原告资格应当得到认可。

六、其他与行政行为有利害关系的情形

相对人之外的人与行政行为有利害关系的情形非常复杂，难以尽列。在案件审理当中，最关键的一点就是准确掌握原告资格的基本标准，即与行政行为有利害关系。经过多年的探索，大致符合以下几个条件，就可以认定利害关系存在：一是原告主张的必须是权利或者类似权利的利益。如果行政行为涉及的仅是其建立在单纯个人偏好、兴趣基础上的所谓利益，则不能认为存在利害关系。比如行政机关批准修复古建筑，某人不喜欢建

[①] [美]伯纳德·施瓦茨：《行政法》，徐炳译，群众出版社1986年版，第82页。

筑的颜色，其以此为由提起行政诉讼，即不能认为其与批准行为存在利害关系。二是权益归属于原告。如果原告主张的利益属于他人，或者属于公共利益（此时即便包含其利益在内也极其微不足道），也不宜承认其与行政行为之间具有利害关系。三是权益损害实际存在而非主观臆想。虽然在立案阶段，并不要求权益受到行政行为损害具有必然性，但至少从主张的层面看，受损的可能性是可以预见的，否则，利害关系就不能成立。四是原告主张的权益受到行政规范保护。也就是说，原告所主张的利益，从规范或者规范目的来看，行政机关在作出行政行为时，本来也应在考虑范围之内。比如，从规划法上关于间距的要求可以推知，行政机关批准建设行为时，必须要考虑相邻权人的利益并予以保护。在这个意义上，法官在审查原告资格问题时，必须要看相对人主张什么权益受到侵犯，主张不同，结果也可能不同。比如诉结婚登记的行政案件中，儿子病亡后，母亲提起行政诉讼。如果其理由是儿子的结婚登记侵犯其继承权，能否承认其诉权？笔者认为，按照婚姻登记规则，继承人的意见恰恰是行政机关在办理婚姻登记时不允许考虑的事情。如果因为继承人不同意就不做登记，恰恰违背了婚姻法上婚姻自主的原则。如果其理由是登记是在儿子不知情的情况下办理的，婚姻登记侵犯了儿子的婚姻自主权，则其原告资格应予承认。因为其所主张的婚姻自主恰恰是婚姻登记规则最为关注的，也是登记机关应予保护的。

【实务指导】

行政审判实践中，原告资格的问题非常复杂多样，本条列举的只是最为常见的几种情形。这些情形全部都是在各级人民法院行政审判长期探索的基础上总结而来。本条适用当中应当注意以下几点。

1. 准确把握"利害关系"是解决原告资格难题的一把钥匙。实际上，本条列举的五种具体情形原本都是实践中普遍存在的疑难问题，其经过不断探索直至变成解释条文，就是用"利害关系"的标准进行判断的结果。除了这几种情形外，原告资格领域的其他难题还会层出不穷，只有准确理解利害关系，才能够以不变应万变，才能够在复杂的现象面前不迷失。试举一例，甲买乙的房屋入住后，发现邻居丙获得批准建设的楼梯占用了其户外空间，遂提起行政诉讼请求撤销批准建设楼梯的行为。法院以行政机关作出行政行为时并未影响甲的利益，因而甲不具有原告资格为由驳回其起诉。法院审理还查明，5年前，乙在丙搭建楼梯期间曾与之交涉，获悉批准文件后虽仍认为建设违法但未再阻止。法院的处理是否正确？笔者认为，法院驳回起诉没有问题，但理由应是超过起诉期限，将没有原告资格作为理由是错误的。原告资格的判断首先要看起诉人主张什么权利。本案中，甲主张的是土地使用权和相邻权。在被诉行政行为作出之时，这两项权利属于乙，因此，乙是有原告资格的。甲虽然当时与行政行为没有关系，但其受让房产后，就取代了乙的地位并承继其原告资格。故此，法院以甲不具有原告资格为由驳回其起诉是错误的。当然，乙在转让房产时已经超过了起诉期限，这一现状甲在受让房产时只能一并接受。法院错误的根源在于，利害关系的主体本来应当是乙（甲的主体地位来自于权利承继），却直接将当时（尚未受让房产）的甲作为利害关系主体，从而造成判断失误。

2. 原告资格并非一成不变。原告范围不断扩大，这是世界各国行政诉讼制度发展的共同经验，我国也不例外。而原告范围扩大的主要原因就是权利体系的不断丰富。随着经济发展和社会进步，为了满足人们日益增长的各种物质文化需求，越来越多的原本不在法律权利范围内的利益，由于重要性的凸显而纳入法律保护，并进而成为法律权利。比如涉及生存照顾、职业准入、环境等方面的利益被纳入法律保护，在世界范围内是近百年甚至几十年来的事情，成为法律上的权利则是更晚的事情。可以预见，随着经济社会发展，国家不断满足人民群众日益增长的对美好生活的新需求，将有越来越多的利益被纳入到法律保护范围。这一过程离不开国家执法机关、司法机关的积极探索。在行政诉讼中，人民法院应当准确理解时代精神，发挥主观能动性作出与时俱进的判断。当然这种判断还是应当立足法律，如果从法律原则、精神来看，当事人主张的利益应当纳入保护的，承认其原告资格就是一个好的选择；反之则否。

3. 原告资格的审查内容在不同阶段侧重不同。在立案和审理两个阶段，均可能涉及对原告资格的审查。从法律上讲，审查的过程都需要全面适用原告资格的标准。原告资格的标准可以进一步概括为两个方面（类似于美国的双层结构），即实际损害和法律保护。实际损害指的是起诉人主张的自身权益损害实际存在（即前述四个标准中的前三个）。法律保护指的是主张的权益受到行政规范保护（即前述四个标准中的最后一个）。第一个方面相对单纯，第二个方面则更为复杂，难以把握，德国学者甚至称之为"法官法之迷宫"①。按照立案登记制的要求，立案部门原则上当场立案，无法当场立案，则应在 7 天之内作出决定。难以判断是否应当立案，则应先行立案，由审判部门继续判断。据此，立案部门应将第一方面作为审查重点，第二方面则是审判部门的审查重点。

（王振宇撰写）

第十三条

债权人以行政机关对债务人所作的行政行为损害债权实现为由提起行政诉讼的，人民法院应当告知其就民事争议提起民事诉讼，但行政机关作出行政行为时依法应予保护或者应予考虑的除外。

【条文主旨】

本条是关于债权人原则上不具有原告资格的规定。

---

① ［德］弗里德赫尔穆·胡芬：《行政诉讼法》，莫光华译，法律出版社 2003 年版。

【起草背景】

行政行为只要有剥夺或者限制财产权（也包括经营权）的内容，必然削弱相对人的民事责任能力包括清偿债务的能力。因此，债权人能否起诉行政机关针对相对人作出的不利处分的问题，就在很多行政案件中被反复提出，成为一个具有相当普遍性的问题。

【条文释义】

按照本条规定，行政机关对债务人作出行政行为后，债权人如果认为该行为对其债权行使有不利影响的，通常情况下不具有提起行政诉讼的原告资格。在此情况下，法院应当在不予立案或者驳回起诉的同时，告知其就民事争议提起民事诉讼。为什么债权人不具有原告资格？首先，债权是一种相对权。也就是说，债权的实现主要是靠作为债权关系相对一方的债务人履行义务。主要是因为债权人与被诉行政行为之间不具有行政诉讼法上的利害关系。这种特点就决定了债权人如果要主张债权，一般情况下只能对债务人提出要求，而不能向两者之外的第三方提出。这里的第三方也包括行政机关在内。具体来讲，尽管债权是法律明确规定的一项权利，而且行政行为不利于债权行使的情形也的确会出现（比如处罚决定数额巨大，债务人几乎至于破产，此时，债权行使的障碍并非主观臆想，而是可以预见的），但通常情况下，行政机关在进行特定领域的管理活动时，法律不会要求其因相对人的负债情况而异。无论相对人欠债多少，处罚的标准都不应改变。也就是说，尽管笼统地讲，债权受到法律保护（比如民事诉讼中的司法保护），但通常不受行政规范保护。

当然，实践情况是很复杂的。按照本条规定，普通债权不能成为原告资格的权利基础，这只是一个原则，实践中最大的难点在于例外如何把握。本条提供的判断标准是：行政机关在作出行政行为时，对于当事人主张的债权是否依法应予保护？或者是否依法应予考虑？如果答案是肯定的，则应当承认其原告资格，反之则否。

【实务指导】

债权人是否具有原告资格的问题，是实践中经常遇到的疑难问题之一。本条提供的判断标准非常重要，它是原告资格标准当中最关键但也是最难以把握的部分，而且留下的判断余地很大，使法律适用具有极大不确定性。解决这个问题，以下两点非常重要。

第一，参考相关司法解释或者司法政策。比如，《最高人民法院关于审理房屋登记案件若干问题的规定》第四条在原则否定债权人原告资格的同时，明确了以下四种情形可以例外地承认债权人的原告资格：一是以房屋为标的物的债权已办理预告登记的；二是债权人为抵押权人且房屋转让未经其同意的；三是人民法院依债权人申请对房屋采取强制执行措施并已通知房屋登记机构的；四是房屋登记机构工作人员与债务人恶意串通的。上述规则在很多情况下都可以变通适用甚至直接适用。

第二，及时归纳总结。最高人民法院可以通过制定专门司法解释、司法政策，发布指导性案例等多种方式，进一步统一标准。各级法院也可以在这方面进行相应探索。

（王振宇撰写）

第十四条

行政诉讼法第二十五条第二款规定的"近亲属"，包括配偶、父母、子女、兄弟姐妹、祖父母、外祖父母、孙子女、外孙子女和其他具有扶养、赡养关系的亲属。

公民因被限制人身自由而不能提起诉讼的，其近亲属可以依其口头或者书面委托以该公民的名义提起诉讼。近亲属起诉时无法与被限制人身自由的公民取得联系，近亲属可以先行起诉，并在诉讼中补充提交委托证明。

【条文主旨】

本条是关于"近亲属"的范围以及被限制人身自由的公民委托诉讼的规定。

【起草背景】

行政诉讼法第二十五条第二款规定："有权提起诉讼的公民死亡，其近亲属可以提起诉讼。"在审判实践中，经常会遇到何谓"近亲属"的问题。本条沿用了《若干解释》第十一条的规定并予以进一步完善。

【条文释义】

行政诉讼法第二十五条第二款的规定明确了作为原告的公民死亡，原告资格的承继问题，在法学理论上被称为行政诉讼原告资格的转移与承受。行政诉讼中的原告资格转移，是指有权提起行政诉讼的公民、法人或者其他组织死亡或终止，其原告资格依法转移给与其有利害关系的特定公民、法人或者其他组织。原告资格的转移需要具备以下几个条件。一是有原告资格的主体在法律上已不存在。对自然人而言就是死亡或者被法院宣告死亡，对法人而言就是该法人组织在法律上被终止，如撤销、解散或破产等。二是有原告资格的人死亡或终止时仍有起诉权，其起诉未过法定的起诉期限。三是原告资格转移发生于与原告有特定利害关系的主体之间。对自然人而言就是存在近亲属法律关系或具有扶养、赡养关系的亲属关系，对法人组织而言就是存在着权利承受关系。原告资格转移所转移的内容是作为诉讼原告的一种资格。这种资格一旦发生了转移，就不复存在于死亡的公民或终止的法人组织身上，如果有的公民"死而复生"，如宣告死亡的人重新出现,则撤销其宣告并恢复其原告资格,该公民仍为行政诉讼的原告。

1989年行政诉讼法第二十四条第二款虽规定了"近亲属"可以承继原告资格,但对于何谓"近亲属"以及其范围并没有予以明确,在审判实践中也引发了一定的争议,需要司法解释予以界定。对此,《若干解释》第十一条第一款作出明确规定:"行政诉讼法第二十四条规定的'近亲属',包括配偶、父母、子女、兄弟姐妹、祖父母、外祖父母、孙子女、外孙子女和其他具有扶养、赡养关系的亲属。"本条第一款保留了《若干解释》第十一条第一款的规定,再次明确了"近亲属"的范围,包括配偶、父母、子女、兄弟姐妹、祖父母、外祖父母、孙子女、外孙子女和其他具有扶养、赡养关系的亲属。

关于近亲属的范围,我国现行法律、司法解释从不同的立法目的出发,存在着不同的规定。刑事诉讼法第一百零六条第六项规定:"本法下列用语的含意是:……(六)'近亲属'是指夫、妻、父、母、子、女、同胞兄弟姊妹。"《最高人民法院关于贯彻执行〈中华人民共和国民法通则〉若干问题的意见(试行)》第12条规定:"民法通则中规定的近亲属,包括配偶、父母、子女、兄弟姐妹、祖父母、外祖父母、孙子女、外孙子女。"《民诉解释》第八十五条规定:"根据民事诉讼法第五十八条第二款第二项规定,与当事人有夫妻、直系血亲、三代以内旁系血亲、近姻亲关系以及其他有抚养、赡养关系的亲属,可以当事人近亲属的名义作为诉讼代理人。"应当说,本解释关于近亲属范围的规定相对比较宽泛,特别是将"其他具有抚养、赡养关系的亲属"也纳入其范围,体现了对公民合法权益的保障。

另外,《若干解释》第十一条第二款规定:"公民因被限制人身自由而不能提起诉讼的,其近亲属可以依其口头或者书面委托以该公民的名义提起诉讼。"本条在《若干解释》第十一条第二款规定的基础上,增加了近亲属无法与被限制人身自由的公民取得联系时可以先行起诉的规定,进一步保障了被限制人身自由的公民的救济权利。本条第二款包含四个方面的含义。第一,公民被限制人身自由不能提起诉讼,是其近亲属代为提起诉讼的前提条件。第二，被限制人身自由的公民可以书面的形式也可以以口头形式委托近亲属提起诉讼。第三，近亲属不能以自己的名义提起诉讼，只能以被限制人身自由的公民的名义提起诉讼。第四，近亲属起诉时无法与被限制人身自由的公民取得联系的，近亲属可以先行起诉，并在随后的诉讼中补充提交委托证明即可。

【实务指导】

　　本条系对行政诉讼法第二十五条第二款规定的"近亲属"范围作出的具体规定，便于当事人的近亲属参加诉讼，以切实维护当事人的合法权益。

　　对于原告公民死亡，两个以上近亲属提起行政诉讼时原告资格如何转移与承受的问题，也即公民死亡后其原告资格在多个近亲属中如何转移的问题，现有行政立法和司法解释并未予以明确。《若干解释》第十一条和本条规定均只规定了近亲属的范围，而未明确规定近亲属承继的顺序。对于此问题，笔者认为有两种解决方法。一是可参照民事立法中的继承法以及《最高人民法院关于确定民事侵权精神损害赔偿责任若干问题的解释》等所确定的按起诉的顺位来确定原告资格的承继顺序。继承法第十条规定了法定继承顺序："遗产按照下列顺序继承：第一顺序：配偶、子女、父母。第二顺序：兄弟姐妹、祖父母、外祖父母。继承开始后，由第一顺序继承人继承，第二顺序继承人不继承。没有第一顺序继承人继承的，由第二顺序继承人继承。……"《最高人民法院关于确定民事侵权精神损害赔偿责任若干问题的解释》第七条规定："自然人因侵权行为致死，或者自然人死亡后其人格或者遗体遭受侵害，死者的配偶、父母和子女向人民法院起诉请求赔偿精神损害的，列其配偶、父母和子女为原告；没有配偶、父母和子女的，可以由其他近亲属提起诉讼，列其他近亲属为原告。"根据民事立法及相关司法解释的规定，在民事诉讼中作为赔偿请求权人的近亲属，仅限于配偶、父母、子女、兄弟姐妹、祖父母、外祖父母、孙子女、外孙子女，且上述近亲属提起诉讼时需要按照继承法第十条的规定，按顺位起诉,即第一顺序为配偶、子女、父母,第二顺序为兄弟姐妹、祖父母、外祖父母、孙子女、外孙子女。有第一顺序存在的排除第二顺序。行政诉讼可参考民事诉讼确定顺位的做法来解决近亲属承继原告资格的问题。二是在多个近亲属同时提起行政诉讼时,一般均针对同一行政行为,并由同一受诉人民法院管辖,因此,可以采用共同诉讼的方式解决此类问题。但是究竟采取哪种方式更为妥当,需要司法实践的摸索和总结,也有待最高法院通过司法解释、个案答复或发布典型案例等方式予以进一步明确。

(张雪明撰写)

第十五条

合伙企业向人民法院提起诉讼的,应当以核准登记的字号为原告。未依法登记领取营业执照的个人合伙的全体合伙人为共同原告;全体合伙人可以推选代表人,被推选的代表人,应当由全体合伙人出具推选书。

个体工商户向人民法院提起诉讼的,以营业执照上登记的经营者为原告。有字号的,以营业执照上登记的字号为原告,并应当注明该字号经营者的基本信息。

【条文主旨】

本条是关于合伙企业、个体工商户提起行政诉讼的规定。

【起草背景】

我国的民事主体相对比较复杂,根据民法总则的规定,我国的民事主体包括自然人、法人和非法人组织。根据《民诉解释》的规定，合伙组织和个体工商户是非法人组织的重要组成部分，同时也是属于可能提起行政诉讼的"其他组织"的重要组成部分。如何更好地维护合伙组织和个体工商户的合法权益，成为行政诉讼制度设计所关注的问题。合伙组织分为民事合伙（个人合伙）和商事合伙（合伙企业）。合伙企业是一种典型的人合性的企业形态，在我国经历多年的发展，是人们经常采取的一种投资形式。2006年，我国修改了合伙企业法，进一步完善了合伙企业的管制制度，在加强程序控制的同时，允许法人成为合伙人，并增加了有限合伙和有限责任合伙制度，使合伙企业的形态更加多样化，使其成为个人和公司之外独立完善的企业形态，更能够满足人民群众多样化投资的需求。在企业成立形式上，规定普通合伙人必须制定书面合伙协议，同时规定合伙人须认缴或实际缴付出资等；在资本结构上，明确了不同的投资形式决定享有不同的权利，进一步明确普通合伙人和有限责任合伙人的权利与责任的区别；在责任承担上，明确新入伙的合伙人应当对于入伙前的责任承担无限责任，加大对于债权人的保护，从另一个角度促进了交易安全的建立；在内部管理上，明确合伙事务的管理规范，明确规定需要全体合伙人同意的有关事项的管理，理顺了内部管理制度。从行政诉讼的角度，对于合伙组织而言，应该区分不同的情况确定原告资格：第一种情况合伙是商事合伙的情况，此时应该关注商事合伙的法定形式为合伙企业，特别是关注合伙企业在依法完成登记后，其营业执照的内容，应当以营业执照登记的字号作为原告提起诉讼；第二种情况是民事合伙，只有合伙协议，而无需登记，则应该考虑民事合伙的诉讼应该如何提起，特别是关注以合伙的名义起诉还是合伙人的名义起诉，是部分合伙人起诉还是要求全体合伙人作为共同原告起诉，这体现了一个合伙的基本原则：涉及合伙的事务是个别或者部分合伙人有权代表合伙作出决定，还是需要全体合伙人作出决定？在解释中，我们作出了明确的制度选择。

个体工商户作为我国市场经济最活跃的组织形式之一，是一种特殊的自然人主体。自1978年以来，个体工商户构成一种特殊的经营主体，特别是在市场经济体制建立之前，个体工商户获得了一般民事主体尚不享有的从事经济活动的一般自由，通过经由工商登记等行政许可程序被赋予经营自由和资格，成为了商自然人最主要的主体形式。因此从行政法的角度，维护其合法权益是行政诉讼责不容怠的责任。这里主要涉及两个问题：一是如何建立起保护个体工商户合法财产的制度机制，维护其合法权益，同时如果以家庭名义经营的，还涉及家庭成员之间的权益关系；二是个体工商户在经营活动中的对外对内财产关系，特别是外部债权人保护制度，当登记的从业者不履行、不愿意履行或者无能力履行时，必须考虑如何有效保护交易方的合法权益、维护交易安全与市场秩序。如何更好地解决这些问题是《行诉解释》所需要思考的出发点。《行诉解释》本着便于当事人诉讼的原则，解决谁能够代表个体工商户参与行政诉讼的问题。不同情况不同对待，实际情况实际分析，与合伙组织不同，按照《个体工商户条例》的规定，所有的个体工商户均应依法办理登记，因此对于个体工商户作为原告提起行政诉讼的情况，应该依托登记的营业执照的规定进行规范，有字号的，以字号为原告，无字号的，以经营者为原告。

【条文释义】

本条沿用了《若干解释》第十四条的规定，并作了修改调整，同时借鉴了《民诉解释》第五十九条和第六十条关于个体工商户和合伙组织起诉的内容。

作为法律主体，合伙组织提起行政诉讼，应区分为两种情况。一是商事合伙，即按照合伙企业法的规定，由自然人、法人或者其他组织在中国境内成立并在有关工商行政管理部门已经登记的普通合伙企业和有限合伙企业。其中，普通合伙企业由普通合伙人组成，合伙人均可以参与合伙企业的管理经营，同时对于合伙企业的债务承担无限连带责任；有限合伙企业由普通合伙人和有限责任合伙人组成，普通合伙人可以参与合伙企业的管理经营并对合伙企业的债务承担无限连带责任，有限合伙人不参与合伙企业的管理经营并对合伙企业的债务以出资额为限承担有限责任。按照合伙企业法第十四条的规定，合伙企业应该具有自己独立的字号和生产经营场所，因此合伙企业认为行政机关的行政行为侵犯其合法权益的，可以以营业执照上确定的字号向人民法院提起行政诉讼，而无需列明合伙人的名称。二是民事合伙，民事合伙也是个人合伙，个人合伙是两个以上的自然人之间按照合伙协议的约定，各自提供资金、实物或者技术等，共同经营、共同劳动的临时性组织。个人合伙只有合伙协议的约定，而无需在工商行政管理部门办理登记，因此不具有独立的民事主体资格。如果个人合伙在从事相关活动中，认为行政机关的行政行为侵犯其合法权益，则需要由全体合伙人作为本案的共同原告提起诉讼。同时参照了《民诉解释》第六十条的规定："在诉讼中，未依法登记领取营业执照的个人合伙的全体合伙人为共同诉讼人。个人合伙有依法核准登记的字号的，应在法律文书中注明登记的字号。全体合伙人可以推选代表人；被推选的代表人，应由全体合伙人出具推选书。"在行政诉讼中，合伙人可以推选相应的诉讼代表人，按照诉讼法的规定代表民事合伙参与诉讼活动，行使相应的诉讼权利，其诉讼行为的效力及于全体合伙人，而被推选的代表人应当由全体合伙人签名出具相应的书面推选书。

个体工商户是依照法律法规的规定经工商行政管理部门登记、从事工商业经营的有经营能力的公民或者家庭。个体工商户可以个人经营，也可以家庭经营。其合法权益受法律保护，任何单位和个人不得侵害。如果个体工商户认为行政机关的行政行为侵犯其合法权益，可以提起诉讼。个体工商户提起行政诉讼的情形有两种：一是个体工商户在工商行政管理部门登记时有相应的字号，则应以其字号作为原告提起行政诉讼；二是在登记时没有字号，则由营业执照上所列明的经营者作为原告提起行政诉讼。

【实务指导】

在实务中，对于合伙企业和个体工商户提起行政诉讼存在的实务问题包括两个。

1. 合伙组织的合伙人能否以企业或者自己的名义提起行政诉讼？对于商事合伙而言，合伙企业分为两种形式。一是普通合伙，所有的合伙人均参与经营,均承担责任,对于合伙企业的财产是共有,同时对于执行合伙事务享有同等的权利。在这种情况下,由于合伙人对于合伙的财产是共有,对合伙的债务承担连带责任,合伙组织与合伙人之间其实是密不可分的关系,损害合伙组织的利益直接就损害到合伙人的利益,因此如果合伙人认为行政机关的行政行为损害了合伙组织的合法利益,作为利害关系人,可以以自己的名义提起行政诉讼以维护自身合法权益。二是有限合伙,由于有限合伙人以出资额为限对合伙企业的债务承担责任,且并无执行合伙企业事务的权利,与合伙企业相对独立,故不宜赋予其独立的行政诉权。

2. 个体工商户的家庭成员能否以自己的名义提起行政诉讼?根据《个体工商户条例》第八条第二款"个体工商户登记事项包括经营者姓名和住所、组成形式、经营范围、经营场所。个体工商户使用名称的,名称作为登记事项"之规定,个体工商户的登记只有经营者以及相关的字号,因此对于外界而言,无法获知相应的个体工商户是属于个人经营还是家庭经营,根据商事法的"外观主义"原则,不宜认可个体工商户的家庭成员以自己的名义因个体工商户的利益提起相关的行政诉讼。

(胡岩撰写)

第十六条

股份制企业的股东大会、股东会、董事会等认为行政机关作出的行政行为侵犯企业经营自主权的,可以企业名义提起诉讼。

联营企业、中外合资或者合作企业的联营、合资、合作各方,认为联营、合资、合作企业权益或者自己一方合法权益受行政行为侵害的,可以自己的名义提起诉讼。

非国有企业被行政机关注销、撤销、合并、强令兼并、出售、分立或者改变企业隶属关系的,该企业或者其法定代表人可以提起诉讼。

【条文主旨】

本条是关于就行政机关针对企业法人作出的行政行为某些具有诉讼权利能力的特殊主体的规定。

【起草背景】

本条的内容主要是涉及企业法人等的行政诉讼原告主体资格的问题。法律确定相关的主体享有民事主体资格，赋予其权利能力和行为能力，同时能够参与相关的诉讼活动。根据民法总则的规定，我国的民事主体主要是自然人、法人和非法人组织。而对于法人而言，法人是法律赋予一定的权利能力，以自己的名义参与相关的民事活动的特定组织。同时针对不同类型的法人，法律依据不同的组织类型，设定不同的管理规则和活动的边界，同时明确相关法律责任的承担方式。民法总则将法人分为营利法人、非营利法人和特殊法人。其中营利法人的主要特点是以出资人获取利润分配为目的的组织，企业法人是最典型的营利法人。我国的企业形态多种多样。按照所有制不同区分，有国有企业（全民所有制企业）、集体所有制企业、私营企业；按照责任承担方式，有股份制企业（包括有限责任公司和股份有限公司）；按照资本的来源，有内资企业和外资企业（包括中外合资企业、中外合作企业、外商独资企业）；按照组织形式，还有合伙企业和个人独资企业等；早期还有股份合作制企业。从长远来看，我们将以责任和组织化程度为标准划分，逐步建立并完善独资、合伙和公司三种企业形态为主的企业形态制度体系。

丰富的企业形态有助于市场经济的建设与发展，但同时也给诉讼主体的确定制造了问题。本条确定解决三个问题：一是涉及股份制企业，包括有限责任公司（含一人公司）和股份有限公司，哪些机构享有以企业或者自己的名义提起行政诉讼的权利；二是涉及联营企业、中外合资或者合作企业，哪些机构享有以企业或者自己的名义提起行政诉讼的权利；三是非国有企业在特定情况下,哪些机构享有以企业或者自己的名义提起行政诉讼的权利。之所以对于这些内容进行规定,主要是特定的营利法人在特定情况下,赋予法人的机关和相关机构以诉权,以维护营利法人的合法权益。

【条文释义】

本条沿用了《若干解释》第十五、十七、十八条规定的内容,共有三款,第一款规定股份制企业的相关机构可以企业的名义提起行政诉讼;第二款是规定联营企业、中外合资企业、中外合资企业、中外合作企业的合作各方因企业利益受损所享有原告主体资格;第三款是规定非国有企业在特定情况下企业或者法定代表人享有行政诉讼的原告主体资格。

1. 股份制企业内部机构的原告资格。股份制企业是按照出资人出资的方式和责任承担方式的不同确定的企业形态,是最典型的营利法人的形式。股份制企业包括有限责任公司(含一人公司)和股份有限公司,有限责任公司的内部机构有股东会、董事会、监事会、经理等,股份有限公司的内部机构有股东大会、董事会、监事会、经理等。在股份制企业认为行政机关的行政行为侵犯其合法权益,产生行政争议后,企业可以以自己的名义提起行政诉讼。但是如果企业自身决定不提起诉讼,则企业的内部机构能否起诉?这里有三个问题需要解决:一是是否应当赋予内部机构诉权?二是如果应当,则是否应当赋予所有的内部机构相应的诉权?三是股份制企业的内部机构起诉,应该以谁的名义提起行政诉讼?

第一,股份制企业既是法律认定的法律主体,同时它也有法律客体的意义,是出资人通过这一法律形式获得利益的一种组织形式,是出资人的财产的集合体。因此,在企业本身决定不提起行政诉讼时,为了维护出资人等的合法利益,应该赋予相应的内部机构诉权,其可以提起行政诉讼,以维护企业的利益,最终维护其合法权益。第二,并非所有的内部机构均享有诉权。如前所述,股份制企业是出资人获得利益的一种组织形式,因此需要保护其相关利益的是与维护出资人利益有关的组织,如股东会、董事会等，如果这些内部机构认为行政机关的行为侵犯企业合法权益，则可以提起行政诉讼；而监事会是企业的监督机构，主要是对企业内部管理进行监督的机构，故不应享有相应诉权；至于经理，则属于企业聘请的管理人员，应当尊重并实现企业的意图，而不应有自己独立的意思，故也不宜享有相应的诉权。第三，股份制企业的内部机构提起行政诉讼，应该以企业的名义，而不能以自己的名义起诉，理由是企业的内部结构属于企业的内部组织，本身并无独立的法律地位，不享有法律主体的资格，更不能以原告的名义提起诉讼，故一旦发生行政争议，即使作为公司利益代表人的法定代表人不行使诉讼权利，股东大会、董事会等内设机构依然可以企业的名义提起诉讼。

2. 联营企业、中外合资企业或中外合作企业的联营、合资、合作各方的原告资格。民法通则规定了联营企业制度，联营的方式一般有公司式联营、合伙式联营、协议式联营；联营企业在我国改革开放之初为"对内搞活"发挥了重大作用，虽然民法总则已经取消了这一企业形态，但是在实务中仍然有联营企业在进行相关经营活动。中外合资企业和中外合作企业是我国为了加强"对外开放"而建立的特殊的企业形态。联营企业、中外合资企业和中外合作企业都有一个共同的特点：这三种企业均是由两个以上具有独立法人资格的经济实体组合而成的营利性组织，有的具有法人资格，有的没有法人资格，合作的各方在企业中依据合作协议均享有一定的权益，联营、合资、合作企业的权益能否实现或得到保障，直接关系到联营、合资、合作各方的利益；而在合作过程中，合作双方往往会发生争议，双方可能对于行政机关的行政行为损害企业利益后是否起诉存在不同意见，如果要求争议双方作为联营、合资或合作体一起提起诉讼往往是很困难的，因此，为了最大限度地维护合作各方的合法权益，联营、合资、合作各方如果认为联营、合资、合作企业的权益受到侵害，都有权以自己的名义提起诉讼。

3. 特定情况下，非国有企业或者其法定代表人可以提起行政诉讼。行政机关注销、撤销、合并、强令兼并、出售、分立或者改变非国有企业隶属关系的，属于侵犯企业经营自主权的行为，该企业或者代表该企业的法定代表人当然可以提起行政诉讼。非国有企业是指除企业资产全部为国家所有的企业以外的其他企业，包括国家参股、投资或部分资产属国家所有的企业。这里有两个问题值得关注。首先，本条规定只适用于非国有企业，国有企业（全民所有制企业）的产权依法属于国家所有，政府或者相关行政机关是国有资产所有权的代表者，其对国有资产享有一定的处分权，国有企业的经营自主权受制于行政主管部门或政府，因此国有企业对行政主管部门或政府注销、撤销、合并、强令兼并、出售、分立或者改变企业隶属关系的行为，国有企业不能提起行政诉讼。其次，非国有企业被注销、撤销、合并、强令兼并、出售、分立或者改变企业隶属关系，上述行为的结果是原企业已不存在或被新的企业形态所取代。此时，原企业的合法权益如果受到损害，是否仍应认可其诉讼的主体资格？我们认为，在被诉行为内容本身就是消灭原企业主体资格或以新的企业取而代之时，如不承认其诉讼主体资格，则原企业的股东或者出资人的利益主张就会失去有效的抓手。因此，有必要在此保留原企业的诉讼主体资格，以便一旦胜诉，原企业即可恢复资格，从而使股东或者出资人的利益得到救济。因为非国有企业不同于国有企业，依法具有独立的经营自主权，国家应当对非国有企业在其经营自主权范围内的经营活动依法提供法律保护，行政机关也应当在其职权范围内依法对企业的行为进行监督、提供服务，而不能违法侵犯企业的经营自主权。该企业的诉权内容应当与未终止时是一致的。同时，非国有企业中相关的内部机构如股东会、董事会有权行使诉讼权利。如董事会、股东会可能难以召开会议，则由法定代表人提起行政诉讼。

【实务指导】

对于企业的利害关系人提起行政诉讼的实务问题涉及较多，主要包括以下三个。

1. 股份制企业的控股股东能否以企业或者自己的名义提起行政诉讼？对于股份有限公司和有限责任公司而言，为了维护公司利益，减少恶意诉讼，节省司法资源，如果普通股东认为行政机关行政行为损害了公司的合法权益，只能向公司提出相关请求，或者是要求公司管理层采取必要法律措施，或者是建议董事会采取相关法律措施，或者是在股东会（股东大会）上提起相关议案，说服股东会（股东大会）作出相关决议，但是不能以自己的名义提起行政诉讼。如果是公司的控股股东能否以自己的名义提起行政诉讼？控股股东作为公司实际利益享有者，其利益与公司的利益息息相关，但是从法律角度看，公司作为独立法人，与其控股股东之间是相互独立的法律关系，如果控股股东认为行政机关的行为侵犯了企业的合法权益，应当通过股东会（股东大会）作出相应决议提起诉讼，而不能以自己的名义起诉。当然这一制度也存在例外，即联营企业、中外合资企业、中外合作企业的出资人可以按照本条第二款的规定，以自己的名义起诉。

2. 股份制企业的董事能否以企业或者自己的名义提起行政诉讼？公司法第四十六条规定了董事会决定公司的主要事项，对公司股东会负责。与境外不同的是，我国的董事会是集体负责制，即董事通过参加董事会进行讨论、表决来对公司事务进行管理，但是不能以自己的名义独立管理公司事务，故股份制企业的董事认为行政机关的行为侵犯企业权益，只能通过要求召开董事会，并经董事会多数表决后，以企业的名义提起行政诉讼，但是不能以自己的名义提起行政诉讼。当然也存在一个例外，根据公司法第五十条的规定，有限责任公司可以不设董事会，只有执行董事，执行董事如果认为行政机关的行为侵犯企业权益，可以以企业的名义提起行政诉讼，但仍然不能以自己的名义提起行政诉讼。

3. 非国有企业的出资人能否以企业或者自己的名义提起行政诉讼？非国有企业的含义很广泛，包括集体所有企业、股份制企业、合伙企业、个人独资企业、中外合资企业、中外合作企业。一般我们认为是否赋予企业的出资人享有以自己的名义提起行政诉讼的原告主体资格，应取决于出资人对于企业债务承担责任的方式，如果出资人承担的是以出资额为限的有限责任，则出资人与企业之间相互独立（人格独立、财产独立、行为独立、利益独立、责任独立），不宜赋予出资人享有独立的提起行政诉讼的诉权。如股份制企业，出资人只能通过股东会以企业的名义提起诉讼；对于合伙企业，有限责任的合伙人就不享有诉权；同理，集体所有制企业的出资人按照《城镇集体所有制企业条例》第五条、第六条的规定，其设立人或者出资人不享有诉权；例外的是中外合作企业、中外合资企业，出资人可以按照本条第二款的规定提起行政诉讼。但是如果出资人与企业的财产、债务不可分，出资人对于企业债务承担的是无限连带责任，企业形式实质上都是出资人的企业表现，从本质上讲，这种企业是自然人在商法上的延伸，其商法人格与自然人的个人人格不能分离，自然人的属性影响着独资企业的属性，企业是附着于个人人格上的商事主体。如普通合伙企业、个人独资企业等，损害企业的利益实质上是损害出资人的利益，则应依据行政诉讼法第二十五条的规定，认定出资人作为相关行政行为的利害关系人，可以以自己的名义提起行政诉讼。

（胡岩撰写）

第十七条

事业单位、社会团体、基金会、社会服务机构等非营利法人的出资人、设立人认为行政行为损害法人合法权益的，可以自己的名义提起诉讼。

【条文主旨】

本条是关于非营利法人组织的出资人、设立人可以自己名义提起行政诉讼的资格的规定。

【起草背景】

民法总则将法人分为营利法人、非营利法人和特别法人。对于非营利法人而言，其利害关系人的范围为何决定了对非营利法人保护的范围和力度。非营利法人是指不以成员获取盈余分配为目的的组织，包括事业法人、社会团体法人（行业协会）、捐助法人（慈善、扶贫、宗教组织）。非营利法人可以从事营利活动，但不能向成员分配盈余，这是营利法人与非营利法人的根本区别。其他如机关法人既不营利又不分配，合作社不以营利目的，从事营利活动后又可向成员分配等情形，不能归类于营利法人或非营利法人的，为特别法人。教育、医疗、养老等兼具公益和营利属性的机构，应根据目的和性质进行区分。在司法实践中，如果民办的教育机构、医疗机构、养老机构等，设立人是以营利为主要目的，相关法律法规也允许其分配利润，应归属于营利法人；而国有资金或非营利法人设立的医院、学校、养老院等，不以营利为目的，设立人亦不分配利润，则应定性为非营利法人。设立非营利法人的目的一般都含有公益的目的，在这一法人运行的过程中，如何更好地保护这一带有公益性质的组织，法律通过赋予出资人、设立人行政上的独立诉权来维护其合法权益。

【条文释义】

民法总则将法人分为营利法人、非营利法人、特别法人等三个类型。该法第八十七条明确规定，为公益目的或者其他非营利目的成立，不向出资人、设立人或者会员分配所取得利润的法人，为非营利法人。明确非营利法人的出资人、设立人的原告资格，有利于实现民法总则规定这些新的法人形式的目的，即适应改革社会组织管理，促进社会组织健康有序发展，促进社会治理创新。事业单位法人按照《事业单位登记管理暂行条例》第二条的规定，"是指国家为了社会公益目的，由国家机关举办或者其他组织利用国有资产举办的，从事教育、科技、文化、卫生等活动的社会服务组织。"事业单位是由国家机关或者有关组织利用国有资产设立的公益组织。按照《社会团体登记管理条例》第二条的规定，"社会团体，是指中国公民自愿组成，为实现会员共同意愿，按照其章程开展活动的非营利性社会组织。"需要注意的是：社会团体法人必须有会员；社会团体法人的目的比之事业单位更为广泛，既有公益目的的，也有为会员共同利益等非营利目的的；同时社会团体法人既有依法登记成立的，也有依法不需要登记而成立的，参加中国人民政治协商会议的人民团体不进行登记；由国务院机构编制管理机关核定，并经国务院批准的社会团体可以免于登记。基金会按照《基金会管理条例》第二条的规定，"是指利用自然人、法人或者其他组织捐赠的财产，以从事公益事业为目的，按照本条例的规定成立的非营利性法人。"基金会分为面向公众募捐的基金会（以下简称公募基金会）和不得面向公众募捐的基金会（以下简称非公募基金会），公募基金会按照募捐的地域范围分为全国性公募基金会和地方性公募基金会。社会服务机构通常是指以社会工作者为主体，坚持"助人自助"宗旨，遵循社会工作专业伦理规范，综合运用社会工作专业知识、方法和技能，开展困难救助、矛盾调处、权益维护、心理疏导、行为矫治、关系调适等服务工作的非企业单位。

在一个市民社会中，公益组织在企业与政府之外为社会提供公共服务，帮助人民解决相应的问题，是现代社会不可或缺的一个组成部分。随着市场失灵和政府失灵的情况发生，公益组织将发挥越来越大的作用。如何有效维护其合法权益，促进其更好地发挥作用，就成为法律必须关注的问题。非营利法人既有面向社会大众，以满足不特定多数人的利益为目的的公益法人；也有为其他非营利目的成立的法人，比如为互助互益目的（既非为公益又非为成员的经济利益，而是为成员的非经济利益）而成立的互益性法人，这种法人仅面向成员提供服务，如商会、行业协会、学会、俱乐部等。非营利法人并非不进行营利活动，它与营利法人的区别在于其实施营利活动后所获得利润不得分配给其出资人或者设立人，只能用于其目的活动中。

从严格的意义上讲，非营利法人与其出资人、设立人之间的关系是相互独立的。出资人、设立人在完成非营利法人的成立程序后，与非营利法人之间并无关系，这一点是与营利法人不同的。比如，当事人完成设立公司后，仍然可以作为公司的股东，通过参与股东会（股东大会）的活动来实施对于公司的经营管理，但是非营利法人的出资人、设立人则不能干预非营利法人的活动，二者之间人格独立、财产独立、行为独立、利益独立、责任独立。出资人和设立人之所以建立非营利法人，是希望通过非营利法人的活动实现一定的公益目标，而非追求个人的利益。如果行政机关的行政行为损害到了非营利法人的合法权益，则相应的公益目标无法得到实现，受到损害的是整个社会。有鉴于此，为了更好地维护非营利法人的活动，本条赋予了非营利法人的出资人、设立人享有行政诉讼的原告主体资格，在出资人、设立人认为行政机关的行政行为已经损害非营利法人的合法权益，但是非营利法人因为种种的原因无法提起行政诉讼，而作为非营利法人的出资人、设立人无法通过法人的内部机构来维护法人的合法权益时，则可以以自己的名义提起行政诉讼，来维护非营利法人的利益，最终实现对社会公共利益的维护。

【实务指导】

需要指出的是，本条对于非营利法人进行了列举，包括"事业单位、社会团体、基金会、社会服务机构"，但是非营利法人的类型不限于这些列举的组织，如本条使用了"等"字进行概括的说明，对于其他符合非营利法人特征的组织，仍然应该将其纳入非营利组织中，赋予其出资人、设立人相应的诉权。

（胡岩撰写）

第十八条

业主委员会对于行政机关作出的涉及业主共有利益的行政行为，可以自己的名义提起诉讼。

业主委员会不起诉的，专有部分占建筑物总面积过半数或者占总户数过半数的业主可以提起诉讼。

【条文主旨】

本条是关于业主委员会提起行政诉讼资格的规定。

【起草背景】

根据物权法的规定,业主委员会作为业主大会的执行机构,具有对外代表全体业主、对内具体实施与物业管理有关行为的职能,其行为的法律效果及于全体业主。业主委员会有无主体资格,在民法上一直存在争议,有三种不同的观点。一是认为业主委员会不具有诉讼主体资格,理由是依据民事诉讼法第三条的规定,能够提起民事诉讼的主体是民事主体,即自然人、法人、其他组织,但是业主委员会是业主进行管理物业小区的内部机构,是业主大会的执行机构,是一种内部自治机构,不具有对外的法律效力,既无组织机构,也没有独立的财产,更不能承担法律责任,不属于上述民事主体的范畴,不能提起民事诉讼。第二种观点是认为业主委员会具有诉讼主体资格,既可以作为原告起诉,也可以作为被告应诉,理由是物权法的相关规定赋予其权利,物权法第七十八条规定业主对于侵犯其权利的业主大会、业主委员会的决定有权请求人民法院撤销,说明业主委员会可以作为被告。而物权法第八十二条规定业主委员会对于侵害他人合法权益的行为,有权依法要求其停止侵害等,证明其享有原告资格。自学理上论,业主委员会是由业主经一定程序选举的,不是业主简单的集合,而是业主权益的代表,是业主对于物业实施自治管理的组织;设立业主委员会的意义,就是让业主的利益最大限度地获得保障,使业主的权益保护能够秩序化、制度化,进而合法化,故应该赋予业主委员会诉讼主体资格。第三种观点认为业主委员会可以作为原告起诉,但不能作为被告,原因是业主委员会既无人格,也无财产,更不具有承担责任的能力,故可以在法定范围内提起诉讼,这一范围主要是涉及业主小区公共利益的物业管理的纠纷事宜。民事诉讼法采纳了上述第二种观点。

自行政诉讼法的角度看，应否赋予业主委员会相应的诉讼主体资格也一直存在争论。但是《物业管理条例》第十九条第二款规定"业主大会、业主委员会作出的决定违反法律、法规的，物业所在地的区、县人民政府房地产行政主管部门或者街道办事处、乡镇人民政府，应当责令限期改正或者撤销其决定，并通告全体业主"，明确业主委员会的活动应当受到相关行政机关的监督，对于违反法律的业主委员会的决定，行政机关有权实施相应的行政处罚，表明行政机关可以业主委员会为行政相对人作出相应的行政行为，因此应允许业主委员会以行政相对人的身份提起行政诉讼，否则有违行政诉讼法的一般原理，如果只要求业主作为利害关系人提起诉讼，缺乏必要的可操作性，同时也造成司法资源的浪费。故应该承认业主委员会在一定范围内享有行政诉讼的原告主体资格，以更好地维护当事人合法权益。

【条文释义】

本条明确业主委员会的诉讼主体资格。物权法规定了业主的建筑物区分所有权，对于专有部分以外的共有部分享有共有和共同管理的权利，其中包括公共场所、公用设施和物业服务用房，还有道路、绿地、车库等（属于城市公共的或者明示属于个人的除外），属于业主共有，如何有效行使业主共益权，成为制度规定的焦点。物权法规定业主通过业主大会和选举业主委员会来行使相应的权利。从业主委员会的功能上看，业主委员会可以从事与物业管理相关的活动，其主要职责主要有：（1）召集业主大会会议；（2）代表业主与业主大会选聘的物业管理企业签订物业服务合同；（3）及时了解业主、物业使用人的意见和建议，监督和协助物业管理企业履行物业服务合同；（4）监督业主公约的实施；（5）业主大会赋予的其他职责。《物业管理条例》规定，业主委员会应当自选举产生之日起30内，向物业所在地的区、县人民政府房地产行政主管部门备案。业主委员会作为业主大会的执行机构，为维护业主共同的利益而活动，如果行政机关的行政行为可能损害业主的共同利益，则业主委员会可以以自己的名义提起行政诉讼。

这里需要注意两点。一是业主委员会可以起诉的对象是行政机关作出的行政行为涉及业主集体的共有利益的事项，如果只涉及业主专有部分的内容，业主委员会不享有诉权。而这种共有利益的事项，比如对于应该属于业主共有的公共场所、公共绿地、公共道路、公用设施、物业服务用房等的登记行为，业主委员会认为登记机关的登记错误，侵犯了业主的共有财产权，则可以提起行政诉讼；再比如对于业主大会或者业主委员会的决定，行政机关认为其不符合法律规定而予以撤销，业主委员会也可以提起相应的行政诉讼。但是如果是属于业主专有部分，如对业主个人的房屋进行拆迁，如拆迁不涉及共有部分，则该事项不属于涉及业主共有利益的事项，业主委员会无权就该决定提起诉讼。二是业主委员会是以自己的名义提起诉讼。作为独立的诉讼主体，业主委员会在提起相应的行政诉讼时，是以自己的名义而非以业主的名义起诉。虽然这一起诉维护的是业主的合法权益，但是业主委员会并非业主简单的集合，而是依法维护业主权益的自治性组织，故应以自己的名义提起诉讼。

如果业主委员会不起诉，则超过一定数量的业主可以提起共同诉讼。这里有三个问题要明确：一是业主享有的诉权，应该滞后于业主委员会的诉权，即如果业主委员会决定起诉，则业主不宜提起相应的行政诉讼，只有业主委员会明示拒绝起诉，或者虽未明示但是怠于行使诉权，则业主可以就物业共有利益受损提起行政诉讼；二是业主的诉权是集体诉权，即不是每个业主都享有诉权，而是达到一定比例的业主可以提起诉讼，必须达到"专有部分占建筑物总面积过半数或者占总户数过半数的业主"可以起诉，如果业主人数众多，可以依法推选诉讼代表人进行诉讼；三是可以提起行政诉讼的业主人数的比例既可以是"专有部分占建筑物总面积过半数"，也可以是"占总户数过半数"，两个条件只需要满足其中之一就可以提起相应的诉讼，之所以作出这样的规定，是可以最大限度地维护业主的合法权益。

【实务指导】

需要了解的问题是：业主大会是否享有就共有利益提起行政诉讼的权利？民事诉讼法的相关解释对这一问题并不明确，根据《物业管理条例》的规定，业主委员会是业主大会的执行机构，如果业主大会认为行政机关的行政行为损害业主的共有利益，可以作出决议要求业主委员会提起相应的行政诉讼，从而更有力地保护业主的合法权益。

（胡岩撰写）

第十九条

当事人不服经上级行政机关批准的行政行为，向人民法院提起诉讼的，以在对外发生法律效力的文书上署名的机关为被告。

【条文主旨】

本条是关于经批准的行政行为引起行政争议案件的被告确定的规定。

【起草背景】

行政诉讼针对的主要是公民、法人或其他组织认为行政机关行政行为侵犯其合法权益而引起的争议。根据行政诉讼法第四十九条的规定，提起行政诉讼，应该有"明确的被告"。行政诉讼的被告，是指因原告认为其行政行为侵犯自己的合法权益，而向人民法院起诉的具有国家行政职权的机关或者组织。行政诉讼中的被告，一般应具备四个条件：第一，须是具有国家行政管理职权的机关或者组织；第二，须是原告认为侵犯其合法权益而被起诉的机关或者组织；第三，须是能够独立承担法律责任的机关或者组织；第四，须是由人民法院通知其应诉的机关或者组织。由于行政主体的层级性、行政职权的可分性、行政管理的复杂性等特点，行政行为的内容和表现形式非常复杂，在有些情况下，人民法院确定适格被告比较困难。本条主要规定存在批准行为的行政诉讼的被告的确定。所谓批准，是指上级行政机关对下级行政机关提出的请示、建议、报告等文书表示同意的意思表示。对于存在批准行为的行政行为，存在两重行政行为，一是下级机关作出的行政行为，二是上级机关同意的行政行为，那么应该以谁为被告，就成为诉讼的焦点问题。《若干解释》第十九条提出，应以对外发生法律效力的文书上署名的机关为被告，本条规定继续沿用。

【条文释义】

在行政诉讼中，如果行政相对人就行政机关作出的行政行为存在争议，可以提起行政诉讼。在经过上级机关批准的行政行为中，认定谁为适当的被告？《行诉解释》采取了"外观主义""形式主义"的原则，当事人如果对相关的行政行为不服，应当以对外发生法律效力的文书上署名的机关为被告。所谓"对外发生法律效力的文书"，是指法律文书中对公民、法人或者其他组织的权利义务产生了相应的法律效力。所谓"署名的机关"，是指在已经发生对外法律效力的文书上签署的机关的名称，一般应以印章为准，加盖哪个机关的印章，哪个机关就是被告。这样规定比较明确，具有可操作性。

对"经上级行政机关批准的行政行为"中的"批准"应当作广义的理解，既包括经过上级机关正式批准，也包括上级机关同意或者认可，还包括上级机关对下级机关请示的肯定批复等情形。这里有几种情形。一是下级行政机关按照法律、法规、规章等的规定，向上级行政机关请示，经上级行政机关批准后，向行政相对人发出了法律文书，此种情形下该法律文书上署名的是哪个机关，就应以哪个机关为被告。需要明确的是，即使是法律、法规、规章或者其他公开的规范性文件规定下级行政机关作出行政行为时，必须取得上级行政机关的批准，即批准行为是法定的，当事人不服该行为，也不必然以上级行政机关为被告，关键还是看最后公开的法律文书上的署名：如果有上级行政机关，就以其为被告；如果没有，就不能以其为被告，即使知道该行政行为依法应经上级机关批准。这样做一是为了诉讼便利，二是为了减少诉讼阻力。二是下级机关在作出相关行政行为前，向上级行政机关请示，上级行政机关批准了该行政行为。这是属于行政机关的内部请示行为，批准行为不属于人民法院受诉的对象，行政相对人对相关行政行为不服，只能以下级行政机关作为被告起诉。三是如果在下级机关请示上级机关后，在作出行政行为的法律文书上署名的是上级机关，下级行政机关只是具体承办相关事务的机构，没有在法律文书上署名，如果行政相对人对该行为不服，应当以上级行政机关作为被告提起行政诉讼。四是如果上级行政机关在批准相关行政行为后，在发生法律效力的文书上上级行政机关和下级行政机关同时署名，当事人在提起行政诉讼时应当以其作为共同被告。

【实务指导】

这里要注意，如果下级行政机关作出了相应的行政行为，在报请上级行政机关批准时，上级行政机关改变了下级行政机关的决定，应该以谁作为被告？根据地方各级人民代表大会和地方各级人民政府组织法第五十五条，下级行政机关有义务服从上级机关的领导和监督，即地方各级人民政府对本级人民代表大会和上一级国家行政机关负责并报告工作。下级行政机关依据法定程序向上级行政机关报批时，上级行政机关有权依据法定职权和程序变更下级行政机关的决定，而下级行政机关也有义务遵守并执行上级行政机关的决定，在此时，真正做出行政决定的是上级行政机关，但是如果行政相对人不服该决定，按照本条的解释仍然采取"外观主义"或者"形式主义"的原则，应该以法律文书上署名的行政机关作为适格的被告。这是因为对于行政相对人而言，改变其权利义务的行政行为在形式上是由署名的机关作出的，如果署名的是上级机关，则就以上级机关为被告，署名的是下级机关，则应以下级机关为被告。这样有助于行政相对人确定适格的被告，避免上、下级行政机关相互推诿导致其无法维护合法权益，至于上级机关改变下级机关的意志，属于行政机关内部上下级之间监督请示行为，应由行政机关自身解决，而不能以此为理由否定其被告资格。

同时还需要注意本条与《行政复议法实施条例》的规定存在区别，《行政复议法实施条例》第十三条规定："下级行政机关依照法律、法规、规章规定，经上级行政机关批准作出具体行政行为的，批准机关为被申请人。"

（胡岩撰写）

第二十条

行政机关组建并赋予行政管理职能但不具有独立承担法律责任能力的机构，以自己的名义作出行政行为，当事人不服提起诉讼的，应当以组建该机构的行政机关为被告。

法律、法规或者规章授权行使行政职权的行政机关内设机构、派出机构或者其他组织，超出法定授权范围实施行政行为，当事人不服提起诉讼的，应当以实施该行为的机构或者组织为被告。

没有法律、法规或者规章规定，行政机关授权其内设机构、派出机构或者其他组织行使行政职权的，属于行政诉讼法第二十六条规定的委托。当事人不服提起诉讼的，应当以该行政机关为被告。

【条文主旨】

本条是关于如何确定行政机关的内设机构、派出机构或者其他组织行政诉讼被告资格的规定。

【起草背景】

《若干解释》第二十条的一、二、三款分别规定:"行政机关组建并赋予行政管理职能但不具有独立承担法律责任能力的机构,以自己的名义作出具体行政行为,当事人不服提起诉讼的,应当以组建该机构的行政机关为被告。""行政机关的内设机构或者派出机构在没有法律、法规或者规章授权的情况下,以自己的名义作出具体行政行为,当事人不服提起诉讼的,应当以该行政机关为被告。""法律、法规或者规章授权行使行政职权的行政机关内设机构、派出机构或者其他组织,超出法定授权范围实施行政行为,当事人不服提起诉讼的,应当以实施该行为的机构或者组织为被告。"第二十一条规定:"行政机关在没有法律、法规或者规章规定的情况下,授权其内设机构、派出机构或者其他组织行使行政职权的,应当视为委托。当事人不服提起诉讼的,应当以该行政机关为被告。"《行诉解释》第二十条是对上述大部分规定的承继,同时删除了《若干解释》第二十条第二款的内容。

【条文释义】

行政诉讼被告是指公民、法人或者其他组织起诉认为侵犯了其行政法上的合法权益或者与之发生行政争议,而由人民法院通知应诉的行政机关或者组织。本条解释是围绕被告独立承担法律责任、具有行政职权这两个核心要素来确定其资格的。

一、以独立承担法律责任的能力来确定被告资格

本条第一款规定"行政机关组建并赋予行政管理职能但不具有独立承担法律责任能力的机构",虽然以自己的名义作出行政行为,但是不能独立承担法律责任,只能作为行政机关委托的组织进行认定,故其行为的法律后果应当由组建该机构的行政机关承担,司法实践中以组建该机构的行

政机关为被告。比如，在（2015）行监字第449号毛某诉山东省阳信县人民政府、阳信县新城区建设指挥部土地征收行政纠纷一案中，最高人民法院认为："阳信县新城区建设指挥部为阳信县人民政府设立的临时机构，不具备独立承担法律责任的能力，其法律责任应当由其设立机关阳信县人民政府承担。一审法院已向再审申请人释明阳信县新城区建设指挥部的性质并询问是否撤回起诉，其仍然坚持起诉，原审裁定对此驳回起诉亦并无不当。"

二、以具有行政管理的职权来确定被告资格

判断行政机关内设机构、派出机构或者其他组织是否具备行政职权主要取决于上述机构或者组织是否经过法律、法规或者规章的授权，主要涉及以下内容。

1. 未经法定授权的情形。行政机关内设机构、派出机构或者其他组织未经法律、法规或者规章授权的，即使有行政机关的授权也只能视为行政委托关系，并不具有行政管理的法定职权，应当依照2014年修正行政诉讼法第二十六条第五款确定委托的行政机关为被告。本款的理论依据在于，行政执法主体资格应遵循职权法定原则，没有法律、法规或者规章授权的执法主体，不具有独立的行政执法主体资格，不能以自己的名义对外独立行使行政权力，作出行政行为。

2. 经法定授权的情形。行政机关内设机构、派出机构或者其他组织经法律、法规或者规章授权，但是超出法定授权范围实施行政行为的，公民、法人或者其他组织不服提起诉讼时仍应当以上述机构或者组织为被告。主要理由还是因为越权行为在性质上仍属于行政行为，仍执行"谁行为、谁被告"的确定原则。如果以有权机关为被告，则不存在越权这一违法问题，以越权为由对有权机关作出裁判有失公允。

【实务指导】

1. 关于派出机构的法律地位问题。派出机构是行政机关为实现对某一

行政事务或某区域内行政事务的管理而设立的行政组织。除常见的公安派出所、工商所、税务所、司法所以外，其他行政机关也设立了各式大量的派出机构。行政机关的派出机构从性质上而言属于派出该机构的行政机关的一个组成部分。司法实务中，判断派出机构是否是适格被告时，需要区分以下情况。

一般而言，派出机构的行为效果从理论上说应该归属于派出该机构的行政机关。这决定了派出机构应以所属行政机关的名义作出行政行为，公民、法人或者其他组织不服提起诉讼的，应以设立该派出机构的行政机关为被告。

例外的是，当派出机构以自己名义作出行政行为时，公民、法人或者其他组织不服提起诉讼的，如何确定适格的被告就要看是否有授权依据。以自己名义作出行政行为的派出机构如果有法律、法规或者规章授权的，应以该派出机构为被告，否则应当以行政机关为被告。

2. 关于行政机关"授权"的性质认定问题。行政机关授权其内设机构、派出机构或者其他组织行使行政职权，是属于行政授权还是行政委托，应当以行政机关的授权行为是否有法律、法规或者规章规定为判断标准。行政机关如果有上述规定为授权依据，应认定为行政授权行为，发生纠纷时应当以内设机构、派出机构或者其他组织为被告；否则，应认定为行政委托行为，内设机构、派出机构或者其他组织作出的行为后果应当由行政机关承担，故行政机关才是适格的被告。

（金诚轩撰写）

第二十一条

当事人对由国务院、省级人民政府批准设立的开发区管理机构作出的行政行为不服提起诉讼的，以该开发区管理机构为被告；对国务院、省级人民政府批准设立的开发区管理机构所属职能部门作出的行政行为不服提起诉讼的，以其职能部门为被告；对其他开发区管理机构所属职能部门作出的行政行为不服提起诉讼的，以开发区管理机构为被告；开发区管理机构没有行政主体资格的，以设立该机构的地方人民政府为被告。

【条文主旨】

本条是关于开发区管理机构及其所属职能部门的被告资格的规定。

【起草背景】

在本条起草讨论中，形成了两种意见：一是以批准设立的部门为标准进行划分，区分为国务院、省级人民政府批准设立的和其他开发区管理机构；二是以设立的规范依据为标准进行划分，区分法律、法规、规章授权设立的开发区管理机构。《行诉解释》采用了第一种意见。

目前，开发区管理机构并非宪法和各级人民政府组织法规定的行政机构系列。根据《国家经济技术开发区管理机构职责》《国家高新技术产业开发区管理暂行办法》等规定，其主要职能是负责招商引资，同时也作为政府的派出机构，行使政府机构才能行使的行政权力。例如，《国家经济技术开发区管理机构职责》第三十二条规定，国家经济技术开发区由所在市人民政府领导，实行中国经济特区的某些政策和新型管理体制，市人民政府在开发区设立管理委员会，作为市政府派出机构，代表市政府对开发区的工作实行统一领导和管理。《国家高新技术产业开发区管理暂行办法》第八条第二款规定："开发区管理委员会作为开发区日常管理机构，可以行使省、自治区、直辖市、计划单列市人民政府所授予的省市级规划、土地、工商、税务、财政、劳动人事、项目审批、外事审批等经济管理权限和行政管理权限，对开发区实行统一管理。"在司法实践中，开发区一般分为国务院批准和省级人民政府批准两种形式，通过法规、规章授权情形较少。据此，本条根据批准机关不同作了相应规定。

【条文释义】

开发区管理机构的权力来源主要有：一是经国务院、省级人民政府的批准设立后获得的；二是通过法规、规章授权后获得的。开发区管理机构据此具有行政主体资格，行使相关职权，承担相关责任。本条解释主要是按照开发区管理机构的批准机关作出相应规定，同时兼顾法规、规章的授权情形。

一、由国务院、省级人民政府批准设立的情形

开发区管理机构如果是由国务院、省级人民政府批准设立的，那么在开发区管理机构及其所属职能部门之间实行"谁行为、谁被告"的确定原则，即行政行为的作出者是谁，谁就是行政诉讼的被告。说明国务院、省级人民政府批准设立的开发区管理机构及所属职能部门不仅各自享有行政主体资格，且能独立承担法律责任。

二、由国务院、省级人民政府以下地方人民政府批准设立的情形

开发区管理机构如果是由国务院、省级人民政府以下地方人民政府批准设立的，不当然具有行政主体资格，主要考虑到除了国务院和省级人民政府批准成立的开发区外，一些地方政府和部门擅自批准设立名目繁多的各类开发区，随意圈占大量耕地和违法出让、转让土地，越权出台优惠政策，导致开发区过多过滥，严重损害了农民利益和国家利益。如果仅是简单地以省级以下地方人民政府是否批准为依据判断开发区管理机关是否具有行政主体资格，只会纵容省级以下地方人民政府巧妙逃避法律责任，由其批准设立的开发区管理机构代为承担法律责任。因此，有必要规定，对于国务院、省级人民政府批准设立以外的其他开发区管理机构，判断其是否具有行政主体资格，要以法规、规章授权为依据。实务中存在以下两种情形。

1. 其他开发区管理机构经法规、规章授权的，应具有行政主体资格。

不仅对其作出的行政行为负责,还需要对其所属的职能部门作出的行政行为负责,均以被告身份应诉。

2. 其他开发区管理机构未经法规、规章授权的,不具有行政主体资格。依据"谁主体、谁被告"的确定原则,公民、法人或者其他组织起诉或者人民法院审查时,应当以设立该机构的地方人民政府为被告。

【实务指导】

本条"其他开发区管理机构"是指国务院、省级人民政府批准设立的以外的开发区管理机构。如何确定其他开发区管理机构及其所属职能部门的被告资格主要涉及以下情形。

1. 其他开发区管理机构具有行政主体资格时,公民、法人或者其他组织对其他开发区管理机构或者其所属职能部门作出的行政行为不服提起诉讼的,应当都以其他开发区管理机构作为被告,职能部门只是其内设机构的地位。如何判断其他开发区管理机构具有行政主体资格,主要看是否有法规或者规章的授权。在(2017)最高法行申718号方某诉南宁高新技术产业开发区管理委员会(以下简称高新区管委会)强制拆除及行政赔偿一案中,最高人民法院认为,根据《广西壮族自治区高新技术产业开发区条例》第十三条关于"高新区所在地的市人民政府设立高新区管理委员会,作为管理高新区具体事务的派出机构,根据市人民政府的授权,对高新区的发展规划、科技创新、城市建设、土地、财政、外事、项目审批、劳动人事等事项进行统一管理"以及第十四条第一款第七项的规定,认定南宁市人民政府可以对高新区管委会等派出机构予以明确授权,由其履行法律赋予南宁市人民政府的有关行政管理职权;在此前提下,中共南宁市委办公厅、南宁市人民政府办公厅印发的《中共南宁高新技术开发区工作委员会南宁高新技术产业开发区管理委员会主要职责、内设机构和人员编制规定》第一点主要职责第九项也已明确授权高新区管委会负责高新区城市管理综合行政执法工作。据此判定,高新区管委会有权实施案涉强拆行为,是本案的适格被告。

2. 其他开发区管理机构没有行政主体资格时，公民、法人或者其他组织对其他开发区管理机构或者其所属职能部门作出的行政行为不服提起诉讼的，应当以设立该机构的人民政府作为被告。这是因为其他开发区管理机构未经法规或者规章授权，没有行政主体资格与设立该机构的人民政府之间构成的是行政委托关系，应当由人民政府来承担法律后果。

（金诚轩撰写）

第二十二条

行政诉讼法第二十六条第二款规定的"复议机关改变原行政行为"，是指复议机关改变原行政行为的处理结果。复议机关改变原行政行为所认定的主要事实和证据、改变原行政行为所适用的规范依据，但未改变原行政行为处理结果的，视为复议机关维持原行政行为。

复议机关确认原行政行为无效，属于改变原行政行为。

复议机关确认原行政行为违法，属于改变原行政行为，但复议机关以违反法定程序为由确认原行政行为违法的除外。

【条文主旨】

本条是关于复议机关"改变原行政行为"的规定。

【起草背景】

关于如何判断复议机关为被告的问题，1989 年行政诉讼法第二十五条第二款规定："经复议的案件，复议机关决定维持原具体行政行为的，作出原具体行政行为的行政机关是被告；复议机关改变原具体行政行为的，复议机关是被告。"此后2014年行政诉讼法第二十六条第二款将之修改为:"经复议的案件,复议机关决定维持原行政行为的,作出原行政行为的行政机关和复议机关是共同被告;复议机关改变原行政行为的,复议机关是被告。"

2014年行政诉讼法第二十六条第二款确定了复议机关恒为被告的立法制度。首先,立法机关之所以规定"复议维持时共同被告",主要考虑以下实际情况。第一,为避免成为行政诉讼的被告,复议机关在实务中更倾向于维持原行政行为,导致行政复议制度未能发挥应有的监督功效,以致复议虚化、程序空转的问题严重。第二,当复议机关维持原行政行为时,复议行为与原行政行为同时有效,人民法院如果仅审查部分行政行为,很难一揽子解决整个问题。其次,立法机关之所以规定"复议改变后单独被告",主要考虑以下实际情况。①第一,复议机关改变原行政行为的,则原行政行为已经不复存在,人民法院应当以仍发生效力复议行为为审查对象,以复议机关为行政诉讼的被告。第二,虽然复议机关是否改变原行政行为都将成为被告参加诉讼,但是实务中,对于复议机关改变原行政行为的情形,大部分复议申请人会选择不再提起诉讼,不至于使复议机关面临逢案必诉的困境。

关于如何判断复议机关"改变原行政行为"的问题,《若干解释》第七条规定:"复议决定有下列情形之一的,属于行政诉讼法规定的'改变原具体行政行为':(一)改变原具体行政行为所认定的主要事实和证据的;(二)改变原具体行政行为所适用的规范依据且对定性产生影响的;(三)撤销、部分撤销或者变更原具体行政行为处理结果的。"然而,《行诉解释》第二十二条明确将上述第一项和第二项的情形视为复议机关维持原行政行为的情形;同时明确确认无效的情形、确认违法的部分情形,均视为复议机关改变原行政行为的情形。

---

① 参见江必新、邵长茂:《新行政诉讼法修改条文理解与适用》,中国法制出版社2014年版,第89~95页。

【条文释义】

行政诉讼法第二十六条第二款主要确定了经复议的案件，复议机关恒为被告的立法制度。《行诉解释》第二十二条主要解决的是复议机关何时与作出原行政行为的行政机关为共同被告、何时为单独被告的起诉问题。

1. 判断"改变原行政行为"的一般标准。行政诉讼的被告一般由原告提出，由人民法院确定。依据"谁行为、谁被告"的确认原则，复议机关如果改变原行政行为的，则构成一个新的行政行为；由于原行政行为已经不存在，公民、法人或者其他组织不服的，应当以复议机关为被告。德国行政法院法和我国台湾地区"行政诉讼法"都作出了相似规定。那么如何识别复议机关已经"改变了原行政行为"呢？《行诉解释》以"处理结果"为判断的一般标准：（1）直接规定复议机关改变原行政行为处理结果的，属于改变原行政行为的情形；（2）同时强调只要没有改变原行政行为处理结果，复议机关即使改变原行政行为所认定的主要事实和证据、改变原行政行为所适用的规范依据的，仍视为维持原行政行为的情形。第（2）点规定有利于鼓励复议机关在复议阶段积极作为，发挥上级机关的内部监督职责，查清案件事实和纠正法律适用错误。

2. 属于"改变原行政行为"的特殊情形。（1）确认无效情形。根据行政诉讼法第七十五条的规定，无效行政行为是指实施主体不具有行政主体资格、没有依据等重大且明显违法的情形的行政行为。复议机关确认该行政行为无效的，意味着该行政行为自始无效、绝对无效、当然无效，否定了原行政行为的处理结果，自然属于复议机关改变原行政行为的情形。有的部门建议删除本款，理由是行政复议法及其实施条例没有关于确认无效的规定。我们认为，无效行政行为是2014年修正行政诉讼法的制度创举，行政复议法将来修改也必然会规定无效行政行为制度。本款规定为今后的行政执法和司法实践留下空间。（2）确认违法的部分情形。复议机关确认原行政行为违法的，否定了原行政行为的合法性，一般视为改变原行政行为。但是，确认违法可能是由于实体违法，也可能是程序违法。在程序违法的情况下,由于仅涉及原行政行为的程序问题,不涉及处理结果的实体判断,原行政行为的实体处理结果并未发生变化,应当视为维持原行政行为。据此,本款规定,复议机关确认原行政行为违法,视为改变原行政行为,但复议机关以违反法定程序为由确认原行政行为违法的除外。

【实务指导】

对于经过复议程序的案件,公民、法人或者其他组织起诉时应当列谁为被告,是人民法院在立案阶段或者立案之后重点审查的内容之一,实务中要注意区分变更被告和追加被告的适用情形。

1. 被告不适格情形。公民、法人或者其他组织提起诉讼错列被告的,属于"被告主体不适格",考虑到被起诉的被告不是应当承担法律责任的行政机关,人民法院应当告知公民、法人或者其他组织变更被告,公民、法人或者其他组织不同意变更的,人民法院依法裁定不予立案或者驳回起诉,不能未经告知就简单地依法处理。

2. 遗漏被告情形。人民法院发现原行政行为其实已经经过复议程序,但是公民、法人或者其他组织未告知的,根据"复议机关恒为被告"的诉讼原则,属于遗漏被告,应当追加复议机关为被告。复议机关作共同被告的,应当追加为被告,而不是追加为第三人。

(金诚轩撰写)

第二十三条

行政机关被撤销或者职权变更,没有继续行使其职权的行政机关的,以其所属的人民政府为被告;实行垂直领导的,以垂直领导的上一级行政机关为被告。

【条文主旨】

本条是关于发生被告资格转移时如何确定行政诉讼被告的规定。

【起草背景】

人民法院确定行政诉讼被告的原则之一是"谁行为、谁被告",即要求作出行政行为的行政机关对其行为负责,参加诉讼。该规则的适用前提是作出行政行为的行政机关仍保有主体资格或者相关职权。针对某些特殊情形,会产生被告资格转移的效果。

1. 1989 年行政诉讼法第二十五条第五款规定:"行政机关被撤销的,继续行使其职权的行政机关是被告。"2014 年行政诉讼法增加了"职权变更"的情形,第二十六条第六款规定:"行政机关被撤销或者职权变更的,继续行使职权的行政机关是被告。"据此,法律规定了作出行政行为的行政机关被撤销或者职权变更的,继续行使职权的行政机关作为被告参加诉讼。

2. 行政机关被撤销或者职权变更后,没有继续行使其职权的行政机关时,原来规定仅以所属人民政府为被告,缺乏垂直领导情形下被告资格的规定。我国政府机构设置一般分为"条"(垂直管理)和"块"(人民政府管理)两种。为了更符合我国政府机构设置的实际情况,《行诉解释》增加了垂直管理的情形,规定垂直领导的机关以上级机关为被告。行政管理实践中,垂直管理有两类:一是中央垂直管理,又称为全国范围内垂直管理,例如海关、金融、国税、外汇管理等;二是省以下垂直管理,例如工商、质量技术监督、食品药品监督等。

【条文释义】

对于没有继续行使其职权的行政机关的情形如何确定被告,《行诉解释》第二十三条作出了具体规定。

1. 被告资格转移的适用条件：（1）作出行政行为的行政机关被撤销丧失主体资格的，或者其职权因发生变更而不再行使的；（2）没有其他行政机关继续行使其职权的。实践中，导致行政机关被撤销或者发生职权变更的情形可能有以下两种：一是在行政行为作出之后、提起诉讼之前被撤销或者发生职权变更的；二是在诉讼过程中、人民法院作出裁判之前被撤销或者发生职权变更的。

2. 被告资格转移后的承继主体：原则上，以被撤销或者发生职权变更的行政机关所属的人民政府为被告；如果实行垂直领导的，以被撤销或者发生职权变更的行政机关的上一级行政机关为被告。

【实务指导】

1. 关于诉劳动教养决定的问题。在废止劳动教养制度、撤销劳动教养管理委员会之后，公民、法人或者其他组织对劳动教养决定不服提起行政诉讼的，应当以谁为被告？由于劳动教养制度被废除之后，劳动教养管理委员会被撤销，没有其他机关继续行使该项职权，依照《行诉解释》第二十三条的规定，应当以其所属的人民政府为被告。因为劳动教养管理委员会原属于当地政府的职能部门，行使的是国家职权，其被撤销后的遗留问题应当由上级机关即其所属的人民政府承担。

2. 关于资格转移发生后的处理：一是在行政行为作出之后、提起诉讼之前被撤销或者发生职权变更的，公民、法人或者其他组织应当依法列明被告机关；二是发生在诉讼过程中、人民法院作出裁判之前被撤销或者发生职权变更的，人民法院应当依法更换被告后通知新的被告参加诉讼。

（金诚轩撰写）

第二十四条

当事人对村民委员会或者居民委员会依据法律、法规、规章的授权履行行政管理职责的行为不服提起诉讼的,以村民委员会或者居民委员会为被告。

当事人对村民委员会、居民委员会受行政机关委托作出的行为不服提起诉讼的,以委托的行政机关为被告。

当事人对高等学校等事业单位以及律师协会、注册会计师协会等行业协会依据法律、法规、规章的授权实施的行为不服提起诉讼的,以该事业单位、行业协会为被告。

当事人对高等学校等事业单位以及律师协会、注册会计师协会等行业协会受行政机关委托作出的行为不服提起诉讼的,以委托的行政机关为被告。

【条文主旨】

本条是关于村民委员会、居民委员会、高等学校等事业单位以及律师协会、注册会计师协会等行业协会被告资格的规定。

【起草背景】

村民委员会、居民委员会、高等学校等事业单位以及律师协会、注册会计师协议等行业协会并非传统概念中的行政主体,但是在上述主体参与公共管理领域事务日益增多的情况下,人民法院应当给予足够重视,将之纳入行政诉讼法的调整范围。在确定被告资格时,应注意作相关区分。

1. 关于法定授权的情形。1989年行政诉讼法第二十五条第四款规定:"由法律、法规授权的组织所作的具体行政行为,该组织是被告。"授权的依据仅限于"法律、法规"。2014年修正行政诉讼法第二条第二款对授权依据做了扩展,规定:"前款所称行政行为,包括法律、法规、规章授权的组织作出的行政行为。"当时修法的主要理由包括三个方面。① （1）行政诉讼法的调整范围对应的是公共行政关系，实践中除了行政机关以外，其他组织依照法律、法规或者规章授权的也可以作出行政行为，属于行政诉讼法的调整范围。（2）法律、法规、规章授权以外的社会组织所行使的类似行政职权，从性质上讲并非公共行政，大多数属于自治范畴，一般情况下不属于司法权的干涉范围。（3）之所以将规章授权的组织亦纳入行政诉讼的调整范畴，是考虑到在以简政放权为重要内容的国家治理体系和治理能力现代化大背景下，培养更多的社会组织承担公共事务管理职能是大势所趋，如果仅限于"法律、法规"授权组织，范围过小，与行政管理的发展趋势相背离。《行诉解释》考虑到实务中因高校拒绝颁发毕业证和学位证、"外嫁女"村民待遇、行业协会自我管理、查询公共企事业单位信息而引起的纠纷大量涌现，会出现行政诉讼和民事诉讼均不立案受理的情形，因而有必要对行政诉讼法进一步明确。

2. 关于行政委托的情形。1989年行政诉讼法第二十五条第四款以及2014年修正行政诉讼法第五款均规定了对行政机关委托的组织所作的（具体）行政行为起诉，委托的行政机关是被告。《行诉解释》对行政委托下有关村民委员会、居民委员会、高等学校等事业单位以及律师协会、注册会计师协会等行业协会是否是适格被告问题，作了相应的具体规定。

【条文释义】

本条赋予了村民委员会、居民委员会、高等学校等事业单位以及律师协会、注册会计师协会等行业协会在履行行政管理职责时成为行政诉讼被告的资格地位，但对于仅接受行政机关委托时作出的行为仍以委托机关为被告。

1. 法定授权下的被告问题。（1）村民委员会或者居民委员会。在特定情形下，村民委员会或者居民委员根据法律、法规的授权行使行政管理

---

① 参见江必新、邵长茂：《新行政诉讼法修改条文理解与适用》，中国法制出版社2014年版，第28~29页。

权限。例如，一些地方，如黑龙江的地方性法规规定了村民委员会的职权包括土地补偿费的使用、税费收缴、集体财产的承包租赁经营、优抚、救灾救济、宅基地审批等行政管理职权。当事人对这些行为不服的，可以将村民委员会作为被告。（2）高等学校等事业单位。根据高等教育法的规定，高等学校是指大学、独立设置的学院和高等专科学校，其中包括高等职业学校和成人高等学校。根据高等教育法第四十二条的规定，高等学校有权调查、处理学术纠纷，有权调查认定学术不端行为等。以高等学校为行政诉讼被告的案例如最高人民法院发布的第9批指导性案例中的"田永诉北京科技大学拒绝颁发学位证案"（38号）、"何小强诉华中科技大学拒绝授予学位案"（39号）。此外，在社会上影响较大的还有刘某诉北京大学案、白某诉北京语言大学信息公开案等。（3）律师协会。根据律师法的规定，律师协会经法律法规授权可以行使行政权力。组织管理申请律师执业人员的实习活动，对实习人员进行考核，是律师法第四十六条规定的律师协会的法定职责。在杨斌诉广州市律师协会不予登记实习一案中，广州铁路运输中级法院二审裁定认为：广州律师协会对杨斌实习登记申请的处理行为属于行政诉讼受案范围，原审广州市越秀区法院以不符合行政诉讼受案范围为由驳回杨斌起诉的裁定适用法律错误，予以撤销；根据广州地区行政案件集中管辖的规定，该案由广州市铁路运输第一法院继续审理。此外，海口市中级人民法院等法院也作出类似判决，认为律师协会属于法律、法规、规章授权的组织。[①]（4）注册会计师协会。注册会计师法第四条规定，注册会计师协会是由注册会计师组成的社会团体。第十三条规定，对于已经取得注册会计师证书的人员，在完全丧失民事行为能力等情况下，由准予注册的注册会计师协会撤销注册，收回注册会计师证书。也就是说，注册会计师协会在上述情形下行使行政管理职权，可以作为行政诉讼被告。上述规定在司法实践中已经有大量案例。

2. 行政委托下的被告问题。权力转移而责任归属不变是行政委托的内在含义。构成行政委托，一般应满足三个要件。一是委托主体是行政机

[①] 详见王蔚君诉海南律师协会实习考核决定案。

关。二是受托主体的范围不包括行政机关,因为行政机关之间的委托更多的是事项委托或者职务协助,其与行政委托的法律关系并不相同。三是委托事项或者委托客体是指涉及行政权力行使的事项。征地拆迁实务中,地方政府与村民委员会之间是否构成行政委托关系,直接决定了相关纠纷属于民事侵权还是行政侵权性质。

【实务指导】

关于无书面委托情况下如何认定被告的问题。行政诉讼法规定,公民、法人或者其他组织提起行政诉讼的,需要就被诉行政行为、具体被告主体等事项进行初步举证,否则人民法院可以不符合起诉条件为由,裁定不予立案或者驳回起诉。对于征地拆迁中村民委员会代行政机关实施强制拆除等行为,虽然双方并未制作行政委托的书面文书,行政相对人可以提交有关证据证明被诉强制拆除行为是在当地政府机关决策部署下,由村民委员会组织实施的事实。在无证据证明村民委员会具有实施强制拆除的法定授权的情况下,人民法院可以据此认定构成行政委托,认定当地政府机关为适格被告。

(金诚轩撰写)

第二十五条

市、县级人民政府确定的房屋征收部门组织实施房屋征收与补偿工作过程中作出行政行为,被征收人不服提起诉讼的,以房屋征收部门为被告。

征收实施单位受房屋征收部门委托,在委托范围内从事的行为,被征收人不服提起诉讼的,应当以房屋征收部门为被告。

【条文主旨】

本条是关于涉房屋征收与补偿等行政案件如何确定被告的规定。

【起草背景】

本条是新增的条文。按照原《城市房屋拆迁管理条例》的规定，取得房屋拆迁许可证的建设单位是拆迁人。由于拆迁进度与建设单位的经济利益直接相关，容易造成拆迁人与被拆迁人矛盾激化。2011年《国有土地上房屋征收与补偿条例》正式实施后，明确规定市、县级人民政府负责本行政区域的房屋征收与补偿工作；市、县级人民政府确定的房屋征收部门组织实施本行政区域的房屋征收与补偿工作；市、县级人民政府有关部门应当依照该条例的规定和本级人民政府规定的职责分工，互相配合，保障房屋征收与补偿工作的顺利进行。

实践中，由于法律没有明确规定，各地掌握不统一，有的起诉政府，有的起诉拆迁办等单位。为统一标准，本解释基于《国有土地上房屋征收与补偿条例》对房屋征收与补偿各项工作的责任主体的认定，特增加本条规定，明确此类行政案件的被告统一确定为房屋征收部门。

【条文释义】

一、被征收人对房屋征收部门组织实施房屋征收与补偿工作过程中作出行政行为不服，应当以房屋征收部门为被告

《国有土地上房屋征收与补偿条例》规定房屋征收是政府行为，房屋征收与补偿的主体是市、县级人民政府，但在房屋征收与补偿的具体实施过程中，仍应当遵循"谁实施、谁负责"的原则。这是因为房屋征收与补偿工作量大面广，情况复杂，涉及被征收人的切身利益以及地方经济发展

和社会稳定，客观上需要地方人民政府设立或者确定一个专门的部门负责房屋征收补偿工作。而既然存在专门负责征收补偿工作的部门，在被征收人对具体实施的征收补偿工作不服提起诉讼时就不应当再以市、县级人民政府为被告。

在房屋征收与补偿过程中，市、县级人民政府的职责主要有：组织有关部门论证和公布征收补偿方案，征求公众意见；对征收补偿方案的征求意见情况和修改情况进行公布，以及因旧城区改建需要征收房屋，多数人不同意情况下举行听证会；对房屋征收进行社会稳定风险评估；依法作出房屋征收决定并公布；制定房屋征收的补助和奖励办法；组织有关部门对征收范围内未经登记的建筑进行调查、认证和处理；依法作出房屋征收补偿决定等。房屋征收部门的职责主要有：委托房屋征收实施单位承担房屋征收与补偿的具体工作，并对委托实施的房屋征收与补偿行为负责监督；拟定征收补偿方案，并报市、县级人民政府；组织对征收范围内房屋的权属、区位、用途、建筑面积等情况进行调查登记，并公布调查结果；书面通知有关部门暂停办理房屋征收范围内的新建、扩建、改建房屋和改变房屋用途等相关手续；与被征收人签订补偿协议；与被征收人在征收补偿方案确定的签约期限内达不成补偿协议或者被征收房屋所有权人不明确的，报请作出决定的市、县级人民政府作出补偿决定；依法建立房屋征收补偿档案，并将分房补偿情况在房屋征收范围内向被征收人公布等。[1]

根据房屋征收补偿工作中不同阶段的责任主体，行政诉讼中的被告可以作如下区分：被征收人对房屋征收决定、人民政府依法作出的房屋征收补偿决定不服提起诉讼的，应当以作出该决定的市、县级人民政府为被告；被征收人对征收补偿协议不服的，应当以与其签订协议的房屋征收部门为被告；被征收人对征收补偿过程中的强制拆迁、强制搬迁等行为不服的，也应当以具体组织实施征收补偿工作的房屋征收部门为被告。

---

[1] 国务院法制办公室农林城建资源环保法制司，住房城乡建设部法规司、房地产市场监管司编著：《国有土地上房屋征收与补偿条例释义》，中国法制出版社2011年版，第20~22页。

二、被征收人对征收实施单位在其委托范围内从事的行为不服提起诉讼的，应当以房屋征收部门为被告

根据《国有土地上房屋征收与补偿条例》的规定，房屋征收部门可以委托房屋征收实施单位承担房屋征收补偿的具体工作。这是考虑到房屋征收有大量的具体工作，房屋征收部门由于受编制、人员、设施设备、技术条件等限制，很难承担大量的具体工作，故可以委托房屋征收实施单位承担房屋征收与补偿的具体工作。委托的事项一般包括：协助进行调查、登记，协助编制征收补偿方案，协助进行房屋征收与补偿政策的宣传、解释，就征收补偿的具体问题与被征收人协商，协助组织征求意见、听证、论证、公示以及组织对被征收房屋的拆除等。

但是，房屋征收工作是一项政策性、群众性很强的工作，从事征收工作的人员如果对有关政策法规生疏、对征收业务不熟悉，或者责任心不强，容易造成失误或损失。因此，房屋征收部门应当加强对房屋征收实施单位的管理。一方面，房屋征收实施单位从事房屋征收业务的人员，应经过房屋征收部门的专业培训和考核，能熟悉掌握与征收相关的法律、法规、政策以及其他业务知识等；另一方面，房屋征收部门应当加强对受委托的房屋征收实施单位的指导、监督和检查，促使其掌握政策、熟悉业务，接受群众监督、遵守职业道德、规范征收行为、减少矛盾纠纷，保护被征收人的合法权益。

由于房屋征收部门与征收实施单位之间的委托关系，征收实施单位需以房屋征收部门的名义进行房屋征收补偿方面的工作，其在委托范围内实施的房屋征收与补偿行为的后果由房屋征收部门承担。因此，被征收人对征收实施单位在其委托范围内从事的行为不服提起诉讼的，应当以房屋征收部门为被告。

【实务指导】

一、房屋征收部门及房屋征收实施单位的认定

房屋征收部门是能够独立承担法律责任的行政主体。由于目前全国地方机构设置和职能分工不同，需要由市、县级人民政府确定一个房屋征收部门具体负责房屋征收的组织实施工作。房屋征收部门的设置一般有两种形式：一是市、县级人民政府设立专门的房屋征收部门；二是在现有的部门（如房地产管理部门、建设主管部门）中，确定一个部门作为房屋征收部门。如市、县级人民政府未确定房屋征收部门或者其指定的房屋征收部门不明确，被征收人对房屋征收补偿过程中的具体实施工作不服，仍可以市、县级人民政府为被告提起行政诉讼。

受委托的房屋征收实施单位，只要求其不得以营利为目的。一般来说，企业是从事生产、流通、服务等经济活动，以生产或服务满足社会需要，实行自主经营、独立核算，依法设立的一种营利性组织。为了公共利益的需要，对被征收人的房屋实施征收，具有强制性。由以营利为目的的企业实施，可能会造成这些单位利用强制性，在房屋征收补偿工作中谋取利润最大化，克扣被征收人的补偿费用，损害被征收人合法权益。因此，承担房屋征收与补偿工作的实施单位，应当是不以营利为目的的，其所需工作经费应当由政府财政予以保障。

二、不能混淆市、县级人民政府在房屋征收补偿工作中应负有的职责和其对房屋征收部门应尽的层级监督职责

房屋征收与补偿的主体是市、县级人民政府，被征收人对其作出的征收决定、征收补偿决定不服提起诉讼的，应当以市、县级人民政府为被告。而房屋征收部门组织实施该行政区域的房屋征收与补偿工作，被征收人对房屋征收部门组织实施房屋征收与补偿工作过程中作出的行政行为不服，则应当以房屋征收部门为被告。

根据《国有土地上房屋征收与补偿条例》第六条第一款、第七条、第三十条规定，上级人民政府应当加强对下级人民政府房屋征收与补偿工作的监督，任何组织和个人对发现的相关违法行为，有权向有关人民政府举报，有关人民政府也有权对相关违法责任人员作出处理。但上级人民政府不改变或者不撤销所属各工作部门及下级人民政府决定、命令的，一般并不直接设定被征收人新的权利义务，被征收人可以通过直接起诉所属工作部门或者下级人民政府作出的行政行为来维护其合法权益。在存在更为有效便捷的救济方式的情况下，被征收人坚持起诉人民政府不履行层级监督职责，不具有权利保护的必要性和实效性，也不利于纠纷的及时解决，且易于形成诉累。因此，在房屋征收补偿案件的审理过程中，应注意区分市、县级人民政府的职责和其确定的房屋征收部门的职责，被征收人对房屋征收部门组织实施房屋征收与补偿工作过程中作出的行政行为不服，应当以房屋征收部门为被告。如其坚持以市、县人民政府为被告，应依法裁定不予立案或者驳回起诉。

三、对房屋征收实施单位超出委托范围所实施的行为如何处理

由于房屋征收部门与征收实施单位之间的委托属于内部关系，作为行政相对人的被拆迁人无从知晓其具体委托代理事项、权限和期间等内容，也无力与行政权力进行对抗，对征收实施单位超出委托范围实施的与房屋征收补偿相关的行为被征收人仍可以房屋征收部门为被告提起诉讼。房屋征收部门以征收实施单位超出委托范围进行抗辩的，人民法院可以追加征收实施单位为第三人。征收实施单位超出委托范围实施的与房屋征收补偿相关的行为给被征收人造成损失的，仍应当由房屋征收部门进行赔偿。房屋征收部门对被征收人进行赔偿后，有权向征收实施单位追偿。

（刘澎撰写）

第二十六条

原告所起诉的被告不适格，人民法院应当告知原告变更被告；原告不同意变更的，裁定驳回起诉。

应该追加被告而原告不同意追加的，人民法院应当通知其以第三人的身份参加诉讼，但行政复议机关作共同被告的除外。

【条文主旨】

本条是关于变更被告和追加被告的规定。

【起草背景】

本条规定主要沿用了《若干解释》第二十三条的内容：原告所起诉的被告不适格，人民法院应当告知原告变更被告；原告不同意的，裁定驳回起诉。应该追加被告而原告不同意追加的，人民法院应当通知其以第三人的身份参加诉讼。由于2014年行政诉讼法规定了"双被告"制度，作出维持决定的行政复议机关属于法定的共同被告，无须另行追加，因此在第二款增加了"但行政复议机关作共同被告的除外"的内容。

【条文释义】

一、变更被告的起因是原告所诉被告不适格

在行政诉讼中，将不适格的被告变更为适格的被告，为被告的变更。被告适格包含两个递进层面的含义。第一层是形式上适格，亦即有明确的被告，是指原告所诉被告清楚、具体，可以指认。但明确并不意味着正确，因此被告适格还包含更深一层的含义即实质性适格，也就是说原告所诉被告应当是作出被诉行政行为的行政主体。被告适格的条件大致可归纳

为三条：第一，被告应当是机构而非个人；第二，被告应当是依法成立、具有行政主体资格的机构；第三，原则上，对外作出行政行为的机构是被告。① 而被告不适格产生的原因，大体可以分为以下几种情形：（1）错列单一被告，即依照法律规定，原告所列单一被告并非作出被诉行政行为的行政主体，如行政机关的派出机构经法律、法规或规章的授权对原告作出了具体行政行为，原告不服，却起诉设立派出机构的行政机关；（2）遗漏被告，即依照法律规定，应当由多个行政主体作为被告的，而原告只起诉了其中的一个或者几个，遗漏了符合法律规定的其他被告；（3）多列被告，即依照法律规定，原告所诉被告中，既有适格的被告，也有不符合法律规定的被告。

二、对"应当告知"的理解

1. "应当"表明告知当事人变更不适格被告是人民法院的一种义务，如果人民法院没有履行告知义务而以原告所列被告不适格为由径行驳回起诉，则其诉讼程序违法，实质上剥夺了当事人的起诉权，不符合起诉权保障原则。

2. "告知"意味着人民法院对原告所诉被告不适格的情形应当进行释明和指导。至于释明的内容，应当包括几方面：（1）告知原告其起诉的被告不适格；（2）告知其所诉被告不适格的原因；（3）告知其适格的被告；（4）告知其如若不变更被告，则会导致驳回起诉的法律效果。清楚明白地告知原告其所诉被告不符合法律规定，告知其症结在哪里，解决之道是什么，不如此行事的法律后果是什么，既能调动原告变更不适格被告的积极性和主动性，也能增强人民法院依职权变更不适格被告的信服力和透明度，减轻可能受到原告抵触的压力，防止缠讼现象的发生。

三、拒绝变更被告的后果

经人民法院释明后，原告仍不同意变更不适格被告的，人民法院只能

---

① 何海波：《行政诉讼法》，法律出版社2016年版，第204页。

裁定驳回起诉,而不能依职权变更被告。这是因为处分权作为当事人诉讼权利的重要内容,受到法律的保护和尊重。是否变更被告属于原告享有的自由处分的权利,人民法院发现需要变更被告的情况后,应当告知原告变更,征得原告的同意。如果原告不同意变更被告,则其起诉不符合法定条件,人民法院应裁定驳回原告的起诉。

四、应当追加被告而原告不同意追加的,人民法院应当通知其以第三人的身份参加诉讼

行政诉讼兼顾多元价值追求,既要保障当事人程序权利的自由处分,又要促成监督行政机关依法行使职权立法目的的实现。当两种价值发生冲突时,如何恰当地平衡,是立法者需要审慎考虑的问题。当有多个行政主体共同实施同一被诉行政行为时,如果原告只起诉其中的部分行政主体,本着尊重当事人诉讼权利的原则,人民法院不应追加未被起诉的行政主体为被告。但由于我国行政诉讼主要定位于客观诉讼,而非主观诉讼,行政案件针对的诉讼标的是行政行为的合法性,[1] 如果放任被诉行政行为的部分实施机关不接受审查,尤其是被诉行政行为存在违法情况时,则监督行政机关依法行政的目的就会落空。对此,应当追加被告而原告不同意追加的,"通知其以第三人身份参加诉讼"便是解决上述价值抵牾之处的适当对策。一方面,人民法院未将应当追加为被告的行政主体强行追加为被告,尊重了当事人的诉讼权利和意思自治;另一方面,将其以第三人身份纳入行政诉讼,同样可以起到监督其依法行使职权的效果。

理解未被追加为被告的行政主体以第三人身份参加诉讼应当注意以下几点:(1)"通知"是人民法院的一种义务,人民法院是依职权将未被追加为被告的行政主体列为第三人,无须再次征得原告的同意;(2)被通知的行政主体没有拒绝的权利,如果其无正当理由拒不出庭的,不妨碍行政诉讼的进行,人民法院经审理后可以缺席判决;(3)这里的行政主体作第三人,是类似于被告地位的第三人。

---

[1] 江必新、梁凤云:《行政诉讼法理论与实务》,法律出版社 2016 年版,第 633 页。

五、应当通知未被追加为被告的行政主体以第三人身份参加诉讼的例外规定：行政复议机关作共同被告

这是根据 2014 年行政诉讼法新增加的内容。2014 年行政诉讼法第二十六条第二款规定：复议机关决定维持原行政行为的，作出原行政行为的行政机关和复议机关是共同被告。经复议的案件，复议机关维持原行政行为的，原告应当以原行政机关和复议机关为共同被告提起行政诉讼，如果原告只选择起诉原行政机关或者复议机关的，就产生追加被告的问题。人民法院首先应当告知原告追加被告，如果原告不同意追加的，则人民法院无须通知未被追加的原行政机关或者复议机关以第三人身份参加诉讼，而应当依职权将其列为共同被告，无论是当事人甚至法院都不能进行选择。该项规定也与本解释第一百三十四条的规定前后呼应。

【实务指导】

正确厘清变更被告与追加被告的区别，避免司法审判实践选用不适当的处理方式。变更被告与追加被告属于两种不同性质的被告不适格情形，相应的处理方式也存在不同。故此，正确区分两者的差异，避免司法审判实践选用不适当的处理方式显得尤为重要。具体而言，两者的区别主要表现在三个方面。（1）性质不同，即变更被告属于被告不正确的问题，而追加被告则涉及被告不完全、不健全的问题。（2）适用情形不同，即变更被告适用于原告错列单一被告和多列被告的情形，而追加被告适用于原告遗漏被告的情形。（3）拒绝改变的法律效果不同，即原告拒绝变更被告的，人民法院应当以不符合法定条件为由，驳回起诉，诉讼程序终结；而原告拒绝追加被告时，人民法院或者通知未被追加为被告的行政主体以第三人身份参加诉讼，或者依职权追加为被告，相应的诉讼程序正常进行，不会因原告的拒绝追加而结束诉讼程序。

（刘漱撰写）

第二十七条

必须共同进行诉讼的当事人没有参加诉讼的，人民法院应当依法通知其参加；当事人也可以向人民法院申请参加。

人民法院应当对当事人提出的申请进行审查，申请理由不成立的，裁定驳回；申请理由成立的，书面通知其参加诉讼。

前款所称的必须共同进行诉讼，是指按照行政诉讼法第二十七条的规定，当事人一方或者双方为两人以上，因同一行政行为发生行政争议，人民法院必须合并审理的诉讼。

【条文主旨】

本条是关于追加必要共同诉讼当事人的规定。

【起草背景】

行政诉讼法第二十七条仅规定了当事人一方或者双方为两人以上时，人民法院可以合并审理的共同诉讼制度，但对必要共同诉讼当事人如何参加诉讼一直没有明确。必要共同诉讼当事人的追加制度在民事诉讼中确立已久，在行政诉讼中却还没有依据。故《行诉解释》新增本条，第一款、第二款借鉴《民诉解释》第七十三条的内容，规定了人民法院通知当事人参加及当事人申请参加的方式及其程序和条件，并增加一款限定本条适用的范围为必须共同进行的诉讼。

【条文释义】

一、本条适用于必要共同诉讼

本条第三款"必须共同进行诉讼"是指因同一行政行为引起的共同诉

讼,由于该行政行为不能分割,法院必须一起审理,所以学理上称为必要的共同诉讼。必要的共同诉讼是一项源于民事诉讼法的理论和制度,可以分为两种情况,一是共同原告,二是共同被告。按照行政诉讼法第二十七条的规定,当事人一方或者双方为两人以上,因同一行政行为发生争议,此时人民法院不发生能不能合并审理的问题,而是必须合并审理。这是因为共同原告或者共同被告具有共同的权利义务,其中一人的诉讼行为,往往能够得到其他人的承认。其中一人的诉讼行为,得到其他人的承认,对其他人也发生效力。

本司法解释将追加必须共同进行诉讼的当事人适用范围限制在因同一行政行为发生争议的情况,主要包括以下几种情形:(1)两人以上共同违法,行政机关在同一行政行为中作出处理,受处理人均提起诉讼的;(2)法人或者其他组织违法,行政机关对该法人或者其他组织及其法定代表人、直接负责人员在同一个行政处理决定中作出处理,受处理人的单位和个人均不服而提起诉讼的;(3)行政处罚案件中,两个以上的共同被侵害人不服行政处罚而提起诉讼的;(4)行政处罚案件中,被处罚人和被侵害人双方均不服行政处罚而提起诉讼的;(5)两个以上的行政机关针对同一相对人联合作出行政行为,相对人不服而提起行政诉讼的。[①] 在以上案件中,必须参加诉讼的当事人没有参加诉讼的,适用本条规定。

二、必须共同进行诉讼的当事人没有参加诉讼的,人民法院应当依法通知其参加

人民法院"应当"通知必须共同进行诉讼的当事人参加诉讼,是因为该被追加的当事人与案件中的一方当事人对诉讼标的具有共同的权利义务,且需要合一确定。基于诉的不可分性和既判力理论,法院注重对案件处理的一致性和解决纠纷的彻底性,强调运用审判权追加当事人参加诉讼,将与已存在的诉讼有牵连的其他纠纷一并解决,[②] 同时也为了诉讼的经济与效率。在行政诉讼中,当诉讼标的已为生效裁判或者调解书所羁束

[①] 梁凤云编著:《新行政诉讼法逐条注释》,中国法制出版社2017年版。
[②] 张永泉:《必要共同诉讼类型化及其理论基础》,载《中国法学》2014年第1期。

时,不再进入实体性审查,本解释第六十九条规定的解决办法为:已经立案的,应当裁定驳回起诉。而这一规则在行政诉讼中存在已久,因而对必要共同诉讼当事人的追加制度显得尤为重要。本次新行政诉讼法解释新增必要共同诉讼当事人的追加制度,是对行政诉讼法第二十七条的细化措施,有利于完善行政诉讼法诉讼参加人制度,完善法律依据,使基于同一行政行为的当事人不被遗漏地加入行政诉讼中,表达意见、实现诉权、解决纠纷,同时有利于诉讼的经济与效率。

三、必要共同诉讼当事人参加诉讼的途径

根据本条第一款,当符合本条第三款时,即属于必要共同诉讼当事人,可通过以下两种途径参加到必要的共同诉讼中,成为共同原告或共同被告。

1. 人民法院依职权通知其参加。当事人一方或者双方为两人以上,因同一行政行为发生争议,人民法院必须合并审理的诉讼的当事人没有参加诉讼时,人民法院依职权必须依法通知其参加诉讼。

2. 当事人依申请参加。又分为两种情况:一是已经参加诉讼的当事人认为还有必须共同进行诉讼的当事人没有参加诉讼的,可以向法院申请使其参加到诉讼中;二是尚未参与诉讼的公民、法人或者其他组织得知法院受理了上述诉讼,认为其属于必须共同进行诉讼的当事人的,也可以向人民法院申请,以共同原告或共同被告的身份参加到诉讼中,使其纠纷得到一并解决。

四、被追加当事人的诉讼地位

共同诉讼人都是独立的法律主体,作为原告或被告,有独立的诉讼法律地位,共同原告或者共同被告有着共同的权利和义务。

【实务指导】

一、不得遗漏必须共同进行诉讼的当事人

遗漏必须共同诉讼的当事人是重大的诉讼程序违法,因此人民法院必

须在这个问题上进行严格审查。对符合必要共同诉讼的案件，应当及时通知必须共同进行诉讼的人参加诉讼，从而合一确定当事人的权利义务，依法维护共同诉讼当事人的合法权益。

二、当事人追加申请被驳回的救济

当人民法院裁定驳回当事人的申请后，当事人如何获得救济。此处的驳回当事人追加申请的裁定，显然不在此列。如果人民法院审查后驳回当事人追加申请确有错误，导致本应参加诉讼的必须共同进行诉讼的当事人未能参加诉讼，其可根据本解释的相关规定和行政诉讼法第九十条的规定，对该驳回申请的裁定申请再审。

三、应当追加而没有追加的处理

行政诉讼法第八十九条规定："人民法院审理上诉案件，按照下列情形，分别处理：……（四）原判决遗漏当事人或者违法缺席判决等严重违反法定程序的，裁定撤销原判决，发回原审人民法院重审；……"遗漏当事人的情况即包括共同诉讼中应当参加诉讼的当事人没有参加诉讼。在二审程序中发现没有追加应当追加的当事人的，应当发回原审人民法院重审。

行政诉讼法第九十一条规定："当事人的申请符合下列情形之一的，人民法院应当再审：……（五）违反法律规定的诉讼程序，可能影响公正审判的；……"违反法律规定的诉讼程序包括应当参加诉讼的当事人，因不能归责于本人或者其诉讼代理人的事由，未参加诉讼的情形。对于必要共同诉讼的当事人，如果人民法院应当追加而没有追加就对该案进行了审查并作出了判决，人民法院查证属实后，应当进行再审。

（刘潋撰写）

第二十八条

人民法院追加共同诉讼的当事人时,应当通知其他当事人。应当追加的原告,已明确表示放弃实体权利的,可不予追加;既不愿意参加诉讼,又不放弃实体权利的,应追加为第三人,其不参加诉讼,不能阻碍人民法院对案件的审理和裁判。

【条文主旨】

本条是关于追加必要共同诉讼当事人的程序性规定。

【起草背景】

本条是本司法解释前一条的衔接性规定,借鉴了《民诉解释》第七十四条的内容,主要规定了人民法院追加共同诉讼当事人应当通知其他当事人,以及对于应当追加的原告应该如何处理的问题。

【条文释义】

一、应当追加的原告,已明确表示放弃实体权利的,可不予追加

对于应当追加的原告,应当适用本解释第二十七条的规定,其适用的情形也应当以属于必要共同诉讼为前提。对应当参加诉讼的原告没有参加诉讼的,人民法院应当依法通知其参加,此时如被追加的共同原告明确放弃实体权利的,为尊重当事人的诉讼权利,同时也按照权利义务对等原则,人民法院不再需要合一确定其与其他共同诉讼人的实体权利义务,也就不需要再要求其参加诉讼。在此情形下,人民法院可不予追加其参加诉讼。

二、应当追加的原告，既不愿意参加诉讼，又不放弃实体权利的，应追加为第三人

被追加的共同原告不愿意参加诉讼，又不放弃实体权利的，如两人以上共同违法，行政机关在同一行政决定中作出处罚，部分受处罚人提起诉讼，人民法院应当通知其他受处罚人作为共同原告参加诉讼，被通知的受处罚人不愿意参加诉讼又未明确表示放弃实体权利的，考虑到该被追加的原告放弃的仅仅是程序权利，其实体义务仍应当合一确定，此时，人民法院仍应进行追加让其参与到诉讼中来。考虑到原告不同意增加被告的，人民法院应通知其以第三人的身份参加诉讼，在追加原告时，也应当追加其为第三人。

三、被追加的第三人不参加诉讼不阻碍人民法院对案件的审理和裁判

鉴于被追加的第三人已明确表示不参加诉讼，如坚持要其参加到案件的审理中来，不但与其本人意愿相悖，也有可能影响案件审理的进程，故规定其不参加诉讼的行为不影响人民法院对案件的审理和依法作出裁判。

【实务指导】

一、人民法院追加共同诉讼的当事人时，应当及时通知其他当事人

对于必须共同进行诉讼的当事人，人民法院在追加时，应当严格按照程序处理，及时通知其他当事人，以便为其他当事人提供质疑、抗辩的机会。

二、对不愿意参加诉讼或者明确放弃实体权利的当事人应当予以释明

对应当追加的原告，明确放弃实体权利的，应当及时向其释明放弃实

体权利的法律后果,确保其意思表示真实;对既不愿意参加诉讼又不放弃实体权利的,及时告知并追加其为第三人,依法保护当事人的诉讼权利。

(刘澎撰写)

第二十九条

行政诉讼法第二十八条规定的"人数众多",一般指十人以上。

根据行政诉讼法第二十八条的规定,当事人一方人数众多的,由当事人推选代表人。当事人推选不出的,可以由人民法院在起诉的当事人中指定代表人。

行政诉讼法第二十八条规定的代表人为二至五人。代表人可以委托一至二人作为诉讼代理人。

【条文主旨】

本条是关于共同诉讼"人数众多"及推举诉讼代表人的规定。

【起草背景】

在行政管理活动中,特别是在集体土地征收、城市房屋拆迁过程中,行政机关的一个行政行为往往涉及众多的行政相对人,如果允许所有相对人都出庭参加诉讼,都参与法庭辩论,则会导致案件久拖不决,消耗大量的时间和人力,影响司法效率和案件的及时审理。对此,行政诉讼法参照民事诉讼法的相关规定,在二十八条确立了代表人诉讼制度。但由于该条规定实践操作性不强,司法解释有必要进一步予以明确。原《若干解释》第十四条第三款规定:同案原告为五人以上,应当推选一至五名诉讼代表人参加诉讼;在指定期限内未选定的,人民法院可以依职权指定。本司法解释借鉴《民诉解释》第七十五条、七十六条、七十七条、七十八条的规定，对上述规定做了较大调整：第一，上调了适用代表人诉讼制度的数量下限是当事人一方为十人；第二，赋予当事人对于是否推选代表人的选择权；第三，增加了代表人的数量为二至五人；第四，明确了代表人可以委托一至二人作为诉讼代理人。

【条文释义】

一、当事人一方数众多是指原告一方为十人以上，不包括被告方

1. 下限要求。行政诉讼法第二十八条规定的"人数众多"是指当事人一方为十人以上。该条规定的十人是一种技术规范，主要是参照《民诉解释》第七十五条"民事诉讼法第五十三条、第五十四条和第一百九十九条规定的人数众多，一般指十人以上"的规定。在民事诉讼领域确定的"十人"标准，多年审判实践中没有出现争议。①

2. "当事人一方"的理解。需要注意的是，人数众多的一方当事人主要是指原告一方，一般不包括被告方。本条司法解释虽主要是参照《民诉解释》相关规定修改的，但与《民诉解释》不同的是本条所称的"当事人一方"主要是指作为行政相对人的原告一方，一般不包括作为被告方的行政机关。因为根据职权分工原理，实践中，往往不存在被诉行政行为由十个以上的行政机关共同作出的情形。即使被诉行政行为是由多个行政机关作出的，由于各个行政机关的职权范围不同，其作出行政行为的事实根据、法律依据也不尽相同，因此，一个行政机关对其他行政机关作出的行政行为的合法性可能提不出充分的抗辩和举证。鉴于此，作为被告一方的行政机关不宜推选代表人进行诉讼。

---

① 最高人民法院修改后民事诉讼法贯彻实施工作领导小组编著：《最高人民法院民事诉讼法司法解释理解与适用》（上），人民法院出版社2015年版，第275页。

二、推选和指定的诉讼代表人有范围限制

当事人推选的诉讼代表人必须属于众多当事人中的某一个或者某几个,而不能在当事人之外推选代表人。因为一方面诉讼代表人与诉讼代理人不同,诉讼代表人是与被诉行政行为有利害关系的当事人,除了代表其他当事人参加诉讼外,其自己也受到被诉行政行为的影响,也为自己的诉争利益进行诉讼;另一方面,诉讼代表人的诉讼行为对其代表的当事人发生效力,他们的利益应当一致。[1] 而根据本条司法解释,法院指定的诉讼代表人范围限于起诉的当事人,没有起诉的当事人或者不是当事人的,法院不能指定其为诉讼代表人。

三、当事人一方人数众多的,由当事人推选代表人;当事人推选不出的,可以由人民法院在起诉的当事人中指定代表人

1. 由当事人推选代表人。行政诉讼当事人一方人数众多的,可以由全体当事人推选共同的代表人,也可以由部分当事人推选自己的代表人。

2. 人民法院指定代表人。推选不出代表人的,一般情况下,在必要的共同诉讼中可以自己参加诉讼,在普通的共同诉讼中可以另行起诉。但是,为了简化诉讼程序,节省人力、物力、财力等诉讼资源,使纠纷得到及时解决,使当事人的合法利益得到及时保护,从而解决诉讼主体众多和法院诉讼空间容量有限之间的矛盾,扩大司法解决纠纷的功能,提高诉讼效率,达到诉讼经济的目的,本条规定当事人推选不出代表人时,赋予人民法院指定代表人的权力。

四、诉讼代表人及其委托的诉讼代理人有法定人数限制

1. 诉讼代表人的下限和上限。根据本条的规定,当事人推选或者法院指定的代表人人数最少为二人,最多不能超过五人。根据民事审判多年经验,二至五人的诉讼代表人数量没有出现争议,该人数设置能够代表集团

---

[1] 袁杰主编:《〈中华人民共和国行政诉讼法〉解读》,中国法制出版社2015年版,第81页。

诉讼中被代表当事人的利益，符合诉讼实践要求，故本司法解释予以采用。

2. 诉讼代理人的人数要求。《民诉解释》第七十八条规定："民事诉讼法第五十三条和第五十四条规定的代表人为二至五人，每位代表人可以委托一至二人作为诉讼代理人。"本条规定的代表人可以委托一至二人作为诉讼代理人，也是指每个代表人可以委托一至二人作为诉讼代理人。据此推算，在代表人诉讼中，诉讼代表人最少可以委托两个诉讼代理人，最多可以委托十个诉讼代理人。

【实务指导】

1. 审判实践中应当注意确定"人数众多"的时间点可以适用民事诉讼法第五十三条、五十四条的规定，以"起诉时"为标准。在起诉时能够确定当事人一方人数众多的，则按照本解释关于人数众多的规定推选或指定代表人。

2. 当事人推选诉讼代表人的，应当以书面材料形式向受诉法院提交授权委托书；法院指定诉讼代表人的，应当采用适当方式告知当事人被指定为诉讼代表人的名单。

（刘澍撰写）

第三十条

行政机关的同一行政行为涉及两个以上利害关系人，其中一部分利害关系人对行政行为不服提起诉讼，人民法院应当通知没有起诉的其他利害关系人作为第三人参加诉讼。

与行政案件处理结果有利害关系的第三人，可以申请参加诉讼，或者由人民法院通知其参加诉讼。人民法院判决其承担义务或者减损其权益的第三人，有权提出上诉或者申请再审。

行政诉讼法第二十九条规定的第三人，因不能归责于本人的事由未参加诉讼，但有证据证明发生法律效力的判决、裁定、调解书损害其合法权益的，可以依照行政诉讼法第九十条的规定，自知道或者应当知道其合法权益受到损害之日起六个月内，向上一级人民法院申请再审。

【条文主旨】

本条是关于第三人参加诉讼的方式及在诉讼中的权利义务的规定。

【起草背景】

2014年行政诉讼法有关行政诉讼第三人的规定发生了较大变化。除赋予第三人对一审裁判的上诉权之外，还明确了第三人确定的两个标准，即"同被诉行政行为有利害关系"和"同案件处理结果有利害关系"，由此使行政诉讼第三人制度进一步完善。本条对行政诉讼法第二十九条规定在吸收原司法解释的基础上，又做了配套的程序性规定。

1989年行政诉讼法第二十七条对行政诉讼第三人作出了以下规定："同提起诉讼的具体行政行为有利害关系的其他公民、法人或者其他组织，可以作为第三人申请参加诉讼，或者由人民法院通知参加诉讼。"该条规定涉及行政诉讼第三人的两个内容：（1）第三人的确定标准，第三人必须与被诉具体行政行为具有利害关系；（2）第三人参加诉讼的程序，即依申请参加与人民法院依职权通知参加两种情况。为配合立法对第三人规定的实施，2000年最高人民法院发布实施的《若干解释》第二十四条对第三人制度作出进一步规定，明确行政机关的同一具体行政行为涉及两个以上利害关系人，其中一部分利害关系人对具体行政行为不服提起诉讼，人民法院应当通知没有起诉的其他利害关系人作为第三人参加诉讼，同时，增加规定"第三人有权提出与本案有关的诉讼主张，对人民法院的一审判决不服，有权提出上诉"。

对比行政诉讼法修正前后对行政诉讼第三人的规定，可以发现以下变化：一是将"同被诉具体行政行为有利害关系"的表述修改为"同被诉行政行为有利害关系但没有提起诉讼"；二是增加了"同案件处理结果有利害关系的"可以作为第三人的情况；三是吸收《若干解释》的规定，增加一款，规定"人民法院判决第三人承担义务或者减损第三人权益的，第三人有权依法提起上诉"。

本条对《若干解释》第二十四条进行了修改，将"具体行政行为"修改为"行政行为"，增加了与行政案件处理结果有利害关系的第三人参加诉讼的方式，增加了人民法院判决其承担义务或者减损其权益的第三人有权申请再审的规定，以及第三人因不能归责于本人的事由未参加诉讼，但有证据证明发生法律效力的判决、裁定、调解书损害其合法权益的，可以申请再审的规定。

【条文释义】

一、第三人参加诉讼的方式

关于民事诉讼的第三人，国内学术界一般引用民事诉讼法第五十六条之规定，即对当事人双方的诉讼标的有独立请求权的，为有独立请求权的第三人；对当事人双方的诉讼标的虽然没有独立请求权，但案件处理结果同他有法律上的利害关系的，为无独立请求权的第三人。行政诉讼没有采用民事诉讼中"有独立请求权"与"无独立请求权"的标准来区分第三人，而是采用"同被诉行政行为有利害关系"及"同案件处理结果有利害关系"的标准来区分第三人。

（一）同被诉行政行为有利害关系的第三人参加诉讼的方式

同被诉行政行为有利害关系的人，一般来说，就具有原告资格，可以以自己的名义提起行政诉讼。但如果同被诉行政行为有利害关系的人没有提起行政诉讼，而行政机关的同一行政行为涉及两个以上利害关系人，其中一部分利害关系人对行政行为不服提起诉讼，则此时行政行为的效力有可能发生变动。为了更好地查清案件事实，实现公正审判，也为了避免同一问题引起新的争议，做到案件事了，提高司法效率，人民法院应当通知没有起诉的其他利害关系人作为第三人参加诉讼。比如土地权属行政裁决案件中，人民政府裁决某块争议土地归甲村所有，与甲村发生争议的乙村不服提起行政诉讼，由于裁决行为客观上有利于甲村，因此，甲村对裁决行为不可能提起行政诉讼，只不过因为乙村已经就裁决提起行政诉讼，所以为维护甲村的合法权益，避免裁判结果对甲村不利，引起新的纠纷，就有必要通知甲村以第三人身份参加到诉讼中来。

（二）同案件处理结果有利害关系的第三人参加诉讼的方式

有些公民、法人或者其他组织虽然与被诉行政行为没有利害关系，但同案件的处理结果有利害关系，为维护自己的合法权益，可以作为第三人，参加到已开始的诉讼中来。例如，原农村土地承包经营户将其承包的土地流转给其他个人经营，农业部门或者乡镇政府干预，该原承包的农户可以向法院起诉，已取得土地经营权的个人可以作为第三人参加诉讼（与被诉行政行为有利害关系标准）。当原承包的农户将其承包的土地流转给其他个人经营，如果农业部门或者乡镇政府要求取得土地经营权的人统一种植某种农作物，经营权人不服，可以向法院起诉。由于农业部门或者乡镇政府并没有要求原承包的农户解除流转协议，原承包的农户不能对干预种植的行为提起诉讼，但法院如果判决取得土地经营权的人败诉，取得土地经营权的人可能要求解除土地流转协议。这时，原承包的农户可以作为第三人参加诉讼。由于此时原承包的农户只是同案件处理结果有利害关系，其无权通过起诉的方式参加诉讼，人民法院也非应当通知其参加诉讼，其仅能够依申请或者由人民法院通知其参加诉讼。

二、第三人在诉讼中的权利义务

（一）人民法院判决其承担义务或者减损其权益的第三人

行政诉讼法第二十九条第二款规定，人民法院判决第三人承担义务或者减损第三人权益的，第三人有权依法提起上诉。本解释在此规定的基础上进一步明确了第三人有申请再审的权利。

民事诉讼法第五十六条规定，人民法院判决承担民事责任的第三人，有当事人的诉讼权利义务。《民诉解释》第八十二条规定，在一审诉讼中，无独立请求权的第三人无权提出管辖异议，无权放弃、变更诉讼请求或者申请撤诉，被判决承担民事责任的，有权提起上诉。有别于民事诉讼中对"有独立请求权第三人"和"无独立请求权第三人"诉讼权利义务的不同规定，在行政诉讼中：其一，无论是"同被诉行政行为有利害关系"的第三人还是"同案件处理结果有利害关系"的第三人，只要人民法院判决其承担义务或者减损其权益的，其都可以提起上诉或者申请再审；其二，无论是"同被诉行政行为有利害关系"的第三人还是"同案件处理结果有利害关系"的第三人，其诉讼权利义务与当事人享有的诉讼权利义务均不同，仅规定其"有权提出上诉或者申请再审"。

要注意的是，虽然行政诉讼法中第三人享有的诉讼权利义务不同于当事人，但是第三人在诉讼中，有权了解原告起诉和被告答辩的事实和理由，并有权向人民法院递交陈述意见书，陈述自己对争议的意见。开庭审理时，人民法院应当用传票传唤其出庭，庭审中，可以陈述意见，提供证据，参加法庭辩论。

（二）因不能归责于本人的事由未参加诉讼，但有证据证明发生法律效力的判决、裁定、调解书损害其合法权益的第三人

2012年民事诉讼法规定了与再审诉讼相并列的一种新的特殊的救济诉讼程序——第三人撤销之诉制度。民事诉讼法第五十六条第三款规定，有独立请求权的第三人和无独立请求权的第三人，因不能归责于本人的事由未参加诉讼，但有证据证明发生法律效力的判决、裁定、调解书的部分或者全部内容错误，损害其民事权益的，可以自知道或者应当知道其民事权益受到损害之日起6个月内，向作出该判决、裁定、调解书的人民法院提起诉讼。人民法院经审理，诉讼请求成立的，应当改变或者撤销原判决、裁定、调解书；诉讼请求不成立的，驳回诉讼请求。根据上述规定，民事诉讼中第三人提起撤销之诉包括四个条件。（1）主体条件。能够提起撤销之诉的主体应当是第三人，即民事诉讼法第五十六条规定的有独立请求权的第三人和无独立请求权的第三人，将原案件的当事人和案外人排除在

外。(2) 程序条件。一是因不能归责于本人的事由未参加到诉讼。二是自知道或应当知道其民事权益受到损害之日起 6 个月。这里的 6 个月应当为除斥期间，不适用诉讼时效延长、中止、中断的规定。(3) 实体条件。判决、裁定或者调解书已经产生法律效力，且上述文书已经有证据能证实存在部分或全部错误，该错误内容损害了第三人的民事权益。这里应当注意的是因第三人与生效案件具有法律上的利害关系，文书中存在的错误应当限于实体处理上的错误，对于程序问题不属于申请撤销的范畴。(4) 管辖条件。第三人撤销之诉的管辖法院是作出生效法律文书的人民法院，属于民事诉讼中的专属管辖，不适用地域管辖和级别管辖的规定。

从上文分析可以看出，民事诉讼中的第三人撤销之诉并非再审程序，二者在受理案件的管辖法院、提出主体、当事人提出的理由、审限、审理程序、法律效力等多方面存在诸多不同。但在行政诉讼中，需要注意的是，本条司法解释规定并没有参照民事诉讼法中关于第三人撤销之诉的规定，而是采用的启动再审程序的规定 (1) 主体条件。能够申请再审的是行政诉讼法第二十九条规定的第三人，即与行政行为有利害关系的第三人和与案件处理结果有利害关系的第三人。(2) 程序条件。第一，不能归责于本人的事由未参加诉讼；第二，自知道或者应当知道其合法权益受到损害之日起 6 个月内。(3) 实体条件。有证据证明发生法律效力的判决、裁定、调解书损害其合法权益的。(4) 管辖条件。可以依照行政诉讼法第九十条的规定，向上一级人民法院申请再审。

与第三人撤销之诉相较：第一，第三人只能申请再审，而不能提起新的行政诉讼；第二，第三人只能向上一级人民法院申请，而不能向作出该判决、裁定、调解书的人民法院申请；第三，第三人依照的是行政诉讼法第九十条，即当事人申请再审的规定；第四，第三人撤销之诉是一个新的诉讼程序，而行政诉讼中应当依照再审诉讼程序处理。

【实务指导】

一、关于第一审程序中未参加诉讼的第三人申请参加第二审程序的问题

对于第一审程序中未参加诉讼的第三人申请参加第二审程序的问题,一直存有争议。有人认为,在一审程序中没有作为第三人参加诉讼,在第二审程序中,不宜列为第三人,因为如果二审中作为第三人,则该第三人本是可以上诉的第三人,但由于其未参加一审,而二审直接终审,事实上剥夺了第三人的上诉权。但有人认为,《民诉解释》第八十一条第二款专门增加规定了未参加第一审程序的第三人申请参加第二审程序,人民法院可以准许的规定,因此行政诉讼法也应当参照。

我们认为,行政诉讼中对此问题可以分为两种情形。一是一审法院应当通知未通知,且属于必须参加诉讼的第三人。此种情形下二审法院则可以以一审程序违法为由,判决撤销一审判决,发回原审法院重新审理。但是,如果是可以调解的行政案件,二审法院也可以根据当事人的意愿进行调解,调解不成的,发回重审。二是一审中未申请参加诉讼,在二审中又申请参加的第三人。此种情形则又可分为三种具体情况。其一,一审法院判决其承担义务或者减损其权益的;其二,一审不涉及其利益,但是二审可能对其造成不利影响的;其三,一、二审均不涉及其利益,不会对其造成不利影响的。对于前两种情况,经人民法院审查,可以准许其参加诉讼。如果人民法院判决其承担义务或者减损其权益,则可以判决撤销一审判决,发回重审。如果是可以调解的行政案件,也可以根据当事人意愿调解,调解不成,发回重审。对于第三种情况,人民法院对其申请参加诉讼的申请,则可以不予准许。

二、何谓"不可归责于本人的事由"

虽然本条并没有采用民事诉讼中第三人撤销之诉的规定,但对本条中

"不能归责于本人的事由"的理解,可以参照《民诉解释》第二百五十九条所列举的情形,即:(1)不知道诉讼而未参加的;(2)申请参加未获准许的;(3)知道诉讼,但因客观原因无法参加的;(4)因其他不能归责于本人的事由未参加诉讼的。第三人应当对上述不可归责于自己的事由承担举证责任。

(周觅撰写)

第三十一条

当事人委托诉讼代理人,应当向人民法院提交由委托人签名或者盖章的授权委托书。委托书应当载明委托事项和具体权限。公民在特殊情况下无法书面委托的,也可以由他人代书,并由自己捺印等方式确认,人民法院应当核实并记录在卷;被诉行政机关或者其他有义务协助的机关拒绝人民法院向被限制人身自由的公民核实的,视为委托成立。当事人解除或者变更委托的,应当书面报告人民法院。

【条文主旨】

本条是关于当事人向人民法院提交授权委托书的规定。

【起草背景】

行政诉讼法第三十一条规定,当事人、法定代理人可以委托一至二人作为诉讼代理人。但行政诉讼法却没有当事人需要向人民法院提交授权委托书的规定。《若干解释》第二十五条规定,当事人委托诉讼代理人,应当向人民法院提交由委托人签名或者盖章的授权委托书。委托书应当载明委托事项和具体权限。公民在特殊情况下无法书面委托的,也可以口头委托。口头委托的，人民法院应当核实并记录在卷；被诉机关或者其他有义务协助的机关拒绝人民法院向被限制人身自由的公民核实的，视为委托成立。当事人解除或者变更委托的，应当书面报告人民法院，由人民法院通知其他当事人。本条是在保留《若干解释》第二十五条的基础上，取消了口头委托诉讼代理人和当事人解除或者变更委托由人民法院通知其他当事人的规定。

【条文释义】

一、委托代理的含义及特征

委托代理人，是根据诉讼当事人、法定代理人、诉讼代表人或法定代表人的授权委托，并以被代理人名义进行诉讼活动的人。与法定代理人不同，委托代理人具有如下主要特征：（1）必须以被代理人的名义进行诉讼活动，而不能以自己的名义进行诉讼；（2）必须有诉讼行为能力，没有诉讼行为能力的人，不能作为诉讼代理人；（3）代理事项和代理权限必须根据被代理人的授权，凡是超越代理事项或代理权限所实施的诉讼行为，都是无效诉讼行为；（4）诉讼代理的法律后果由被代理人承担；（5）在同一诉讼中，不能代理双方当事人。各国行政诉讼法一般均规定当事人得委托代理人为诉讼行为，有的国家甚至实行律师强制主义，例如德国"为了谋求诉讼的顺利进行，德国诉讼法规定，在地方法院以上的法院进行诉讼，必须委托律师进行""当事人即使有诉讼能力，亦不得于法院为诉讼行为"。而我国并没有采取律师强制主义，行政诉讼法第三十一条第二款规定："下列人员可以被委托为诉讼代理人：（一）律师、基层法律服务工作者；（二）当事人的近亲属或者工作人员；（三）当事人所在社区、单位以及有关社会团体推荐的公民。"

二、当事人委托诉讼代理人的方式

根据《若干解释》第二十五条规定，当事人委托诉讼代理人的方式主要有两种。第一种是书面委托。当事人委托诉讼代理人，应当向人民法院提交由委托人签名或者盖章的授权委托书。第二种是口头委托。公民在特殊情况下无法书面委托的，也可以口头委托。口头委托的，人民法院应当核实并记录在卷。被诉机关或者其他有义务协助的机关拒绝人民法院向被限制人身自由的公民核实的，视为委托成立。而本解释在规定当事人委托诉讼代理人方式的时候，取消了口头委托，取而代之的是"公民在特殊情况下无法书面委托的，也可以由他人代书，并由自己捺印等方式确认，人民法院应当核实并记录在卷"。需要特别注意两点。其一，本解释虽取消了口头委托的规定，但当事人依然可以口头起诉。行政诉讼法第五十条规定，书写起诉确有困难的，可以口头起诉，由人民法院记入笔录，出具注明日期的书面凭证，并告知对方当事人。其二，我国《民诉解释》第八十九条规定，适用简易程序审理的案件，双方当事人同时到庭并径行开庭审理的，可以当场口头委托诉讼代理人，由人民法院记入笔录。但是本司法解释却无此规定，因此在行政诉讼中，即使根据行政诉讼法第八十二条适用简易程序审理的行政案件，当事人亦不能当场口头委托诉讼代理人。

三、当事人委托诉讼代理人的事项及权限

本司法解释规定，委托书应当载明委托事项和具体权限。但是应当如何载明，却没有明确的规定。因此，行政诉讼中关于委托事项和具体权限的载明，可参照民事诉讼法的相关规定。民事诉讼法第四十九条规定，当事人有权委托代理人，提出回避申请，收集、提供证据，进行辩论，请求调解，提起上诉，申请执行。民事诉讼法第五十九条规定，委托他人代为诉讼，必须向人民法院提交由委托人签名或者盖章的授权委托书。授权委托书必须记明委托事项和权限。诉讼代理人代为承认、放弃、变更诉讼请求，进行和解，提起反诉或者上诉，必须有委托人的特别授权。因此，在委托代理中，根据代理人授权权限的不同，可以分为一般授权代理和特别授权代理两类。根据委托人授权，享有一般授权的代理人只能代理当事人行使其一般诉讼权利的代理，主要体现在程序方面。而特别授权代理中代理人除享有一般授权代理的诉讼权利外，其主要体现为对实体权利的处

分。需要特别强调的是，对于特别授权，必须有明确的授权列举，否则代理人不能取得代理权限。《民诉解释》第八十九条规定，授权委托书仅写"全权代理"而无具体授权的，诉讼代理人无权代为承认、放弃、变更诉讼请求，进行和解，提出反诉或者提起上诉。《最高人民法院关于民事诉讼委托代理人在执行程序中的代理权限问题的批复》规定，如果当事人在授权委托书中没有写明代理人在执行程序中有代理权及具体的代理事项，代理人在执行程序中没有代理权，不能代理当事人直接领取或者处分标的物。

【实务指导】

一、诉讼代理人参加诉讼时除提交授权委托书外，还应当向人民法院提交相关证明材料

诉讼代理人参加诉讼时，除需向人民法院提交授权委托书外，还需提交一些证明其身份的相关材料。本司法解释仅对诉讼代理人需提交授权委托书有明确规定，但是对于诉讼代理人应当提交的相关证明材料并无细化规定。对于诉讼代理人参加行政诉讼时需提交的相关证明材料，可以参照《民诉解释》相关规定。《民诉解释》第八十八条规定："诉讼代理人除根据民事诉讼法第五十九条规定提交授权委托书外，还应当按照下列规定向人民法院提交相关材料：（一）律师应当提交律师执业证、律师事务所证明材料；（二）基层法律服务工作者应当提交法律服务工作者执业证、基层法律服务所出具的介绍信以及当事人一方位于本辖区内的证明材料；（三）当事人的近亲属应当提交身份证件和与委托人有近亲属关系的证明材料；（四）当事人的工作人员应当提交身份证件和与当事人有合法劳动人事关系的证明材料；（五）当事人所在社区、单位推荐的公民应当提交身份证件、推荐材料和当事人属于该社区、单位的证明材料；（六）有关社会团体推荐的公民应当提交身份证件和符合本解释第八十七条规定条件的证明材料。"因此，委托代理人参加行政诉讼时，除需向人民法院提交授权委托书外,还需提交上述证明材料。

特别需要强调的是,根据《司法部关于基层法律服务工作者不能代理当事人任何一方均不在本辖区内的民事经济行政诉讼案件的批复》和《乡镇法律服务业务工作细则》第二十四条第四项的规定,当事人一方位于本辖区内,是基层法律服务工作者代理行政案件应当具备的条件之一。因此,基层法律服务工作者不能代理当事人任何一方均不在本辖区内的行政诉讼案件。

二、侨居在国外的我国公民以及在我国境内没有住所的外国人、无国籍人、外国企业和组织邮寄和托交授权委托书的问题

对于该问题,行政诉讼法及本司法解释均没有明确规定,但是随着涉外行政诉讼案件的增长,此问题在实践中也日渐凸显,可以参照民事诉讼法的相关规定来处理。

民事诉讼法第五十九条规定,侨居在国外的中华人民共和国公民从国外寄交或者托交的授权委托书,必须经中华人民共和国驻该国的使领馆证明;没有使领馆的,由与中华人民共和国有外交关系的第三国驻该国的使领馆证明,再转由中华人民共和国驻该第三国使领馆证明,或者由当地的爱国华侨团体证明。

民事诉讼法第二百六十四条关于外国当事人授权委托书的公证与认证的规定,主要是适用于在我国领域内没有住所的外国当事人。对于在我国领域内居住的外国人、无国籍人、外国企业和组织,其委托诉讼代理人的手续,与我国公民委托诉讼代理人的手续相同。但是,也必须向人民法院提交委托人签名或盖章的授权委托书,只是无需公证与认证手续。实践中,在理解外国当事人授权委托书的公证与认证时,需要重点把握:不在我国领域内居住的外国籍当事人委托中国律师或者其他诉讼代理人的,需要履行授权委托书的公证和认证程序。依照民事诉讼法的规定,在我国领域内没有住所的外国人、无国籍人、外国企业和组织,从我国领域外寄交或递交授权委托书的法定程序为:(1)经过该当事人所在国的公证机关证明授权委托书的真实性;(2)经过我国驻该国使、领馆对该公证证明认证其合法性；（3）当事人所在国与我国订立的有关条约中有另外规定的证明手续的，应当按照条约的规定履行证明手续；（4）如果该当事人所在国与我国未建立外交关系，又不存在共同参加或缔结的国际条约的，授权委托书经所在国公证机关公证后，由驻该当事人所在国的其他同意为我国代办领事事项的第三国使、领馆认证，再经我国外交部或驻外使领馆对第三国的认证进行认证。只有符合上述确认程序寄来或递交的授权委托书，人民法院才予以接受。

（周觅撰写）

第三十二条

依照行政诉讼法第三十一条第二款第二项规定，与当事人有合法劳动人事关系的职工，可以当事人工作人员的名义作为诉讼代理人。以当事人的工作人员身份参加诉讼活动，应当提交以下证据之一加以证明：

（一）缴纳社会保险记录凭证；

（二）领取工资凭证；

（三）其他能够证明其为当事人工作人员身份的证据。

【条文主旨】

本条是关于以当事人工作人员的名义作为诉讼代理人参加诉讼的规定。

【起草背景】

本条是新增条款，是对行政诉讼法第三十一条第二款第二项规定的当事人的"工作人员"的解释。1989年行政诉讼法第二十九条规定，律师、社会团体、提起诉讼的公民的近亲属或者所在单位推荐的人，以及经人民法院许可的其他公民，可以受委托为诉讼代理人。而行政诉讼法第三十一条，删除了"经人民法院许可的其他公民"可以受委托为诉讼代理人的内容，规定公民代理仅限于当事人的近亲属或者工作人员，当事人所在社区、单位以及有关社会团体推荐的公民。因此，根据行政诉讼法的规定，与当事人不存在劳动关系的"法律顾问"将不得再作为"公民代理"参与诉讼。对"公民代理"范围的限缩，在法律上将那些没有律师资格但以公民身份以营利为目的从事诉讼代理活动的"黑律师""黑代理"隔离在了诉讼之外，对治理此类乱象起到了一定的积极作用。然而，一些"黑律师""黑代理"往往会以"当事人工作人员"的身份去"合法"取得诉讼代理人的资格。

在实践中，对何谓当事人的"工作人员"理解并不一致。经常出现有一些当事人将本不属于其工作人员的公民，通过出具虚假的证明，在授权委托书中注明其为本单位工作人员，就得以委托该公民参加诉讼，从而规避了限制"公民代理"的规定。因此本司法解释规定，只有那些"与当事人有合法劳动人事关系的职工"才能够以当事人工作人员的名义作为诉讼代理人参加诉讼。

【条文释义】

本司法解释规定，与当事人有合法劳动人事关系的职工，可以当事人工作人员的名义作为诉讼代理人。因此，与当事人之间存在真实、持续的劳动关系（含人事、任用关系等）是公民作为"当事人工作人员"参与诉讼的基本前提。在证明其"工作人员"的身份时，除需提交当事人的授权委托书外，当事人的工作人员应当提交身份证件和与当事人有合法劳动人事关系的证明材料。但现实中，法院在审查"当事人的工作人员"是否具有诉讼代理人资格时，一般也只采取形式审查的方式，仅审查"工作人员"是否提供了其与当事人存在劳动关系的材料证明，而无法对这些书面材料的真实性予以审核，一些由当事人开具的书面工作说明甚至也可以成为了该"工作人员"与当事人之间存在劳动关系的证明材料。因此，虽然与当事人不存在劳动关系的法律顾问、与当事人签订仅以特定诉讼活动为工作内容的劳动合同的人员等，不能作为"当事人的工作人员"被委托为诉讼代理人，但一些试图钻法律空子的"黑律师""黑代理"仍然可以与当事人签订固定期限劳动合同，以约定非诉讼活动的工作内容的合法形式来掩盖"公民代理"的非法目的，从而取得诉讼代理人资格。实践中对什么样的材料属于与当事人有合法劳动人事关系的证明材料，有不同的意见。一种意见认为与当事人有合法劳动人事关系的证明材料应当包括劳动合同、定期工作给付记录、领取工资花名册等材料，另一种意见认为当事人的工作人员出具当事人盖有公章的证明即可参加诉讼。由于这一问题争议较大，在实践中亟待明确，《第八次全国法院民事商事审判工作会议（民事部分）纪要》就涉及当事人工作人员参与诉讼的诉讼代理人资格问题规定：以当事人的工作人员身份参加诉讼活动，至少应当提交以下证据之一加以证明：（1）缴纳社保记录凭证；（2）领取工资凭证；（3）其他能够证明其为当事人工作人员身份的证据。本司法解释按照该会议纪要的精神，对此问题予以了规定。

【实务指导】

本条司法解释规定，以当事人的工作人员身份参加诉讼活动，应当提交以下证据之一加以证明：（1）缴纳社会保险记录凭证；（2）领取工资凭证；（3）其他能够证明其为当事人工作人员身份的证据。缴纳社会保险记录凭证以及领取工资凭证在实践操作中比较好掌握，需重点强调理解的是"其他能够证明其当事人工作人员身份的证据"。

1. 劳动合同。根据劳动合同法第七条、第十条的规定，用人单位自用工之日起即与劳动者建立劳动关系；建立劳动关系，应当订立书面劳动合同。因此，用人单位与个人签订劳动合同，以此确定劳动关系、明确双方的权利和义务，是劳动合同法的基本要求。故劳动合同应当是能够证明当事人工作人员身份的证据。但是，从建立劳动关系实质要件来讲，书面劳动合同亦并非判断劳动双方是否形成劳动关系的绝对标准,判断劳动关系是否建立的标准还应当从是否实际"用工"考量。在认定个人与单位之间是否存在劳动关系时,不仅应当审查劳动关系主体是否适格、是否有书面劳动合同,更应当审查双方当事人之间是否符合劳动关系的各种实质要件,即是否发生实际用工,劳动者接受用人单位的管理和指挥,从事用人单位安排的劳动,其提供的劳动是用人单位业务的组成部分,用人单位依照法律规定和合同约定向劳动者支付劳动报酬。故即便双方之间订立了劳动合同,但若未实际履行,双方就没有真正建立起劳动关系,不宜认定双方之间存在劳动关系。

2. 事实劳动关系的证明。自劳动合同法实施后,用人单位与劳动者劳动合同签订率大大提高。但一些用人单位出于规避法律风险、压缩用工成本、逃避缴纳社会保险费用等原因,在与劳动者实际发生了用工事实后,故意不与劳动者签订书面劳动合同,因此,实践中可能存在有些事实劳动关系的职工被当事人委托为诉讼代理人。与企业存在事实劳动关系的职工,也是与当事人有合法劳动关系的职工,根据本司法解释的规定,也可以当事人工作人员的名义作为诉讼代理人。由于是事实劳动关系,因此无法提供劳动合同,但根据《劳动和社会保障部关于确立劳动关系有关事项的通知》(劳社部发〔2005〕12号)规定,用人单位未与劳动者签订劳动合同,认定双方存在劳动关系时可参照下列凭证:(1)工资支付凭证或记录(职工工资发放花名册)、缴纳各项社会保险费的记录;(2)用人单位向劳动者发放的"工作证"、"服务证"等能够证明身份的证件;(3)劳动者填写的用人单位招工招聘"登记表""报名表"等招用记录;(4)考勤记录;(5)其他劳动者的证言等。因此,参照上述通知精神,与当事人有事实劳动关系的职工,如果能提供以上证明材料,也可以视为是"其他能够证明其当事人工作人员身份的证据"。

(周觅撰写)

第三十三条

根据行政诉讼法第三十一条第二款第三项规定，有关社会团体推荐公民担任诉讼代理人的，应当符合下列条件：

（一）社会团体属于依法登记设立或者依法免予登记设立的非营利性法人组织；

（二）被代理人属于该社会团体的成员，或者当事人一方住所地位于该社会团体的活动地域；

（三）代理事务属于该社会团体章程载明的业务范围；

（四）被推荐的公民是该社会团体的负责人或者与该社会团体有合法劳动人事关系的工作人员。

专利代理人经中华全国专利代理人协会推荐，可以在专利行政案件中担任诉讼代理人。

【条文主旨】

本条是关于有关社会团体推荐公民担任诉讼代理人应当符合的条件的规定。

【起草背景】

本条是新增条款，是对行政诉讼法第三十一条第二款第三项规定的"社会团体"的解释。行政诉讼法第三十一条第二款第三项规定，当事人、法定代理人可以委托"有关社会团体推荐的公民"作为诉讼代理人。但是，这条规定却没有限制，有关社会团体推荐公民作为诉讼代理人的，是否需要明确该社会团体、被推荐公民、代理事务之间应当具有特定的联系？行政审判实务中，因对有关社会团体所推荐公民作为行政诉讼代理人的范围理解不同，各地法院采取的做法也不尽一致，亟待规范。一种观点认为，社会团体可以推荐任何公民作为诉讼代理人，不论这个公民来自何方。另一种观点认为,从有利于保障当事人诉讼权利行使,规范法律服务市场,提高诉讼效率出发,应当对社会团体推荐公民作为诉讼代理人参加诉讼的条件作出限制性规定。本司法解释采纳了第二种观点,理由为行政诉讼法第三十一条删除了"经人民法院许可的其他公民"可以受委托为诉讼代理人的内容。取消公民代理的原因,立法机关在审议法律草案时列举了很多。其一,有些公民未经法律培训和国家司法考试,以营利为目的从事诉讼代理活动,违反了法律规定公民代理的目的,有的甚至冒充律师违法代理案件,扰乱了法律服务市场。其二,多数公民代理人法律专业知识匮乏,诉讼代理经验、能力不足,调查收集证据的能力有限,难以有效保护当事人的合法权益,甚至影响诉讼活动的正常进行。其三,部分法院退休但又不具有律师资格的法官和现任法官的亲朋好友从事公民代理活动,利用关系影响、干扰案件依法审理,影响司法公正。因此,从上述理由来看,对社会团体推荐公民的范围作限缩理解,更贴近立法原意。否则,只要当事人任意选择一个"公民"后,再由对这个"公民"完全陌生的社会团体出具一份所谓的"推荐信",该公民则可以诉讼代理人的身份参加诉讼,这实质上架空了行政诉讼法关于取消原有公民代理的制度设计。

【条文释义】

理解本条规定应当注意以下两点。

1. 关于社会团体自身条件。社会团体属于依法登记设立或者依法免于登记设立的非营利性法人组织。《社会团体登记管理条例》第二条第一款规定:"本条例所称社会团体,是指中国公民自愿组成,为实现会员共同意愿,按照其章程开展活动的非营利性社会组织。"第三条规定:"成立社会团体,应当经其业务主管单位审查同意,并依照本条例的规定进行登记。社会团体应当具备法人条件。下列团体不属于本条例规定登记的范围:(一)参加中国人民政治协商会议的人民团体;(二)由国务院机构编制管理机关核定,并经国务院批准免于登记的团体;(三)机关、团体、企业事业单位内部经本单位批准成立、在本单位内部活动的团体。"因此,根据上述规定，社会团体自身条件为：非营利性、登记成立或依法免予登记。

2. 被代理人与社会团体的关系。根据本条规定，被代理人与社会团体的关系，需符合以下两个条件之一。其一，被代理人属于该社会团体的会员。根据《社会团体登记管理条例》第十条的规定，成立社会团体，应当有五十个以上的个人会员或者三十个以上的单位会员；个人会员、单位会员混合组成的，会员总数不得少于五十个。其二，当事人一方住所地位于该社会团体的活动地域。《社会团体登记管理条例》第七条规定，全国性的社会团体，由国务院的登记管理机关负责登记管理；地方性的社会团体，由所在地人民政府的登记管理机关负责登记管理；跨行政区域的社会团体，由所跨行政区域的共同上一级人民政府的登记管理机关负责登记管理。第十二条第二款规定，社会团体登记事项包括：名称、住所、宗旨、业务范围、活动地域、法定代表人、活动资金和业务主管单位。该条件适用时需要特别注意的是，只要案件任何一方当事人，而并非限于被代理人，处于该社会团体的活动地域的，就符合该项条件。

3. 代理事务与社会团体的关系。本条规定代理事务应属于社会团体章程载明的业务范围。《社会团体登记管理条例》第十四条第二项规定，社会团体章程应当包括业务范围这一事项。因此，人民法院可以根据社会团体章程来判断代理事务是否属于社会团体章程载明的业务范围。

4. 被推荐公民与社会团体的关系。被推荐人与社会团体的关系需为以下两种之一：其一，社会团体的负责人；其二，与社会团体有合法劳动人事关系的工作人员。对于与社会团体有合法劳动人事关系的工作人员的理解，前文已详细解释，此处不再赘述。至于此条为何专门规定社会团体的负责人，理由为我国某些社会团体的负责人多为其上级行业部门的负责人兼任，而该负责人与该社会团体往往不存在劳动人事关系，故本条对社会团体负责人诉讼代理人资格问题专门予以规定。

5. 专利代理人担任诉讼代理人问题。《最高人民法院关于在知识产权审判中贯彻落实〈全国人民代表大会常务委员会关于修改《中华人民共和国民事诉讼法》的决定〉有关问题的通知》（法〔2012〕317号）规定：

"规范专利代理人以公民身份担任诉讼代理人。《民事诉讼法修改决定》施行后,专利代理人经中华全国专利代理人协会推荐,可以公民身份在专利案件中担任诉讼代理人。中华全国专利代理人协会在具体案件中向人民法院个别推荐专利代理人担任诉讼代理人的,人民法院应当对推荐手续和专利代理人资格予以审查。中华全国专利代理人协会以名单方式向最高人民法院推荐专利代理人担任诉讼代理人,经最高人民法院确认后,名单内的专利代理人在具体案件中担任诉讼代理人无需再履行个别推荐手续。各级人民法院根据最高人民法院确认的推荐名单对专利代理人资格予以审查。"因此,本解释按照该通知精神对专利代理人担任诉讼代理人问题予以了规定。

【实务指导】

实践中,对于公民作为诉讼代理人是否可以收取报酬的问题,争议较大。一种意见认为,根据 1997 年律师法第十四条,《司法部关于公民个人未经批准不得从事有偿法律服务的批复》以及《司法部、国家工商行政管理局关于进一步加强法律服务管理有关问题的通知》的相关规定,公民担任诉讼代理人不能收取报酬,公民从事有偿代理业务违反法律的强制性规定,委托代理协议无效。另一意见则认为,2007 年律师法第十三条规定,"没有取得律师执行证书的人员,不得以律师名义从事法律业务;除法律另有规定外,不得从事诉讼代理或者辩护业务",该条规定已经删除了 1997 年律师法第十四条规定的"不得为牟取经济利益从事诉讼代理或者辩护业务"的规定。鉴于现行法律没有对此问题作出明确规定,不宜直接认为公民担任诉讼代理人收取费用的协议无效。但是,从规范公民担任诉讼代理人行为角度出发,应当对公民担任诉讼代理人收费问题进行必要限制。最高人民法院民一庭在 2010 年 9 月 16 日曾对重庆高院《关于公民代理合同中给付报酬约定的效力问题的请示》作出答复:未经司法行政机关批准的公民个人与他人签订的有偿法律服务合同,人民法院不予保护;但对于受托人为提供服务实际发生的差旅等合法费用,人民法院可以支持。

本司法解释对公民代理收费问题未作规定，实践中，宜仍按照上述答复意见，对代理合同中约定的高额代理费用不予支持，但可以根据代理行为的完成情况和代理人实际支出的相关费用，对差旅费等实际发生的相关费用予以支持。

（周觅撰写）

四、证　据

证据制度是整个诉讼制度的核心。人民法院审理案件的过程就是适用证据的过程。而研究如何取得证据（由举证责任来解决），如何对证据进行审查认定（依据证据审查规则），又可以说是整个证据法制度的关键。本部分共有十四条规定，对行政诉讼证据的举证、质证和认定的规则作了规定。

（马永欣撰写）

第三十四条

根据行政诉讼法第三十六条第一款的规定，被告申请延期提供证据的，应当在收到起诉状副本之日起十五日内以书面方式向人民法院提出。人民法院准许延期提供的，被告应当在正当事由消除后十五日内提供证据。逾期提供的，视为被诉行政行为没有相应的证据。

【条文主旨】

本条是关于被告延期提供证据和逾期提供证据的法律后果的规定。

【起草背景】

行政诉讼法第六十七条规定，被告应当在收到起诉状副本之日起15日内向人民法院提交作出行政行为的证据和所依据的规范性文件，并提出答辩状。

但审判实践中碰到的问题总是千变万化。一方面,存在因不可抗力等客观条件所限,被告在行政程序中虽已收集但无法在15日内提交证据的情况,此类延期提交的证据如果一律不予采纳,对被告而言确实有失公允,也不利于对行政行为合法性的司法审查。另一方面,原告或第三人可能在诉讼中提出其在行政程序中由于客观原因或出于某种考虑并未提出的理由或证据,由于这些证据在行政程序中从未出现过,被告在举证时亦无法提供反驳的证据,故从诉讼权利对等的角度来看,应当给予被告补充证据的权利。

对于修改前的行政诉讼法是否规定了举证期限的认识是存在争议的。修改前的行政诉讼法第四十三条规定,被告应当在收到起诉状副本之日起10内向人民法院提交作出行政行为的有关材料,并提出答辩状。该条规定本没有规定在证据一章,而是作为审理程序的一部分予以规定的。并且,从表述上规定的是"提交作出行政行为的有关材料",与第三十二条规定的"提供作出该行政行为的证据和所依据的规范性文件"的表述是不一样的,因此曾有观点认为第四十三条的规定不是对行政诉讼举证期限的规定。基于对这个问题存在着争议,也考虑到行政诉讼法刚刚实施,行政机关对当被告的成见尚未完全消除,《贯彻意见》第30条规定:"被告在第一审庭审结束前,不提供或者不能提供作出行政行为的主要证据和所依据的规范性文件的,人民法院可以依据行政诉讼法第三十二条和第五十四条第(二)项的规定,判决撤销被诉行政行为。"这一举证期限的规定对于承担举证责任的被告来说过于宽泛,因为行政机关在承担举证责任时,仅仅需要将行政程序卷宗提交给法院,并不需要重新收集证据。举证责任能否完成,取决于行政程序证据收集是否充分,并不在于诉讼中给予行政机关多少时间。在适用《贯彻意见》过程中,审判实践中反映出很多问题,如"第一审庭审结束前"实际上是一个很长的阶段,行政诉讼案件从立案到庭审辩论终结前,都是处于第一审庭审结束前的状态。这就意味着,在法庭辩论终结前的任何阶段、任何时间,都可能因被告提供证据而引起再次开庭质证、认证。在实践中,大量存在行政机关迟迟不提交证据材料,直到庭审结束时才提交，使原告措手不及的情况。另外，这个宽泛的时限制度也给行政机关违法补充证据提供了机会。可见，《贯彻意见》关于被告举证期限的规定对被告一方的感受考虑过多，不利于提高行政审判的效率，对原告也是不公正的。审判实践迫切需要将被告提交证据的时间恢复到行政诉讼法的规定上来。嗣后，最高人民法院根据审判实践，《若干解释》第二十六条规定："被告应当在收到起诉状副本之日起10日内提交答辩状，并提供作出行政行为时的证据、依据；被告不提供或者无正当理由逾期提供的，应当认定该行政行为没有证据、依据。"该条将举证期限纳入证据规则，并明确了被告逾期举证的法律后果。2002年出台的《行政诉讼证据规定》对举证责任尤其是举证期限在行政审判中的适用做了进一步规定。其中，《行政诉讼证据规定》第一条沿袭《若干解释》的规定，增加了对被告延期举证申请的要求以及相应的举证期限；第七条规定了原告及第三人的举证期限。《行政诉讼证据规定》的这些规定兼具原则性与操作性，在司法实践中取得了良好效果，解决了关于举证责任及举证期限的一些基本问题。

从审判实践中的运行情况来看，这一规定允许被告延期举证也有助于法院进一步查明案件事实，保证案件的公正审理。同时，对被告延期举证的条件作出了限定，避免浪费审判资源。因此，2014年修正行政诉讼法吸纳了《行政诉讼证据规定》的这一规定的部分内容并加以完善。行政诉讼法第三十四条第二款规定，被告不提供或者无正当理由逾期提供证据，视为没有相应的证据。但是被诉行政行为涉及第三人合法权益，第三人提供证据的除外。但是该条对被告如何申请和申请的时限没有规定，因为立法者认为作为法律主要对重大制度作出原则规定，具体实施中如何操作可以通过司法解释等方式加以解决。本次制定司法解释的过程中，针对行政诉讼法第三十四条第二款规定作了细化的规定，明确被告申请延期提供证据的，应当在收到起诉状副本之日起15日内以书面方式向人民法院提出。人民法院准许延期提供的，被告应当在正当事由消除后15日内提供证据。逾期提供的，视为被诉行政行为没有相应的证据。这条规定基本上是沿袭了《行政诉讼证据规定》第一条第二款的规定，同时根据行政诉讼法的规定做了相应的修改。即：被告申请延期提供证据的，应当在收到起诉状副本之日起 15 日内以书面方式向人民法院提出。人民法院准许延期提供的，被告应当在正当事由消除后 15 日内提供证据。逾期提供的，视为被诉行政行为没有相应的证据。

【条文释义】

一、延期举证的程序规定

举证期限是当事人向法院提交证据的法定期限。举证期限的直接意义在于，当事人超过举证期限提交证据，视为未提交该部分证据，该部分证据不能作为查明待证事实的证据，由此造成不能查明待证事实成立与否的，当事人承担结果意义上的举证责任。当事人不能以逾期提交的证据主张待证事实成立，也不能以此主张不承担说服责任。对被告而言，举证期限与举证责任紧密结合，其意义在于督促被告及时、全面提交证据，杜绝消极应诉甚至不应诉。对原告及第三人而言，则可以防止可能出现的"证据突袭"，平衡当事人之间的诉讼权利。

行政诉讼法第六十七条规定"被告应当在收到起诉状副本之日起 15 日内向人民法院提交作出行政行为的证据和所依据的规范性文件"，即被告的举证期限是收到起诉状副本之日起 15 日内。同时考虑到确有被告主观不能控制的客观原因等正当事由的，允许被告延期举证，规定了延长举证期限的救济措施，但对延期提供证据必须有严格的限制条件。本条第一款规定，被告申请延期提供证据的，应当在收到起诉状副本之日起 15 日内以书面方式向人民法院提出。

第一，提出延期举证的申请必须在法定期限内提出。即行政诉讼法第六十七条规定的"收到起诉状副本之日起 15 日内"的举证期限内提出。延期提供证据的申请必须在举证期限内提出。如果在举证期限届满以后再提出延期提供证据的申请，此时已导致逾期提供证据而发生相应的法律后果，不再存在提出延期提供证据的申请的基础。

第二，必须有正当事由。延期提供证据的正当事由应当理解为"不可抗力或者客观上不能控制的正当事由",实际上是为延期提供证据设定严格的限制条件,防止随意扩大延期提供证据的范围而使本条对举证期限的规定形同虚设。所谓"不可抗力",一般是指"不能预见、不能避免和不能克服的客观情况",如发生台风、洪水、地震等自然灾害,导致被告无法及时提供证据。"客观上不能控制"是指出现行政机关主观上不能控制的事项,比如承办人当时正在外地或者国外不能及时回到行政机关,而相关证据锁在其办公桌,无法按照规定提交证据。客观上不能控制的其他事由,也属于不能由被告主观上左右的客观情况,这种情况应当是比较少见。

第三,延期提供证据的申请是要式行为,即必须以书面形式提出。要式的要求既可以促使申请人审慎行事,正确对待其延期申请,又有据可查,便于证明其提出申请的情况。

第四,延期举证的申请必须经法院审查。是否准许延长举证期限,人民法院可以根据案件的具体情况确定。如果法院经审查,延期举证申请的理由成立的,则准予延期举证;申请理由不能成立的,则不予准许,被告应当在举证期限内提供证据,否则,会被视为没有相应的证据,承担不利的法律后果。

二、逾期提供证据的法律后果

证据失权是指负有提交证据责任的一方诉讼当事人如果未能按照约定或者规定的时间向法庭提交证据,视为没有相应的证据,其提交的证据不再予以组织质证,也不能作为认定案件事实的依据。行政诉讼法中,被告对作出的行政行为负有举证责任;如果被告不提供或者无正当理由逾期提供证据,视为没有相应证据。

根据行政诉讼法的规定,被告应当主动提供证据,并且应当在行政诉讼法第六十七条规定的"收到起诉状副本之日起十五日内"向人民法院提交作出行政行为的证据和所依据的规范性文件。被告如果有正当理由可以逾期提供证据。在逾期提供证据的正当事由消除后,被告应当向人民法院提供证据,并且应当在法定期限内提供,否则被告要承担不利的法律后果。本条规定人民法院准许延期提供的,被告应当在正当事由消除后15日内提供证据。逾期提供的,视为被诉行政行为没有相应的证据。

【实务指导】

关于被告逾期提供证据应当注意以下几个问题。

1. 作为被告诉讼代理人的律师在提供证据时,也要严格依照被告举证期限的规定。被告诉讼代理人的权利是基于被告的委托,被告需要遵守的法定期限,其诉讼代理人同样要遵守。

2. 行政赔偿诉讼案件中,对被告及其诉讼代理人提供的有关赔偿数额的证据,不受被告举证期限的限制,不过也需在一审法庭庭审结束前或者人民法院指定的交换证据之日提供;对涉及确认行政行为的合法性的证据,仍适用有关被告举证期限的规定。

3. 行政诉讼中管辖异议出现时被告举证期限如何确定。第一,被告在行政诉讼中所举证据,是其在行政程序中已经收集并作为行政行为事实依据的材料,与管辖权异议没有必然的联系,行政诉讼法明确规定了被告应当在收到起诉状之日起15日内举证,受诉法院已经向被告发送了起诉状副本,被告也收到了起诉状副本,那么被告就应当在法定期限向法院举证。被告有正当理由经法院准许延期提供证据的除外。第二,当事人(包括被告)提出管辖权异议,是指当事人认为受诉法院对已经受理的案件依法无管辖权,而向受诉人民法院提出的不服受诉法院管辖的意见和主张。故管辖权异议仅涉及法院管辖是否合法的问题,并不涉及被告的举证是否可以延期问题,无论哪一个法院管辖,被告都必须依照法定期限举证。即使当事人向法院提出的管辖权异议成立,也不影响被告依法举证,因为受诉法院将案件移送有管辖权法院的同时,可以将被告在举证期限内提供的证据一并移送,而受移送的法院则不应当重新接受被告超过举证期限提供的证据。第三,如果允许被告可以在管辖权异议确定之后再重新确定举证期限,那么行政机关明知不存在管辖异议的情况,为了故意拖延举证,转化证据,也可能向法院提出管辖异议,从而使一些本来违法、缺乏证据的行政行为,经过诉讼阶段的修饰,以合法、证据充分的面目出现,这从根本上违背了行政诉讼的宗旨,不利于司法公正。

4. 行政机关延期举证的证据必须是作出行政行为时已经取得的证据。行政机关作出行政行为时,应当遵循"先取证、后裁决"的法定程序规则,不得在没有事实根据的时候作出任何决定。因此,其延期举证的证据必须是作出行政行为时已经取得的证据,而不能提供作出行政行为时未取得的证据。

(马永欣撰写)

第三十五条

原告或者第三人应当在开庭审理前或者人民法院指定的交换证据清单之日提供证据。因正当事由申请延期提供证据的,经人民法院准许,可以在法庭调查中提供。逾期提供证据的,人民法院应当责令其说明理由;拒不说明理由或者理由不成立的,视为放弃举证权利。

原告或者第三人在第一审程序中无正当事由未提供而在第二审程序中提供的证据,人民法院不予接纳。

【条文主旨】

本条是关于原告、第三人举证期限的规定。

【起草背景】

1989年行政诉讼法第三十七条规定,原告可以提供证明行政行为违法的证据。《行政诉讼证据规定》第六条规定:"原告可以提供证明被诉具体行政行为违法的证据。原告提供的证据不成立的，不免除被告对被诉具体行政行为合法性的举证责任。"根据该条规定，原告对"被诉具体行政行为违法"的主张承担推进责任，原告不能证明被诉具体行政行为违法时，只是增加了败诉的风险而不意味着被告必然胜诉。又如，《行政诉讼证据规定》第五条规定："在行政赔偿诉讼中，原告应当对被诉具体行政行为造成损害的事实提供证据。"这条规定设定了原告的说服责任，即原告若不能提供证据证明被诉具体行政行为造成其损害事实的，将要承担败诉的法律后果。因此，行政诉讼的原告对特定的事项承担举证责任。

  对原告和第三人是否也应当限定举证期限实践中存在很大争议。1989年行政诉讼法和《若干解释》对原告和第三人举证期限均未规定。《若干解释》第二十六条明确限定了被告的举证期限，在实务界和理论界均产生很大的反响。很多行政机关因为没有在《若干解释》确定的期限内向法院提供证据，而在诉讼中失利。《若干解释》出台之后，一些法官提出是否应当限制原告的举证期限的问题。最高人民法院在起草《行政诉讼证据规定》过程中，对这个问题也有不同意见。有的观点认为，行政诉讼的目的是对被诉具体行政行为的合法性进行审查，而不是对原告是否有违法行为进行审查。因此，对原告的举证期限不应当限制。只要原告提出的证据能够证明被诉具体行政行为是违法的，法院就应当作为定案的根据。另外，在行政程序中，公民、法人或者其他组织相对于行政机关而言是弱者，在诉讼程序中，原告应当比被告享有更多的诉讼权利。另外一种观点认为，有必要对原告的举证期限进行限制。主要理由有四点。第一，法律、法规对原告提起诉讼的期限有所规定，有的规定3个月，有的规定15天。这些期限的规定，一方面是考虑到行政管理秩序的稳定性，另一方面也是对原告收集证据期限的规定，也就是说，一般情况下，原告应当在提起诉讼之前收集到足以胜诉的相关证据。第二，原告提起诉讼时，若不能初步证明被诉具体行政行为的存在以及被诉具体行政行为与其有法律上的利害关系，法院将不予受理。也就是说，尽管行政诉讼法确立的是法院对被诉具体行政行为的合法性进行审查的原则，但不等于原告在诉讼开始前没有任何收集和提供证据的义务。第三，原告的举证期限不加限制，将导致诉讼资源浪费和诉讼程序的不公平。例如，原告在一审中没有提供证据，法院通过审查被告提供的证据作出一审判决，维持被诉具体行政行为。原告不服一审判决，提出上诉。在二审审理期间，原告提出能够证明被诉具体行政行为违法的证据。法院如果以这些证据为定案根据，则需要推翻一审判决。但对一审法院而言，其在认定案件事实时没有任何过错，二审法院判决撤销一审判决似乎不合乎情理，而且将使一审法院的裁判失去意义。这不但浪费了司法资源，也浪费了行政资源。第四，对原告和第三人的举证期限不加限制，则无法制约原告和第三人滥用诉讼权利。这不仅严重违背诚实信用原则，增加了对方当事人的诉讼成本，也干扰了诉讼活动的正常进行，严重影响了法律的实施效果和法院的威信。如果原告在一审开庭审理期间或者在二审均可提供证据，原告和第三人在诉前则可以不积极收集证据。原告也可以在一审期间故意不提供证据，而在二审中提供。因此，对原告举证期限的限制是非常必要的。应当说第二种意见更符合实际情况和诉讼规律。因此，《行政诉讼证据规定》第七条规定了原告或者第三人的举证期限，即应当在开庭审理前或者人民法院指定的交换证据之日提供证据。该条还规定了原告延期提供证据和逾期提供证据的后果，即原告因正当事由申请延期提供证据的，经人民法院准许，可以在法庭调查中提供。逾期提供证据的，视为放弃举证权利。同时，为了防止原告或者第三人搞"证据突袭"，维护第一审程序的价值，该条还规定原告或者第三人在第一审程序中无正当事由未提供而在第二审程序中提供的证据，人民法院不予接纳。

2014年修正行政诉讼法也明确规定了原告对特定事项的举证责任。因此，也应当相应地对原告的举证期限加以限定。本条基本遵循了《行政诉讼证据规定》第七条规定的精神，同时补充规定了逾期提供证据时，法院责令其说明理由的义务以及逾期举证的后果。

【条文释义】

本条关于原告和第三人举证期限制度的规定包括以下内容。

一是原告和第三人举证期限的期间。举证期限采取法定期间兼指定期间相结合的方式，即原告或者第三人应当在开庭审理前或者人民法院指定的交换证据之日提供证据，这是一项选择性规定。其选择顺序应当是，如果法院指定了交换证据的日期，该日期就是原告提供证据的最后时间界限；如果没有指定交换证据的日期，应当在开庭审理前提供证据，也即开庭审理（原则上是第一次开庭审理）之前一日为原告和第三人提供证据的最后期限。

二是举证期限的终点。即原告或者第三人向人民法院提出证据的最后期限，这是举证期限最关键的问题，它直接关系到当事人诉讼权利的行使，关系到举证期限的制度价值能否实现。原告或者第三人应当在开庭审理前或者人民法院指定的交换证据之日提供证据。当然，原告或者第三人因正当事由申请延期提供证据的，应当在法庭调查中提供。因为举证期限制度的功能之一就是防止突然袭击，如果允许原告或者第三人在法庭辩论结束前可随时提出证据，则往往会使对方当事人丧失进行充分辩论的机会。因此，原告或者第三人举证时限的终点，应当为开庭审理前或者人民法院指定的交换证据之日，除非有正当事由申请延期提供证据，但也应当在法庭调查中提供。

三是举证期限届满的法律后果。举证期限系对当事人行为意义上的举证责任在期间上的限制，无论该举证期限是法定期限还是指定期限，均具有法律效力，而其法律拘束力最重要的部分即逾期提供证据的，视为放弃举证权利。

四是逾期举证必须有正当事由。对于因正当事由逾期举证的，经人民法院准许，可以延期到法庭调查中提供。对当事人故意不按时举证，则不论其后提出的证据对案件产生多大的影响，人民法院一律不予采纳。如果确有正当理由，原告或者第三人还可以在第二审程序中提供证据。但在第一审程序中无正当理由未提供而在第二审程序中提供的证据，人民法院不予接纳。

【实务指导】

处于不同地位的第三人的举证期限是不同的。本条规定中的第三人，应当是指居于非被告地位的第三人。行政诉讼中的第三人有几种情形。根据行政诉讼法第二十九条的规定，公民、法人或者其他组织同被诉行政行为有利害关系但没有提起诉讼，或者同案件处理结果有利害关系的，可以作为第三人申请参加诉讼，或者人民法院通知参加诉讼。前者作为第三人参加诉讼其地位相当于原告；后者参加诉讼的第三人，可能与被告的利益相一致，如行政许可案件或者行政确权案件的另一方，其地位相对独立，有其可保护的独立的自身利益。这两种情形下的第三人的举证期限适用本条规定。但在行政诉讼中，还存在另一种第三人，根据本解释第二十六条第二款的规定，应当追加被告而原告不同意追加的，人民法院应当通知其以第三人的身份参加诉讼。也就是说，在这种情况下，所追加的第三人，其地位与被告相同，因此对这样的第三人的举证期限应当适用有关被告举证期限的规定。

（马永欣撰写）

第三十六条

当事人申请延长举证期限，应当在举证期限届满前向人民法院提出书面申请。

申请理由成立的，人民法院应当准许，适当延长举证期限，并通知其他当事人。申请理由不成立的，人民法院不予准许，并通知申请人。

【条文主旨】

本条是关于当事人申请延长举证期限具体规则的规定。

【起草背景】

行政诉讼法和有关司法解释对当事人提出申请延长举证期限和申请的形式均没有作出规定。本解释第三十五条对被告提出申请延长举证期限和申请的形式作了规定，因此对原告和第三人什么时候申请、如何申请也应当加以规定。本条借鉴了《民诉解释》第一百条的规定。

【条文释义】

本条是关于当事人申请延长举证期限具体规则的规定，主要包括以下几方面内容。

1. 对当事人申请延长举证期限的要求。当事人的申请应当在举证期限届满前提出。如前所述，将当事人的申请行为视为举证行为，赋予相同法律效果。当事人申请延长举证期限的行为，当然应当遵守举证期限的要求。当事人在举证期限内有正当事由不能举证的，应当在举证期限届满前提出申请。举证期限届满，对于原告而言，应当在开庭审理前或者人民法院指定的交换证据之日；对于被告而言，应当在收到起诉状副本之日起15日内。如果在举证期限届满以后再提出延期提供证据的申请，此时已导致逾期提供证据而发生相应的法律后果，不再存在提出延期提供证据的申请的基础。

2. 当事人的申请应当以书面方式提出。延长举证期限不仅与申请人有关，也涉及其他当事人的诉讼利益，从程序公正的角度出发，要求当事人以书面方式申请更为妥当。要式的要求既可以促使申请人审慎行事，正确对待其延期申请，又有据可查，便于证明其提出申请的情况。

3. 人民法院对当事人的申请理由应当进行审查。审判实践中，对当事人申请延长举证期限的理由，人民法院应当进行审查。人民法院对当事人逾期提供证据的理由进行审查，是连接举证期限和逾期提供证据的后果之间的桥梁。逾期提供证据的后果的适用，必然经过人民法院的审查过程。因此，人民法院如何进行审查，对于举证时限制度的适用具有十分重要的意义。审查是人民法院适用相应后果的前提。理由是否成立，非经人民法院审查，无法得出结论。因此，虽然该条没有明确规定对逾期证据进行审查及有关的程序上的要求，但审查的内容隐含在条文之中，理由不成立的判断权在人民法院。这是程序公正的基本要求，也是审判实践经验的总结。程序公正的标准有三个方面的内容，即中立、冲突的疏导、裁判。其中冲突的疏导包括四项具体规则：（1）平等地告知每一方当事人有关程序的事项；（2）冲突的解决应听取双方的辩论和证据；（3）冲突的解决者只应在另一方当事人在场的情况下听取对方的意见；（4）每一方当事人都应有公平的机会回答另一方所提出的辩论和意见。因此，在当事人逾期提供证据的场合，要求人民法院在一定程序中责令当事人说明理由，意味着必须有对方当事人在场，保障对方当事人发表意见的机会。通过逾期提供证据的当事人的说明，对方当事人的反驳，双方的辩论，以及必要时双方当事人的举证、质证，人民法院对当事人逾期提供证据的理由是否成立能够更好地作出判断。审判实践中，一些人对于程序公正的价值缺乏应有的认识，对于程序公正的标准缺乏应有的知识，缺乏应有的程序意识，在判断证据是否逾期问题上，认为双方当事人在场对逾期提供证据的理由发表意见、进行辩论和质证，增加程序的复杂性，没有必要。这种观念是极端错误、非常有害的。当然，要求人民法院在一定的程序中责令当事人说明逾期提供证据的理由，其目的在于要求人民法院为双方当事人提供程序上的保障，并非要求人民法院另行专门组织双方当事人就逾期提供证据的理由进行辩论和质证。事实上，在具体操作上，可以灵活，如在开庭审理过程中一方当事人提出举证期限之内未提供的证据，人民法院可以在其后庭审中先就当事人逾期提供证据的理由进行查明。这里所强调的是，人民法院在这一事关当事人重大利益和程序权利的事项上，应当满足程序公正的基本要求。

4. 举证期限延长的期限由人民法院决定。人民法院认为当事人申请理由成立的，可以根据具体情况，酌情确定延长的期限。所谓适当延长，意味着人民法院可以斟酌个案的情况，决定与具体情况相对应的适当期限。

5. 人民法院对于延长举证期限的申请有答复的义务。即无论人民法院是否准许当事人的申请，均应通知当事人。只是在准许的情况下，应当同时通知其他当事人。

【实务指导】

人民法院应当向当事人释明举证的要求。为保障当事人依法行使权力，查清案件事实，法官应当对当事人的举证进行释明和指导。人民法院负有依法告知当事人举证的具体要求及其法律后果的职责，即人民法院应当告知当事人举证范围、举证期限和逾期提供证据的法律后果，并告知当事人有正当事由不能按期提供证据时应当提出延期提供证据的申请。告知当事人举证的要求，促使当事人在合理期限内积极全面、正确、诚实地举证，以减轻诉累，符合诉讼经济原则。

(马永欣撰写)

第三十七条

根据行政诉讼法第三十九条的规定，对当事人无争议，但涉及国家利益、公共利益或者他人合法权益的事实，人民法院可以责令当事人提供或者补充有关证据。

【条文主旨】

本条是关于人民法院有权要求当事人提供或者补充证据的规定。

【起草背景】

证据的作用在于证明案件事实。根据证据的来源，可以将证据分为当事人提交的证据和人民法院依职权调取的证据；而当事人提交的证据还可分为当事人在举证期限内主动提交的证据，以及在举证期限届满后、在案件审理过程中，根据人民法院责令而提供或者补充的证据。通常情况下，对于各方当事人起诉状和答辩状所陈述的相同事实，或者在证据交换过程中一致认可的事实，可以不要求当事人通过举证证明的方式来证明，而是作为当事人自认的事实予以直接认可。一般情况下，对于当事人均认可的无争议的事实，法院一般无需再予以审查，也无需再罗列证据并对证据的真实性、合法性和关联性作出认定。但当这种被当事人认可的事实涉及国家利益、公共利益或者他人合法权益时，法院需要依职权启动审查。"当事人无争议"的事实分为两种情况：一是客观真实的事实，真实地反映了事情发展的本来面目，因而当事人均无异议；二是当事人出于种种原因有意无意对事实的歪曲、误读或者不全面、准确的陈述。第二种情况下的"无争议的事实"，并不能全面客观真实地反映事情本来的面目，仅是当事人之间对对方所陈述事实的自认，甚至是"串通"，这种认可可能会损害到国家利益、公共利益，甚至是未参加到诉讼中的案外人的合法权益。而由于人民法院生效裁判具有既判力，且具有"对世"的效力，建立在当事人错误认知或者是恶意串通基础上形成的"无争议事实"，就会对国家利益、公共利益、案外人的合法权益造成损害。因此，为了维护国家利益、公共利益或者他人合法权益，人民法院有必要依职权要求当事人提供或者补充证据。

【条文释义】

行政诉讼法第三十九条规定："人民法院有权要求当事人提供或者补充证据。"根据立法原意，该条规定的主要意图是确定人民法院收集证据的权力，而非确定当事人补充证据的权利。在当事人提供的证据尚不足以证明案件的真实情况时，人民法院有权要求被告或者原告提供或者补充证据，以便进一步查明案情。[①] 可见，要求当事人补充证据的规定，是从法院职权探知主义角度作出的。所谓"职权探知主义"，是指对于诉讼资料的收集，法院拥有主导权，即权能和责任的一种观念。职权探知主义与辩论主义相比，具有以下不同之处：一是法院在观念上必须明确未经当事人提出的事实同样可以作为裁判的基础；二是必须承认可以通过职权进行证据调查；三是是否需要根据事实的证据进行确定不受当事人态度的左右。因此，当事人无争议的事实、自认的事实，对法院并无拘束力。

本司法解释的本条规定仅仅是行政诉讼法第三十九条规定的一种情形，即对当事人无争议情况下，基于特殊情形，人民法院即使认为从法律上和形式上，当事人已经自认了案件的事实，但仍可以责令当事人提供或者补充有关证据。

人民法院审理行政案件，对被诉行政行为是否合法进行审查。当事人也要围绕行政机关作出的行政行为是否合法来进行举证。被诉行政行为的合法性隐含双重含义：一是对行政相对人合法权益的处理是否合法公正；二是该行为不能损害国家利益、公共利益或者他人的合法权益。人民法院审查被诉行政行为的合法性应当从两个方面进行审查，既应保护行政相对人的合法权益，又应保护国家利益、公共利益或者他人的合法权益。虽然某些事实当事人之间无争议，但该无争议的事实涉及被诉具体行政行为的合法性时，人民法院有权要求被告举证；如果无争议的事实不涉及行政相对人的权益，但该无争议的事实涉及国家利益、公共利益或者他人合法权

---

① 胡康生主编：《行政诉讼法释义》，北京师范学院出版社1989年版，第58页。

益,人民法院可以根据举证责任的分担原则,依职权责令当事人提供或者补充有关证据,以维护和监督行政机关依法行政。

关于本条规定,重点从以下三个方面进行理解。

1. 当事人的范围。行政诉讼的当事人,是指因对行政行为发生争议,以自己的名义到人民法院起诉、应诉和参加诉讼,并受人民法院判决、裁定约束的公民、法人和其他组织。在法学上,当事人有广义和狭义之分。广义的当事人包括原告、被告、共同诉讼人、诉讼中的第三人;狭义的当事人则仅指原告和被告。本条规定中的当事人应作广义理解,包括诉讼中的第三人。行政诉讼中的第三人,是指同提起诉讼的行政行为有利害关系并因而参加到他人正在进行的行政诉讼程序中的公民、法人或其他组织。行政诉讼法第二十九条第一款规定:"公民、法人或者其他组织同被诉行政行为有利害关系但没有提起诉讼,或者同案件处理结果有利害关系的,可以作为第三人申请参加诉讼,或者由人民法院通知参加诉讼。"第三人可以通过申请和人民法院依职权通知两种途径参加到他人已在进行的行政诉讼中来,从而成为诉讼当事人。因此,人民法院为了查明案件事实,公正、及时审理行政案件,有权要求原告、被告和第三人提供或者补充证据。

2. 当事人无争议事实的理解。当事人无争议的事实,说明该事实在当事人之间没有异议,但并非人民法院查明后认定的事实。当事人对相关事实无争议,主要出于以下几个方面的原因:一是案件事实真实全面准确;二是一方当事人委曲求全作出让步;三是当事人在受胁迫或重大误解下作出的自认;四是当事人之间恶意串通。第一种情况下,人民法院可以直接认定事实作为裁判的基础;第二、三种情况下,人民法院必须结合其他证据进行综合分析,如果查明的事实与该"无争议的事实"不符或者没有其他证据印证的,应当认定该"无争议的事实"不具有效力,不能作为裁判的依据;第四种情况下,当事人出于各自目的和利益的考虑而串通的行为,必然损害到国家利益、公共利益或者他人合法权益,人民法院可以依职权要求当事人提供或者补充证据,不提供或怠于提供的,法院可以依职权进行调取,在查明事实的基础上,作出公平公正的判断。在特殊情况下，还可以依据举证责任分配规则，作出对应当提供或者补充证据但拒绝提供、补充证据的当事人不利的事实认定，让其承担不利的裁判结果。

3. 人民法院责令当事人提供或者补充有关证据的理解。提供或者补充证据，是指当事人未提交，或已提交的证据不足，尚不能证明案件事实，需要补充证据进一步证明案件事实的诉讼行为。[①] 提供和补充证据是证明案件事实的需要。人民法院收集证据的方法主要有两种：一是有权要求当事人提供或者补充证据；二是有权向当事人以外的有关行政机关以及其他组织和公民调取证据。在当事人提供的证据不足以证明案件的事实时，人民法院有权要求当事人提供或者补充证据，以便进一步查清案件事实。尤其是要求当事人补充证据，对于在特殊情况下的案件事实的查明具有重要意义。可见补充制度最初设置的目的在于为法院收集证据提供依据。一般而言，人民法院在下列情况下才要求当事人提供或补充证据：当事人提供的证据不足以充分证明其提出的主张，如主要证据不足；当事人只是提供了对自己有利的证据，对自己不利的证据没有提供；当事人手中掌握的证据尚未全部提交法庭；当事人提供的证据存在瑕疵；当事人提供的证据需要其他证据补强；等等。[②]

【实务指导】

在审判实务中，应注意以下几个方面。

1. 行政诉讼自认规则的适用。当事人无争议的事实必然涉及对相关事实的自认。传统意义上的自认，是一方当事人就对方当事人主张对其不利的事实予以承认的声明或者表示。因我国行政诉讼与民事诉讼在举证责任、审理对象及审查范围等方面有着明显的不同，所以，行政诉讼的自认规则与民事诉讼的自认规则亦应有明显不同。《行政诉讼证据规定》第六十五条规定："在庭审中一方当事人或者其代理人在代理权限范围内对另一方当事人陈述的案件事实明确表示认可的，人民法院可以对该事实予以

---

① 马原主编：《中国行政诉讼法讲义》，人民法院出版社1990年版，第100页。
② 江必新、梁凤云：《行政诉讼法理论与实务》，法律出版社2016年版，第818页。

认定。但有相反证据足以推翻的除外。"上述条款规定了当事人在法庭上，即庭审调查中所作的自认。各国民事诉讼证据理论中，一般认为诉讼上的自认是一种对自己不利事实的陈述。① 但是，上述规定未将陈述对于自己不利的事实作为自认的构成要件。也就是说，当事人对不利于和有利于自己事实的陈述，都可以构成诉讼上的自认。人民法院在确认诉讼上自认的证明效力问题时，还应当注意以下几个问题：第一，一方当事人对对方当事人对其不利的主张予以承认时，是否对相关事实全部了解；第二，原告或第三人在诉讼中对被诉行政行为认定的事实所作的自认，必须是行政程序中原告或第三人亦作出相同的自认，不存在违反"先取证、后裁决"的原则；第三，当事人不在场的情况下，委托诉讼代理人作出的自认是否在代理权限范围内；第四，自认事项是否符合逻辑推理和生活经验，是否涉及国家利益、公共利益或者他人合法权益；第五，自认是否在受胁迫或重大误解的情况下作出；第六，共同诉讼中个体的自认是否得到其他共同诉讼当事人的认可。

2. 当事人提供或者补充证据的时间。《行政诉讼证据规定》第二条规定："原告或者第三人提出其在行政程序中没有提出的反驳理由或者证据的，被告经人民法院准许，可以在第一审程序中补充相应的证据。"也就是说，被告补充证据的时间只是限制在第一审程序中。第七条规定："原告或者第三人应当在开庭审理前或者人民法院指定的交换证据之日提供证据。因正当事由申请延期提供证据的，经人民法院准许，可以在法庭调查中提供。逾期提供证据的，视为放弃举证权利。原告或者第三人在第一审程序中无正当事由未提供而在第二审程序中提供的证据，人民法院不予接纳。"上述关于补充证据的规定主要针对的是当事人主动申请补充证据的情况，而关于人民法院依职权要求当事人提供或者补充证据，没有明确规定。我们认为，案件的事实涉及国家利益、公共利益或者他人合法权益的，人民法院在审查过程中只要发现存在上述情况，不论在一审、二审或者再审阶段都应该要求当事人提供或者补充证据，不应该受是否在一审程

---

① 参见吴在存、刘玉民、于海侠编著：《民事证据规则适用》，中国民主法制出版社2013年版，第35页。

序中的限制。因为行政诉讼是公法诉讼，具有客观诉讼的特征，对于涉及国家利益、公共利益或者他人合法权益等重大利益的，如果存在损害之虞，人民法院有义务在认为需要时要求其提供或者补充甚至调取相关证据。

（白雅丽、陆阳撰写）

第三十八条

对于案情比较复杂或者证据数量较多的案件，人民法院可以组织当事人在开庭前向对方出示或者交换证据，并将交换证据清单的情况记录在卷。

当事人在庭前证据交换过程中没有争议并记录在卷的证据，经审判人员在庭审中说明后，可以作为认定案件事实的依据。

【条文主旨】

本条是关于庭前证据交换的规定。

【起草背景】

本条第一款沿用了《行政诉讼证据规定》第二十一条的规定，第二款延续了《行政诉讼证据规定》第三十五条第二款的规定，条文内容和表述均没有变动。

行政诉讼法没有对证据交换问题作出规定。在民事诉讼领域，2001年12月21日公布的《民事诉讼证据规定》在第三十七条、第三十八条、第三十九条、第四十条①较详细地规定了证据交换的规则。2002年7月24日公布、同年10月1日起施行的《行政诉讼证据规定》对此进行了吸收借鉴。所谓证据交换，是指在人民法院的组织下，当事人之间将各自的证据与对方进行交换，法院将交换证据的情况记录在卷。证据交换是庭前准备程序中一项重要制度，其主要功能包括三个方面。第一，庭前证据交换要求当事人在庭审前全部提出并互换证据，通过证据交换可以整理证据、固定争点，以此保证开庭审理顺利进行。第二，通过证据交换使当事人对对方的证据和观点有充分的准备时间，从而保障当事人的质证权和辩论权能够充分有效地行使，有助于实现司法公正。第三，当事人通过证据交换可全面掌握案件的信息，有助于对案件的走向和最终结果形成更准确的判断，因此可以促进当事人之间和解。

【条文释义】

全面理解本条规定，需要把握以下几个方面。

一、适用证据交换的条件

本条第一款明确了证据出示与清单交换的适用范围，其适用于两种情况：一是案情比较复杂的案件，二是证据数量较多的案件。《民事诉讼证据规定》规定，经当事人申请，人民法院可以组织当事人交换证据，而《行诉解释》对此情况予以排除，将证据交换的范围限定在案情复杂和证

---

① 《民事诉讼证据规定》第三十七条规定："经当事人申请，人民法院可以组织当事人在开庭审理前交换证据。人民法院对于证据较多或者复杂疑难的案件，应当组织当事人在答辩期届满后、开庭审理前交换证据。"第三十八条规定："交换证据的时间可以由当事人协商一致并经人民法院认可，也可以由人民法院指定。人民法院组织当事人交换证据的，交换证据之日举证期限届满。当事人申请延期举证经人民法院准许的，证据交换日相应顺延。"第三十九条规定："证据交换应当在审判人员的主持下进行。在证据交换的过程中，审判人员对当事人无异议的事实、证据应当记录在卷；对有异议的证据，按照需要证明的事实分类记录在卷，并记载异议的理由。通过证据交换，确定双方当事人争议的主要问题。"第四十条规定："当事人收到对方交换的证据后提出反驳并提出新证据的，人民法院应当通知当事人在指定的时间进行交换。证据交换一般不超过两次。但重大、疑难和案情特别复杂的案件，人民法院认为有必要再次进行证据交换的除外。"

据较多的案件。对于存在上述情况的案件,人民法院可以组织证据出示或交换。对于"事实清楚、权利义务关系明确、争议不大"而适用行政诉讼法第八十二条简易程序审理的行政案件,不必经过庭前准备程序,所以不在本条的适用范围之列。对于案情不复杂、证据不多的适用普通程序审理的行政案件,一般也不必采取庭前证据出示或交换的方式。另外本条表述的是人民法院"可以"而不是"应当"组织证据出示或交换,是否组织证据出示或交换,由人民法院根据实际情况决定,所以证据交换不是必经的法定程序。这里需要注意两个问题。第一,《民事诉讼证据规定》只单纯规定了证据交换,而《行政诉讼证据规定》及本条不仅规定了"交换"证据,还规定了"出示"证据,将出示和交换作为相对独立的两种行为。出示是为了让对方知晓证据情况,交换是为了持有对方的证据,但这两种行为都可以包含在证据交换制度之内。我国的证据交换制度的设立就是借鉴证据开示制度的结果。① 《布莱克法律词典》对证据开示的定义为:"了解原先所不知道的,揭露和展示原先隐藏起来的东西。"所以本条的"出示"和"交换"不宜理解为是两种不同的制度。第二,条规定的出示或者交换证据,应理解为出示证据或者交换证据、复制品等。如果一方当事人提交的是书证、物证的原件,事实上是不能交换的,而只能出示。民事诉讼法第七十条第一款规定:"书证应当提交原件。物证应当提交原件。提交原件或者原物确有困难的,可以提交复制品、照片、副本、节录本。提交外文书证,必须附有中文译本。"在证据交换程序中,一方出示证据后,另一方提出要求复制、摘录该证据的,人民法院应当准许。在必要时,可以组织当事人交换书证复印件或者物证的复制品等证据。

二、证据交换的范围

本条对于证据交换的范围没有直接加以规定,但是否意味着所有证据都可以交换呢?普通法上对证据开示的范围也有所限制,主要包括三种。(1)证据法上的保密特权。比如律师和委托人之间、夫妻之间、医生与患

---

① 李国光主编:《最高人民法院〈关于民事诉讼证据的若干规定〉的理解与适用》,中国法制出版社2002年版,第288页。

者之间、会计师与委托人之间的保密特权。还有官方信息保密特权，法院有权阻止损害事项保密性的证据开示。（2）律师准备的诉讼资料保密特权。律师为开庭准备的诉讼资料和法律意见，根据律师工作成果规则，有条件地承认保密特权。（3）当事人使用开示证据之限制。法院基于当事人、他人利益、公共利益、司法利益之衡平，有权对开示证据的使用进行限制。我国也有学者提出，下列证据不宜进行交换：（1）法律保护的关乎公益和私隐的证据；（2）非法获取的证据；（3）属于当事人及其诉讼代理人经过分析的具有智力成果性质的资料；（4）当事人重复要求出示的证据；（5）利用其他方法获得相应证据材料比进行证据交换更为简单和经济的；（6）证据交换利益严重背离公平原则和公共利益的。[①] 上述规则和意见均有一定的参考价值，但考虑到我国目前行政诉讼证据规则中并未明确规定排除事项，因此原则上所有能够在庭审中进行质证的证据，都可以进行证据交换。只有不能进行质证的证据，才不能进行证据交换。需要注意的是，有关行政诉讼法第四十三条第一款所规定的，涉及国家秘密、商业秘密和个人隐私的证据应当保密，不得在公开开庭时出示，可以通过庭前证据交换等途径出示。

三、证据交换的时间

本条第一款限定了证据交换的时间在开庭之前。结合行政诉讼法第六十七条的规定，被告应当在收到起诉书副本之日起15日内向人民法院提交作出行政行为的证据和所依据的规范性文件，并提出答辩状。因此，证据交换应安排在答辩期届满之后、开庭之前进行。行政诉讼法第三十四条规定了被告对作出的行政行为负有举证责任，被告不提供或者无正当理由逾期提供证据，视为没有相应证据。《行诉解释》第三十五条、第三十六条、第三十七条对被告、原告、第三人申请延期提供证据及其操作程序分别作出了规定。关于证据交换的具体时间，可以由当事人协商一致并经人民法院认可确定，也可以由人民法院根据具体情况来指定。但无论采取哪

[①] 参见张树义主编：《最高人民法院〈关于行政诉讼证据若干问题的规定〉释评》，中国法制出版社2002年版，第99页。

种方式，证据交换的时间均应在庭审之前。需要特别说明的是，证据交换与举证时效是相互关联的具有内在联系的制度规范，举证时效制度是证据交换制度的配套制度。对此，《民事诉讼证据规定》第三十八条第二款规定，人民法院组织当事人交换证据的，交换证据之日举证期限届满。当事人申请延期举证经人民法院准许的，证据交换日相应顺延。结合《行诉解释》第三十五条、第三十六条、第三十七条的规定，证据交换日应在最终的举证期限届满日同日或之后。

四、证据交换的程序

证据交换的程序主要涉及证据交换由谁主持、法院在其中的职责、证据交换的步骤、次数等环节。

1. 证据交换的主持人。本条只规定到"人民法院"而没有进一步明确。首先，证据交换由哪个业务庭室负责曾在实践中存在争议。有的是立案庭负责，有的是行政庭负责。考虑到证据交换的主要目的是促使当事人在庭审前将全部证据提出，以便法院整理、固定证据和争点，所以由负责审理案件的审判庭负责证据交换显然更合适。否则，立案庭主持证据交换后将相关材料移送行政庭，行政庭重新了解情况再进行庭审，难免发生重复劳动。其次，对于负责证据交换的具体人员，《民事诉讼证据规定》第三十九条第一款规定"证据交换应当在审判人员的主持下进行"，行政诉讼证据交换可参照执行。一般情况下合议庭成员或法官助理可以主持证据交换，由书记员负责记录。

2. 法院在证据交换中的职责。本条规定的是"将证据交换情况记录在卷"，《民事诉讼证据规定》则更为详细，规定："在证据交换过程中，审判人员对当事人无异议的事实、证据应当记录在卷；对有异议的证据，按照需要证明的事实分类记录在卷，并记载异议的理由。通过证据交换，确定当事人争议的主要问题。"法院不仅要对证据交换情况记录在卷，而且通过当事人交换的证据来整理证据，通过对证据的整理明确争议的焦点。

3. 证据交换的步骤。本条没有作出相应规定，从实际工作出发，一般可按照下列步骤进行：第一，负责证据交换的审判人员向当事人阐明证据交换的规则和法律效果;第二,各方当事人宣读证据清单的内容;第三,按照被告、原告、第三人的顺序,各方当事人出示向法院提供的证据,由其他当事人确认有无异议;第四,书记员对证据交换的过程,特别是对有异议的证据及理由记载清楚;第五,当事人在笔录上签字。在证据交换的具体操作上,特别要注意改变以往当事人只提供证据清单,而不作任何说明的做法。要求当事人在提交证据的同时附上相应的详细说明。这样既有利于对方答辩,又可以加强当事人的举证责任,防止证据交换流于形式。①

4. 证据交换的次数。由于行政诉讼是对被诉行政行为的合法性进行审查,被告对作出的行政行为负有举证责任,而被告在作出行政行为时就已经收集了有关证据材料,所以一般情况一次证据交换就可达成预期目的。《民事诉讼证据规定》第四十条规定:"当事人收到对方交换的证据后提出反驳并提出新证据的,人民法院应当通知当事人在指定的时间进行交换。证据交换一般不超过两次。但重大、疑难和案情特别复杂的案件,人民法院认为确有必要再次进行证据交换的除外。"行政诉讼可予以参考,如果原告或者第三人在证据交换后提出新证据,法院可以组织第二次证据交换。一般案件证据交换不超过两次,特殊案件经法院认定确有必要的,可以增加证据交换次数。

五、证据交换的法律后果

本条第二款规定的是证据交换的法律后果,即当事人在证据交换中没有争议并记录在卷的证据,经审判人员说明后,可以作为认定案件事实的依据。对此需要进一步强调以下两点。第一,《行政诉讼证据规定》第三十六条规定,"经合法传唤,因被告无正当理由拒不出庭而需要依法缺席判决的,被告提供的证据不能作为定案的依据,但当事人在庭前交换中没有争议的证据除外"。未经质证的证据不得作为认定案件事实的依据,这是证据规则的基本原则之一。但如果在庭前证据交换中当事人对证据没有异议的,可视为该证据已经过了质证。被告拒绝出庭不影响证据的可采

---

① 黄学贤:《略论行政诉讼证据交换制度及其完善》,载《法制与社会》2003年第4期。

性。第二，证据交换的目的是整理证据、固定证据、明晰争点，所以经过庭前证据交换的案件，在开庭审理时只审理当事人有争议的事项，没有争议的证据不再质证，而且未经交换的证据在开庭审理时也不能质证。需要强调的是，证据交换只起明晰对方当事人诉讼资料的作用，以防止证据突袭的出现，它不是庭审中质证程序的前置。证据交换中不包含质证的内容。①

【实务指导】

一、证据交换与证据失权

要使证据交换制度真正起到整理证据和争点，促使庭审实质化的作用，就必须建立起与之配套的制度，证据失权或举证时效就是其中之一。证据失权即当事人丧失提出证据的权利，实质是丧失证明权。证明权是当事人的一项基本诉讼权利，证明权从属于当事人所享有的最基本的诉讼权利之一——主张权和陈述权。证明权的实现依赖于证据提出权。如果允许当事人随时提出证据，则证据交换制度所希望的证据整理、争点固定的功能则难以实现。举证时效或举证期限是从提出证据的权利的时效性来考虑的，其实质与证据失权是一样的。《行诉解释》第三十五条、第三十六规定举证期限届满未提供或逾期提供证据的，视为没有证据，则保证了证据交换程序的有效性。举证时效或举证期限制度保证了证据交换的运行，但举证时效约束的是当事人，无法限制法院自行收集证据。行政诉讼法第四十一条对原告或者第三人申请法院调取的情况进行了限定，《行诉解释》第四十条又进一步规定了法院对该申请的审查标准。

二、证据交换的制度渊源

设立证据交换制度是借鉴证据开示制度的结果，理解证据交换就有必

---

① 朱雁、申涛：《行政诉讼证据交换制度研究》，载《行政与法》2004 年第 4 期。

要了解其制度的渊源。证据开示最早源于16世纪下半期英国衡平法的司法实践,至19世纪英国司法改革合并普通法和衡平法诉讼时,证据开示程序才开始形成。1938年美国《联邦民事诉讼规则》将证据开示制度"法典化",正式确立为一项法定程序制度。1938年以后,证据开示制度被纳入许多国家的民事诉讼法或证据法之中,从发展趋势来看,证据开示日益受到世界各国的重视。而证据开示制度本身也经历了不断地修改和完善。美国证据开示的范围非常广泛,只受到相关性和秘密特权的限制。英国的证据开示主要限制在诉答文书的范围内,而且通常只限于双方当事人之间,案外第三人的文书披露义务有限制规定。美国根据联邦民事诉讼规则,在开庭之前当事人可以用以下五种方法向对方和诉讼外第三人收集与案件有关的信息:(1)采取庭外录取证言的方法,在法庭之外询问对方当事人和证人;(2)向对方当事人送达质问书,对方当事人必须回答所质问的内容;(3)要求对方当事人或第三人提供文书或物证并可以调查对方当事人的有关地产;(4)要求对方当事人对某一事实和书证的真实性作出自认;(5)在人身伤害的损害赔偿等案件中,当事人经法院同意还可以检查受害人的身体和精神状态。在这五种庭前收集证据的方法中,除了检查受害人的身体和精神状态必须经过法院许可并由法院指定检查人外,其他收集证据的方法都不需要得到法院的许可。只有在发生争议时,经一方当事人申请法院才会介入,作出保护命令或相应的证据开示命令。英国与之最大的不同是不允许在审理之前将对方当事人作为证人进行询问,只能要求对方以宣誓的方式书面答复问题。在对违反证据开示义务的制裁方面,英美两国基本相同,制裁比较严厉。① 通过比较可以发现,我国诉讼法上的证据交换与英美的证据开示存在较大差异。英美的证据开示侧重于使当事人利用法定手段向对方收集证据,双方当事人在相互调查收集证据过程中达到了交换案件信息的效果。而我国把证据的调查收集和证据交换分成两个阶段,证据交换仅仅是展示和互换证据。

(白雅丽撰写)

---

① 参见常怡主编:《比较民事诉讼法》,中国政法大学出版社2002年版,第528~529页。

第三十九条

当事人申请调查收集证据，但该证据与待证事实无关联、对证明待证事实无意义或者其他无调查收集必要的，人民法院不予准许。

【条文主旨】

本条是关于人民法院对于当事人申请调查收集证据因无关联性而不予准许的规定。

【起草背景】

本条是司法解释新增加的内容，是在遵循行政诉讼法和《行政诉讼证据规定》关于当事人申请调取证据的规定基础上，对申请调取证据的范围作出的限制性规定。本条解释直接吸收借鉴了《民诉解释》第九十五条的规定，主要是从证据不具备关联性和证明效力角度，就人民法院对当事人申请调取证据不予准许的情形予以明确。

行政诉讼中，除了接纳当事人提供的证据，人民法院依职权或者依当事人申请调取的证据，对于弥补当事人举证能力不足，促进行政争议实质解决，最大限度实现实体公正，具有十分重要的意义。但是，人民法院的中立性决定了当事人才是提供证据的主体，人民法院调取证据只能是一种特殊情形，且对于当事人调取证据的申请，人民法院应依法审查。人民法院认为应当由当事人自行提交且当事人能够掌握和获取的证据，原则上不应支持当事人调取证据的申请。同时，针对实践中极少数当事人滥用申请权和过于依赖人民法院调取证据的情形，人民法院也有权不予准许。

特别是近年来，随着2014年修正行政诉讼法的全面实施和立案登记制的广泛推行，行政诉权和其他诉讼权利得到充分保障，行政案件数量出现了较大幅度增长，当事人及其委托诉讼代理人申请人民法院调查取证的现象也逐渐增多，尤其是在土地房屋征收、自然资源权属争议处理、工伤劳动保障等涉及基本财产权益和人身权益行政案件审理中,当事人及其委托诉讼代理人向人民法院申请调取征收文件、资源登记台账、道路交通事故责任认定材料等证据材料的情形日益频繁,人民法院不堪重负,且容易陷入角色冲突,中立性受到质疑。而且从调取情况看,绝大多数申请调取的证据没有实际效用,即要么所调取证据材料与案件事实缺乏关联,要么所调取证据的证明目的已为其他证据所证明,这既造成司法资源的无价值耗费,也减损了行政案件的审判效率,是当前人民法院行政审判工作中急需研究解决的新问题。

【条文释义】

现行行政诉讼法第四十一条规定:"与本案有关的下列证据,原告或者第三人不能自行收集的,可以申请人民法院调取:(一)由国家机关保存而须由人民法院调取的证据;(二)涉及国家秘密、商业秘密和个人隐私的证据;(三)确因客观原因不能自行收集的其他证据。"上述规定,一方面确立了我国行政诉讼当事人申请调取证据制度,即赋予原告和第三人申请人民法院调取证据的权利,明确人民法院向有关单位和个人调查收集证据的职责和义务;另一方面也对当事人申请人民法院调取证据的范围作出界定,即当事人申请人民法院调取的证据应当是其无法自行收集获取,而且申请调取的证据主要限定在以上三种类型中。《行政诉讼证据规定》第二十三条、第二十四条、第二十五条和第二十六条分别对当事人申请调取证据的范围、申请调取证据的方式和期限、人民法院处理程序等作出了细致规定,进一步规范了申请调取证据行为,从而保障行政诉讼活动顺利进行。

本条司法解释在肯定当事人享有申请调查取证权利基础上,对因不具有关联性而不予调查收集证据的情形做了列举。根据本条规定,当事人申请调取的证据存在以下三种情形的,人民法院有权决定不予调取。

首先,与待证事实无关联的证据。"关联性是证据的自然属性,是证据与案件事实之间的客观存在的联系。"① 关联性是人民法院审查判断证据能力的基本标准，缺乏关联性的证据没有证据能力，不属于行政诉讼法所规定的证据，不能作为认定案件事实的根据。故对于当事人申请调取的证据与待证事实无关联的，人民法院可以决定不予调取。

其次，对证明待证事实无意义的证据。此处所谓"无意义的证据"主要是指无价值的证据。"证据的生命力在于证据价值。证据价值又称为证据的证明力，是指证据对于案件事实的证明意义和作用。不同种类的证据，其证明价值有强弱之分，基本上可以分为绝对证据价值、相对证据价值和无证据价值三种。"② 对证明待证事实无意义的证据，实际上就是对证明待证事实无价值的证据，简言之，无价值的证据就是指没有证明力或者证明力极其微弱的证据。一般情况下，难以形成证据链条的单个或几个间接证据，无法核实比对的传来证据，不能有效证明待证事实的存在与否，这些证据即属于没有价值或没有意义的证据，调取也丧失了效用，故不应准许。

最后，其他无调查收集必要的证据。若案件现有证据已经能够有效证明待证事实的存在与否，或者现有证据已经能够决定案件的裁判结果，再行调查收集来的证据对案件的结果已经没有影响，此时基于诉讼经济和法律效果之考虑，对当事人提出的调查收集证据申请不应再准许，以防止诉讼进行的拖延，或者不适当地加重对方当事人的负担。例如，现有证据能够证明工商行政管理部门在作出处罚决定前未听取陈述申辩，而原告以工商行政管理部门在现场检查时未告知身份和出示证件为由向人民法院申请调取监控摄像，由于对被诉行政处罚的程序合法性事实上已能够作出判断，此时再申请调取证据已无现实必要，故不应准许。

【实务指导】

在理解和适用本条规定过程中，还需要关注以下两个方面问题。

---

① 何家弘：《论证据的基本范畴》，载《法学杂志》2007年第8期。
② 齐树洁主编：《英国证据法》，厦门大学出版社2002年版，第42页。

一、当事人申请调取证据的期限和形式

根据《行政诉讼证据规定》相关规定，当事人应当在举证期限内提交调取证据申请书。在一般案件中，当事人应当在第一审举证期限届满前向人民法院提交调取证据申请，即第一审开庭前或者人民法院指定的交换证据之日前；当事人有正当事由的，可以在第一审庭审中或者第二审程序中提出调取证据申请。当然在特殊情况下，当事人在第一审庭审后才发现有关证据线索，其就可以在第二审程序中提出调取证据的申请。当事人提交的调取证据申请书应当包括以下几个方面内容：(1)证据持有人的姓名或者名称、住址等基本情况；(2)拟调取证据的内容；(3)申请调取证据的原因及其要证明的案件事实。

根据《行政诉讼证据规定》第二十五条的规定，人民法院对当事人调取证据的申请，经审查符合调取证据条件的，应当及时决定调取；不符合调取证据条件的，应当向当事人或者其诉讼代理人送达通知书，说明不准许调取的理由。当事人及其诉讼代理人可以在收到通知书之日起3日内向受理申请的人民法院书面申请复议一次。人民法院应当在收到复议申请之日起5日内作出答复。人民法院根据当事人申请，经调取未能取得相应证据的，应当告知申请人并说明原因。

二、被告能否申请人民法院调取证据问题

行政诉讼法第四十一条和《行政诉讼证据规定》第二十三条均规定原告或者第三人不能自行收集的证据，可以申请人民法院调取，即明确原告和第三人享有申请人民法院调查取证权。立法和司法解释之所以如此规定，其深刻原因在于作为行政法律关系主体的行政机关与行政相对人或利害关系人在地位上的不平等性。通常情况下，被告行政机关占据主动和优越地位，拥有充足的人员、装备等有利条件，享有调取证据的主动权。而作为原告的行政相对人或利害关系人在行政程序中处于被动地位，被诉行政行为作出时所依据的事实材料和规范性文件一般由行政机关掌握，行政

相对人或利害关系人查阅和收集起来具有一定难度甚至根本无法获取。[①] 但行政诉讼法和《行政诉讼证据规定》并没有对被告行政机关申请调取证据作出禁止性规定，也并不意味着被告需要申请人民法院调取证据的情形就不存在。为给行政诉讼可能发生的特殊情况留有一定便于人民法院灵活掌握的空间，本条司法解释将申请调取证据的主体明确为当事人，即认可被告同样享有申请调取证据的权利。但需要特别强调指出的是，被告申请人民法院调查收集证据的用途是应当受到严格限制的，不能违背"先调查取证后裁决"这一原则，也不能违背被告对作出的行政行为合法性承担举证责任原则，人民法院不为证明行政行为合法性而接受被告调查收集证据的申请，人民法院根据被告申请所调查收集的证据，也不能直接作为证明被诉行政行为合法性的证据，一般只能用以证明与被诉行政行为合法性不直接关联的待证事实。例如，在原告起诉被告房屋登记案件中，被告主张原告起诉超过1年的法定起诉期限，其理由是原告在另案民事诉讼中早已知道房屋登记的事实，此时被告可以申请调取相关民事案件的庭审笔录和裁判文书。再如根据行政诉讼法第三十六条第二款有关被告补充证据的例外规定，即"原告或者第三人提出了其在行政处理程序中没有提出的理由或者证据的，经人民法院准许，被告可以补充证据"，那么此种类型的证据，如果存在符合行政诉讼法第四十一条规定情形的，被告也可以向人民法院申请调查收集，是否准许由人民法院决定。

（耿宝建、于元祝撰写）

第四十条

人民法院在证人出庭作证前应当告知其如实作证的义务以及作伪证的

[①] 参见李国光主编：《最高人民法院〈关于行政诉讼证据若干问题的规定〉释义与适用》，人民法院出版社2002年版，第50页。

法律后果。

证人因履行出庭作证义务而支出的交通、住宿、就餐等必要费用以及误工损失，由败诉一方当事人承担。

【条文主旨】

本条是关于人民法院告知证人出庭作证义务、法律后果以及证人出庭支出费用承担的规定。

【起草背景】

行政诉讼法第三十三条第五项规定证据包括证人证言这一主要证据类型。但对如何形成证人证言，特别是证人出庭作证的权利、义务以及法律责任，未作明确规定。民事诉讼法第七十四条规定："证人因履行出庭作证义务而支出的交通、住宿、就餐等必要费用以及误工损失，由败诉一方当事人负担。当事人申请证人作证的，由该当事人先行垫付；当事人没有申请，人民法院通知证人作证的，由人民法院先行垫付。"《民诉解释》第一百一十九条规定："人民法院在证人出庭作证前应当告知其如实作证的义务以及作伪证的法律后果，并责令其签署保证书，但无民事行为能力人和限制民事行为能力人除外。证人签署保证书适用本解释关于当事人签署保证书的规定。"本条借鉴了《民诉解释》第一百一十九条第一款及民事诉讼法第七十四条的规定，新增了有关将无民事行为能力人和限制民事行为能力人作证记入笔录的规定。

【条文释义】

所谓证人是指知道案件事实并向司法机关提供证言的人。因此，不论男女老幼，也不论与当事人关系的远近亲疏，都可以作为证人向司法机关提供证言。当然，根据刑事诉讼法第六十条第二款规定，生理上、精神上有缺陷或者年幼，不能辨别是非、不能正确表达的人，不能作证人。

为了确保证人证言的真实性和落实直接言词原则，让证人出庭作证，当庭提供证言，并接受当事人的询问，是证人提供证言的首选形式。《行政诉讼证据规定》第四十一条规定："凡是知道案件事实的人，都有出庭作证的义务。有下列情形之一的，经人民法院准许，当事人可以提交书面证言：（一）当事人在行政程序或者庭前证据交换中对证人证言无异议的；（二）证人因年迈体弱或者行动不便无法出庭的；（三）证人因路途遥远、交通不便无法出庭的；（四）证人因自然灾害等不可抗力或者其他意外事件无法出庭的；（五）证人因其他特殊原因确实无法出庭的。"可见，出庭作证既是证人的权利，更是证人的义务。

为了鼓励证人出庭作证而不是仅仅在法庭外提供证言，各国证据法均规定了出庭作证的证人证言要优于未出庭作证的证人证言。《行政诉讼证据规定》第六十三条第八项规定，出庭作证的证人证言优于未出庭作证的证人证言，第七十一条第三项则规定，应当出庭作证而无正当理由不出庭作证的证人证言，不能单独作为定案依据。

本条参考民事诉讼法及其司法解释的相关规定，对证人出庭作证的具体要求进行了明确。人民法院在证人出庭作证前应对证人如实作证的义务以及违反义务的后果进行释明，保证证人理解义务的内容及违反规定的不利后果。

一、"如实作证"的含义

一般认为，证人出庭有以下三种途径：一是证人自己主动向法庭提出出庭作证的申请，二是根据当事人申请并经法庭允许出庭作证，三是根据法庭通知要求出庭作证。但不论是以何种形式出庭作证，证人都只能"如实作证"，而不能成为一方当事人或者法庭的代言人。从此层面来看，证人是法庭的证人，而不是当事人的证人，因此理所应当，证人有如实陈述的义务，也有要求国家提供相应条件确保其作义务实现并确保其证人身安全的权利。

显然，由于各种主客观因素影响，对同一待证事实，证人提供的证言可能并不一致，与其他证据既可能互相印证，也可能相互冲突。那么什么叫"如实作证"？证人能否作出推论和评价呢？

有学者主张，在证人出庭作证前人民法院应当以该证人所能理解的语言，告知其有就有关内容做全部真实陈述的义务，并且所做陈述仅限于真实感知，不得陈述自己的意见。由此可见，"如实作证"是指证人如实陈述自己感知的案件事实，不能使用猜测、推断或者评论性的语言，不能宣读事先准备的书面证词，也不得对事实发表意见。① 与专家证人可以提供意见证据不同，普通证人只能以其亲自感知的事实提供证言，对其所听、所见、所感受的事实进行客观陈述，并不得对这些事实进行推论，因而普通证人就有关案件事实进行的推论，一般不具有可采性。证人因主观条件限制形成的与案件事实不一致的陈述，法院不予采信，但该陈述并不属于不如实作证范畴。当然，如果证人明知其所陈述的并非事实，或者故意作出与所听、所见、所感受的事实不一致的虚假陈述，则可能要承担相应的责任。

二、法院对证人身份的审查与法院的告知义务

虽然法院在准许证人出庭作证前就证人的资格已经做过审查，但法院在证人出庭作证前，再次向证人核实上述条件，以防止不具备证人资格的自然人向法庭陈述的情形出现。同时，实践中不乏存在某些证人虽然出庭作证，但是因担心自身权益受到损害，而不敢如实陈述自己感知的事实的情形，以及部分证人有法官不能正确记录其真实意思表示之疑虑等。对此，法院应向证人作出释明，证人可要求补充、更正证人笔录；证人有权要求法院对其住址、工作单位等采取适当的保密等措施予以保护；证人有权要求法院对其因作证而遭遇威胁的人身安全予以保护。法院应向证人充分释明其应如实作证，消除证人如实作证可能产生不利后果的担忧，以及告知证人作伪证的法律后果。法院在审查是否准许当事人关于申请证人出庭作证的申请时，还应向申请人释明，如法院准许证人出庭作证其应先行

---

① 宋春雨：《〈民事诉讼法〉修改中完善民事证据制度的若干设想》，载《法律适用》2011年第5期。

垫付证人因履行出庭作证义务而支出的交通、住宿、就餐等必要费用以及误工损失,并且向其说明该费用最终由败诉方承担。上述费用必须于法院准予证人出庭作证时缴纳至法院,并由法院转交证人。如法院依职权调查收集证据,通知证人出庭作证的,应由法院先行垫付证人的相关支出。

三、证人作伪证的法律后果

证人证言是行政诉讼法规定的一种重要的证据种类,证人故意作出虚假陈述会阻碍法院审理工作的正常进行甚至可能会导致法院裁判出现错误。因此,为了保证证人如实作证,法律对证人作伪证行为作出惩处规定。根据行政诉讼法第五十九条第一款第二项的规定,对于作伪证者,人民法院可以根据情节轻重予以训诫、责令具结悔过或者处一万元以下的罚款、15日以下的拘留;构成犯罪的,依法追究刑事责任。在证人出庭作证时,法院应将以上内容明确告知证人。

为抑制证人作伪证问题,《民诉解释》第一百一十九条还规定了证人具结制度。签署保证书是证人的一项义务,证人不能拒绝,证人签署保证书与当事人签署保证书应当适用相同的规定。① 证人拒绝签署保证书的,不得作证,并自行承担相关费用。② 这样的规定,对于行政诉讼中的证人,同样适用。

四、证人出庭作证费用的负担问题

证人在承担出庭作证义务的同时也应享有一定的权利。依据本条规定,证人享有获得因履行出庭作证义务而支出的交通、住宿、就餐等必要费用以及误工损失费等的补偿的权利。对证人因出庭作证产生的上述费用,法律规定最终由败诉一方当事人承担。为进一步提高证人出庭作证的积极性,对证人因出庭作证产生的上述费用,一般来说应由相关方先行垫付,并由垫付方交至法院,通过法院支付给证人。在我国,证人出庭作证

---

① 《民诉解释》第一百一十条第二款规定:"保证书应当载明据实陈述、如有虚假陈述愿意接受处罚等内容。当事人应当在保证书上签名或者捺印。"
② 《民诉解释》第一百二十条规定:"证人拒绝签署保证书,不得作证,并自行承担相关费用。"

以当事人申请并经法院许可为原则，以法院主动传唤对案件事实认定有帮助的证人出庭作证为例外。因此，对证人的经济补偿先行垫付方式分为两种：当事人申请证人作证的，由该当事人先行垫付；当事人没有申请，人民法院依法通知证人作证的，由人民法院先行垫付。关于证人出庭作证的费用的补偿数额，无论是当事人还是法院先行垫付，均应由法院依照《民诉解释》第一百一十八条①规定确定。鉴于补偿费数额的负担方需要以法院最终生效裁判文书确定，因此，法院在确定补偿费数额时，应通知双方当事人，并听取双方的意见。该经济补偿是证人的一项权利，如果证人明确不主张经济补偿或者最终要求的数额低于法院确定的数额，法院应尊重证人的决定。

证人出庭后作伪证，失去取得经济补偿的法律基础，应退还收取的补偿费。证人出庭后，法院在其作证前，查明其不具有出庭作证的资格或者其拒绝证言的主张成立，如此申请系当事人申请，该证人的经济补偿费应由申请人与法院分担。如系法院依职权通知证人出庭作证的，该经济补偿费由法院先行负担。

【实务指导】

关于证人拒绝作证、拒绝出庭的后果及承担问题做以下说明。

由于证人作证具有高度的人身依附性，且证人也不是案件当事人，因此各国法律均无强制证人作证的规定。对知道案件事实但不愿意履行作证义务的，也没有相应的制裁措施。同时，为了维护公序良俗和社会核心价值，还规定了具有特殊身份关系、特殊职业群体的人员，即使知道案件事实，也可以行使拒绝作证的特权。《论语·子路》即有"父为子隐，子为父隐，直在其中矣"的记载。"亲亲得相首匿"也是汉代刑罚适用原则之

---

① 《民诉解释》第一百一十八条规定："民事诉讼法第七十四条规定的证人因履行出庭作证义务而支出的交通、住宿、就餐等必要费用，按照机关事业单位工作人员差旅费用和补贴标准计算；误工损失按照国家上年度职工日平均工资标准计算。人民法院准许证人出庭作证申请的，应当通知申请人预缴证人出庭作证费用。"

一,并一直为后世历代所沿用。即直系三代血亲之间和夫妻之间,除犯谋反、大逆以外的罪行,有罪可以互相包庇隐瞒,不向官府告发。对于亲属之间容隐犯罪的行为,法律也不追究责任。我国也有学者主张,具有下列情形之一的,证人有拒绝作证的权利:(1)当事人一方或双方是该证人或其配偶三代以内的直系血亲的;(2)证人所做陈述,有导致其本人或第一项规定的人受到刑事追究可能性的;(3)证人所做陈述,有导致其本人或第一项规定的人产生公法上没收财产后果的可能性的;(4)证人所做陈述可能涉及国家秘密,而尚未得到有关国家机关行政首长许可的;(5)本人与代理人、本人与辅助人间,基于诚实信用原则,或证人与其他人间,基于合同关系,而有保护他人商业秘密、个人秘密的义务,未得该他人许可的;(6)作证内容涉及证人与其心理医生间的心理咨询事项。他们还主张,证人虽有上述(1)(2)(3)项所规定的情形,但对下列事项,仍不得拒绝作证:(1)对同居人或曾同居人的出生、死亡、婚姻或其他身份上的事项;(2)因亲属关系所产生的财产上的事项;(3)作为证人而知悉的法律行为的成立及其内容事项。证人虽有上述(4)(5)规定情形,但在作证时其保密责任已经免除,不得再以前条规定的情形为由,拒绝作证。①

实践中,为了查明案件事实,对于不具备特殊关系的证人而言,应当尽可能出庭作证并如实陈述。

(耿宝建、孙辉妮撰写)

第四十一条

有下列情形之一,原告或者第三人要求相关行政执法人员出庭说明

---

① 参见江伟教授主持、陈界融博士主笔《中华人民共和国证据法》(修改稿,统一证据法学者建议稿)第五十二条、五十三条。

的，人民法院可以准许：

（一）对现场笔录的合法性或者真实性有异议的；

（二）对扣押财产的品种或者数量有异议的；

（三）对检验的物品取样或者保管有异议的；

（四）对行政执法人员身份的合法性有异议的；

（五）需要出庭说明的其他情形。

【条文主旨】

本条是关于原告或第三人要求相关行政执法人员出庭说明的规定。

【起草背景】

本条沿用了《行政诉讼证据规定》第四十四条的规定，但改变了表述，将"原告或者第三人可以要求相关行政执法人员作为证人出庭作证"修改为"原告或者第三人要求相关行政执法人员出庭说明，人民法院可以准许"。这种改变主要是调整了表述的角度，即主要从人民法院的职权角度进行了规定。作出本条规定的主要目的和意义在于两个方面。第一，督促行政执法人员严谨规范执法。虽然本条仅规定了相关执法人员出庭说明情况，并未直接规定违反法律法规的法律后果，但要求行政执法人员出庭说明本身，就是一种对行政执法活动的有效监督。因为出庭说明情况当中，执法人员个人履职的故意或者过失将公之于众，所以会促使执法人员避免今后执法的随意性，对待各项规范更为谨慎。第二，本条规定意味着，行政机关向人民法院提供的有关行政执法的证据，并不能当然被采信。根据行政诉讼法的规定，被告对作出的行政行为负有举证责任，而人民法院对被告所提供的证据的审查就包括审查证据的合法性和真实性。本条规定了行政执法人员出庭说明，有利于人民法院全面、客观地审查核实证据，进而准确地认定案件事实，最终公正作出裁判。需要注意的是，本条规定是"相关行政执法人员"，并不限于被告的行政执法人员。

【条文释义】

本条规定了五种情形，原告或者第三人要求相关执法人员出庭说明的，人民法院可以准许，现分述如下。

1. 对现场笔录的合法性或者真实性有异议的。现场笔录是指行政机关对行政违法行为当场处理而制作的文字记载材料。现场笔录是行政诉讼与民事诉讼唯一不同的证据种类。现场笔录是执行执法活动中经常需要制作的。比如公安机关办理治安管理行政处罚案件、价格主管部门办理价格行政处罚案件、卫生行政机关在案件调查、现场监督检查过程中等均须制作现场笔录。制作现场笔录的目的是固定现场的情况，防止行政相对人事后翻供。现场笔录具有以下五个特征。（1）由法定的制作主体制作，制作主体是行政执法人员，其他单位和个人不能替代。（2）制作时间是在行政执法活动的过程之中。（3）制作的地点是案件发生的现场。（4）制作应当符合程序，现场笔录应当记载时间、地点、事件等内容，并由执法人员和当事人签字。比如根据行政强制法第十八条规定，行政机关实施行政强制措施应当当场制作现场笔录，现场笔录由当事人和行政执法人员签名或者盖章，当事人拒绝的，在笔录中予以注明。当事人不在场的，邀请见证人在场，由见证人和行政执法人员在现场笔录上签名或者盖章。《公安机关办理行政案件程序规定》第四十三条第四项规定，制作现场笔录由当事人和办案人民警察签名或者盖章，当事人拒绝的，在笔录上注明。当事人不在场的，由见证人和办案人民警察在笔录上签名或者盖章。（5）现场笔录的内容是行政执法人员对自己现场所见所闻、检查、检验等案件事实的记载。本条在适用时需注意两个问题。（1）对原告或第三人提出异议没有其他限制条件，意味着只要原告或第三人对现场笔录的合法性或者真实性有异议，要求行政执法人员出庭说明的，一般都会准许。特别是当现场笔录由一名执法人员制作时，为了增强法官的内心确信，法院应当允许。对于被告机关而言，制作现场笔录的行政执法人员都要做好出庭说明的准备。（2）在执法人员出庭说明时，法院应引导其着重对原告、第三人持有异议的问题进行陈述，法官也可对其进行询问。对于执法人员出庭说明的内容，应关注其陈述与之前的笔录是否一致，综合运用逻辑推理和生活经验，进行全面分析判断。

2. 对扣押财产的品种或者数量有异议的。行政强制法第二十四条规定，行政机关决定实施查封、扣押的，应当制作并当场交付查封、扣押决定书和清单。查封、扣押清单一式二份，由当事人和行政机关分别保管。治安管理处罚法第八十九条第二款规定，对扣押的物品，应当会同在场见证人和被扣押物品持有人查点清楚，当场开列清单一式二份，由调查人员、见证人和持有人签名或者盖章，一份交给持有人，另一份附卷备查。一般情况下，行政机关扣押行政相对人财产，会让行政相对人在扣押清单上签字。对于被告向法院提供的有行政相对人签字的清单，只要签字能够确认真实性，法庭就可以直接认定清单上所记载的财产品种和数量，通常不需要执法人员出庭说明。但下列情况下执法人员出庭说明就是必要的。（1）清单上没有行政相对人的签字。造成这一状况的原因，可能是行政性对人不配合执法机关工作，拒绝签字；可能是扣押财产时，相对人没有在现场而且未能通知其到现场；还可能是执法人员工作疏忽，未要求相对人签字。（2）清单上虽然有相对人的签字，但清单本身对财产的情况特别是品种记载不清晰，双方当事人对被扣押为何种财产说法不一。在上述两种情况下，要求执法人员出庭说明情况，有助于还原当时的情境，查明案件事实。执法人员出庭说明过程中，法院应重点询问和审查：（1）行政相对人没有在清单上签名的原因；（2）有无见证人或第三人在场，将见证人、第三人的证人证言与案件几方当事人的陈述进行对照分析，必要时可以组织对质；（3）就被扣押物品的情况，比如颜色、大小、包装、形状、型号等细节问题进行询问，组织当事人质证。

3. 对检验的物品取样或者保管有异议的。比如对药品监督管理部门对药品质量进行抽查检验、具有食品安全监督管理职责的部门对食品进行抽样检验、环境保护主管部门对水污染程度进行取样检测等提出的异议。在行政检查或者其他行政执法活动中，经常需要对物品进行抽样检验。在检验过程中，执法人员按照法定的程序和方法进行取样和保管，是保障检验结果正确的前提。当原告或第三人对检验的物品取样或者保管有异议时，执法人员出庭说明尤为必要。在此过程中，应当允许当事人进行询问。

4. 对行政执法人员的身份的合法性有异议的。行政机关作出行政行为时具有相应的法定职权，是判断行政行为合法性的一个重要条件。行政机关中执法人员身份不合法，可能导致行政行为被确认违法。实践中，有的行政机关委托或违法雇佣非行政机关工作人员实施行政管理，原告或第三人对此提出异议的，法院应当要求执法人员出庭说明。在庭审过程中，主要是查明执法人员身份的合法性，执法人员应当说明其工作单位、职务、权限、是否经行政机关授权等，包括提交执法证件。本条第五项是一个兜底条款，除上述四种情形之外，确实需要执法人员出庭说明的，经原告或第三人申请，人民法院可以准许。

【实务指导】

在实务中有两个值得探讨的问题。

1. "相关行政执法人员出庭说明"是否属于证人出庭作证？自《行政诉讼证据规定》出台之后，对于行政执法人员能否作为证人而出庭作证问题就存在不同的看法。但从本条目前的表述来看，本司法解释所持的态度是否定了被告机关行政执法人员的证人身份，所以本条规定的被告机关行政执法人员出庭说明，就应当属于当事人陈述。主要理由包括两方面。第一，证人证言是指人以口头或者书面方式向人民法院所做的有关案件事实的陈述。证人是指直接或间接了解案件情况的人，且证人必须是当事人以外的人。被告机关的行政执法人员，虽然从形式上看其为自然人，且其本身不是案件的当事人（被告），但该执法人员的行政执法活动是履行职权的行为，此时执法人员的行为就视为被告机关的行为。行政机关行政权的实际运用都是通过其内部公务员的行为来实现的。只要是公务员在工作时间和职责权限内，以行政机关名义作出的行为，都是公务行为，其归属主体是其所在行政机关。所以，被告机关行政执法人员的行为与被告机关的行为并非两个行为。行政执法人员不可能脱离其与被告机关的法律关系,以旁观者的身份作证。第二,行政诉讼遵循案卷主义规则。案卷主义规则又称案卷排他主义,是指行政机关在行政程序之外形成的证据不能作为证明行政机关行为合法或定案的根据。如果认为被告机关行政执法人员是证人,而其陈述的事实是用以证明行政行为的合法性,并增强了原行政案卷中证据的证明力,那么法院是否将其作为证人证言予以采纳呢?如果采纳就会与案卷主义规则相悖。基于上述考虑,被告机关行政执法人员出庭说明不属于证人出庭作证,但被告机关之外的其他行政机关执法人员出庭,可以作为证人出庭作证。

2. 被告行政机关能否申请相关行政执法人员出庭说明?本条只规定了原告或者第三人要求相关行政执法人员出庭说明,而未规定被告要求相关行政执法人员出庭说明。如果被告在诉讼中提出了此申请,法院是否允许呢?对此,不应一概否认被告此项申请权。(1)如果被告在举证期限内提供了相关行政执法人员的证人证言,原告或第三人对此持有异议的,被告申请行政执法人员出庭说明,是希望通过法庭质证程序确认上述证人证言可采信,并非补充新证据。但是被告提供的行政执法人员的证人证言,不能违背行政机关"先取证、后裁决"的基本要求。(2)行政诉讼法第三十六条第二款规定,原告或者第三人提出了其在行政处理程序中没有提出的理由或者证据的,经人民法院准许,被告可以补充证据。在这种情况下,针对原告、第三人新的理由或证据,被告申请相关行政执法人员出庭说明其原证据的取得、证据的内容等以证明行政行为的合法性,应当准许。

(白雅丽撰写)

第四十二条

能够反映案件真实情况、与待证事实相关联、来源和形式符合法律规定的证据,应当作为认定案件事实的根据。

【条文主旨】

本条是关于定案证据基本条件的规定。

【起草背景】

本条是司法解释新增加的内容。行政诉讼法和《行政诉讼证据规定》均未规定证据的概念，也未明确规定定案证据应当具备的条件。长期以来，理论界和实践界不但对什么是证据这一基本问题认识模糊，对一些问题更是莫衷一是，众说纷纭。例如，"证据"与"定案证据"的关系，证据"真实性""合法性""关联性（相关性）"的内涵，审查证据"三性"是否应按照一定顺序，证据"三性"与证据"可采性"有何异同，不符合特定条件的证据是不予"接纳"①、不予"采纳"② 还是不予"采信"③，法律与司法解释条文混乱出现的"证据能力""证据效力""证明效力"④

---

① 《行政诉讼证据规定》第七条第二款规定："原告或者第三人在第一审程序中无正当事由未提供而在第二审程序中提供的证据，人民法院不予接纳。"

② 行政诉讼法第四十三条第二款规定："人民法院应当按照法定程序，全面、客观地审查核实证据。对未采纳的证据应当在裁判文书中说明理由。"《行政诉讼证据规定》第五十九条规定："被告在行政程序中依照法定程序要求原告提供证据，原告依法应当提供而拒不提供，在诉讼程序中提供的证据，人民法院一般不予采纳。"第七十二条第二款规定："人民法院应当在裁判文书中阐明证据是否采纳的理由。"

③ 《刑诉解释》第七十八条第二款规定："证人当庭作出的证言与其庭前证言矛盾，证人能够作出合理解释，并有相关证据印证的，应当采信其庭审证言；不能作出合理解释，而其庭前证言有相关证据印证的，可以采信其庭前证言。"但第二百四十六条却规定："裁判文书应当写明裁判依据，阐释裁判理由，反映控辩双方的意见并说明采纳或者不予采纳的理由。"

④ 《行政诉讼证据规定》第五十五条第三项规定，法庭应当根据案件的具体情况审查是否有影响证据效力的违法情形。第三十九条第一款则规定："当事人应当围绕证据的关联性、合法性和真实性，针对证据有无证明效力以及证明效力大小，进行质证。"第六十三条又规定了证明同一事实的数个证据的证明效力认定原则。

"证明力"① 是否应当且能够统一。这样的窘境在刑事诉讼法、民事诉讼法以及相应的证据司法解释中同样存在,同样的情节,在三大诉讼法中的表述有时竟然完全不同。② 概念体系的不一致,既给理论研究带来困惑,也影响案件审判和裁判文书制作。为了尽可能减少人们对证据和定案证据的模糊认识,本条借鉴了《民诉解释》第一百零四条第二款的规定,力图对定案证据条件予以明确。

【条文释义】

定案证据是全部证据的一部分,只有具备定案证据基本条件的证据才可能成为定案证据。本条仍然采传统证据法学学说,强调定案证据要具备关联性、合法性和真实性。

1. 关联性,也称相关性,即"与待证事实相关联"。事物是互相联系的。哲学观点认为世界是万事万物相互联系的统一整体,但定案证据应当具备的关联性,不能采取哲学观点来判断。"任何一项证据,其被法庭容许的基本前提,就是必须具有关联性;不具有关联性的证据,只有在极其例外的情况下才具有可采性。可以说,关联性概念既是英美证据法的中枢神经,也是各国诉讼证据规则的核心概念"。③ 对证据关联性问题的认识,需要明确以下问题。一是这种关联是与"待证事实"的关联。每一类案件、每一起案件需要通过证据证明的"待证事实"可能不同,在不同的诉

---

① 《民事诉讼证据规定》第五十条规定:"质证时,当事人应当围绕证据的真实性、关联性、合法性,针对证据证明力有无以及证明力大小,进行质疑、说明与辩驳。"第六十四条规定:"审判人员应当依照法定程序,全面、客观地审核证据,依据法律的规定,遵循法官职业道德,运用逻辑推理和日常生活经验,对证据有无证明力和证明力大小独立进行判断,并公开判断的理由和结果。"第七十三条第一款规定:"双方当事人对同一事实分别举出相反的证据,但都没有足够的依据否定对方证据的,人民法院应当结合案件情况,判断一方提供证据的证明力是否明显大于另一方提供证据的证明力,并对证明力较大的证据予以确认。"

② 《民事诉讼证据规定》第四十三条规定:"当事人举证期限届满后提供的证据不是新的证据的,人民法院不予采纳。"第七十九条规定:"人民法院应当在裁判文书中阐明证据是否采纳的理由。对当事人无争议的证据,是否采纳的理由可以不在裁判文书中表述。"

③ 易延友:《证据法的体系与精神———以英美法为特别参照》,北京大学出版社2010年版,第99页。

讼阶段需要证据证明的"待证事实"也可能不同。待证事实的确定本身不是证据问题，而是实体法的规定和当事人诉讼主张问题，因而同一个证据在不同案件、不同审级甚至不同的诉讼主张方面，是否具备关联性的判断，可能并不相同。简言之，同一份证据与此节事实无关联，但与彼节事实却可能有关联，不能证明积极事实但可能能够证明消极事实，因而否定证据的关联性应十分慎重。二是具备关联性并不意味着待证事实成立，而仅仅是有助于证明待证事实。因而一个证据具有关联性需要同时满足两个条件：一是该证据试图证明的事项属于能够影响诉讼结果的案件事实，对此，理论上称之为"实质性"；二是该证据对于结果事实的证明能够产生一定的影响，对此，理论上称之为"证明力"。① 从一定层面上来看，关联性解决的是证据支撑待证事实的倾向性和可能性，而非确定性。因而关联性的理论基础在于概率理论，是依据逻辑或者经验来证明待证事实更可能或者更无可能成立。三是具备关联性的证据可能被排除。实践中法官可能因为证明待证事实的证据已经十分充分，而拒绝采纳当事人提供的具备关联性的证据，也可能因为证据的关联性过于遥远或者可能造成不公平对待而排除一些证据。如公安机关提交的公民20年前的违法记录，公民提交的办案警察20年前因违法收集证据被行政处分的证据等，就可能被认为不具备关联性而排除。《民诉解释》第九十五条规定："当事人申请调查收集的证据，与待证事实无关联、对证明待证事实无意义或者其他无调查收集必要的，人民法院不予准许。"

2. 合法性，即"来源和形式符合法律规定"。合法性主要包括了以下四个方面。（1）证据主体合法。即形成证据的主体须符合法律的要求。法律对某些证据的证据主体规定了相应的要求。如不能正确表达意志的人，不能作为证人；作出鉴定结论的主体必须具有相应的鉴定资格等。（2）证据形式合法。证据不仅要在内容上客观真实，其表现形式上也符合法律规定的要求。如公文书证应当加盖单位印章，鉴定报告要有鉴定人本人签名。（3）证据取得方法合法。当事人收集的证据材料能否作为法院认定案

---

① 易延友：《证据法的体系与精神——以英美法为特别参照》，北京大学出版社2010年版，第99页。

件事实的证据，还要看该证据材料的取得方法是否符合法律的规定。如欺诈或者暴力胁迫形成的证据，即使内容是真实的，也不能作为定案证据；一个执法人员独自形成的询问笔录，即使内容是真实的，同样不能作为定案依据等。（4）证据程序合法。如证据应当在法庭上出示，由当事人质证。未经质证的证据，不能作为认定案件事实的依据。《行政诉讼证据规定》第五十五条即规定了审查证据的合法性的基本规则。

3. 真实性，即"能够反映案件真实情况"。与关联性审查和合法性审查相比，证据真实性审查较为复杂，原因之一即在于法官由于未曾亲历纠纷过程，自身并不清楚案件"真实"情况，只能在事后依据证据去"还原"案件的"法律真实"。在此过程中当事人一致承认的证据材料可能并不"真实"，而同一事实当事人也可能提供相互矛盾的"真实"证据。对证据真实性的审查，既包括证据内容真实性审查，也包括证据来源真实性审查。前者通常需要运用日常经验法则和逻辑推理进行综合判断，本质上属于法官行使裁量权的过程；后者则主要是形式上的审查。根据《行政诉讼证据规定》第五十六条规定，证据真实性审查主要包括：证据形成的原因；发现证据时的客观环境；证据是否为原件、原物，复制件、复制品与原件、原物是否相符；提供证据的人或者证人与当事人是否具有利害关系；影响证据真实性的其他因素。

【实务指导】

证据是一个宽泛的概念。凡是可以用于证明事实的材料，都是证据。证据法学由于强调证据的亲历性，因而主张证据是一种材料，其目的是证明案件事实而不是解决法律适用问题，这种材料能够提交到法庭上并由当事人质证，并且通常是由当事人提交法庭，特殊情况下法庭也可能调查取得。具体而言，行政诉讼的证据应是指诉讼当事人向法庭提供或者法庭调查取得的，认为能够用来证明特定的案件事实的材料。诉讼当事人通过证据来证明自己的主张或者来否定、动摇对方的主张，从而达到于自己有利的诉讼目的；法院通过证据来查明案件事实。可见，只要原被告没有提供或者法庭未调取到的材料,即便是客观真实存在的材料,也不能称为证据,而且提供了证据并不意味着自己的主张一定能成立。

当事人提供和法庭调取的证据,最终能否成为定案证据,必须经过证据审查和当事人庭审质证。这种审查主要即是真实性、合法性和关联性审查。而在众多的证据中,首先需要解决的证据能力问题,也即证据资格问题,不真实的、不合法的证据,首先应当被排除在外,只有具备证据能力的资格,才有机会去讨论并被比较其证明效力或者说证明力问题。而数个合法的、真实的证据,却可能在内容上是相互矛盾、互相排斥的,人民法院在"接纳"全部证据的同时,在"采纳"哪些证据,并"采信"哪些证据方面,是一个十分复杂的过程。

首先,涉及证据与待证事实的关联,以确定证据是否具备可采性。一般认为,有关联性就有可采性,这是关联性与可采性关系的基本原则。通俗地说,一个合法的、真实的证据,必须对于待证事实有一定影响力,才有价值和意义。如果一个证据既不能增加该待证事实的可能性,也不能降低待证事实的可能性,则该证据就不具有证明力。

其次,法律条文往往会自行基于经验逻辑或者维护公序良俗和社会秩序,事先原则确定不同种类的证据的证明力的大小强弱,以确保准确认定事实和裁判标准统一。比如《行政诉讼证据规定》第六十三条就原则规定了证明同一事实的数个证据在证明内容发生矛盾时,证明效力认定顺序问题:(1)国家机关以及其他职能部门依职权制作的公文文书优于其他书证;(2)鉴定结论、现场笔录、勘验笔录、档案材料以及经过公证或者登记的书证优于其他书证、视听资料和证人证言;(3)原件、原物优于复制件、复制品;(4)法定鉴定部门的鉴定结论优于其他鉴定部门的鉴定结论;(5)法庭主持勘验所制作的勘验笔录优于其他部门主持勘验所制作的勘验笔录;(6)原始证据优于传来证据;(7)其他证人证言优于与当事人有亲属关系或者其他密切关系的证人提供的对该当事人有利的证言;(8)出庭作证的证人证言优于未出庭作证的证人证言;(9)数个种类不同、内容一致的证据优于一个孤立的证据。

(耿宝建撰写)

第四十三条

有下列情形之一的,属于行政诉讼法第四十三条第三款规定的"以非法手段取得的证据":

（一）严重违反法定程序收集的证据材料；

（二）以违反法律强制性规定的手段获取且侵害他人合法权益的证据材料；

（三）以利诱、欺诈、胁迫、暴力等手段获取的证据材料。

【条文主旨】

本条是关于何为"以非法手段取得的证据"的解释性规定。

【起草背景】

广义的证据排除规则,包括传闻证据排除规则、意见证据排除规则和非法证据排除规则等。本条主要规定的是非法证据排除规则。非法证据排除规则源自英美法,且最早适用于刑事审判领域。非法证据排除规则主要包括以下三种情形：一是以违法方法获得的口供排除；二是违反搜查、扣押等法定程序获得的实物证据排除；第三种是"毒树之果"的排除。① 非法证据排除规则所排除的是证据能力或者说作证的资格,或者说是证据的可采性问题,被排除的非法证据不能被采纳为定案证据。《中共中央关于全面推进依法治国若干重大问题的决定》明确要求"健全落实非法证据排除等法律原则的法律制度"。行政诉讼法第四十三条第三款规定："以非法手段取得的证据,不得作为认定案件事实的根据。"

本条对"以非法手段取得的证据"进行了解释。条文内容基本沿用《行政诉讼证据规定》第五十七条第一、三项及第五十八条的规定。但对

---

① 房保国：《刑事证据规则实证研究》,中国人民大学出版社2010年版,第143页。

第五十八条有关"以违反法律禁止性规定或者侵犯他人合法权益的方法取得的证据,不能作为认定案件事实的依据"的规定,进行了较大幅度的修改,即将"违反法律禁止性规定"修改为"违反法律强制性规定",且将"或者侵犯他人合法权益的方法取得的证据"修改为"且侵害他人合法权益的证据材料"。如此修改,事实上限制了非法证据排除规则的适用范围,让更多的证据能够成为定案证据,更加有利于及时查清案件事实,实现实质正义。这种修改,反映了人们对非法证据排除规则的平衡点有所改变,对目的合法与手段违法、维护法律秩序与保护合法权益之间的新的认识。

【条文释义】

一、严重违反法定程序收集的证据材料

证据材料的收集、固定、提交和展现,必须符合法律规定的程序。允许违反法定程序取得的证据作为定案依据,结果将助长非法取证行为,是对法律尊严的践踏与漠视。将严重违反法定程序取得的证据不作为定案依据,既有利于保障宪法所赋予的基本人权,也有利于增强行政机关的程序意识,提高其行政执法水平。理解本项规定,需要注意以下几个问题。

一是准确理解"法定程序"。严格来说,行政机关在收集证据时应当依据什么样的法定程序,并没有统一的规定。有关行政机关收集证据的程序规定,既见之于行政处罚法、行政强制法、行政诉讼法等,更多的则是规定于治安管理处罚法行政实体法律法规规章之中。可以把"法定程序"理解为:行政机关调查取证时所必须遵守的,防止调查权恣意行使侵犯基本人权并可能导致不公正的事实认定的,由相关法律、行政法规及部门规章等规范性文件所规定的调查取证的程序。行政执法程序中调查取证行为步骤、方式以及时空要素法定化后,即转化为调查取证的法定程序。比如行政处罚法第三十七条规定:"行政机关在调查或者进行检查时,执法人员不得少于两人,并应当向当事人或者有关人员出示证件。"治安管理处罚法第八十七条规定:"公安机关对与违反治安管理行为有关的场所、物

品、人身可以进行检查。检查时，人民警察不得少于二人，并应当出示工作证件和县级以上人民政府公安机关开具的检查证明文件。对确有必要立即进行检查的，人民警察经出示工作证件，可以当场检查，但检查公民住所应当出示县级以上人民政府公安机关开具的检查证明文件……"违反上述法定程序收集的证据，则不得作为定案根据。

二是要考虑法律规定"法定程序"的类型和目的。在理想的法治状态，凡是违反法定程序收集的证据，应当一律不作为定案依据。程序正义的价值，不在于程序违法是否侵害了当事人的合法权益，而在于程序本身具有独立的价值和意义。允许将"一般违法"或者"轻微违法"取得的证据作为定案依据，既容易放纵行政机关漠视程序规定，也实质上扩大了法官在采信证据上的裁量权，将必然导致裁判标准的巨大差异。但是，我们又不得不面对这样的现实：即法定程序规定本身，也分为多种类型，既有禁止性规定也有倡导性规定，既有赋权性规定也有义务性规定，既有法律法规规章规定也有规范性文件规定等等。同时，违反法定程序的情节也存在轻重，有的严重违反并侵犯基本权利，有的轻微违反并不影响基本权利，还有的虽未遵循法定程序但可以事后补救等。尤其重要的是，完全否定程序违法取得的证据，对违反法定程序行为一律不予支持，可能更不利于权利保障和社会公共利益。"在某些程序及方式上有瑕疵之得撤销行政处分，因其非出于实体上之缺陷，不致影响到人民实质上之权利，且只是在程序或方式上有所不备，并非罹有重大之瑕疵，若遽然将此种瑕疵行政处分撤销，有时反而会损害到人民之信赖利益，影响法律之安定性并妨碍行政效率。"①

三是要正确区分"严重违反"和"轻微违反"。法律本身一般并不会规定何为"严重违反"，何为"轻微违反"，审判实践中更多在于法官的自由裁量，所以区别标准是相对的。一般认为，"严重违反法定程序"是指违反了最基本的正当程序收集的证据，实践中主要包括以下情形：（1）在作出裁决后收集的证据；（2）只有一名执法人员收集的证据；（3）执

---

① 洪家殷：《论瑕疵行政处分之补正》，载我国台湾地区《宪政时代》1986年第3期。

法人员未取得相应执法资格；（4）执法人员应当回避而未回避；（5）刑讯逼供取得的证据；（6）收集证据时未依法告知相对人相关权利；（7）未全面、客观、公正地调查收集证据；（8）非法搜查；（9）引诱式钓鱼取证；（10）应当在听证程序中接受相对人申辩和质证但未经申辩、质证的证据；（11）采取利诱、欺诈、胁迫、暴力等不正当手段；（12）其他严重违反法定程序。实践中，常见的轻微违反法定程序收集的证据，主要有：（1）证人证言未附有证人的居民身份证复印件证明证人身份的文件；（2）检查询问时未出示证件表明身份；（3）登记保存证据的手续不齐全但不影响证据真实性；（4）证据复印件漏掉原件持有人的签名盖章；（5）检查勘验笔录没有见证人签名；（6）询问笔录漏掉询问人或记录人签名；（7）其他轻微违法取得的不丧失真实性和关联性的证据。

二、以违反法律强制性规定的手段获取且侵害他人合法权益的证据材料

本项规定系对非法证据排除规则的重大修改，反映了当下人们对非法证据排除规则的利益衡量有所变化。修改主要在以下两个方面。

一是将"违反法律禁止性规定"修改为"违反法律强制性规定"，立法语言更加准确。"强制性规定"一词的立法见于合同法第五十二条，即违反法律、行政法规的"强制性规定"的合同无效。《最高人民法院关于适用〈中华人民共和国合同法〉若干问题的解释（二）》第十四条规定：合同法第五十二条第五项规定的"强制性规定"，是指效力性强制性规定。理解"强制性规定"要注意将其与"任意性规定"相区分。强制性规定，是必须得到执行的，而任意性规定则可视情不予执行。强制性规定与禁止性规定也有区别，这种区别正是修改的主要原因。强制性规定是指法律中规定了不得为某些行为（否定性规定）或者必须为某些行为（肯定性规定），前者通常用语是"禁止""不得"，后者通常用语是"应当""必须"。而禁止性规定只是法律规定不得为某些行为的规定（否定性规定），通常用语是"禁止""不得"。由此可见，强制性规定的外延比禁止性规定的外延更大。违反法律规定的禁止性规定（"禁止""不得"型否定性

规定）收集的证据，当然不能作为定案依据。同时，违反了法律规定的肯定性规定（"应当""必须"型肯定性规定），同样因其不具备应当、必须具备的条件，而不能作为定案依据。如法律规定了收集证据必须遵循的步骤、方式和程序却未遵循，此时收集的证据同样不得作为定案依据。换言之，法律明确禁止的获取证据的手段，如刑讯逼供方式，取得的证据不得采信；违反法律对证据获取明确规定方式的，如未按照电子证据获取和固定方式形成的证据，同样不得采信。如此修改，更有利于保证取得证据手段的合法性，应当予以肯定。而且从文义解释方法来看，这里的法律是指全国人大及其常委会颁布的法律性文件，不宜包括行政法规特别是地方性法规。但从加强对行政机关收集证据行为的监督和促进依法行政角度来看，也可扩大解释为包括法律、法规和规章。

二是获取手段违法且要同时构成侵害他人合法权益。《行政诉讼证据规定》第五十八条规定："以违反法律禁止性规定或者侵犯他人合法权益的方法取得的证据，不能作为认定案件事实的依据。"本司法解释将"或者"修改为"且"，将两者的选择关系修改为并列关系，即只有同时具备"违反强制性规定"和"侵犯他人合法权益"两个条件的，才不能作为定案依据。如此修改，扩大了非法证据的采纳范围，既考虑行政管理复杂性和行政机关取证的困难，又坚持了法律底线和法治思维，而并非一味"迁就"行政机关违法取证。底线即为是否"侵害他人合法权益"。如果一份证据其取得方式本身违反了法律强制性规定，同时又"侵害他人合法权益"，则理所应当予以排除。而且此处的"他人合法权益"理解应当从宽，并不能仅理解为对他人人身权、财产权造成有形的损害，也包括对人格权、住宅权、隐私权的无形损害。这种损害既可能是物质层面，也可能是精神层面。值得关注的是，近年来的司法实践，普遍存在限缩非法证据排除适用范围的倾向。《民诉解释》第一百零六条规定："对以严重侵害他人合法权益、违反法律禁止性规定或者严重违背公序良俗的方法形成或者获取的证据，不得作为认定案件事实的根据"。之所以作出这样的修改，起草者认为："《最高人民法院关于民事诉讼证据的若干规定》第六十八条有关'以侵害他人合法权益或者违反法律禁止性规定的方法取得的证据，不能作为认定案件事实的依据'的规定仍有过于严苛的问题,会产生取证难问题,因此非法证据排除规则应合理平衡收集证据与证据收集过程中的权利保障,对《最高人民法院关于民事诉讼证据的若干规定》第六十八条的内容作了进一步缓和。首先坚持非法证据应当排除的原则。将侵害他人合法权益的标准修改为严重侵害他人合法权益,即对侵害他人合法权益提出了程度上的条件达到严重的程度,才可以构成非法证据,通过利益衡量的判断,对他人合法权益造成一般性侵害的,则不能导致该证据被排除"。①民事诉讼中对非法证据排除规则的限制,对正确认识本次修改,有一定启示意义。

三、以利诱、欺诈、胁迫、暴力等手段获取的证据材料

本项规定,系对"非法手段"不完全列举。主要针对实践中经常出现的"利诱、欺诈、胁迫、暴力"等手段予以明确,便于理解和执行。非法证据的表现形式有多种,非法手段获取仅仅是其中一部分,而"利诱、欺诈、胁迫、暴力"手段仅是"非法手段"的一部分。定案证据贵在真实性,能够客观、全面、准确地反映案件事实,而通过非法手段取得的证据,既可能"失真",丧失证据的真实性,也可能因为取得手段违反公序良俗,背离社会核心价值,而不能得到允许和支持。因而立法明确规定"利诱、欺诈、胁迫、暴力"取得的证据材料,一律不能采信,即使该证据内容本身是真实的。本条所谓"利诱"是指用金钱或其他利益来骗取的证据材料,所谓"欺诈"是指以他人发生错误认识为目的的故意骗取的证据材料,所谓"胁迫"利用威胁强迫的获得的证据材料,所谓"暴力"是指利用暴力殴打方式获得的证据材料。由于"利诱""欺诈""胁迫""暴力"本身属于不确定的法律概念,因此对"利诱""欺诈""胁迫""暴力"的认定只能结合个案判断,难以抽象出一个明确的标准。因为实践中对于不同年龄、不同知识水平、不同生活背景的当事人而言,在不同程度的"利诱、欺诈、胁迫、暴力"背景下,所提供或者形成、或者获得

---

① 杜万华、胡云腾主编、最高人民法院研究室编:《最高人民法院民事诉讼法司法解释逐条适用解析》,法律出版社 2015 年版,第 182 页。

的证据真实性、合法性影响难以统一认定，因而只能由裁判者结合案情综合判断。而总体原则就是，对于行政机关"以非法手段取得的证据"的审查判断，应当从严，以限制公权力，保障私权利；而对于行政管理相对人"以非法手段取得的证据"的审查判断，应当适当从宽，保障其本来较弱的调查取证权力（利）实现，以鼓励相对人依法维权，并对公权力进行监督。

【实务指导】

非法证据排除规则，最早主要适用于刑事诉讼领域。主要是指以酷刑手段获取的被告人的供认，以及通过非法的搜查、扣押、窃听等获得的证据。早在 1914 年，美国联邦最高法院便依据宪法第四修正案在维克斯诉合众国一案的判决中提出了非法证据排除规则。宪法第四修正案规定："人们保护自己的人身、房屋、文件及财产不受任何无理搜查和扣押的权利不容侵犯；除非是由于某种正当理由，并且要有宣誓或誓言的支持并明确描述要搜查的地点和要扣留的人或物，否则均不得签发搜查证。"在英国普通法中，非法获取的言词证据与实物证据区别对待，对于言词证据，由于其真实性值得质疑，因而主张绝对予以排除；但是对实物证据，因为其在证明事实真相上的价值并不因收集手段的非法性而有所降低或导致证据无法被采用，因此，并不会因（取证时）被告的权利受到侵害就被排除。① 日本民事诉讼法认为不管任何收集证据方法，原则上都承认其证据能力。但是，近年来，从发现真实的要求也要与当事人之间的信义和程序上的正义的理念相协调起来实现的想法出发，对违法收集的证据，在具备一定条件的情况下，应当加以否认其证据能力的见解成为有利说。判例也认为，"搜集证据采用严重违反社会公德的手段，限制他人的精神和肉体上的自由等带有侵犯他人人格的方法去搜查时，这本身就是违法，因此不

---

① 谢佑平、万毅：《多元与普适：刑事司法国际准则视野内的非法证据排除规则》，载何家弘主编：《证据学论坛》（第三卷），中国检察出版社 2001 年版，第 219~220 页。

得不否定其证明能力。"①

美国最高法院还通过"毒树之果"的理论将非法证据的排除扩展到从非法证据获得的证据,按照该理论,以违法方式收集到的证据为有毒的树,以这些证据为线索获得的其他证据为毒树的果子,毒树之果不可食,因而也应当排除。② 排除非法证据的代价是使一些确实犯了罪的人因此而逃脱了法律的制裁。犯罪率的日益增长和政府控制犯罪能力的减弱引起了美国民众的强烈不满,后来,美国最高法院不得不对"毒树之果"的理论作出修正,在继续坚持排除非法证据的同时,设置了两项不予排除的例外:一是必然发现的例外,即一部分侦查人员虽然偶然进行违法侦查,但即使不违法侦查,其他侦查人员通过合法侦查也必然会获得证据;二是善意的例外,即事实上进行违法侦查的人员有理由相信侦查程序是合法的。如侦查人员依照一位有签发权的官员签发的搜查证进行搜查,但最终却发现搜查证是无效的。对私人以违法方式获取的证据,美国绝大多数的案例是不予排除的。③ 美国之所以不排除私人以入室窃取、装窃听器、强行进入他人住宅等方式收集的证据,是由于美国法院认为,宪法修正案第四条的规定,旨在禁止政府人员的非法侦查行为,并非禁止私人的行为,故不适用于私人非法收集证据的情形。当然,如果私人采取非法手段收集证据,其行为触犯了刑法,仍然会受到追究,但这与证据能力不相干,即便受到刑事处罚,所收集到的证据在诉讼上仍然是有效的。

行政诉讼中的非法证据排除更加复杂,因为行政机关行政行为种类多样,对当事人人身权、财产权影响程度也不一样,且行政诉讼中的原告同样存在收集、提交证据的义务,同样可能存在非法手段获取的证据问题。因此,为了正确处理行政诉讼中的非法证据排除问题,有必要引入利益衡量的解释方法。将利益衡量运用到非法取证的场合,就是要将非法取证行为所要保护的合法权益大小,与非法取证行为造成的危害,造成对方当事人或第三人合法权益的损害进行对照比较,将违法取证行为的严重程度、

---

① [日]兼子一、竹下守夫:《民事诉讼法》,白绿玄译,法律出版社1995年版,第108页。
② 参见房保国:《刑事证据规则实证研究》,中国人民大学出版社2010年版,第147页。
③ 参见房保国:《刑事证据规则实证研究》,中国人民大学出版社2010年版,第149~150页。

案件的重要程度、证据的重要程度进行对照，以确定哪一种权益更值得优先保护。因此"在非法证据的判断上，应当综合考量实体公正与程序正义的冲突，目的合法与手段违法的冲突，保护自己合法权益与侵犯他人合法权益的冲突，保护合法权益与维护法律秩序的冲突，以将非法证据排除规则建立在各种的最佳平衡点上。"[1]《最高人民法院关于开展〈人民法院统一证据规定（司法解释建议稿）〉试点工作的通知》第二十五条规定，（民事、行政诉讼的非法证据排除）在民事、行政诉讼中，如果证据的取得严重侵害了他人合法权益或者违反法律禁止性规定，审判人员应当根据个案的具体情况、违法的严重程度以及是否可能导致严重不公正的后果进行权衡，决定其是否可以采纳作为定案的证据。行政诉讼被告通过上述手段取得的证据，不得采纳。

（耿宝建撰写）

第四十四条

人民法院认为有必要的，可以要求当事人本人或者行政机关执法人员到庭，就案件有关事实接受询问。在询问之前，可以要求其签署保证书。

保证书应当载明据实陈述、如有虚假陈述愿意接受处罚等内容。当事人或者行政机关执法人员应当在保证书上签名或者捺印。

负有举证责任的当事人拒绝到庭、拒绝接受询问或者拒绝签署保证书，待证事实又欠缺其他证据加以佐证的，人民法院对其主张的事实不予认定。

---

[1] 李浩：《民事诉讼非法证据排除规则探析》，载《法学评论》2002年第6期。

【条文主旨】

本条是关于当事人和行政机关执法人员到庭接受询问的规定。

【起草背景】

本司法解释第四十一条规定，具备法定情形的，原告或者第三人要求相关行政执法人员出庭说明的，人民法院可以准许。此时的行政执法人员并不是作为证人履行作证义务，而是作为案件亲历者，履行相应的说明义务，并接受询问。因而，就不能按照证人出庭作证程序和法律责任来要求行政机关执法人员，而应当有相应的程序规定和义务规定。同时，除了原告或者第三人可以向人民法院要求行政机关执法人员出庭接受询问，人民法院在案件审理中，也可能会出现需要当事人本人亲自出庭接受询问或者在当事人不提出要求的情况下，人民法院主动要求行政机关执法人员到庭就案件有关事实接受询问的情形。因此，为了准确认定案件事实，本条对当事人本人和行政机关执法人员出庭接受询问作了明确规定。本条还借鉴了《民诉解释》第一百一十条有关当事人到庭接受询问的条件、需要签署的保证书主要内容以及拒绝的不利后果的规定。

【条文释义】

全面理解本条规定，需要把握以下几个方面。

1. 要求当事人本人到庭接受询问的主体，只能是人民法院。根据法律规定，当事人可以委托代理人出庭，因而行政案件的公民当事人本人并不必须到庭。当事人之间也不能要求对方必须出庭接受询问。实践中，一些当事人由于种种原因不愿意出庭接受询问，尤其是在有诉讼代理人的情况下，即使人民法院明确要求当事人本人到庭，仍然找不到庭或者即使出庭也作不实陈述，导致案件事实难以认定，纠纷难以化解。因而必须赋予人民法院一定职权，即在确有必要时，可以要求当事人和行政机关执法人员出庭接受询问。为让人民法院的上述职权得以落实，本司法解释参照民事诉讼的成熟规定，采取类似于证人具结的做法，规定人民法院在必要情况下，可以要求当事人本人到庭并具结保证陈述的真实性。

2. 人民法院认为有必要时，可以要求行政机关执法人员到庭接受询问。根据本司法解释第四十一条规定，具备法定情形的，原告或者第三人是可以要求相关行政执法人员出庭说明。而参考该条规定，具有以下情形的，即（1）对现场笔录的合法性或者真实性有异议的；（2）对扣押财产的品种或者数量有异议的；（3）对检验的物品取样或者保管有异议的；（4）对行政执法人员的身份的合法性有异议的；（5）需要出庭说明的其他情形的，人民法院可以要求行政机关执法人员出庭。

3. 当事人和行政机关执法人员必须签署保证书。签署保证书问题，民事诉讼法和行政诉讼法均未作出规定。传统证人一般并不签署保证书，法官在其接受询问前，会当庭告知如实作证、如实陈述的义务以及作伪证和虚假陈述的法律后果。而为了增强出庭询问证人的责任感，各地在实践中对于证人出庭逐渐发展了符合国情的形式和要求，最高人民法院还制作了保证书样式，供各地参考。正是在总结既往审判经验的基础上，《民诉解释》对证人出庭作证作了详细的规定。第一百一十九条明确规定，人民法院在证人出庭作证前应当告知其如实作证的义务以及作伪证的法律后果，并责令其签署保证书，但无民事行为能力人和限制民事行为能力人除外。第一百二十条规定，证人拒绝签署保证书的，不得作证，并自行承担相关费用。因此，签署保证书已经成为出庭作证证人的法定义务，拒绝签署保证书的，就不能再作证，其所提供的言辞证据的真实性、合法性，就可能受到质疑。《民诉解释》第一百一十九条第二款还规定，证人签署保证书适用本解释关于当事人签署保证书的规定。因而，当事人在出庭接受询问时也必须签署保证书。此已经成为法定义务，未签署保证书发表的陈述，其合法性可能会受到质疑。

行政诉讼法第一百零一条规定，人民法院审理行政案件，关于期间、送达、财产保全、开庭审理、调解、中止诉讼、终结诉讼、简易程序、执行等，以及人民检察院对行政案件受理、审理、裁判、执行的监督，本法没有规定的，适用民事诉讼法的相关规定。因此，行政案件的当事人和行政机关执法人员，在出庭接受询问时，也必须签署保证书。法官在审理行政案件时，应当充分注意保证书的签署问题。

4. 保证书应当载明如实陈述的义务与后果。与证人具结保证一样，当事人和行政机关执法人员出庭接受询问的，必须保证其陈述是真实的，作虚假陈述的，要承担不利后果。人民法院在当事人和行政机关执法人员接受询问前，也应当对如实陈述的义务及违反义务的后果进行释明，使其理解义务的内容和后果。当事人或者行政机关执法人员应当在保证书上签名或者捺印。签名和捺印，一般应当在法庭上当庭进行。当事人或者行政机关执法人员较多，或为了提高庭审效率，也可由书记员在庭前要求签名或者捺印。

5. 本条第三款的适用对象只能是作为原告和第三人的公民当事人。行政诉讼的特殊性，决定了行政案件被告恒定为行政机关，作为机关法人也就不存在本人亲自出庭接受询问的情形，而只能是通过行政机关负责人和委托代理人出庭表达诉求，因此被告行政机关不可能出现拒绝到庭、拒绝接受询问或者拒绝签署保证书的问题。负有举证责任的当事人拒绝到庭、拒绝接受询问或者拒绝签署保证书，只能是作为原告和第三人的公民当事人。

6. 人民法院对其主张的事实不予认定必须具备三个条件。一是待证事实的举证责任由原告或者第三人承担；二是原告或者第三人本人拒绝到庭、拒绝接受询问或者拒绝签署保证书；三是对方当事人否认其主张的待证事实，其诉讼代理人所提供的证据又无法证明其主张的待证事实，又无其他证据加以佐证的，人民法院应当认定其未履行举证责任，不认定其主张的事实，并由其承担相应的不利后果。

【实务指导】

结合证人出庭作证的程序规定，人民法院供人民法院在当事人或者行政机关执法人员出庭接受询问前，责令其签署相应的保证书，并在证人接受询问前应当告知其如实陈述的义务以及作虚假陈述的法律后果,当事人或者行政机关执法人员拒绝签署保证书的,不得出庭接受询问,并自行承担相关费用。

(耿宝建撰写)

第四十五条

被告有证据证明其在行政程序中依照法定程序要求原告或者第三人提供证据,原告或者第三人依法应当提供而没有提供,在诉讼程序中提供的证据,人民法院一般不予采纳。

【条文主旨】

本条是关于原告或者第三人在行政程序中未提交而在诉讼中提交的证据的效力的规定。

【起草背景】

行政机关作出行政行为一般遵循"先取证、后裁决"原则,行政行为的合法性就以行政机关掌握充分确凿的事实为前提。为了确保行政机关在作出行政行为的过程中全面掌握与案件有关的事实和证据,提高行政效率,法律一般都规定当事人有配合、协助行政机关开展行政调查和行政检查,主动、如实、全面地提供证据材料的义务。如:德国联邦程序法第26条第2项规定,当事人应协助阐明事实,尤其应提出其所知悉的事实及证据方法。我国法律、法规也明确规定当事人具有此项协助义务。如:行政处罚法第三十七条第一款规定,当事人或者有关人员应当如实回答询问,并协助调查或者检查,不得阻挠。询问或者检查应当制作笔录。行政许可法第三十一条规定，申请人申请行政许可，应当如实向行政机关提交有关材料和反映真实情况，并对其申请材料实质内容的真实性负责。

当事人积极履行行政协助义务，既包括主动陈述与案件有关的事实、提供有关的资讯和线索，也包括提出与案件有关的书证、物证、视听资料、电子数据等证据材料。从维护当事人自身的利益而言，为了减轻、避免可能的行政负担或者取得期待的行政利益，当事人也有必要在行政机关发动行政职权时，就予以真实、完整地提出所掌握的重要事实和证据。如果允许当事人对证据材料秘而不宣，待行政机关穷尽调查方法和能力，并得出结论后，当事人再举证并以反证推翻，既不利于行政法律关系的尽快稳定，也不利于行政机关依法行政，更不利于当事人自身权益的维护。[①]因此，一方面，要强化当事人在行政程序的举证权利或者义务，另一方面，需要对当事人逾期举证的证据是否失权作出规定。

所谓当事人逾期举证，是指行政相对人或者利害关系人在行政程序中没有提供、或是没有及时提出证据，而在之后的行政诉讼中主动提出证据，用以反驳行政机关的决定或者证明自己主张的情形。[②] 对于原告或者第三人逾期举证的后果，《行政诉讼证据规定》区分了两种情形并作出不同规定。其中，第二条规定，原告或者第三人提出其在行政程序中没有提出的反驳理由或者证据的，经人民法院准许，被告可以在第一审程序中补充相应的证据。第五十九条规定，被告在行政程序中依照法定程序要求原告提供证据，原告依法应当提供而拒不提供，在诉讼程序中提供的证据，人民法院一般不予采纳。2014年修正的行政诉讼法吸收了上述《行政诉讼证据规定》第二条规定的内容，其第二十六条第二款规定，原告或者第三人提出了其在行政处理程序中没有提出的理由或者证据的，经人民法院准许，被告可以补充证据。显然，"原告或者第三人提出其在行政处理程序中没有提出证据"，还包括了"原告或者第三人在行政程序中依法应当提出而没有提出证据"这一情形。有的观点认为，行政机关在行政程序中已

[①] 余凌云：《行政调查三题》，载《浙江学刊》2011年第2期。

[②] 参见华燕：《论行政程序中相对人迟延举证及其诉讼后果》，载《行政法学研究》2011年第4期。

经依照法定程序要求行政相对人举证，行政相对人依法应当提供而不提供证据，导致行政机关认定事实错误，其责任在于行政相对人一方，如果采纳这类证据，将导致原告或者第三人在行政诉讼中突击举证，形成各方当事人诉讼地位的不对等，不利于贯彻行政行为合法性审查原则。由于行政诉讼法没有同时吸收上述《行政诉讼证据规定》第五十九条规定的内容，《行诉解释》为填补立法空白，及考虑到行政行为的"对世效力"，行政程序中既有行政相对人也有利害关系人，在第四十五条增加该条内容，并将原规定中的"原告"修改为"原告或者第三人"。

【条文释义】

准确理解本条，需要把握以下几方面内容。

一、对"依法应当提供而没有提供"的理解

本条所称"原告或者第三人依法应当提供而没有提供证据"，系指根据法律法规和规章的规定，原告或者第三人在行政程序中，应当根据行政机关的要求履行协助义务，或者对自己的主张提出相应的证据，而原告或者第三人因自己的过错，没有提供的情形。

1. 当事人依法应当履行法定行政协助义务。一般而言，行政协助义务有广义和狭义之分，广义的行政协助义务既包括当事人的"参与负担"，也包括当事人的"参与义务"，狭义的行政协助义务，仅指当事人的"参与义务"，而只有当事人负担"参与义务"的情形下，才属于必须提供证据。如：德国联邦程序法第26条第2项规定，当事人应协助阐明事实，尤其应提出其所知悉的事实及证据方法。德国学者认为，本项第1句仅规定当事人在行政程序上参与调查事实之"负担"而非"法定义务"，故当事人不为参与，不能据此规定实施强制执行，只是可能造成法律上不利之结果。第2句仅特别举例说明第1句而已。至于第3句规定之意旨，系指如使当事人超越"参与负担"而进入"参与义务",必须法规有特别规定。①如:《公安机关办理行政案件程序规定》第三十条规定,凡知道案件情况的人,都有作证的义务,就仅规定了当事人的"参与负担",而没有规定相应的法律责任;而该规定第七十六条有关"对需要进行伤情鉴定的案件,被侵害人拒绝提供诊断证明或者拒绝进行伤情鉴定的,公安机关应当将有关情况记录在案,并可以根据已认定的事实作出处理决定。经公安机关通知,被侵害人无正当理由未在公安机关确定的时间内作伤情鉴定的,视为拒绝鉴定"的规定,属于规定了当事人的"参与义务"。

2. 当事人应当对自己在行政程序中提出的主张和请求提供证据。无论是在诉讼中,还是在行政程序中,权利人都应当主动使自己权利存在的事实处于确实的状态,而不是被动地等待权利存在的事实处于真伪不明的状态。因此,无论是在秩序行政还是给付行政过程中,当事人对提出的对自己有利的主张,应当提供证据予以证明。具体来说,在行政机关作出行政处罚等负担性行政行为过程中,当事人主张从轻、减轻或者免除处罚的,应当提供相应的证据。如:产品质量法第五十五条规定,销售者销售本法第四十九条至第五十三条规定禁止销售的产品,有充分证据证明其不知道该产品为禁止销售的产品并如实说明其进货来源的,可以从轻或者减轻处罚。在请求行政机关履行法定职责或者实施行政给付的过程中,申请人应当对提供其申请符合法律规定的相应的证据材料。如:《工伤保险条例》第十八条规定:"提出工伤认定申请应当提交下列材料:(一)工伤认定申请表;(二)与用人单位存在劳动关系(包括事实劳动关系)的证明材料;(三)医疗诊断证明或者职业病诊断证明书(或者职业病诊断鉴定书)。……工伤认定申请人提供材料不完整的,社会保险行政部门应当一次性书面告知工伤认定申请人需要补正的全部材料。申请人按照书面告知要求补正材料后,社会保险行政部门应当受理。"同时,如果行政机关确有证据证明原告或者第三人在行政程序中以明示的方式明确放弃陈述、申辩权、放弃举证的,以及在行政机关举行的听证程序中自认对其不利的事

---

① 参见章剑生:《论行政处罚中当事人之协助》,载《华东政法学院学报》2006年第4期。

实的,属于原告或者第三人对权利的抛弃,一般具有证明力,基于"禁止反言"原则,原告或者第三人在之后的诉讼中不得提出相反的主张。

3. 当事人因自己的过错没有提供证据。一般而言,当事人逾期举证既包括过错逾期也包括非过错逾期,对于非过错逾期,不属于本条规定的情形。具体而言,如果当事人故意违反法定行政协助义务隐瞒与案件有关的证据材料,或者当事人怠于行使行政程序中的陈述、申辩等参与权,怠于提供对自己有利的事实和证据,属于当事人因自己的过错应当在行政程序中提供而没有提供证据。但如果因行政机关未履行法定告知义务,则不属于本条规定的人民法院不予采纳的情形。

二、对"依照法定程序要求原告或者第三人提供证据"的理解

行政机关要求当事人履行行政协助义务,应当根据法律规定的程序进行,而不能任意行使行政调查权并科以当事人不利的后果。

1. "依照法定程序"主要指法定调查程序。法律一般均赋予行政机关在行政程序中较为充分的调查权,在行政机关依法调查过程中,行政相对人即负有依照行政机关的调查陈述事实和提供证据的负担和义务。但如前述,只有法律明确规定行政相对人负有相应的举证义务时,才可能导致逾期举证。并且,即便行政相对人负有此项义务,但行政机关未依照法定的程序对行政相对人提出举证命令或者要求的,也不宜认定当事人逾期举证。

2. 不能将相对人未履行举证义务演变成"有罪推定",也不能让相对人"自证清白",更不能以相对人未举证而降低行政处罚的证明标准,降低对行政行为合法性的审查标准。

3. 行政机关仍负有全面调查取证的义务。具体而言,行政机关应当根据法律规定的调查范围、种类、手段和方法,主动全面地调查和收集对当事人有利和不利的所有证据,以确保证据的全面、客观、真实,不受当事人主张的约束。行政机关不能为了减轻自身的工作负担,而要求当事人承担较之其依职权调查更多的举证义务。行政处罚法第三十六条规定即作了如此规定。《湖南省行政程序规定》第六十八条规定,行政机关应当采取合法的手段和依照法定的程序，客观、全面收集证据，不得仅收集对当事人不利的证据。据此，行政机关在完成全面调查取证的法定义务之前，不能要求行政相对人承担更多的举证义务。如果行政机关经调查后发现与案件有关的违法事实处于真伪不明的状态时，应当以事实不清为由不作出行政处罚决定。

三、对"被告有证据证明"的理解

本条规定"被告有证据证明"，实际上是要求被告要承担说服责任。根据当事人是否充分履行举证责任法律后果的不同，举证责任可进一步区分为说服责任和推进责任。前者是指，当事人应当对自己的主张提出充分的证据证明，如果待证事实处于真伪不明的状态，则该事实不成立。后者是指，当事人对自己的主张并不必须证明成立，而只需提供证据证明有成立的可能性，或者对对方的主张并不必须证明不成立，而只需提供证据引起合理怀疑，证明其不成立的可能性。① 易言之，说服举证责任是法定责任、客观责任、结果责任、实质责任，是实体法上的风险分配，是不可转移的举证责任；推进举证责任是主观责任、行为责任、形式责任，是主张责任，是"客观举证责任在辩论主义里的投影，它依存于客观举证责任"。② 具体来说，此情形下被告的举证责任包括：（1）证明原告或者第三人具有法定的行政协助义务；（2）证明被告依照法定程序要求原告或者第三人提供证据；（3）证明原告或者第三人以明示或者默示的方式怠于履行举证义务。

【实务指导】

准确把握和适用本条，还应当注意以下四个方面的问题。

---

① 参见耿宝建：《在法律与事实之间——司法裁判中事实认定过程的法理分析》，载《河北法学》2008 年第 1 期。
② 张卫平：《民事诉讼法》，法律出版社 2016 年版，第 235 页。

一、本条所指的诉讼程序

《行政诉讼证据规定》第七条规定,原告或者第三人应当在开庭审理前或者人民法院指定的交换证据之日提供证据。因正当事由申请延期提供证据的,经人民法院准许,可以在法庭调查中提供。逾期提供证据的,视为放弃举证权利。原告或者第三人在第一审程序中无正当事由未提供而在第二审程序中提供的证据,人民法院不予接纳。因此,本条所指"在诉讼程序中",一般仅指第一审程序,不包括第二审程序和审判监督程序。

二、法庭对是否"不予采纳"的裁量

根据本条字面意思,本条仅规定被告有证据证明原告或者第三人逾期举证的,人民法院一般不予采纳,并未规定一定不能采纳。因此,法庭在认定此类证据时存在自由裁量的空间。具体来说,对于当事人逾期举证反映的事实与案件的基本事实有关,或者与国家利益和社会公共利益有关的,人民法院仍可以采纳。《民诉解释》第一百零二条第一款即规定,当事人因故意或者重大过失逾期提供的证据,人民法院不予采纳。但该证据与案件基本事实有关的,人民法院应当采纳。总之,对于此类证据是否采纳以及如何运用,人民法院应当对全案证据综合审查,遵循法官职业道德,运用逻辑推理和生活经验,进行全面、客观和公正地分析判断,确定证据材料与案件事实之间的证明关系,排除不具有关联性的证据材料,准确认定案件事实。如果经审查认为原告或者第三人所举证据具备真实性、合法性、关联性的,人民法院可以根据行政诉讼法第一百零一条、民事诉讼法第六十五条、第一百一十五条第一款的规定,对原告或者第三人提出的证据予以采纳,并给予训诫、罚款。同时,根据行政诉讼法第三十六条第二款的规定,准许被告另行补充证据。被告要求原告或者第三人赔偿因逾期提供证据致使其增加的交通、住宿、就餐、误工、证人出庭作证等必要费用的,人民法院可以根据《民诉解释》第一百零二条第三款的规定予以支持。

三、逾期举证的法律后果

本定规定原告或者第三人逾期举证的后果是"不予采纳",属于程序失权,而不是行政机关认定的事实"推定为真"。所谓程序失权,即如果当事人超过法院所定的期限之后才提出攻击或者防御的方法而被法院驳回,就同时表示法院不会再依据职权进行调查了。[1] 程序失权意味着法院对原告或者第三人所主张的事实不再调查,这也在一定程度上减轻了行政机关的证明义务。有学者称之为"咎由自取的打破职权调查主义"。[2] 但程序失权的主要目的在于避免程序上的拖延,原告或者第三人程序失权,只是降低了行政机关的相应的证明要求,但并不意味着可以直接推定行政机关的主张为真。

(耿宝建、殷勤撰写)

第四十六条

原告或者第三人确有证据证明被告持有的证据对原告或者第三人有利的,可以在开庭审理前书面申请人民法院责令行政机关提交。

申请理由成立的,人民法院应当责令行政机关提交,因提交证据所产生的费用,由申请人预付。行政机关无正当理由拒不提交的,人民法院可以推定原告或者第三人基于该证据主张的事实成立。

持有证据的当事人以妨碍对方当事人使用为目的,毁灭有关证据或者实施其他致使证据不能使用行为的,人民法院可以推定对方当事人基于该证据主张的事实成立,并可依照行政诉讼法第五十九条规定处理。

---

[1] 参见李凌:《审级模式视角下的二审攻击防御方法失权》,载《华东政法大学学报》2017年第6期。

[2] 华燕:《论行政程序中相对人迟延举证及其诉讼后果》,载《行政法学研究》2011年第4期。

【条文主旨】

本条是关于人民法院责令行政机关提交证据以及对持有证据当事人实施致使证据不能使用行为的处理的规定。

【起草背景】

本条是《若干解释》和《适用解释》未作规定而新增加的内容。行政诉讼举证，是行政诉讼当事人为了证明案件事实向人民法院提供证据加以证明的活动。行政诉讼的举证责任是指当事人在诉讼中对所提主张有责任提出证据加以证明，并在真实情况难以确定的情况下由责任人承担败诉风险及不利后果的制度。在行政诉讼中，提交证据的义务和举证责任是两个不同的法律概念，前者是行为责任，后者是结果责任。无论原告还是被告，都有向法院提交相关证据的义务。而举证责任的分配通常指存在争议事实真伪不明的情况下，由主张该事实的一方承担不利的诉讼后果。实践当中，当事人各方都可能存在对某项法院审查的待证事实实际持有证据，但基于应诉权衡或自我利益考量可能刻意不向法院提交，也即不积极履行其提交相关证据的义务。在此情形下，一方面，当事人针对特定情况可以申请法院调取乃至向法院申请保全证据，法院有权要求当事人提供或者补充证据，或者向有关行政机关以及其他组织、公民调取证据；另一方面，法院可以适用举证责任方面的法律适用规则，推定未尽到举证义务的一方承担不利的诉讼后果。本条规定是对上述规则的进一步细化。

本条规定与本解释第四十六的规定相互呼应，第四十六条主要针对原告或第三人，就其在行政程序中对被告依照法定程序要求其提供而未提供，在诉讼程序中提供时法院一般不予采纳；而本条主要针对作为被告的行政机关，在原告或第三人确有证据证明被告持有有利于他方的证据时，可申请人民法院责令被告提交，被告无正当理由拒不提交，就可能承担举证责任。从行政诉讼自身特点看，基于行政机关履行职责的公权力性以及行政程序中管理者与相对人之间地位的不对等性，决定了能够证明被诉诸法院接受司法审查的行政行为是否合法的大多数优势证据保存在行政机关手中，这也是行政法强调要遵循"案卷排他主义"的基本要求。如果行政机关拒不提交相关证据，既不利于当事人权利的保护，也不利于查明案件事实。因此，本条作出了应原告或第三人申请，人民法院可"责令行政机关提交"证据方面的规定。一方面，它与民事诉讼中有关人民法院针对"书证在对方当事人控制之下"等情形有权依申请而责令对方当事人提交的规则有相似之处；另一方面，基于行政机关行使公权力的身份之特殊性，以及行政诉讼第三十四条第一款有关"被告对作出的行政行为负有举证责任，应当提供作出该行政行为的证据和所依据的规范性文件"的行政诉讼特定举证责任要求，行政诉讼中对行政机关加诸了更多举证义务与举证责任，与一般民事诉讼中"谁主张、谁举证"的举证规则又有所区别，法院在证据方面的职权控制色彩更强。同时，本条还规定了对于持有证据的当事人存在以妨碍对方当事人使用为目的，毁灭证据或实施其他致使证据不能使用行为的，除可能受到法院针对妨碍证据行为的专门处置外，也可能承担相应的举证责任，也即"人民法院可以推定对方当事人的主张成立"。这一点，较之于《民诉解释》的现行规定，导向性更为明确。总之，本条规定考虑到了实践中出现的各种具体情况，是对行政诉讼法有关证明义务和举证责任方面的证据制度的丰富和完善。它充分体现和践行了行政诉讼中有利于公民、法人和其他组织合法权益保障的立法倾向，有利于办案法官准确理解证据制度，科学把控案件审理节奏，强化证据释明工作，正确适用证据规则，依法公正处理案件。

【条文释义】

一、关于原告或第三人申请法院责令行政机关履行举证义务的方式、时机

本条第一款规定了"原告或者第三人确有证据证明被告持有的证据对

原告或者第三人有利的，可以在开庭审理前书面申请人民法院责令行政机关提交。"理解该款规定，首先应当明确的是法院在诉讼期间具有调取证据、责令行政机关提交证据的职权。行政诉讼法第四十三条第二款规定了"人民法院应当按照法定程序，全面、客观地审查核实证据"，同时，第三十九条和第四十条分别规定了"人民法院有权要求当事人提供或者补充证据""人民法院有权向有关行政机关以及其他组织、公民调取证据。"这种调取证据的职权是为了实现全面、客观地审查核实证据，确保公正处理案件所必需。

其次，该款强调了法院责令行政机关提交证据之程序的启动方式之一是基于原告或者第三人的申请。从行政诉讼的司法实践看，人民法院既可以依职权主动调取证据，也可以基于当事人的申请调取证据。行政诉讼法第四十一条对于原告或第三人申请调取的证据范围作了一般性规定，主要涉及"（一）由国家有关部门保存而须由人民法院调取的证据材料；（二）涉及国家秘密、商业秘密、个人隐私的证据材料；（三）确因客观原因不能自行收集的其他证据材料。"上述规定在实践当中也会遇到一些具体难题：一是有的行政机关对于原告或者第三人所称的相关证据以其自身并未制作或保存为由进行抗辩，或者主张并不属于原告或第三人"确因客观原因不能自行收集"的情形，其中不乏借机推诿或者逃避法定举证责任；二是有的原告或第三人不合理地、反复多次地要求法院去调取相关证据，得不到满足就反复缠诉缠访。因此，本款规定之重要意义之一在于设定了原告或者第三人提出申请的条件，即"确有证据证明被告持有的证据对原告或者第三人有利的，"这也是人民法院决定是否责令行政机关提供、是否满足原告或者第三人申请、其后是否推定举证责任的基本条件和审查裁量标准。基于此，为体现诉讼程序的规范性、严重性，该款专门规定了申请应当以书面方式提出的形式要求。

再者，在时间节点上，原告或者第三人的书面申请应当在开庭审理前提出。这一点与2015年施行的《民诉解释》第一百一十二条第一款有关"书证在对方当事人控制之下的，承担举证证明责任的当事人可以在举证期限届满前书面申请人民法院责令对方当事人提交"的规定有所不同，与在行政诉讼中原告向法院申请一并解决民事争议、一并审查规范性文件也是可在开庭审理前提出的规则相近,保持了当事人行使诉讼权利规则的一致性,较之于《民诉解释》的上述规定,对原告和第三人提出申请的限制条件相对更宽松,有利于诉权保护。

二、关于行政机关不履行举证义务时法院如何应对

本条第二款规定:"申请理由成立的,人民法院应当责令行政机关提交,因提交证据所产生的费用,由申请人预付。行政机关无正当理由拒不提交的,人民法院可以推定原告或者第三人基于该证据主张的事实成立。"理解该款规定,首先是人民法院的判断权问题。所谓的"申请理由成立",是指该条第一款所规定的"确有证据证明被告持有的证据对原告或者第三人有利"的前提得以成就,这其中既有原告或第三人反映或提交的前期相关证据对于待证的证据的证明力因素,也有法官的裁量判断因素,只有在相对确信基础上,方构成"申请理由成立";其次是责令方式问题。法院对于行政机关通常以采取书面责令的方式为妥,在法律未作明确限定的情况下,不排除在庭审中或其他环节以口头方式责令,对行政机关而言都产生明确要求其履行特定举证义务的法律效果;再者是费用负担问题。因提交证据所产生的费用,是行政诉讼相关费用构成部分,总体而言最终应由败诉方承担。而在诉讼过程中,本款明确了先由申请人预付,是为了确保其所申请的证据能够及时由得以由行政机关提交。这与申请证据保全由申请人通常由申请人提供担保的原理相通,客观上也能够在一定程度上促使申请人谨慎行事,防止其不加限制地随意地向法院提出申请,占用司法、行政资源而影响其他诉讼以参加人合法权益的保护。同时,2002年施行的《行政诉讼证据规定》第七十五条规定了"证人、鉴定人因出庭作证或者接受询问而支出的合理费用,由提供证人、鉴定人的一方当事人先行支付,由败诉一方当事人承担",《民诉解释》第一百一十二条第二款亦规定了"申请理由成立的,人民法院应当责令对方当事人提交,因提交书证所产生的费用,由申请人负担。对方当事人无正当理由拒不提交的,人民法院可以认定申请人所主张的书证内容为真实",在费用负担上均是此精神。

最后是举证责任的承担问题。本条第二款明确规定："行政机关无正当理由拒不提交的，人民法院可以推定原告或者第三人基于该证据主张的事实成立。"该规定明确了法院对举证责任的推定规则，也即如果行政机关不提交又无正当理由，人民法院将支持原告或第三人基于相关证据所主张的事实，行政机关将为此承担不利的后果，这一点与上述《民诉解释》第一百一十二条第二款的规定相吻合，同时与《行政诉讼证据规定》第六十九条有关"原告确有证据证明被告持有的证据对原告有利，被告无正当事由拒不提供的，可以推定原告的主张成立"的规定精神相一致，能够起到倒逼行政机关依法履行举证义务的效果。实践中，行政机关据以不提交的"正当理由"，主要有不可抗力、涉案国家秘密等不宜公开事项或者需履行进一步调查程序等，人民法院对此可综合酌定。

三、关于当事人实施毁灭证据或致使证据不能使用行为的处置

本条第三款规定了"持有证据的当事人以妨碍对方当事人使用为目的，毁灭有关证据或者实施其他致使证据不能使用行为的，人民法院可以推定对方当事人基于该证据主张的事实成立，并可依照行政诉讼法第五十九条规定处理。"一方面，该规定对于持有证据的当事人以妨碍对方当事人使用为目的实施一系列妨碍证据使用行为时，法院的处理方式作出规定，也即法院可以依照行政诉讼法第五十九条之规定，对于实施伪造、隐藏、毁灭证据等七类行为[①]给予诉讼参与人或其他人以及主要负责人或者直接责任人员以训诫、责令具结悔过、罚款、拘留乃至追究刑事责任等处理；另一方面，针对上述情形，本条专门规定了"人民法院可以推定对方当事人基于该证据主张的事实成立"，也即持有证据的一方当事人可能要

[①] 这七类行为是："（一）有义务协助调查、执行的人，对人民法院的协助调查决定、协助执行通知书，无故推拖、拒绝或者妨碍调查、执行的；（二）伪造、隐藏、毁灭证据或者提供虚假证明材料，妨碍人民法院审理案件的；（三）指使、贿买、胁迫他人作伪证或者威胁、阻止证人作证的；（四）隐藏、转移、变卖、毁损已被查封、扣押、冻结的财产的；（五）以欺骗、胁迫等非法手段使原告撤诉的；（六）以暴力、威胁或者其他方法阻碍人民法院工作人员执行职务，或者以哄闹、冲击法庭等方法扰乱人民法院工作秩序的；（七）对人民法院审判人员或者其他工作人员、诉讼参与人、协助调查和执行的人员恐吓、侮辱、诽谤、诬陷、殴打、围攻或者打击报复的。"

承担因其过错行为而导致的举证责任，这与行政诉讼中一般由被告承担举证责任的规定又有所区别，更接近于过错责任。而《民诉解释》第一百一十三条的规定为"持有书证的当事人以妨碍对方当事人使用为目的，毁灭有关书证或者实施其他致使书证不能使用行为的，人民法院可以依照民事诉讼法第一百一十一条规定，对其处以罚款、拘留"，并无关于推定对方当事人主张的事实成立之规定。可见，在类似问题上，行政诉讼比民事诉讼的事实认定标准与举证责任要求力度更大。这也是行政诉讼本身的特性所决定的。

【实务指导】

一、人民法院调取证据需要注意的几个问题

本条规定了法院基于原告或者第三人的申请，可以责令行政机关提交。这种责令提交的方式，也是法院调取证据的一种手段。这种依申请而调取证据的做法，除了要紧扣"确有证据证明被告持有的证据对原告或者第三人有利的"的适用条件外，在司法实践中还应当注意以下几方面问题。

一是在一些特定情形下所涉事实证据，即便原告或第三人未申请，人民法院也可依职权而主动调取。根据《行政诉讼证据规定》第二十二条之规定，对于"（一）涉及国家利益、公共利益或者他人合法权益的事实认定的；（二）涉及依职权追加当事人、中止诉讼、终结诉讼、回避等程序性事项的"，人民法院有权依职权主动调取。

二是要注意不宜曲解本条与行政诉讼法第四十条有关"人民法院不得为证明行政行为的合法性调取被告作出行政行为时未收集的证据"的规定涵义。司法解释的本条规定针对的是依原告或者第三人的申请而启动调取程序的情形，而行政诉讼法的上述规定主要针对依职权主动调取的情形。通常，行政诉讼中原告往往与第三人的利益不一致，而行政机关有时与第三人的诉讼利益相一致，但如果是对行政机关有利的证据，通过无须通过

第三人申请去责令提供。对人民法院而言，在责令行政机关提交相关证据的过程中，要注意把握好对于行政机关在作出行政行为时未收集的证据，人民法院有权应原告或者第三人的申请而调取，以作为证明被诉行政行为不合法或者有关诉讼程序的依据，但通常不得作为证明被诉行政行为合法的依据，以防止个别法院为迁就作为被告的行政机关而滥用调取证据权力，需对调取证据的目的作出限制。

三是调取证据宜遵循的原则。第一，重视当事人主义。即原则上不主动收集证据，主要通过审核当事人所提交证据，判明被诉行政行为有无充分的事实根据和规范性文件依据。第二，重视对当事人提供证据的真实性、关联性和合法性加以核实，这种活动应当在当事人主张或者争议的事实范围内进行。第三，从被告对被诉行政行为的合法性负有举证责任这个意义上看，当被告不提供或不能提供充足的证据证明其行政行为的合法性时，人民法院不能代替被告人调查收集证据，更不能用自己在特殊情况下调查收集的证据去证明被诉具体行政行为合法。第四，法院调取证据的性质特定，不得自行调取被诉行政主体在作出行政行为时没有收集的证据；五是接受当事人申请材料的时间是在宜在开庭审理之前，期间作出责令提交决定有利于诉讼活动正常进行。

此外，对于行政诉讼法所规定的共同被告问题，人民法院责令提交证据的对象通常为作出原行政行为的机关，特殊情况下也可责令复议机关提供相关证据。

二、原告、第三人提出申请应提交的材料与审查程序

原告或者第三人申请法院责令行政机关提交证据，应当附具的材料，可遵循《行政诉讼证据规定》有关当事人向法院申请调取证据的相关规定。《行政诉讼证据规定》第二十四条规定"当事人申请人民法院调取证据的，应当在举证期限内提交调取证据申请书。调取证据申请书应当写明下列内容：（一）证据持有人的姓名或者名称、住址等基本情况；（二）拟调取证据的内容；（三）申请调取证据的原因及其要证明的案件事实。"此一般性规则也应当适用本条所规定的情形，只是提交申请书的时间应当

为开庭审理前。

根据《行政诉讼证据规定》的规定精神，原告或者第三人提交申请书不符合要求的，法院应当向其作必要的释明，要求其修改。原告或者第三人拒绝修改的，法院可以书面或者口头驳回其申请。法院对原告或者第三人调取证据的申请，经审查符合调取证据条件的，应当及时决定调取，责令行政机关限期提交；不符合调取证据条件的，应当向原告、第三人或者其诉讼代理人送达通知书，说明不准许调取的理由。原告、第三人及其诉讼代理人可以在收到通知书之日起3日内向受理申请的法院书面申请复议一次。法院应当在收到复议申请之日起5日内作出答复。法院根据原告或者第三人申请，经调取未能取得相应证据的，应当告知原告或者第三人并说明原因。

法院在审查证据调取申请时，一般应从申请调取证据的必要性、可查性和与案件审理的关联性三方面进行审查，并阐明相关理由。对审查期限，法律并未规定，应当在合理期限内作出决定，一般以一周为宜，但也应当结合具体案件、具体情况，在审查期限把握上，可以有适当弹性。

(王晓滨撰写)

第四十七条

根据行政诉讼法第三十八条第二款的规定，在行政赔偿、补偿案件中，因被告的原因导致原告无法就损害情况举证的，应当由被告就该损害情况承担举证责任。

对于各方主张损失的价值无法认定的，应当由负有举证责任的一方当事人申请鉴定，但法律、法规、规章规定行政机关在作出行政行为时依法应当评估或者鉴定的除外；负有举证责任的当事人拒绝申请鉴定的，由其承担不利的法律后果。

当事人的损失因客观原因无法鉴定的，人民法院应当结合当事人的主张和在案证据，遵循法官职业道德，运用逻辑推理和生活经验、生活常识等，酌情确定赔偿数额。

【条文主旨】

本条是关于行政赔偿、补偿案件中因被告原因导致原告无法就损害情况举证、各方主张的损失价值无法认定、当事人的损失因客观原因无法鉴定情形的处理规则的规定。

【起草背景】

本条是《若干解释》未作规定而新增加的内容。本条应对的是实践中经常出现的一系列复杂的证据问题。一个是在行政赔偿、补偿案件中，因被告的原因导致原告无法就损害情况举证的举证责任承担问题；一个是出现了各方主张损失的价值无法认定、如何启动鉴定程序以及人民法院如何认定的问题；一个是因鉴定条件丧失、当事人的损失因客观原因无法鉴定的，人民法院如何认定的问题。本条针对上述问题从如何分配举证责任、具体如何举证以及人民法院如何进行认定等角度作出了规定。在司法实践中，原告的举证能力较弱，且在一些时候，举证能力受到行政机关的制约，应当由行政机关就此举证。同时对于在行政赔偿、补偿案件的损害事实的认定问题，当事人应当积极通过申请鉴定等方式进行认定，以便维护自身合法权益。当然在征收房屋等案件中，行政机关依法有义务作出评估和鉴定的除外。如果损失无法确定的，人民法院可以斟酌各类情势，酌情确定赔偿数额。

本条规定是在行政诉讼原有证据规则的基础之上进一步填漏补缺，特别是对于因被告的原因导致原告无法举证时，作了举证责任倒置方面的规定，对于厘清举证责任，保障当事人的诉权和实体权益意义重大，也是对党中央一系列明确要求的具体落实和贯彻。党的十八届四中全会提出，要全面贯彻证据裁判规则的要求，严格依法收集、固定、保存、审查、运用证据，完善证人、鉴定人出庭制度，保证庭审在查明事实、认定证据、保护诉权、公正裁判中发挥决定性作用。本条的规定，充分吸收了审判实践经验，是对 2014 年修正行政诉讼法相关证据规定的进一步完善和补充，是对相关规则的进一步明确，对于完善举证责任规则，提高当事人举证能力，改进鉴定制度和人民法院的认定依据与认定标准，都具有十分重要的意义。对于法官的具体操作指导而言，本条的规定明确了特殊情形下的举证责任分配原则，对举证责任作出合理分配，对鉴定程序的启动作了分层次、分情形的指引，对法官的认证和推定原则作了明确，有利于指引和规范法官更好地组织质证、进行认证、主持庭审以及做好庭后释明工作。值得一提的是，有关法官在当事人各方因客观原因无法鉴定时，确立了可以运用逻辑推理和生活经验、生活常识等，酌情确定赔偿数额的审查判断原则，这一创新有利于规范司法裁量权，破解实践中时常遇到的难题。

【条文释义】

一、行政赔偿、补偿案件中的举证倒置情形

本条第一款规定了"根据行政诉讼法第三十八条第二款的规定，在行政赔偿、补偿案件中，因被告的原因导致原告无法就损害情况举证的，应当由被告就该损害情况承担举证责任。"该规定是对行政诉讼法第三十八条第二款举证责任倒置规则的强调与重申。行政诉讼法第三十八条第二款规定了"在行政赔偿、补偿的案件中，原告应当对行政行为造成的损害提供证据。因被告的原因导致原告无法举证的，由被告承担举证责任。"上述规定之背景是原告负举证责任的一般前提下，存在特殊情形下的举证责任倒置。

理解本条规定，首先需要明确通常情况下，原告应当对行政行为造成的损害提供证据。这点不宜简单解释为是行政诉讼由被告举证责任原则的例外，而应当理解为"谁主张，谁举证"的诉讼一般规则的体现。结合三大诉讼的证明责任背景看，"被告对作出的行政行为负有举证责任"是行

政诉讼领域的一项特例,除了行政行为问题以外的领域,都应当遵循"谁主张,谁举证"的诉讼一般规则。针对有的观点根据行政诉讼法第三十四条有关"被告对作出的行政行为负有举证责任,应当提供作出该行政行为的证据和所依据的规范性文件"的规定而认为原告不承担举证责任,难免过于僵化。被告负举证责任所针对的是其"作出的行政行为",尽管行政诉讼的核心是对被诉行政行为进行合法性审查,但行政诉讼还有很多其他审查事项,这些事项仍应坚持"谁主张,谁举证"的诉讼一般规则。所以,行政诉讼法第三十八条第二款规定的是"原告应当提供证据"。无论从法律原理还是实践需要看,原告对其损害最清楚,对损失的证据掌握的最可靠,比如购物凭据、评估报告、医疗发票等,由其提供更准确、更便利。在不少情况下如果原告不举证,就难以查清事实,作出正确的裁判,因此需要明确规定原告的举证责任。从司法解释角度看,《若干解释》第二十七条规定了"原告对下列事项承担举证责任:……(三)在一并提起的行政赔偿诉讼中,证明因受被诉行为侵害而造成损失的事实;"《行政诉讼证据规定》第五条规定了"在行政赔偿诉讼中,原告应当对被诉具体行政行为造成损害的事实提供证据。"经过十多年的探索与实践,上述规定已体现于法律之中。

其次,本条规定与行政诉讼法第三十八条第二款均规定了"因被告的原因导致原告无法举证的,由被告承担举证责任。"这意味着如果非因被告原因导致无法举证的,则被告自己应当承担举证责任。这是举证责任制度完善的又一创举与亮点。之所以作出这样的规定,主要是考虑到一方面被告要对自己的过错和违法情形承担代价,另一方面,因被告的原因往往在客观上导致原告无法举证或难以举证,不宜将举证责任再加诸于原告自身。在审理行政案件过程中,尤其是在审理房屋强制拆除案件时,时常会遇到行政机关没有给原告留出必要的、合理的自行搬迁期限,而采取集中执法、突然强制执行的方式,强拆的标的毁损后,原告也很难提供损害情况。在这种情形下,可以适用举证责任倒置的规则,一般由原告主张其损失,而转由被告承担举证责任,被告提供不出相应证据的,由被告承担不利后果。

二、各方主张的价值无法认定时鉴定申请程序的启动与认定

本条第二款规定了"对于各方主张损失的价值无法认定的,应当由负有举证责任的一方当事人申请鉴定,但法律、法规、规章规定行政机关在作出行政行为时依法应当评估或者鉴定的除外;负有举证责任的当事人拒绝申请鉴定的,由其承担不利的法律后果。"虽然2014年行政诉讼法第三十三条将"鉴定意见"作为证据的一种重要表现形式,但有关鉴定的具体方式、启动程序、责任认定等现实问题,无论是行政诉讼法还是此前的《若干解释》本身,主要参考《行政诉讼证据规定》以及民事诉讼法及其司法解释的规定。

《行政诉讼证据规定》第三十一条规定:"对需要鉴定的事项负有举证责任的当事人,在举证期限内无正当理由不提出鉴定申请、不预交鉴定费用或者拒不提供相关材料,致使对案件争议的事实无法通过鉴定结论予以认定的,应当对该事实承担举证不能的法律后果。"该条规定主要表明了提出鉴定申请的主体是"对需要鉴定的事项负有举证责任的当事人",同时对其举证不能的法律后果作了明确规定。民事诉讼法第七十六条规定:"当事人可以就查明事实的专门性问题向人民法院申请鉴定。当事人申请鉴定的,由双方当事人协商确定具备资格的鉴定人;协商不成的,由人民法院的指定。当事人未申请鉴定,人民法院对专门性问题认为需要鉴定的,应当委托具备资格的鉴定人进行鉴定。"《民诉解释》第一百二十一条规定:"当事人申请鉴定,可以在举证期限届满前提出。申请鉴定的事项与待证事实无关联,或者对证明待证事实无意义的,人民法院不予准许。人民法院准许当事人鉴定申请的,应当组织双方当事人协商确定具备相应资格的鉴定人。当事人协商不成的,由人民法院指定。符合依职权调查收集证据条件的,人民法院应当依职权委托鉴定,在询问当事人的意见后,指定具备相应资格的鉴定人。"从上述规定精神看,基于"谁主张,谁举证"的一般规则,各方当事人基于提交证据真实性的需要均可向法院提出申请,法院具有审查权,依法决定是否准许当事人的申请并指定鉴定人;同时,即便当事人未申请鉴定,法院根据需要也可依职权委托具备资格的

鉴定人进行鉴定。在这一点上，民事和行政两大诉讼的原理是相类似的。但基于行政诉讼多由被告承担举证责任的特点，许多鉴定事项在行政程序环节就已经依法经过了鉴定评估，因此，不少鉴定事项系由原告提出异议、要求复检。而对于行政赔偿、行政补偿而言，由于举证责任主要分配给原告，因此原告要求举证的申请事项相对较多。本条规定主要应对此类问题。

首先，就申请的条件而言，主要是在行政赔偿、补偿案件中，"对于各方主张损失的价值无法认定的"情形。这里的"无法认定"主要指因各方当事人各执一词，提供的证据可信度不强，法院难以认定，而前提是有待鉴定的物品尚在，没有丧失鉴定条件。其次，提出鉴定申请的主体限于"负有举证责任的一方当事人"，该规定的申请主体与《行政诉讼证据规定》第三十一条规定的主体相同，也是行政诉讼中基于利害关系考量最有需要获得鉴定意见以强化其所主张的事实的一方当事人。既可能是原告和第三人，也可能是行政机关（如对原告或第三人所提交的证据申请法院鉴定）。再次，对于法律、法规、规章规定行政机关在作出行政行为时，依法应当评估或者鉴定的情形除外。也即在此种情形下，鉴定已经是行政程序的必要组成部分，形成的作为国家公权力机关组织实施的鉴定意见或者评估报告，本身可以作为重要证据使用。但如果当事人存有异议，可以在鉴定或评估过程中依照相关法律规定提出复议、复核等加以纠正。人民法院在审查过程中，也有权对鉴定意见作为行政诉讼证据之一，从客观性、合法性、关联性等角度对其证明效力作出认定，有权决定是否采信并有权要求重新组织鉴定。最后，本条规定对举证责任作了明确规定，即负有举证责任的当事人拒绝申请鉴定的，由其承担不利的法律后果。以此来督促相关当事人及时履行提出鉴定申请的义务。当然，虽然民事诉讼法规定即便当事人未申请鉴定，人民法院对专门性问题认为需要鉴定时仍应委托鉴定人鉴定，在行政诉讼中也会存在此种情形，同时要注意避免不违反行政诉讼法第四十条有关"不得为证明行政行为的合法性调取被告作出行政行为时未收集的证据"之规定，但是，本条规定之要旨在于，人民法院向负有举证责任的一方当事人已释明而其拒绝申请鉴定，则应当由其承担举证不利的后果。

三、无法鉴定时赔偿数额的酌定规则

本条第三款规定了"当事人的损失因客观原因无法鉴定的，人民法院应当结合当事人的主张和在案证据，遵循法官职业道德，运用逻辑推理和生活经验、生活常识等，酌情确定赔偿数额。"该条主要针对已经完全丧失了鉴定条件，人民法院根据已经掌握的现有证据，运用逻辑推理或者根据生活经验法则确认相关赔偿额或补偿额的情况。司法实践中，有时会遇到涉及房屋征收或违法建筑拆除强制执行案件，原告一方对其屋内动产损失难以提供充分的有说服力的证据加以佐证，被告一方也没能对相关财产进行及时的清点、封存、保管或评估，对于径直强拆行为所造成的损失，在依据行政诉讼法第三十八条第二款和本条第一款的规定厘清举证责任后，在已经丧失鉴定条件的情况下，往往存在本款规定的适用问题。

从此前的相关规定看，《行政诉讼证据规定》第五十四条规定了"法庭应当对经过庭审质证的证据和无需质证的证据进行逐一审查和对全部证据综合审查，遵循法官职业道德，运用逻辑推理和生活经验，进行全面、客观和公正地分析判断，确定证据材料与案件事实之间的证明关系，排除不具有关联性的证据材料，准确认定案件事实。"《民诉解释》第一百零五条规定了"人民法院应当按照法定程序，全面、客观地审核证据，依照法律规定，运用逻辑推理和日常生活经验法则，对证据有无证明力和证明力大小进行判断，并公开判断的理由和结果。"上述的"遵循法官职业道德，运用逻辑推理和生活经验"等规定是作为审查证据和裁量认证的一般性审查标准来规定的，并未专门针对和强调丧失了关键证据的举证条件、无法进行鉴定等复杂情况，而本款规定则直接针对行政赔偿、补偿案件中的"当事人的损失因客观原因无法鉴定"的情形，这在行政诉讼中面对举证责任等问题，具有很强的现实针对性和指导性。

要准确理解适用本款关于人民法院"应当结合当事人的主张和在案证据，遵循法官职业道德，运用逻辑推理和生活经验、生活常识等，酌情确定赔偿数额"的规定，应当着重把握以下三方面要素。首先，要紧密结合

"当事人的主张和在案证据"。其要旨在于即便当事人的损失因客观原因无法鉴定，也即某些定案关键证据难以通过鉴定获得时，不排除法官仍有空间结合当事人主张及其他现有在案证据作出综合衡量。之所以必须考虑上述情形，其意义在于强调法官的裁量权应受到必要限制，需结合当事人陈述和已掌握的部分事实依据方才具有合理的逻辑基础，以防止偏听偏信、主观臆断、拍脑袋决策。其次，对于赔偿数额应当"运用逻辑推理和生活经验、生活常识等"酌情加以确定。该规定可视为在当事人损失无法鉴定时为法院行使裁量权提供了重要的审查原则和审查标准。即运用"逻辑推理和生活经验、生活常识等"作出酌情确定，不仅有利于使"法律真实"最大限度地接近"客观真实"，更有利于法官结合各方主张、在案证据和行政机关致损过错、举证责任等因素，尽可能平衡各方权益，抚慰照顾被侵权人，化解实践中较为常见的突出矛盾。"酌情确定"带有自由裁量因素，应当合乎逻辑和生活经验、生活常识。例如，最高人民法院发布的"沙明保等诉马鞍山市花山区人民政府房屋强制拆除行政赔偿案"（最高人民法院指导案例91号），①裁判要旨指出，"在房屋强制拆除引发的行政赔偿案例中，原告提供了初步证据，但因行政机关的原因导致原告无法对房屋内物品进行举证，行政机关亦因未依法进行财产登记、公证等措施无法对房屋内物品进行举证的，人民法院对原告未超出市场价值的符合生活常理的房屋内物品的赔偿请求，应当予以支持。"在该案中，安徽省高级人民法院作出的生效二审判决撤销了马鞍山市中级人民法院驳回原告诉讼请求的一审判决，改判行政机关赔偿上诉人房屋内物品损失8万元，就是考虑到当事人主张的衣物、家具、家电、手机等日常生活必需品5万元具有合理性，同时就其所主张的实木雕花床5万元，在无法鉴定时法院结合裁判作出时普通实木雕花床的市场价格，按"就高不就低"的原则综合酌定3万元，符合生活常理。可以说，本款规定亦是对该案所确立的规则的精准概括。再次，法官酌定赔偿额时要"遵循法官职业道德"。法官职业道德的内涵集中体现在《法官职业道德基本准则》（2001年发布，2010年修

---

① 详见《最高人民法院关于发布第17批指导性案例的通知》（法〔2017〕332号），2017年11月15日发布。

订）中，该准则提出忠诚司法事业、保证司法公正、确保司法廉洁、坚持司法为民等多项要求。审理行政赔偿案件时，恪守法官职业道德和职业操守是对办案法官的底线约束，而党中央提出的"努力让人民群众在每一个司法案件中感受到公平正义"，更蕴含着对法官职业道德的根本要求与责任担当。

需加说明的是，本款规定除了"运用逻辑推理和生活经验、生活常识等"作出判断的一般要求外，并未将"习惯"与"公序良俗"作为审查标准，与民事相关法律规定有一定区别。"习惯""公序良俗"也是人民法院在民事诉讼中作出裁判的重要考量因素。① 在行政诉讼过程中，此种情形相对较少，但也有可能遇到。如最高人民法院发布的"'北雁云依'诉济南市历下公安分局燕山派出所公安行政登记案"（最高人民法院指导案例89号），② 裁判要旨指出，"公民选取或创设姓氏应当符合传统文化和传统伦理观念。仅凭个人喜好和愿望在父姓、母姓之外选取其他姓氏或者创设新的姓氏，不属于婚姻法相关司法解释规定的'有不违反公序良俗的其他正当理由'。"因此，行政诉讼在特定情形下也可能适用民事相关法律所确立的"习惯"与"公俗良俗"。此外，在适用本款过程中，因缺乏定案的关键证据，对在案其他证据的审查更不可掉以轻心，须严格恪守证据审查"三性"原则。《行政诉讼证据规定》第三十九条第一款规定了"当事人应当围绕证据的关联性、合法性和真实性，针对证据有无证明效力以及证明效力大小，进行质证"，《民诉解释》第一百零四条第一款规定了"人民法院应当组织当事人围绕证据的真实性、合法性以及与待证事实的关联性进行质证，并针对证据有无证明力和证明力大小进行说明和辩论"，本解释第四十二条亦规定了"能够反映案件真实情况、与待证事实相关联、来源和形式符合法律规定的证据，应当作为认定案件事实的根据"，均阐明了法院应当围绕现有证据的真实性、关联性、合法性，对相关案件

---

① 如民法总则第十条规定："处理民事纠纷，应当依照法律；法律没有规定的，可以适用习惯，但是不得违背公序良俗。"《民诉解释》第一百零六条规定："对以严重侵害他人合法权益、违反法律禁止性规定或者严重违背公序良俗的方法形成或者获取的证据，不得作为认定案件事实的根据。"

② 详见《最高人民法院关于发布第17批指导性案例的通知》（法〔2017〕332号），2017年11月15日发布。

事实进行综合判断。

【实务指导】

一、如何理解"损害"的范围

本条第一款规定了在行政赔偿、补偿案件中，因被告的原因导致原告无法就损害情况举证的，应当由被告就该损害情况承担举证责任。这里，对"损害情况"的理解主要涉及对损害范围的把握。本条所指的损害，是行政行为对原告合法权益所造成的不利影响。除法律明确限定外，此处的损害既包括人身损害，也包括财产损害；既包括物质损害，也包括精神损害；既包括直接损害，也包括间接损害；既包括已经发生的损害，也包括将来一定要发生的损害。如违法使用武器、警械造成公民身体伤害或者死亡。在国家赔偿意义上的损失，通常只是指直接损失。需要注意的是，"损害"限于受到法律保护或者认可的权益所受到的损害，不包括违法利益或者法律不保护的利益所遭受的损害。比如携带依法应被没收的走私物品出入境被海关作出没收处罚，不被法律认可也不受法律保护，原告就其损害诉至法院，难以得到法院支持。对于违法建筑，通常也具备此特点。但在个别情形下，如行政机关采取了突然强制执行方式未给当事人留出自行纠正、腾迁机会的，以违法方式处理了违法问题，一些地方法院判赔部分建筑材料等损失，一般亦可予以支持。至于屋内生活用品动产，则属于其合法财产，应当在强制执行过程中做好清点、登记、保管以及后期退还工作。对于各方都无法确定损失额的，可以根据本条第三款规定，参照当地生活标准，酌情确定赔偿额。

二、法院对鉴定意见的审查内容及对处理方式

本条第二款规定了申请鉴定的主体以及拒绝申请时的法律后果。根据《行政诉讼证据规定》第六十三条规定，"鉴定结论、现场笔录、勘验笔录、档案材料以及经过公证或者登记的书证优于其他书证、视听资料和证

人证言",在行政诉讼中具有优势证据地位。2014年行政诉讼法将1989年行政诉讼法规定的"鉴定结论"改为"鉴定意见",是一种更为科学、准确,更符合鉴定活动的本质特征的表述。人民法院对于鉴定部门出具的鉴定意见,应当审查以下内容:(1)鉴定的内容;(2)鉴定时提交的相关材料;(3)鉴定的依据和使用的科学技术手段;(4)鉴定的过程;(5)明确的鉴定意见;(6)鉴定部门和鉴定人鉴定资格的说明;(7)鉴定人及鉴定部门签名盖章。上述内容欠缺或者鉴定意见不明确的,人民法院可以要求鉴定部门予以说明、补充鉴定或者重新鉴定。

同时,人民法院对于被告在行政程序中采纳的鉴定意见,原告或者第三人提出证据证明有下列情形之一的,不予采纳:(1)鉴定人不具备鉴定资格;(2)鉴定程序严重违法;(3)鉴定意见错误、不明确或者内容不完整。如果原告或者第三人在举证期限内书面申请重新鉴定的,人民法院应当予以准许。此外,当事人对人民法院委托的鉴定部门作出的鉴定意见有异议申请重新鉴定,提出证据证明存在下列情形之一的,人民法院应予准许:(1)鉴定部门或者鉴定人不具有相应的鉴定资格的;(2)鉴定程序严重违法的;(3)鉴定意见明显依据不足的;(4)经过质证不能作为证据使用的其他情形。对有缺陷的鉴定意见,可以通过补充鉴定、重新质证或者补充质证等方式解决。需要明确的是,鉴定意见即便是行政机关作出,其本身亦难以成为行政诉讼标的,只是作为重要证据之一,由人民法院审查其真实性、合法性、关联性,从而决定是否采信该证据。

(王晓滨撰写)

五、期间、送达

期间、送达属于行政诉讼制度的基本内容。对于保障行政诉讼活动的依法有序进行,具有重要意义。本部分共有五条规定,对期间、送达的基本规则予以明确。

(李纬华撰写)

第四十八条

期间包括法定期间和人民法院指定的期间。

期间以时、日、月、年计算。期间开始的时和日,不计算在期间内。

期间届满的最后一日是节假日的,以节假日后的第一日为期间届满的日期。

期间不包括在途时间,诉讼文书在期满前交邮的,视为在期限内发送。

【条文主旨】

本条是关于期间种类和期间计算的规定。

【起草背景】

准确计算期间对于保护当事人的诉讼权利和人民法院依法公正、及时审理行政案件非常重要。行政诉讼法对于期间未作一般性规定。为使行政诉讼活动中期间的种类和期间的计算更加明确，本条借鉴民事诉讼法第八十二条加以规定。

【条文释义】

期间分为法定期间和指定期间。法定期间是指法律直接规定的期间。例如，依照行政诉讼法第四十五条的规定，公民、法人或者其他组织不服复议决定的，可以在收到复议决定书之日起15日内向人民法院提起诉讼。又如，依照行政诉讼法第五十一条第二款的规定，立案期间为7日，从人民法院接到起诉状之日起算。另如，依照行政诉讼法第八十一条的规定，适用普通程序审理的第一审行政案件的审理期限为6个月。再如，依照第八十三条的规定，适用简易程序审理的第一审行政案件的审理期限为45日。指定期间是指人民法院根据案件的具体情况依职权确定的期间。例如，依照行政诉讼法第七十二条的规定，对于被诉行政机关未履行法定职责的情形，人民法院判决其履行法律职责的期限。又如，依照《行诉解释》第五十五条第二款的规定，起诉状内容或者材料欠缺的，人民法院可指定补正起诉状内容、补充材料的期限。

期间以时、日、月、年计算。期间开始的时、日，不计算在期间内。依照《民诉解释》第一百二十五条的规定，以时计算的期间从次时计算；以日、月、年计算的期间从次日起算。例如，规定于《行诉解释》第七十七条的诉前财产保全措施，人民法院接受申请后，必须在48小时内作出裁定，裁定采取保全措施的，应当立即开始执行。如果当事人提出申请的时间是某日的9时，那么计算期间时，就应当从当日的10时开始起算，到第三日的9时止。又如，依照行政诉讼法第八十五条的规定，当事人不服第一审判决的，有权在判决书送达之日起15日内向上一级人民法院提起上诉。如果当事人是在某年的1月2日收到判决书，那么从次日计算上诉期间15日，即1月3日至1月17日。在此期间未提起上诉的，第一审判决就发生法律效力。期间以月计算的，不分大月、小月；以年计算的，不分平年、闰年。以月计算的，期间届满的日期，应当是届满那个月对应于起算月份的那一天；没有对应起算月份的那一天的，应当为届满那个月的最后一天。例如，人民法院于某年 5 月 31 日公告，公告期间为 3 个月，则公告期间届满日期应当为当年 8 月 31 日。

期间届满的最后一日是节假日的，例如元旦（新年）、春节、清明节、劳动节、端午节、中秋节、国庆节以及星期六、星期日，以节假日后的第一日为期间届满的日期。例如，当事人在某年 12 月 17 日接到判决书，从次日计算 15 日的上诉期间，15 日届满的最后一日为次年的 1 月 1 日，1 月 1 日属放假一天的元旦（新年），则 1 月 2 日为期间届满。若节假日在期间中间，则不应扣除。

期间，无论是法定期间还是指定期间，都不包括在途时间。例如，邮寄诉讼文书，在期满前交邮的，不算过期，视为在期限内发送。确定期满前是否交邮，应当以邮局的邮戳为准。只要邮戳上的时间证明是在期满前已将需邮寄的诉讼文书交付邮局，就视为在期限内发送。

【实务指导】

以期间能否变更为标准，可以将期间分为不变期间和可变期间。不变期间，是指在规定的期间内，除非法律另有规定，不准人民法院延长或者缩短的期间。例如，依照行政诉讼法第八十五条的规定，当事人不服第一审裁定的，应当在裁定书送达之日起 10 日内向上一级人民法院提起上诉。在此期间未提起上诉的，丧失上诉权，第一审裁定就发生法律效力。又如，行政诉讼法第四十六条第二款规定了诉权的最长保护期限，即因不动产提起诉讼的案件自行政行为作出之日起超过 20 年，其他案件自行政行为作出之日起超过 5 年提起诉讼的，人民法院不予受理。换言之，作出行政行为到达 20 年或者 5 年的时间点后，无论当事人是否知道或者应当知道行政行为的作出，人民法院对其提起的诉讼均不予受理。另如，行政诉讼的起诉期限也是个不变期间，行政诉讼法只是规定了起诉期限的扣除和延长制度。行政诉讼法第四十六条规定了行政案件的起诉期限为 6 个月，即公民、法人或者其他组织直接向人民法院提起诉讼的，应当自知道或者应当知道作出行政行为之日起 6 个月内提出，法律另有规定的除外。依据行政诉讼法第四十八条的规定，因不可抗力或者其他不属于其自身的原因耽误起诉期限的，被耽误的时间不计算在起诉期限内以及因其他特殊情况耽误起诉期限的，在障碍消除后 10 日内，可以申请延长期限，是否准许由人民法院决定。可变期间是指期间虽然确定，但因发生特殊情况，在确定的期间内实施诉讼行为存在困难，人民法院根据当事人的申请或者依职权变更原定的期间。通常而言，指定期间都是可变期间，法定期间依照法律规定可以变更，法律没有规定的，不得变更。

期间与期日不同。期日是指人民法院、当事人和其他诉讼参加人进行诉讼活动的具体日期和时间。例如，交换证据的期日，开庭审理的期日，宣告判决的期日。

（李纬华撰写）

第四十九条

行政诉讼法第五十一条第二款规定的立案期限，因起诉状内容欠缺或者有其他错误通知原告限期补正的，从补正后递交人民法院的次日起算。由上级人民法院转交下级人民法院立案的案件，从受诉人民法院收到起诉状的次日起算。

【条文主旨】

本条是关于立案期限计算的规定。

【起草背景】

行政诉讼法第五十一条第二款规定，对当场不能判定是否符合法律规定的起诉条件的，人民法院应当接收起诉状，并在七日内决定是否立案，但该条第三款同时规定，起诉状内容欠缺或者有其他错误的，人民法院应当给予指导和释明，并一次性告知当事人需要补正的内容，这就产生此种情形下如何计算立案期限的问题。对于由上级人民法院转交下级人民法院立案的案件，亦存在受诉人民法院如何计算立案期限的问题。为予明确，本条借鉴《民诉解释》第一百二十六条加以规定。

【条文释义】

党的十八届四中全会通过的《中共中央关于全面推进依法治国若干重大问题的决定》提出，改革法院案件受理制度，变立案审查制为立案登记制，对人民法院依法应该受理的案件，做到有案必立、有诉必理，保障当事人诉权。行政诉讼法第五十一条关于登记立案的规定，具体落实了这一精神。登记立案制有效保证了人民法院受理其依法应当受理的行政案件。为保障当事人诉权，使符合法定起诉条件的行政案件都能得以立案，对于起诉状内容欠缺或者有其他错误的，人民法院应当给予指导和释明，并一次性告知当事人需要补正的内容，不得未经指导和释明即以起诉不符合条件为由不接收起诉状。当事人经人民法院的指导和释明，补正其起诉状内容或者其他错误的时间，是其行使诉权所花时间，并非人民法院接受起诉状后判定是否符合法定起诉条件所花时间，故不应计入立案期限。当事人经补正后递交起诉状的，依照《民诉解释》第一百二十五条的规定，应以递交起诉状的次日起算立案期限。对于上级人民法院转交下级人民法院立案的案件，由于并非移送管辖，下级人民法院仍得对所诉案件是否符合法定起诉条件作出判定，故对受诉人民法院立案期限计算，亦应从其收到起诉状的次日起算。

【实务指导】

立案期限具有双重意义。一方面，遵守立案期限，对于保障当事人诉权具有积极意义。解决行政诉讼面临的"立案难、审理难、执行难"问题是全国人大常委会于 2014 年 11 月修改行政诉讼法的重点,其中解决"立案难"问题又是重中之重,修改结果是实行登记立案制。7 日的立案期限对法院的立案时间作出限制,防止"久立不决"。另一方面,强调立案期限,保障人民法院享有较为充分的时间对起诉是否符合法定起诉条件进行判定。实行登记立案制以后,起诉仍然需要符合法定起诉条件,才能立案。人民法院在立案期限内对起诉是否符合法定起诉条件进行判定,有利于后续审理活动的顺利开展。若匆匆将不符合法定起诉条件的案件予以立案,立案后再以不符合法定起诉条件为由裁定驳回起诉,只是程序空转,徒增当事人的讼累,也浪费司法资源。

立案期限与起诉期限存在差别。起诉期限是当事人向人民法院提起诉讼的期限,立案期限则是人民法院判定起诉是否符合法定起诉条件的期限。由于二者的着眼点不同,不可混淆。例如,当事人在法定起诉期限内向人民法院提起诉讼,受诉人民法院后因起诉状内容欠缺或者有其他错误限期补正,当事人补正后递交起诉状的时间起算立案期限,但不应再以补正后递交起诉状的时间计算起诉期限。

(李纬华撰写)

第五十条

行政诉讼法第八十一条、第八十三条、第八十八条规定的审理期限,是指从立案之日起至裁判宣告、调解书送达之日止的期间,但公告期间、鉴定期间、调解期间、中止诉讼期间、审理当事人提出的管辖异议以及处理人民法院之间的管辖争议期间不应计算在内。

再审案件按照第一审程序或者第二审程序审理的,适用行政诉讼法第八十一条、第八十八条规定的审理期限。审理期限自再审立案的次日起算。

基层人民法院申请延长审理期限,应当直接报请高级人民法院批准,同时报中级人民法院备案。

【条文主旨】

本条是关于审理期限的定义及扣除、再审案件审理期限的计算、基层人民法院申请延长审理期限报批的规定。

【起草背景】

行政诉讼法第八十一条规定了适用普通程序的第一审行政案件的审理期限为6个月,第八十三条规定了适用简易程序的第一审行政案件的审理期限为45日,第八十八条规定了第二审行政案件的审理期限为3个月,但未规定审理期限的定义,亦未规定审理期限的必要扣除情形,本条第一款沿用《若干解释》第六十四条及借鉴《民诉解释》第二百四十三条加以规定。对于再审案件,审理期限理应按照其适用的第一审程序或者第二审程序计算审理期限,本条第二款加以明确。延长审理期限是正常审理期限的例外。行政诉讼法第八十一条规定,有特殊情况需要延长审理期限的,由高级人民法院批准,高级人民法院审理第一审案件需要延长的,由最高人民法院批准,但对基层人民法院申请延长审理期限的报批程序,未予规定,本条第三款沿用《若干解释》第八十二条加以规定。

【条文释义】

审理期限的开始时间为立案之次日。期间是因为一定事实的发生而开始,故事实发生的当时或者当日不应该包括在期间之内。民事诉讼法第八十二条第二款及《行诉解释》第四十八条第二款规定,期间开始的时和日,不计算在期间内。《最高人民法院关于严格执行案件审理期限制度的若干规定》第八条第一款亦规定,案件的审理期限从立案次日起计算。审理期限的届满时间为裁判宣告之日。《最高人民法院关于严格执行案件审理期限制度的若干规定》第十条规定，人民法院判决书宣判、裁定书宣告或者调解书送达最后一名当事人的日期为结案时间。人民法院判决书宣判、裁定书宣告或者调解书送达有下列情形之一的，结案时间遵守以下规定：（1）留置送达的，以裁判文书留在受送达人的住所日为结案时间；（2）公告送达的，以公告刊登之日为结案时间；（3）邮寄送达的，以交邮日期为结案时间；（4）通过有关单位转交送达的，以送达回证上当事人签收的日期为结案时间。

《行诉解释》第一百一十九条的规定，人民法院按照审判监督程序再审的案件，发生法律效力的判决、裁定是由第一审法院作出的，按照第一审程序审理；发生法律效力的判决、裁定是由第二审法院作出的，按照第二审程序审理；上级人民法院按照审判监督程序提审的，按照第二审程序审理。同时，行政诉讼法第八十二条第三款规定，再审案件不适用简易程序。既然如此，再审案件适用第一审或者第二审审理程序，再审案件的审理期限自然也应当适用行政诉讼法第八十一条规定的6个月的审理期限和第八十八条规定的3个月的审理期限，且再审案件的审理期限应当从再审立案的次日起算。

延长审理期限，是指人民法院在审理行政案件的过程中，由于发生或者存在特殊情况，不能在正常的审理期限内结案，经报请上级人民法院批准，从而延长审理期限的情况。依照行政诉讼法第八十一条的规定，批准延长行政案件审理期限的权力集中在高级人民法院和最高人民法院，中级人民法院没有批准权。因此，对于基层人民法院申请延长审理期限的情况，也应当直接报高级人民法院批准，同时基于审级监督关系报中级人民法院备案。

【实务指导】

依照本条第一款的规定，公告期间、鉴定期间、调解期间、中止诉讼期间、审理当事人提出的管辖异议以及处理人民法院之间的管辖争议期间不计算在审理期限中。这些都是因为客观原因导致的时间耗费，都应当从审理期限中扣除。第一，公告期间。公告是指向社会公众发出的通告。在审判实践中，时常出现当事人下落不明、住所地不详、无法确定等情形，致使不能采取直接送达、留置送达、委托送达、邮寄送达、转交送达等方式将诉讼文书送达或者将有关诉讼活动予以告知。为保证诉讼活动的顺利进行，以公告的方式予以通知或者送达，使有关当事人获悉后能够及时了解诉讼活动，积极行使相关诉讼权利。因公告所花时间，理应从审理期限中扣除。第二，鉴定期间。行政机关的行政管理活动涉及建筑、能源、化学、医学、工程、计算机、网络等许多专业技术领域，行政机关作出的行政行为经常是基于某些专门性问题的专业判断。人民法院在审理这些案件中，往往需要对这些专门性问题进行技术鉴定，才能正确地进行法律适用。由于案件需要交由法定的鉴定部门或者指定的鉴定部门进行鉴定，必然要花费一定的时间，故因鉴定所耽误的时间应当从审理期限中扣除。第三，调解期间。依照行政诉讼法第六十条第一款的规定，人民法院审理行政案件，一般不适用调解，但行政赔偿、补偿以及行政机关行使法律、法规规定的自由裁量权的案件可以调解。行政诉讼调解是指当事人在人民法院的主持下，自愿达成协议，解决行政争议的行为。在当事人自愿的情况下，人民法院在正常的审理程序之外进行调解，所花时间理应从审理期限中扣除。在调解不成时，应当及时恢复审理，不得规避法定的审理期限。第四，中止诉讼期间。中止诉讼是指在诉讼过程中，由于发生无法克服或者难以避免的情形，使得诉讼程序不得以暂时停止的情况。影响诉讼程序正常进行的情形消除后，恢复诉讼。依照《行诉解释》第八十七条的规定，中止诉讼的原因包括七种："（一）原告死亡，须等待其近亲属表明是否参加诉讼的；（二）原告丧失诉讼行为能力，尚未确定法定代理人的；（三）作为一方当事人的行政机关、法人或者其他组织终止，尚未确定权利义务承受人的；（四）一方当事人因不可抗力的事由不能参加诉讼的；（五）案件涉及法律适用问题，需要送请有权机关作出解释或者确认的；（六）案件的审判须以相关民事、刑事或者其他行政案件的审理结果为依据，而相关案件尚未审结的；（七）其他应当中止诉讼的情形。"中止诉的情形消除后,从人民法院通知或者准许当事人继续进行诉讼活动之日起,继续计算审理期限。第五,处理管辖异议和管辖争议的期间。管辖是指各级人民法院之间受理一审行政案件的分工和权限。管辖权争议是指两个以上人民法院对案件管辖权有不同意见而发生争议。行政诉讼法第二十三条第二款规定,人民法院对管辖权发生争议,由争议双方协商解决。协商不成的,报它们的共同上级人民法院指定管辖。管辖权异议是指人民法院受理行政案件后,当事人向受理案件的人民法院提出的,旨在排除该人民法院对本案行使管辖权的意见或者意思表示。依照《行诉解释》第十条第二款的规定,对当事人提出的管辖异议,人民法院应当进行审查。异议成立的,裁定将案件移送有管辖权的人民法院;异议不成立的,裁定驳回。只有有管辖权的人民法院才能对案件进行审理和判决,确定管辖权是对案件进行审理和判决的前提。当人民法院之间或者当事人对应由哪个法院对案件行使管辖权有不同意见时,人民法院应当先处理案件的管辖权问题,其后方能才能合法地对案件进行审理和判决。处理案件的管辖权问题所花时间,也理应从审理期限中扣除。

依照行政诉讼法第八十一条和本条第三款的规定,延长审理期限的报批情况包括:基层人民法院需要延长审理期限的,应当在审理期限届满前,直接报请高级人民法院批准,同时报中级人民法院备案;中级人民法院需要延长审理期限的,应当在审理期限届满前,报请高级人民法院批准;高级人民法院需要延长审理期限的,应当在审理期限届满前,报请最高人民法院批准。

(李纬华撰写)

第五十一条

人民法院可以要求当事人签署送达地址确认书,当事人确认的送达地址为人民法院法律文书的送达地址。

当事人同意电子送达的，应当提供并确认传真号、电子信箱等电子送达地址。

当事人送达地址发生变更的，应当及时告知受理案件的人民法院；未及时告知的，人民法院依法按原地址送达，视为依法送达。

人民法院可以通过国家邮政机构以法院专递方式进行送达。

【条文主旨】

本条是关于送达的规定。

【起草背景】

送达是指法院依照法定方式和程序，将诉讼文书送交当事人和其他诉讼参加人的行为。诉讼活动始于送达，终于送达。送达是连接整个诉讼活动的道路与桥梁。对于保障当事人和其他诉讼参加人的合法权利，保证诉讼活动的顺利进行，送达具有重要意义。本条借鉴民事诉讼活动中的有关送达制度，就送达地址确认书、传真、电子邮件等简易送达方式、法院专递送达诉讼文书等加以规定。

【条文释义】

送达是人民法院审理案件过程中的重要程序事项，是保障人民法院依法公正审理案件、及时维护当事人合法权益的基础。诉讼文书一经送达，就会产生一定的法律后果，当事人和其他诉讼参加人便有在规定的期间实施某种行为的权利，或者必须履行某种行为的义务。否则，就要依法承担相应的法律后果。但随着我国社会经济的发展，"送达难"近年来成为困扰人民法院审判工作的难点之一。据有关统计，花费在送达程序上的司法资源占总数的40%左右。为解决这一顽疾，各级人民法院尝试了多种方法，要求当事人签署送达地址确认书便是较为有效的方法之一。《最高人民法院关于进一步加强民事送达工作的若干意见》就全面推进当事人送达地址确认制度提出要求。本条第一款在行政审判领域落实了这一要求，规定人民法院可以要求当事人签署送达地址确认书，当事人确认的送达地址为人民法院法律文书的送达地址。

当今世界已经由"电气化"时代逐步迈入"电子化""网络化"时代。时代的变化深刻地影响了社会主体的沟通交往方式。当前，电子技术、网络技术飞速发展，广为普及，使人民法院具备了通过传真、电子邮件等简易送达方式送达诉讼文书的条件。本条第二款规定，当事人同意电子送达的，应当提供并确认传真号、电子信箱等电子送达地址。依照《民诉解释》第一百三十六条的规定，受送达人同意采用电子方式送达的，应当在送达地址确认书中予以确认。

当事人在送达地址确认书中确认的送达地址，适用于第一审程序、第二审程序和执行程序。当事人确认的送达地址，具有严肃性，不应随意变更。当事人送达地址发生变更的，应当及时以书面方式告知受理案件的人民法院。当事人未及时书面告知的，人民法院按照送达地址确认书中确认的送达地址予以送达，应视为依法送达。本条第三款对此加以规定。

法院专递也是人民法院为解决"送达难"问题而推出的积极举措。《最高人民法院关于以法院专递方式邮寄送达民事诉讼文书的若干规定》确立了法院专递的送达方式。这种送达方式可视为人民法院委托邮寄送达诉讼文书，与人民法院送达具有同等的法律效力。在目前的司法实践中，各级人民法院已经普遍采用法院专递方式进行送达。本条第四款依照《最高人民法院关于以法院专递方式邮寄送达民事诉讼文书的若干规定》，规定可以通过国家邮政机构以法院专递方式进行送达。

【实务指导】

依照《最高人民法院关于进一步加强民事送达工作的若干意见》，送达地址确认书包括当事人提供的送达地址、人民法院告知事项、当事人对送达地址的确认、送达地址确认书的适用范围和变更方式等内容。当事人提供的送达地址应当包括邮政编码、详细地址以及受送达人的联系电话等。同意电子送达的，应当提供并确认接收诉讼文书的传真号、电子信箱、微信号等电子送达地址。当事人委托诉讼代理人的，诉讼代理人确认的送达地址视为当事人的送达地址。人民法院应当告知送达地址确认书的填写要求和注意事项以及拒绝提供送达地址、提供虚假地址或者提供地址不准确的法律后果。人民法院应当要求当事人对其填写的送达地址及法律后果等事项进行确认。当事人确认的内容应当包括当事人已知晓人民法院告知的事项及送达地址确认书的法律后果，保证送达地址准确、有效，同意人民法院通过其确认的地址送达诉讼文书等，并由当事人或者诉讼代理人签名、盖章或者捺印。人民法院应当在登记立案时要求当事人确认送达地址。当事人拒绝确认送达地址的，依照《最高人民法院关于登记立案若干问题的规定》第七条的规定处理。

对于本条第二款规定的简易送达方式，民事诉讼法第八十七条作了规定，但民事诉讼法第八十七条还规定判决书、裁定书、调解书的送达除外。在经送达的各种诉讼文书中，判决书、裁定书、调解书具有重大的法律后果，对当事人实体权利义务以及上诉、申请执行等程序利益的影响最为关键，应当更加严格。依照行政诉讼法第一百零一条的规定，民事诉讼法第八十七条的除外规定应当适用于行政诉讼。

依照《最高人民法院关于以法院专递方式邮寄送达民事诉讼文书的若干规定》，一般有三种情形不适用以法院专递方式邮寄送达：受送达人或者其诉讼代理人、受送达人指定的代收人同意在指定的期间内到人民法院接受送达的；受送达人下落不明的；法律规定或者我国缔结或者参加的国际条约中约定有特别送达方式的。

（李纬华撰写）

第五十二条

人民法院可以在当事人住所地以外向当事人直接送达诉讼文书。当事人拒绝签署送达回证的，采用拍照、录像等方式记录送达过程即视为送达。审判人员、书记员应当在送达回证上注明送达情况并签名。

【条文主旨】

本条是关于在当事人住所地以外向当事人直接送达诉讼文书的规定。

【起草背景】

直接送达是送达的主要方式。直接送达的场所通常是当事人的住所地。但基于司法实践需要，亦应允许在当事人住所地以外向当事人直接送达诉讼文书。本条借鉴《民诉解释》第一百三十一条加以规定。

【条文释义】

直接送达是指执行送达任务的书记员、司法警察或者其他工作人员将应当送达的诉讼文书，直接交付给受送达人签收的送达方式。民事诉讼法第八十五条其中规定，送达诉讼文书，应当直接送交受送达人。受送达人是公民的，本人不在交他的同住成年家属签收。传统意见认为，这里涉及的送达场所主要是指当事人的住所。但随着我国经济社会的快速发展，人员流动的频繁，将送达场所局限于当事人的住所，客观上会加剧司法实践中的"送达难"。有意见认为，从"送达诉讼文书，应当直接送交受送达人"的行文看，并未限定在何处直接送达，理论上可以包括一切可以见到受送达人本人的场所。在能够确认当事人身份的情况下，在当事人住所地以外向当事人直接送达诉讼文书，应属法律所允许的范围，且可有利于缓解司法实践中的"送达难"。送达回证是指人民法院制作的用以证明受送达人收到人民法院所送达的诉讼文书的书面凭证，体现了诉讼活动的严肃性。在审判实践中，有些当事人无故拒绝签署送达回证，妨碍了诉讼活动的正常进行。现代信息技术的发展，送达人可以充分利用拍照、录像等方式将送达过程客观准确地予以保存。由于签署送达回证的根本目的是证明受送达人收到了人民法院所送达的诉讼文书，对于当事人无故拒绝签署送达回证的情况，如果采用拍照、录像等方式记录了送达过程，送达人员在送达回证上注明送达情况并签名后，那么也就能证明送达已经完成，应视为送达。因此，人民法院在当事人住所地以外向当事人直接送达诉讼文书不违反民事诉讼法第八十五条的规定，在《民诉解释》第一百三十一条已经规定的情况下，本条借鉴加以规定非常必要。

【实务指导】

依照民事诉讼法第八十五条、第八十七条、第八十八条、第八十九条、第九十条、第九十一条、第九十二条的规定，传统的送达方式有六种：直接送达、留置送达、委托送达、邮寄送达、转交送达和公告送达。本条规定属于直接送达的情形。此种送达方式又被称为偶遇式送达。适用该条的基本前提是能够在当事人住所地以外遇见受送达人，且能够确认受送达人的身份。否则，就应当以其他送达方式送达。

（李纬华撰写）

六、起诉与受理

起诉与受理是行政诉讼制度的核心内容之一,也是与当事人诉权的行使和保护关系最密切的部分。本次司法解释修改,将该部分由十二条增加至十八条,将2014年修正行政诉讼法以及近二十年来司法审判实践中有关当事人诉权保护、诉的利益、诉的审查阶段等一系列实践和理论成果进行了整合。

(阎巍撰写)

第五十三条

人民法院对符合起诉条件的案件应当立案,依法保障当事人行使诉讼权利。

对当事人依法提起的诉讼,人民法院应当根据行政诉讼法第五十一条的规定接收起诉状。能够判断符合起诉条件的,应当当场登记立案;当场不能判断是否符合起诉条件的,应当在接收起诉状后七日内决定是否立案;七日内仍不能作出判断的,应当先予立案。

【条文主旨】

本条是关于立案登记的规定。

【起草背景】

本条系针对行政诉讼法第五十一条有关立案登记问题而作出的规定。诉讼行为肇始于当事人的起诉，而当事人的起诉又始于向人民法院递交起诉状。因此，为保障诉讼功能的正常发挥，当起诉人完成提交起诉状的法定义务之时，就必须保障起诉状启动诉讼功能的切实发挥，否则，就会出现所谓的"立案难"现象。而立案登记制度所要解决的首要问题，就是确保当事人提交的起诉状能够被顺利接收。对此，《若干解释》第三十二条对此有所涉及，但由于规定的内容不够全面和严谨，在适用过程中常出现各种漏洞并引发争议。对此，最高人民法院于2009年出台了《关于依法保护行政诉讼当事人诉权的意见》（以下简称《意见》），对加强立案工作和解决立案问题作出全面、系统的要求，从"不得随意限缩受案范围、违法增设受理条件、依法积极受理新类型行政案件、加强对行政案件受理工作的监督"等方面进行了专门规定。但是，由于这份《意见》的效力属于司法解释，存在对外公开或公众知晓程度有限、法律效力位阶不明确等问题。在此基础上，十八届四中全会明确了法院的案件受理制度为立案登记制，在其后的2014年行政诉讼法的修改过程中，又将其作为修正后行政诉讼法的内容之一予以确立。

立案登记制与立案审查制有较大区别，它对当事人的诉讼权利保护更深入、全面。根据2014年修正前行政诉讼法的规定，对不符合起诉条件的诉讼，存在裁定不予受理或驳回起诉两种结果，所以就条文字义及其法律精神而言，立案审查制并不否定对起诉材料进行实体审查的合法性。实践中许多法院立案时采取的标准为程序性审查，将实体方面的问题交由审判庭深入审查，但由于法律规定留有实体审查的空间，则可能因条文理解及现实需要等方面的不同，而导致立案审查时采取的标准存在差异，甚至可能出现同一法院、同一类型案件的立案结果完全不同的情形，从而为选择性司法提供了法律依据。立案登记制从必须接收当事人提交的起诉材料的角度，将这一选择性空间进行压缩，本次司法解释，更是阐明了2014

年行政诉讼法第五十一条的立法意旨,明确将接收起诉状作为立案登记的抓手之一,充分保护了当事人的诉权。

【条文释义】

本条第一款规定:"人民法院对符合起诉条件的案件应当立案,依法保障当事人行使诉讼权利。"这里需要加以理解的首先是"符合起诉条件"。对此,行政诉讼法第四十九条作出的较为明确的规定,具体包括:原告是符合该法第二十五条规定的公民、法人或者其他组织;有明确的被告;有具体的诉讼请求和事实根据;属于人民法院受案范围和受诉人民法院管辖。从字面上看,只要符合上述条件,就"应当立案"。但是,这里较有争议的问题是,对于明显存在超过起诉期限、重复起诉等程序性问题的案件,是否应当立案受理。有观点认为,结合司法解释第六十九条的规定,应当予以立案受理,如果确有不符合立案条件的情形,再予以裁定驳回起诉,其主要理由为:立案审查的时间不能过长,其他程序问题在短时间内难以确定,因而不能在立案审查环节直接依推定作出结论,避免将大量的行政争议挡于法院门外。尽管上述理由具有合理性,但是,也有观点认为,对于起诉程序事项明显不符合法定要求的情形,如从起诉材料明确显示属于重复起诉等,这种案件即使立案受理,也终究获得裁定驳回的结果,对其立案并转入审判部门审查,是对司法资源的一种浪费,因此立案部门可以直接裁定不予立案。对于上述两种观点孰是孰非的判断,实际上就在于对本条后半句"依法保障当事人行使诉讼权利"的理解。《保护和规范当事人行使诉权意见》(法发〔2017〕25号)明确指出,要正确理解立案登记制的精神实质,在防止过度审查的同时,也要注意坚持必要审查。人民法院除对行政诉讼法第四十九条规定的起诉条件依法进行审查外,对于起诉事项没有经过法定复议前置程序处理、起诉确已超过法定起诉期限、起诉人与行政行为之间确实没有利害关系等明显不符合法定起诉条件的,人民法院依法不予立案,但应当向当事人说明不予立案的理由。要引导当事人依法行使诉权,对于没有新的事实和理由,针对同一事项重复、反复提起诉讼,或者反复提起行政复议继而提起诉讼等违反"一事不再理"原则的起诉,人民法院依法不予立案,并向当事人说明不予立案的理由。当事人针对行政机关未设定其权利义务的重复处理行为、说明性告知行为及过程性行为提起诉讼的,人民法院依法不予立案,并向当事人做好释明工作,避免给当事人造成不必要的诉累。要准确把握行政诉讼法第二十五条第一款规定的"利害关系"的法律内涵,依法审查行政机关的行政行为是否确与当事人权利义务的增减得失密切相关,当事人在诉讼中是否确实具有值得保护的实际权益,不得虚化、弱化利害关系的起诉条件。对于确与行政行为有利害关系的起诉,人民法院应当予以立案。当事人因请求上级行政机关监督和纠正下级行政机关的行政行为,不服上级行政机关作出的处理、答复或者未作处理等层级监督行为提起诉讼,或者不服上级行政机关对下级行政机关作出的通知、命令、答复、回函等内部指示行为提起诉讼的,人民法院在裁定不予立案的同时,可以告知当事人可以依法直接对下级行政机关的行政行为提起诉讼。上述行为如果设定了当事人的权利义务或者对当事人权利义务产生了实际影响,人民法院应当予以立案。当事人因投诉、举报、检举或者反映问题等事项不服行政机关作出的行政行为而提起诉讼的,人民法院应当认真审查当事人与其投诉、举报、检举或者反映问题等事项之间是否具有利害关系,对于确有利害关系的,应当依法予以立案,不得一概不予受理。对于明显不具有诉讼利益、无法或者没有必要通过司法渠道进行保护的起诉,比如当事人向明显不具有事务、地域或者级别管辖权的行政机关投诉、举报、检举或者反映问题,不服行政机关作出的处理、答复或者未作处理等行为提起诉讼的,人民法院依法不予立案。要正确区分当事人请求保护合法权益和进行信访之间的区别,防止将当事人请求行政机关履行法定职责当作信访行为对待。当事人因不服信访工作机构依据《信访条例》作出的处理意见、复查意见、复核意见或者不履行《信访条例》规定的职责提起诉讼的,人民法院依法不予立案。但信访答复行为重新设定了当事人的权利义务或者对当事人权利义务产生实际影响的,人民法院应当予以立案。要依法制止滥用诉权、恶意诉讼等行为。滥用诉权、恶意诉讼消耗行政资源,挤占司法资源,影响公民、法人和其他组织诉权的正常行使，损害司法权威，阻碍法治进步。对于以危害国家主权和领土完整、危害国家安全、破坏国家统一和民族团结、破坏国家宗教政策为目的的起诉，人民法院依法不予立案；对于极个别当事人不以保护合法权益为目的，长期、反复提起大量诉讼，滋扰行政机关，扰乱诉讼秩序的，人民法院依法不予立案。要充分尊重和保护公民、法人或者其他组织的知情权，依法及时审理当事人提起的涉及申请政府信息公开的案件。但对于当事人明显违反《政府信息公开条例》立法目的，反复、大量提出政府信息公开申请进而提起行政诉讼，或者当事人提起的诉讼明显没有值得保护的与其自身合法权益相关的实际利益，人民法院依法不予立案。公民、法人或者其他组织申请公开已经公布或其已经知晓的政府信息，或者请求行政机关制作、搜集政府信息或对已有政府信息进行汇总、分析、加工等，不服行政机关作出的处理、答复或者未作处理等行为提起诉讼的，人民法院依法不予立案。在认定滥用诉权、恶意诉讼的情形时，应当从严掌握标准，要从当事人提起诉讼的数量、周期、目的以及是否具有正当利益等角度，审查其是否具有滥用诉权、恶意诉讼的主观故意。对于属于滥用诉权、恶意诉讼的当事人，要探索建立有效机制，依法及时有效制止。

可见，这里的关键问题是对"明显"的把握，即对于一个起诉事项，如果正常有理性或是稍有专业常识的人均可判断明确无疑的存在重复起诉、已撤回起诉无正当理由再行起诉、诉讼标的已为生效裁判所羁束等司法解释第六十九条规定的情形的以及《保护和规范当事人行使诉权意见》规定的情形，可以由立案部门直接裁定不予立案。但是，对于确有疑问，或是须要通过审查判断才能得出结论的事项，则不应由立案代替审判部门的审查。总之，本条意在"保护诉权"与"依法行使诉权"之间达成一种平衡，人民法院立案部门在接到起诉状之后，虽然主要审查起诉状的内容是否完整、是否符合起诉的形式要求等，但决不能得出登记立案就是单纯程序性审查的结论。

本条第二款规定了登记立案的具体程序。立案环节的时间要求均为7日，时间的起算点为接到起诉状或口头起诉之日，终结点为立案决定作出之时，也是法院审理期限的起算之日。因此，7日是法院立案审查的时间。结合行政诉讼法第五十一条的相关规定，立案受理以当场登记为原则，即只要确定符合规定的起诉条件，就应当场登记立案；以7日内审查决定是否立案为例外，即只有在特殊情形如案情复杂等当场不能判定时，才适用7日审查期限。关于何种情形属于"当场不能判定"，诉讼法及司法解释没有明确规定，可以由各地法院结合司法解释第六十九条以及《保护和规范当事人行使诉权意见》的精神，根据实际情况加以判断，但必须对起诉人说明理由。

【实务指导】

2014年行政诉讼法和立案登记制同步实施以来，各级人民法院坚持司法为民的工作宗旨，进一步强化诉权保护意识，着力从制度上、源头上、根本上解决人民群众反映强烈的"立案难"问题，对依法应当受理的案件有案必立、有诉必理，人民群众的行政诉权得到了充分保护，立案渠道全面畅通，2014年行政诉讼法实施和立案登记制改革取得了重大成果。但与此同时，一些当事人滥用诉权，浪费司法资源的现象日益增多。各级人民法院立案部门应当更好地保护和规范当事人依法行使诉权，引导当事人合理表达诉求，促进行政争议实质化解。在治理滥诉问题上，除注意《保护和规范当事人行使诉权意见》中所列明的几种具体情况外，在具体判断时，还要特别注意对"有具体的诉讼请求和事实根据"以及相应的主观证明责任的应用。

（阎巍撰写）

第五十四条

依照行政诉讼法第四十九条的规定，公民、法人或者其他组织提起诉讼时应当提交以下起诉材料：

（一）原告的身份证明材料以及有效联系方式；

（二）被诉行政行为或者不作为存在的材料；

（三）原告与被诉行政行为具有利害关系的材料；

（四）人民法院认为需要提交的其他材料。

由法定代理人或者委托代理人代为起诉的，还应在起诉状中写明或者在口头起诉时向人民法院说明法定代理人或者委托代理人的基本情况，并提交法定代理人或者委托代理人的身份证明和代理权限证明等材料。

【条文主旨】

本条是关于当事人提交起诉证据材料的规定。

【起草背景】

起诉证据是起诉人在起诉时应当向人民法院提交的证明起诉符合立案条件的诉讼证据。起诉证据长期以来并没有被我国的诉讼立法作为一个专门法律术语使用，更没有被立法文件系统规定。1997年5月29日最高人民法院颁行的《最高人民法院关于人民法院立案工作的暂行规定》确立了人民法院内部立审分离制度，首次以规范性文件的形式对起诉受理阶段的有关事实问题提出证明要求，从而产生了"起诉证据"这一证据法学上的新课题，该文件也成为"起诉证据"最早的文件性依据。该规定第八条规定："人民法院收到当事人的起诉，应当依照法律和司法解释规定的案件受理条件进行审查：（一）起诉人应当具备法律规定的主体资格；（二）应当有明确的被告；（三）有具体的诉讼请求和事实根据；（四）属于人民法院受理案件的范围和受诉人民法院管辖。"从而明确了人民法院对当事人的起诉应当进行条件性审查。该规定第九条进一步规定："人民法院审查立案中，发现原告或者自诉人证明其诉讼请求的主要证据不具备的，应当及时通知其补充证据。"可以看出，这与2014年修正前后的行政诉讼法对起诉条件的规定是基本一致的。但是，该规定以及后续的相关立法均未明确起诉人应当具体提交哪些立案材料，本次司法解释作出了明确规定。

【条文释义】

从行政诉讼法第四十九条规定的四个条件来看，起诉人需要对两类事实加以证明：一是与案件有无直接利害关系；二是受诉人民法院对案件有无管辖权。具体来说，可以分为以下三个方面。

1. 原告与所诉案件有利害关系的事实。这类事实的证明主要用来确定原告是否合格，是否符合行政诉讼法第二十五条的规定。它主要包括两层事实：其一，案件所依赖的基础法律关系发生、变更和消灭的事实，如行政处罚、征收征用、行政许可的存废事实。这一点，需要通过该条第一款第二项所要求的"被诉行政行为或者不作为存在的材料"加以证明；其二，起诉人为该实体法律关系一方主体，并在其中享有一定权利、承担一定义务的事实。这一点，需要通过该条第一款第三项所要求的"原告与被诉行政行为具有利害关系的材料"加以证明。只有证明以上两类事实存在，起诉人才能被视为与本案有利害关系，享有起诉权。

2. 起诉人具有法定起诉主体资格的事实。起诉人是指直接向人民法院行使原告起诉权的自然人或公民个人。这里要注意的是，起诉人与当事人，即起诉原告是有一定区别的。原因在于，诉讼实践中，直接向人民法院行使起诉权的可以是作为自然人的原告本人，也可以是原告的代理人。法人或其他组织作为原告起诉的，其起诉权往往由它的法定代表人或代理人行使，起诉权的享有者和行使者常常是相分离的，行使主体也不局限于原告本人。这一区分的意义在于可以较为清晰地掌握起诉人合法主体资格的事实构成，这类事实由原告资格事实和起诉人资格事实两方面组成。前者是指作为起诉原告的法人、其他组织或公民个人的身份事实，它需要通过本条第一款第一项所要求的"原告的身份证明材料以及有效联系方式"加以证明。后者是除原告以外的其他起诉人行使起诉权的合法性事实，如代单位起诉的代表身份事实,代理他人起诉的委托授权事实和法定代理关系事实等,这些需要通过本条第二款"由法定代理人或者委托代理人代为起诉的,还应在起诉状中写明或者在口头起诉时向人民法院说明法定代理人或者委托代理人的基本情况,并提交法定代理人或者委托代理人的身份证明和代理权限证明等材料"加以证明。

3. 受诉法院的管辖权事实。并不是所有的行政纠纷都适合通过行政诉讼来解决,也不是所有的案件都可以由特定法院管辖,特定法院对于具体案件是否具有管辖权的事实,叫作管辖权力事实,即需要用证据加以证明的受诉法院是否享有所诉案件管辖权的事实。具体包括以下两类:其一为案发纠纷的定性事实,如是民事劳动争议还是行政合同争议,是税务处罚纠纷还是税务缴税纠纷的事实。这类事实一方面可以确定人民法院是否有权主管,另一方面可以据此辨别出纠纷应适用的管辖法院联结原则。其二为连接点事实。即按照地域和级别管辖原则,诉争纠纷与法院之间有哪些连接地点,如原告被限制人身自由地、被告住所地、被告的级别等事实。这类事实的证明最终确定了具体享有管辖权的法院。

4. 起诉符合其他起诉条件的事实。比如法律规定被诉行政行为属于复议前置情形的,还应提交经过复议的证据材料。

诉讼活动中,代理当事人进行诉讼的人员称为诉讼代理人。诉讼代理人有法定代理人与委托代理人两种。法定代理人通常是指未成年人、精神病人的父母、兄弟姐妹,精神病人还包括他们的配偶、子女以及其他监护人。因为未成年人和精神病人没有行为能力或者行为能力不完全,不能正确表达自己的意思和行使自己的权利。为了确保他们的利益,法律规定由他们的近亲属或法院为他们指定的监护人代为诉讼。法定代理人有权代为承认、放弃或变更诉讼请求以及进行和解、提起反诉、上诉等,其法律效力及于本人。由于法定代理人是基于亲属关系或法院指定,而其代理权限是由法律明确规定的,故此类代理人一般只需证明其身份关系或出具法院指定的文件即可。

委托代理人是由当事人委托,代为进行诉讼的人。通常是当事人认为自己不善于陈述事实和表达自己的意见,不善于进行法庭辩论,或不明法律以及其他原因，例如患病卧床、外出等等，需要委托他人（一至两人）为诉讼代理人代为诉讼。委托代理诉讼的当事人必须出具授权委托书，并向法院提交。委托代理人未经当事人特别授权，不得代为承认、放弃或变更诉讼请求，和代为提起反诉、上诉等。对于委托诉讼代理人应当符合的条件和向法庭提交的证明材料，具体参见司法解释的第三十一条、第三十二条以及第三十三条的规定。

【实务指导】

有观点认为，案件事实或争议事实也应作为起诉证据的待证事实，对此本书认为应当区分情况慎重对待。一般而言，案件事实或争议事实在起诉阶段仅仅是原告的一种程序性"假定"，对其真伪的证明牵涉到起诉原告的胜诉权，因此，纠纷事实或案件事实只能作为审理中的待证事实而在审理过程中加以证明。但是，如果从起诉时所提交的证据材料看，明显存在重复起诉、诉讼标的已为生效裁判所羁束或是行政行为明显对其不产生实际影响等情况的，也可以在立案阶段加以认定，并裁定驳回起诉，问题的关键在于上述有关情形是否"明显"存在。

（阎巍撰写）

第五十五条

依照行政诉讼法第五十一条的规定，人民法院应当就起诉状内容和材料是否完备以及是否符合行政诉讼法规定的起诉条件进行审查。

起诉状内容或者材料欠缺的，人民法院应当给予指导和释明，并一次性全面告知当事人需要补正的内容、补充的材料及期限。在指定期限内补正并符合起诉条件的，应当登记立案。当事人拒绝补正或者经补正仍不符合起诉条件的，退回诉状并记录在册；坚持起诉的，裁定不予立案，并载明不予立案的理由。

【条文主旨】

本条是对立案阶段人民法院释明义务的规定。

【起草背景】

司法实践中，由于行政审判司法环境不佳，一些地方的法院以"三不"方式（不立案、不接收起诉状、不出裁定）排斥立案，在社会上产生了恶劣的影响，人民群众意见极大。近年来，随着立案登记制的实施，此种现象得到了有效抑制，但是，随之而来的，利用当事人法律知识或是表达能力的欠缺，限制当事人诉权的现象逐渐增多。其实，最高人民法院早在2009年就作出《关于依法保护行政诉讼当事人诉权的意见》（法发〔2009〕54号）明确要求："要大力推行诉讼引导和指导、权利告知、风险提示等措施，有与起诉人法律知识不足导致起诉状内容欠缺、错列被告等情形的，应当给予必要的指导和释明，不得未经指导和释明即以起诉不符合条件为由予以驳回。"《保护和规范当事人行使诉权意见》（法发〔2017〕25号）也明确指出："要不断提高保护公民、法人和其他组织依法行使诉权的意识，对于需要当事人补充起诉材料的，应当一次性全面告知当事人需要补正的内容、补充的材料及补正期限等；对于当事人欠缺法律知识的，人民法院必须做好诉讼引导和法律释明工作。"行政诉讼法第五十一条明确规定："人民法院在接到起诉状时对符合本法规定的起诉条件的，应当登记立案。对当场不能判定是否符合本法规定的起诉条件的，应当接收起诉状，出具注明收到日期的书面凭证，并在七日内决定是否立案。不符合起诉条件的，作出不予立案的裁定。裁定书应当载明不予立案的理由。原告对裁定不服的，可以提起上诉。起诉状内容欠缺或者有其他错误的，应当给予指导和释明，并一次性告知当事人需要补正的内容。不得未经指导和释明即以起诉不符合条件为由不接收起诉状。"可见，本条是作为"强化受理程序约束"的重要内容提出来的。

【条文释义】

人民法院在接到起诉状时，应当对起诉状的内容和材料是否完备以及是否存在错误进行审查。对符合本法规定的起诉条件的，应当登记立案。对当场不能判定是否符合本法规定的起诉条件的，应当接收起诉状，出具注明收到日期的书面凭证，并在7日内决定是否立案。起诉状内容欠缺或者有其他错误的，应当给予指导和释明，并一次性告知当事人需要补正的内容。参照民事诉讼法第一百二十一条的规定，起诉状应当记明以下事项：原告的姓名、性别、年龄、民族、职业、工作单位、住所、联系方式，法人或者其他组织的名称、住所和法定代表人或者主要负责人的姓名、职务、联系方式；被告的名称、住所等信息；诉讼请求和所根据的事实与理由；证据和证据来源，证人姓名和住所。"起诉状内容欠缺"是指缺乏起诉状应当载明的事项，例如，被告的名称不确定、没有载明证据等等。"其他错误"是指除起诉状内容欠缺以外的其他缺陷，例如诉讼请求不明确等。人民法院"应当给予指导和释明"是指人民法院对于起诉状中出现的错误，不能视而不见或者未经说明无理由拒绝，应当向起诉人指出其中的缺陷，指导起诉人进行补正。"一次性告知"是指人民法院不得多次要求起诉人补正，不得以材料不全等笼统理由让起诉人跑冤枉路。

这里要强调的是，起诉状内容欠缺或者有其他错误的，人民法院应当指导和释明。指导和释明是人民法院必须履行的义务，不得未经指导和释明即以起诉不符合条件为由不接收起诉状。人民法院不履行这一义务，可能导致起诉人不知道如何补正起诉状，进而质疑法院，损害司法权威。一般情况下，人民法院可以采取提供格式起诉状或者起诉状样本的方式，指导起诉人补正。人民法院未经指导和释明，不能仅以"起诉不符合条件"的笼统理由不接收起诉状。人民法院在接到补正后的起诉状后，应当当场予以登记，并出具注明收到日期的书面凭证。对于当事人拒不补正或者经补正仍不符合起诉条件的，可以退回起诉状，但是必须记录在册，在本次修法审议过程中，一些委员提出，要解决立案难的问题，必须建立立案登记制度，尤其是登记不予立案的案件，这样既方便检查和统计，也有利于监督。因此，对于不立案的案件登记造册，是立案登记制的立法原意。而对于坚持起诉的，应当裁定不予立案，同时，人民法院在不予立案裁定书中应当明确不予立案属于不符合起诉条件的哪一种情形，以及相应的理由，而不能笼统地称："不符合本法规定的起诉条件"。

【实务指导】

指导和释明作为一项值得鼓励的司法为民举措，在不违反公平公正原则的前提下，法院在任何环节都可以进行。但是，作为一项法定职责，则必须进一步明确相关内容，例如：为避免无限度增加法院工作量，同时，防止将释明指导变成干涉起诉的工具，起诉状的错误需达到什么样的程度才会影响正常司法审查，法院才具有履行指导与释明的法定职责。此外，对于多次告知或是不予告知和释明的，应当承担怎样的法律后果和责任，以及一审立案没有告知和释明的，二审法院是否可以经过告知和释明直接裁定驳回起诉？对于这些问题，实践当中存在一定争议，尚需作出进一步明确。

（阎巍撰写）

第五十六条

法律、法规规定应当先申请复议，公民、法人或者其他组织未申请复议直接提起诉讼的，人民法院裁定不予立案。

依照行政诉讼法第四十五条的规定，复议机关不受理复议申请或者在法定期限内不作出复议决定，公民、法人或者其他组织不服，依法向人民法院提起诉讼的，人民法院应当依法立案。

【条文主旨】

本条是关于复议前置情形下复议与诉讼衔接以及复议不作为可诉性的规定。

【起草背景】

相对人对行政行为不服,应当先向复议机关申请复议,对复议机关的复议决定不服的,可以向人民法院提起诉讼;未经申请复议直接提起诉讼的,人民法院不予受理。上述规定的情形,称之为复议前置程序,也有称之为复议必经程序。设立行政复议制度的意义主要在于:(1)它可以为相对人提供更多的救济渠道,相对人既可以在复议程序中得到行政救济,也可以在诉讼程序中得到司法保护。(2)复议机关一般为作为原具体行政行为的行政机关的上级机关,复议机关通过处理复议案件,便于发现和纠正下级行政机关的问题和错误,对于加强行政机关的内部监督和管理,提高行政执法水平和质量,都有着积极的意义。(3)行政复议在某些方面比行政诉讼具有优势,它既可以解决行政行为合法性问题,也可以解决合理性问题;既可以撤销、变更行政行为,也可以作出新的行政行为;复议救济的方式也多于司法救济方式;复议程序较之诉讼程序更为快捷。而行政诉讼通常情况下只解决合法性问题,不过多涉及合理性问题,法院一般也不能代替行政机关作出行政行为。(4)行政争议是大量的、多发的,所有的行政争议不可能也没有必要都通过司法程序解决,设立行政复议程序既增加了一条救济途径,也可以减轻人民法院的案件压力。无论是行政复议还是行政诉讼,同属于国家为公民、法人和其他组织设置的救济制度,其目的都是有利于相对人行使控告申诉权利,保护相对人的合法权益。在制度设计上,行政复议审查的范围更广、程度更深,具有更大的自主性,争议问题的解决也更加彻底。相比行政诉讼,行政复议的救济效率更高、成本更低。实践证明,行政复议为行政诉讼分流了较大比例的行政争议,在萌芽状态下将问题予以解决,往往能取得较好的效果。复议机关还可以发挥其行政专业特长,对于某些专业技术领域的案件先行处理,弥补了司法专业能力的不足。因此,本条以及其后的第五十六、五十八、五十九条都旨在理顺行政复议与诉讼的关系,为充分发挥行政复议制度的功能创造空间和提供保障。

【条文释义】

原则上,行政争议的救济途径可以由当事人自由选择,但是为更好地解决行政争议,在特殊情形下先申请复议则效果更佳。行政诉讼法将特殊情形的规定权限授予给法律和法规,其中"法律"是指全国人大及其常委会制定的法律,"法规"包括国务院制定的行政法规以及地方人大及其常委会制定的地方性法规,如专利法第四十一条、税收征收管理法第八十八条、《军品出口管理条例》第二十七条等。根据上述规定可知,复议前置的行政行为均属于专业性极强的问题,但行政诉讼面对的是所有的行政服务和管理领域,相对于某一专业行政机关,其专业性难以达到相同或更高层级,难以驾驭相应领域里的专业难题。因此,设定复议前置,既可以发挥行政复议的优势,又可以为后续的行政诉讼提供专业借鉴。需要说明的是,规章不具有复议前置的设定权,而且随着行政审判经验的积累和能力的增强,复议前置的范围也将逐渐缩小,如《工伤保险条例》、进出口商品检验法等都已取消复议前置的规定。

行政复议法第十九条规定:"法律、法规规定应当先向行政复议机关申请行政复议、对行政复议决定不服再向人民法院提起行政诉讼的,行政复议机关决定不予受理或者受理后超过行政复议期限不作答复的,公民、法人或者其他组织可以自收到不予受理决定书之日起或者行政复议期满之日起十五日内,依法向人民法院提起行政诉讼。"该规定的司法救济程序是专为行政复议前置的情况设置的。《若干解释》第三十三条规定,法律、法规规定应当先申请复议,公民、法人或其他组织未申请复议直接提起诉讼的,人民法院不予受理。复议机关不受理复议申请或者在法定期限内不作出复议决定的,公民、法人或者其他组织不服,依法向人民法院提起诉讼的,人民法院应当依法受理。该规定的司法救济程序也是专为行政复议前置的情况设置的。本次司法解释沿用了执行解释的规定。长期以来,司法实践中对于此条中"公民、法人或者其他组织不服"而起诉的对象,应是"复议机关不受理复议申请或者在法定期限内不作出复议决定的"行为,还是原具体行政行为存有争议。2010年,最高人民法院行政审判庭作出了《关于不予受理决定是否属于行政诉讼受案范围问题的答复》(〔2010〕行他字第15号),该批复明确指出:"根据行政复议法和行政诉讼法的有关规定,公民、法人或者其他组织不服行政复议机关作出的不予受理决定,依法提起行政诉讼的,人民法院应当受理。"从而明确了复议前置情形下,复议机关不受理复议申请或者在法定期限内不作出复议决定的,公民、法人或者其他组织不服,起诉的对象应是复议机关的不予受理决定或者在法定期限内不作出复议决定的行政不作为行为,而不能是原具体行政行为。复议前置的案件,应当在行政复议机关对原具体行政行为经过合法性和合理性进行审查并作出复议决定后,行政相对人才可以对原具体行政行为起诉。因此,不能将行政复议前置理解为行政相对人申请了行政复议即可,而应理解为行政复议机关受理行政复议申请后,经过实体审查,依法作出了行政复议决定。另外,复议为前置程序的,如果允许当事人在复议机关作出不予受理决定时,对原行政行为可以起诉的话,从逻辑上也说不通。当事人对原行政行为所享有的复议申请权是其享有起诉权的前提,丧失复议申请权,意味着同时也丧失了对原行政行为的起诉权,如再赋予其起诉权的话,明显与法理和逻辑不合。

行政复议法第三十一条第一款规定:"行政复议机关应当自受理申请之日起六十日内作出行政复议决定;但是法律规定的行政复议期限少于六十日的除外。情况复杂,不能在规定期限内作出行政复议决定的,经行政复议机关的负责人批准,可以适当延长,并告知申请人和被申请人;但是延长期限最多不超过三十日。"据此,除了情况比较复杂的案件外,行政复议机关应当在受理复议申请之日起60日内依法作出行政复议决定。情况比较复杂的复议案件,如一些土地、矿藏、森林、山岭等自然资源确权的复议案件，因为纠纷由来已久，情况复杂，复议机关调查取证的难度比较大，因而办理案件所需时间较长。对于这类案件，经行政复议机关的负责人批准，可以延长1个月的时间作出行政复议决定，即行政复议机关最迟应当在90日内作出行政复议决定。行政复议制度的原则和优势之一就是"及时"，这就要求复议机关以及时、便捷的方式处理行政纠纷。而设定处理期限不仅是对"及时"的保证，也符合保护申请人合法权益的要求。如果久拖不决，不按规定的期限办理，不仅没有维护申请人的合法权益，反而会影响申请人行使行政诉讼的权利以及其他期限利益，因而是一种比较严重的渎职、失职行为，应当追究其法律责任。具体而言，"法律责任"的承担方式有两种：一是复议法在行政管理体系内部对行政人员设定的法律责任。行政复议法第三十四条规定："行政复议机关违反本法规定，无正当理由不予受理依法提出的行政复议申请或者不按照规定转送行政复议申请的，或者在法定期限内不作出行政复议决定的，对直接负责的主管人员和其他直接责任人员依法给予警告、记过、记大过的行政处分；经责令受理仍不受理或者不按照规定转送行政复议申请，造成严重后果的，依法给予降级、撤职、开除的行政处分。"二是行政诉讼制度在行政体系外部，从监督行政机关行政行为的角度，为其设定的行政法律责任。本条第二款规定，复议机关不受理复议申请或者在法定期限内不作出复议决定，公民、法人或者其他组织不服，依法向人民法院提起诉讼的，人民法院应当依法立案。该款解决了行政审判实践中长期以来，在复议机关长期不作出复议决定的情况下，当事人能否提起行政诉讼的疑问。需要注意的是，在复议机关怠于履行复议职责的情况下，当事人"不服"的，可能是复议行为本身，也可能是原行政行为，因此，这里的"依法向人民法院提起诉讼"既包括就复议行为提起诉讼，也包括就原行政行为提起诉讼，当事人对此拥有选择权。但是，应当排除对二者同时提起诉讼的情况，否则，就可能存在复议机关根据法院判决对被复议行为进行处理，与法院直接对被复议的原行政行为作出处理同时存在的混乱局面。

【实务指导】

目前，我国有些法律赋予了行政机关对特定事项拥有最终裁决权，当事人不服，只能向作出最终裁决的机关或者其上级机关申诉，而不能向人民法院提起诉讼。例如，行政复议法第三十条第二款规定："根据国务院或者省、自治区、直辖市人民政府对行政区划的勘定、调整或者征收土地的决定，省、自治区、直辖市人民政府确认土地、矿藏、水流、森林、山岭、草原、荒地、滩涂、海域等自然资源的所有权或者使用权的行政复议决定为最终裁决。"在复议决定为终局裁决的情况下，相对人对复议机关不受理复议申请或者在法定期限内不作复议决定不服，提起行政诉讼，人民法院是否应当受理，一直存有争议。一种意见认为，法律已经规定复议机关的复议决定是终局裁决的，也就意味着排除了法院对这类行政行为的司法审查权。相对人对复议机关此类不作为不服，提起行政诉讼，法院不应当受理。但本书认为，所谓的复议决定为终局裁决，仅指复议机关依法作出的复议决定本身是终局的，不受人民法院的司法审查，这仅仅是排除了人民法院对行政机关某些特殊复议决定的实体上的司法审查权，但并不能排除法院对复议机关的复议程序进行司法审查。否则，相对人将完全失去救济途径。因此，人民法院对不受理复议申请或者不作出复议决定的行为，仍然可以受理并进行审查，以监督复议机关依法履行复议职责，防止少数复议机关不依法受理和及时作出行政复议决定。

（阎巍撰写）

第五十七条

法律、法规未规定行政复议为提起行政诉讼必经程序，公民、法人或者其他组织既提起诉讼又申请行政复议的，由先立案的机关管辖；同时立案的，由公民、法人或者其他组织选择。公民、法人或者其他组织已经申请行政复议，在法定复议期间内又向人民法院提起诉讼的，人民法院裁定不予立案。

【条文主旨】

本条是关于非复议前置情形下复议与诉讼衔接的规定。

【条文释义】

在法律、法规没有明确规定行政复议为提起行政诉讼的必经程序时，当事人对行政机关的行政行为不服可以提起复议，对复议不服再提起诉讼。也可以直接提起诉讼，即当事人可以自由选择救济办法。在这种情况下，当事人的复议权并非诉讼权的必要条件，不会因当事人不申请复议而丧失诉权。但是，如果先申请复议的，在复议期间，诉权不能行使。具体来说，复议和诉讼作为可选择救济方式的情形有以下三种：

一是法律明确规定当事人可以自由选择。例如野生动物保护法（2004年修正）第三十九条规定："当事人对行政处罚决定不服的，可以在接到处罚通知之日起十五日内，向作出处罚决定机关的上一级机关申请复议；对上一级机关的复议决定不服的，可以在接到复议决定通知之日起十五日内，向法院起诉。当事人也可以在接到处罚通知之日起十五日内，直接向法院起诉。"

二是法律只规定当事人对行政机关作出的行政行为不服可以提起诉讼，未规定必须提起行政复议。例如森林法第十七条第三款规定："当事人对人民政府的处理决定不服的，可以在接到通知之日起一个月内，向人民法院起诉。"

三是法律没有明确当事人对行政行为不服，可以提起行政诉讼或是行政复议的。例如道路交通安全法规定了很多罚则，但未就相关的复议、诉讼事项作出规定。

在上述情况下，当事人对行政行为不服可以自由选择行政复议或是行政诉讼。但是，由于行政相对方常常缺乏行政法律知识，对于复议与诉讼的制度安排和相互衔接情况缺乏了解，就会在申请复议与申请诉讼孰先孰后的问题上发生冲突，例如已经向复议机关提起复议，又向人民法院递交了行政起诉状。对于如何处理上述程序冲突，根据本条规定：

1. 公民、法人或者其他组织既提起诉讼又申请行政复议的，由先立案的机关管辖，同时立案的，由公民、法人或者其他组织选择。《若干解释》第三十四条规定："法律、法规未规定行政复议为提起行政诉讼必经程序，公民、法人或者其他组织既提起诉讼又申请行政复议的，由先受理的机关管辖"，此次修订将"受理"改为"立案"，是因为在2014年行政诉讼法修改之前，行政复议法第十七条第二款规定："行政复议机关收到行政复议申请后，应当在五日内进行审查，对不符合本法规定的行政复议申请，决定不予受理，并书面告知申请人；对符合本法规定，但是不属于本机关受理的行政复议申请，应当告知申请人向有关行政复议机关提出。除前款规定外，行政复议申请自行政复议机关负责法制工作的机构收到之日起即为受理。"而1989年行政诉讼法第二十条亦有"两个以上人民法院都有管辖权的案件，原告可以选择其中一个人民法院提起诉讼。原告向两个以上有管辖权的人民法院提起诉讼的，由最先收到起诉状的人民法院管辖"的类似规定。而在2014年行政诉讼法修改后，对于共同管辖，已经改为"两个以上人民法院都有管辖权的案件，原告可以选择其中一个人民法院提起诉讼。原告向两个以上有管辖权的人民法院提起诉讼的，由最先立案的人民法院管辖。"即对于管辖权问题确立了"先立案"的原则。同时，结合人民法院立案登记制度的推行，"受理"一词已经难以准确与人民法院立案工作中的具体环节相对应，因此，此次司法解释修改，将本条"受理"相应的调整为"立案"。

2. 对于人民法院而言，公民、法人或者其他组织已经申请行政复议，在法定复议期间内又向提起诉讼的，人民法院裁定不予立案。这里的法定复议期间，就是行政复议法第三十一条第一款规定的"行政复议机关应当自受理申请之日起六十日内作出行政复议决定；但是法律规定的行政复议期限少于六十日的除外。情况复杂，不能在规定期限内作出行政复议决定的，经行政复议机关的负责人批准，可以适当延长，并告知申请人和被申请人；但是延长期限最多不超过三十日。"

【实务指导】

实践当中，有时会出现当事人向复议机关和人民法院同时提出申请，同时立案后，拒不作出选择，坚持要求同时立案办理的情况。对此，如果人民法院直接受理，就意味着替当事人决定放弃复议权直接进入诉讼，而如果裁定不予立案，则当事人复议后仍可选择诉讼维护其权利，因此，一般应当首先予以释明，如当事人拒不作出选择，则裁定不予立案。

（阎巍撰写）

第五十八条

法律、法规未规定行政复议为提起行政诉讼必经程序，公民、法人或者其他组织向复议机关申请行政复议后，又经复议机关同意撤回复议申请，在法定起诉期限内对原行政行为提起诉讼的，人民法院应当依法立案。

【条文主旨】

本条是关于非复议前置情形下，申请人撤回复议申请再起诉如何处理的规定。

【起草背景】

本条沿用了《若干解释》第三十五条的规定。

【条文释义】

法律、法规未规定行政复议为提起行政诉讼必经程序，公民、法人或者其他组织对行政行为不服可以向复议机关申请行政复议后，对复议决定不服，再提起行政诉讼；也可以直接向人民法院提起行政诉讼。如果选择了复议，那么在复议过程中向人民法院起诉的，人民法院不予立案。但是，如果当事人选择了复议，在复议过程中申请撤回复议，经复议机关同意后，向人民法院提起诉讼，人民法院应当如何处理呢？

一、关于撤回复议申请

行政复议法第二十五条规定："行政复议决定作出前，申请人要求撤回行政复议申请的，经说明理由，可以撤回；撤回行政复议的，行政复议终止。"所谓撤回复议申请是指申请人在复议申请受理后复议决定作出前，经说明理由撤回其复议申请，不再要求复议机关作出裁决的行为。申请人是复议程序的发动者，同时申请人也可撤回自己的复议请求，撤回复议申请是申请人的一项权利，它是申请人对复议请求权的处分。但是，一旦复议程序开始后，行政复议就不仅仅涉及申请人的利益，还涉及被申请人、第三人的利益，同时也涉及行政复议机关维护国家公共秩序的职责，因而申请人的这种处分权不再是完全的、自由的权利，而是要受到一定条件的限制。

撤回复议申请一般有三种情况：一是申请人认为自己的申请难以成立，对行政机关作出的具体行政行为表示服从，因而要求撤回复议申请；二是由于被申请人认为自己作出的行政行为确有错误或不当之处，改变了自己所作的行政行为，而申请人对改变后的行政行为服从或能够接受，同意并申请撤回复议申请；三是申请人认为直接向人民法院起诉更有利于行政争议的解决，在法律、法规允许的前提下，准备向人民法院起诉，因而向复议机关要求撤回复议申请。无论上述哪种情况，都必须符合以下几点：第一，撤回复议申请系出于申请人的自愿。第二，不违反法律法规的禁止性规定，不损害国家公共利益和第三人的合法权益。第三，撤回复议申请的时间，必须是在复议机关受理复议申请之后，复议决定作出之前。第四，撤回复议申请，必须说明理由。

撤回复议申请后，产生复议程序终止的法律后果，申请人原则上不得再以同一事实和理由申请复议。

二、关于撤回复议申请后，再提起诉讼

公民、法人或者其他组织撤回复议申请后，复议即告终止，对原行政行为的审查也告终止。此时，如果不赋予公民、法人或者其他组织诉权，不利于保护其合法权益，也不利于维护和监督行政机关依法行政。当然，相对方诉权的行使也要受到一定限制，否则就有可能导致复议虚设、资源浪费或行政救济与司法救济重叠不清的后果。根据本条规定，人民法院受理相对一方的起诉，应当满足以下条件：第一，必须是复议机关同意撤回复议申请，复议活动已告终止。此时，应有复议机关同意撤回复议申请的裁决书为证。第二，必须是对原行政行为提起诉讼。虽然进行了行政复议，但复议未果即告终结，复议机关没有对原行政行为进行审查并作出结论，影响相对方权益的仍是原行政行为，因此，相对方如果提起诉讼，只能针对原行政行为。第三，必须是在法定起诉期限内。超过起诉期限，法院不予受理。

【实务指导】

根据行政复议法第二十五条的规定，行政复议终止应视为没有经过复议程序以及没有法定的复议决定。因此，撤回复议申请后提起行政诉讼，可分两种情形处理：一是非复议前置型。对此，《若干解释》第三十五条

有明确的规定，在符合法定起诉条件时，可以对原行政行为提起诉讼。二是复议前置型。由于起诉人未能经过必要的复议程序，此时提起的行政诉讼应裁定不予立案或驳回起诉。

（阎巍撰写）

第五十九条

公民、法人或者其他组织向复议机关申请行政复议后，复议机关作出维持决定的，应当以复议机关和原行为机关为共同被告，并以复议决定送达时间确定起诉期限。

【条文主旨】

本条是关于非复议前置情形下复议决定维持原行政行为的，如何确定被告和起诉期限问题的规定。

【起草背景】

行政诉讼的被告是指被公民、法人或其他组织起诉某一行政行为侵犯其合法权益，而由人民法院通知应诉的具有国家行政职权的机关或者组织。一般来说，行政诉讼的被告应具备四个要件：第一，须是具有国家行政管理职权职责的机关或组织；第二，须是原告认为其作出的行政行为（作为或不作为、法律行为或事实行为等）侵犯合法权益而被起诉的机关或组织。没有实施某种行政行为或者实施的行政行为和原告认为被侵犯的合法权益没有因果关系的，不能作被告；第三，须是能够独立承担法律责任的机关或组织，法律另有规定除外；第四，须是由人民法院通知其应诉的机关或组织。被告地位的确定是因人民法院通知应诉，被告才享有在诉讼中的权利和承担诉讼中的义务。根据上述要件，在我国确定行政诉讼被告时应当考虑以下四个要素：一是在程序上，受公民、法人或其他组织起诉，且由人民法院通知应诉的机关或组织；二是在实体上，行使国家行政管理职权职责并作出行政行为，且该行为被公民、法人或其他组织认为侵犯其合法权益的机关或者组织；三是在组织上，属于能够独立承担法律责任的机关或组织，亦即行政主体。总之，根据传统的理论，须是作出对相对人权利义务具有实际影响的行为的行政主体，方能成为被告。因此，1989年行政诉讼法第二十五条规定："公民、法人或者其他组织直接向人民法院提起诉讼的，作出具体行政行为的行政机关是被告。经复议的案件，复议机关决定维持原具体行政行为的，作出原具体行政行为的行政机关是被告；复议机关改变原具体行政行为的，复议机关是被告。两个以上行政机关作出同一具体行政行为的，共同作出具体行政行为的行政机关是共同被告。由法律、法规授权的组织所作的具体行政行为，该组织是被告。由行政机关委托的组织所作的具体行政行为，委托的行政机关是被告。行政机关被撤销的，继续行使其职权的行政机关是被告。"2014年行政诉讼法修正过程中，有些常委委员、代表、地方、法院和专家学者提出，实践中复议机关为了不当被告，维持原行政行为的现象比较普遍，导致行政复议制度未能很好发挥作用，建议对原有制度作有针对性的改革，明确复议机关维持原行政行为的，与原行政机关作为共同被告。法律委员会经研究，采纳了这一建议。① 2014年行政诉讼法第二十六条规定："公民、法人或者其他组织直接向人民法院提起诉讼的，作出具体行政行为的行政机关是被告。经复议的案件，复议机关决定维持原行政行为的，作出原行政行为的行政机关和复议机关是共同被告；复议机关改变原行政行为的，复议机关是被告。复议机关在法定期限内未作出复议决定，公民、法人或者其他组织起诉原行政行为的，作出原行政行为的行政机关是被告；起诉复议机关不作为的，复议机关是被告。两个以上行政机关作出同一具

---

① 《全国人民代表大会法律委员会关于〈中华人民共和国行政诉讼法修正案（草案）〉修改情况的汇报》，载中国人大网，http://www.npc.gov.cn/npc/lfzt/2014/2014-08/31/content_1876868.htm，于2014年11月17日访问。

体行政行为的，共同作出具体行政行为的行政机关是共同被告。由法律、法规授权的组织所作的具体行政行为，该组织是被告。行政机关委托的组织所作的行政行为，委托的行政机关是被告。行政机关被撤销或者职权变更的，继续行使其职权的行政机关是被告。"

【条文释义】

一、复议机关作共同被告

行政复议法第五条规定："公民、法人或者其他组织对行政复议决定不服的，可以依照行政诉讼法的规定向人民法院提起行政诉讼。"但是，对行政复议决定不服，是以作出原行政行为的行政机关为被告呢，还是以行政复议机关为被告？1989年行政诉讼法第二十五条第二款规定："经复议的案件，复议机关决定维持原具体行政行为的，作出原具体行政行为的行政机关是被告；复议机关改变原具体行政行为的，复议机关是被告。"这一规定与许多国家（尤其是德国、日本）的通行做法类似。其背后的理论基础是所谓的"原处分主义"。

"原处分"也就是我们所说的"原行政行为"，"所谓原处分主义，系指原告对于行政处分不服者，应就行政处分提起撤销诉讼，不得就诉愿决定提起撤销诉讼；原处分之违法，仅得于原处分之撤销诉讼中主张，不得于裁决之撤销诉讼中主张。所谓裁决主义，则不得就原处分提起诉讼，仅得就裁决提起诉讼。亦即在撤销诉讼，采用以原处分为诉讼对象之制度者，称为原处分主义；采用以裁决为诉讼对象之制度者，称为裁决主义。"① 以德国为例，"德国行政法院法上之撤销诉讼，原则上以原处分为诉之对象，亦即采原处分主义"。"系以诉讼对象决定被告机关，而非以被告机关之规定来限定诉讼对象"。具体来讲就是，"如果诉讼涉及复议决定，原则上，正确的被告就不是复议机关的法定主体，而是作出具体行政

---

① 徐瑞晃：《行政诉讼法》，我国台湾地区五南图书出版股份有限公司2012年版，第66页。

行为的原行政机关。这个结论间接地出自行政法院法第七十九条第一款第一项。据此项规定，原行政行为就是诉讼标的"。"但在例外之情况下，亦有以诉愿决定为诉讼对象者。此种例外之情形，包括产生第一次不利益之诉愿决定，及增加独立的不利益之诉愿决定。在此例外情形，不再以原处分为诉讼对象，而以诉愿决定为诉讼对象，其原因系原处分业经诉愿决定予以撤销或变更而不存在"。①

由此看来，1989年行政诉讼法第二十五条第二款所确立的规则，与前述德国的制度甚为相似。实务见解亦曾就其理由作过比较清晰的阐述："当复议机关维持原具体行政行为时，对公民、法人或者其他组织的处理从根本上体现的是原行政机关的意志，复议机关不过是对这种意志加以肯定而已。故实际上对公民、法人或者其他组织的权利义务产生拘束力的是原具体行政行为，而非复议决定。"相反，在复议决定改变原行政行为的情况下，对当事人产生第一次不利益或增加独立的不利益的，是行政复议决定，则应当以行政复议机关为被告。

2014年行政诉讼法修改时，引入了"复议机关作共同被告"制度，这就是第二十六条第二款的规定："经复议的案件，复议机关决定维持原行政行为的，作出原行政行为的行政机关和复议机关是共同被告；复议机关改变原行政行为的，复议机关是被告。"这一新的制度设计颇具中国特色，也是为了解决实际问题而采取的无奈之举。这一制度设计需要解决的核心问题是，在作出原行政行为的行政机关和复议机关是共同被告的情况下，究竟应以哪个行为为审查对象，换句话说，"法院的审理判断是应当首先判断原处分违法还是首先判断裁决违法"。②对该问题的解释，需要引入"行政一体化原则"。通俗地讲，在同时存在一个原行政行为和一个维持该行政行为的复议决定的情况下，不将其看作两个行为分别予以审查，而要将它们看作一个统一的整体。换句话说，作为撤销之诉主要审查对象的原行政行为，是已经经过复议决定修正的原行政行为。按照学界通说，

---

① [德]弗里德赫尔穆·胡芬：《行政诉讼法》，莫光华译，刘飞校，法律出版社2003年版，第202页。

② 江利红：《日本行政诉讼法》，知识产权出版社2008年版，第199页。

甚至当复议决定改变了原行政行为的理由（包括事实及依据）乃至处理结果（构成首次负担或补充性负担时除外）时，也只是赋予了原行政行为一个新的"形式"。质言之，如果原行政行为的理由不当，但经过复议决定修正后，理由已经合法的，则视为原行政行为也合法；原行政行为的处理结果不当，经过复议决定改变后的处理结果适当的，只要改变后的处理结果不构成"首次负担"或"补充性负担"，也视为原行政行为合法。① 因此，在诉讼过程当中，只要以（复议决定修正之后的）原行政行为为审查对象即可，不必特意对原行政行为的合法性和复议决定的合法性人为地加以区分，分别作出专门的审查，在诉讼当事人问题上，相应地也就以行政行为的作出机关和复议机关为共同被告。

二、起诉期限的起点

根据上文谈到的"行政一体化原则"，由于经过复议的行政行为被看作是经复议机关修正后的行政行为，也就是说，复议机关参与了被诉行为的作出过程，因此，诉至法院的行为应当以最终经复议机关处理的行为为准，起诉期限的计算相应也应当以复议决定送达的时间为起算点。

【实务指导】

实践中可能会出现一种情况：原告只针对复议程序的合法性提起诉讼，并不起诉原行政行为，这种情况下是否要对原行政行为进行审查？对此存在两种意见：一种意见认为：在行政诉讼中亦应坚持处分权主义，在当事人仅对复议程序的合法性提出审查请求的情况下，法院不得依职权启动对原行政行为的审查。另一种意见认为："行政诉讼常涉及公益，自不得完全采用处分权主义，而应有所节制。"② 尤其是，行政诉讼法明确规定，"复议决定维持原行政行为的，作出原行政行为的行政机关和复议机

---

① Vgl. Sodan/Ziekow, VerwaltungsgerichtsordnungGroβkommentar, VerlagNomos, 3. Auflage, 2010, §79, Rn. 22. und, Fehling/Kastner, aaO, Teil2, §79, Rn. 8.

② 徐瑞晃：《行政诉讼法》，我国台湾地区五南图书出版股份有限公司2012年版，第232页。

关是共同被告",事实上是将原行政行为和复议决定视为"必须合一确定"的"诉讼标的",如果不将原行政行为的合法性"合一确定",当事人日后可能还会提起诉讼,这就有可能导致审理的重复和裁判的矛盾,不利于纠纷的统一解决。我们基本赞同后一种观点,但同时认为,原告单独以程序违法为由起诉复议决定,关键还要看是否具有权利侵害可能以及诉的利益。如果原行政行为对其并无不利,则维持该行政行为的复议决定即使程序违法,一般也不会产生权利侵害可能;如果原行政行为对其不利益,则单独起诉复议决定,即使确认该复议决定程序违法,违法的原行政行为还在产生效力,也没能实质解决权利侵害问题。

此外,实践当中,复议机关作出维持决定后,原告对原行为不服提起诉讼,复议机关是否一律必须当被告接受司法审查,应当具体问题具体分析。如果经复议的行为本身明显属于本解释第六十九条规定的情形,应当裁定驳回起诉,那么对复议行为进行审查则没有实际意义,可一并予以驳回。

(阎巍撰写)

第六十条

人民法院裁定准许原告撤诉后,原告以同一事实和理由重新起诉的,人民法院不予立案。

准予撤诉的裁定确有错误,原告申请再审的,人民法院应当通过审判监督程序撤销原准予撤诉的裁定,重新对案件进行审理。

【条文主旨】

本条是关于准许撤诉的案件原告再起诉及准予撤诉的裁定确有错误的,人民法院处理程序的规定。

【起草背景】

人民法院受理案件后,在宣告判决或裁定前,原告自动要求撤回或取消自己的诉讼请求,不再要求人民法院对其与被告的争议作出裁决的行为,称为撤诉。撤诉是原告放弃或处分自己诉讼权利的行为,也是原告放弃其诉讼请求的一种方式。原告可以依法提起诉讼,也可在一定条件下依法撤回诉讼,这表明法律对当事人处分自己诉讼权利的尊重。行政诉讼法确立的撤诉制度包含原告申请撤诉和人民法院视为原告申请撤诉两种情况。如行政诉讼法第六十二条规定:"人民法院对行政案件宣告判决或裁定前,原告申请撤诉的,或者被告改变其所作的具体行政行为,原告同意并申请撤诉的,是否准许,由人民法院裁定。"第五十八条规定:"经人民法院传票传唤,原告无正当理由拒不到庭的,或者未经法庭许可中途退庭的,可以按照撤诉处理;被告无正当理由拒不到庭的,或者未经法庭许可中途退庭的,可以缺席判决。"但是,对于原告撤诉以后,原告就同一行政行为再次提起诉讼的法院是否受理,行政诉讼法没有作出明确规定。《民诉解释》第二百一十四条规定:"原告撤诉或者人民法院按撤诉处理后,原告以同一诉讼请求再次起诉的,人民法院应予受理。"但是,由于诉讼对象的不同,这一规定并不适用于行政诉讼。一方面,作为行政诉讼标的的行政行为,本身就涉及众多社会关系的稳定问题,而且,很多被诉行为本身又是其他行政行为赖以作出的前提,例如征收补偿决定与强制征收行为。这就需要对行政行为是否纳进入诉讼有一个比较明确的界线,从而使其保持一定的稳定性;另一方面,行政诉讼中原告的撤诉是需要经过司法审查,确认撤诉符合法律规定才准许。如果允许原告不加限制地再行起诉,显然会导致对诉权的滥用,影响行政效率,浪费司法资源。

【条文释义】

人民法院准予撤诉后,当事人以同一事实和理由再行起诉的,人民法院是否受理？《民诉解释》第二百一十四条规定："原告撤诉或人民法院按撤诉处理后，原告以同一诉讼请求再次起诉的，人民法院应予受理。"可见，在民事诉讼程序中，人民法院准予原告撤诉后，原告是可以以同一事实和理由再次向人民法院提起民事诉讼的。但撤诉成立后原告是否能够重新起诉问题在行政审判实践中却存有争议。我们认为，鉴于行政诉讼与民事诉讼在纠纷性质和审查对象具有不同的特点和本质区别，原告撤诉成立后，就不能为同一诉讼争议再行提起行政诉讼，否则对于行政法律关系的稳定和有限的行政及司法资源来说都是极为不利的。具体来说：

1. 原告诉讼行为的正当性。与平等主体之间的民事诉讼不同，行政诉讼在并不平等的行政机关和行政相对人之间进行，虽然行政相对人对行政机关拥有诉权，但法律也考虑这一诉权行使的谨慎性。无论是提起诉讼还是撤回起诉，都是行政相对人行使诉权的一种形式，法律要求行政相对人对自己的诉讼行为要有清醒的认识，如果不对撤诉行为进行限制，行政相对人则可能随意撤诉、任意起诉，使行政诉讼庸俗化。

2. 行政机关及行政行为的权威性。虽然行政诉讼法以维护行政相对人合法权益为要旨和前提，但支持依法行政，维护行政机关、行政行为正当的权威亦应是题中之义。如果允许行政相对人就同一事实与理由多次重复诉讼，必不利于行政机关实施合法、有效的行政管理，有损行政机关及行政行为的正当权威。

3. 司法审查的严肃性。行政相对人提起诉讼，人民法院对行政机关行政行为的司法审查程序开始启动，如果任由行政相对人起诉——撤诉——再起诉，则司法审查很容易便成为滥诉的工具，因此，有必要对行政相对人的诉讼行为进行限制。当然，法院同时应严格审查撤诉是否属于行政相对人的真实意思表示。

4. 司法资源的有限性。在社会主义初级阶段，司法资源是极为稀缺的社会资源之一，因此，必须把有限的资源发挥最大的效用，而不能把有限的司法资源耗费在几近儿戏的行政相对人反复起诉之中。同时，为排除原告以其他事实和理由再向人民法院提起诉讼的情况，本解释特将"同一事和同一理由"作为该条的限制条件予以规定。

本条第二款是对准予撤诉的裁定确有错误的案件审理程序的规定，也是对第一款的补充规定。行政诉讼法第九十二条规规定："各级人民法院院长对本院已经发生法律效力的判决、裁定，发现有本法第九十一条规定情形之一，或者发现调解违反自愿原则或者调解书内容违法，认为需要再审的，应当提交审判委员会讨论决定。最高人民法院对地方各级人民法院已经发生法律效力的判决、裁定，上级人民法院对下级人民法院已经发生法律效力的判决、裁定，发现有本法第九十一条规定情形之一，或者发现调解违反自愿原则或者调解书内容违法的，有权提审或者指令下级人民法院再审。"据此，人民法院裁定准许原告撤诉后，原告再以同一事实和理由起诉的，人民法院不予受理。但准予撤诉的裁定是错误的，人民法院可以通过审判监督程序决定提审或者再审，从而使案件得以重新进入审判程序。

【实务指导】

同一事实和理由同一事实和理由中的"事实"，是指原告主张行政机关作出的行政行为违法的法律事实；"理由"是指原告主张所依据的规范性文件。判断事实和理由同一性的标准是主要事实和主要理由是否一致，即只要主要事实和主要理由一致，就属于本条规定的同一事实和理由，而仅仅次要事实和次要理由的改变则不影响定性和处理。

（阎巍撰写）

第六十一条

原告或者上诉人未按规定的期限预交案件受理费，又不提出缓交、减交、免交申请，或者提出申请未获批准的，按自动撤诉处理。在按撤诉处理后，原告或者上诉人在法定期限内再次起诉或者上诉，并依法解决诉讼费预交问题的，人民法院应予立案。

【条文主旨】

本条是关于原告或上诉人未预交诉讼费按撤诉处理后在法定期限再次起诉或上诉如何处理的规定。

【起草背景】

本条沿用了《若干解释》第三十七条的规定。

【条文释义】

诉讼费是按照法律规定，由当事人负担的、进行诉讼活动所支付的费用。当事人进行行政诉讼活动，应当交纳一定金额的费用。行政诉讼法第一百零二条明确规定："人民法院审理行政案件，应当收取诉讼费用……"《诉讼费用交纳办法》第十三条第五项规定："行政案件按照下列标准交纳：1. 商标、专利、海事行政案件每件交纳100元；2. 其他行政案件每件交纳50元。"对于缴纳诉讼费有困难的，《诉讼费用交纳办法》第四十四条规定："当事人交纳诉讼费用确有困难的，可以依照本办法向人民法院申请缓交、减交或者免交诉讼费用的司法救助。诉讼费用的免交只适用于自然人。"第四十五条规定："当事人申请司法救助，符合下列情形之一的，人民法院应当准予免交诉讼费用：（一）残疾人无固定生活来源的；（二）追索赡养费、扶养费、抚育费、抚恤金的；（三）最低生活保障对象、农村特困定期救济对象、农村五保供养对象或者领取失业保险金人员，无其他收入的；（四）因见义勇为或者为保护社会公共利益致使自身合法权益受到损害，本人或者其近亲属请求赔偿或者补偿的；（五）确实需要免交的其他情形。"第四十六条规定："当事人申请司法救助，符合下列情形之一的，人民法院应当准予减交诉讼费用：（一）因自然灾害等不可抗力造成生活困难,正在接受社会救济,或者家庭生产经营难以为继的;(二)属于国家规定的优抚、安置对象的;(三)社会福利机构和救助管理站;(四)确实需要减交的其他情形。人民法院准予减交诉讼费用的,减交比例不得低于30%。"第四十七条规定:"当事人申请司法救助,符合下列情形之一的,人民法院应当准予缓交诉讼费用:(一)追索社会保险金、经济补偿金的;(二)海上事故、交通事故、医疗事故、工伤事故、产品质量事故或者其他人身伤害事故的受害人请求赔偿的;(三)正在接受有关部门法律援助的;(四)确实需要缓交的其他情形。"第四十八条规定:"当事人申请司法救助,应当在起诉或者上诉时提交书面申请、足以证明其确有经济困难的证明材料以及其他相关证明材料。因生活困难或者追索基本生活费用申请免交、减交诉讼费用的,还应当提供本人及其家庭经济状况符合当地民政、劳动保障等部门规定的公民经济困难标准的证明。人民法院对当事人的司法救助申请不予批准的,应当向当事人书面说明理由。"第四十九条规定:"当事人申请缓交诉讼费用经审查符合本办法第四十七条规定的,人民法院应当在决定立案之前作出准予缓交的决定。"此外,还规定:"当事人逾期不交纳诉讼费用又未提出司法救助申请,或者申请司法救助未获批准,在人民法院指定期限内仍未交纳诉讼费用的,由人民法院依照有关规定处理。"那么在行政诉讼领域依照什么规定处理呢?本条司法解释作出了规定。人民法院的缓交、减交和免交诉讼费用制度,是特为经济上确有困难的当事人而设立的,其对保障交不起诉讼费用的当事人的诉讼权利,使其合法权益得到保护有重要意义。在行政诉讼中,该制度更具有其特殊的意义。

【实务指导】

根据本条规定,对原告或者上诉人未按规定的期限预交案件受理费,又不提出缓交、减交、免交申请,或者提出申请未获批准的,人民法院应按当事人自动申请撤诉处理。按自动撤诉处理属于当事人自动申请撤诉。对于人民法院裁定准予原告撤诉,原告再以同一事实和理由起诉的案件,人民法院原则上都不予立案。但只有一种情况是例外的，即本条规定的原告或者上诉人因在法定期间内未预交诉讼费，又不提出缓交、减交、免交诉讼费用申请，或者提出申请未获批准而由人民法院按自动撤诉处理后，原告或者上诉人再以同一事实和理由再次起诉、上诉时，只要未超过起诉和上诉期间，原告或者上诉人在按规定预交了诉讼费或者经人民法院批准缓交、减交、免交诉讼费的，人民法院应予立案。因为，原告或者上诉人虽然未按人民法院规定的期限交纳诉讼费，但由于未进入受理阶段，其"撤诉行为"应视为未起诉或者未上诉。原告或者上诉人在法定起诉期限和上诉期限内再次起诉或者上诉，并按照规定解决了诉讼费预交问题后，原告或者上诉人的再次起诉和上诉就是符合法律的规定，人民法院就不能将该行为视为"原告或者上诉人就同一事实和理由再次起诉或者上诉"。

（阎巍撰写）

第六十二条

人民法院判决撤销行政机关的行政行为后，公民、法人或者其他组织对行政机关重新作出的行政行为不服向人民法院起诉的，人民法院应当依法立案。

【条文主旨】

本条是关于当事人对法院判决撤销行政行为后行政机关重新作出的行政行为不服起诉如何处理的规定。

【起草背景】

根据行政诉讼法第七十条第二项的规定，行政行为有下列情形之一的，法院判决撤销或者部分撤销，并可以判决被告重新作出具体行政行为：（1）主要证据不足的；（2）适用法律、法规错误的；（3）违反法定程序的；（4）超越职权的；（5）滥用职权的；（6）明显不当。由此，可以把法院作出的撤销判决分为两种，即需要行政机关重新作出行政行为的撤销判决和无需重新作出行政行为的撤销判决。在前一种情况下，如果行政机关重新作出行政行为后，当事人仍然向法院起诉的，人民法院是否予以受理呢？行政诉讼法未作出明确规定，本条对此予以了明确。

【条文释义】

本条规定，对于人民法院撤销被诉行为，并要求重作的，当事人不服提起诉讼，人民法院应予受理。理由是：第一，原行政行为经过人民法院判决撤销以后，其在形式上已经不复存在，从法律上讲，行政机关并未作出任何行政行为。其对原来的案件重新作出的处理决定是一个新的行政行为，由此而引起行政相对一方不服向人民法院起诉的，人民法院应当受理。第二，在实际生活中，确实存在着行政机关重新作出行政行为报复原告或者第三人以及故意违背人民法院的判决意旨继续实施违法行政行为的情况，对于此种情况下行政机关所作出的行政行为，如果不赋予行政相对一方提起行政诉讼的权利，将不利于保护行政管理相对一方的合法权益。

那么，如果行政机关以同一事实和理由重新作出与原具体行政行为基本相同的具体行政行为，人民法院应当如何处理？人民法院依法判决撤销被告行政机关的行政行为，说明被告以前所作出的具体行政行为存在着违反法律、法规规定的情况，具体讲即是上述行政诉讼法第七十条第二项所列的诸种情形。人民法院要求被告重新作出行政行为，是因为作为行政诉讼的原告本身也可能存在着一定的违法行为，需要行政机关依法予以处理。如果行政机关在重新作出具体行政行为时，仍然以相同的事实和理由作出一个与原行政行为基本相同的行政行为，说明行政机关并未意识到其原行政行为的违法所在，或者是行政机关根本就不想在新作出的行政行为中纠正违法内容，从而具有抗拒人民法院判决的性质。对此，人民法院可采取两种制裁手段：第一，依照行政诉讼法第七十条第二项和第七十一条的规定再次判决撤销该行政行为；第二，根据行政诉讼法第九十六条的规定进行处理，依法追究主管人员和直接责任人员的责任。

【实务指导】

对于此项规定，还需要注意以下两点：

首先，对"同一事实和理由"应当具有正确的认识，人民法院判决被告重新作出行政行为，被告重新作出的行政行为的事实和理由部分只要改变了其中的一部分，即不属于行政诉讼法第五十五条中规定的"同一事实和理由"。

其次，行政机关因违反法定程序而致使其作出的行政行为被人民法院判决撤销的，由于只涉及行政机关的执法程序，对于其行为的实体内容没有影响，即所谓程序违法、实体合法的情况，此时，行政机关重新作出行政行为时，不受行政诉讼法第七十一条限制，即不能划归"以同一事实和理由作出与原行政行为基本相同的具体行政行为"的范畴。

（阎巍撰写）

第六十三条

行政机关作出行政行为时，没有制作或者没有送达法律文书，公民、法人或者其他组织只要能证明行政行为存在，并在法定期限内起诉的，人民法院应当依法立案。

【条文主旨】

本条是关于行政机关作出行政行为时不制作、不送达决定书的情况下，原告起诉应否立案的规定。

【起草背景】

在实际执法过程中，行政机关作出行政行为时，有时不制作、不送达决定书。其情况较多，有的是因为行政行为本身是非要式行为（如口头裁定），不需要制作和送达决定书；有的是因为行政机关为避免当被告而故意不制作、不送达决定书；还有的是因为行政机关工作人员以权谋私而不制作、不送达决定书。（如将罚款据为己有而不制作、送达罚款决定书等）。上述情况均为行政相对一方提起行政诉讼制造了困难。因为行政诉讼是以审查行政行为的合法性为基本任务的，行政诉讼的起诉条件之一是要有行政行为的存在，如果原告一方不能指明侵害其合法权益的具体行政行为，人民法院也就无法进行审查，因此，原告本应对于行政行为的存在负有证明责任，但在行政机关有过错的情况下，该证明责任应当适度降低。

【条文释义】

根据本条规定，对于行政机关作出行政行为时，没有制作或者没有送达法律文书的，公民、法人或者其他组织可以自知道或者应当知道行政行为内容之日起6个月内向人民法院起诉的，人民法院应当依法受理。但前提是能够证明行政行为存在，对于这里"证明"的理解，有必要介绍一下公平原则。该原则是指在充分考虑当事人各方由于与证据的远近的不同、所处的危险领域及导致该危险出现的过错程度的不同、双方举证能力的不同进而导致证明难易程度不同的基础上，以公正的、可接受的方式对证明责任进行分配。这一原则总的来说就是"倾向于要求承担证明责任面临的困难最小、受到的困境最少的一方当事人提供证据。"例如，在行政赔偿诉讼中，法律规定原告要对所受到的损失承担证明责任。但是，如果被告给原告造成损失的行为违法，且在造成原告损失的过程当中使用了不当手段，使原告处于证明不能的困境，原告则仅需承担初步的证明责任甚至仅仅承担一个主张责任即可。反之，如果要求行政相对一方提起行政诉讼时，必须持有行政机关的决定书，那就必然使相当一部分应该受理的诉讼被拒之门外，原告的起诉权受到极大的限制。具体到本条，我们认为：

第一，行政机关在作出行政行为时，不制作、不送达决定书，本身即于法不符。从行政法的一般理论推知，除非在极为特殊的条件下行政机关可以口头作出决定外，行政机关作出行政行为均应采取书面的形式，尤其是行政行为涉及行政相对一方重要的权利义务时，更是如此。这是行政机关行使国家行政管理权的重要性决定的。国家进行行政管理的活动体现着国家权力的威严与庄重，因而在行政管理活动中，要式行为占据了行政行为的绝大多数。这既是为了慎重，也是为了明确，以使双方各自明白彼此在行政法律关系中所享有的权利和负担的义务。因此，行政机关在作出行政行为时，故意不制作、不送达决定书的行为，本身即是违法行为；

第二，从公平的角度考虑不能让行政相对一方承担因为行政机关违法行政造成的不利后果，如果行政机关因其不制作、不送达决定书的违法行为，人民法院即以行政相对一方不能指明该行政行为的存在为由拒绝受理其起诉，则有违公平原则。因为行政机关违法行为在先，该种违法后果不能转嫁到行政相对一方身上。综合上述两点，本条的规定是合乎保护原告诉权要求的。该条规定，原告只要能够初步证明行政行为确实存在，人民法院即应予以受理。

【实务指导】

本条虽然降低了原告的证明责任，但应注意，对于行政行为确实存在，这时候的举证责仍在原告一方，其必须提供行政行为存在的证据，包括物证、书证、证人证言、视听资料等各种形式的证据，只不过对这些证据需要达到的证明标准要求较低，达到优势标准甚至是或然性标准即可。另外根据行政诉讼法第三十四条的规定，人民法院有权向有关的组织和个人调取证据。在原告因某些特殊原因无法搜集到证明具体行政行为存在的证据时,法院也可以主动调查取证,弄清原告起诉的具体行政行为是否确实存在,帮助原告实现诉权。

(阎巍撰写)

第六十四条

行政机关作出行政行为时,未告知公民、法人或者其他组织起诉期限的,起诉期限从公民、法人或者其他组织知道或者应当知道起诉期限之日起计算,但从知道或者应当知道行政行为内容之日起最长不得超过一年。

复议决定未告知公民、法人或者其他组织起诉期限的,适用前款规定。

【条文主旨】

本条是关于行政机关未告知诉权和起诉期限的起诉期限计算以及最长起诉期限的规定。

【起草背景】

2014年行政诉讼法修改关于起诉期限规定的基本精神为充分保障并督促及时行使诉讼权利,对怠于行使诉讼权利的行为不予支持或鼓励。因此,修正案没有规定未告知起诉期限及诉权的情形,并非立法工作的失误,而是在充分思考基础上的主动选择:第一,行政诉讼法制定之初,由于整体社会对行政诉讼制度的陌生以及知识的缺乏,对如何提起行政诉讼难以把握,为充分保障当事人的诉讼权利,则要求行政主体指明诉权及起诉期限,但是随着行政诉讼法二十余年的实施,立法背景已经发生变化,当时的立法目的已经不复存在;第二,"未告知诉权或起诉期限"不属于客观标准,不是行政行为成立或生效的要件,在实践中难以判断,常因缺乏统一性而出现争议。综上,从立法上看,对行政主体未向起诉人告知起诉期限或诉权的情形,其起诉期限的计算方法与已经告知的情形一样,都直接依照行政诉讼法第四十六条的规定进行确定。

但是,行政机关作出行政行为,是否应告知相对人诉权和起诉期限?我们认为,行政机关在作出行政行为时,有责任告知相对人诉权和起诉期限。因为行政诉讼的受案范围并非包括行政机关的全部行政行为,法律对哪些行为可诉、哪些行为不可诉有着特定的规定,起诉期限也因被诉行政行为的不同而有所区别。虽然行政诉讼法已经实施多年,但相当部分的群众对此仍不了解。因此,行政机关作出涉及他人权益行为的同时有义务申明相对人享有的诉权和起诉期限。行政机关未交待诉权和起诉期限,将很难确定相对人是否知道诉权和起诉期限。因此,很多法律明确要求完整的行政行为应包括行政行为的内容、时间及相对人的诉权和起诉期限。例如,行政处罚法第三十九条明确规定,行政处罚决定书应当载明"不服行政处罚决定,申请行政复议或者提起行政诉讼的途径和期限"。据此,行政机关在作出行政行为时,应当告知相对人诉权和起诉期限。那么,如果行政机关未告知相对人诉权和起诉期限的,相对人的起诉期限应从何时开始计算?1989年行政诉讼法未作规定。2014年行政诉讼法关于起诉期限一般规定的修正,最大的变化为将1989年行政诉讼法及其司法解释所确定的三种情形调整为两种,亦未将未告知诉权或起诉期限的情形规定入内。那么,在行政诉讼法修正后,行政主体未告知诉权或起诉期限的,具体应当如何计算起诉期限呢?实践中开始出现了认识上的分歧,本条规定明确了此种情形下仍应延长起诉期限,但为了保障行政效率及法的安定性,参酌域外做法,从2年改为1年。

【条文释义】

我们认为,在确定诉起诉期限起算时点时,一方面要考虑切实保护相对人的合法权益,给予必要的、合理的起诉期限;另一方面还要考虑公共利益和行政效率的需要,不能因起诉期限方面的原因而对公共利益造成不必要的损害;此外,还应当考虑行政诉讼法已经实施二十余年,人民群众对于所享有的诉权已经有相当程度的了解。鉴于此,本次司法解释仍然延续《若干解释》的规定,明确行政机关作出行政行为时,未告知当事人的诉权或者起诉期限,致使当事人逾期向人民法院起诉的,其起诉期限从当事人实际知道诉权或者起诉期限时计算,但将逾期的期限,从知道或应当知道行政行为内容之日起,不得超过2年缩短为1年。诉讼法实施以来的审判实践证明,该规定确实在保护相对人诉权方面起到了相当大的作用。

一、"知道或应当知道"的理解

(一)"知道或应当知道"的举证责任

根据《行政诉讼证据规定》的规定及其法律精神,关于起诉人知道或应当知道作出行政行为的时间点,起诉人难以提供有效证据证明,而行政行为作出主体却可以掌握有效证据进行反证,对此《若干解释》第二十七条第一项的规定具有其合理性,即对超过起诉期限的事项应由被告承担举证责任。另外,确定行政主体对此承担举证责任,有助于提高依法行政能力,促进行政行为的规范化,使行政诉讼法发挥规制行政程序的积极作用。如:行政主体需不断完善执法告知制度,行政主体作出行政行为时,应当书面送达行政相对人及利害关系人,如果法律规定可以口头告知的,行政机关也应制作笔录存档等。

(二)知道或应当知道的程度

起诉人的"知道"需达到一定的程度,才能确定行政行为是否作出。这里所谓"程度"与行政行为的内容有紧密关系但并不等同,并非要求知道行政行为所有的内容,而仅需必要内容即可,判断"必要"的主要依据为有关起诉期限的法律精神,具体标准主要有两个:一是能使起诉人确定是否会影响其合法权益;二是能使起诉人可通过起诉方式以维护其合法权益。这要求所知内容可以使起诉人知道起诉的对象是什么,知道向哪个法院提起诉讼等即可。换言之,起诉人所知道的行政行为程度,不影响或阻碍其依法提起行政诉讼。

(三)"知道"与"应当知道"的区别与联系

目前而言,对于"知道"与"应当知道"的界限并无明确的法律解释,实践中时常将二者混合使用,或者将二者区分使用却难以充分说明法理。根据行政审判的实践运用以及行政行为的特征属性,"知道"与"应当知道"存在共同之处:均已明确告知起诉人被诉行政行为内容的信息,具体方式均包括送达文书或口头告知等,其结果均为起诉人已经知晓行政行为。但是,二者之间也存在明显不同:即"知晓"是否为被诉行政行为法定程序中的独立组成部分或环节,"知道"要求为组成部分,"应当知道"则不要求。而且,让起诉人"知道"的主体限定为行政行为的作出主体,而"应当知道"则不要求,行政主体之外的第三方也可以实现。

二、"作出行政行为之日"的理解

关于作出行政行为的判断标准问题,理论界存在不同观点,主要的分歧集中在是否包含送达或告知程序。第一种意见认为包含,理由为:根据行政法原理,行政行为只有在送达或告知相对人后才能发生法律效力,只能对所告知的主体发生法律效力,且只能以告知的内容为限度发生法律效力。行政主体没有送达或告知,则表示行政行为没有完全作出。第二种意见认为不包含,理由为:送达或告知本身不属于行政行为的组成部分,而是行政行为作出之后的后续程序行为。相比而言,在司法审查领域中,第二种意见更符合中国的现状,也符合行政诉讼法的立法精神。判断"行政行为作出"的核心标准为是否具有处分性,这里的"处分性"是指行政行为对起诉人的权利义务将直接产生实质性影响。只要具有处分性的行政行为,无论其法律上是否成立或生效,都应纳入行政诉讼的审查范围之内。因此,本条规定所指"行政行为作出"的范围应从广义上进行理解,不仅包括法律上已生效的行政行为,也包括事实上已成立而法律上未成立或未生效的行政行为,其主要表现为因程序瑕疵而导致不成立,如未听取申辩意见的行政处罚等。它与事实不成立的行政行为不同,后者由于行政行为在事实上根本未作出或完成,不可能实际处分权利义务,因而不能对此提请司法审查。因此,如果具有处分力的行政行为因程序瑕疵不能进入司法救济程序，而只能通过行政自纠途径予以救济，显然与行政诉讼法的立法精神不相符。

对于原告经过复议程序，复议决定未告知公民、法人或者其他组织诉权或者法定起诉期限的，同样适用该条第一款的规定计算起诉期限。

【实务指导】

在适用本条时，应特别注意以下几个问题。

1. 起诉期限与诉讼时效的区别。尽管起诉期限与诉讼时效之间的关系已是老生常谈的话题，但从多年来的司法实践来看，仍存在大量将二者混为一谈的现象，因而有必要再次对二者进行简单区分，这有助于对起诉期限一般规定的理解与运用，对行政审判实践具有重要意义。（1）能否主动审查。超过诉讼时效丧失的是实体胜诉权，法院不能主动审查。起诉期限是法定的起诉条件之一，超过起诉期限将丧失进入实体审查的程序权利，在不否定相关当事人的举证责任之前提下，法院可以对起诉期限主动进行审查。（2）是否存在中断情形。诉讼时效可以多次中断，并重新计算诉讼时效期间。起诉期限则不同，不能因当事人向行政机关提出要求等因素而重新计算。（3）价值取向不同。诉讼时效的价值在于最大限度的保护权利主体的相关权益，起诉期限的价值在于尊重长期存在的事实状态，维护社会秩序和公法秩序的稳定。

2. 根据相关批复精神，案发在行政诉讼法施行之前，当时的法律没有规定法院受理此类案件的，人民法院不能受理，因此，不存在计算起诉期限的问题。

（阎巍撰写）

第六十五条

公民、法人或者其他组织不知道行政机关作出的行政行为内容的，其起诉期限从知道或者应当知道该行政行为内容之日起计算，但最长不得超过行政诉讼法第四十六条第二款规定的起诉期限。

【条文主旨】

本条是关于当事人不知道行政行为内容的起诉期限计算及最长起诉期限的规定。

【起草背景】

为避免行政机关故意不制作、不送达决定书，不告知行政行为的现象出现，《若干解释》曾作了针对性的规定。主要是：（1）明确行政机关不制作不送达法律文书情况下，只要能证明行政行为存在，人民法院即应当依法受理。（《若干解释》第四十条）（2）明确未告知诉权或者起诉期限的，起诉期限从相对人知道或者应当知道诉权或者起诉期限之日起计算，但从知道或者应当知道行政行为内容之日起最长不得超过2年。（《若干解释》第四十一条）（3）明确相对人不知道行政行为内容的，起诉期限从知道或者应当知道行政行为内容之日起计算。对于涉及不动产的行政行为从作出之日起超过20年，其他行政行为从作出之日起超过5年提起诉讼的，人民法院不予受理。（《若干解释》第四十二条）2014年修正行政诉讼法第四十六条，吸收了上述三种起诉期限中的两个，尤其是在最长起诉期限问题上，将"不知道行政行为内容"这一适用条件取消，那么，第四十六条第二款规定的最长起诉期限与第一款一般起诉期限之间的关系是什么，本司法解释予以了回应。

【条文释义】

正常情况下，行政机关作出行政行为，应当告知相对人具体行政行为的内容，同时，相对人的起诉期限也要以相对人知道行政行为内容之日为起算点，这是因为：行政机关作出行政行为的目的，是为了对相对人的权益产生影响，或者对相对人赋予权利，或者对相对人设定义务。因此，这种影响或结果只有相对人知道行政行为的内容时才能开始具有效力。例如，行政处罚法第四十条规定，行政处罚决定书作出后，行政机关应当及时向当事人宣告。当事人在场的，行政机关应当在宣告后将处罚决定书当场交付当事人；当事人不在场的，行政机关应当在7日内依照民事诉讼法的规定，将行政处罚决定书送达给当事人。这表明，行政机关的行政行为内容只有送达当事人之后，才能对当事人发生法律效力。如果未送达当事人或者只送达一方当事人的，应视为行政程序未完成，对未送达的当事人不具有约束力。因此，行政行为为相对人所知晓，是其发生法律效力的时间，也是起诉期限开始计算的时间。但审判实践中常发生行政机关不告知相对人行政行为的内容，待相对人知道行政行为内容时，已超过起诉期限，无法行使诉权。因此，有必要对此种情况下，相对人所享有的诉权进行规定。

本司法解释第六十四条和六十五条解决这一问题。二者的关系是：从第六十五条规定的相对人"不知道行政机关作出的行政行为的内容"的条件反推，第六十四条的相对人是"知道行政行为内容"的。所谓"知道行政行为内容"与"知道作出行政行为"不同。"知道作出行政行为内容"不仅包括相对人知道行政机关已经作出行政行为，还要使相对人知道其作出行政行为的具体内容，包括认定的事实、理由、法律依据和处理内容等。因此，第六十四条的完整意思是，当事人虽然知道行政行为内容，但是，行政机关未告知诉权或者起诉期限的，起诉期限从相对人知道或者应当知道诉权或者起诉期限之日起计算，但从知道或者应当知道行政行为内容之日起最长不得超过1年。

第六十五条针对的是行政机关作出行政行为之后，未告知行政行为内容、诉权和起诉期限的情形。"行政机关未告知行政行为内容"包括的情形有：行政机关告知了行政相对人内容，未告知利害关系人内容；行政机关既未告知行政相对人，也未告知利害关系人；行政机关告知了利害关系人，未告知行政相对人。从相对人的角度讲，"不知道行政行为内容"一定"不知道诉权和起诉期限"，"不知道行政行为内容"吸收了"不知道诉权和起诉期限"。因此，本条仅规定了"不知道行政行为内容"。本条规定："公民、法人或者其他组织不知道行政机关作出的行政行为内容的，其起诉期限从知道或者应当知道该行政行为内容之日起计算。"也就是，如果相对人知道了行政行为的内容，则衔接到《若干解释》第四十一条规定的起诉期限。而如果相对人始终不知道行政行为的内容，则适用最长起诉期限，即行政诉讼法第四十六条第二款规定的，一般行政案件自行政行为作出之日起5年，不动产案件自行政行为作出之日起20年。据此，新司法解释实际沿用了《若干解释》关于最长起诉期限的适用条件，即"不知道行政行为内容"。这里的"20年最长起诉期限"借鉴了民法总则第一百八十八条"诉讼时效期间自权利人知道或者应当知道权利受到损害以及义务人之日起计算。法律另有规定的，依照其规定。但是自权利受到损害之日起超过二十年的，人民法院不予保护；有特殊情况的，人民法院可以根据权利人的申请决定延长"的规定，而5年最长起诉期限则是根据行政审判司法实践需要创制的起诉期限。

【实务指导】

2014年行政诉讼法将《若干解释》第四十二条规定的"对涉及不动产的具体行政行为"调整为"因不动产提起诉讼的案件"，主要理由为：修正前的词义范围过于宽泛，即无论行政行为与不动产是否有直接关联或行政行为是否直接侵害不动产等，只要行政诉讼中涉及不动产的内容，都可以适用该条规定，如要求公开与不动产有关的政府信息案件，显然属于立法用语上的漏洞。尽管司法实践中常按照法律修正后的词义把握或处理案件，但毕竟与现行法律规定存在不一致之处，因而必须对其进行修改。2014年行政诉讼法修正后，所要表达的范围限制得更加明确，必须是因不动产直接受到行政行为的影响，并以此为由提起行政诉讼以消除或改变这种影响，即行政行为对不动产具有直接处分性才适用本条规定。由此可见，本条规定体现的是对不动产加重保护的法律精神，享受长于普通标的物的起诉期限。因此，对于本条的适用对象，应当注意区分，严格把握。关于不动产的定义或范围，行政诉讼法没有作出明确规定，对此可参照民事法律中的相关规定确定，如民法通则、物权法等。

（阎巍撰写）

第六十六条

公民、法人或者其他组织依照行政诉讼法第四十七条第一款的规定，对行政机关不履行法定职责提起诉讼的，应当在行政机关履行法定职责期限届满之日起六个月内提出。

【条文主旨】

本条是关于对行政机关不履行法定职责提起诉讼的起诉期限的规定。

【起草背景】

行政诉讼法第四十七条第一款规定："公民、法人或者其他组织申请行政机关履行保护其人身权、财产权等合法权益的法定职责，行政机关在接到申请之日起两个月内不履行的，公民、法人或者其他组织可以向人民法院提起诉讼。法律、法规对行政机关履行职责的期限另有规定的，从其规定。"该条规定的是可以提起不履行法定职责之诉的"适当期间"，这一

"适当期间",指的不是一般意义上的起诉期限,而是给行政机关留出的对申请作出处理的法定期间。在此期间届满之前指控行政机关不作为属于时机未成熟。而所谓的起诉期限,是指那个期间届满后就丧失了提起诉讼的权利。起诉期限制度的趣旨更多地体现为对当事人诉权的一种积极限制和对行政行为效力的消极维护,"目的在于尽早地稳定行政行为所创设的新的社会秩序,避免行政行为的效力在过长的期间内仍面临挑战"。[①] 但如前所述,行政诉讼法第四十七条第一款只规定了提起不履行法定职责之诉的起始点,而没有规定对这类诉讼是不是设定起诉期限,起诉期限又是多长?这就导致实践中不同地区法院掌握的标准不尽一致,引起法律适用上的冲突。在起草《适用解释》时,最高人民法院认为有必要对此问题进行明确,因此就在第四条作出了专门解释。本条沿用了《适用解释》第四条的规定。

【条文释义】

按照本条规定,对行政机关不履行法定职责提起诉讼的,起诉期限是从行政机关履行法定职责期限届满之日起开始计算,以 6 个月为限。因此,起算时点的确定是计算不履行法定职责之诉的起诉期限的关键。起算时点即为行政机关履行法定职责期限届满之日,对此,根据行政诉讼法第四十七条第一款的规定,又分为两种情形:其一,法律、法规对行政机关履行职责的期限作出专门规定的,依照法律、法规的规定确定履行职责的期限。其二,法律、法规对行政机关履行职责的期限未作专门规定的,行政诉讼法第四十七条第一款则统一设置了 2 个月的期限。亦即,行政机关在接到申请之日起 2 个月内不履行的,公民、法人或者其他组织才可以提起不履行职责之诉。

作出这种制度安排,总的指导思想是:第一,对行政机关不履行法定职责(消极不作为)提起诉讼的,倾向于不设起诉期限,这从条文所使用

[①] 林俊盛:《行政诉讼起诉期限制度研究》,法律出版社 2014 年版,第 55 页。

的表述是"应当在行政机关履行法定职责期限届满之日起六个月内提出",而不是"起诉期限为六个月",就能看出。第二,又要对原告提起诉讼给予必要的时间限制。而在具体期限上参照适用了行政诉讼法第四十六条规定的6个月。但这属于一个法律保护需要之失效或丧失的标准,而非起诉期限。起草过程中也有的意见认为6个月有些太短,不利于当事人行使诉权,但多数意见认为,根据依申请行政行为的特点,即使申请人在6个月内没有提起诉讼,很多情况下仍然可以通过再次申请启动行政程序,进而启动复议和诉讼程序,因而一般不会影响相对人申请和诉讼权利的行使。

【实务指导】

不履行法定职责之诉,又称作义务之诉。这种诉讼类型又可分类两类:一类是"被拒绝",即所谓的否定决定之诉;另一类是"未作出",即所谓的不作为之诉。本条司法解释主要解决的是不作为之诉的起诉期限问题。而对于否定决定之诉,由于行政机关已经通过否定性决定拒绝作出行政行为,被拒绝申请的人就可以凭借这个拒绝决定,像提起撤销之诉那样去提起一个义务之诉。也就是说,如果行政机关在履行职责期限之内就作出拒绝决定,则不受履行职责期限的限制,公民、法人或者其他组织可以即时针对拒绝决定提起诉讼。在此情况下,提起义务之诉,就与提起一个撤销之诉一样,适用通常期限。

另外,提起不履行职责之诉,还存在一个起诉时机成熟的问题。"法律不保护权利上的睡眠者",因此,过于迟延地请求法律救济将不受到法律的保护。但在有些情况下,过早地请求法律救济,同样不被法律所允许。正如最高人民法院在(2017)最高法行申307号王守保诉宣城市政府一案的行政裁定中所指出,"就行政诉讼来说,通常都是针对一个行政处理提起诉讼,这就存在一个起诉时机问题。按照成熟原则,行政程序必须发展到适宜由法院处理的阶段才算成熟,才能允许进行司法审查。起诉行政机关不履行法定职责就是如此。行政机关履行法定职责通常需要一个过程,……如果行政机关超过法定期限未履行职责,公民、法人或者其他组织即可以提起诉讼；反之，如果法定履行职责的期限未届满就提起诉讼，就属于起诉时机不成熟，人民法院应当不予立案或者裁定驳回起诉。"

（李广宇、骆芳菲撰写）

第六十七条

原告提供被告的名称等信息足以使被告与其他行政机关相区别的，可以认定为行政诉讼法第四十九条第二项规定的"有明确的被告"。

起诉状列写被告信息不足以认定明确的被告的，人民法院可以告知原告补正；原告补正后仍不能确定明确的被告的，人民法院裁定不予立案。

【条文主旨】

本条是关于"有明确的被告"的认定及不能认定被告明确的法律后果的规定。

【起草背景】

行政诉讼法第四十九条第二项规定，提起诉讼应当有明确的被告。但对于何为"有明确的被告"，法律并未作出进一步的解释。实践中，各地法院对此存在不同的认识，有些法院把它等同于"正确的被告"，把错列被告的情形也纳入不具有"明确的被告"的范畴，这就导致裁判尺度不统一，有必要通过司法解释对此加以明确。在民事诉讼领域，对于何为"有明确的被告"的问题，《民诉解释》作出了规定，该解释第二百零九条规定："原告提供被告的姓名或者名称、住所等信息具体明确，足以使被告与他人相区别的，可以认定为有明确的被告。起诉状列写被告信息不足以认定明确的被告的，人民法院可以告知原告补正。原告补正后仍不能确定明确的被告的,人民法院裁定不予受理。"本条司法解释正是在借鉴上述民事诉讼法司法解释的基础上制定的。

【条文释义】

一、"有明确的被告"的认定

登记立案阶段对起诉条件的审查,重点是诉的有效性,也就是对诉的表面"外观"进行审查,要审查的是起诉是否具备必要的形式条件。具体到被告来说,按照行政诉讼法第四十九条第二项的规定,只要原告的起诉"有明确的被告"就是适法和有效。立法机关在法律释义中曾指出:"所谓明确,就是指原告所诉被告清楚、具体,可以指认。由此可以看出,在立案审查时对所列被告要求并不高,只要原告起诉时,所诉被告具体、明确,同时符合其他起诉条件就应当立案受理。"①

由此可知,行政诉讼法第四十九条对于适格被告的规定,仅要求"明确",而非"正确"。对于"明确"的认定,本条司法解释确定的标准是"提供被告的名称等信息足以使被告与其他行政机关相区别"。也就是说,只要原告在诉状中列明了被告的名称等信息,指向了具体的、特定的被诉行政机关,达到足以使其指控的被告与其他行政机关相区别的效果,即可认定为"有明确的被告"。至于所列被告是否正确,并不是行政诉讼法第四十九条第二项所要解决的范畴。

二、不能确定明确被告的法律后果

行政诉讼法第五十一条第三款规定:"起诉状内容欠缺或者有其他错误的,应当给予指导和释明,并一次性告知当事人需要补正的内容。不得未经指导和释明即以起诉不符合条件为由不接收起诉状。"第二款中规定:"不符合起诉条件的,作出不予立案的裁定。"本条司法解释第二款即是对

---

① 全国人大常委会法制工作委员会行政法室编著:《中华人民共和国行政诉讼法解读》,中国法制出版社 2014 年版,第 135 页。

起诉状所列被告不明确这一特定情形下的具体处理程序。按照本款规定，如果原告在起诉状中列写的被告信息不足以认定明确的被告的，人民法院应当给予指导和释明，告知原告进行补正。当然，如果原告的起诉状内容还存在其他欠缺或者错误，也应当按照行政诉讼法的上述规定一并予以告知。原告经补正后，能够确定明确的被告的，即符合了行政诉讼法第四十九条第二项规定的起诉条件；原告拒绝补正或者经补正后仍不能确定明确的被告的，则其起诉不符合法定起诉条件，人民法院应当裁定不予立案，并载明不予立案的理由。当然，原告对不予立案裁定不服的，可以提起上诉。

【实务指导】

如前所述，行政诉讼法第四十九条对适格被告的要求是"明确"，而非"正确"。对于明确的被告与正确的被告的关系，最高人民法院在(2017)最高法行申366号李春山诉怀远县政府一案的裁定中进行了论述，裁定指出："在行政诉讼中，被告适格包含两个层面的含义。一是形式上适格，亦即行政诉讼法第四十九条第二项规定的'有明确的被告'。……但'明确'不代表'正确'，因此被告适格的第二层含义则是实质性适格，也就是行政诉讼法第二十六条第一款规定的，'公民、法人或者其他组织直接向人民法院提起诉讼的，作出行政行为的行政机关是被告'。"实质性适格问题相对复杂，通常需要通过实体审理查明，如果通过实体审理确实不构成实质性适格，则以理由不具备为由判决驳回原告的诉讼请求。当然，也不排除在特别明显地不具备实质性适格的情况下，在进入实体审理之前即以起诉不符合法定条件为由裁定驳回起诉。

（李广宇、骆芳菲撰写）

第六十八条

行政诉讼法第四十九条第三项规定的"有具体的诉讼请求"是指：

（一）请求判决撤销或者变更行政行为；

（二）请求判决行政机关履行特定法定职责或者给付义务；

（三）请求判决确认行政行为违法；

（四）请求判决确认行政行为无效；

（五）请求判决行政机关予以赔偿或者补偿；

（六）请求解决行政协议争议；

（七）请求一并审查规章以下规范性文件；

（八）请求一并解决相关民事争议；

（九）其他诉讼请求。

当事人单独或者一并提起行政赔偿、补偿诉讼的，应当有具体的赔偿、补偿事项以及数额；请求一并审查规章以下规范性文件的，应当提供明确的文件名称或者审查对象；请求一并解决相关民事争议的，应当有具体的民事诉讼请求。

当事人未能正确表达诉讼请求的，人民法院应当要求其明确诉讼请求。

【条文主旨】

本条是关于行政诉讼法第四十九条第三项规定的"有具体的诉讼请求"的解释。

【起草背景】

本条第一款、第三款沿用了《适用解释》第二条的规定，第二款增加了单独或一并提起行政赔偿或者行政补偿、一并申请规章以下规范性文件审查以及一并解决相关民事争议的诉讼中诉讼请求的列明。

【条文释义】

"无诉则无判",诉乃发动审判权的前提。如果当事人提起诉讼不能提出"具体的诉讼请求",则一方面被告不能有效应诉,另一方面,法院也无从确定具体的审查对象和内容,诉讼的大门将难以开启。因此司法解释对这一问题作出了指引性的规定,同时也充分体现了在诉讼类型化方面作出的努力。

一、有具体的诉讼请求

任何一个起诉,都应当有明确的诉讼请求,这不仅是诉的具体的内容,是原告的权利主张,也同时构成了法院审理和裁判的对象。尽管1989年行政诉讼法在第四十一条已经把"有具体的诉讼请求"明确列为起诉应当符合的条件之一,但在实践中执行得并不自觉和严格。一方面,当事人缺乏这样的法律素养,往往只在诉状中表明"不服",至于具体的权利主张则语焉不详。另一方面,这也源自于法官对此问题的漠视。而法官的态度又直接源自于法的构造和行政诉讼理论的建构。本来,"判与诉是相对应的,判决是对诉讼请求的回应。"[①] 民事诉讼如此,刑事诉讼如此,行政诉讼也概莫能外。但是,由于行政诉讼法在起草之时过分放大"行政案件与民事案件不同",过分凸显"维护行政机关依法行使行政职权",[②] 从而没有采纳诉讼法专家提出的"诉讼法的立法目的同实体法的立法目的,在立法表述上应有所不同"[③] 的建议,作出了一系列有违诉讼基本规律的制度建构。其中,尤以维持判决的"独树一帜"和"驳回原告诉讼请求判决"的"付诸阙如"为最具代表性,直接导致了不重视诉讼请求的倾向甚嚣尘上,直接导致了诉判关系在行政诉讼中的严重扭曲。在司法实务中,

---

① 马怀德主编:《行政诉讼原理》,法律出版社2002年版,第430页。
② 顾昂然:《行政诉讼法起草情况和主要精神》,载最高人民法院行政诉讼法培训班编:《行政诉讼法专题讲座》,人民法院出版社1989年版,第10页以下。
③ 参见胡康生:《〈行政诉讼法〉立法过程中的若干问题》,载最高人民法院行政诉讼法培训班编:《行政诉讼法专题讲座》,人民法院出版社1989年版,第36页。

"合法性审查"也成为行政诉讼"去民事化"的鲜明标签。过去的实务见解,也大多将具体行政行为当作行政诉讼的审理对象。

前述观点的症结在于,混淆了诉讼对象与审查对象的不同。其实,在诉讼对象这一诉讼原理问题上,行政诉讼与民事诉讼没有什么不同。以撤销诉讼为例,诉讼对象应当是原告提出的撤销被诉行政行为的诉讼请求是否成立。法院所要审理的,既包括诉的适法性,例如诉权、侵权可能性、起诉期限等;又包括诉的理由具备性,例如被动适格、被诉行政行为的违法性、权利侵害与撤销请求权。① 与众多需要审理的事项相比,行政行为的合法性问题只是其中的一个环节,尽管它确实属于最为核心的环节。我们注意到,早在行政诉讼法最初起草之时,就有诉讼法领域的学者提出过行政案件的审理对象问题。例如刘家兴教授指出:"有人认为……人民法院审理行政案件,就是审理行政机关的具体行政行为。这种认识,不仅在理论上是不清楚的,而且是不符合客观实际的。""人民法院对行政案件审查的是具体行政行为,而审理的则是因具体行政行为所发生的行政法律关系。……如果不是这样来认识问题,而将审查的对象等同于审理的对象,那就不能揭示诉讼的实质,不会着眼于案件的全部事实,也就难于从法律关系是否应该成立的根据上,对具体行政行为作出正确的判断。"② 2014年行政诉讼法的修改虽然依旧保留了合法性审查原则,但通过废除维持判决、引入驳回诉讼请求判决和一系列撤销诉讼之外的原告胜诉判决,事实上彰显了判诉对应的价值取向。司法解释在本条对"有具体的诉讼请求"专门进行解释,目的就是使这种观念得以进一步强化。

二、诉讼类型化

以往的不注重"具体的诉讼请求",与诉讼类型单一也有很大关系。1989年行政诉讼法实际上是以撤销诉讼为模板展开设计的,由于通常起诉

---

① 参见[德]弗里德赫尔穆·胡芬:《行政诉讼法》,莫光华译,法律出版社2003年版,第211页以下以及第408页以下。

② 刘家兴:《关于审理行政案件中的几个问题》,载最高人民法院行政诉讼法培训班编:《行政诉讼法专题讲座》,人民法院出版社1989年版,第184页。

往往就是针对一个原告认为违法的具体行政行为而提起,法院或者判决撤销,或者判决维持,主要基于对行政行为的合法性的审查,并不以原告的诉讼请求为转移。但撤销诉讼一体化存在很大弊端,2014年修正行政诉讼法事实上也已经在诉讼类型化方面大大突破了单一的撤销诉讼,只不过新法只是将类型化构想体现在了诉讼的末端,也即判决方式层面。但诉讼类型化事实上是从原告提起诉讼开始就应体现的,所谓的"有具体的诉讼请求",某种意义上是要通过对应一定的诉讼类型来实现的。

所以,司法解释作出本条规定的另一个目的,就是强调诉讼的类型化。

所谓诉讼类型,又称诉讼种类,简言之,就是诉讼方式或形态之格式化。行政诉讼类型化有助于形成无漏洞的权利救济机制,更好地监督和促进依法行政,促使行政纠纷的实质性解决,提高行政审判的质量和效率。[①]最高人民法院在(2016)最高法行申2621号郭传欣诉巨野县政府、菏泽市政府一案的裁定中进一步指出:"设置诉讼类型的目的既然在于为公民权利的保护提供一种具体方式,那么选择一个适当的类型就不应成为公民的任务甚至额外增加的负担。诉讼类型制度的根本意义更在于对法院的诉讼行为作出规范,以使法院根据不同的诉讼类型选择最适宜的救济方式和裁判方式。通常情况下,原告对于诉讼类型并不表现得多么疏离,因为他在诉讼请求中表达的想要实现的目的本身就已经自然而然地体现为一个具体的诉讼种类。对于诉讼类型不习惯、不熟悉甚至有意排斥的往往是法官,因为他已经在单一的撤销之诉的环境之中浸淫太久,以至于对于任何争议都习惯性地运用合法性审查的方法。"

本条司法解释通过明确原告可以提出的具体诉讼请求的方式,对诉讼类型作出比较清晰的划分。从民事诉讼来看,基本的诉讼类型包括三种:给付之诉、确认之诉与形成之诉。从一些主要的大陆法系国家和地区的行政诉讼来看,诉讼类型的划分也主要是以这三种类型为基础而变造而成,并且产生了一些亚类。司法解释本条的规定,基本包括了撤销之诉、确认

---

① 参见李广宇、王振宇:《行政诉讼类型化:完善行政诉讼制度的新思路》,载《法律适用》2012年第2期。

违法和无效之诉、履行义务之诉、一般给付之诉等重要类型，具体包括：（1）请求判决撤销或者变更行政行为；（2）请求判决行政机关履行特定法定职责或者给付义务；（3）请求判决确认行政行为违法；（4）请求判决确认行政行为无效；（5）请求判决行政机关予以赔偿或者补偿；（6）请求解决行政协议争议；（7）请求一并审查规章以下规范性文件；（8）请求一并解决相关民事争议；（9）其他诉讼请求。

值得指出的是，即便在实行诉讼类型化的德国、日本等国，也对诉讼类型的繁多及其分类的复杂颇有诟病，例如德国学者弗里德赫尔穆·胡芬就指出：在行政诉讼中将诉的适当性和正确的诉讼类型联系在一起的制度已经丧失了其在传统上所具有的限定法律保护方式的作用，而只会导致学理上以及司法实践中的不必要的麻烦。因此他认为，应消除这一制度，以对行政诉讼中的诉讼类型制度进行"决定性的简化"。[①] 有的日本学者也建议中国在修改行政诉讼法时未必要引入诉讼类型化。我国一些学者也表达过类似主张。例如刘飞教授认为："设置诉讼类型的目的在于为公民权利的保护提供一种具体方式。因此，多种诉讼类型的并存不应对公民构成负担。在司法实践中，选择适当的诉讼类型也不应是公民的任务。相反，原告在诉讼中实际上仅需指明其诉讼请求所指向的具体对象就足够了。从这个意义上来说，诉讼类型制度的意义主要在于对法院的诉讼行为作出规范。"[②] 我们认为：第一，德国、日本等国和我国行政诉讼制度的发展阶段不同，因此不可同日而语。这些国家的诉讼类型化差不多已告完成，当下的任务当然就是要防止其沦为繁复化。我国长期以来基本上只存在单一的撤销诉讼，对诉讼类型予以丰富恰是当前需要完成的使命。第二，诉讼类型化并非为当事人带来负担，相反，类型化有利于为当事人提供"无漏洞且有效的权利保护"。从比较法的视角看，权利救济是否"无漏洞且有效"，"除了行政审判权限的范围、原告适格的条件以及诉讼中的暂时性权利保护措施外，最主要的就属诉讼类型数量的多寡及其适法性要件的设计

[①] 转引自刘飞：《德国公法权利救济制度》，北京大学出版社2009年版，第86页。
[②] 刘飞：《德国公法权利救济制度》，北京大学出版社2009年版，第86页。

了"。① "对于侵犯公民权利的每一种国家权利行为,都必须有一个适当的诉讼种类可供利用。"② 第三,将诉讼类型与诉讼请求予以割裂,从而排除当事人的责任,也是不符合诉的原理的。没有具体的诉讼请求,也就没有了具体的权利主张,没有具体的权利主张,也就没有了诉讼对象,这样的诉难言成立。而一旦提出具体的诉讼请求,诉讼类型也就相应明晰。当然,鉴于诉讼类型的概念相对较新,"期望公民在起诉时就对其有一定程度的了解是不现实的",因此法院的解释说明工作亦属必要,本条司法解释第三款专门作出要求:"当事人未能正确表达诉讼请求的,人民法院应当要求其明确诉讼请求。"

【实务指导】

适用本条时还应注意以下几点:

第一,本条第二款专门对单独或一并提起行政赔偿或者行政补偿诉讼、请求一并审查规章以下规范性文件以及请求一并解决相关民事争议的诉讼中诉讼请求的列明作出了具体规定。当事人单独或者一并提起行政赔偿、行政补偿诉讼的,其诉讼请求不能仅笼统地表述为"要求行政机关赔偿、补偿",而应当列明具体的赔偿、补偿事项以及具体数额。当事人请求一并审查规章以下规范性文件的,也不能只是笼统地表述为"要求审查被诉行政行为所依据的规范性文件",而应当提供明确的文件名称或者审查对象。当事人请求一并解决相关民事争议的,其诉讼请求中应当包含具体的民事诉讼请求。

第二,诉讼请求指向的被诉行政行为也应当是特定的、明确的,而非含混不清或者存在多种可能的。如果被诉行政行为不明确,比如可能包含一系列的行政行为,作出主体也可能存在不同,则人民法院应当履行释明义务,让当事人明确其所诉行政行为的具体指向,以固定行政诉讼的审查对象。

---

① 赵清林:《行政诉讼类型研究》,法律出版社2008年版,第68页。
② [德]弗里德赫尔穆·胡芬:《行政诉讼法》,莫光华译,法律出版社2003年版。第211页。

第三，当事人在一个诉讼中可以提出一个诉讼请求，也可以提出多个诉讼请求。但有些诉讼请求不能单独提出，例如请求一并审查规章以下规范性文件、请求一并解决相关民事争议，既是"一并"提出，自然是建立在其他诉讼请求的基础之上。另外，有些诉讼请求不能同时提出，例如针对某一行政行为同时要求撤销与确认违法，或者同时要求确认违法与确认无效。遇此情形，法院也应当进行必要的指导与释明，以使当事人正确表达其诉讼请求。

（李广宇、骆芳菲撰写）

第六十九条

有下列情形之一，已经立案的，应当裁定驳回起诉：

（一）不符合行政诉讼法第四十九条规定的；

（二）超过法定起诉期限且无行政诉讼法第四十八条规定情形的；

（三）错列被告且拒绝变更的；

（四）未按照法律规定由法定代理人、指定代理人、代表人为诉讼行为的；

（五）未按照法律、法规规定先向行政机关申请复议的；

（六）重复起诉的；

（七）撤回起诉后无正当理由再行起诉的；

（八）行政行为对其合法权益明显不产生实际影响的；

（九）诉讼标的已为生效裁判或者调解书所羁束的；

（十）其他不符合法定起诉条件的情形。

前款所列情形可以补正或者更正的，人民法院应当指定期间责令补正或者更正；在指定期间已经补正或者更正的，应当依法审理。

人民法院经过阅卷、调查或者询问当事人，认为不需要开庭审理的，可以迳行裁定驳回起诉。

【条文主旨】

本条是关于裁定驳回起诉情形的列举规定。

【起草背景】

本条沿用了《适用解释》第三条的规定。在起草过程中，接受全国人大常委会法制工作委员会的建议，将第一款第二项由"正当理由"改为"法定理由"，后又进一步明确为"行政诉讼法第四十八条规定情形"；第一款第九项增加"或者调解书"；第三款由"和"改为"或者"。

当初在起草《适用解释》时，最初曾经这样表述："有下列情形之一的，应当裁定不予立案；已经立案的，裁定驳回起诉。"在讨论过程中，有人认为：在立案阶段，只需对当事人的起诉是否符合行政诉讼法第四十九条的规定进行形式审查，如果把本条规定的所有情形都可以在立案阶段进行审查，就与之前的审查立案制没有任何区别，从而抹杀了立案登记制的制度价值。因此最终公布稿删除了"应当裁定不予立案"的内容。这一调整，对于行政诉讼的构造而言，具有了一层十分重要的意义，那就是对诉讼过程的三个阶段划分得更为清晰。诉讼过程并不是简单地分为立案和审判这两个环节的，在立案之后，作出实体判决之前，还要对诉的适法性进行审查，只有适法的诉，才能进入本案审理，作出本案判决。反之，如果实体裁判条件不具备，则没有必要对诉作出实体裁判，而应当裁定驳回其起诉。但我国的行政诉讼法显然对立案之后、实体判决之前审查诉讼要件是否具备这一中间环节有所忽视。从这一方面说，本条的规定又起到了填补法律漏洞的作用。虽则《若干解释》第三十二条曾经作出"受理后经审查不符合起诉条件的，裁定驳回起诉"的规定，但这一规定存在的缺憾非常明显，一是没有对立案阶段的"起诉条件"和审理阶段的"实体裁判条件"作出区别，在该条规定中，驳回起诉的理由与不予受理的理由并无不同，审理阶段的审查因而只是立案阶段审查的一种继续或者补充。二是对应当裁定驳回起诉的情形也没有进行清楚而集中的列举。而《适用解释》将这些"法定起诉条件"的审查独立于立案环节,既然强调是"已经立案",它所解决的就不再是要不要、能不能立案的问题,而是要不要、能不能作出实体裁判的问题。

【条文释义】

包括兜底条款在内,本条共规定了十种不符合法定起诉条件、应当裁定驳回起诉的情形。

一、不符合行政诉讼法第四十九条规定的

行政诉讼法第四十九条的具体内容是:"提起诉讼应当符合下列条件:(一)原告是符合本法第二十五条规定的公民、法人或者其他组织;(二)有明确的被告;(三)有具体的诉讼请求和事实根据;(四)属于人民法院受案范围和受诉人民法院管辖。"这是公民、法人或者其他组织提起行政诉讼所应当具备的基本的起诉条件。

1. 原告是符合本法第二十五条规定的公民、法人或者其他组织。行政诉讼法第二十五条第一款规定:"行政行为的相对人以及其他与行政行为有利害关系的公民、法人或者其他组织,有权提起诉讼。"该条虽然看似将适格原告区分为两大类,但事实上适用了一个相同的标准,这就是"利害关系"。最高人民法院在(2016)最高法行申2560号臧金凤诉砀山县政府案的裁定中对该问题进行了论述,裁定指出:"通常情况下,行政行为的相对人总是有诉权的,因为一个不利行政行为给他造成的权利侵害之可能显而易见。因而,有人把行政相对人称为'明显的当事人'。但是,可能受到行政行为侵害的绝不仅仅限于直接相对人。为了保证直接相对人以外的公民、法人或者其他组织的诉权,而又不使这种诉权的行使'失控',法律才限定了一个'利害关系'的标准。所谓'利害关系',也就是有可能受到行政行为的不利影响。具体要考虑以下三个要素:是否存在一项权利;该权利是否属于原告的主观权利;该权利是否可能受到了被诉行政行为的侵害。"

2. 有明确的被告。对于"有明确的被告"的认定问题，本司法解释第六十七条已作出规定，此处不再赘述。

3. 有具体的诉讼请求和事实根据。何为"有具体的诉讼请求"，本司法解释第六十八条已作出规定，此处亦不再赘述。提起诉讼不仅应有具体的诉讼请求，还要有事实根据。何为"有事实根据"？最高人民法院（2016）最高法行申 2301 号杨学奎诉天津市津南区政府、津南区咸水沽镇政府案裁定指出："通常认为，所谓'事实根据'，是指一种'原因事实'，也就是能使诉讼标的特定化或者能被识别所需的最低限度的事实。通俗地说，是指至少能够证明所争议的行政法上的权利义务关系客观存在。"例如，如果请求撤销一个行政决定，就要附具该行政决定；如果起诉一个事实行为，则要初步证明是被告实施了所指控的事实行为。

4. 属于人民法院受案范围和受诉人民法院管辖。关于受案范围，行政诉讼法第二条、第十二条和第十三条从不同的角度作出了规定，应当说，行政诉讼的受案范围是一个非常复杂的问题，在立案环节一般难以作出准确判断，但对其基本面还是应当予以把握。例如有的当事人对行政判决不服，以审理该案的法官为被告提起行政诉讼，有的法院的立案庭竟以立案登记制为由予以立案，这就是很不严肃的事情。至于属于受诉人民法院管辖，有一个问题需要明确，那就是，在立案之后发现受理的案件不属于本院管辖的，不发生裁定驳回起诉问题，而应依照行政诉讼法第二十二条的规定移送有管辖权的人民法院。

二、超过法定起诉期限且无行政诉讼法第四十八条规定情形的

本项将原来的"正当理由"改为了"行政诉讼法第四十八条规定情形"，要求更为严格。行政诉讼法第四十八条规定了特殊情形下起诉期限扣除和延长的事由，该条规定："公民、法人或者其他组织因不可抗力或者其他不属于其自身的原因耽误起诉期限的，被耽误的时间不计算在起诉期限内。公民、法人或者其他组织因前款规定以外的其他特殊情况耽误起诉期限的，在障碍消除后十日内，可以申请延长期限，是否准许由人民法

院决定。"法律规定的"不可抗力",是指当事人不能预见、不能避免并且不能克服的客观情况,例如地震、火灾、山洪、泥石流等自然灾害;"其他不属于其自身的原因",则主要包括当事人被限制人身自由等情况。法律规定的"扣除",是指被耽误的时间不计算在起诉期限内。如果被耽误的时间扣除后仍然超过起诉期限,人民法院应裁定驳回起诉。至于"前款规定以外的其他特殊情况",一般认为包括因交通断绝、生病以及未成年人因其法定代理人未确定而不能起诉等。① 由于范围较广,情况较多,因而交由法院在个案中具体认定。为方便法院认定,起诉人在提出延长期限申请时,应当提供相应证据。

三、错列被告且拒绝变更的

确定一个正确的被告,是一个非常重要的问题,否则就会上演一出"关公战秦琼"的闹剧。对于"正确的被告"的确定依据,最高人民法院在(2016)最高法行申 2719 号陈前生、张荣平诉金寨县政府一案的裁定中进行了论述,该裁定指出:"在行政诉讼中,确定适格被告的依据是所谓法定主体原则,即:行政机关作出了被诉的那个行政行为,或者没有作出被申请的行政行为,并且该机关在此范围内能对争议的标的进行处分。行政诉讼法第二十六条第一款'公民、法人或者其他组织直接向人民法院提起诉讼的,作出行政行为的行政机关是被告'的规定就是法定主体原则的具体体现。通常情况下,法定主体原则具体包括这样两个要件:第一,谁行为,谁为被告;第二,行为者,能为处分。"

所谓"谁行为,谁为被告",既包括行政机关作出一个法律行为,也包括行政机关作出一个事实行为;既包括行政机关作出一个拒绝决定,也包括行政机关针对申请逾期不作任何答复。如果行政机关作出的是一个书面决定,那么提供这个书面决定通常就能证明被告适格。如果行政机关作出的是一个事实行为或者是不作为,原告则需要提供一些事实根据以证明确实是这个行政机关作出了一个事实行为或者逾期不作为。当然,主张行

---

① 参见黄杰主编:《中华人民共和国行政诉讼法诠释》,人民法院出版社 1994 年版,第 128 页。

政机关不作为的,需以该行政机关具有相应的法定职责为前提,一如最高人民法院在(2017)最高法行申1467号明爱清、曾飞诉武昌区政府一案裁定中所指出,"没有必要仅仅因为'拒绝'了一个没有实体法上请求权基础的申请而使一个明显不具有法定职责的行政机关卷进诉讼当中。"所谓"行为者,能为处分",指的是该行政机关不仅是被诉行政行为的实施者,也具有承担法律责任的能力,换言之,"该机关在此范围内能对争议的标的进行处分。"

至于"错列被告"的具体情形,行政诉讼法第二十六条及司法解释相关条款对于行政诉讼的适格被告作出了一系列规定,违反这些规定的,就属于"错列被告"。应当注意的是,按照本项的规定,在原告错列被告的情况下,人民法院应当首先告知其变更被告,只有在"错列被告且拒绝变更"的情况下,才能作出驳回起诉的裁定。

实务中还有一种情形,即原告起诉时遗漏了被告或者有意不告,这不是错列被告情况下的变更被告问题,而是遗漏被告情况下的追加被告问题。本司法解释第二十七条第二款规定:"应当追加被告而原告不同意追加的,人民法院应当通知其以第三人的身份参加诉讼,但行政复议机关作共同被告的除外。"这是因为行政诉讼法规定了"双被告"制度,作出维持决定的行政复议机关属于法定的共同被告,因此规定"行政复议机关作共同被告的除外"。

四、未按照法律规定由法定代理人、指定代理人、代表人为诉讼行为的

这里涉及的是诉讼行为能力问题和推选代表人问题。没有诉讼行为能力的公民,由于其诉讼行为能力的缺乏,不能独立为诉讼行为,亦不具有对代理权限表达个人独立意志的能力。法律为了其合法权益,乃设置法定代理人制度。行政诉讼法第三十条规定:"没有诉讼行为能力的公民,由其法定代理人代为诉讼。法定代理人互相推诿代理责任的,由人民法院指定其中一人代为诉讼。"至于法定代理人的范围,可以参照民事法律规范的规定。法定代理不仅是一种权利,更是一种义务。因此,法定代理人不能互相推诿代理责任。如果出现法定代理人互相推诿代理责任的，应当由人民法院指定其中一人代为诉讼。这也就是所谓的指定代理人。

关于推选代表人的问题。行政诉讼法第二十八条规定："当事人一方人数众多的共同诉讼，可以由当事人推选代表人进行诉讼。代表人的诉讼行为对其所代表的当事人发生效力，但代表人变更、放弃诉讼请求或者承认对方当事人的诉讼请求，应当经被代表的当事人同意。"本司法解释第三十条对此作出了进一步的解释："行政诉讼法第二十八条规定的'人数众多'，一般指十人以上。根据行政诉讼法第二十八条规定，当事人一方人数众多在起诉时不确定的，由当事人推选代表人。当事人推选不出的，可以由人民法院在起诉的当事人中指定代表人。行政诉讼法第二十八条规定的代表人为二至五人。代表人可以委托一至二人作为诉讼代理人。"

依照本项规定，未按照法律规定由法定代理人、指定代理人、代表人为诉讼行为的，应当裁定驳回起诉。但是，这一规定并不意味着凡有此种情形一律迳行裁定驳回起诉，正确的方法应当是，对于能补正者，首先应当指定期间命其补正。只有在不能补正或者虽经补正仍然存在资格或权限欠缺的情况下才得为之。

五、未按照法律、法规规定先向行政机关申请复议的

这里涉及的是行政复议与行政诉讼的衔接问题。行政复议与行政诉讼，是解决行政争议的两种不同的法律制度，前者属于行政系统内的救济途径，后者属于司法救济途径。行政诉讼法设立的是原告选择为原则，复议前置为例外的模式。如果法律、法规规定应当先向行政机关申请复议，原告未经行政复议程序迳行提起行政诉讼，即属欠缺诉讼要件，应当裁定不予立案；已经立案的，应当裁定驳回起诉。

在一种情形下，尽管法律、法规规定先向行政机关申请复议，公民、法人或者其他组织仍可迳行提起行政诉讼，毋庸等待行政复议决定之作成，这就是本司法解释第五十六条第二款规定的："依照行政诉讼法第四十五条的规定，复议机关不受理复议申请或者在法定期限内不作出复议决定，公民、法人或者其他组织不服，依法向人民法院提起诉讼的，人民法

院应当依法立案。"至于行政复议的法定期限，行政复议法第三十一条第一款规定："行政复议机关应当自受理申请之日起六十日内作出复议决定，但是法律规定的行政复议期限少于六十日的除外。情况复杂，不能在规定期限内作出行政复议决定的，经行政复议机关的负责人批准，可以适当延长，并告知申请人和被申请人；但是延长期限最多不超过三十日。"

六、重复起诉的

禁止重复起诉，又称二重起诉之禁止、更行起诉之禁止。其理论根据首先来自于"诉讼拘束"。弗里德赫尔穆·胡芬指出："诉讼拘束意味着这一案件拘束于这一个法院，其范围取决于诉讼标的"，"每一案件的诉讼拘束都具有阻止效力，这就是说，在诉讼拘束持续期间，任何当事人都不得使同一案件产生新的诉讼拘束"，"诉讼拘束开始的实质性时点，就是诉状到达法院的时间——即使该法院无管辖权。诉讼拘束随着判决的既判力出现而结束。"[1] 禁止重复起诉的另一个理论根据是一事不再理。其内容是"当事人不得就已起诉之事件，于诉讼中更行起诉"，"其目的在于避免同一事件重复审判，造成前后判决之矛盾及诉讼之不经济"。[2] 至于"重复起诉"的认定，本司法解释第一百零六条已作出规定，即"当事人就已经提起诉讼的事项在诉讼过程中或者裁判生效后再次起诉，同时符合下列条件的，构成重复起诉：（一）后诉与前诉的当事人相同；（二）后诉与前诉的诉讼标的相同；（三）后诉与前诉的诉讼请求相同，或者后诉的诉讼请求被前诉裁判所包含。"具体可参见本书该部分论述。

七、撤回起诉后无正当理由再行起诉的

诉讼程序因原告提起诉讼而开始，原告亦有权以撤诉方式使诉讼程序终了。这是处分权主义的固有含义。行政诉讼法第六十二条规定了撤诉制度。该条规定的撤诉包括两种情形：原告申请撤诉；或者被告改变其所作的行政行为，原告同意并申请撤诉。

---

[1] ［德］弗里德赫尔穆·胡芬：《行政诉讼法》，莫光华译，法律出版社2003年版，第550页。
[2] 徐瑞晃：《行政诉讼法》，我国台湾地区五南图书出版股份有限公司2012年版，第291页。

行政诉讼法未就禁止再诉作出明确规定,我们认为,禁止撤回起诉后再行起诉,应当主要适用于下列情形:第一,人民法院已经作出终局判决后始撤回其诉的。这不仅是列国的通行做法,也是禁止再诉制度所主要针对的情形;第二,被告改变其所作的行政行为,原告同意并申请撤诉的。这种情形下的撤诉,虽然看似只是程序的撤回,但往往是"因当事人之间存在着撤诉合意,导致诉的利益丧失,或者导致诉讼系属效果消灭"。① 除此之外,只要人民法院尚未作出终局判决且再行起诉时尚未超过起诉期限,一般都应允许。

八、行政行为对其合法权益明显不产生实际影响的

这一规定的旨趣体现的是所谓"诉的利益"。正如最高人民法院在(2016)最高法行申 5032 号崔志惠等 8 人诉天津市政府一案的裁定中所指出的:"'无诉则无判',诉乃发动审判权的前提。然而,是不是只要诉具备了法定形式并符合法定程序,人民法院就必须进行实体审理?现有法律虽然未作出明确规定,但根据审判权的应有之义,结合立法精神以及司法实践可知,答案并非绝对的,诉最终能否获得审理判决还要取决于诉的内容,即当事人的请求是否足以具有利用国家审判制度加以解决的实际价值和必要性。"

行政诉讼法对诉的利益问题缺乏明确规定。虽然《若干解释》第一条第二款曾经规定,"对公民、法人或者其他组织权利义务不产生实际影响的行为"不属于人民法院行政诉讼的受案范围,但是,这一规定存在着单纯从行政行为的性质以及受案范围的角度进行规范的缺憾,对诉的利益的内在含义宣示得并不十分鲜明。实践中,滥用诉权的问题已经开始成为困扰行政执法和行政审判的现实难题,其中尤以滥用政府信息知情权为最突出。我们应当认真研究诉的利益理论,并以此规制愈益突出的滥诉行为。但是,对于些许的滥诉也大可不必如临大敌。在当下的中国,诉权保护仍然是主要矛盾。滥用诉权必须规制,但对滥用诉权的规制同样不可滥用。

---

① [日] 新堂幸司:《新民事诉讼法》,林剑锋译,法律出版社 2011 年版,第 190 页。

此外还需强调的是,"必须将难以胜诉的理由与诉的理由本身区别开来",如果"事先就把一些预计难度可能很大的,或者胜诉希望不大的行政诉讼,立即宣布为'不适法的'",① 则是对行政诉讼法之立法宗旨的背离。

九、诉讼标的已为生效裁判或者调解书所羁束的

这一规定的理论基础是既判力。最高人民法院在(2017)最高法行申411号张刚诉武昌区政府案的裁定中对此问题进行了较为充分的论述,裁定指出:"所谓既判力,是指已经发生法律效力的判决、裁定对后诉的羁束力。其作用体现在消极和积极两个方面。消极作用是指,基于国家司法权的威信以及诉讼经济,在人民法院作出生效判决、裁定后,不准对同一事件再次进行诉讼。既判力的消极作用体现的是'一事不再理',就此而言,与禁止重复起诉属于同一原理。……既判力的积极作用是指,人民法院不得在其后的诉讼中作出与该判决、裁定内容相抵触的新的判决、裁定。这是法的安定性所决定的。但既判力只对与生效裁判当事人相同的后诉产生诉权的遮断效果,对于第三者而言,只是禁止作出与生效裁判内容相抵触的新的判决、裁定,而不是就此剥夺其诉权。"

准确把握本项的含义,还需注意对"诉讼标的"的理解。上述裁定对这一问题亦进行了阐明:"将行政行为统一地确定为行政诉讼的诉讼标的,难以起到统领各种诉讼类型的作用。即使在撤销诉讼中,行政行为的合法性也仅只属于人民法院的审查对象,而审理对象则还包括该行政行为是否对原告合法权益构成侵犯等因行政行为而引起的行政法律关系。如果将审查对象等同于审理对象,就不能揭示诉讼的本质,不会着眼于案件的全部事实。因此,撤销诉讼的诉讼标的应当是'行政行为违法并损害原告权利这样一个原告的权利主张'。"据此,即使后诉与前诉起诉的是同一个行政行为,但因原告不同,权利损害的主张亦有可能不同,故而不能简单地认定"后诉与前诉的诉讼标的相同"。

---

① [德]弗里德赫尔穆·胡芬:《行政诉讼法》,莫光华译,法律出版社2003年版,第388页。

十、其他不符合法定起诉条件的情形

本项是一个兜底条款，适用于前述九项内容所不能囊括的其他应当裁定驳回起诉的情形。但在法律和司法解释没有明确规定的情况下，适用兜底条款驳回起诉应当非常慎重，即使适用本项规定，也应当说明理由。

【实务指导】

一、补正或者更正程序

本条第二款规定："前款所列情形可以补正或者更正的，人民法院应当指定期间责令补正或者更正；在指定期间已经补正或者更正的，应当依法审理。"这是本司法解释新增的内容。据此，对于原告的起诉不符合本条所规定的起诉条件的，人民法院并非一概迳行裁定驳回起诉，而应当视是否可以补正或者更正而定。如果起诉条件的欠缺可以通过补正或者更正的途径予以弥补，则人民法院应当指定期间责令原告予以补正或者更正。原告在指定期间内予以补正或者更正的，人民法院应当依法审理；原告拒绝补正或者更正，或者经补正、更正程序后仍然不符合法定起诉条件的，应当裁定驳回起诉。

二、迳行裁定驳回起诉

本条第三款规定："人民法院经过阅卷、调查或者询问当事人，认为不需要开庭审理的，可以迳行裁定驳回起诉。"裁定驳回起诉，其制度意义是为了不使那些不符合法定起诉条件，或者没有权利保护必要的起诉无谓地进入实体审理环节，除非起诉条件的查明确有开庭审理的必要，通常情况下不经言辞审理即可迳行裁定。《适用解释》曾经的规定是，"人民法院经过阅卷、调查和询问当事人"，实践中，有些当事人认为人民法院必须逐一经过"阅卷、调查和询问当事人"这三个环节才可"迳行裁定驳回起诉"，这是对司法解释条款的误解。正如最高人民法院在（2017）最高

法行申 1189 号行政裁定中所指出的那样,"人民法院通过上述任一环节即认为明显不符合起诉条件,或者明显没有权利保护必要的,可以不再进行其余环节即迳行作出裁定。"为此,本次制定司法解释特意将原来的"和"改为了"或者",表述更为严谨,也有利于减少当事人的误解。

(李广宇、骆芳菲撰写)

第七十条

起诉状副本送达被告后,原告提出新的诉讼请求的,人民法院不予准许,但有正当理由的除外。

【条文主旨】

本条是关于原告提出新的诉讼请求的规定。

【起草背景】

本条沿用了《若干解释》第四十五条的规定。

【条文释义】

本条规定:"起诉状副本送达被告后,原告提出新的诉讼请求的,人民法院不予准许,但有正当理由的除外。"但对于何为"提出新的诉讼请求",行政诉讼法及司法解释均未作出进一步的界定,具体适用规则亦付阙如。最高人民法院在(2017)最高法行申 1183 号侯春明诉吕梁市离石区政府案的裁定中提出了一些有价值的审查判断标准,可以说比较准确地把握了诉之变更的制度功能。该裁定指出:"所谓'提出新的诉讼请求',

通常是指，在不变更诉讼请求同一性的前提下追加或者变更诉讼请求的申请。例如，针对被告作出的同一个行政行为，在原来提出的撤销请求的基础上追加赔偿请求、将原来提出的撤销请求变更为确认违法请求，或者只是单纯对于请求金额作出增减。在这种情况下，虽然具体的请求发生了变化，但请求的基础并未发生变更，因而可以在一个诉讼程序内审理新请求，旧请求的诉讼资料或证据资料可以被用于新请求的审理。"这里强调的就是，追加或者变更诉讼请求，应当以不变更诉讼请求的同一性为前提。也就是，前后两个请求的基础不能发生变更。否则，就不能称之为追加或者变更诉讼请求，而是一个新诉。例如，在诉讼过程中被告对原告作出新的行政行为，人民法院尽管可以将新旧行为合并审理，但却不是通过原告在同一个诉讼中"提出新的诉讼请求"，而须原告首先针对新的行政行为另案提起诉讼，再由人民法院斟酌是否适宜合并审理。

本条规定对于起诉状副本送达被告后原告提出新的诉讼请求秉持的是一种以不予准许为原则、以予以准许为例外的态度。作出这种严格限制，主要是基于保证当事人的诉讼地位平等和有利于提高办案效率的考虑。司法解释起草者曾指出："被告针对原告的诉讼请求，做好了应诉的准备，原告一旦提出新的诉讼请求，被告辛辛苦苦进行的全部诉讼活动便失去了意义，一切又需从头开始"，"有的当事人就有可能滥用其权利，随时提出新的诉讼请求以拖延诉讼，以实现不正当的目的。"[1]

【实务指导】

依照本条规定，在起诉状副本送达被告之前，由于诉讼活动尚未正式开启，原告提出新的诉讼请求既不会对被告的答辩、举证等权利的行使造成影响，也不会妨碍诉讼进程，此时原告提出新的诉讼请求的，人民法院应当予以准许。而在起诉状副本送达被告之后，除非有正当理由，原告提出新的诉讼请求的将不予准许。之所以规定"有正当理由的除外"，也是

---

[1] 最高人民法院行政审判庭编：《关于执行〈中华人民共和国行政诉讼法〉若干问题的解释释义》，中国城市出版社2000年版，第90~91页。

出于诉讼经济的考虑。如果被告认可原告在起诉状副本送达被告后提出新的诉讼请求，该新的诉讼请求又与最初的诉讼请求具有一定关联，新的诉讼请求不违反起诉条件，一并审理不会造成审理的困难和诉讼的延宕，人民法院一般可以准许。

（李广宇、骆芳菲撰写）

七、审理与判决

本章共五十七条,内容包括审理程序和裁判方式两部分。其中,在审理程序中,对一审、二审和审判监督程序中,有关开庭审理、回避、财产保全、简易程序、调解、撤诉、诉讼的中止与终结、再审程序的启动和审查等事项作出了规定。在裁判方式部分,对一审裁判、二审裁判和再审裁判的有关问题,特别是行政机关重新作出行为的要求、履责判决的适用范围和方式、撤销之诉与确认无效之诉的转化、程序轻微违法和重大且明显违法的内涵等问题进行了明确。

(阎巍撰写)

第七十一条

人民法院适用普通程序审理案件,应当在开庭三日前用传票传唤当事人。对证人、鉴定人、勘验人、翻译人员,应当用通知书通知其到庭。当事人或者其他诉讼参与人在外地的,应当留有必要的在途时间。

【条文主旨】

本条是关于人民法院适用普通程序审理案件传唤诉讼参与人的规定。

【起草背景】

本条参考了《民诉解释》第二百二十七条的规定。对于传唤诉讼代理人，在调研过程中，行政审判法官普遍反映，对于当事人及其诉讼代理人没有必要区分传票和通知书。本条作了相应调整，对于诉讼代理人不适用通知书通知。

【条文释义】

人民法院适用普通程序审理案件，应当在开庭 3 日前用传票传唤当事人。对当事人之外的诉讼参与人，如证人、鉴定人等，应使用通知书，而不得使用传票。为方便当事人及其他诉讼参与人参加诉讼，当事人或者其他诉讼参与人在外地的，应当留有必要的在途时间。

【实务指导】

对于传票、通知书的送达，可参照《关于进一步加强民事送达工作的若干意见》的规定。送达地址确认书是当事人送达地址确认制度的基础。人民法院应当在登记立案时要求当事人确认送达地址。当事人拒绝确认送达地址的，依照《最高人民法院关于登记立案若干问题的规定》第七条的规定处理。送达地址确认书应当包括当事人提供的送达地址、人民法院告知事项、当事人对送达地址的确认、送达地址确认书的适用范围和变更方式等内容。当事人提供的送达地址应当包括邮政编码、详细地址以及受送达人的联系电话等。同意电子送达的，应当提供并确认接收诉讼文书的传真号、电子信箱、微信号等电子送达地址。当事人委托诉讼代理人的，诉讼代理人确认的送达地址视为当事人的送达地址。采用传真、电子邮件方式送达的，送达人员应记录传真发送和接收号码、电子邮件发送和接收邮箱、发送时间、送达诉讼文书名称，并打印传真发送确认单、电子邮件发送成功网页，存卷备查。采用短信、微信等方式送达的，送达人员应记录收发手机号码、发送时间、送达诉讼文书名称，并将短信、微信等送达内容拍摄照片，存卷备查。因当事人提供的送达地址不准确、拒不提供送达地址、送达地址变更未书面告知人民法院，导致诉讼文书未能被受送达人实际接收的，直接送达的，诉讼文书留在该地址之日为送达之日；邮寄送达的，文书被退回之日为送达之日。对于移动通信工具能够接通但无法直接送达、邮寄送达的，除判决书、裁定书、调解书外，可以采取电话送达的方式，由送达人员告知当事人诉讼文书内容，并记录拨打、接听电话号码、通话时间、送达诉讼文书内容，通话过程应当录音以存卷备查。

（卢琨琨撰写）

第七十二条

有下列情形之一的，可以延期开庭审理：

（一）应当到庭的当事人和其他诉讼参与人有正当理由没有到庭的；

（二）当事人临时提出回避申请且无法及时作出决定的；

（三）需要通知新的证人到庭，调取新的证据，重新鉴定、勘验，或者需要补充调查的；

（四）其他应当延期的情形。

【条文主旨】

本条是关于延期开庭审理的规定。

【起草背景】

根据行政诉讼法第一百零一条的规定，对于开庭审理程序，适用民事诉讼法的相关规定。本条参照了民事诉讼法第一百四十六条的规定。

【条文释义】

延期审理是指在诉讼过程中,由于发生了法律规定的情况,致使人民法院不能在原定的日期对案件进行审理时,人民法院把已经开庭审理的案件,改到另一日期进行审理。

有下列情形之一的,可以延期审理:

1. 必须到庭的当事人和其他诉讼参与人有正当理由没有到庭。必须到庭的当事人和其他诉讼参与人,如果确因突然患病等正当理由无法到庭,人民法院就难以正常审查证据、认定事实等,在这种情况下,可以延期审理。

2. 当事人临时提出回避申请且无法及时作出决定的。根据行政诉讼法第一百零一条、民事诉讼法第四十五条之规定,被申请回避的人员,在人民法院作出回避决定前,应当暂停参与本案的工作,如果被申请回避的人员不能参加本案的工作,致使本案审理一时无法进行的,可以延期审理。值得注意的是,本条相比民事诉讼法第一百四十六条增加了"且无法及时作出决定的"。实践中,有些当事人为规避法律,达到拖延诉讼的目的,滥用申请回避权,对于明显不符合回避条件的申请,人民法院可以及时作出决定的,则无需延期开庭审理。

3. 需要通知新的证人到庭,调取新的证据,重新鉴定、勘验或者需要补充调查。以上事项涉及对案件事实的认定,在查清之前不宜开庭审理。

4. 其他应当延期审理的情形。例如,一方当事人在诉讼过程中因妨害诉讼而被拘留,不能按期或者继续开庭审理等。

人民法院决定延期审理后,对下次开庭审理的日期和地点能够即时确定的,应当当庭通知当事人和其他诉讼参与人。不能即时确定的,可以在确定以后另行通知。

【实务指导】

司法实践中,发现是否存在需要延期审理的情况是开庭前准备的重要内容。开庭审理前，书记员应当查明当事人和其他诉讼参与人是否到庭。当事人或其他诉讼参与人没有到庭的，应将情况及时报告审判长，并由合议庭确定是否需要延期开庭审理或者中止诉讼。决定延期开庭审理的，应当及时通知当事人和其他诉讼参与人；决定中止诉讼的，应当制作裁定书，发给当事人。原告经传票传唤，无正当理由拒不到庭的，可以按撤诉处理；被告经传票传唤，无正当理由拒不到庭的，可以缺席判决。

（卢琨琨撰写）

第七十三条

根据行政诉讼法第二十七条的规定，有下列情形之一的，人民法院可以决定合并审理：

（一）两个以上行政机关分别对同一事实作出行政行为，公民、法人或者其他组织不服向同一人民法院起诉的；

（二）行政机关就同一事实对若干公民、法人或者其他组织分别作出行政行为，公民、法人或者其他组织不服分别向同一人民法院起诉的；

（三）在诉讼过程中，被告对原告作出新的行政行为，原告不服向同一人民法院起诉的；

（四）人民法院认为可以合并审理的其他情形。

【条文主旨】

本条是关于合并审理的规定。

【起草背景】

本条系沿用《若干解释》第四十六条之规定。

【条文释义】

人民法院把涉及行政法律关系的几个有关联的诉讼请求合并在一个诉讼程序进行审理,称之为合并审理,又称诉的合并。合并审理的基本目的在于通过一个审判程序解决多个诉讼请求,这样有利于提高办案效率,简化诉讼程序,节省人力物力。同时还可以防止人民法院作出互相矛盾的判决,保证办案质量。

诉的合并有两种,一种是诉讼主体的合并,是指案件有几个原告或被告,或双方均系多数,诉讼标的是同一个或同样的具体行政行为引起的行政诉讼,如共同诉讼等。一种是诉讼客体的合并,是指同一的原告(包括共同诉讼中的全体原告)对同一的被告(包括共同诉讼中的全体被告)提出的多个诉讼请求,合并于同一诉讼中进行审理。

行政诉讼法第二十七条对共同诉讼作了规定,共同诉讼是诉的主体的合并。根据该条的规定,人民法院认为可以把几个诉讼请求合并审理的有两种情况:第一种,当事人一方或者双方为二人以上,因同一行政行为发生的行政案件,人民法院认为可以合并审理的,这种情况称为必要共同诉讼引起的诉的合并。第二种,当事人一方或者双方为二人以上,因同样的行政行为发生的行政案件,人民法院认为可以合并审理的,这种情况称为普通共同诉讼引起的诉的合并。

对于必要共同诉讼,由于这种类型的案件因同一行政行为发生,并且共同原告或者共同被告有着共同的权利义务。因此,人民法院不发生能不能合并审理的问题,而是必须合并审理。普通共同诉讼并不必然导致共同诉讼,必须是人民法院认为可以合并审理并经当事人同意的,才产生共同诉讼。如果人民法院认为不能合并审理,或者当事人不同意的,则诉讼主体不发生合并。普通共同诉讼的特点在于共同诉讼的一方当事人对诉讼标的没有共同的权利义务,是一种可分之诉,只是为了审理方便而予以合并审理。

1. 两个以上行政机关分别对同一事实作出行政行为,公民、法人或者其他组织不服向同一人民法院起诉的。例如，某区居民万某没有烟草专卖许可证擅自高价批发卷烟。区烟草专卖局、物价局分别对其进行了处罚。刘某对这两个处罚决定均不服，依法向区人民法院起诉区烟草专卖局和区物价局。刘某不服的是不同行政机关的两个处罚决定，提起诉讼的实质是两个诉，而这两个处罚决定又是基于同一事实。因此，人民法院可以将这两个诉讼请求合并审理。

2. 行政机关就同一事实对若干公民、法人或者其他组织分别作出行政行为，公民、法人或者其他组织不服分别向同一人民法院起诉的。例如，郭某、黄某、李某三人，在某市红莲湖风景区的湖边各自兴建一艘餐船经营餐饮业。该市城市规划管理局认为郭某等三人未经规划部门批准，未取得建设工程规划许可证即兴建餐船，并严重违反城市规划，依法对他们分别作出限期拆除餐船的行政处罚决定。郭某三人均不服，分别向人民法院提起行政诉讼。因三个行政处罚决定属于同一性质，而且基于同一事实作出，人民法院可以将这三个诉讼请求合并审理。

3. 在诉讼过程中，被告对原告作出新的行政行为，原告不服向同一人民法院起诉的。这属于诉讼客体的合并。例如，黄某因贩卖淫秽光盘被某区公安分局给予治安拘留10天的行政处罚，黄某不服向某区人民法院提起行政诉讼。在一审诉讼过程中，被告区公安分局又发现黄某有赌博行为，又对其作出罚款三千元的处罚，黄某不服该处罚，又向该区人民法院提起行政诉讼。因这两个被诉行政行为是同一被告对同一原告的两个违反治安管理的行为作出的，又属同一人民法院适用第一审程序审理，所以该区人民法院可以将这两个案件合并审理。

4. 人民法院认为可以合并审理的其他情形。由于可以合并审理的诉讼在实践中情况比较复杂，以上三项难以列举，因此本条第四项作了一条概括性的规定，即人民法院认为可以合并审理的其他情形。也就是说，根据案件的具体情况，如果人民法院认为合并审理有利于案件的审理和提高办案效率，即使不属于上述三种情况，人民法院也可以决定合并审理。[1]

---

[1] 最高人民法院行政审判庭编：《关于执行〈中华人民共和国行政诉讼法〉若干问题的解释释义》，中国城市出版社2000年版，第93~95页。

【实务指导】

  判断几个诉是否可以合并审理，应当考虑以下几个因素：(1) 多个诉讼请求是否属于同一诉讼程序。如果一个诉讼请求属于第一审程序，而另一个诉讼请求属于第二审程序，则不能合并审理；又如，属于普通程序审理的案件与属于简易程序审理的案件，不能作为共同诉讼合并审理。(2) 多个诉讼请求是否属于同一人民法院管辖，不属于同一法院管辖的案件不能合并审理。(3) 当事人不同的诉讼请求是否存在行政法律关系上的联系，不能把毫不相关的案件合并审理。(4) 是否能够达到合并审理的目的，如果达不到合并审理的目的，反而造成诉讼混乱、审判效益降低的，不能合并审理。(5) 因同类行政行为发生的行政案件合并审理，需要当事人同意，本次修法特别增加了这个规定。某一方当事人不同意的，人民法院应当将其单独审理。

（阎巍撰写）

第七十四条

  当事人申请回避，应当说明理由，在案件开始审理时提出；回避事由在案件开始审理后知道的，应当在法庭辩论终结前提出。

  被申请回避的人员，在人民法院作出是否回避的决定前，应当暂停参与本案的工作，但案件需要采取紧急措施的除外。

  对当事人提出的回避申请，人民法院应当在三日内以口头或者书面形式作出决定。对当事人提出的明显不属于法定回避事由的申请，法庭可以依法当庭驳回。

  申请人对驳回回避申请决定不服的，可以向作出决定的人民法院申请复议一次。复议期间，被申请回避的人员不停止参与本案的工作。对申请人的复议申请，人民法院应当在三日内作出复议决定，并通知复议申请人。

【条文主旨】

本条是关于当事人申请回避的期限、形式、回避的法律后果、当庭驳回的情形、作出回避决定的期限和形式等的规定。

【起草背景】

回避，是指审判人员以及其他有关人员与其审理的案件有特定关系，在符合法律规定的条件时，应当退出或者避开该案件的审理。行政诉讼法第五十五条规定："当事人认为审判人员与本案有利害关系或者有其他关系可能影响公正审判，有权申请审判人员回避。审判人员认为自己与本案有利害关系或者有其他关系，应当申请回避。前两款规定，适用于书记员、翻译人员、鉴定人、勘验人。院长担任审判长时的回避，由审判委员会决定；审判人员的回避，由院长决定；其他人员的回避，由审判长决定。当事人对决定不服的，可以申请复议一次。"该条对于回避的对象、条件、种类、决定权限等作了明确的规定。但是，对于当事人申请回避的期限、形式、回避后果等问题没有作出规定。《若干解释》第四十七条对此作了明确。本司法解释对此进行了修改和补充。主要是增加了对当事人提出的明显不属于法定回避事由申请，法庭可以当庭驳回的内容。

【条文释义】

本条第一款规定的是回避的期限。当事人对本案的审判人员和参与诉讼活动的其他人员提出申请回避，必须说明理由。当事人提出的申请，可以使口头的，也可以是书面的。当事人申请回避时，必须说明回避的具体人员、回避的事由、证据以及证据线索。当事人申请回避的人数不受限制,只要当事人认为应当回避的人员,都可以说明理由,并提供证据或者证据线索来申请回避。为了防止当事人滥用诉权,无理取闹,拖延诉讼,影响案件的及时审理,本款对申请回避的期限作了规定。回避期限包括两种情况:(1)一般应当在案件开始审理时提出,即人民法院在立案受理后第一次传唤当事人、宣布合议庭组成人员及书记员时。(2)回避事由是在案件开始审理后当事人才知道的,也可以在法庭辩论终结前提出,即人民法院在查清案件事实以后,双方进入合议庭评议阶段结束以前。法庭辩论后,案件审理进入合议庭评议阶段,当事人不能再行使申请回避的权利。

本条第二款规定的是回避的法律后果。当事人提出回避申请以后,人民法院应当及时进行审查,确定是否存在回避的事由。当事人提出申请之后,人民法院作出决定之前,被申请回避的人员应当暂时停止执行职务。"暂停参与本案的工作"是指审判人员不能再继续调查案件、询问当事人等,翻译人员不能再继续担任翻译工作,鉴定人员也不能再进行鉴定工作。在人民法院作出决定之后,如不存在回避事由,决定不予回避的,被申请回避的有关人员应当恢复对其职务的执行,在停止执行职务以前的职务行为仍然有效。在当事人提出回避申请后,如果遇到紧急情况,例如涉及财产的案件,为了防止当事人转移财产,毁灭证据等,需要采取查封、扣押等保全措施,就不能因当事人申请回避而停止采取这些必要的措施,必须立即处理,否则可能造成案件难以判决或者判决难以执行的后果。

本条第三款规定的是作出回避决定的期限。人民法院对当事人提出的回避申请,应当在3日内作出决定。一般情况下,如果当事人提出回避申请,被申请回避人是否符合回避条件的事实比较清楚容易决定的,应当当庭作出决定。如果当庭不能作出决定的,应当宣布闭庭,延期审理,待3日内作出决定后再通知当事人。确定作出回避决定的期限,是为了当事人申请回避的诉讼权利得到及时实现,防止诉讼拖延。人民法院对于当事人申请回避的决定,可以用书面形式,也可以用口头形式。申请两个以上的审判人员和其他人员回避的,人民法院应当在决定中分别说明被申请回避的每个人员是否需要回避及其理由。人民法院的决定一经作出,就立即产生法律效力。被申请回避的审判人员和其他人员可以恢复职务的执行,参与案件审理，或者终止本案职务的执行，退出本案工作。

行政诉讼法第五十五条规定了当事人的回避申请权，同时规定了院长、审判人员和其他人员的回避程序。在司法实践中，许多法院反映，有的当事人或者代理人出于干扰法庭秩序、施加压力、延缓开庭等目的，随意提出回避申请。例如，有的当事人认为法院没有满足自己要求不能公正审判要求法院整体回避、有的当事人认为行政机关负责人未出庭应诉法院释明后认为法院打压原告要求审判人员回避等等，这些所谓的回避申请，明显不属于申请回避的正当情形，严重影响了法庭的正常秩序，有必要加以规制。从行政诉讼法第五十五条第三款规定的程序来看，对于当事人的回避申请，法庭须休庭并履行一定程序。例如，院长担任审判长时的回避，由审判委员会决定；审判人员的回避，由院长决定；其他人员的回避，由审判长决定。此外，行政诉讼法没有规定当事人提出回避申请的次数，有的当事人在开庭前、开庭中等各个环节提出回避申请，如果都要休庭后再履行报请程序，既不利于审判效率，也有损法庭权威形象。为了规范当事人提出的明显不属于法定回避事由的申请，本款第二句规定，对当事人提出的明显不属于法定回避事由的申请，法庭可以依法当庭驳回。

本条第四款规定的是对驳回决定的救济。这里的救济是指司法复议，即原作出回避决定的人民法院对当事人不服驳回回避申请决定的申请再行审查并作出决定。但是在复议期间，本案的审理工作继续进行，有关审判人员和其他人员继续执行职务，不停止参与本案的工作。人民法院对当事人的复议申请，也应当作出决定，并以口头或者书面的形式及时通知当事人。

【实务指导】

在司法实践中，对于当事人提出的明显不属于法定回避事由的申请，法庭可以依法当庭驳回。在具体把握上，要注意以下几个问题：第一，要注意"明显不属于法定回避事由"的把握。法定的回避事由是指审判人员与本案有利害关系或者有其他关系可能影响公正审判。"利害关系"是指本案处理结果直接涉及审判人员及其他人员在法律上的某种利益或者审判员及其他人员就本案诉讼与当事人有共同权利人、共同义务人的关系；或有其他法律上的利害关系。"其他关系"是指除上述关系以外的其他社会关系，例如师生、同学、战友、恩怨等关系，只要具有影响公正审理的可能性，也必须回避。当事人提出回避申请必须提供相应的证据或者证据线索。不提供证据、证据线索或者为了拖延诉讼的目的提出要求法庭或者法院整体回避等"明显不属于回避事由"的申请，法院可以当庭驳回。第二，要注意"依法"当庭驳回。一般情况下，如果当事人提出的回避申请，事实比较清楚，容易决定的，可以当庭驳回。如果当事人提供一定的证据、证据线索或其他事实理由，可能存在法定回避事由的，应当履行决定程序。即，院长担任审判长的回避，由审判委员会决定；审判人员的回避，由院长决定；其他人员的回避，由审判长决定。

（梁凤云撰写）

第七十五条

在一个审判程序中参与过本案审判工作的审判人员，不得再参与该案其他程序的审判。

发回重审的案件，在一审法院作出裁判后又进入第二审程序的，原第二审程序中合议庭组成人员不受前款规定的限制。

【条文主旨】

本条是关于审判人员任职回避及发回重审中审判人员是否需要回避的规定。

【起草背景】

本条为新增条款。结合司法实践,参考了《民诉解释》第四十五条规定。

【条文释义】

本条规定中第一款的目的是为了避免在一个审判程序中参与过案件审判工作的审判人员在本案的另一审判程序中先入为主地发表意见,以期发挥审级制度对当事人权利的保护作用,从而更好地维护程序公正,确保当事人在诉讼过程中受到公正的对待,确保案件得到客观公正的审理。该款规定也可以说是对行政诉讼法第五十五条中"其他关系"的解释。实践中,由于各级法院之间干部交流、调动等原因,某些案件的一审承办法官可能在案件上诉后的二审程序中又担任合议庭成员,根据本条第一款的规定,在这种情况下,该法官不能够参与到二审的审理程序中。

第二款对例外情况作了规定。根据民事诉讼法第四十条第二款的规定:"发回重审的案件,原审人民法院应当按照第一审程序另行组成合议庭。"但对于发回重审的案件再上诉进入二审程序的,民事诉讼法并无要求在二审程序中另行组成合议庭的限制性规定,因此本款规定了在发回重审的案件进入二审程序后,原二审程序中的合议庭成员继续参与案件审理不受前款限制。

【实务指导】

实践中需要注意,为更好维护程序公正,真正发挥本条规定的作用,对"审判程序"不宜作过宽的解释,实践中存在的审理前的程序不宜理解为本条所说的案件的审判程序。此外这里所说的"审判程序"也不宜包括对于疑难复杂案件的审判委员会讨论案件的程序,该程序不属于独立的案件审理程序,因此对审判委员会委员的回避问题不在本条规定中体现。

(徐超撰写)

第七十六条

人民法院对于因一方当事人的行为或者其他原因,可能使行政行为或者人民法院生效裁判不能或者难以执行的案件,根据对方当事人的申请,可以裁定对其财产进行保全、责令其作出一定行为或者禁止其作出一定行为;当事人没有提出申请的,人民法院在必要时也可以裁定采取上述保全措施。

人民法院采取保全措施,可以责令申请人提供担保;申请人不提供担保的,裁定驳回申请。

人民法院接受申请后,对情况紧急的,必须在四十八小时内作出裁定;裁定采取保全措施的,应当立即开始执行。

当事人对保全的裁定不服的,可以申请复议;复议期间不停止裁定的执行。

【条文主旨】

本条是关于财产保全和行为保全的规定。

【起草背景】

根据申请保全的时间不同,保全可以分为诉讼中保全和诉讼前保全。本条是关于诉讼中保全的规定。本条沿用了《若干解释》第四十八条第一款的规定,对财产保全制度进行了规定。考虑到在司法实践中,为防止当事人正在实施或者将要实施的行为给申请人造成不可弥补的损害,本条借鉴了民事诉讼法第一百条的规定，对于行为保全制度进行了规定。

【条文释义】

本条第一款对财产保全和行为保全的概念进行了界定。根据第一款规定，财产保全是指人民法院对行政案件作出判决前，对于因一方当事人的行为或者其他原因，可能导致将来生效的裁判出现不能执行或者难以执行的情况，为保证将来生效判决得到切实执行，受诉人民法院经当事人申请或者依职权对当事人的财产采取临时性强制措施。第一款中对行为保全也进行了界定。行为保全是指人民法院作出裁定，责令一方当事人作出一定行为，或者禁止其作出一定行为，防止该当事人正在实施或者将要实施的行为给申请人造成不可弥补的损害。行为保全制度在行政诉讼领域得以规定是一大进步，避免了一方当事人只能提起财产保全，却无法要求停止实施侵权行为给司法实践带来的不便。更好更及时地维护了当事人的合法权利。根据第一款规定，采取财产保全措施应符合如下条件：第一，采取财产保全的行政案件，必须为具有给付财物内容的案件，只有这样将来才可能涉及执行问题。单纯的撤销、部分撤销、请求变更行政行为之诉以及要求履行法定职责之诉，因并未涉及给付财物内容的案件，不能采取财产保全。第二，必须是由于一方当事人的行为或者其他原因有可能使将来的法院生效裁判不能执行或者难以执行。"一方当事人的行为"是指一方当事人对争议的被诉行政行为所涉及的财物有变卖、隐匿、转移、毁损、挥霍或者抽逃资金等行为，可能导致将来生效裁判中给付的内容不能执行或者难以执行。"其他原因"是指被诉的行政行为所涉及的财物，因自然原因难以保存，比如易变质损坏、受季节时间推移的影响，导致价格急剧降低、贬值，使将来的判决不能或者难以执行，从而造成巨大的经济损失。"不能执行"是指有关的财物已不存在，无法执行。"难以执行"是指有关财物已被转移、隐匿，不易查找等。这里的"不能执行或者难以执行"的可能性必须是客观现实存在的，确有实施财产保全措施必要的。

采取保全的启动方式主要包括两种：一种是人民法院根据当事人的申

请裁定采取的,另一种是人民法院依职权主动采取的。原则上保全应基于当事人申请启动。当事人申请财产保全一般应以书面方式提出,若以口头方式提出申请的,应记录在卷,由申请人签字或盖章。特定情形下,如果法院知悉债务人正在实施或者准备实施转移、隐匿财产行为的,可以依职权采取保全措施,利于维护诉讼秩序。

第二款规定了采取保全措施可以责令申请人提供担保。保全具有暂定性及基于单方申请可予以启动的特性。通常情况下法院可根据一方当事人提交的证据即可作出保全裁定,因存在申请错误保全造成损失的可能性,为平等保护各方利益,可以责令申请人提供担保。

第三款规定了作出裁定的时间。对于情况紧急的,人民法院接受申请后必须在 48 小时内作出裁定,裁定采取保全措施的,应当立即开始执行。该规定主要考虑到保全案件是对当事人合法权利的临时性救济,保全程序应适应保全案件的紧急需要。

第四款对不服保全裁定的申请复议作了规定。这里的"不服"包括两种情形:一是申请人申请保全,人民法院裁定不予保全的,申请人认为法院裁定不予保全不正确。二是被申请人申请保全,通常的理由是认为保全裁定存在错误,包括不应当保全以及保全范围过大。

【实务指导】

实践中需要注意本条第四款规定的"申请复议"指的是向作出裁定的人民法院申请,并非向上一级法院申请。主要考虑到保全为临时救济措施,并非对当事人权利义务的最终裁判,由原审人民法院复议更为便利。《民诉解释》第一百七十一条规定,当事人对保全或者先予执行裁定不服的,可以自收到裁定书之日起 5 日内向作出裁定的人民法院申请复议。人民法院应当在收到复议申请后 10 日内审查。裁定正确的,驳回当事人的申请;裁定不当的,变更或者撤销原裁定。

(徐超撰写)

第七十七条

利害关系人因情况紧急，不立即申请保全将会使其合法权益受到难以弥补的损害的，可以在提起诉讼前向被保全财产所在地、被申请人住所地或者对案件有管辖权的人民法院申请采取保全措施。申请人应当提供担保，不提供担保的，裁定驳回申请。

人民法院接受申请后，必须在四十八小时内作出裁定；裁定采取保全措施的，应当立即开始执行。

申请人在人民法院采取保全措施后三十日内不依法提起诉讼的，人民法院应当解除保全。

当事人对保全的裁定不服的，可以申请复议；复议期间不停止裁定的执行。

【条文主旨】

本条是关于诉前保全的规定。

【起草背景】

根据申请保全的时间不同，保全可以分为诉讼中保全和诉讼前保全。本条规定主要针对的是诉讼前保全制度。根据行政诉讼法第一百零一条的规定，对于财产保全等程序，适用民事诉讼法的规定。本条借鉴了民事诉讼法第一百零一条和第一百零八条的规定。

【条文释义】

诉讼前保全制度，又称为诉前保全，是指在起诉或者申请仲裁前，对于因情况紧急不立即申请保全，将会使利害关系人的合法权益遭受到难以弥补的损害，根据利害关系人的申请而采取的保全措施。本条就诉前保全在行政诉讼中的运用作出了规定。

第一款对诉前保全制度的特点进行了概括，可以通过与诉讼中保全制度进行比较，方便更好地理解。较之于诉讼中保全，诉前保全制度存在以下特点：第一，申请保全的时间有所不同。诉前保全需在向法院提起诉讼前申请，而诉讼中保全只能发生于诉讼进行中，判决作出前。第二，启动主体有所不同。诉讼中保全可以由当事人提起申请，也可由法院依职权采取。而诉前保全只能由利害关系人提出申请。主要考虑到案件尚未进入诉讼程序，法院对于案情缺乏了解，不宜赋予其依职权启动保全的权力。第三，管辖法院有所不同。诉讼中保全应向审理案件的法院申请，由于诉前财产保全提起申请时尚无明确的审理案件的法院，为方便利害关系人的申请，明确对管辖法院进行了列举，包括：被保全财产所在地法院、被申请人住所地法院、对案件有管辖权的法院。需要说明的是，对案件有管辖权的法院即对将要提起的诉讼具有管辖权的法院。第四，是否提供担保。根据本解释第七十六条规定，诉讼中保全人民法院可以责令申请人提供担保，而在诉前保全中，因案件尚未进入法院审理，法院对于案件事实及证据缺乏了解，无法预判各方上诉可能性，甚至无法预判申请人是否提起诉讼。为避免保全措施的适用可能会给被申请人造成经济损失，平等保护各方利益，规定申请人应当提供担保，即一律要求提供担保，否则裁定驳回申请。担保的具体数额可由法院视具体情况而定。第五，作出裁定的前提条件不同。

第二款对作出裁定的时间进行了规定。根据本解释第七十六条第三款规定，对于情况紧急的，必须在48小时内作出裁定。根据本条规定，"情况紧急"本身属于提起诉前财产保全的前提条件，因此相应规定，人民法院接受诉前保全申请后，必须在48小时内作出裁定。

第三款对于解除条件进行了规定。考虑到诉讼中保全的目的在于保护生效裁判的顺利执行，因此其效力一般维持到生效法律文书执行时止。对于诉前保全而言，其目的在于在紧急情况下通过临时性措施避免申请人权利遭受不可弥补之损害，对于当事人实体权利义务没有根本解决。如果长期处于保全状态，而诉讼又长期未启动，将对被申请人的正常生产生活经营活动造成极大损害。为更好平衡各方利益，采取保全措施后 30 日内不起诉的，应当解除保全，这一规定既给申请人留出充分时间准备诉讼，也给当事人协商解决纠纷留下了空间，同时也尽量避免被申请人利益受到不当侵害。

【实务指导】

实践中需要注意本条第四款规定的"申请复议"指的是向作出裁定的人民法院申请，并非向上一级法院申请。主要考虑到保全为临时救济措施，并非对当事人权利义务的最终裁判，由原审人民法院复议更为便利。《民诉解释》第一百七十一条规定，当事人对保全或者先予执行裁定不服的，可以自收到裁定书之日起 5 日内向作出裁定的人民法院申请复议。人民法院应当在收到复议申请后 10 日内审查。裁定正确的，驳回当事人的申请；裁定不当的，变更或者撤销原裁定。

（徐超撰写）

第七十八条

保全限于请求的范围，或者与本案有关的财物。

财产保全采取查封、扣押、冻结或者法律规定的其他方法。人民法院保全财产后，应当立即通知被保全人。

财产已被查封、冻结的，不得重复查封、冻结。

涉及财产的案件，被申请人提供担保的，人民法院应当裁定解除保全。

申请有错误的，申请人应当赔偿被申请人因保全所遭受的损失。

【条文主旨】

本条是关于保全范围、保全方式、解除保全及赔偿的规定。

【起草背景】

根据行政诉讼法第一百零一条的规定，对于财产保全等程序，适用民事诉讼法的规定。本条借鉴了民事诉讼法第一百零一条至第一百零五条的规定。

【条文释义】

第一款规定保全范围限定于"请求的范围或者与本案有关的财物"，"请求的范围"是指所保全的财产或者行为，应当在对象或者价值上与当事人所提诉讼请求的内容相符或者相等，不论基于当事人申请或者法院依职权主动采取，保全的范围都应受到同样限制。其目的在于，避免随意扩大保全范围给被申请人造成不必要的损失。"与本案有关的财物"是指本案的诉讼标的或者当事人在诉讼请求中没有直接涉及，但是与日后本案生效判决的强制执行相牵连的财物。需要说明的是，后者主要指的是给付金钱，不涉及特定财物的情形。

第二款对于财产保全措施进行了规定，包括查封、扣押、冻结或者法律规定的其他方法。查封属于针对不动产的临时性措施，是指把被执行人的财产清查封闭，贴上封条，就地封存，不准任何人转移和处理。扣押属于一般针对动产的临时性措施，是指把被执行人的财产就地或者运到另外的场所，加以扣留，避免被执行人占有、使用和处分。冻结是指人民法院向银行、证券公司等金融机构发出协助执行通知书，不准被执行人在一定期限内提取和转移该存款、证券的执行措施。法律规定的其他办法是指法律规定的除查封、扣押、冻结以外的其他执行措施。如对被保全财产进行清点，责令被申请人进行保管，可以使用但不得进行变卖、转移、毁损和隐匿。

第二款中对于保全财产后人民法院的通知义务进行了规定。保全程序具有高效性和及时性特点，在财产保全中体现得更为明显。一般而言，申请人发现被申请人由转移或者准备转移财产的行为即可提出保全申请，法院根据单方证据即可作出裁定，无需通知被申请人，以避免被申请人利用答辩机会转移财产。但这种措施的"杀伤力"是客观存在的，会给被申请人的财产权益以及其他合法权益造成较大影响，为了保护被申请人的合法权益，人民法院一旦确定采取保全措施后，应立即通知被申请人，给其提出复议的机会。

第三款中规定禁止重复查封、冻结财产，即执行法院依法对被执行人财产查封、冻结后，任何单位包括其他法院不得针对该执行标的物在相同时间内对同一标的物再行查封、冻结，如果重复进行，则该查封、冻结行为无效。这一规定有助于理顺执行顺序。

第四款中规定了被申请人提供担保后解除保全的情形。保全制度的设立目的在于保证裁判的顺利执行，避免申请人受到不可逆转的损害，如被申请人提供相应担保，则避免了申请人可能遭受的损害，实现保全措施的目的，同时也避免继续保全可能对被申请人财产的充分使用造成障碍。考虑到本司法解释中将行为保全纳入，因此在本款中将被申请人提供担保后解除保全的情形限定于涉及财产的案件。

第五款是对申请保全错误的赔偿的规定。实践中保全措施可能因种种原因出现错误，比如法院最终判决驳回申请人起诉或者诉讼请求、申请保全的原因不存在、被申请人提出异议法院撤销保全裁定等。如果保全错误，被申请人的利益将会受到损失，在这种情况下，如果是基于申请采取的保全措施，需申请人对损失进行赔偿，从而保护被申请人合法权益，也防止保全措施的滥用。

【实务指导】

对于本条第三款中规定禁止重复查封、冻结财产的情形，司法实践中经常存在多个法院对同一标的作出查封或者冻结裁定，根据相关司法解释规定，对已被人民法院查封、冻结的财产，其他法院可以进行轮候查封、冻结，查封、冻结解除的，登记在先的轮候查封、冻结即自动生效。上述轮候查封、冻结的规定不属于本款规定的"重复查封、冻结财产"的情形。

对于本条第五款司法实践中需要注意，仅限定于因申请人错误造成被申请人损失的予以赔偿，如因法院错误依职权保全造成被申请人损失的，应当根据国家赔偿法第三十八条规定进行赔偿，即"人民法院在民事诉讼、行政诉讼过程中，违法采取对妨碍诉讼的强制措施、保全措施或者对判决、裁定及其他生效法律文书执行错误，造成损害的，赔偿请求人要求赔偿的程序，适用本法刑事赔偿程序的规定。"

（徐超撰写）

第七十九条

原告或者上诉人申请撤诉，人民法院裁定不予准许的，原告或者上诉人经传票传唤无正当理由拒不到庭，或者未经法庭许可中途退庭的，人民法院可以缺席判决。

第三人经传票传唤无正当理由拒不到庭，或者未经法庭许可中途退庭的，不发生阻止案件审理的效果。

根据行政诉讼法第五十八条的规定，被告经传票传唤无正当理由拒不到庭，或者未经法庭许可中途退庭的，人民法院可以按期开庭或者继续开庭审理，对到庭的当事人诉讼请求、双方的诉辩理由以及已经提交的证据及其他诉讼材料进行审理后，依法缺席判决。

【条文主旨】

本条是关于原告、被告、第三人、上诉人无正当理由拒不到庭、中途退庭如何处理的规定。

【起草背景】

本条第一款、第二款沿用了《若干解释》第四十九条规定，第三款借鉴了《民诉解释》第二百四十一条规定。

【条文释义】

撤诉指的是原告提起诉讼后，在人民法院宣告判决或者裁定前，按照法律规定的程序，向人民法院请求撤回自己的起诉。撤诉属于原告对自己的起诉权利进行的处分，也是法律赋予的权利。该权利的行使也应在法律规定的范围内进行。根据行政诉讼法第六十二条规定，原告申请撤诉，是否准许，应由法院进行裁定。申请撤诉必须同时符合下列四个条件，人民法院才能裁定准予撤诉：第一，提出撤诉的申请必须是原告或者经特别授权的委托代理人，缺乏诉讼能力的原告应由其法定代理人提出；第二，申请撤诉必须是原告的真实意愿；第三，申请撤诉必须在人民法院对该案宣告判决或者裁定前提出；第四，申请撤诉必须在法律规定的范围内，不得损害国家利益、公共利益及他人的合法权益。如果出现人民法院裁定不予准许撤诉，原告或者上诉人无正当理由拒绝到庭或者未经许可中途退庭的如何处理？考虑到当事人诉讼地位平等，比照行政诉讼法第五十八条的规定"被告无正当理由拒不到庭，或者未经法庭许可中途退庭的，可以缺席判决"进行处理。

第二款是关于第三人经传票传唤无正当理由拒不到庭，或者未经法庭许可中途退庭的处理。行政诉讼的第三人是具有独立诉讼地位的诉讼参加人，与民事诉讼中的第三人不同，其不能以本诉的原、被告为共同被告，也不必然站在本诉原、被告中的一方，其参加诉讼的维护自己的利益，其参与诉讼是因为与被诉行政行为有利害关系，该第三人不具有独立的请求权。基于其诉讼地位的考虑，拒不到庭或者未经许可中途退庭的，不发生阻却案件审理的效果。

第三款中对于被告缺席案件的审理进行了规定。缺席判决作为重要的审判方式，对于无故不到庭或者未经许可中途退庭，故意拖延诉讼，藐视国家法律，及时行使审判权的一种法律手段，也是促使当事人积极参加庭审，充分行使诉讼权利的重要措施。对于平等保护各方权益，保证庭审正常进行，提高审判效率和维护司法权威等方面起到重要作用。也是行政诉讼中双方当事人地位平等的应有之义。

【实务指导】

对于第三款中的证据审查而言，一般可以分为被告不完全应诉和被告完全不应诉两种情形。前者指的是被告知悉诉讼的存在，并提交了证据资料，于开庭当日缺席。后者指的是被告收到了起诉状副本等材料，知晓诉讼存在，经传票传唤不提交答辩状也不出庭。对于前者一般可以认为事实上实际应诉，对其提交的答辩状和证据进行全面审查。对于后者，法官可根据一方提交材料，从职业道德出发，运用逻辑推理和经验进行全面客观审查。

（徐超撰写）

第八十条

原告或者上诉人在庭审中明确拒绝陈述或者以其他方式拒绝陈述，导致庭审无法进行，经法庭释明法律后果后仍不陈述意见的，视为放弃陈述权利，由其承担不利的法律后果。

当事人申请撤诉或者依法可以按撤诉处理的案件，当事人有违反法律的行为需要依法处理的，人民法院可以不准许撤诉或者不按撤诉处理。

法庭辩论终结后原告申请撤诉，人民法院可以准许，但涉及到国家利益和社会公共利益的除外。

【条文主旨】

本条是关于当事人在法庭上故意拒绝陈述规制、不准予撤诉以及法庭辩论终结后原告申请撤诉如何处理的规定。

【起草背景】

行政诉讼法明确规定了当事人的权利，例如当事人依法享有陈述、辩论权利等。同时，当事人必须依照法律规定行使诉讼权利，遵守诉讼秩序，庭审中听从审判长的统一指挥。起草小组在调研中发现，有的当事人将法庭当成发泄个人不满的舞台，不服从审判长指挥；有的当事人藐视法庭不举证不陈述，致使庭审无法进行，等等，严重背离了行政诉讼的目的，损害了司法权威。目前，在行政诉讼领域，这种情况比较突出，必须依法予以遏制。此外，对于当事人申请撤诉或者依法可以按撤诉处理的案件，当事人有违反法律的行为需要依法处理的以及法庭辩论终结后原告申请撤诉的人民法院如何处理等，司法实践中还有不同做法。本条对此作了规定。

【条文释义】

本条包括三款，主要包括以下内容。

一、原告或者上诉人在庭审中明确拒绝陈述或者以其他方式拒绝陈述，导致庭审无法进行，经法庭释明法律后果后仍不陈述意见的，视为放弃陈述权利，由其承担不利的法律后果

原告或者上诉人参加诉讼，应当正当行使诉讼权利，不得滥用诉讼权利，更不能采取拒绝陈述或者以其他方式拒绝陈述等，扰乱庭审秩序。原告或者上诉人拒绝陈述，本质上是一种放弃诉讼权利的行为，也是一种放弃举证权利的行为。对于这种行为如何处理，各地法院做法还不一致。有的法院认为，对于这种行为应当按照撤诉处理。理由是，根据行政诉讼法第五十八条的规定，经人民法院传票传唤，原告无正当理由拒不到庭，或者未经法庭许可中途退庭的，可以按照撤诉处理。原告或者上诉人拒绝陈述的行为，在法律效果上等于无视法庭的指挥，应当视为"未经法庭许可中途退庭"，应当按照撤诉处理。在司法实践中，有的法院（例如江苏南通中院、安徽歙县法院、山西晋城中院等）采取视为自动放弃诉讼权利，按照撤诉处理，有效规范了庭审秩序。例如，江苏省南通市中级人民法院（2015）通中行初字第00104号裁定认为："原告的上述行为，实质上是拒绝法庭审理的表现，意味着其以明示方式拒绝法院的裁判，并主动放弃了自己的诉讼权利，行为效果等同于原告未经法庭许可自动退庭，可以按撤诉处理。"有的法院认为，原告或者上诉人拒绝陈述，按照行政诉讼法第五十八条的规定依据不足。在这种情况下，原告或者上诉人实际上属于放弃权利，特别是放弃举证权利，由其自行承担法律后果即可。当然，需要满足以下几个条件：一是行为要素。即原告或者上诉人在庭审中明确拒绝陈述或者以其他方式拒绝陈述。二是结果要素。即原告或者上诉人在庭审中明确拒绝陈述或者以其他方式拒绝陈述客观上导致庭审无法进行。三是释明要素。即人民法院此时需要履行释明义务，释明的内容是告知原告或者上诉人不利法律后果。在满足上述三个条件的基础上，人民法院可以视为放弃陈述权利，由其承担不利的法律后果。

二、当事人申请撤诉或者依法可以按撤诉处理的案件，当事人有违反法律的行为需要依法处理的，人民法院可以不准许撤诉或者不按撤诉处理

根据行政诉讼法第六十二条的规定，人民法院对行政案件宣告判决或者裁定前，原告申请撤诉的，或者被告改变其所作的行政行为，原告同意并申请撤诉的，是否准许，由人民法院裁定。这是原告申请撤诉的情形。根据行政诉讼法第五十八条的规定，经人民法院传票传唤，原告无正当理由拒不到庭，或者未经法庭许可中途退庭，可以按照撤诉处理。根据本解释第六十一条的规定，原告或者上诉人未按规定的期限预交案件受理费，又不提出缓交、减交、免交申请，或者提出申请未获批准的，按自动撤诉处理。是否准许撤诉以及是否按照撤诉处理，属于人民法院的裁量权限。人民法院应当审查原告或者上诉人撤诉的合法性以及是否应当按照撤诉处理。如果人民法院经审查认为当事人有违反法律的行为需要依法处理的，可以不准许撤诉或者不按撤诉处理。这里的"有违反法律的行为"不仅包括行政诉讼法第五十九条规定的妨害诉讼的行为，也包括违反现行法律法规规章的违法行为。

三、法庭辩论终结后原告申请撤诉，人民法院可以准许，但涉及到国家利益和社会公共利益的除外

法庭辩论终结后，案件事实一般已经查明，法律适用问题也比较明确，原告的撤诉权利受到一定的限制。但是，撤诉权是当事人的处分权，如果撤诉权利是在法律准许的范围内行使，不损害国家利益和社会公共利益的情况下，人民法院可以准许。在司法实践中，原告非正常撤诉的情况比较突出，人民法院在对原告的申请进行审查时，既要尊重原告处分自己诉讼权利的自由，也要考虑原告撤诉是否其真实意愿，更要注意撤诉是否损害国家利益或者社会公共利益。特别是要防止行政机关超越或者放弃职责换取原告撤诉。《最高人民法院关于行政诉讼撤诉若干问题的规定》规定，被告改变行政行为，原告申请撤诉，符合以下列条件的，人民法院应当裁定准许：（1）申请撤诉是当事人真实意思表示。（2）被告改变被诉行政行为。不违反法律、法规的禁止性规定，不超越或者放弃职权，不损害公共利益和他人合法权益。（3）被告已经改变或者决定改变被诉行政行为，并书面告知人民法院。法庭辩论终结后原告申请撤诉，人民法院经审查认为原告撤诉损害国家利益和社会公共利益的，可以裁定不准许撤诉。

【实务指导】

在司法实践中，需要注意以下两个问题。

第一，对于原告或者上诉人在庭审中明确拒绝陈述或者以其他方式拒绝陈述的，人民法院只判断原告或者上诉人是否存在上述行为，且该行为是否导致庭审无法正常进行。也就是说，要判断该行为是否存在以及是否客观上导致庭审无法正常进行，至于原告或者上诉人的主观心理状态则无需审查或者推定。

第二，对于法庭辩论终结后原告申请撤诉，被告不同意的，人民法院可以不予准许。原告在法庭辩论后撤诉，其实体权利并不受到影响，但是被告参加诉讼已经消耗了诉讼成本。如果允许原告在法庭辩论后随意撤诉，也不利于行政管理的秩序，因此，在这种情况下，人民法院可以根据《民诉解释》第二百三十八条第二款的规定，询问被告是否同意原告撤诉，避免原告滥用权利损害被告或者第三人的利益。

（梁凤云撰写）

第八十一条

被告在一审期间改变被诉行政行为的，应当书面告知人民法院。

原告或者第三人对改变后的行政行为不服提起诉讼的，人民法院应当就改变后的行政行为进行审理。

被告改变原违法行政行为，原告仍要求确认原行政行为违法的，人民法院应当依法作出确认判决。

原告起诉被告不作为，在诉讼中被告作出行政行为，原告不撤诉的，人民法院应当就不作为依法作出确认判决。

【条文主旨】

本条是关于被告在一审期间改变行政行为的具体规定。

【起草背景】

本条基本沿用《若干解释》第五十条的规定。

【条文释义】

一、被告在一审期间改变被诉行政行为的，应当书面告知人民法院

根据行政诉讼法第六十二条规定，人民法院对案件宣告判决或者裁定前，被告改变其所作的具体行政行为，原告同意并申请撤诉的，是否允许，由人民法院裁定。从这条规定可以看出，法律允许行政机关在一审期间改变被诉行政行为。但该条没有规定被告改变被诉行政行为是否需告知人民法院，以何种形式告知人民法院。对此，本条作了补充规定，即明确要求被告在一审期间改变被诉行政行为的，应当告知人民法院，并以书面的形式告知。

二、被告改变行政行为后，人民法院审查哪一个行政行为

根据《贯彻意见》第62条规定，被告行政机关在第一审程序中，改变其所作的行政行为，如果原告申请撤诉并获准许，或者原告不申请撤诉，人民法院应继续审理被诉的原行政行为。这条规定的主要理由是：1989年行政诉讼法第五十一条对人民法院应继续审理被诉的原行政行为，

还是审理新作出的行政行为，虽然没有明确规定，但是根据该条规定的精神，一旦进入行政诉讼阶段，被告改变原行政行为必须是原告申请撤诉，人民法院裁定准许撤诉后，才具有法律效力。人民法院只能把具有法律效力的行政行为作为审理对象，因此应继续审理被诉的行政行为。第二，根据1989年行政诉讼法第四十一条的规定，"有具体的诉讼请求"是提起行政诉讼必须具备的条件之一。原告向人民法院提出的具体诉讼请求是要求撤销、部分撤销或者变更被诉的原行政行为，并没有对被告新作出的行政行为提起诉讼。如果人民法院审理新作出的行政行为，有悖于第四十一条的规定。

在《贯彻意见》实行过程中，一些同志对这条规定提出了一些质疑，归纳起来主要有以下几点：第一，根据1989年行政诉讼法第五十一条的规定，在一审期间行政机关有权改变被诉的行政行为。行政机关行使行政权，人民法院行使审判权，行政权与司法权各自独立，互不干预，行政权不能侵犯司法权，司法权也不能侵犯行政权。在一审期间行政机关有权自行决定改变被诉的行政行为，其他机关和个人无权干涉。1989年行政诉讼法第五十一条只是赋予人民法院对原告申请撤诉是否准许有权裁定，并没有明确规定一审期间行政机关改变被诉的行政行为应经原告和人民法院同意。第二，如果认为一审期间行政机关改变被诉的行政行为，原告同意撤诉，人民法院是否准许是以行政机关改变的行政行为是否合法为前提的话，实际上人民法院又审查了一个没有被诉的行政行为。第三，实践中，行政机关在一审期间已经撤销了被诉的行政行为，而人民法院继续审理原行政行为，如果再作出撤销原行政行为的判决，实际上撤销的是一个已被撤销的行政行为，毫无意义；如果作出维持判决，实际上维持的又是一个被撤销的行政行为，也是不可取的。

考虑到上述看法也有一定的道理，因此在制定《若干解释》时，对《贯彻意见》第62条的规定作了一定的修改。区分几种不同情况来处理：（1）原告或者第三人对改变后的行为不服提起行政诉讼的，人民法院应当就改变后的行政行为进行审理。（2）被告改变原行政行为，原告不撤诉，如果人民法院经审查仍认为原行政行为违法的，那么，就应当作出判决，确认被诉的原行政行为违法，不再撤销原行政行为；如果认为原行政行为合法的，那么，原告的诉讼请求实际上是不成立的，就应当判决驳回原告的诉讼请求，不再作出维持原行政行为的判决。（3）原告起诉被告不作为，在诉讼中被告作出行政行为，原告不撤诉的，参照上述规定处理。即在原告起诉被告不作为的案件中，如果在诉讼中被告作出行政行为，原告不撤诉的，人民法院不再判决责令被告作为，只是确认其原来不作为属违法。如果原告认为被告在诉讼中作出的行政行为侵犯其合法权益，仍可对被告作出的行政行为提起诉讼，人民法院对该行为进行审理。

本条基本沿用《若干解释》第五十条的规定，因 2014 年修正行政诉讼法将"具体行政行为"统一修改为"行政行为"，本条亦作出了相应修改。

【实务指导】

对于继续确认之诉，人民法院应考虑是否存在确认原行政行为违法的利益。

行政机关在起诉前自行改变行政行为，原行政行为尽管再也不会产生法律效果，当事人仍可以就原行政行为提起确认违法之诉；如果是在诉讼进行中行政机关改变被诉行政行为，当事人则可以要求继续初始的诉讼，只是将原来的撤销请求转换为确认违法。正因如此，这种诉讼被称为继续确认之诉。之所以允许对一个已经终结的、再也不会产生效果的行政行为继续进行确认，是因为在有些情况下仍然存在确认的利益。比如，确认原行政行为违法，有利于当事人后续主张国家赔偿等权利；再比如，有利于完成对于那些随诉讼终结被弃置不顾的法律问题的继续澄清。但是，这种继续确认的利益，通常只有在被改变的行政行为属于对原告不利的负担行政行为时才会存在，因为该行政行为尽管已经终结，但其违法性曾经存在，违法的后果未必会随着行政行为的终结而自行终结。对于一个授益行政行为而言，由于该行政行为自始就不曾对当事人施与过任何负担，就不会存在确认原行政行为违法的利益。有时，即使法院应当事人的要求继续初始的诉讼，也未必都会对行政机关业已改变的原行政行为作出违法确认。如果原行政行为本身并不违法，作出改变只是因为作为其根据的事实或者法律状态发生变化；如果原行政行为的违法性被及时治愈或转换，例如通过一个内容相同的另一行政行为取代，或者通过其他措施得到处理，行政行为的违法性即不存在。比如，被诉行政行为是一个房屋征收补偿决定，这类决定并非负担行政行为，当它被另一个补偿决定替代之后，不会产生任何遗留下来的不利影响。对于补偿多少的争执，完全可以在针对新的补偿决定提起的诉讼中解决，坚持对已经不存在的原补偿决定进行违法性确认没有任何实际意义。此类情形，法院可裁定驳回原告诉讼请求。

（阎巍撰写）

第八十二条

当事人之间恶意串通，企图通过诉讼等方式侵害国家利益、社会公共利益或者他人合法权益的，人民法院应当裁定驳回起诉或者判决驳回其请求，并根据情节轻重予以罚款、拘留；构成犯罪的，依法追究刑事责任。

【条文主旨】

本条是关于对当事人恶意诉讼如何处理的规定。

【起草背景】

本条借鉴了民事诉讼法第一百一十二条的规定。

【条文释义】

一、虚假诉讼的构成要件

通常所说的虚假诉讼，有广义和狭义之分。狭义上的虚假诉讼是指当事人之间恶意串通，企图通过诉讼等方式侵害国家利益、社会公共利益或者他人合法权益的行为。广义上的虚假诉讼还包括单方伪造证据、故意将被告拖入诉讼等情形。本条规范的是狭义上的虚假诉讼。符合本条规定的虚假诉讼应当满足下列构成要件：

（一）当事人恶意串通

当事人恶意串通是构成虚假诉讼的主观要件。说明当事人合谋故意实施虚假诉讼的行为，双方当事人有着共同的目的，明知进行虚假诉讼将会损害国家利益、社会公共利益或者他人合法权益仍然实施。在司法实践中，当事人的主观状态难以直接证明，只能通过他们实施的客观行为来推定，如伪造证据、倒签协议等。

（二）通过诉讼等方式

当事人恶意串通侵害国家利益、社会公共利益或者他人合法权益的表现形式多种多样，本条所规制的是通过诉讼等方式侵害国家利益、社会公共利益或者他人合法权益的行为。诉讼具有国家性、法律性、程序性、强制性等特征。本条规定的虚假诉讼，本质上是一个原本并不存在的诉讼，而是当事人将严肃的带有国家强制性的司法审判程序作为侵害案外人合法权益的一种手段。利用人民法院主持下的诉讼中调解活动，侵害国家利益、社会公共利益或者他人合法权益的，亦适用本条规定。

（三）侵害国家利益、社会公共利益或者他人合法权益

侵害国家利益、社会公共利益或者他人合法权益是当事人实施虚假诉讼行为的最终目的。此处的"他人"可能是特定的案外人，也可能是非特定的案外人。"合法权益"既包括物权，也包括债权、知识产权等法律保

护的权益。

二、当事人实施虚假诉讼的法律责任

根据本条规定,人民法院可以采取的措施有:

(一)裁定驳回起诉或判决驳回诉讼请求

虚假诉讼的证据是伪造的,其所要证明的事实并不存在,在此基础上的所谓的诉讼请求也是不成立的。当事人进行虚假诉讼是为了以判决或者调解书的形式确认原本并不存在的权利义务关系,裁定驳回起诉或判决驳回诉讼请求,可以阻止其实现非法目的。

(二)罚款、拘留

本条规定的罚款、拘留,是指法院实施的对妨害行政诉讼的人采取的强制措施,是一种司法行政行为。当事人捏造事实,伪造证据,虚构权利义务关系,侵害国家利益、社会公共利益或者他人合法权益,将司法权作为其实现非法目的的手段,严重干扰了法院正常的审判秩序。根据本条规定,除驳回起诉或诉讼请求外,法院还应当根据情节轻重予以罚款、拘留。参照民事诉讼法第一百一十五条规定,对个人的罚款金额,为人民币十万元以下;对单位的罚款金额,为人民币五万元以上一百万元以下;拘留期限为15日以下。

(三)依法追究刑事责任

当事人进行虚假诉讼,除了需要承担民事责任、司法行政责任外,满足刑事犯罪构成要件的,还应当依法承担刑事责任。根据虚假诉讼的目的和手段不同,可能涉及多项罪名,如,为提起虚假诉讼或者在虚假诉讼过程中,指使他人提供虚假的物证、书证、陈述、证言、鉴定结论等伪证,或者指使参与伪造证据的,可以按照妨害作证罪、帮助伪造证据罪处理;当事人以非法占有为目的,进行虚假诉讼,骗取公私财物的,可以按照诈骗罪处理;公司、企业或者其他单位人员利用职务便利,进行虚假诉讼,侵吞本单位财物的,可以根据单位的不同性质分别按照职务侵占罪、贪污罪处理等。[①]

【实务指导】

人民法院应根据《保护和规范当事人行使诉权意见》规定，依法制止滥用诉权、恶意诉讼等行为。滥用诉权、恶意诉讼消耗行政资源，挤占司法资源，影响公民、法人和其他组织诉权的正常行使，损害司法权威，阻碍法治进步。对于以危害国家主权和领土完整、危害国家安全、破坏国家统一和民族团结、破坏国家宗教政策为目的的起诉，人民法院依法不予立案；对于极个别当事人不以保护合法权益为目的，长期、反复提起大量诉讼，滋扰行政机关，扰乱诉讼秩序的，人民法院依法不予立案。在认定滥用诉权、恶意诉讼的情形时，应当从严掌握标准，要从当事人提起诉讼的数量、周期、目的以及是否具有正当利益等角度，审查其是否具有滥用诉权、恶意诉讼的主观故意。对于属于滥用诉权、恶意诉讼的当事人，要探索建立有效机制，依法及时有效制止。

（阎巍撰写）

第八十三条

行政诉讼法第五十九条规定的罚款、拘留可以单独适用，也可以合并适用。

对同一妨害行政诉讼行为的罚款、拘留不得连续适用。发生新的妨害行政诉讼行为的，人民法院可以重新予以罚款、拘留。

[①] 全国人大常委会法制工作委员会民法室编著：《〈中华人民共和国民事诉讼法〉释解与适用》，人民法院出版社2012年版，第181~183页。

【条文主旨】

本条是关于对妨害行政诉讼行为适用罚款、拘留的规定。

【起草背景】

在行政诉讼过程中,当事人或其他诉讼参与人可能会实施妨害诉讼正常进行的行为,这在学理上被称为"诉讼障碍"。根据行政诉讼法第五十九条的规定,对制造"诉讼障碍"的行为人可以采取训诫、责令具结悔过、罚款、拘留等强制措施。这些强制措施的运用,对于保障行政诉讼的顺利进行、增强公民的法治意识、维护司法权威等具有十分重要的作用。

随着我国经济的快速发展,理论界和实务界均认为我国行政诉讼法和民事诉讼法中原来规定的罚款数额所体现的惩罚力度和威慑作用已不能适应形势的发展需要。例如,在一些标的额较大的案件中,罚款与行为人因实施妨害诉讼行为而获得的利益以及所造成的后果和不良影响不成比例,难以起到通过罚款保障诉讼活动和执行工作顺利进行的效果。[①] 在我国民事诉讼中,罚款的数额经过了数次调整。按照 1982 年民事诉讼法(试行)的规定,罚款上限为二百元,没有设置下限,且不区分被罚款的主体是单位还是个人。随后的 1991 年民事诉讼法将罚款的上限提高,并分别规定对个人和单位的罚款金额,同时对单位规定了罚款的下限,即对个人的罚款金额为人民币一千元以下,对单位的罚款金额为人民币一千元以上三万元以下。2007 年修改民事诉讼法时,将罚款金额提高了十倍,即对个人的罚款金额为人民币一万元以下,对单位的罚款金额为人民币一万元以上三十万元以下。2012 年修改民事诉讼法时再次修改了罚款的上限,即在第一百一十五条第一款规定对个人的罚款金额为人民币十万元以下,对单位的罚款金额为人民币五万元以上一百万元以下。在行政诉讼中,罚款的数额

[①] 参见杜万华等主编:《最高人民法院民事诉讼法司法解释适用解答》,人民法院出版社 2015 年版,第 243 页。

也经过了一次调整。1989年行政诉讼法第四十九条规定了对实施妨害行政诉讼行为的诉讼参与人或其他人的罚款金额为一千元以下,且没有规定下限。为了增加罚款的力度和威慑作用,2014年行政诉讼法把"处一千元以下的罚款"修改为"处一万元以下的罚款",但亦没有规定下限。

【条文释义】

　　罚款是指人民法院对实施妨害行政诉讼行为的人,强制其缴纳一定数额的金钱的一种强制措施,它不同于刑法中的罚金。作为一种司法强制措施,罚款的对象主要是针对实施了妨害行政诉讼行为的人,而罚金是一种刑罚措施,是针对实施了犯罪行为的人。对于罚款的程序,司法实践中的做法是,一般先由合议庭提出意见,报人民法院院长批准,并制作罚款决定书,然后送达被罚款人。对于罚款的金额,人民法院可以根据行为人所实施的妨害行为的性质、损害后果、主观过错以及经济状况予以决定。被罚款人如果对罚款决定不服,可以向上一级人民法院申请复议一次,但复议期间不停止对罚款的执行。拘留又称司法拘留,是指人民法院对实施妨害行政诉讼行为的人所采取的,在一定期限内限制其人身自由的一种强制措施。在所有的行政诉讼强制措施当中,拘留是最为严厉的一种,其主要针对妨害行为性质严重、主观恶性大而认错态度又不好、影响恶劣、危害较大且可能继续做出妨害诉讼行为等情节的人。对于拘留的程序,一般也是先由合议庭提出意见,报人民法院院长批准,并制作拘留决定书,然后由司法警察将被拘留人送交当地公安机关看管。被拘留人如果对拘留决定不服,可以向上一级人民法院申请复议一次,但复议期间不停止拘留决定的执行。

　　本条第一款是指如果当事人或者其他诉讼参与人实施了行政诉讼法第五十九条规定的行为之一的,人民法院可以对实施单位的主要负责人或者直接责任人员予以罚款、拘留。这些行为包括:有义务协助调查、执行的人,对人民法院的协助调查决定、协助执行通知书,无故推拖、拒绝或者妨碍调查、执行的;伪造、隐藏、毁灭证据或者提供虚假证明材料,妨碍人民法院审理案件的;指使、贿买、胁迫他人作伪证或者威胁、阻止证人作证的;隐藏、转移、变卖、毁损已被查封、扣押、冻结的财产的;以欺骗、胁迫等非法手段使原告撤诉的;以暴力、威胁或者其他方法阻碍人民法院工作人员执行职务,或者以哄闹、冲击法庭等方法扰乱人民法院工作秩序的;对人民法院审判人员或者其他工作人员、诉讼参与人、协助调查和执行的人员恐吓、侮辱、诽谤、诬陷、殴打、围攻或者打击报复的。人民法院既可以对实施上述行为的单位主要负责人或者直接责任人员单独予以罚款,也可以单独予以拘留,还可以既予以罚款又予以拘留,即合并适用。当然,正如前述,由于拘留是一种最为严厉的行政诉讼强制措施,应当慎用。而合并适用罚款、拘留,针对的是更为严重的妨害行政诉讼的行为,应该慎之又慎。

　　本条第二款体现了"一事不再罚"的原则。行政处罚法第二十四条规定:"对当事人的同一个违法行为,不得给予两次以上罚款的行政处罚。"该条可以说明确规定了"一事不再罚"原则,虽然从条文字面意义上来看仅适用于罚款。"一事不再罚"原则解决的是行政实践中多头处罚与重复处罚的问题。该原则具体包括以下内涵:(1)行为人的一个行为同时违反了两个以上法律、法规的规定,可以给予两次以上的处罚,但如果是罚款,则只能处罚一次;(2)行为人的一个行为,违反一个法律、法规的规定,该法律、法规同时规定处罚机关可以并处两种处罚,如可以没收并处罚款、吊销营业执照并处罚款、拘留并处罚款等,这种并处并不违反"一事不再罚"原则;(3)违法行为构成犯罪的,在依法追究行为人刑事责任的同时,依法应予行政处罚的仍应处罚。如科处刑罚不影响行政机关实施吊销营业执照的行政处罚,但人民法院对自然人判处拘役或者有期徒刑时,行政机关已经给予当事人行政拘留的,应当依法折抵相应刑期。人民法院判处罚金时,行政机关已经给予当事人罚款处罚的,应当折抵相应罚金。[①] 我们认为,在行政诉讼中,如果当事人或其他诉讼参与人只实施了一次妨害行政诉讼的行为,如开庭时冲击法庭、殴打审判人员,那么其只

[①] 参见姜明安:《行政法》,北京大学出版社2017年版,第347页。

应受到一次处罚,而不能予以多次罚款、拘留。也就是说,对于行为人在某一时间、某一地点实施了妨害行政诉讼的行为,罚款、拘留不得连续适用。但如果行为人在实施这次妨害行政诉讼行为后,又在其他的时间[①]、地点或者在同一地点实施了新的妨害行政诉讼行为的,则可以重新对其予以罚款、拘留。

【实务指导】

对于我国现行行政诉讼中的罚款制度,有人认为存在以法院院长控制为特色的典型的行政化倾向,而行政化特点的另外一种表述就是严重的非诉讼化。故建议将罚款的决定权下放给承办法官或者审判案件的合议庭。[②]但由于法律和有关司法解释并没有就妨害行为的类型、程度与具体罚款金额之间的对应关系作出明确的指引和说明,适用中可能会出现随意性过大、畸轻畸重等情况。故人民法院或者承办法官、审判案件的合议庭在确定罚款金额时,应当根据行为人实施妨害行政诉讼行为的性质、情节、后果,当地的经济发展水平以及诉讼标的额等因素,在行政诉讼法规定的幅度内确定相应的罚款金额。[③]

另外在审判实践中,特别是在执行程序中要注意防止以拘代执,对于不履行执行义务的被执行人连续适用拘留措施有悖于本条规定的精神。如果被执行人有履行能力而拒不履行执行义务,在人民法院采取罚款、拘留等强制措施后依然拒不执行构成犯罪的,人民法院应依法追究其刑事责任。[④]

(谭红撰写)

[①] 对此,在理论上和实践中存在不同的理解。如北京市公安交通管理部门对于违反"尾号限行"规定的车辆改变"一日不二罚"的惯例,超过3个小时的间隔即进行连续处罚,就引起了法律上的讨论。转引自何海波:《行政诉讼法》,法律出版社2011年版,第277页。

[②] 参见张卫平主编:《最高人民法院民事诉讼法司法解释要点解读》,中国法制出版社2015年版,第152页。

[③] 参见杜万华等主编:《最高人民法院民事诉讼法司法解释适用解答》,人民法院出版社2015年版,第243~244页。

[④] 参见最高人民法院修改后民事诉讼法贯彻实施工作领导小组编著:《最高人民法院民事诉讼法司法解释理解与适用》(上),人民法院出版社2015年版,第511页。

第八十四条

人民法院审理行政诉讼法第六十条第一款规定的行政案件，认为法律关系明确、事实清楚，在征得当事人双方同意后，可以迳行调解。

【条文主旨】

本条是关于行政诉讼迳行调解制度的规定。

【起草背景】

本条为新增加内容。行政诉讼法第六十条第一款规定："人民法院审理行政案件，不适用调解。但是，行政赔偿、补偿以及行政机关行使法律、法规规定的自由裁量权的案件可以调解。"此条规定确定了人民法院审理行政案件可以有限适用调解。关于调解的程序，行政诉讼法未作规定。根据该法第一百零一条的规定，适用民事诉讼法的相关规定。

调解制度在民事诉讼领域一直发挥着十分重要的作用。民事诉讼法及其司法解释中有较多关于调解制度的规定。最高人民法院1992年7月14日发布的《最高人民法院关于适用〈中华人民共和国民事诉讼法〉若干问题的意见》第91条规定："人民法院受理案件后，经审查，认为法律关系明确、事实清楚，在征得当事人双方同意后，可以迳行调解。"这是我国法律关于迳行调解制度的明确规定。该意见于2015年2月4日废止，同日施行的《民诉解释》第一百四十二条保留了迳行调解制度。对于人民法院而言，征得当事人双方同意后，通过迳行调解制度解决一些法律关系明确、事实清楚的案件，有利于纠纷的实质化解。

行政诉讼法脱胎于民事诉讼法，民事诉讼法及其司法解释的很多程序性规定都可以适用于行政诉讼程序。但是，并不是所有的规定都可以适用于行政诉讼。尤其是行政诉讼能否适用调解经历了从明文禁止到有限适用的过程，目前还处于探索阶段，有必要在司法解释中对相关内容予以明确。在可以适用调解的行政案件范围内，可进一步分为需要经过法庭调查辩论后调解的案件和可以不经法庭调查辩论直接进行调解的案件。实践中，哪些案件可以不经当事人举证、质证、法庭调查、辩论而迳行调解，是需要予以明确的。

【条文释义】

本条规定了迳行调解制度的三个前提条件。

一、法律关系明确

法律关系是法律规范在调整社会关系的过程中所形成的人们之间的权利义务关系。法律关系明确，即权利义务关系明确，是指人民法院能明确区分谁是责任的承担者，谁是权利的享有者。在行政诉讼中，在行政行为合法性已有明确结论，或者行政法上的权利义务关系明确的情况下，才能认为法律关系明确。

人民法院的审判活动，就是要对法律关系进行厘清。只有诉讼参加人之间的权利义务关系基本明确，法院无须就主体、客体及相关内容在法律规范与事实之间详加审查，才有迳行调解的可能。法律关系明确，是"以法律为依据"的司法基本原则的要求和体现。

二、事实清楚

事实清楚是指当事人对争议的事实陈述基本一致，并能提供相应的证据，无须人民法院调查收集证据即可查明事实。事实清楚，是"以事实为准绳"的司法基本原则的要求和体现。

迳行调解制度必须建立在事实清楚的基础上，否则法院调解工作便成了"和稀泥"。尤其是行政诉讼中，法官需要对行政行为是否合法进行明确判断，不能为了减轻讼累、提高效率而滥用调解。事实清楚并不要求全部事实完全清楚，只要人民法院在全面审核当事人提交的证据后对争议事实真相基本确认，不再需要进行大量的调查和取证工作。

三、双方当事人同意

当事人同意，是指能否迳行调解取决于当事人双方的合意。如果一方当事人不愿意调解，人民法院就不能违背当事人的意愿强行调解。当事人自愿是行政案件调解的前提条件，是调解程序启动、进行和终止的必要条件。行政诉讼中，一方是行使国家公权的行政机关，某些情形下、出于某种目的可能会通过欺骗、胁迫等非法手段迫使相对人接受调解，这就有悖行政诉讼中引入调解制度的初衷。在司法解释中明文规定只有在双方当事人都同意的情况方可迳行调解，这与行政诉讼法"保护公民、法人和其他组织的合法权益"立法目的是一致的。

【实务指导】

过去在行政审判中，单一的合法性审查模式把行政诉讼简化为对行政行为合法或违法的零和判断，对于一些案件可能无法有效化解原、被告之间的行政争议，导致出现案结事不了的局面。行政诉讼中引入迳行调解程序，在不违背法律规定的前提下，对行政赔偿、补偿以及行政机关自由裁量权范围内的行政处罚、行政征收等行政案件，重点做好调解工作，不仅有利于化解相对人与行政机关的矛盾，对提高行政效率、节省司法资源也是大有裨益。

并非所有的行政案件都适用调解，迳行调解程序同样只能在法律明确允许的行政案件中有限适用。实务中要正确把握适用迳行调解方式处理案件的基础和条件，根据个案的具体情况和当事人的利益诉求，结合案件的涉及面以及是否因政策不明或具有较强政策性、是否为社会体制转型中的新类型案件等情形综合考虑。对于有迳行调解可能的行政案件，要认真调解；对于根本没有迳行调解可能的，要及时转入其他方式处理。

适用迳行调解应当充分保障当事人的意志自由，不能为了片面追求调解率而强迫调解。迳行调解中，法官的主要任务是为当事人提供好引导、指导、辅助、释明等服务，不能强迫或变相强迫当事人接受调解，更不能采取诱导、欺骗、隐瞒等方式让当事人形成错误的意志。特别是对法律关系明确、事实清楚的案件，一味强化调解可能会向责任人传递出无需充分履行义务的有利预期。[①] 长此以往，势必滋长行政机关违法行政事后补救的陋习或是相对人滥诉寻求不当获利，不利于社会规则秩序的建立。

法律关系不明确、事实难以查清的案件，不适用迳行调解，但并非不能进行调解。行政权力的行使往往事关民生和群体利益，在相关法律法规没有作出规定或者规定不明确的情况下，案件判起来一般会很困难。调解则更有利于实现定分止争的目的。对当事人自愿调解的行政赔偿、补偿以及行政机关行使法律、法规规定的自由裁量权的案件，应当调解，特别是因土地征收、房屋拆迁、社会保障等问题引发的行政争议，涉及利益主体多元、法律关系多重、案情错综复杂，都可以在征求当事人的意愿下进行调解，不要轻易放弃任何调解机会和调解成功的可能，以有效缓和行政机关与相对人之间的对立情绪，促进当事人之间矛盾化解，维护社会和谐稳定。

（徐小玉撰写）

第八十五条

调解达成协议，人民法院应当制作调解书。调解书应当写明诉讼请求、案件的事实和调解结果。

调解书由审判人员、书记员署名，加盖人民法院印章，送达双方当事人。

调解书经双方当事人签收后，即具有法律效力。调解书生效日期根据最后收到调解书的当事人签收的日期确定。

[①] 最高人民法院修改后民事诉讼法贯彻实施工作领导小组编著：《最高人民法院民事诉讼法司法解释理解与适用》（上），人民法院出版社2015年版，第428页。

【条文主旨】

本条是关于调解书的制作、内容、送达以及调解书生效的规定。

【起草背景】

根据行政诉讼法第一百零一条关于调解适用民事诉讼法的规定，本条系参照民事诉讼法第九十七条的内容。

【条文释义】

调解一般会呈现两种结果：一是调解成功，当事人达成调解协议；二是调解未成。经调解达成协议的，人民法院应当及时对调解协议进行审查。对于当事人双方自愿达成，内容又不违反法律禁止性规定的协议，人民法院应当认可，并制作调解书，由双方当事人、审判人员、书记员署名，加盖人民法院印章，送达双方当事人签收。经人民法院审查，发现调解协议的内容违反法律法规规定或有损公共利益的，则不予认可。对于调解未成或者调解协议不被人民法院认可的，人民法院应当结束调解程序，恢复审判，及时作出裁判。

一、关于调解书的制作

调解书是由法院制作的、记载了当事人达成的调解协议内容的法律文书。除法律特别规定的案件类型外，一般达成调解协议的案件都需要制作调解书，并送达给双方当事人。一方面，当事人的调解协议是人民法院制作调解书的前提和基础。调解书必须以调解协议的内容为基础，特别是调解书主文，内容必须明确、具体，且具有可执行性。如果当事人以调解书内容与调解协议不一致为由提出异议，法院必须审查，审查后认为异议成立的，应当根据调解协议裁定补正调解书的内容。另一方面，调解协议只有经人民法院确认后才具有法律上的拘束力。人民法院的调解书，是调解协议产生法律上拘束力和执行力的法定条件。

二、关于调解书的内容

调解书的内容应按统一的格式制作，由标题、正文和落款三部分组成。标题包括人民法院的名称、文书名称和案号。正文包括首部、案件的事实和调解结果、尾部。其中，首部包括诉讼参加人及其基本情况、案件由来和审理经过等。案件事实，即当事人之间发生争议的事实、原因及双方的责任。调解结果是当事人在自愿、合法的原则下达成的解决双方纠纷的调解协议，协议内容应明确、具体，便于履行。尾部包括诉讼费用负担和告知事项。诉讼费用的负担，由当事人协商解决的，可以作为协议内容的最后一项；由法院决定的，应另起一行写明。落款包括署名和日期。

三、关于调解书的送达

本条第二款后半句规定了调解书须送达双方当事人。关于送达方式，根据《民诉解释》第一百三十三条规定："调解书应当直接送达当事人本人，不适用留置送达。当事人本人因故不能签收的，可由其指定的代收人签收"的规定，调解书不适用留置送达，一般也不适用公告送达、委托送达、邮寄送达、转交送达的方式。因为调解书是根据当事人双方协商达成的协议而制作的法律文书，以自愿为基础，如果当事人拒绝签收调解书，表明不愿意接受调解结果。因此，调解书不能强行送达，而是要由当事人本人或其指定的代收人签收。

四、关于调解书的生效

本条第三款是关于调解书生效的规定。调解书制作完成后，必须经双方当事人签收，才发生法律效力。如果仅一方签收，另一方尚未签收，则处于效力待定的状态。当事人在签收前，可以就调解达成的协议反悔；如果当事人在签收调解书前反悔，人民法院应当及时判决。关于调解书的生效时间，以最后收到调解书的当事人签收的日期确定。《民诉解释》第一百四十九条规定："调解书需经当事人签收后才发生法律效力的，应当以最后收到调解书的当事人签收的日期为调解书生效日期。"行政案件的调解适用此规定。

生效的调解书具有以下法律效力：（1）拘束力。调解书生效后，诉讼程序终结，人民法院非经法定程序不得撤销调解书或者改变调解书的内容。（2）确定力。当事人之间权利义务关系确定，当事人不得以同一事实和理由向人民法院提起新的诉讼，除非法律有特殊规定。（3）执行力。行政诉讼法第九十四条规定："当事人必须履行人民法院发生法律效力的判决、裁定、调解书。"调解书生效后，当事人应当自觉履行调解书确定的义务，若有一方当事人拒不履行调解书确定的义务的，人民法院可以根据对方当事人的申请，依法强制执行。

【实务指导】

调解书正文中有关证据的列举、认证、说理方式以及相关的写作要求等，可以参考一审请求撤销、变更行政行为类案件判决书样式及其说明；对当事人诉辩意见、审理查明部分应当与裁判文书有所区别，本着减小分歧、弱化矛盾、有利于促进调解协议的原则，对争议和法院认定的事实适当简化。

（徐小玉撰写）

第八十六条

人民法院审理行政案件，调解过程不公开，但当事人同意公开的除外。

经人民法院准许，第三人可以参加调解。人民法院认为有必要的，可以通知第三人参加调解。

调解协议内容不公开，但为保护国家利益、社会公共利益、他人合法权益，人民法院认为确有必要公开的除外。

当事人一方或者双方不愿调解、调解未达成协议的，人民法院应当及时判决。

当事人自行和解或者调解达成协议后，请求人民法院按照和解协议或者调解协议的内容制作判决书的，人民法院不予准许。

【条文主旨】

本条是关于调解活动的规定。

【起草背景】

根据行政诉讼法第一百零一条关于调解适用民事诉讼法的规定，本条系参照《民诉解释》第一百四十五条、第一百四十六条、第一百四十八条的相关内容予以规定。

【条文释义】

一、调解保密性

根据行政诉讼法第五十四条的规定，人民法院审理行政案件以公开为原则。调解不同于裁判，它是在法院的主持下，双方当事人就争议的实体权利和义务自愿协商、互谅互让、达成协议的活动。调解协议的达成，往往是双方当事人通过反复的谈判协商、一方或双方作出适当的退让方能实现，无论是谈判中涉及的信息，还是谈判过程，都以不对外公开为宜。这也是当事人选择调解的重要原因。只有在保密原则的保障下，当事人才可能将权利主张背后隐藏的利益诉求摆到桌面，从而找到双方追求利益的共同点，最终达成一个基本满足各方利益的解决方案。故而，无论是民事诉讼还是行政诉讼，都将保密性作为调解活动的一项基本原则。

调解保密包括过程保密与内容保密。过程保密，是指办案法官和参与调解的有关组织以及其他个人，不得披露调解过程的有关情况；与案件无关的公民、组织不得参与调解过程；第三人参加调解须经人民法院准许。内容保密，是指调解协议内容不公开；当事人不得在审判程序中将调解过程中制作的笔录、当事人为达成调解协议而作出的让步或者承诺、调解员或者当事人发表的任何意见或者建议等作为后续程序的证据。

调解保密并不是绝对的。一是双方当事人都同意公开的，调解过程不再保密，公开进行。二是为了保护国家利益、社会公共利益、他人合法权益的，特别是行政诉讼调解中可能涉及重大公共利益，人民法院认为有必要的，在不公开调节过程和细节的前提下，调解协议内容可以公开。

二、第三人参加调解

行政诉讼上的第三人，是指与被诉行为或者同案件处理结果有利害关系、经申请或者法院通知参加诉讼的公民、法人或者其他组织。由于第三人与案件诉讼标的关系密切，如果不参与调解，可能会使原被告双方达成的调解协议的效果大打折扣，因此，该条规定第三人可以参加调解。第三人参加调解的方式与参加诉讼的方式相同，即第三人以申请的方式参加调解，是否准许由人民法院决定，或由法院通知参加调解。在行政诉讼调解开始后至调解结束前的时间之内，第三人都可以参加。

三、及时判决

调解过程中，只要出现当事人一方不愿调解或者调解未达成协议的，人民法院应当及时结束调解程序，恢复审理程序，依法作出判决。在调解程序中规定及时判决，主要是为了防止审判实践中，个别法官通过"以拖促调""以判促调"等方式，迫使当事人接受调解方案。

四、和解、调解协议内容不得转化为判决

判决是裁判文书形式的一种，是司法机关对当事人之间的纠纷作出的

强制性处理决定，判决的正当性来源于法律的规定。和解与调解协议是当事人在法律允许的范围内自由处分自己的权利，它的正当性来源于当事人的合意。在和解、调解中，诉讼参加人会围绕解决纠纷这一目的进行协商，最终达成的和解、调解协议内容可能不局限于原告的诉讼请求。而根据行政诉讼法的规定及现行做法，行政判决多是围绕行政行为的合法性而展开，与争议的最终解决甚至是当事人的诉讼请求并不完全对应。因此，当事人自行和解或者调解达成协议后，请求人民法院按照和解协议或者调解协议的内容制作判决书的，人民法院不予准许。

【实务指导】

调解实行保密原则。实践中，行政机关可能为了换取相对人接受调解，答应超越或放弃其行政职权的让步条件，并在协议中约定保密。主持调解的法官必须依法监督。在调解过程中，行政机关不得违法处分行政职权，处分权的行使必须在法律授权的范围之内，即行政机关享有裁量权或其他法律许可的情形。调解协议的达成不得以牺牲公共利益或第三人利益为代价，如果被告与原告达成的协议违反法律规定，或者损害到国家利益、社会公共利益或他人合法权益，即使是当事人双方的真实意思表示，人民法院也应不予确认。

（徐小玉撰写）

第八十七条

在诉讼过程中，有下列情形之一的，中止诉讼：

（一）原告死亡，须等待其近亲属表明是否参加诉讼的；

（二）原告丧失诉讼行为能力，尚未确定法定代理人的；

（三）作为一方当事人的行政机关、法人或者其他组织终止，尚未确定权利义务承受人的；

（四）一方当事人因不可抗力的事由不能参加诉讼的；

（五）案件涉及法律适用问题，需要送请有权机关作出解释或者确认的；

（六）案件的审判须以相关民事、刑事或者其他行政案件的审理结果为依据，而相关案件尚未审结的；

（七）其他应当中止诉讼的情形。

中止诉讼的原因消除后，恢复诉讼。

【条文主旨】

本条是关于中止诉讼的规定。

【起草背景】

本条系沿用《若干解释》第五十一条的规定。

【条文释义】

一般情况下，诉讼程序开始后，应当依照法定程序连续进行，经过法定阶段作出裁判。但有时，由于发生某种无法克服的或者难以避免的特殊情况，使诉讼程序不能或不宜进行，需要暂时停止，待中止的原因消除后，诉讼继续进行。行政诉讼法对有关中止诉讼问题未作规定，根据第一百零一条规定，人民法院审理行政案件，关于中止诉讼、终结诉讼等，本法未作规定，适用民事诉讼法的相关规定。因此，本解释参照民事诉讼法的有关规定，结合行政诉讼的具体情况，规定在行政诉讼过程中，有下列情形之一的，中止诉讼。

一、原告死亡，须等待其近亲属表明是否参加诉讼的

原告死亡，其诉讼权利能力自然终止，诉讼无法继续进行下去。为了切实保护已死亡的公民的合法权益，根据行政诉讼法第二十五条第二款的规定，有权提起诉讼的公民死亡，其近亲属可以提起诉讼。由于近亲属之间可能会因是否参加诉讼、由谁参加诉讼等问题难以在短时间内形成一致意见。在他们作出决定前，诉讼活动难以继续进行。因此，原告死亡，须等待其近亲属表明是否参加诉讼的，法院应先裁定中止诉讼。待原告的近亲属表明是否参加诉讼后，再恢复或终结诉讼。

二、原告丧失诉讼行为能力，尚未确定法定代理人的

诉讼行为能力，是指具有诉讼权利能力的人，以自己的行为行使诉讼权利、履行诉讼义务的能力。公民参加诉讼活动必须具有诉讼行为能力。在诉讼中，如果原告因疾病或事故等原因丧失诉讼行为能力，就不能亲自参加诉讼活动，应先确定其监护人作为法定代理人参加诉讼。如果法定代理人尚未确定或者不能参加诉讼活动的，应先中止诉讼。

三、作为一方当事人的行政机关、法人或者其他组织终止，尚未确定权利义务承受人的

无论是作为原告一方的法人或者其他组织，还是作为被告一方的行政机关，参加诉讼必须具有诉讼权利能力，即法人资格或者其他组织资格。如果其因为合并、撤销、变更、破产以及行政机关的职能变更等原因而终止，尚未确定权利义务承受人的，应中止诉讼，待确定之后，由权利义务承受人作为诉讼主体参加诉讼。

四、一方当事人因不可抗力的事由不能参加诉讼的

这里的不可抗力应作广义的理解，包括不可抗力和其他原因。不可抗力包括自然灾害，如火灾、地震、洪水等。其他原因，包括当事人因生病、交通事故、工伤等原因，暂时不能参加诉讼，又难委托代理人的。当事人如遇到这些不可抗拒的事由，要向法院提出申请，由法院决定这些事由是否影响其参加诉讼，进而是否应当中止诉讼。

五、案件涉及法律适用问题，需要送请有权机关作出解释或者确认的

行政行为所依据的法律、法规、规章等出现不一致，或规定过于笼统，有待权力机关或者其他有权机关作出解释或裁决。因其解释或裁决对案件的审理具有重要意义，所需时间较长，故应予中止。

六、案件的审判须以相关民事、刑事或者其他行政案件的审理结果为依据，而相关案件尚未审结的

在审判实践中，有些行政案件非常复杂，案件之间互相牵连，一案的案件事实的认定，往往要等待另一个相关的民事、刑事或者行政案件的处理结果。如遇这种情况应中止诉讼，等待另一案件的判决结果出现后，再恢复审理。

七、其他应当中止诉讼的情形

这是一个弹性规定。在审判实践中，可能会出现种种不曾遇到或很少遇到的影响诉讼继续进行的情形，对此不能一一列举，因而应从实际出发，赋予人民法院灵活处理的余地。①

【实务指导】

中止诉讼可以由当事人提出申请，也可以由人民法院依职权主动作出。中止诉讼应当由人民法院以书面的形式作出裁定，由审判人员、书记员署名并加盖人民法院印章。中止诉讼的裁定一经作出即发生法律效力，当事人不得上诉，不得申请复议。中止事由消失后，可以由当事人申请，人民法院也可以依职权主动恢复诉讼程序。从法院通知或准许当事人继续进行诉讼活动之日起，诉讼中止裁定自行失去效力，无需作出新的裁定。诉讼程序恢复后，已经进行的一切诉讼行为仍然有效，并对新进入到诉讼

---

① 本条释义参照最高人民法院行政审判庭编：《〈关于执行《中华人民共和国行政诉讼法》若干问题的解释〉释义》，中国城市出版社2000年版，第109~111页。

中的当事人具有约束力。

（徐小玉撰写）

第八十八条

在诉讼过程中，有下列情形之一的，终结诉讼：

（一）原告死亡，没有近亲属或者近亲属放弃诉讼权利的；

（二）作为原告的法人或者其他组织终止后，其权利义务的承受人放弃诉讼权利的。

因本解释第八十七条第一款第一、二、三项原因中止诉讼满九十日仍无人继续诉讼的，裁定终结诉讼，但有特殊情况的除外。

【条文主旨】

本条是关于终结诉讼的规定。

【起草背景】

本条系沿用《若干解释》第五十二条的规定。

【条文释义】

终结诉讼是指在诉讼进行中，由于存在或者发生了特定原因，使诉讼程序继续进行已经不可能或者失去意义，从而结束诉讼程序。正常情况下，诉讼程序以解决当事人之间的争议而告终。但如果在诉讼中出现了特殊情况，已经没有必要再对案件进行实体处理，不得不终结诉讼。这是出于非正常原因结束诉讼程序。但这种终结与正常情况下的终结有相同的法律效力。

按本条的规定,终结诉讼有以下几种情形。

一、原告死亡,没有近亲属或者近亲属放弃诉讼权利的

原告的起诉,引起行政诉讼程序的发生。如果原告死亡,案件中就没有了原告,也就没有了权利主张人。根据行政诉讼法第二十五条第二款的规定,有权提起诉讼的公民死亡,其近亲属可以提起诉讼。也就是说,虽然原告死亡,不能成为诉讼当事人,但是其近亲属有可能成为本案的原告,继续诉讼。如果原告没有近亲属,或者其近亲属明确表示放弃诉讼权利,那么案件就没有了原告。这是,诉讼已不可能继续进行下去,法院无须再对案件进行审理,当然要终结诉讼。

二、作为原告的法人或者其他组织终止后,其权利义务的承受人放弃诉讼权利的

根据行政诉讼法第二十五条第三款的精神,在诉讼过程中,作为原告的法人或者其他组织终止,承受其权利的法人或者其他组织有权作为本案的原告继续诉讼。但是,如果承受其权利的法人或者其他组织放弃诉讼权利,案件也就不存在原告,法院无须再对案件进行审理,当然要终结诉讼。

三、因本解释第八十七条第一款第一、二、三项原因中止诉讼满90日仍无人继续诉讼的,裁定终结诉讼,但有特殊情况的除外

由于行政诉讼涉及行政秩序的稳定和公共利益,因此,应尽早结束诉讼,以免使行政法律关系处于不确定状态。因此,此条规定因本解释第八十七条第一款第一、二、三项原因中止诉讼满90日仍无人继续诉讼的,裁定终结诉讼。①

---

① 本条释义参照最高人民法院行政审判庭编:《〈关于执行《中华人民共和国行政诉讼法》若干问题的解释〉释义》,中国城市出版社2000年版,第111~112页。

【实务指导】

法院对终结诉讼的案件，应当由合议庭依法作出裁定，而不能以注销案件的方式结案。裁定应当是书面形式，裁定一经送达即产生法律效力，当事人不能上诉，不能申请复议。

（郭修江撰写）

第八十九条

复议决定改变原行政行为错误，人民法院判决撤销复议决定时，可以一并责令复议机关重新作出复议决定或者判决恢复原行政行为的法律效力。

【条文主旨】

本条是关于人民法院撤销改变原行政行为的行政复议决定同时可以判决复议机关重新作出复议决定或者判决恢复原行政行为法律效力的规定。

【起草背景】

《若干解释》第五十三条第一款规定："复议决定维持原具体行政行为的，人民法院判决撤销原具体行政行为，复议决定自然无效。"第二款规定："复议决定改变原具体行政行为错误，人民法院判决撤销复议决定时，应当责令复议机关重新作出复议决定。"上述两款规定分别对复议机关维持原行政行为和复议机关改变原行政行为，两种不同情况下的判决方式作出规定。鉴于2014年行政诉讼法修改后，复议机关维持原行政行为的，复议机关与原行政行为机关为共同被告，《行诉解释》设专章对复议机关作为共同被告相关问题作出规定，对于复议机关维持原行政行为情况下人民法院的审理和判决问题，《行诉解释》第一百三十五条和一百三十六条作出规定，明确人民法院既要对行政复议决定进行审理和判决，也要对原行政行为进行审理和判决。

本条仅是对《若干解释》第五十三条第二款的修改。即，在复议机关改变原行政行为的情况下，人民法院对复议决定进行审理后，认为复议决定违法判决予以撤销的同时，既可以责令复议机关重新作出复议决定，也可以直接判决恢复原行政行为的法律效力。撤销复议决定同时责令重新作出复议决定，是对原规定的继承；撤销同时判决恢复原行政行为的法律效力，是贯彻行政诉讼法实质化解行政争议目的，对原司法解释规定的完善和发展。

【条文释义】

适用本条规定，应当具备以下几个条件。

一、复议机关改变原行政行为

《行诉解释》第二十二条规定，行政诉讼法第二十六条第二款规定的"复议机关改变原行政行为"，是指复议机关改变原行政行为的处理结果。复议机关改变原行政行为所认定的主要事实和证据、改变原行政行为所适用的规范依据，但未改变原行政行为处理结果的，视为复议机关维持原行政行为。复议机关确认原行政行为无效，属于改变原行政行为。复议机关确认原行政行为违法，属于改变原行政行为，但复议机关以违反法定程序为由确认原行政行为违法的除外。根据上述规定，以下几种情况，属于"复议机关改变原行政行为"：一是复议机关改变原行政行为的处理结果的。但仅是改变主要事实和证据、或者改变法律依据，未改变结果的，不属于"改变"。二是确认原行政行为违法的。但以违反法定程序为由确认原行政行为违法，不撤销保留原行政行为法律效力的除外。三是复议机关认为原行政行为存在"重大且明显违法",决定确认原行政行为无效的。

《行诉解释》第一百三十三条规定,行政诉讼法第二十六条第二款规定的"复议机关决定维持原行政行为",包括复议机关驳回复议申请或者复议请求的情形,但以复议申请不符合受理条件为由驳回的除外。根据该条规定,下列情况属于"复议机关决定维持原行政行为",不是属于"复议机关改变原行政行为",不适用本条规定:一是复议机关决定对原行政行为认定事实、适用法律和处理结果予以全面认可,决定维持原行政行为的;二是复议机关尽管改变原行政行为认定的主要事实和证据,或者改变原行政行为适用法律,甚至因改变适用法律而导致案件定性发生改变,但是没有改变原行政行为处理结果的。

复议机关只是从程序上对复议申请人的复议申请不予受理或者予以驳回,未作出实体处理决定的,既不属于"复议机关决定维持原行政行为",也不属于"复议机关改变原行政行为",同样不适用本条规定。

二、人民法院判决撤销改变原行政行为的复议决定

只有在人民法院认为被诉复议决定撤销原行政行为错误,应当判决撤销被诉行政复议决定的情况下,才能够适用本条规定,同时判决复议机关重新作出行政行为或者判决恢复原行政行为的法律效力。

判决撤销被诉行政复议决定的法定条件,适用行政诉讼法第七十条规定,只要行政复议决定存在主要证据不足、适用法律法规错误、违反法定程序、超越职权、滥用职权、明显不当情形之一的,就可以判决撤销。但是,如果行政复议决定违法,撤销将会给国家利益、公共利益造成重大损害,或者只是程序轻微违法,对原告权利不产生实际影响的,应当依法判决确认违法保留效力的,不适用本条规定。

三、判决撤销复议决定同时,判决重新作出行政行为,或者判决恢复原行政行为的法律效力

(一)同时判决重新作出行政行为的适用条件

在满足撤销复议决定法定条件的同时,如果经审理人民法院认为原行

政行为确有违法，复议决定撤销原行政行为同样存在主要证据不足等违法情形，需要复议机关进一步重新作出处理的，人民法院应当判决复议机关重新作出复议决定。

如果一审判决在此情形下只是撤销复议决定，未同时判决复议机关重新作出行政行为的，二审判决应当予以纠正，补充判决复议机关重新作出复议决定；如果生效行政判决未同时判决复议机关重新作出复议决定，复议机关应当事人申请或自行重新作出复议决定的，不违反法律规定，与生效行政判决不冲突。

（二）同时判决恢复原行政行为法律效力判决适用条件

人民法院经审理认为，复议决定撤销原行政行为违法，原行政行为认定事实清楚，主要证据充分，适用法律法规正确，符合法定程序的，人民法院应当判决撤销被诉复议决定的同时，判决恢复原行政行为的法律效力。

【实务指导】

一、程序上应当将作出原行政行为的机关列为第三人

行政诉讼法第二十九条规定，公民、法人或者其他组织同被诉行政行为有利害关系但没有提起诉讼，或者同案件处理结果有利害关系的，可以作为第三人申请参加诉讼，或者由人民法院通知参加诉讼。复议机关改变原行政行为，原告提起诉讼请求撤销复议决定的，作出原行政行为的行政机关与被诉行政复议决定有利害关系，是必须参加诉讼的第三人，人民法院应当通知其为第三人参加行政诉讼。

作出原行政行为的行政机关作为第三人参加诉讼，有助于人民法院对被诉行政复议决定合法性的审查。通过原行政行为机关向法庭表达其作出的原行政行为的事实根据和法律依据，可以让法庭进一步明了原行政行为与复议决定相关事件的来龙去脉，对被诉行政复议决定的合法性作出正确判断。同时，原行政行为机关在反驳复议决定的同时，实际上也是对原行

政行为合法性理由的充分阐述，也有助于人民法院对原行政行为合法性的审查，从而为判决恢复原行政行为的法律效力奠定基础。

二、必须对原行政行为的合法性进行全面审查

本条规定的要义在于，撤销复议决定同时判决复议机关重新作出行政行为，或者判决恢复原行政行为的法律效力。从实际化解行政争议的角度考虑，如果符合法定条件，人民法院更应当选择撤销复议决定同时恢复原行政行为的法律效力；只有在不具备恢复原行政行为法律效力的情况下，才撤销复议决定同时判决复议机关重新作出行政行为。要作出这样的选择，在撤销改变原行政行为复议决定的案件中，人民法院必须对原行政行为的合法性进行审查。审查后，人民法院才能作出选择。

是否只有原行政行为完全合法的情况下人民法院才能判决恢复原行政行为的法律效力？我们认为不是的。如果人民法院经审理认为，原行政行为违法但是撤销将会给国家利益公共利益造成重大损害，或者行政行为程序轻微违法，但对原告权利不产生实际影响，复议机关撤销原行政行为不妥，应当确认违法保留效力，实质化解行政争议的，人民法院可以在判决撤销被诉复议决定的同时，判决确认原行政行为违法，不撤销保留效力。

（郭修江撰写）

第九十条

人民法院判决被告重新作出行政行为，被告重新作出的行政行为与原行政行为的结果相同，但主要事实或者主要理由有改变的，不属于行政诉讼法第七十一条规定的情形。

人民法院以违反法定程序为由，判决撤销被诉行政行为的，行政机关重新作出行政行为不受行政诉讼法第七十一条规定的限制。

行政机关以同一事实和理由重新作出与原行政行为基本相同的行政行

为，人民法院应当根据行政诉讼法第七十条、第七十一条的规定判决撤销或者部分撤销，并根据行政诉讼法第九十六条的规定处理。

【条文主旨】

本条是关于人民法院判决被告重新作出行政行为，对被告重新作出行政行为的基本要求的规定。

【起草背景】

2014年行政诉讼法第七十一条规定，人民法院判决被告重新作出行政行为的，被告不得以同一的事实和理由作出与原行政行为基本相同的行政行为。该条规定延续了1989年行政诉讼法第五十五条的规定，仅仅是对将"具体行政行为"修改为"行政行为"而已。针对实践中如何执行该条规定，《若干解释》第五十四条作出三款解释："人民法院判决被告重新作出具体行政行为，被告重新作出的具体行政行为与原具体行政行为的结果相同，但主要事实或者主要理由有改变的，不属于行政诉讼法第五十五条规定的情形。""人民法院以违反法定程序为由，判决撤销被诉具体行政行为的，行政机关重新作出具体行政行为不受行政诉讼法第五十五条规定的限制。""行政机关以同一事实和理由重新作出与原具体行政行为基本相同的具体行政行为，人民法院应当根据行政诉讼法第五十四条第（二）项、第五十五条的规定判决撤销或者部分撤销，并根据行政诉讼法第六十五条第三款的规定处理。"《行诉解释》第九十条规定与《若干解释》第五十四条规定相比较，亦无实质性修改，只是对与2014年修正行政诉讼法相对应的相关条款作出相应的更正。

【条文释义】

被告重新作出的行政行为是否违反"被告不得以同一的事实和理由作

出与原行政行为基本相同的行政行为"，应当如何判断和处理，可以分为以下三种情况进行分析认定。

一、重新作出的行政行为结果与原行政行为相同，但主要事实或者主要理由有改变的，不属于违反行政诉讼法第七十一条规定的情形

所谓"主要事实或者理由有改变"是指对作出原行政行为适用法律规范所要求的法律要件事实作出了实质性的改变，或者变更原行政行为适用的法律从而导致案件定性发生改变的。如果重新作出的行政行为仅仅是对不影响案件定性和处理结果的枝节性事实作出改变，这个改变对原行政行为的定性、法律适用和处理结果均不产生实际影响的，属于以同一的事实和理由作出与原行政行为基本相同的行政行为的情形。

认定"主要事实或者理由有改变"还要与生效行政判决相联系。生效行政判决据以撤销原行政行为的主要事实或法律上的理由，行政机关在重新作出行政行为时予以调查清楚，重新作出认定，或者原行政行为适用法律、法规的错误问题，重新作出的行政行为时按照生效行政判决的指引予以纠正，尽管没有改变处理结果，只要与生效行政判决的观点不相抵触，就属于改变了主要事实和理由的情形。

经审理，人民法院认为重新作出的行政为"主要事实或者理由有改变"的，不得依据行政诉讼法第七十一条规定判决撤销该行政行为。

二、违反法定程序撤销重作的例外规定

人民法院生效判决以违反法定程序为由撤销原行政行为，行政机关在重新作出行政行为的过程中补正程序不足，又以同一的事实和理由作出与原行政行为基本相同的行政行为的，不属于违反行政诉讼法第七十一条规定的情形。

仅以"违反法定程序"为由撤销被诉行政行为，纯属于人民法院对行政机关依法行政的监督，不涉及利害关系人合法权益保护问题。行政机关重新作出行政行为时，只要是补正原行政行为中的程序违法问题，其他部分不予改变，重新作出的行政行为原则上就是合法的行政行为。因此，在

此情形下，行政机关重新作出的行政行为不受以"同一的事实和理由作出与原行政行为基本相同"行政行为的限制。

三、违反行政诉讼法第七十一条规定的判决和法律责任

严格执行人民法院生效判决是包括行政机关在内的所有国家机关、社会组织和公民必须履行的义务。作为被告的行政机关，如果在人民法院判决撤销被诉行政行为后，行政机关重新作出的行政行为与被撤销的行政行为仍无实质区别，实际上是变相对抗生效判决、拒不履行生效判决的行为。为此，司法解释明确规定：一是要依法判决撤销行政机关重新作出的行政行为；二是要依据行政诉讼法第九十六条关于对行政机关拒不履行人民法院生效判决行为的强制措施的规定，对该行政机关负责人按日处五十元至一百元的罚款。

【实务指导】

一、违反法定程序撤销重作的情形将会越来越少

行政诉讼法第七十四条第一款规定，撤销行政行为将会对国家利益、社会公共利益造成重大损失，或者行政行为程序轻微违法，但对原告权利不产生实际影响的，人民法院应当判决确认被诉行政行为违法，不撤销保留其法律效力。根据该条规定，无论是轻微程序违法，还是严重程序违法，人民法院都应当判决确认被诉行政行为违法不撤销，不应当判决撤销重作。

行政行为轻微程序违法，对原告权利不产生实际影响，没有必要撤销被诉行政行为，根据行政诉讼法七十四条第一款第二项规定，人民法院应当判决确认被诉行政行为违法，不撤销保留其法律效力；行政行为存在未依法听证、未听取利害关系人陈述、申辩等侵犯当事人重要程序性权利的严重程序违法情形的，行政诉讼过程中已经通过公开开庭审理，给予其充分的陈诉、申辩权利，经审理后人民法院仍然认为被行政行为的处理结果并

无不当，对原告实体合法权益不产生实际影响的，判决撤销重作只是增加诉累，造成行政和诉讼程序空转，严重损害国家利益、社会公共利益，人民法院仍然应当判决确认违法不撤销保留效力。

由于行政诉讼法第七十四条第一款规定的存在，今后人民法院仅以违反法定程序为由，判决撤销被诉行政行为责令行政机关重新作出行政行为的情形将越来越少。为此，适用《行诉解释》第九十条第二款规定的机会也会越来越少。

二、违反行政诉讼法七十一条规定的处理程序

行政机关重新作出行政行为，违反行政诉讼法第七十一条规定，人民法院应当依法判决撤销行政机关重新作出的行政行为。根据不告不理的诉讼原则，启动撤销程序仍然需要行政相对人对行政机关重新作出的行政行为依法提起行政诉讼。人民法院依法受理行政相对人的起诉后，经审理查明相关事实，应当判决撤销重新作出的行政行为，并可以对行政机关拒不履行法院生效判决的行为依照行政诉讼法第九十六条规定采取强制措施。人民法院无权主动撤销行政机关重新作出的行政行为。

人民法院也可以根据行政相对人的执行申请，在审查行政判决强制执行申请案件中，对行政机关重新作出的行政行为是否违反行政诉讼第七十一条规定进行审查，认为违反七十一条规定的，可以认定行政机关未履行生效判决指定的重新作出行政行为的义务，并作出限期履行生效判决的裁定。同时，对行政机关拒不履行生效判决义务的行为，可以依照行政诉讼法第九十六条规定采取强制措施。

（郭修江撰写）

第九十一条

原告请求被告履行法定职责的理由成立，被告违法拒绝履行或者无正

当理由逾期不予答复的，人民法院可以根据行政诉讼法第七十二条的规定，判决被告在一定期限内依法履行原告请求的法定职责；尚需被告调查或者裁量的，应当判决被告针对原告的请求重新作出处理。

【条文主旨】

本条是关于行政机关不履行法定职责案件判决方式的规定。

【起草背景】

1989年行政诉讼法第五十四条第三项规定，被告不履行或者拖延履行法定职责的，判决其在一定期限内履行。《若干解释》第六十条第二款规定，人民法院判决被告履行法定职责，应当指定履行的期限，因情况特殊难于确定期限的除外。2014年行政诉讼法第七十二条规定，人民法院经过审理，查明被告不履行法定职责的，判决被告在一定期限内履行。为进一步对第七十二条规定作出更为清晰、明确的规定，便于人民法院具体执行，《行诉解释》第九十一条对行政诉讼法第七十二条限期履行法定职责判决，分两种情形作出进一步细化的规定，以保障行政诉讼中的限期履行判决，更能够有效监督行政机关依法行政，维护公民法人和其他组织的合法权益，实质化解行政争议。本条规定参考借鉴了《最高人民法院关于审理行政许可案件若干问题的规定》第十一条规定的精神。

【条文释义】

一、不履行法定职责的表现

行政机关不履行法定职责的主要表现：（1）拒绝履行；（2）不予答复；（3）拖延履行；（4）不完全履行；（5）不适当履行。《行诉解释》第九十一条规定"违法拒绝履行或者无正当理由逾期不予答复"，其列举并非全面列举。上述五种情形应当都可以适用第九十一条规定。

二、法定职责的范围

法定职责包括：（1）法律、法规以及合法规章、规范性文件规定的职责义务；（2）根据上级行政机关指令产生的义务；（3）先前行为引起的随附义务。例如，行政机关限制当事人人身自由后，有保障其人身权不受他人非法侵犯的义务，行政机关扣押财物期间，负有保障财物；（4）行政协议约定的义务。

三、逾期履行的含义

逾期是指超过法定、规范性文件规定，或约定的履责期限。行政诉讼法第四十七条规定："公民、法人或者其他组织申请行政机关履行保护其人身权、财产权等合法权益的法定职责，行政机关在接到申请之日起两个月内不履行的，公民、法人或者其他组织可以向人民法院提起诉讼。法律、法规对行政机关履行职责的期限另有规定的，从其规定。""公民、法人或者其他组织在紧急情况下请求行政机关履行保护其人身权、财产权等合法权益的法定职责，行政机关不履行的，提起诉讼不受前款规定期限的限制。"

四、判决限期履行法定职责

原告请求行政机关履行相关职责义务，行政机关不履行，人民法院经审理认为被告是否需要履行尚需行政机关进一步查明事实或作出裁量的，判决被告限期履行法定职责，至于具体履行法定职责的结果，法院判决不作限定。例如，原告申请补发工伤保险待遇，社会保障部门不予答复。人民法院审理后认为，是否存在少发工伤保险待遇的事实尚需进一步核实，可以判决社会保障部门对原告的申请限期作出答复。至于是否需要补发，由社会保障部门在履责过程中，进一步查明事实，依法自主作出处理，法院判决不作限定。

五、判决限期履行特定职责义务

原告请求被告履行法定职责的理由成立，被告违法拒绝履行或者无正当理由逾期不予答复的，人民法院应当判决被告限期履行原告申请的特定义务。例如，经审理认为，原告申请颁发房产证符合法定条件的，人民法院可以直接判决不动产登记部门限期给原告核发房产证。从监督行政机关依法行政，保护相对人合法权益、实质化解行政争议的角度，更应当提倡人民法院作出特定义务的履行判决。

【实务指导】

一、判决被告限期履责没有实际意义的，判决确认违法

行政诉讼法第七十四条第二款第三项规定，"被告不履行或者拖延履行法定职责，判决履行没有意义的"，人民法院判决确认违法。"判决履行没有意义"是指因客观情况发生变化继续履行没有必要，继续履行将会损害国家利益、公共利益或他人合法权益，或者没有继续履行可能的情形。例如，被告行政机关不履行人民法院生效判决确定的特许经营权主体转移登记义务，造成特许经营权到期，转移登记已经没有实际意义的，生效判决的权利人有权依法提起行政诉讼，请求确认行政机关拖延履行转移登记行为违法，并要求行政赔偿。人民法院经审理认为原告主张成立的，应当判决确认被诉拖延履行法定职责行为违法，并依法判决行政机关承担行政赔偿责任，而不是判决行政机关限期履行法定职责或者履行特定义务。

二、未按照约定履行行政协议义务案件的审理和判决

被告不依法履行、未按照约定履行行政协议义务案件，应当按照不履行法定职责案件的审理规则，对不依法履行、未按照约定履行行政协议约定义务行政行为的合法性进行全面审理，而不是将其作为合同纠纷案件进行审理。理由是，根据行政诉讼法第二条的规定，行政诉讼均属于行政行

为侵权诉讼,不存在合同纠纷之诉。

人民法院审理此类案件,应当首先审查被告是否存在不履行法定或约定的职责义务的行为。法定或约定义务是否合法有效,是不依法履行、未按照约定履行行政协议义务案件的主要证据和依据。只有在法定或协议约定的义务存在重大明显违法,不能作为证据和依据采信时,人民法院才能否定该项法定或约定内容的证明效力。协议约定条款无存在重大明显违法,应当判决被告继续履行协议约定义务。不履行义务行为已经造成当事人实际损失的,还应当同时承担行政赔偿责任;实际履行没有实际意义的,依照行政诉讼法第七十四条第二款第三项规定,判决确认不履行协议义务行为违法,并承担相应的行政赔偿责任。作为行政协议相对方的原告同时存在违法或违约行为扩大的损失,被告行政机关不承担行政赔偿责任。行政协议相对人不履行协议义务的,行政机关可以行使行政协议中的优益权,单方解除或变更协议;行政协议相对人不履行协议义务或者单方解除、变更协议决定,又不在法定期限内申请复议、提起行政诉讼的,行政机关依法申请人民法院非诉执行。

《适用解释》第十五条规定,"原告主张被告不依法履行、未按照约定履行协议或者单方变更、解除协议违法,理由成立的,人民法院可以根据原告的诉讼请求判决确认协议有效、判决被告继续履行协议,并明确继续履行的具体内容;被告无法继续履行或者继续履行已无实际意义的,判决被告采取相应的补救措施;给原告造成损失的,判决被告予以赔偿。""原告请求解除协议或者确认协议无效,理由成立的,判决解除协议或者确认协议无效,并根据合同法等相关法律规定作出处理。""被告因公共利益需要或者其他法定理由单方变更、解除协议,给原告造成损失的,判决被告予以补偿。"上述规定违背行政诉讼法对被诉行政行为合法性进行审理的基本导向,将不履行行政协议约定职责义务行为当成合同纠纷来审理,审理思路是错误的,《行诉解释》生效后,《适用解释》作废不再适用。

(郭修江撰写)

第九十二条

原告申请被告依法履行支付抚恤金、最低生活保障待遇或者社会保险待遇等给付义务的理由成立，被告依法负有给付义务而拒绝或者拖延履行义务的，人民法院可以根据行政诉讼法第七十三条的规定，判决被告在一定期限内履行相应的给付义务。

【条文主旨】

本条是关于给付判决的规定。

【起草背景】

给付判决源于不履行法定职责判决，是不履行法定职责判决的一种特定形态。1989年行政诉讼法中没有给付判决的具体条款，包含在履行判决之中。2014年行政诉讼法第七十三条规定，人民法院经过审理，查明被告依法负有给付义务的，判决被告履行给付义务。《适用解释》第二十三条对行政诉讼法第七十三条规定作出进一步解释，原告申请被告依法履行支付抚恤金、最低生活保障待遇或者社会保险待遇等给付义务的理由成立，被告依法负有给付义务而拒绝或者拖延履行义务且无正当理由的，人民法院可以根据行政诉讼法第七十三条的规定，判决被告在一定期限内履行相应的给付义务。《行诉解释》第九十二条继承前述规定。

【条文释义】

给付判决主要是针对行政机关不履行金钱或特定财物给付义务而作出的限期履行金钱给付，或交付特定财物义务的判决方式。人民法院作出给付判决，应当明确具体给付的金钱数额或特定财物，不能简单判决行政机关限期履行给付义务。具体而言，适用给付判决应当符合下列条件：

一、原告请求被告履行法定职责或者依法履行支付抚恤金、最低生活保障待遇或者社会保险待遇等给付义务

给付判决适用于行政机关不依法履行支付抚恤金、最低生活保障待遇或者社会保险待遇以及行政赔偿、行政补偿等案件金钱给付、返还财物案件。行政机关不依法履行行为义务的案件,不适用给付判决,应当适用履行判决。

二、被告依法负有给付义务,存在不履行、拒绝履行、不完全履行给付义务的行为

被告依法或按照约定应当履行相应的金钱给付义务,或者特定财物的交付义务。但是,逾期未履行、拒绝履行或者未完全履行。行政相对人向人民法院提起行政诉讼,请求判决行政机关依法履行或者按照约定履行相应的金钱给付、特定财物交付义务的,人民法院适用给付判决,限期履行相应的支付或交付义务。

三、不履行给付义务无正当理由

被告不履行金钱给付或者特定财物的交付义务,没有正当理由。正当理由包括:(1)原告提交的申请材料手续不全,或者相关申请事项正在审核之中,尚不具备给付法定条件的;(2)相关争议正在处理过程中,等待处理结果的;(3)法律、政策发生变化,需要进一步明确规则的;(4)财政的原因暂时无法支付的;等等。如果被告不履行给付义务有正当理由,人民法院不能判决行政机关限期履行给付义务。

【实务指导】

一、给付判决与限期履行法定职责判决的关系

理论上讲,给付判决脱胎于履责判决。不履行金钱给付和财物的交付

义务，原本也应当属于履责判决的一部分。由于金钱给付和给付特定财物，与行为义务的履行确有较大区别，为使两者的界限更加清晰，各自适用条件更加明确，法律将行为义务的履行规定为履行判决，金钱及财物的交付义务履行规定为给付判决。

二、不履行金钱给付义务案件确认违法判决的适用

金钱给付义务是种类物而非特定物的给付，原告请求判决被告行政机关限期履行金钱给付义务的，人民法院应当明确判决给付的具体数额，因拖延履行支付义务造成损失的，可以一并判决支付利息。如果行政机关已经履行本金支付义务，但对延迟履行金钱给付义务造成当事人利息等直接财产损失未予支付，当事人请求判决确认延迟履行金钱支付行为违法，并赔偿利息等直接损失的，人民法院应当予以支持。

被告行政机关不履行特定物的交付义务，或者因拖延履行交付义务造成当事人直接损失的，人民法院应当判决被告不能交付或拖延履行交付义务行为违法，并判决被告行政机关承担相应的行政赔偿责任。

（郭修江撰写）

第九十三条

原告请求被告履行法定职责或者依法履行支付抚恤金、最低生活保障待遇或者社会保险待遇等给付义务，原告未先向行政机关提出申请的，人民法院裁定驳回起诉。

人民法院经审理认为原告所请求履行的法定职责或者给付义务明显不属于行政机关权限范围的，可以裁定驳回起诉。

【条文主旨】

本条是关于不履行给付义务案件起诉条件的规定。

【起草背景】

原告提起行政诉讼，人民法院作出实体判决的前提条件是，原告起诉符合法定受理条件。起诉不符合法定受理条件的，人民法院应当裁定驳回起诉，而不是判决驳回原告诉讼请求。行政诉讼法第三十八条第一款规定，在起诉被告不履行法定职责的案件中，原告应当提供其向被告提出申请的证据，但被告应当依职权主动履行法定职责的除外。据此，对应申请的行政行为提起行政诉讼的，原告对起诉前是否向被告行政机关提出过申请，要承担初步证明责任。不能初步证明已经提出过申请的，起诉不符合法定条件，人民法院裁定不予立案；已经立案的，裁定驳回起诉。

有些情况下，起诉条件和实体判决的理由可能是部分重叠的。同一事实既是判断起诉人是否具有原告资格的事实要件，同时又是实体判决时判断原告主张的诉讼请求是否成立的事实基础。只是起诉条件与实体判决对事实清楚的要求程度不同而已，起诉条件要求原告初步证明该项事实存在即可；而实体判决则必须事实清楚，主要证据充分。例如，在原告起诉被告规划局不履行对侵犯其相邻权的违法建设行为实施监督义务的案件中，原告与正在实施建设工程是否存在相邻关系，既是判断起诉人原告资格的条件，也是判断其主张建设行为因侵犯其相邻权属于违法的诉讼请求是否成立的实体判决标准。对于此类问题，需要司法解释给予明确。因此，《行诉解释》第九十三条第二款作了相应规定。

【条文释义】

一、先行提出履责申请的起诉前置条件

原告起诉行政机关不履行支付抚恤金、最低生活保障待遇或者社会保险待遇等给付义务，通常属于应申请的行政行为，不是行政机关依法应当主动履行法定职责的行政行为。应申请的行政行为，行政机关并不当然地具有履行相关法定职责的义务，只有经当事人依法提出申请后，行政机关才会产生相应的法定职责义务。因此，起诉人起诉行政机关不履行给付义务，起诉前必须先行向依法享有相应职责权限的行政机关，提出履行法定职责的申请，对行政机关逾期不依法履行相应法定职责义务的行政行为不服，才能提起行政诉讼。未经现行申请，直接起诉行政机关不履行法定给付义务，起诉不符合法定条件。

二、行政机关明显没有法定职责或者给付义务的处理

行政诉讼法第六十九条规定，原告申请被告履行给付义务理由不成立的，人民法院判决驳回原告的诉讼请求。通常情况下，人民法院经审理认为原告申请行政机关履行给付义务理由不能成立，行政机关不履行给付义务行为合法，人民法院应当判决驳回原告诉讼请求。但是，如果起诉人请求判决行政机关限期履行给付义务，作为被告的行政机关明显不具有相应的职责义务，或者原告请求被告履行给付义务理由明显不能成立，实质上是因原告请求履行给付义务的行政机关不具有相应的职责义务，导致起诉的被告不适格，或者因请求履行给付义务明显缺乏正当理由，导致起诉缺乏基本的事实根据，原告起诉不符合行政诉讼法第四十九条第二项、第三项规定的法定条件。此种情形下，人民法院应当依法裁定驳回原告的起诉，而不是判决驳回原告诉讼请求。

【实务指导】

一、被告对履行给付义务申请不予答复的处理

被告对原告请求履行给付义务的申请不予答复,人民法院经审理后认为,原告请求履行给付义务的诉讼请求不能成立,人民法院应当如何判决?我们认为,行政诉讼是通过对被诉行政行为的合法性审查,对原告合法权益的救济,实现行政争议的有效化解,并非单纯的主观权利救济诉讼。被告对原告的履责申请应当依法作出答复,未履行答复义务,被诉行政行为违法。但是,由于原告请求履行给付义务的诉讼请求不能成立,判决被告履行答复义务没有实际意义,徒增诉累。根据行政诉讼法第七十四条第二款第三项的规定,人民法院应当判决确认不予答复行为违法,并驳回原告请求责令被告履行给付义务的诉讼请求。

二、被告不履行给付义务行为违反法定程序的处理

被告对原告请求履行给付义务作出答复,答复内容结果正确,但是违反法定程序,人民法院应当如何处理?我们认为,同样不能简单审查原告诉讼请求是否成立即判决驳回原告诉讼请求,必须对被诉答复行为的合法性依法作出判决。根据行政诉讼法第七十四条第一款的规定,被诉答复行为轻微程序违法没有对原告权利产生实际影响的,或者程序严重违法,但撤销将会造成程序空转,增加诉累,给国家利益和社会公共利益造成重大损害的,人民法院均应当判决确认被诉行政行为违法,不撤销保留其法律效力。

(郭修江撰写)

第九十四条

公民、法人或者其他组织起诉请求撤销行政行为，人民法院经审查认为行政行为无效的，应当作出确认无效的判决。

公民、法人或者其他组织起诉请求确认行政行为无效，人民法院审查认为行政行为不属于无效情形，经释明，原告请求撤销行政行为的，应当继续审理并依法作出相应判决；原告请求撤销行政行为但超过法定起诉期限的，裁定驳回起诉；原告拒绝变更诉讼请求的，判决驳回其诉讼请求。

【条文主旨】

本条是关于人民法院依职权选择判决方式的规定。

【起草背景】

公民、法人或者其他组织向人民法院提起行政诉讼，依照行政诉讼法及《适用解释》的规定，可以提出请求法院判决撤销的诉讼请求，也可以提出要求判决确认违法的诉讼请求。判决撤销的行政行为是指存在一般违法的行政行为，判决确认无效的行政行为是指存在重大且明显违法的行政行为。人民法院在审理行政案件时，对于两种违法情形的审查程度也不同。在司法实践中，有的原告提起的是撤销诉讼，法院经审理后发现被诉行政行为不属于一般违法情形，而属于重大且明显的无效行为；有的原告提起的是确认无效诉讼，法院经审理后发现被诉行政行为不属于重大且明显的无效行为，而属于一般违法行为。对于这两种情况，如何处理，各地法院做法和理解还不够一致。本条对此作了规定。

【条文释义】

对于法院经过审理之后，发现被诉行政行为的违法状况与原告提起的诉讼类型不一致的，如何处理，在起草本司法解释时有两种不同意见：一种意见认为，原告无论提起的是撤销诉讼还是确认无效诉讼，即便法院发现行政行为存在无效或者可撤销情形，依照"诉判对应"理论，也可以其诉讼请求不成立而驳回其诉讼请求。另一种意见认为，为了保障原告的合法权益，法院经审理发现被诉行政行为违法或者无效的，不能简单地驳回其诉讼请求，而应当依职权进行转换，并作出相应的判决。

本司法解释最终采纳了第二种意见。理由是：第一，行政诉讼法第六条规定，人民法院对被诉行政行为进行合法性审查，不受原告起诉请求的限制。这是由行政诉讼所具有的客观诉讼性质所决定的。第二，对于可撤销情形或者无效情形，是非常专业的问题，原告在起诉时可能并不清楚哪一种诉讼更有利于保障自身合法权益。所以，在司法实践中，"最保险的做法还是在法定救济期限内诉诸法院提起确认无效诉讼"[1]。法院对于被诉行政行为属于可撤销还是无效具有专业判断，可以依职权进行转换。第三，防止出现可能的"翻烧饼"诉讼。如果以原告之诉不合法驳回后，原告仍需再行提起诉讼，审查对象仍然为被诉行政行为的合法性，不符合审判效率原则。第四，我国行政诉讼及其司法解释也规定类型转换制度。例如，行政诉讼法第七十四条规定的情况判决、继续确认判决等。即，在撤销诉讼中，法院经审理认为撤销行政行为可能给国家利益和社会公共利益造成损害或者存在其他无需撤销情形的，可以转换为确认违法诉讼，作出确认违法判决。第五，域外大陆法系国家和地区为了保障原告权利，在行政诉讼中设立了诉讼类型转换制度。例如，德国司法实践中，根据德国行政法院法第43条第2款第2项的规定，也承认诉讼类型之间的转换，以便缓和诉讼类型可能给公民带来的不利风险。[2] 德国学者认为，不可以因为原告选择了一个不适当的诉讼种类而将该诉作为不适法之诉驳回。诉讼类型的意义就在于，对于侵犯公民权利的每一种国家权力行为，都必须有一

---

[1] 许宗力：《行政处分》，载翁岳生编：《行政法》，中国法制出版社2002年版，第711页。
[2] 德国行政法院法第43条（确认之诉）规定："1. 通过诉讼，可以要求确认一法律关系的存在或不存在，或一个行政行为的无效，只要原告人对及时确认拥有合法的利益（确认之诉）。2. 原告人的权利如可以通过形成之诉或给付之诉得到满足的，无需作出该确认；但是，这点不适用于涉及行政行为无效的确认。"

个适当的诉讼种类可供利用。如果原告选择了错误的诉讼类型，法院必须依照德国行政法院法第86条第3款的规定，首先通过解释（至少有一个具体的指示），必要时也可以通过转换方式，使之成为一个适当的诉讼类型。① 我国台湾地区"行政诉讼法"第198条也规定了类似的诉讼类型转换制度："行政法院受理撤销诉讼，发现原处分或决定虽属违法，但其撤销或变更于公益有重大损害，经斟酌原告所受损害、赔偿程度、防止方法及其他一切情事，认原处分或决定之撤销或变更显与公益相违背时，得驳回原告之诉。前项情形，应于判决主文中谕知原处分或决定违法。"可见，该条规定的也是撤销诉讼转换为确认诉讼。据此，本条就诉讼类型的转换作了两款规定。

本条第一款规定，公民、法人或者其他组织起诉请求撤销行政行为，人民法院经审查认为行政行为无效的，应当作出确认无效的判决。根据行政诉讼法和《适用解释》的规定，公民、法人或者其他组织在提起诉讼时，可以选择一种诉讼类型。《适用解释》第二条规定，行政诉讼法第四十九条第三项规定的"有具体的诉讼请求"是指：（1）请求判决撤销或者变更行政行为；（2）请求判决行政机关履行法定职责或者给付义务；（3）请求判决确认行政行为违法；（4）请求判决确认行政行为无效；（5）请求判决行政机关予以赔偿或者补偿；（6）请求解决行政协议争议；（7）请求一并审查规章以下规范性文件；（8）请求一并解决相关民事争议；（9）其他诉讼请求。当事人未能正确表达诉讼请求的，人民法院应当予以释明。根据上述规定，公民、法人或者其他组织提起行政诉讼，可以请求法院撤销被诉行政行为。根据行政诉讼法第七十条的规定，行政行为有下列情形之一的，人民法院判决撤销或者部分撤销，并可以判决被告重新作出行政行为：（1）主要证据不足的；（2）适用法律、法规错误的；（3）违反法定程序的；（4）超越职权的；（5）滥用职权的；（6）明显不当的。这些规定属于一般违法行为的列举，也是可撤销行政行为的具体情形。但是，人民法院在审理后发现行政行为不仅属于上述一般违法行为情形，更

---

① ［德］弗里德赫尔穆·胡芬：《行政诉讼法》，莫光华译，法律出版社2003年版，第203~204页。

属于"重大且明显违法"的行为。即属于行政诉讼法第七十五条规定的情形,即行政行为有实施主体不具有行政主体资格或者没有依据等重大且明显违法情形,原告申请确认行政行为无效的,人民法院判决确认无效。

无效的行政行为,虽然在法律上无效,但因其具有行政行为的外观,可能对人民的合法权益造成侵害,因此允许人民对此提起诉讼。无效的行政行为不同于违法的行政行为。无效行政行为的"无效"具有如下特征:一是自始无效,即行政行为从作出之时起就没有法律上的约束力;二是当然无效,即该无效不是由于法院的判决导致无效,而是其本身就无效,法院的确认只是对该事实予以宣告而已;三是绝对无效,即该行政行为所包涵的意思表示完全不被法律承认,法院判决宣告无效,如同该行政行为从来没有存在过。无效行政行为因其脱离了一般理性人的判断,达到"匪夷所思"的地步,其根本不具有任何效力,任何机关和个人都可以无视它的存在。这就将"无效行政行为"与"违法的行政行为"区别开来。

重大且明显标准来源于现有法律和司法解释的规定。我国的司法解释在对非诉行政执行和对基础行为的审查中也明确了"重大且明显"无效标准。《若干解释》第九十五条对于非诉行政执行的审查采用的就是"重大且明显"标准:(1)明显缺乏事实根据的;(2)明显缺乏法律依据的;(3)其他明显违法并损害被执行人合法权益的。《最高人民法院关于审理行政许可案件若干问题的规定》第七条规定,作为被诉行政许可行为基础的其他行政决定或者文书存在以下情形之一的,人民法院不予认可:(1)明显缺乏事实根据;(2)明确缺乏法律依据;(3)超越职权;(4)其他重大明显违法行为。这一标准也被行政强制法第五十八条所认可。与域外(例如德国)的做法不同,行政诉讼法采取了对"重大且明显"进行列举的方式,也就是说,列举的情形就属于"重大且明显"。而在域外,列举的两类情形——"行政行为有实施主体不具有行政主体资格或者没有依据"均须符合"重大且明显"的标准。行政诉讼法对重大且明显作出的客观列举方式,有利于法院正确审理和准确认定。

一般情况下,原告不会直接提起确认无效诉讼,而是会提起撤销诉讼。这是因为,无效行政行为与一般违法行政行为之间既是不同的,也具有一定的相似性。无效行政行为的标准为存在"重大且明显"的瑕疵，应当提起确认行政行为无效诉讼；对于一般的瑕疵，应当提起撤销诉讼。但是，当事人可能并不知道行政行为的瑕疵状况。在提起撤销诉讼后，法院并不能立即判断行政行为属于无效情形或者一般违法情形。法院经过实体审理后，认为存在无效情形的，可以转换为确认行政行为无效诉讼。

本条第二款规定的是确认无效诉讼转换为撤销诉讼的情形。即，公民、法人或者其他组织起诉请求确认行政行为无效，人民法院审查认为行政行为不属于无效情形，经释明，原告请求撤销行政行为的，应当继续审理并依法作出相应判决；原告请求撤销行政行为但超过法定起诉期限的，裁定驳回起诉；原告拒绝变更诉讼请求的，判决驳回其诉讼请求。这就是说，当事人提起确认行政行为无效诉讼后，法院经审查认为行政行为一般违法，也可以在对当事人释明后，转为撤销诉讼。可见，行政诉讼法第七十五条规定的"原告申请"包含两种情况：一种情形是原告在起诉时，就要求确认行政行为无效；另一种情形是，原告在提起撤销诉讼时，法院对行政行为经过审查后认为，行政行为存在重大且明显违法的，且原告申请判决确认行政行为无效，法院可以作出相应判决。在司法解释讨论过程中，也有的意见认为，行政行为是否属于"重大且明显"，应当属于法院裁量的情形，无须原告申请就应当确认行政行为违法。我们认为，在这种情况下，给予原告必要的释明，由原告选择，具有一定的合理性。据此，本款第一句规定，公民、法人或者其他组织起诉请求确认行政行为无效，人民法院审查认为行政行为不属于无效情形，经释明，原告请求撤销行政行为的，应当继续审理并依法作出相应判决。

在确认无效诉讼转换为撤销诉讼之后，仍然需要符合撤销诉讼的条件。确认无效诉讼和撤销诉讼的重大差别就在于确认无效诉讼没有起诉期限的限制，而撤销诉讼存在起诉期限的限制。如果起诉已经超过起诉条件的，已经不符合撤销诉讼的条件，则应当裁定驳回起诉。经过释明之后，原告拒绝变更诉讼请求的，可以作出实体的驳回其诉讼请求的判决。据此，本条第二款第二句规定，原告请求撤销行政行为但超过法定起诉期限的，裁定驳回起诉；原告拒绝变更诉讼请求的，判决驳回其诉讼请求。

【实务指导】

在适用本条时，应当注意以下几个问题：第一，无效的行政行为是具有法定情形的存在瑕疵的行政行为。是否属于无效的行政行为，应当根据行政诉讼法第七十五条的规定和本解释第九十九条的规定予以判断。对于无效行政行为的情形应当严格把握，不宜扩大适用。第二，在诉讼类型转换中，要突出法院的释明义务和强调原告的意愿。诉讼类型转换制度是行政诉讼法的特殊制度，目的在于更有效保障当事人诉权，更有力监督行政机关的行政执法行为。因此，对于撤销诉讼转换为确认无效诉讼的，因其更有利于保障当事人合法权益，法院无须进行释明。但是，如果当事人起诉要求确认无效，法院不进行释明，直接判决驳回其诉讼请求，可能不符合行政诉讼法保障当事人诉权的意旨。因此，法院可以在征求当事人意愿的基础上，依职权进行诉讼类型的转换。当事人拒绝变更诉讼请求的，法院才能判决驳回其诉讼请求。

（梁凤云撰写）

第九十五条

人民法院经审理认为被诉行政行为违法或者无效，可能给原告造成损失，经释明，原告请求一并解决行政赔偿争议的，人民法院可以就赔偿事项进行调解；调解不成的，应当一并判决。人民法院也可以告知其就赔偿事项另行提起诉讼。

【条文主旨】

本条是关于被诉行政行为违法或者无效造成原告损失，原告请求行政赔偿救济途径的规定。

【起草背景】

1989年行政诉讼法第六十七条规定，公民、法人或者其他组织的合法权益受到行政机关或者行政机关工作人员作出的行政行为侵犯造成损害的，有权请求赔偿。公民、法人或者其他组织单独就损害赔偿提出请求，应当先由行政机关解决。对行政机关的处理不服，可以向人民法院提起诉讼。赔偿诉讼可以适用调解。鉴于行政侵权赔偿问题属于国家赔偿法规定的内容，2014年行政诉讼法取消了旧法中第九章"行政侵权赔偿责任"，对赔偿问题未作明确规定。国家赔偿法第九条第二款规定，赔偿请求人要求赔偿应当先向赔偿义务机关提出，也可以在申请行政复议或者提起行政诉讼时一并提出。本条规定实质是对行政诉讼中如何适用国家赔偿法第九条第二款作出的解释。

【条文释义】

根据国家赔偿法第九条第二款规定，当事人申请国家赔偿有两条途径：一是向赔偿义务机关申请国家赔偿，对赔偿义务机关的处理结果或不予答复行为不服，可以申请行政复议，或者向人民法院单独提起行政赔偿诉讼；二是对侵权的行政行为提起行政诉讼的同时，一并提起行政赔偿诉讼。《行诉解释》第九十五条明确了国家赔偿法规定的两条救济路径。下面分别阐述两条诉讼途径的法定适用条件。

一、单独提起行政赔偿诉讼

单独提起行政赔偿诉讼应当满足以下几个条件。

（一）侵权的行政行为已经被确认为违法

《最高人民法院关于审理行政赔偿案件若干问题的规定》第二十一条第一款第四项规定，赔偿请求人单独提起行政赔偿诉讼，加害行为已被确认为违法。司法解释作出如此规定的原因在于，单独提起行政赔偿诉讼不再对侵权行政行为的违法性进行审理判决，没有侵权行政行为被确认违法的前提条件，行政赔偿案件将无法作出判决。有人认为，2010年修改之后的国家赔偿法取消违法确认程序，当事人申请国家赔偿不再需要以违法为条件，这是对2010年国家赔偿法的误读。国家赔偿法"行政赔偿"一章中，第三条、第四条关于侵犯人身权、财产权应当予以行政赔偿的行政行为列举中，兜底条款都明确规定，造成公民身体伤害或者死亡、造成财产损害的其他违法行为。也就是说判决行政机关承担行政赔偿责任，仍然是要以侵权的行政行为违法为前提。合法行政行为造成当事人人身权、财产权损害的，承担的是行政补偿责任，不是行政赔偿责任。2010年修改后的国家赔偿法司法赔偿一节，也不是规定司法赔偿无需以违法为前提，只是取消了确认违法程序，审理国家赔偿申请中，赔偿义务机关和人民法院有权直接对侵权的司法行为是否违法作出判断。确认程序与赔偿程序合二为一，通过修改立法解除确认违法程序给当事人获得司法赔偿形成的障碍。行政赔偿中，不存在国家赔偿法修改前司法赔偿确认程序的障碍，1989年行政诉讼法实施以来，行政赔偿就有两条途径，在对侵权的行政行为提起行政诉讼同时一并提起行政赔偿的救济路径从来就是畅通的。只是当事人单独提起行政赔偿诉讼，须以侵权的行政行为已经被确认为违法为前提。

（二）先行向赔偿义务机关提出行政赔偿

为便于行政机关自我纠正，充分发挥其在相对人权利救济方面的专业优势和资源优势，《国家赔偿法》第九条第二款规定，赔偿请求人要求赔偿，应当先向赔偿义务机关提出，也可以在申请行政复议或者提起行政诉讼时一并提出。因此，《最高人民法院关于审理行政赔偿案件若干问题的规定》第二十一条第一款第五项规定，单独提起行政赔偿诉讼，须以赔偿义务机关已先行处理或超过法定期限不予处理为前提。根据行政诉讼法第三十八条规定，单独提起行政赔偿诉讼时，原告应当提供证据证明，其已经向被告先行提出赔偿申请。需要注意一点，考虑到在一并提起行政赔偿诉讼案件中，人民法院可一并处理行政赔偿案件，行政行为被人民法院在先判决撤销或者确认违法的情形，与此类似，为便于行政争议及时解决，不必要求当事人必须先行申请赔偿义务机关处理。

(三) 符合行政诉讼案件的其他法定起诉条件

单独提起行政赔偿诉讼，实际上就是行政诉讼案件，除符合上述两项条件外，还应当符合行政诉讼法规定的原告资格、适格被告、有具体的赔偿请求和受损害的事实根据、属于行政赔偿诉讼的受案范围和受诉人民法院管辖、符合法律规定的起诉期限等其他起诉条件。

二、一并提起行政赔偿诉讼

原告对被诉行政行为提起行政诉讼的同时，可以一并对被诉行政行为造成的损失提起行政赔偿诉讼，两个诉讼请求可以合并审理。被诉行政行为有可能被确认违法或无效，且造成原告损失，原告未一并提起行政赔偿诉讼的，人民法院应当向原告释明，引导其一并提起行政赔偿诉讼。根据《最高人民法院关于审理行政赔偿案件若干问题的规定》第二十三条第二款规定，行政案件的原告可以在提起行政诉讼后至人民法院一审庭审结束前，提出行政赔偿请求。人民法院审理行政赔偿案件可以进行调解，调解达成协议的，人民法院制作调解书，调解书送达双方当事人方生法律效力，一方不履行，另一方可以申请人民法院强制执行。调解不成的，人民法院在对被诉行政行为作出判决的同时，应当对原告的行政赔偿请求一并作出实体判决。

【实务指导】

一、行政赔偿诉讼程序适用行政诉讼程序

国家赔偿法只对赔偿义务机关的审理程序作出规定，进入行政赔偿诉讼程序后，仅规定赔偿请求人和赔偿义务机关对自己提出的主张应当提供证据，未对行政赔偿诉讼程序作出规定。其原因在于，行政赔偿诉讼实际上是行政诉讼的一部分，原则上适用行政诉讼程序。因此，国家赔偿法没有必要作出重复规定。凡是国家赔偿法和行政诉讼法没有作出特别规定

的，行政赔偿诉讼应当依照行政诉讼法进行审理和裁判。

二、行政诉讼与行政赔偿诉讼的合并审理问题

《最高人民法院关于审理行政赔偿案件若干问题的规定》第二十八条规定，当事人在提起行政诉讼的同时一并提出行政赔偿请求，或者因行政行为和与行使行政职权有关的其他行为侵权造成损害一并提出行政赔偿请求的，人民法院应当分别立案，根据具体情况可以合并审理，也可以单独审理。根据该条规定，一些地方法院单纯考虑增加案件数量，将所有行政诉讼案件与行政赔偿案件分别立案。还有的地方法院担心二审撤销行政诉讼案件判决的同时，撤销行政赔偿案件判决，因此，对行政诉讼案件现行进行审理和判决，裁定中止行政赔偿诉讼案件的审理，等行政诉讼案件终审判决生效后再恢复对行政赔偿案件的审理。我们认为，尽管如此做法没有违反行政诉讼法和行政赔偿司法解释的明文规定，但是，违背行政诉讼法关于及时有效化解行政争议的诉讼目的。正确的做法应当是，尽可能将行政诉讼案件和行政赔偿诉讼案件合并一案审理，一并作出行政判决和行政赔偿判决。

（郭修江撰写）

第九十六条

有下列情形之一，且对原告依法享有的听证、陈述申辩等重要程序性权利不产生实质损害的，属于行政诉讼法第七十四条第一款第二项规定的"程序轻微违法"：

（一）处理期限轻微违法；

（二）通知、送达等程序轻微违法；

（三）其他程序轻微违法的情形。

【条文主旨】

本条是关于确认违法判决适用条件的规定。

【起草背景】

1989年行政诉讼法没有确认违法判决方式。根据审判实践的客观需要，《若干解释》第五十六条对驳回原告诉讼请求判决作出补充规定，明确人民法院认为起诉被告不作为理由不能成立，被诉行政行为合法但存在合理性问题或因法律、政策变化需要变更或者废止，以及其他应当判决驳回诉讼请求的情形，人民法院应当判决驳回原告的诉讼请求。其中第四项"其他应当判决驳回诉讼请求的情形"，司法实践中通常的理解和适用包括被诉行政行为轻微程序违法但是没有侵犯原告实体合法权益的情形。但是，2014年行政诉讼法第六十九条规定的驳回原告诉讼请求适用条件，仅指被诉行政行为合法，不包括上述情形。同时，第七十四条第一款第二项规定，行政行为程序轻微违法，但对原告权利不产生实际影响的，人民法院应当判决确认违法，但不撤销行政行为。上述理解和适用导致《若干解释》第五十六条第四项规定与2014年行政诉讼法第六十九条及第七十四条第一款第二项规定相冲突。因此，2015年5月1日后，人民法院不能再适用《若干解释》第五十六条第四项规定判决驳回原告诉讼请求。但是，对于2014年行政诉讼法第七十四条第一款第二项规定的"程序轻微违法"实践中却有不同的理解。为此，《行诉解释》第九十六条对此作出解释。

【条文释义】

《行诉解释》第九十六条从正反两个反面对"程序轻微违法"作出解释。

一、不属于"程序轻微违法"的情形

对原告依法享有的听证、陈述申辩等重要程序性权利产生实质损害的程序违法,不属于"程序轻微违法",不能适用行政诉讼法第七十四条第一款第二项规定。"重要程序性权利产生实际损害的程序违法"是与"程序轻微违法"相对应的模糊概念,应当指违反正当程序原则的程序违法情形,主要包括:(1)未依法举行听证;(2)未遵守回避原则;(3)作出不利行政行为时,未听取利害关系人的陈述、申辩等。

二、属于"程序轻微违法"的情形

"程序轻微违法"但对原告权利不产生实际影响的,之所以法院应当判决确认违法,不撤销被诉行政行为,保留其法律效力,其中目的之一在于有效化解行政争议,防止撤销重作判决造成的程序空转。从这个意义上讲,应当扩大对"程序轻微违法"范围的理解,凡是未对原告依法享有的听证、陈述申辩等重要程序性权利产生实质损害的程序违法,均属于"程序轻微违法"。因此,《行诉解释》第九十六条列举的处理期限轻微违法,通知、送达等程序轻微违法,其他程序轻微违法三种情形,并不是对"程序轻微违法"情形的全面列举,一般而言,只要不违反正当程序原则,就属于"程序轻微违法"的情形。

【实务指导】

一、违反正当程序原则但对原告权利不产生实际影响的行政行为的判决方式

"对当事人重要程序性权利产生实际损害的程序违法",不属于行政诉讼法第七十四条第一款第二项规定的情形。但是,即便是重要程序性权利受到实际损害的程序违法,由于未对原告实体权利产生实际影响,审判程序已经基本补正行政行为的程序问题,判决撤销被诉行政行为后,让行政

机关在重新作出行政行为的过程中举行听证，给予当事人陈述、申辩的机会，或更换调查人重新进行调查处理，补正程序之后重新作出与被撤销的行政行为认定主要事实、适用法律法规、处理结果基本一致的行政决定，当事人再次对重新作出的行政为提起诉讼，再经一、二审程序，终审判决驳回原告诉讼请求。这样的结果只能是造成程序空转，浪费司法资源、行政资源，而且会进一步激化矛盾，对国家利益和社会公共利益都是一个重大损失。正因为如此，对重大明显程序违法但对原告权利不产生实际影响的行政行为作出撤销判决，是不符合行政诉讼法目的。既然此种情形下撤销被诉行政行为会对国家利益、社会公共利益造成重大损害，我们完全可以依照行政诉讼法第七十四条第一款第一项的规定，判决确认被诉行政行为违法，不撤销保留其法律效力。如此判决，即节约司法和行政成本，又对行政程序违法实施了监督，有助于行政争议的实质化解，符合行政诉讼目的和确认违法判决的具体适用条件。

二、"程序轻微违法"与文字校对错误的补正

严格意义上讲，行政机关作出行政决定的法律文书，因为校对不严，存在文字、数字等表述错误的，同样属于行政行为形式违法，也是行政程序违法的一种形式，可以归于"程序轻微违法"的情形之一。但是，这种明显的校对错误，在人民法院作出一审判决前，行政机关自行纠正校对错误的，人民法院是否仍有必要判决确认被诉行政行为违法，不撤销保留其法律效力，这是值得讨论的。笔者认为，在行政机关已经及时在自我纠正校对错误，形式错误得到补正的情况下，人民法院应当将补正后的行政决定与原行政行为视为一个整体，不应将校对文字错误补正后的行政决定，认定为行政机关自我纠错后重新作出的新的行政行为，可以判决驳回原告诉讼请求。

（郭修江撰写）

第九十七条

原告或者第三人的损失系由其自身过错和行政机关的违法行政行为共同造成的，人民法院应当依据各方行为与损害结果之间有无因果关系以及在损害发生和结果中作用力的大小，确定行政机关相应的赔偿责任。

【条文主旨】

本条是关于行政机关与原告或第三人共同造成损失时行政赔偿责任如何确定的原则规定。

【起草背景】

人民法院判决确认被诉行政行为违法或无效后，原告或者第三人的损失是由违法或无效的行政行为与原告或者第三人自身过错共同造成，在混合过错的情况下，人民法院如何判决行政机关承担行政赔偿责任，一直是审判实践不断探索的争议问题。《最高人民法院关于审理房屋登记行政案件若干问题的解释》（法释〔2010〕15号）第十二条规定，申请人提供虚假材料办理房屋登记，给原告造成损害，房屋登记机构未尽合理审慎职责的，应当根据其过错程度及其在损害发生中所起作用承担相应的赔偿责任。该条规定对房屋登记案件中存在混合过错情况下，人民法院确定行政机关行政赔偿责任份额问题作出原则规定。这一规定确定的归责原则，实际上也是所有混合过错情况下确定行政机关赔偿责任的原则。为此，《行诉解释》第九十七条，在总结和吸收房屋登记司法解释上述规定的基础上形成本条规定。

【条文释义】

理解和适用《行诉解释》第九十七条需要符合以下几个条件。

一、原告或第三人存在实际的损失

行政赔偿的前提是有实际的损失存在。这个损失通常可能是原告的。例如，原告有一套房屋，侵权人以原告代理人的名义将原告的房屋卖给第三人，第三人支付房款，办理产权转移登记手续，取得房屋产权证。由于第三人系善意取得，原告请求撤销转移登记行为，人民法院只能依法判决确认转移登记行为违法，不撤销保留其法律效力。在此情形下，受损失的是原告。但是，换一种情形，受损失的就会成为第三人。同样是在上述情形下，只是第三人购买房屋时明知侵权人无代理权限，或者支付明显低于市场价格的房款购买原告的房屋，不符合善意第三人的法定条件，人民法院判决撤销转移登记行为，将房屋所有权返还给原告。此时，遭受损失的就是第三人，第三人交付的房款被侵权人骗取无法追回。如果第三人交付的房款已经全部追回，不存在直接财产损失，则不存在行政赔偿问题。

二、损失的形成系混合过错造成

原告或者第三人的损失，是由被告行政机关的违法行政行为和原告或第三人的过错行为共同造成。其中，原告或者第三人的自身过错，包括：（1）原告因自身的过错行为。例如，原告过于信任侵权人，将自己的身份证、产权证书等重要身份和权利凭证交给侵权人，侵权人伪造产权移交手续，骗取产权变更登记，造成原告的房屋无法收回。（2）第三人自身过错行为。例如，第三人明知侵权人无代理权限或者以明显低于市场价格的购房款购买原告的房产，并积极配合侵权人伪造相关登记、转移登记手续办理产权过户手续，最终上当受骗，交付给侵权人的购房款无法追回。无论原告的过错，还是第三人的过错，只要受损失一方存在自身过错，因其自身过错造成的损失部分，行政机关不承担赔偿责任。这一点在国家赔偿法上也是有根据的，国家赔偿法第五条第二项规定，因公民、法人和其他组织自己的行为致使损害发生的，国家不承担赔偿责任。

被告行政机关的违法行政行为承担行政赔偿责任的前提条件是行政机关"未尽审慎审查义务"，对损失的形成存在过错。"未尽审慎审查义务"

的实质是违法行政行为与损失之间存在因果联系。违法行政行为对损失的形成没有过错，违法行政行为与损失之间没有因果联系，行政机关不承担行政赔偿责任。例如，在房屋产权变更登记案件中，由于原告或第三人的过错，侵权行为人提供的虚假材料确实让登记机关在作出房屋权属变更登记时难以发现，登记机关已经按照法律、法规、规章的规定，完全履行相关的审查程序义务，结果还是上当受骗，为侵权人错误地办理产权变更登记。由于办理转移登记的相关材料是虚假的，行政机关尽管已经履行相关程序义务，但是，因被诉变更登记行为主要事实不清、证据不足，该变更登记行为仍然是违法的行政行为。人民法院判决确认被诉变更登记行为违法后，因行政机关已经尽到审慎的审查义务，对损失的形成并无过错，违法登记行为与损失之间没有因果联系，所以登记机关并不承担行政赔偿责任。但是，如果侵权人提供的申报材料明显存在伪造的痕迹，登记机关未尽审慎审查义务发现并拒绝变更登记，违法登记行为只有在行政机关未尽到审慎的审查义务，其违法办理变更登记行为对损失的形成具有过错责任时，行政机关才应当承担相应的行政赔偿责任。

三、根据作用力确定行政赔偿责任

侵权责任法第十二条规定，二人以上分别实施侵权行为造成同一损害，能够确定责任大小的，各自承担相应的责任。这是民事侵权中两个无意思联络的侵权行为共同侵权，存在混合过错情况下，人民法院确定责任分配的基本原则。参照上述规定，《行诉解释》第九十七条的规定，行政机关作出的被诉行政行为违法或无效对损失的形成具有一定作用，同时，还存在原告或第三人的自身过错行为，两个无意思联络的行为，共同造成原告或第三人合法权益损失的，人民法院在确定行政机关应当承担的行政赔偿责任份额时，应当根据违法或无效行政行为与损害发生和结果之间有无因果关系，判断行政机关是否应当承担行政赔偿责任。无因果关系的，行政机关不承担赔偿责任；有因果关系的，应当根据该行政行为在损失发生和结果中的作用力大小，确定行政机关承担相应的行政赔偿责任。

四、行政机关承担相应的行政赔偿责任

行政机关根据其违法行政行为在损失发生和结果中的作用力大小，承担相应的行政赔偿责任。也就是说，人民法院要根据过错各方在损失发生和结果形成中的作用，确定各自的承担比例。行政机关按照其违法行为应当承担的比例份额，对全部损失承担相应的行政赔偿责任。赔偿数额的计算不是根据民事侵权责任的计算方式和标注，而是以行政赔偿的计算方式和标准。在根据国家赔偿法计算出应赔偿总额后，乘以行政机关应当承担的比例，计算出行政机关应当承担的行政赔偿的具体数额。

【实务指导】

一、行政行为违法与承担行政赔偿责任的关系

根据国家赔偿法规定，只有行政行为违法，才承担行政赔偿责任。但是，并非只要行政行为违法，就一定要承担行政赔偿责任。在类似于因第三方侵权人伪造权属来源材料，申请办理土地、房产等权属变更登记案件中，有人主张，由于原告自身的责任，侵权人伪造的虚造材料足以让行政机关相信它是真实可信的，行政机关尽到了法律规定的形式审查义务，就不应当判决确认被诉行政行为违法，更不应当判决其承担行政赔偿责任。我们认为，这种观点是错误的。根据行政诉讼法第七十条规定，被诉行政行为存在主要证据不足、适用法律法规错误、违反法定程序、超越职权、滥用职权、明显不当情形之一的，就属于违法的行政行为。申请人提供虚假材料，行政机关依据该虚假材料作出被诉行政行为，该行政行为当然属于因主要证据不足而违法的行政行为。行政机关尽到法律规定的形式审查义务，并不等于行政行为就是合法的。因此，认为行政机关尽到审慎审查义务，就不应判决确认根据虚假材料作出的行政行为违法，理由是不能够成立的。事实上，是否尽到审慎的审查义务，不是确认被诉行政行为违法的判断标准，而是判断行政机关违法的行政行为是否应当承担行政赔偿责

任的标准。

二、关于内外勾结侵犯原告合法权益的行政赔偿责任

《最高人民法院关于审理房屋登记案件若干问题的规定》（法释〔2010〕15号）第十三条规定，房屋登记机构工作人员与第三人恶意串通违法登记，侵犯原告合法权益的，房屋登记机构与第三人承担连带赔偿责任。该条规定同样是遵循根据违法行政行为对损失形成的作用，判断行政机关应当承担的过错责任，进而判决其承担相应的行政赔偿责任的原则。我们认为，上述规定不仅可以适用于房屋登记案件，也可以适用于类似的其他所有行政机关工作人员与侵权人内外勾结侵害原告或第三人合法权益的情形。也就是说，只要是有充分确凿的证据证明，行政机关工作人员与侵权人相互勾结，共同实施虚假的违法行政行为，侵害原告或第三人合法权益的，行政机关应当与侵权人对全部损失承担连带赔偿责任，行政机关赔偿后，可以向实施侵权行为的工作人员及侵权人追偿。

（郭修江撰写）

第九十八条

因行政机关不履行、拖延履行法定职责，致使公民、法人或者其他组织的合法权益遭受损害的，人民法院应当判决行政机关承担行政赔偿责任。在确定赔偿数额时，应当考虑该不履行、拖延履行法定职责的行为在损害发生过程和结果中所起的作用等因素。

【条文主旨】

本条是关于行政机关不履行、拖延履行法定职责造成原告损失时行政赔偿责任如何确定的原则规定。

【起草背景】

被告行政机关不履行法定职责、拖延履行法定职责造成当事人人身、财产损失的,通常并非不履责或拖延履责行为本身造成当事人的损害,多数情况下都可能存在原告自身过错或第三人侵权并存的情形,在此类情形下,人民法院应当如何确定行政机关应当承担的行政赔偿责任,司法实践很长一段时间做法不一。《最高人民法院关于公安机关不履行、拖延履行法定职责如何承担行政赔偿责任问题的答复》(〔2011〕行他字第24号)针对甘肃省高级人民法院就此类问题提出的请示,答复如下:"公安机关不履行或者拖延履行保护公民、法人或者其他组织人身权、财产权法定职责,致使公民、法人或者其他组织人身、财产遭受损失的,应当承担相应的行政赔偿责任。""公民、法人或者其他组织人身、财产损失系第三人行为造成的,应当由第三人承担民事侵权赔偿责任;第三人民事赔偿不足、无力承担赔偿责任或者下落不明的,应当根据公安机关不履行、拖延履行法定职责行为在损害发生过程和结果中所起的作用等因素,判决其承担相应的行政赔偿责任。""公安机关承担相应的赔偿责任后,可以向实施侵权行为的第三人追偿。"上述答复对公安机关不履行、拖延履行法定职责造成损害的行政赔偿归责原则作出规定,但是没有将其作为行政机关不履责行政赔偿的普遍规则。《行诉解释》第九十八条,在吸收上述答复的意见的基础上,将适用对象扩大至所有行政机关,使其成为一条普遍适用的规则。

【条文释义】

一、被告不履行、拖延履行法定职责,造成公民、法人或者其他组织人身损害或者直接财产损失的,应当承担行政赔偿责任

行政机关不履行法定职责或拖延履行法定职责造成当事人人身、财产损害,是否要承担行政赔偿责任,国家赔偿法第三条、第四条未作明确列举。但是,司法实践中确实会遇到当事人对行政机关未尽职责义务造成人身、财产损失提起行政赔偿诉讼的情形,需要最高人民法院通过司法解释予以明确。在总结过去审判经验和批复、答复意见的基础上,《行诉解释》第九十八条对此作出明确回答。主要理由是:第一,国家赔偿法第三条、第四条均有兜底条款,"造成公民身体伤害或者死亡的"或"造成财产损害的""其他违法行为",并非完全列举,只要存在违法行政行为造成当事人人身、财产损失的情形,无论是作出的行政行为造成的,还是不作为行为造成的,均应当依法承担行政赔偿责任。第二,行政机关不履行、拖延履行法定职责,确实有可能对当事人的合法权益造成损害。第三,国家赔偿的目的是让受到违法行政行为侵害的合法权利能够得到充分救济,对于不履行、拖延履行法定职责这种违法行为造成当事人的损害不予行政赔偿,不符合国家赔偿法的立法目的,也不利于实现社会公平和谐稳定。

二、被告不履行、拖延履行法定职责造成公民、法人或者其他组织人身损害或者直接财产损失的,人民法院应当根据其不履行、拖延履行法定职责行为在损失发生和形成过程中的作用,判决其承担相应的行政赔偿责任

根据当事人的过错判断其应当承担的赔偿责任大小,是民事侵权赔偿责任划分的基本标准。侵权责任法第三十七条规定,宾馆、商场、银行、车站、娱乐场所等公共场所的管理人或者群众性活动的组织者,未尽到安全保障义务,造成他人损害的,应当承担侵权责任。因第三人的行为造成他人损害的,由第三人承担侵权责任;管理人或者组织者未尽到安全保障义务的,承担相应的补充责任。该条款根据侵权责任归责原则,对公共场所负有安保职责的管理人或群众性活动的组织者,不履行法定职责,未尽安全保障义务,造成他人人身、财产损害应当承担的民事赔偿责任规定。行政机关不履行、拖延履行法定职造成公民、法人或者其他组织人身、财产损害,与民事侵权责任中的管理人责任非常近似。〔2011〕行他字第24号答复和《行诉解释》都是借鉴侵权责任法第三十七条规定基础上,对行政机关不履行、拖延履行法定侵权行政赔偿责任作出的规定。即，只有在不履行、拖延履行法定职责行为与受害人的损失之间存在因果关系，行政机关不履行、拖延履行法定职责行为对损失的形成发挥作用时，人民法院才能根据行政机关不履行、拖延履行法定职责行为在损失形成中的作用大小，判决行政机关承担相应比例的行政赔偿责任。

【实务指导】

一、抽象不履责行为不承担行政赔偿责任

行政机关不履行、拖延履行法定职责行为造成公民法人或者其他组织人身、财产损害，应当承担相应的行政赔偿责任。这里的不履行、拖延履行法定职责行为，是指行政机关针对特定对象负有的作为义务的不履行或拖延履行。即，在特定情形下，当事人向负有法定职责义务的行政机关提出具体的履责申请，或者出现相关行政机关应当依法主动履行法定职责的情形，行政机关不履行、拖延履行法定职责，造成特定当事人人身、财产损害，此时行政机关应当对特定当事人的损失承担行政赔偿责任。但是，如果行政机关只有存在一般意义上的不履责，未尽日常的社会监管义务，造成社会治安状况恶化、假冒伪劣产品充斥市场等，造成大量普通市民、消费者人身、财产损害，则不属于《行诉解释》第九十八条规定的行政机关不履行、拖延履行法定职责应当承担行政赔偿责任的情形。抽象的不履行法律规定的日常行政管理职责行为，其对象不特定，不属于行政诉讼法规定可诉行政行为造成的损害，不适用行政诉讼法和国家赔偿法关于行政赔偿的规定。

二、第三人民事侵权与行政赔偿的诉讼顺序问题

存在第三人民事侵权与行政机关不履行、拖延履行法定职责行为共同造成当事人损失的情况下。第三人民事侵权责任应当是第一位的责任，行政机关不履责属于第二位的责任。在此情形下，是否需要受害人先行向民

事侵权人提起民事诉讼，在民事诉讼救济不能的情况下，受害人才能向行政机关请求行政赔偿？这是司法实践中一直存在困惑的问题。笔者认为，根据〔2011〕行他字第24号答复，行政机关在赔偿后有权向侵权人进行追偿，受害人当然就有权先于民事侵权诉讼，向行政机关提起行政赔偿诉讼。当然，应当注意的是，为了避免因过于延迟的追偿造成对民事侵权人民事赔偿责任的放纵，一般情况下人民法院应当引导当事人向有赔偿能力的侵权人提起民事侵权诉讼解决赔偿问题。只有在侵权人下落不明或者确实没有赔偿能力的情况下，受害人才可以先行向不履行、拖延履行法定职责的行政机关请求行政赔偿。行政机关应当根据其不履行、拖延履行法定职责行为在损失形成中的作用承当相应的行政赔偿责任。受害人获得相应比例的行政赔偿后，已获得赔偿部分的赔偿请求权转移给承担行政赔偿责任的行政机关。之后，受害人另行提起民事侵权诉讼的，行政机关应当就其已经赔偿部分，作为民事侵权诉讼的共同原告，或者有独立请求权的第三人身份参加诉讼，以行政赔偿确定的相应比例在民事侵权赔偿总额中数额，向侵权人提出相应的追偿请求。民事侵权诉讼中，人民法院不得将行政机关已经赔偿过的比例部分，再次判决赔偿给受害人。作为受害人，无取得民事和行政双份赔偿的权利。

（郭修江撰写）

第九十九条

有下列情形之一的，属于行政诉讼法第七十五条规定的"重大且明显违法"：

（一）行政行为实施主体不具有行政主体资格；

（二）减损权利或者增加义务的行政行为没有法律规范依据；

（三）行政行为的内容客观上不可能实施；

（四）其他重大且明显违法的情形。

【条文主旨】

本条是关于无效行政行为的具体列举规定。

【起草背景】

行政诉讼法第七十五条规定，行政行为有实施主体不具有行政主体资格或者没有法律规范依据等重大且明显违法情形，原告申请确认行政行为无效的，人民法院判决确认无效。该条列举了无效行政行为的两种具体情形，并且明确规定了"等"。该"等"属于"等外等"，本解释对行政诉讼法第七十五条规定的"重大且明显违法"情形作了规定。

【条文释义】

确认无效判决与确认无效诉讼相对应。确认行政行为无效诉讼是指，公民、法人或者其他组织请求法院确认行政行为自始无效的诉讼。根据行政诉讼法第七十五条的规定，无效行政行为的判断标准是"重大且明显违法"，主要包括四种情形。

第一，行政行为实施主体不具有行政主体资格。行政诉讼法第七十五条第一次在法律层面上规定了"行政主体资格"的法律概念。长期以来，行政主体是作为一个学术概念在使用。对于行政主体的范围存在较大的争议。传统上，一般认为，1989年行政诉讼法规定的"行政机关"和"法律、法规授权的组织"是适格的被告，也是适格的行政主体。《若干解释》第二十条第二款、第三款规定了"规章授权的组织"之后，"规章授权组织"也被视为适格被告和适格的行政主体。根据《若干解释》第二十条第一款的规定，"行政主体"是指具有行使行政管理职能，能够以自己名义作出行政行为和独立承担法律后果的行政机关或者法律、法规、规章授权组织。对于行政机关而言，由于其成立需要依照有关法律和符合有关编制，一般具有行政主体资格。有的观点认为，甲行政机关行使了乙行政机关的职权，甲行政机关本来没有该项行政职权，此时，甲行政机关在本案中没有行政主体资格。我们认为，对于行政机关而言，是否具有行政主体资格，主要是看有关法律规定和是否符合编制。如果甲行政机关行使了乙行政机关的行政职权，属于"超越职权"的情形。例如，根据药品管理法的规定，对于销售假劣药的行为，属于药品监督管理机关的职权，工商机关行使该项职权的，属于超越职权，而不能认定该行政机关没有行政主体资格。在极个别的情况下，如果工商机关对相对人采取了限制人身自由的措施，相对人不能认为工商机关行使了公安机关的权力，工商机关没有相应行政主体资格。这种违法是如此之重大且明显，属于无效行为，但属于本条规定的"等"的情形。实施主体不具有行政主体资格，更多的是指法律、法规、规章授权组织的行为。对于授权组织而言，法律、法规、规章一般赋予其特定的职权，授权组织在授权范围内才具有行政主体资格。例如，行政机关的内设机构、派出机构或者其他组织，如果行使法律、法规、规章授权的职权，其具有行政主体资格；该组织如果超出该授权范围作出行政行为，该行政行为将被认定为无效。值得注意的是，行政诉讼法第七十五条和本条第一项规定的"实施主体"是指"作出主体"之意。大多数行政机关既是作出主体也是实施主体。但是，在特定情形下，作出主体与实施主体并不一致。例如，城乡规划法第六十八条规定，城乡规划主管部门作出责令停止建设或者限期拆除的决定后，当事人不停止建设或者逾期不拆除的，建设工程所在地县级以上地方人民政府可以责成有关部门采取查封施工现场、强制拆除等措施。本条中，行政行为的作出主体是"城乡规划主管部门"，而实施主体则是"县级以上人民政府""有关部门"等。

第二，行政行为没有法律规范依据，是指行政主体作出行政行为时没有法律、法规、规章等规范性文件的依据。这里的"依据"与行政诉讼法规定的人民法院审理行政案件以"法律法规"为"依据"的涵义存在差别。"行政行为没有依据"主要分为以下几种情况：（1）行政行为毫无依据。即行政机关在作出行政行为时，缺乏任何法律依据，包括缺乏各个层级的规范性文件。也就是说，行政行为在作出之时，已经达到恣意妄为的程度。（2）行政行为虽然有规范性文件的依据，但是该规范性文件与上位法直接、明显抵触，视为没有依据。不同的行政行为，对于法律依据的要求不同。例如，根据行政处罚法的规定，限制人身自由的行政处罚，只能由法律设定。如果法律之下的规范性文件设定限制人身自由的处罚，即便有该规范性文件，依此作出的该行政处罚也属于没有依据。根据行政处罚法第十一条第一款的规定，地方性法规可以设定除限制人身自由、吊销营业执照以外的行政处罚。如果地方性法规设定限制人身自由或者吊销营业执照的处罚，直接违反了行政处罚法的规定或者没有上位法依据。以该地方性法规为依据作出的行政行为属于无效的行政行为。需要说明的是，这种抵触必须是"直接""明显"的抵触，任何一个理性的人都能判断。如果对于该行政行为的依据是否与上位法存在抵触并不"直接""明显"或者存有争议，不宜认定为行政行为"没有依据"。

第三，行政行为的内容客观上不可能实施。客观上不可能实施，主要是指行政机关的行为内容对任何人均属于不能实现。主要包括：（1）客体不能。例如行政机关命令拆除一处已经不复存在的违章建筑。（2）时限不能。例如行政机关要求长期居住的公民在2个小时之内搬离违章建筑物。（3）成本不能。例如行政机关课以公民的义务虽然在科技技术上属于可能，但导致公民巨额的金钱支付。（4）自身不能。行政机关针对公民作出的行政行为虽然对绝大多数人并非客观上无法实现，但是对特定个体，由于身体状况、年龄等原因无法履行义务。（5）其他不能。一般情况下，无效行政行为是指课以义务类行政行为。在特殊情况下，形成类或者确认类行政行为也存在无效的情形。例如，确认已经不复存在的建筑物为违法建筑、确认已经坍塌的古代建筑物为文物、注销从未存在过的许可证照等等。

第四，其他重大且明显违法的情形。除了前三项列举的无效行政行为的情形外，只要属于行政行为"重大且明显违法"的均属于无效行政行为。在大陆法系国家，对于无效行政行为一般规定在行政程序法中。德国行政程序法第44条第1款规定，行政行为具有严重瑕疵，该瑕疵按所考虑的一切情况而明智判断为明显者,行政行为无效。第 2 款规定了六种法定无效的情形:应当以书面形式作出但没有注明作出机关的行为;通过颁发证书作出但没有遵守形式规定的行为;违反针对不动产等有关地域管辖规定作出的行为;因客观原因无法实施的行为;要求实施将导致犯罪或者处罚的行为;违背善良风俗的行为。这六种情形即使没有达到"重大且明显违法"的标准,其也是无效的。此外,该法还规定一些行政行为只有达到"明显"的标准,才是无效的。主要包括内容瑕疵、管辖权瑕疵、形式瑕疵和程序瑕疵。具体包括:行政行为没有任何法律依据;违反法律禁止性规定;没有行政管辖权;僭越行政管辖权;无事务管辖权;未遵守法定的行政行为形式的规定;不遵守硬性的行政程序规定;不遵守行政行为关于明确性的规定。德国行政程序法从法条上看采取的是"明显瑕疵说",但是实际上起决定作用的并不仅限于瑕疵的明显性,而且还包括瑕疵的严重性。"明显瑕疵说"的理由是:法的安定性原则要求赋予行政行为存续力,即使行政行为可能存在瑕疵;但是在行政行为具有重大且明显的瑕疵的情况下,不再适用法的安定性原则,而应当适用实质的正当性原则。判断"明显瑕疵"的标准不是公民的主观想象,也不是受过法学训练的法学家的认识能力,而是一个普通的、理性的公民的认识。德国行政程序法第 44 条的规定在适用时具有先后顺序。该条第 2 款规定了绝对无效的情形,第 3 款规定了排除无效的情形,第 1 款则是一般规定。法院在审理具体案件时,出于合目的性的考虑,应当首先审查是否具备第 2 款和第 3 款的规定,如果均受到否定,才可以采取该条第 1 款的一般规定。① 葡萄牙行政程序法典第 133 条规定了无效行为的具体情形:"1. 无效之行政行为,系指欠缺任何主要要素之行政行为,或法律明文规定属无效之行政行为。2. 下列行为尤属无效行为:a) 有越权瑕疵之行为;b) 不属第 2 条所指的部或者法人之职责范围之行为;c) 标的属不能、不可理解或构成犯罪之行为;d) 侵犯基本权利之根本内容之行为;e) 受胁迫而作出之行为;f) 绝对不依法定方式作出之行为;g) 在不守秩序下作出之合议机关决议,

---

① [德]哈特穆特·毛雷尔:《行政法学总论》,高家伟译,法律出版社 2000 年版,第 251~252 页。

又或在未具法定人数或未达法律要求之多数而作出之合议机关决议；h）与裁判已确定之案件相抵触之行为；i）随先前已被撤销或废止之行政行为而发生之行为，只要就维持该随后发生之行为并不存在有正当利益之对立利害关系人。"我国台湾地区"行政程序法"第111条规定："行政处分有下列各款情形之一者，无效：一、不能由书面处分中得知处分机关者。二、应以证书方式作成而未给予证书者。三、内容对任何人均属不能实现者。四、所要求或许可之行为构成犯罪。五、内容违背公共秩序、善良风俗者。六、未经授权而违背法规有关专属管辖之规定或缺乏事务权限者。七、其他具有重大明显之瑕疵者。"可见，总体而言，大陆法系国家和地区均将"重大且明显违法"作为无效行政行为的标准。这些规定值得借鉴。

我们认为，行政行为无效的情形除了"行政行为有实施主体不具有行政主体资格""没有法律规范依据""行政行为内容客观上不可能实施"情形外，还有以下几种情形：（1）以书面形式作出但是没有注明作出机关。理由是，公民不知道行政行为由谁作出的，也不知道对哪个机关作出撤销请求，甚至该书面决定是否为行政机关的行为，是否存在处分，均存在严重质疑，因此将其列为"重大且明显违法"情形，固当无疑。在司法实践中，判断是否能否得知行政机关，应当综合书面决定一切内容进行判断，包括从决定署名、印章、信函封面、信函抬头、前后文、记载送达等方面。如果法院经审查认为，可以确知行政机关的，不能认定为无效。（2）应当通过颁发证书的方式作出，但是没有遵守形式规定。例如，德国认为，外国人入籍，但是没有按照德国国籍法第1条第1款的规定颁发移民证，属于无效行政行为。这是因为，该移民证对于移民而言具有强烈的需求，如果行政机关没有发给相应证书，即属于瑕疵重大且明显违法的无效情形。（3）违反有关地域管辖的规定，例如甲县政府对乙县的不动产下达拆除命令。我国台湾地区一般认为，对于设计不动产或者与地域相结合的权利或者法律关系事件，依法应当由该不动产或者该地域行政机关管辖。管辖权还包括事务管辖。由于事务管辖涉及专业分工，目的是保证行政决定的正确性，因此欠缺事务管辖亦属于重大明显瑕疵无效事由。（4）要求实施构成犯罪或者宗教罪行的行为。行政机关所要求的行为导致犯罪行为，与文明社会一般人的感觉明显有悖，属于明显的瑕疵。德国行政法院认为，对于违反刑法规定擅自进入他人住宅等行为，属于无效行政行为。我国台湾地区学者则认为，要求公民毁损他人所有的违规停放的车辆、合法经营赌博业的许可等属于无效行政行为。此外，对于构成"重大违法"的情形，德国行政程序法作了明确规定，一些国家和地区则没有将其纳入无效范畴，这主要是为了尽可能限缩无效范围。（5）违反善良风俗、公序良俗。公序良俗为不确定法律概念，一般需要谨慎判断。在司法实践中，一般应当坚持平均标准，对于违背社会一般观念、一般社会伦理的，可以判断为违反公序良俗。例如，许可使用街道办理宣扬种族歧视的活动、准许外国居留但不允许与本国女子结婚等。再比如，行政机关颁发从事赌博业的许可证照、行政机关将已经埋葬的死尸掘出焚化等。（6）行政行为的实施将严重损害公共利益或者他人合法权益。例如行政机关准许设立高辐射、强污染的企业等。由于行政诉讼法规定的无效判决属于新的、创制性规定，还需要在司法实践进一步积累经验，司法解释最终未就前述事项作出规定。

【实务指导】

在2014行政诉讼法修改过程中，最高人民法院提出的建议是，由于行政行为主要包括认定事实和适用法律法规两个部分，行政行为"重大且明显违法"也主要包含在这两个方面中。借鉴行政强制法和司法解释的表述，对于确认行政行为无效判决可以表述为："行政行为在认定事实和适用法律法规等方面存在重大且明显瑕疵的，人民法院应当判决确认行政行为无效。"在2014年行政诉讼法修改讨论过程中，比较一致的意见认为，为了便于人民法院审理，统一司法标准，应当对"重大且明显违法"的情形进行列举。从域外的规定来看，如果仿照德国的规定，不需要达到"重大且明显违法"标准的行政行为，一般均与程序有关，例如没有载明行政机关名称、没有遵守形式规定等。这些程序性问题，虽然重要，但与我们理解的"无效"有一定差距。在需要达到"重大且明显违法"程度的列举中，最重要的是管辖权，包括缺乏行政管辖权、缺乏事物管辖权、僭越管辖权等。据此，行政诉讼法和本解释均未对程序"重大且明显违法"的情形进行列举。正因为这种认识，本解释中对于复议机关确认行政行为的无效的，也没有包含行政程序重大且明显违法的情形。本解释第二十二条规定，复议机关确认原行政行为无效，属于改变原行政行为。复议机关确认原行政行为违法，属于改变原行政行为，但复议机关以违反法定程序为由确认原行政行为违法的除外。对于重大且明显的程序违法问题，可以在司法实践中进一步探索。

（梁凤云撰写）

第一百条

人民法院审理行政案件，适用最高人民法院司法解释的，应当在裁判文书中援引。

人民法院审理行政案件，可以在裁判文书中引用合法有效的规章及其他规范性文件。

【条文主旨】

本条是关于司法解释、规范性文件引用的规定。

【起草背景】

行政诉讼法规定，人民法院审理行政案件，要以法律为准绳，对行政行为是否合法进行审查。关于"法律"以及合"法"的范围，行政诉讼法第六十三条进行了列举规定，即以法律和行政法规、地方性法规为依据。同时规定，审理行政案件可以参照规章。除以上立法性文件外，在行政执法与行政审判实践中，可能出现其他各类规范性文件如司法解释等，人民法院裁判时应如何具体适用，行政诉讼法并未作出进一步规定。本条规定系沿用《若干解释》的相关规定，实践证明该项规定具有合理性，有必要继续适用。

【条文释义】

一、援引司法解释

关于司法解释的法律效力，包括立法法在内的现行法律规定都未作出明确规定，但司法解释是人民法院系统的最高机关即最高人民法院作出的规范性文件，一般情形下都将被人民法院选择适用为裁判案件的直接、有效甚至首选的法律依据。由于司法裁判具有终局性特征，在生效裁判被法定方式予以否定之前，司法解释作为裁判法律依据在一定程度上表明其实际效力高于其他规范性文件，尤其是存在法律适用冲突之时。因此，本条规定，适用司法解释的，应当在裁判文书中援引。然而，这更多地来源于司法机关的特定职能和法定地位所带来的天然优势，往往难以说服其他主体如立法性文件的制定机关。而且，若确定司法解释属于相应位阶的规范性文件，其效力范围绝不应仅适用于司法案件的裁判，而应在指导各类行为中如行政执法、公民守法等发挥着法律效力。因此，要正确解决司法解释的效力问题，仍需要进一步寻求法理依据。

首要解决的是司法解释的权力来源。关于司法解释权力来源的主要法律依据有：1981年制定的《全国人民代表大会常务委员会关于加强法律解释工作的决议》第二条规定"凡属于法院审判工作中具体应用法律、法令的问题，由最高人民法院进行解释。"2006年修订的人民法院组织法第三十二条规定"最高人民法院对于在审判过程中如何具体应用法律、法令的问题，进行解释。"2007年施行的各级人民代表大会常务委员会监督法第三十一条规定"最高人民法院作出的属于审判工作中具体应用法律的解释,应当自公布之日起三十日内报全国人民代表大会常务委员会备案。"以上法律依据的制定主体均为全国人大常委会,都对最高人民法院授予制定司法解释的权力,但制定的司法解释是否具有法律效力及其效力位阶问题、能否直接作为法律依据等,前述规范性文件仍未明确规定,司法解释的效力来源仍存疑。2007年《最高人民法院关于司法解释工作的规定》对司法解释的相关事项作出了具体规定,如规定司法解释具有法律效力、司法解释的制定程序等,但由于该规定本身属于司法解释,以司法解释的自我认可或自我授权作为其效力的法定依据,其对外说服力显然不足。但该规定的作用不容忽视,其对属于司法解释内部权限范围的事项,可以作为判断的有效依据,如司法解释的范围界定等。最高人民法院制定的规范性文件并非均属于司法解释,只有符合该规定的制定主体、制定程序、权限范围、使用名称等要求,才能被认定为有效的司法解释。正确界定规范性文件是否属于司法解释,是探讨相关问题的基本前提。根据前述分析,在司法解释的效力来源问题上,直接引用现行法律规定似难以达成共识,应当进一步借助于相关法律精神和法学理论。关于司法解释是否具有效力问题。在应然层面,全国人大常委会作为权力机关,其可以授权相关法定主体制定规范性文件,如国务院制定行政法规、最高人民法院制定司法解释等,这些规范性文件在调整社会关系方面必然发挥着特定的规范作用,反之权力机关的授权则毫无意义。因此,与权力机关授权制定的其他规范性文件(如行政法规)类似,司法解释也具有相应位阶的法律效力。从实然层面,以司法解释为例,其在制定过程中需要广泛征求意见,首先需征求的主体为全国人大法工委,且所反馈的意见一般都予以吸纳,司法解释发布之后亦必须依法报全国人大常委会备案。因此,全国人大常委会通过对司法解释制定的事先与事后参与或监督,对最终对外发布的司法解释表示认同,彼此明显相互冲突的情形极为少见。

关于司法解释的法律位阶问题。实践中主要有两种观点:一是固定位阶。主要理由为:同一类型的规范性文件只能处于同一位阶法律效力,但关于其具体效力位阶,亦存在不同观点:与法律的位阶相同,与行政法规的位阶相同,或介于二者之间。二是与被解释对象的效力位阶一致。主要理由为：解释是对被解释对象含义的一种说明，司法解释是最高人民法院对被解释对象在审判工作中具体应用时含义的说明，其本质就是被解释对象的含义，其效力与被解释对象相同。以上两种观点都有其合理之处，但相比而言，后者更符合解释学原理。根据前述法律规定，司法解释的对象为法律法令。所谓法令是指政权机关所颁布的命令、指示、决定等的总称，其广义范围包含法律和行政法规，如《国有土地上房屋征收与补偿条例》的国务院令（第590号）、渔业法的主席令（第三十四号）等。因此，根据解释对象的不同，司法解释可能具有法律的效力位阶，也可能具有行政法规的效力。但实践中，司法解释通常是针对某一类法律问题作出解释，如《最高人民法院关于审理工伤保险行政案件若干问题的规定》，系"为正确审理工伤保险行政案件，根据《中华人民共和国社会保险法》《中华人民共和国劳动法》《中华人民共和国行政诉讼法》《工伤保险条例》及其他有关法律、行政法规规定，结合行政审判实际，制定本规定"，其解释的对象既有法律的部分条款，也有行政法规的部分条款。司法解释较少针对单独的法律或行政法规作出全面解释[①]，若法律在具体实施过程中需要进一步作出全面解释，通常授权最高行政机关即国务院作出行政法规，如《土地管理法实施条例》等；若行政法规需要进一步作出全面解释，通常授权相关国务院组成部门或地方政府制定规章，如某某工伤保险条例实施细则等。在此情形下，司法解释的效力则遵循就高原则，即具有法律的效力位阶。其理由为：确定不同规范性文件的法律效力位阶，其目的在于应对规范性文件相互冲突时按照效力位阶的高低选择适用法律依据，在规范性文件相互一致时则无实际意义。在应然意义上，在有权机关未按照法定程序审查及认定之前，法律、行政法规、司法解释的有关规定相互之间并不冲突，不同的主体可以根据自身理解来确定规范性文件有关条款的同一含义，并无确定前述不同规范性文件各自效力位阶的必要性。

[①] 实践中也存在一些特殊情形，如行政诉讼法的司法解释，它是法院审理行政案件、进行诉讼活动必须遵守和直接适用的准则，人民法院相比更了解法律理解的问题所在及现实需要，对行政诉讼法的解释有必要交由最高人民法院制定司法解释。行政诉讼法的每一条规定都可能在具体案件中适用，相应存在理解不同的问题，都有必要作出司法解释。因此，行政诉讼法司法解释的实质也是由每一类或每一个具体问题的解释集合体，其本身并未超出法律的授权范围。

反之，有权机关以外的主体提出相互冲突的主张，仅能代表其一方观点，并不具有普通的法律效力，甚至可推定其对前述不同位阶规范性文件相关条文的立法原意之理解不全面、不正确。若实践中出现立法性文件相互之间明显冲突的极端现象，此时相关主体应当中止法律依据的确定，提请有权机关按照法定权限启动立法监督程序，而非否定法律、行政法规或司法解释某一规范性文件的法律效力。综上，对于最高人民法院依法制定的司法解释，在作出裁判时可以直接加以援引。

使用"援引"的表述，主要目的是与"依据"相区别。根据行政诉讼法的规定，法律依据仅限于法律、行政法规和地方性法规。司法解释系对法律依据的解释，虽属于法律依据的具体含义，但其本身并非法定的法律依据。需要注意的是，引用司法解释等同于依据被解释的法律或法规。

二、引用规章

对符合法律、行政法规规定的规章，人民法院要参照审理，对合法有效的规章，可以引用；对不符合或不完全符合法律、行政法规原则精神的规章，人民法院可以灵活处理。"规章"包括国务院各部门制定的部门规章和特定地方人民政府制定的地方政府规章。对于可以作为法律依据的法律、行政法规和地方性法规，人民法院一般可以直接作为审理和裁判的法律依据。"参照"与"依据"的效力不同，"规章"不能直接作为人民法院审理行政诉讼案件的法律依据，即规章不能直接用以证明被诉行政行为的合法性。人民法院引用的对象限于"合法有效"的规章。

关于是否"合法有效"，人民法院应当进行审查，审查的内容主要包括以下方面：一是制定主体是否具有制定规章的法定职权，二是制定规章的程序是否合法，三是规章的内容是否与上位法抵触。规章整体不合法的，应当不予引用，仅有部分条款不合法的，可以引用其中的合法条款。具体审查的法律依据为立法法第八十条规定："部门规章规定的事项应当属于执行法律或者国务院的行政法规、决定、命令的事项。没有法律或者国务院的行政法规、决定、命令的依据，部门规章不得设定减损公民、法人和其他组织权利或者增加其义务的规范，不得增加本部门的权力或者减少本部门的法定职责"。第八十二条规定:"省、自治区、直辖市和设区的市、自治州的人民政府,可以根据法律、行政法规和本省、自治区、直辖市的地方性法规,制定规章。地方政府规章可以就下列事项作出规定:(一)为执行法律、行政法规、地方性法规的规定需要制定规章的事项;(二)属于本行政区域的具体行政管理事项。……没有法律、行政法规、地方性法规的依据,地方政府规章不得设定减损公民、法人和其他组织权利或者增加其义务的规范。"人民法院经审查后,认为所依据的规章合法有效,可以作为裁判的依据;若不合法或无效的,则不能作为裁判的法律依据。值得注意的是,此处"法律依据"可以由各方当事人提出,即原告、被告、第三人均可以提出适用相关规章用以作为证明自身主张的法律依据。通常而言,合法有效的规章均有上位法依据,即使一方当事人只引用规章作为法律依据,但因规章系依据上位法所制定,从广义层面可以将上位法视为法律依据。由此可知,针对同一法律关系却有多个不同位阶法律依据,如同时包含法律、法规、规章之特殊情形,若下位法与上位法不冲突,则均可以直接作为法律"依据";若下位法与上位法相冲突,则根据立法法规定的"上位法优于下位法原则",下位法不能作为法律"依据"。

本款所指规章的"引用"与司法解释的"援引"相等同,与"依据"相区别。

三、引用其他规范性文件

所谓规范性文件,是指对人们行为具有约束和规范效力的正式文书,其适用的范围可以完全无限制,也可以有所限制,但不能直接对应到特定的个人。本条所指的"其他规范性文件",主要是指非立法性的规范性文件,具体可以用反面排除与正面列举相结合的方法予以确定。行政诉讼法及本司法解释明确列举可作为裁判法律依据的规范性文件,在适用时均有相应的法律依据,不能列入"其他规范性文件"的范围。换言之,法律和行政法规、地方性法规、司法解释、规章均不属于"其他规范性文件"的兜底范围。在广义上,前述规范性文件之外的非立法性规范性文件,都可以列入"其他规范性文件"的范围,可以是政策性文件,也可以是法律性文件，其实质是人民法院审理依据的兜底条款。因此，对于法律未明确规定可以直接适用，但又可以作为裁判依据的规范性文件，都可以引用本条此项规定作为法律依据，如国务院部门和地方人民政府及其部门制定的规范性文件等。但是，并非所有的规范性文件都可以引用为裁判的法律依据，而应当同时符合相应的法定条件：第一，属于被诉行政行为的法律依据。根据行政诉讼法第六十七条规定，行政机关应当向人民法院提交所依据的规范性文件，用以证明行政行为的"合法性"，人民法院对该规范性文件进行审查，确认其是否与上位法相冲突，以及被诉行政行为与该规范性文件是否相符。未作为行政行为依据的规范性文件，同样不属于裁判的法律依据。第二，有相关的立法性文件作为依据。"其他规范性文件"主要是非立法性文件，其自身的合法性亦需要予以证实，即该规范性文件的制定必须有立法性文件作为法律依据。第三，与上位法不相冲突。非立法性规范性文件与上位法相冲突的，其本身将因违法而不具有法律效力，且根据立法法的规定，人民法院不能引用为裁判法律依据。

【实务指导】

一、没有法律、行政法规、地方性法规依据的规章

实践中，规章是否"合法"由作出裁判的人民法院自主判断，并根据立法法的相关原则决定是否参照适用。值得注意的是，在确定规章是否具有法律依据时，应从广义层面理解上位法的授权，并不要求上位法必须有条款明确写明"授权制定规章"，只要规章的制定目的系执行上位法的相关事项，即可考虑将该上位法视为规章的合法性依据。

另外，尽管没有直接的上位法依据，只要规章的内容没有减损公民、法人和其他组织权利或者增加其义务，通常都不宜以没有上位法依据为由而否定其合法性。从理论上来说，由于并未损害行政相对人合法权益，相关异议通常都由行政主体提出，如否定某一规章可以作为当事人主张权利的有效依据。在此情形下，人民法院在适用法律时，只要规章不与上位法

相冲突，可以参照适用。

二、没有直接上位法依据的其他规范性文件

实践中，行政执法主体引用其他规范性文件作为其法律依据的现象较多，如行政管理系统内部的执法规范，或某一问题的认定标准等，形式上并无明确的立法性规范性文件的法律依据。2014年修正的行政诉讼法实施之后，当事人可能申请一并审查此类规范性文件，人民法院在审查或引用时，可以参照规范性文件附带审查的标准。值得注意的是，当前阶段对于目的为弥补法律空缺或提高执法效率，且不损害行政相对人权利或增设义务的规范性文件，不宜以没有明确上位法依据为由否定其合法性，而应当从广义角度理解其上位法授权或法律依据，如地方制定的有关国有土地上房屋征收与补偿的规范性文件等，只要没有违反上位法规定的原则或标准，且有利于执法实践操作，一般不否定其合法性。

（章文英撰写）

第一百零一条

裁定适用于下列范围：

（一）不予立案；

（二）驳回起诉；

（三）管辖异议；

（四）终结诉讼；

（五）中止诉讼；

（六）移送或者指定管辖；

（七）诉讼期间停止行政行为的执行或者驳回停止执行的申请；

（八）财产保全；

（九）先予执行；

（十）准许或者不准许撤诉；

（十一）补正裁判文书中的笔误；

（十二）中止或者终结执行；

（十三）提审、指令再审或者发回重审；

（十四）准许或者不准许执行行政机关的行政行为；

（十五）其他需要裁定的事项。

对第一、二、三项裁定，当事人可以上诉。

裁定书应当写明裁定结果和作出该裁定的理由。裁定书由审判人员、书记员署名，加盖人民法院印章。口头裁定的，记入笔录。

【条文主旨】

本条是关于裁定适用范围的规定。

【起草背景】

人民法院在行政诉讼过程中，除了要运用"判决"解决案件的实质问题或实体问题，即对被诉行政行为的合法性作出判定和据此作出相应判决以外，还要经常运用"裁定"解决案件涉及的程序问题。判决是人民法院审理案件和当事人参加诉讼活动的结果的表现形式，裁定则是为取得此种结果而运用的手段。虽然裁定对于判决来说，其地位是从属性的，是直接或间接为法院正确作出判决服务的，但裁定在行政诉讼过程中也不是可有可无的，它对于保障当事人诉讼程序上的权利并进而保障其实体法上的权利的实现，对于保障人民法院正确地、有效地对案件进行审理和作出判决，对于排除行政诉讼的障碍和保障诉讼的顺利进行均具有重要的意义。①

裁定按其形式，可以分为口头裁定和书面裁定。口头裁定是指审判人员不制作裁定书，而是将裁定的内容口头向当事人宣布。口头裁定一般适

---

① 参见姜明安：《行政诉讼法》，北京大学出版社2016年版，第323页。

用于比较简单的程序问题，例如准予撤诉、延期审理等，但口头裁定的内容以及宣布的情况应当记入笔录。书面裁定是以书面形式作出的法律文书，适用于关系到当事人权利比较重大的程序问题，例如允许上诉的裁定、终结诉讼的裁定、终结执行的裁定、不予执行的裁定等，这些都应当采用书面裁定形式。[①] 在送达程序上，书面裁定要依照民事诉讼法的规定送达当事人。

【条文释义】

一、裁定适用的范围

（一）裁定不予立案

这种裁定适用于诉讼开始但尚未进入审理阶段。根据立案登记制的要求，人民法院接到原告起诉状后，应进行初步的形式审查，认为符合行政诉讼法第四十九规定的起诉条件的，应当登记立案。对当场不能判定是否符合起诉条件的，应当接受起诉状，出具注明收到日期的书面凭证，并在7日内决定是否立案。经过形式审查，认为原告的起诉不符合起诉条件的，作出不予立案的裁定。裁定书应当载明不予立案的理由。

（二）驳回起诉裁定

驳回起诉裁定是指人民法院对案件立案受理后，在审理过程中发现原告的起诉不符合法定的起诉条件或者有其他特殊情形时所作出的驳回原告起诉的裁定。人民法院对已经立案的案件，发现有《行诉解释》第六十九条规定的10种情形的，裁定驳回起诉：（1）不符合行政诉讼法第四十九条规定的；（2）超过法定起诉期限且无行政诉讼法第四十八条规定情形的；（3）错列被告且拒绝变更的；（4）未按照法律规定由法定代理人、指定代理人、代表人为诉讼行为的；（5）未按照法律、法规规定先向行政机

---

① 参见全国人大常委会法制工作委员会民法室编著：《〈中华人民共和国民事诉讼法〉释解与适用》，人民法院出版社2012年版，第250~251页。

关申请复议的；（6）重复起诉的；（7）撤回起诉后无正当理由再行起诉的；（8）行政行为对其合法权益明显不产生实际影响的；（9）诉讼标的已为生效裁判或者调解书所羁束的；（10）其他不符合法定起诉条件的情形。对于上述裁定，人民法院经过阅卷、调查和询问当事人，认为不需要开庭审理的，可以迳行作出。

（三）管辖异议裁定

管辖异议是指人民法院受理行政案件后，当事人（通常是被告）提出异议，认为受诉法院没有管辖权，受诉法院经审查后作出的同意或者不同意的认定。《行诉解释》第十条第二款规定，对当事人提出的管辖异议，人民法院应当进行审查。异议成立的，裁定将案件移送有管辖权的人民法院；异议不成立的，裁定驳回。

（四）裁定终结诉讼

根据《行诉解释》第八十八条的规定，在诉讼过程中，出现诸如原告死亡而又没有近亲属或者近亲属放弃诉讼权利，作为原告的法人或者其他组织终止后而其权利义务承受人放弃诉讼权利等一些情形时，人民法院可裁定终结诉讼程序。

（五）裁定中止诉讼

根据《行诉解释》第八十七条的规定，在行诉讼过程中，出现诸如原告死亡而需等待其近亲属表明是否参加诉讼，原告丧失诉讼行为能力而尚未确定法定代理人等一些情形时，人民法院可裁定暂时停止诉讼程序的进行，待中止诉讼的原因消除后恢复诉讼。所以，裁定中止诉讼并非终结诉讼，而是暂时停止诉讼。但在一定情况下，中止诉讼达到特定条件后人民法院可裁定终结诉讼。

（六）裁定移送或者指定管辖

根据行政诉讼法第二十二条和第二十三条的规定，人民法院发现受理的案件不属于本院管辖的，应当裁定移送有管辖权的人民法院。受移送的人民法院应当受理，即便其认为受移送的案件按照规定不属于本院管辖，也应当报上级人民法院裁定指定管辖。有管辖权的人民法院因特殊原因不能行使管辖权的，或者发生管辖权争议的，由上级人民法院裁定指定管辖或者报争议法院的共同上级人民法院裁定指定管辖。

（七）裁定诉讼期间停止行政行为的执行或者驳回停止执行的申请

这种裁定适用的诉讼期间通常在原告提起诉讼后，人民法院作出判决前。根据行政诉讼法第五十六条的规定，该类裁定的具体适用有以下四种情形：（1）被告认为需要停止执行的；（2）原告或者利害关系人申请停止被诉行政行为的执行，人民法院认为相应行政行为的执行会造成难以弥补的损失，而停止执行又不会损害国家利益、社会公共利益的；（3）人民法院认为相应行政行为的执行会给国家利益、社会公共利益造成重大损害的；（4）法律、法规规定停止执行的。只有符合这四种情形之一的，人民法院才能裁定停止被诉行政行为的执行。如果只有原告申请，而人民法院认为执行并不会造成难以弥补的损失，或者人民法院认为停止执行会损害国家利益、社会公共利益，则应裁定驳回原告停止执行的申请。当事人对于人民法院停止执行、不停止执行或者驳回停止执行申请的裁定不服的，可申请复议一次。

（八）裁定财产保全

在行政诉讼过程中，因一方当事人的行为或者其他原因，可能使行政行为或者人民法院生效裁判不能执行或者难以执行的案件，人民法院可以根据对方当事人的申请或者依职权作出财产保全的裁定。《行诉解释》第七十六条对此作出了详细的规定。

（九）裁定先予执行

对于原告起诉行政机关没有依法支付抚恤金、最低生活保障金和工伤、医疗社会保险金等案件，权利义务关系明确，不先予执行将严重影响原告生活的，人民法院可以根据原告的申请，参照民事诉讼法第一百零六条、第一百零七条的规定，在作出判决前，依法裁定一方当事人先行履行一定的给付义务，或者立即实施某种行为，或者立即停止某种行为。

（十）裁定准许或者不准许撤诉

根据行政诉讼法第五十八条和第六十二条的规定，这种裁定主要适用于三种场合：（1）原告在人民法院对案件宣告判决或者裁定前，主动申请撤诉；（2）被告在人民法院对案件宣告判决或者裁定前改变其所作出的被诉行政行为，原告同意此种改变并申请撤诉；（3）原告经人民法院传票传唤，无正当理由拒不到庭，或者未经法庭许可中途退庭的，按撤诉处理。对于此类裁定，法律没有赋予当事人可以因不服提起上诉或者申请复议的权利，因此可以认为其一经作出即发生法律效力。①

（十一）裁定补正裁判文书中的笔误

裁判文书中的笔误是指错字、别字、用词不当、表达错误、误算等情形，此时可以使用裁定予以补正。由于补正笔误的裁定不影响当事人的诉讼权利和实体权利，因此当事人对此不能上诉，也不能申请复议。

（十二）裁定中止或者终结执行

在执行过程中，如果出现了一些特殊情况，如案外人对执行标的提出确有理由的异议，作为一方当事人的公民死亡而需要等待继承人继承权利或者承担义务等，使得执行程序无法继续进行的，人民法院应当作出中止执行的裁定；如果出现的特殊情况使得执行程序没有必要再进行，或者再进行下去没有任何意义的，如据以执行的法律文书被撤销等，此时人民法院应当作出终结执行的裁定。中止执行只是执行的暂时停止，那么在造成中止执行的原因消除后，人民法院应当恢复执行。行政诉讼法对裁定中止执行和终结执行没有作出明确规定，但根据行政诉讼法第一百零一条的规定，人民法院审理行政案件，关于期间、送达、财产保全、开庭审理、调解、中止诉讼、终结诉讼、简易程序、执行等，本法没有规定的，适用民事诉讼法的相关规定。据此，关于裁定中止和终结执行，可以适用民事诉讼法第二百五十六条、第二百五十七条及第二百五十八条的规定。

（十三）裁定提审、指令再审或者发回重审

根据行政诉讼法第九十二条第二款的规定，最高人民法院对地方各级人民法院已经发生法律效力的判决、裁定，上级人民法院对下级人民法院

---

① 参见姜明安：《行政诉讼法》，北京大学出版社2016年版，第325页。

已经发生法律效力的判决、裁定，发现有本法第九十一条规定情形之一，或者发现调解违反自愿原则或者调解书内容违法的，有权提审或者指令下级人民法院再审。因此，提审和指令再审是最高人民法院对地方各级人民法院、上级人民法院对下级人民法院作出的已经发生法律效力的判决、裁定，发现其有违反行政诉讼法第九十一条规定的八种情形之一的，依照审判监督程序予以纠正的两种方式。而根据行政诉讼法第九十一条的规定，适用裁定提审或者指令再审的八种情形包括：（1）不予立案或者驳回起诉确有错误的；（2）有新的证据，足以推翻原判决、裁定的；（3）原判决、裁定认定事实的主要证据不足、未经质证或者系伪造的；（4）原判决、裁定适用法律、法规确有错误的；（5）违反法律规定的诉讼程序，可能影响公正审判的；（6）原判决、裁定遗漏诉讼请求的；（7）据以作出原判决、裁定的法律文书被撤销或者变更的；（8）审判人员在审理该案件时有贪污受贿、徇私舞弊、枉法裁判行为的。裁定发回重审主要是指原判决在事实认定或者审判程序上存在问题，为充分保障当事人的诉讼权利，由原审法院依照一审程序重新审理。依据《若干解释》第七十一条的规定，原审判决遗漏了必须参加诉讼的当事人或者诉讼请求的，二审法院应当裁定撤销原审判决，发回重审；原审判决遗漏行政赔偿请求，二审法院经审理认为依法应当予以赔偿，而且当事人就行政赔偿问题不能达成调解的，应当就行政赔偿部分发回重审。①

（十四）裁定准许或者不准许执行行政机关的行政行为

根据行政诉讼法第九十七条的规定，公民、法人或者其他组织对行政行为在法定期限内不提起诉讼又不履行的，行政机关可以申请人民法院强制执行，或者依法强制执行。根据行政强制法第五十五条的规定，如果行政机关向人民法院申请强制执行，应当提供下列材料：（1）强制执行申请书；（2）行政决定书及作出决定的事实、理由和依据；（3）当事人的意见及行政机关催告情况；（4）申请强制执行标的情况；（5）法律、行政法规规定的其他材料。强制执行申请书应当由行政机关负责人签名，加盖行政

---

① 参见何海波：《行政诉讼法》，法律出版社2011年版，第525页。

机关的印章，并注明日期。人民法院对行政机关强制执行的申请进行书面审查，对符合行政强制法第五十五条规定，且行政决定具备法定执行效力的，人民法院应当自受理之日起七日内作出准许执行的裁定。人民法院经过书面审查，发现行政决定有行政强制法第五十八条规定的下列情形之一的，在作出裁定前可以听取被执行人和行政机关的意见：（1）明显缺乏事实根据的；（2）明显缺乏法律、法规依据的；（3）其他明显违法并损害被执行人合法权益的。人民法院应当自受理之日起 30 日内作出是否执行的裁定。裁定不准许执行的，应当说明理由。《最高人民法院关于办理申请人民法院强制执行国有土地上房屋征收补偿决定案件若干问题的规定》第六条对裁定不准予执行的情形作了进一步的细化，且态度非常明确，即只要有该条规定的情形之一的，就应当作出不准予执行的裁定。具体而言，行政机关作出的征收补偿决定存在下列情形之一的，人民法院应当裁定不准予执行：（1）明显缺乏事实根据的；（2）明显缺乏法律、法规依据的；（3）明显不符合公平补偿原则，严重损害被执行人合法权益，或者使被执行人基本生活、生产经营条件没有保障；（4）明显违反行政目的，严重损害公共利益；（5）严重违反法定程序或者正当程序；（6）超越职权；（7）法律、法规、规章等规定的其他不宜强制执行的情形。行政机关对人民法院作出的不准许执行的裁定可以向上一级人民法院申请复议一次。《行诉解释》第一百六十一条对不准予执行的情形作了与行政强制法第五十八条基本相同的规定，除了增加"实施主体不具有行政主体资格的"情形之外。

（十五）其他需要裁定的事项

这是一个兜底性条款，一方面可以把上述十四项之外需要裁定的事项囊括进去，另一方面可应对未来出现的需要作出裁定的新情况。例如，根据行政诉讼法第八十四条的规定，人民法院在审理过程中，如果发现案件不宜适用简易程序的，裁定转为普通程序；根据行政诉讼法第八十九条第一款第一、二项的规定，对于原裁定认定事实清楚，适用法律、法规正确的，二审法院裁定驳回上诉，维持原裁定；对于原裁定认定事实错误或者适用法律、法规错误的，依法裁定撤销或者变更。也就是说，当事人对裁定不服上诉的,二审法院一律使用裁定作出处理。

二、可以上诉的裁定种类

对本条第一款规定的十五项裁定,只有第一、二、三项裁定,当事人可以上诉。即不予立案裁定、驳回起诉裁定和管辖异议裁定,当事人不服可以提起上诉。本款参考或者沿用了行政诉讼法、民事诉讼法、《适用解释》《若干解释》的相关规定。行政诉讼法第五十一条第二款规定,人民法院对不符合起诉条件的,作出不予立案的裁定。原告对该裁定不服的,可以提起上诉。行政诉讼法对驳回起诉裁定和管辖异议裁定可否上诉没有作出明确规定。民事诉讼法第一百五十四条明确规定了对不予受理、管辖异议和驳回起诉裁定不服可以上诉。《适用解释》第一条第四款规定,当事人对不予立案裁定不服的,可以提起上诉。《若干解释》第六十三条和第六十八条对驳回起诉裁定的上诉问题作出了具体规定。即当事人对驳回起诉裁定不服的,可以上诉。第二审人民法院经审理认为原审人民法院驳回起诉的裁定确有错误,且起诉符合法定条件的,应当裁定撤销原审人民法院的裁定,指令原审人民法院继续审理。

三、裁定的内容

对于书面裁定即裁定书而言,第一,要写明裁定结果。如对当事人提出的管辖异议,受诉法院经审查后作出的同意或者不同意的结果应当在裁定书中写明。第二,要写明作出该裁定的理由。如根据《行诉解释》第五十五条第二款的规定,起诉状内容或者材料欠缺的,人民法院应当给予指导和释明,并一次性全面告知当事人需要补正的内容、补充的材料及期限。在指定期限内补正并符合起诉条件的,应当登记立案。当事人拒绝补正或者经补正仍不符合起诉条件的,退回诉状并记录在册;坚持起诉的,裁定不予立案,并载明不予立案的理由。在裁定书中写明作出该裁定的理由,这是加强裁判文书说理的必然要求,也体现了司法的文明和对当事人的尊重。第三,要由审判人员、书记员署名,并加盖人民法院印章。对于口头裁定而言,要记入笔录。

【实务指导】

裁定虽然主要是涉及程序问题，但对当事人的权利义务往往会有直接或者间接影响，应当按正当程序要求加以规范。

首先，要进一步规范裁定书制作，提高裁定书的质量，强化裁定书的公开性和说理性，维护当事人在诉讼过程中的合法权益，裁定书应当写明裁定结果和作出该裁定的理由。具体而言，裁定书应写明以下内容：（1）当事人的基本情况和诉讼代理人、案由；（2）认定的事实和理由、适用的法律和理由等作出裁定的理由；（3）裁定的结果；（4）允许上诉的裁定，注明上诉期间和上诉的人民法院；允许复议的，注明复议的权利和复议的人民法院；（5）审判人员、书记员署名，加盖人民法院印章，注明日期。[①]

其次，不能滥用发回重审的裁定。根据行政诉讼法第八十九条第一款第三项的规定，原判决认定基本事实不清、证据不足的，发回原审人民法院重审，或者查清事实后改判。对此，是裁定发回重审还是查清事实后改判，二审法院可自由裁量。但是，二审法院裁定发回重审，应当有所节制，不能滥用。行政诉讼法第八十九条第二款明确规定，原审人民法院对发回重审的案件作出判决后，当事人提起上诉的，第二审人民法院不得再次发回重审。虽然发回重审可能有助于查清案件事实，也有利于更加充分地保障当事人的诉讼权利，但也可能会造成诉讼久拖不决，从而损害当事人的实体权益。司法实践中，一些二审法院偏好用发回重审来代替对案件实体问题作出裁判，导致案件不能及时了断。[②]

（谭红撰写）

[①] 参见全国人大常委会法制工作委员会民法室编著：《〈中华人民共和国民事诉讼法〉释解与适用》，人民法院出版社2012年版，第251页。

[②] 参见何海波：《行政诉讼法》，法律出版社2011年版，第525页。

第一百零二条

行政诉讼法第八十二条规定的行政案件中的"事实清楚",是指当事人对争议的事实陈述基本一致,并能提供相应的证据,无须人民法院调查收集证据即可查明事实;"权利义务关系明确",是指行政法律关系中权利和义务能够明确区分;"争议不大",是指当事人对行政行为的合法性、责任承担等没有实质分歧。

【条文主旨】

本条是关于适用简易程序条件的解释。

【起草背景】

三大诉讼中,民事诉讼与刑事诉讼的简易程序实行均较为普遍、广泛,行政诉讼因其起步相对较晚、案件较为特殊等,简易程序在司法实践中的采用较少。尽管最高人民法院以单行司法解释的形式推行行政诉讼简易程序的试点,但效果并不十分理想。随着我国法治水平的不断提高,法治政府建设的不断深入,以及立案登记制等一系列制度的实施,行政诉讼的案件类型与数量均逐年增长,行政审判人员的工作负荷量趋于饱和。行政诉讼的目的之一为实质性解决行政争议,将主要的司法资源用于解决争议,其重要路径为实行案件审理的繁简分流,简单案件实行简易程序,繁杂案件实行普通程序。但"简单"属于主观性概念,实践中的理解或标准不一。行政诉讼法第八十二条首次以法律条文正式确定行政诉讼的简易程序,并对"简单"案件的标准或条件作出明确规定,即"事实清楚""权利义务关系明确""争议不大"。但前述三个要素仍不够具体,在实践操作中可能引发争议,有必要进一步予以明确。本条系借鉴民事诉讼领域的成熟经验,并结合行政诉讼的特点进行适当调整,作出符合行政诉讼规律的解释。

【条文释义】

人民法院审理行政案件，以事实为根据，以法律为准绳。作出裁判时，必须事实清楚，法律适用正确。因此，案件是否简单，其核心的标准就在于事实是否容易查清，法律适用问题是否复杂。本条共有三个事项，其中"事实清楚"属于对案件事实的判断，"权利义务关系明确""争议不大"则更侧重于对法律适用的判断。

一、"事实清楚"的界定

无论案件的事实是否复杂，都必须采用各种合法手段予以查清，因而在决定应当适用的审理程序时，必须对案件的事实进行预判。若案件的事实错综复杂，适用简易程序则通常难以胜任。因此，"事实清楚"是简易程序的前提条件之一。本条所指的"事实清楚"，是决定适用审理程序时、正式审理前的初步判断，它是根据现有材料推定的应然事实，不同于普通程序经全面审查后认定的实然事实。"事实"的反映或认定则建立在相应证据基础之上，事实是否清楚取决于相应的证据是否充足，具体表现在三个方面：一是当事人对争议的事实陈述基本一致。"当事人的陈述"是重要的证据类型之一，最能直观地反映当事人对案件事实和法律关系的认知或主张。一个案件的事实可能包括多个方面，"争议的事实"主要是指案件裁判所依据的重要事实，它是当事人提出不同主张的关键所在，对当事人权利义务关系的确定、对被诉行政行为合法性的认定具有重要影响。"基本一致"的表述虽具有一定的主观性或不确定性，但相比"完全一致"等其他表述而言更为严谨，可以正确表述允许当事人的陈述之间不一致的合理幅度，即当事人之间对事实本身仍存在一定的争议，但依据各自的陈述对事实的最终认定不会作出相反的结论。二是能提供相应的证据。除不证自明的事实外，任何事实的认定都应该有相应的证据。即使当事人之间关于事实的陈述一致，也应当提供相应的证据予以证实，防止当事人之间恶意串通损害其他主体的合法权益。但相比于普通程序而言，因当事人之间对争议的事实陈述基本一致，相应证据的提供则可能来自多方或一方当事人。换言之，有一方当事人提供的证据与当事人之间关于事实的陈述相互印证，且可以排除合理怀疑，即可认定"有相应的证据"。三是无须人民法院调查收集证据即可查明事实，人民法院根据现有证据材料即可作出事实认定。若需要人民法院依职权调查取证才能查明事实，一方面不能确定相应的证据是否客观真实存在，另一方面调查取证需花费较多的时间与司法资源，有关案件的审限等诉讼程序已不宜适用简易程序的规定。

二、"权利义务关系明确"的界定

权利义务关系是当事人之间的核心关系，也是主要争议的对象，依法认定或确定当事人之间的权利义务关系，是人民法院审理案件的关键所在。本条规定系借鉴《民诉解释》而来，但由于行政诉讼与民事诉讼的当事人之间的诉讼地位不尽相同，关于当事人权利与义务的理解不能简单等同。

民事诉讼审查的对象是平等民事主体之间的民事权利与义务关系，审理的目的最终均为直接确定一方当事人依法应承担的责任或义务，以实现另一方当事人依法所能享受的权利。且民事诉讼存在反诉制度，民事案件在判断权利享有者与责任承担者时，不能直接作出非此即彼的判断。因此，只有"能明确区分谁是责任的承担者，谁是权利的享有者"，才属于民事诉讼的"权利义务关系明确"。但行政诉讼审查的对象则为行政行为的合法性，审理的目的为确定被诉行政行为是否符合法律规定，并不直接意味着责任的承担或权利的享有。如行政行为的合法性未被予以否认，行政机关不承担相应责任，行政相对人也不能以此主张权利，则不存在所谓的责任承担者和权利享有者。且行政诉讼不存在反诉制度，责任承担者通常是被诉行政机关，权利的享有者通常是提起诉讼的行政相对人，任何行政诉讼案件都能直接作出一致的结论。基于以上考虑，本条在借鉴民事诉讼相关规定的基础上，进行了部分调整即"行政法律关系中权利和义务能够明确区分"。需要注意的是，能够明确区分的对象是行政法律关系中的权利与义务,是在行政活动过程中所引起的行政主体与行政相对人之间的行政法上的权利义务关系,其实质是被诉行政行为作出过程中以及作出之后所产生的权利与义务关系。

三、"争议不大"的界定

诉讼的核心目的之一为解决当事人之间的争议,若当事人之间并无实质性的争议,自然无需过于繁杂的诉讼程序。对于简单的案件,以简易程序解决当事人之间的较小争议,并以法律效力予以确认,不失为最合理的选择。

本条系借鉴《民诉解释》而来,但关于"争议不大"方面进行了调整,民事诉讼的"争议不大"是指当事人对案件的是非、责任承担以及诉讼标的争执无原则分歧,但该表述不能完全反映行政诉讼的不同特点。行政诉讼原告提起诉讼的目的就是通过主张行政行为不合法且侵犯其合法权益,请求确定行政诉讼被告所应承担的责任,以实现原告所主张的权益。相应而言,被告则全力主张其行政行为具有合法性,无需承担任何责任。因此,当事人之间的争议可能包含多个方面,但作为审理重点的争议主要表现在两个方面:一是行政行为是否合法;二是行政机关是否应当承担相应责任。若当事人之间对于前述两个方面没有实质分歧,则可以认定当事人之间的争议不大。

在具体理解时,需注意两个事项:一是关于"等"字的理解。尽管当事人之间最核心的争议通常为本条所列举的两个方面,但对于其他一些重要内容也可能存在分歧,如重要证据、基本事实的认定,这些分歧都可能影响简易程序的适用。因此,使用兜底式规定的"等"之表述更为严谨。但在广义层面理解,当事人对这些事项的重大分歧,最终都落脚于行政行为是否符合法律规定的争议,其他若干事项均可被前述所列两个事项予以吸收,而无需具体列举。二是关于"实质分歧"的理解。当事人之间必然存在或多或少、或大或小的分歧,否则没有提起诉讼的必要。但当事人表达分歧可能出于多种考虑,如最为常见的是作为对抗的诉辩一方当然地提出一些否定对方主张的意见。简易程序并非要求当事人之间毫无分歧,而是强调分歧应当保持在一个合理的度范围之内,这与前述的"基本一致"相似,即分歧的程度不影响最终结论的作出,如均认可行政机关应该承担相关责任,但对承担的责任多少出现分歧等。

【实务指导】

一、适用简易程序的三个条件之间的相互关系

三个条件之间缺一不可且相互印证,任何一个条件不符合,其他条件相应也难以成立,如当事人对争议事实陈述不一致,则难以区分当事人之间的权利义务关系,彼此之间的争议则相对较大,案件通常难以通过简易程序直接处理。就其实质而言,简易程序的最核心要素就是当事人之间的主张,只要各方当事人对重要事项均予以认可,复杂的案件也能变得简单,也能通过简易程序得到妥善解决。相反,若当事人之间冲突激烈,简单的案件也能人为地变为复杂,不宜适用简易程序予以处理。换言之,当事人之间的陈述基本可以推断案件事实是否复杂,从而决定能否适用简易程序查明案件事实;当事人之间有关法律关系的观点是否相符,可以判断案件的冲突程度,从而决定简易程序能否化解当事人之间的争议。

二、关于"当事人的陈述基本一致""当事人没有实质分歧"的理解

实践中,立案部门将案件移送到审判部门之后,审判部门将案件分到具体承办人时,一般需确定采取独任审理,还是合议庭审理,此时则需判断案件是否符合简易程序的适用条件。但此时仅有立案庭移送的立案材料,通常仅包括原告一方提交的起诉状、证据材料,即仅有原告一方的陈述等相关材料,并无被告等其他当事人的陈述,因而此项内容似与客观实践不符。对此,在具体理解与适用时应立于广义角度,即在判断是否适用简易程序时,则由人民法院作出初步判断或合理推断,即根据已有材料推定各方当事人对事实认定方面不会有相反陈述,或彼此之间不会有较大分歧。但在判断简易程序是否转为普通程序时,因有各方当事人的陈述,以及各方当事人提交的

证据材料，人民法院则可以直接根据现有材料作出相应判断。

三、关于"当事人"范围的理解

当事人的范围主要是指原告和被告双方，但行政诉讼的第三人即利害关系人通常也是重要的当事人之一，如在请求撤销行政登记、行政许可、行政处罚等类型的诉讼案件，利害关系人对案件的审理具有举足轻重的作用。因此，本条规定所指当事人的范围包括原告、被告以及对案件事实认定或法律关系认定具有重要影响的利害关系人。

四、适用简易程序的决定主体

按照法律规定，简易程序是否符合适用条件的判断主体是人民法院，即适用简易程序的决定主体为人民法院。但简易程序仅能适用于符合特定条件的案件，当事人也是简易程序的实质决定主体。主要理由为：简易程序适用的重要条件之一，系当事人之间的陈述或主张无实质分歧，当事人可以通过故意作出不一致陈述等方式，使案件不宜适用简易决定。相比于普通程序，简易程序的适用更为脆弱，当事人的同意也是简易程序适用的实质条件之一。

（章文英撰写）

第一百零三条

适用简易程序审理的行政案件，人民法院可以用口头通知、电话、短信、传真、电子邮件等简便方式传唤当事人、通知证人、送达裁判文书以外的诉讼文书。

以简便方式送达的开庭通知，未经当事人确认或者没有其他证据证明当事人已经收到的，人民法院不得缺席判决。

【条文主旨】

本条是关于简易程序的送达、通知、传唤方式的规定。

【起草背景】

简易程序的核心目的之一为提高诉讼效率、缩短诉讼周期,诉讼程序是由多个诉讼参与主体之间的具体诉讼活动组成,具体的诉讼活动或环节都尽可能地提高效率,诉讼程序的整体效率则相应提高。但诉讼效率的提高应当遵循司法规律,不能为提高诉讼效率而降低审判质量,更不能影响案件的公正审理或正确处理。因此,简易程序的制度设计,应当将重点置于可以省略的诉讼环节或可以简化的诉讼程序,如送达、通知、传唤等。这些活动属于审理的辅助性工作,具有较强的实务操作性,对裁判结论不会直接产生实质影响,但通常又需花费一定的人力和时间。简化这些工作,可以直接提高司法效率,且不影响案件的正常审理,有助于减少各类诉讼主体的诉累,各方主体之间对此提出的异议亦相对较少。若当事人故意对此类活动提起异议,则可以推定当事人之间的冲突较大,或当事人对人民法院的信任度较低,通常不宜再适用简易程序。

【条文释义】

一、关于简便方式的理解

现代技术合理运用于诉讼程序中,可以有效提高司法效率。通知、送达等诉讼活动的目的就是让当事人、证人等诉讼参与主体,能知晓并参与人民法院的诉讼活动安排,如出庭、作证等。无论具体形式或方式如何,只要达到相关目的即可。若通过简便方式能达到同样的目的,则应当优先予以选择。在行政诉讼制度发展之初,这些简便方式并不存在或不常使用,而是随着科学技术的不断发展而逐步运用。本条所列举的这些简便方式,属于当前普通民众生活中运用较为普遍的方式。随着未来技术的进一步发展,将可能出现更为简便且有效的方式,因而使用"等"简便方式的兜底表述更为合理。

这些简便方式属于并列关系,不存在适用的先后顺序,人民法院具有选择的自主权,可以根据现实需要选择最合适的方式。另外,本条规定的简便方式,人民法院"可以"选择适用,而非"应当"适用,人民法院未选择简便方式而仍按照普通程序的方式,并不违反法律规定。一般而言,简便方式的适用通常都能得到当事人事先同意或认可,反之则不能达到通知或送达的效果,也在一定程度上反映当事人对人民法院工作或适用简易程序的不认同,人民法院则需考虑简易程序能否有效处理案件之问题。值得注意的是,人民法院在选择简易方式时,应当充分尊重当事人的意见,结合具体情况选择一种最为高效、可行的方式。

二、简易的诉讼活动

简易程序应当在不损害公平正义的基础上,最大程度地提高诉讼效率。在整个诉讼程序中,需要人民法院主动完成的工作有多项,对于通知、送达之类的辅助性工作,人民法院具有一定程度的自主决定权,人民法院可以根据案件需要和现实情况,选择最高效的方式完成简易的诉讼活动,减少相应的工作量如缩短在途时间等,同时也给各方当事人减轻了负担,这是简易程序与普通程序之间的重要区别之一。实践中,简易的诉讼活动主要有:一是传唤当事人。根据行政诉讼法第五十八条规定,在普通程序下,传唤当事人应当使用传票,在开庭前需要制作书面传票,且应当直接送达给当事人。由于传唤当事人的主要目的仅是通知各方当事人开庭的相关事项,使当事人可以按时参加庭审活动,对于适用简易程序的行政案件,则无需对具体的通知方式作严格限制,而只要能实现通知的目的即可。相比而言,简易方式传唤当事人的,人民法院在开庭前可以暂不用制作传票及其送达回证,可制作电子版传票并以传真、短信、电子邮件等方式送达给当事人。二是通知证人。证人证言是常见的证据种类之一,需经法庭审查属实后，才能作为认定案件事实的根据。由于证人出庭作证进一步增加了诉讼工作量，实践中行政诉讼的证人出庭作证情形较少，通常在案件较为复杂、当事人之间争议较大时，人民法院认为必要或当事人要求时才通知证人出庭作证。因此，简易程序通知证人的情形则相比更少，人民法院若发现存在必须通知证人出庭的情形，则应当考虑简易程序是否适宜继续适用。与传唤当事人一样，仅要达到能通知到证人的目的，人民法院可以自主选择简便的通知方式，无需制作及送达出庭通知书，简易程序通知证人更为方便、高效。三是送达诉讼文书。在诉讼程序中，人民法院需要将相关的诉讼文书及时送达给当事人。关于"诉讼文书"的范围，有广义与狭义之分。广义的诉讼文书是指与案件有关且人民法院依法应当送达的所有材料，如一方当事人提交的证据、陈述状等相关材料等。狭义的诉讼文书是指人民法院依职权制作的决定、裁定等各种文书，与"人民法院法律文书"的含义基本相同。本条所指的诉讼文书应当从广义角度予以理解。由于简易程序的适用条件有较为严格的限制，简易程序里的诉讼文书相对较少，不存在因案件复杂、争议较大而需要送达的文书，如财产保全、先予执行等裁定。因此，实践中用简易方式送达的诉讼文书通常是一方当事人提交的诉讼材料，以及人民法院制作随之送达的法律文书如应诉通知书、参加诉讼通知书、权利义务告知书、地址确认书、举证通知书等，但不包括裁判文书。换言之，裁判文书不能用简便方式予以送达。这主要基于以下考虑：其一，裁判文书是所有诉讼文书中最为重要的文书，是整个诉讼活动的最终成果，应当确保能送达给各方当事人，简便方式通常难以确保送达；其二，裁判文书盖有人民法院的公章，代表着司法权威，具有对外的法律效力，但其效力的发挥通常需要出示裁判文书的文本，这需将裁判文书的原件文本直接送达至当事人之手，而简便的送达方式通常难以胜任。据此，关于简易程序的裁判文书送达方式，应当参照普通程序的相关规定，如直接送达、法院专递送达等。

三、简易程序的缺席判决

本条规定的第二款是针对简易程序下的缺席判决。关于缺席判决的条件，行政诉讼法第五十八条作出明确规定，即经人民法院传票传唤，被告无正当理由拒不到庭，或者未经法庭许可中途退庭的，可以缺席判决，但该条规定主要适用于普通程序，简易程序是否适用则不得而知。尽管简易程序与普通程序在传唤当事人开庭方面存在差别，但二者关于缺席判决的法定要件或法律精神并无二致，即缺席判决是针对被告明知应当出庭而拒不到庭，具有较强的主观故意性，应当依法承担相应的不利后果。因此，简易程序缺席判决同样可以参照行政诉讼法第五十八条规定。不同的是，普通程序采取传票传唤，可以确定被告收到开庭传票，被告正常情形下均可以按照要求到庭。但简易程序采取简便方式传唤，存在被告未收到传唤的可能性，而缺席判决对被告具有极为不利的影响，作出的裁判结论可能与客观事实不相符，人民法院应当慎重作出缺席判决，在不能确定被告是否收到开庭通知情形下缺席判决，有失公平正义。因此，本条明确规定不能确定被告收到开庭通知时，人民法院不能缺席判决。这也意味着，人民法院在适用简便方式告知当事人开庭通知时，应当确定当事人可以且已经收到相关信息或文书，并固定好当事人已经收到开庭通知的相关证据。一般而言，由于简易程序的当事人之间冲突并不激烈，通常都不会故意拒不到庭而影响诉讼的正常进展，反之则不适宜适用简易程序，因而人民法院在确认简便的通知或送达方式时，应当选择当事人最有可能实际收到的方式。值得注意的是，尽管本条仅针对无正当理由拒不到庭的情形，但若简易程序的被告已经到庭而又未经法庭许可中途退庭的，同样可以缺席判决。

【实务指导】

一、人民法院以简便方式开展诉讼活动的应有相关证据附卷

实践中，可能出现人民法院已经通知或送达当事人，但当事人并未按照诉讼安排进行相关活动的情形，随之而来的是相关法律后果的承担，如证人未出庭而视为没有证人、未出庭而视为撤回起诉等。一般而言，当事

人为避免自身承担责任或不利后果，可能主张未收到通知或相关文书，具体的争议则出现于当事人与人民法院之间，此时则涉及相关事实的证据固定问题，争议双方主体均应当提供有效证据证明各自的主张。若相关事实无有效证据予以证实，人民法院不宜作出由当事人承担相关责任的决定。在此种情形下，人民法院宜将简易程序转为普通程序，承担补救诉讼程序瑕疵且审理期限被耽误的后果；人民法院已经作出相关处理的，则涉及对相关事实的证据审查，审查主体通常为二审法院。在证据审查时，因本身适用的简易程序，对证据的要求相对较低，达到可以作出合理推断的标准即可。换言之，一审法院可以提供相应的证据予以佐证，如保留通知及回复的短信、电话通知录音、口头通知的见证人等，则可以推定人民法院已经履行相关法定职责，但当事人提供充分证据予以否定的除外。因此，在简便方式的实践操作时，人民法院应当树立固定有效证据的意识。

二、简易程序下的按撤诉处理

与针对被告的缺席判决相对应的是针对原告的按撤诉处理，行政诉讼法第五十八条不仅规定了缺席判决，也规定了按撤诉处理，即经人民法院传票传唤，原告无正当理由拒不到庭，或者未经法庭许可中途退庭的，可以按照撤诉处理。但本条第二款仅规定缺席判决，对于简易程序是否存在按撤诉处理情形则未作出规定。与缺席判决相同，简易程序与普通程序在关于按撤诉处理的法定要件或法律精神相同。换言之，简易程序的原告无正当理由拒不到庭，或未经法庭许可中途退庭的，同样可以按照撤诉处理。因此，以简便方式送达的开庭通知，未经当事人确认或者没有其他证据证明当事人已经收到的，人民法院不得按撤诉处理。但本条第二款并未作出类似规定。这主要基于以下考虑：与民事诉讼一样，行政诉讼简易程序的原告在起诉时通常都已提供准确的送达地址或联系方式，正常情况下开庭通知均能送达至原告，且原告为减少诉讼时间同意简易程序后通常不会故意不出庭，因而未经原告确认或无证据证明原告未收到的情形较少，本条遂参照《民诉解释》的类似规定而未对按撤诉处理作出规定。

（章文英撰写）

第一百零四条

适用简易程序案件的举证期限由人民法院确定,也可以由当事人协商一致并经人民法院准许,但不得超过十五日。被告要求书面答辩的,人民法院可以确定合理的答辩期间。

人民法院应当将举证期限和开庭日期告知双方当事人,并向当事人说明逾期举证以及拒不到庭的法律后果,由双方当事人在笔录和开庭传票的送达回证上签名或者捺印。

当事人双方均表示同意立即开庭或者缩短举证期限、答辩期间的,人民法院可以立即开庭审理或者确定近期开庭。

【条文主旨】

本条是关于简易程序的举证期限、答辩期间的规定。

【起草背景】

举证、答辩和开庭属于重要的诉讼活动,所花费的时间在诉讼程序中占比较大,其效率直接影响整体诉讼效率。因此,确定特殊的举证期限、答辩期间、开庭日期,属于简易程序制度设计的必然要求。相比于普通程序,人民法院适用简易程序时的自主性更大,可以根据案情或实际需要,直接确定合理的期限或时间,以最大限度地提高诉讼效率。但在提高效率的同时,应当兼顾合理性和公正性,人民法院在作出具体决定时需遵循司法规律,如充分履行告知职责,使当事人能确切知晓人民法院的诉讼安排并根据自身情形作出相关判断等。

【条文释义】

一、简易程序举证期限的确定

本条规定简易程序案件的举证期限确定，主要有两种方式：一是人民法院直接确定，主要针对当事人之间未协商或协商不一致的情形；二是当事人协商一致并经人民法院准许，主要针对当事人之间进行协商且达成一致意见的情形。但举证期限的最终决定权属于人民法院，当事人之间关于举证期限的协商不属于必要程序，人民法院在确定举证期限时通常无需先行征求当事人是否协商，可以根据案情需要直接予以确定。即使人民法院主动询问当事人是否协商或当事人提出协商请求的，因效率是简易程序的生命线，一般不再为当事人保留法定的协商时间，当事人之间应当即时协商并达成一致意见，否则人民法院可以直接确定举证期限。协商达成一致意见的，人民法院可以根据案件审理的具体情况，审查协商确定的举证期限是否合理，没有明显不合理之处的，人民法院一般应当准许，若明显不合理的，人民法院也可以不准许并自行确定举证期限。

关于举证期限的两种确定方式是否存在先后关系，本条规定未予以明确。一般而言，简易程序的案件相对较为简单，当事人之间的分歧较少，就相关问题易形成一致意见。人民法院应当尊重当事人之间的意见，对于当事人协商一致确定的合理举证期限，人民法院应当准许并作为优先选择。需要注意的是，无论采取何种举证期限确定方式，都有最长期限的限制。由于普通程序案件的被告举证期限为15日，追求诉讼效率的简易程序，其最长举证期限不能超过普通程序，即不得超过15日。同样，15日的起算点为收到起诉状副本之日起。

关于举证期限的规定，简易程序与普通程序有较大不同。简易程序的所有当事人的举证期限均相同，其规定可适用于被告、原告和第三人。但普通程序关于原告和第三人的举证期限，与被告的举证期限并不相同，被告的举证期限是完全法定的，即在收到起诉状副本之日起15日内。而原告和第三人的举证期限则兼具法定性和指定性,即一般均需在开庭审理前予以提供,如此各方当事人可以提前做好准备,在庭审时可以充分证实自己的主张,但在案件审理需要等特定情形下,人民法院也可以确定证据交换日作为原告或第三人的举证期限。

二、简易程序的被告答辩

提交答辩状属于被告的法定权利,而非法定义务。被告提交答辩状可以更充分地阐述自己的诉讼理由,更好地说服人民法院支持自己的主张,也有助于案件的顺利审理。但是,被告未提交答辩状的,也不承担直接的不利后果,其可以当庭陈述自己的主张和理由,不影响案件的正常审理。一般而言,简易程序的案件相对简单、争议相对较小,被告为减少负担而通常不提交答辩状,人民法院亦无需要求被告提交。但被告可能基于各种考虑而要求提交书面答辩状,人民法院应当充分保障被告的答辩权利,为其保留必要的答辩时间。因此,本条规定被告要求书面答辩的,人民法院可以确定合理的答辩期间,这与普通程序的规定不同,后者的答辩期间无需另行确定,其与被告的举证期限相同,均属于法定期限。关于答辩期间是否"合理"的判断,主要由人民法院根据案件实际情况予以确定,通常应当在开庭审理之前提交书面答辩状。与普通程序相同,人民法院收到答辩状后,应当将答辩状副本发送原告,时间不得超过普通程序的规定即收到答辩状之日起5日内。

三、人民法院应当履行告知职责

由于举证期限和开庭日期最终均由人民法院决定,人民法院在确定后应当告知当事人,否则当事人无法知晓人民法院的诉讼安排,诉讼程序则难以进展。但是,人民法院的告知并非仅限于举证期限和开庭日期两个简单的时间数字,而应当将当事人的法律权利与义务一并告知,以便于当事人作出相关选择或决定。尤其是相关决定后的法律后果,如逾期举证视为没有相应的证据以及拒不到庭则按撤诉处理或缺席判决等,人民法院应当明确予以告知。由于告知属于人民法院的法定职责,人民法院应当固定相关证据证实其已履行告知职责。其中，最有效的证据为制作笔录，将告知的内容记录在笔录中，由当事人签字或捺印确认。通过开庭传票告知开庭日期的，拒不到庭的法律后果可以记载于开庭传票之中，传票应当制作书面的送达回证，由当事人签名或捺印确认已收到。人民法院未依法制作笔录或送达回证的，亦无其他有效证据证明已履行告知职责的，人民法院不能直接作出由当事人承担不利后果的处理。

四、简易程序开庭时间的确定

举证、答辩、开庭均属于当事人的重要诉讼权利，人民法院应当予以充分尊重和保障。同时，基于简易程序之特征和要求，在保障当事人前述权利之时，应当赋予人民法院一定的自主决定权。但当事人之间就有关事项达成一致意见且不违反法律规定的，人民法院也应当予以尊重，不宜迳行作出相关决定。实践中，由于简易程序的案件一般都是事实清楚、法律关系明确，通常都不需要复杂的证据，也不需要繁琐的陈述，当事人为了实现简易程序目的，尽快审结案件，可能表示不需要举证期限和答辩期间，并希望能快速启动下一环节的诉讼活动，这属于当事人对自身权利的处分行为，人民法院应当予以尊重。由于举证、答辩之后的诉讼活动主要是开庭，当事人均明确表示不需要举证期限和答辩期间的，人民法院应当及时确定开庭日期，可以立即开庭，也可以择日开庭。值得注意的是，人民法院决定立即开庭的，必须是各方当事人达成一致意见。任何一方当事人不同意，表示需要举证期限或答辩期间的，人民法院均应当予以保障，不得立即开庭。即使当事人达成一致意见，人民法院根据案件需要，也可以决定不立即开庭，但应当另行确定开庭日期，其确定的方法与当事人要求举证和答辩的情形并无不同。

【实务指导】

一、人民法院告知的对象

本条规定人民法院告知举证期限与开庭日期的对象为"双方当事人"，

而未使用"各方当事人"或"当事人"之表述。主要基于以下考虑：一是简易程序通常都不存在第三人。若案件有第三人存在，一般意味着当事人之前的法律关系不单一，争议较大的概率更高，案件复杂的可能性较大，则不宜适用简易程序。二是本条规定主要参考《民诉解释》的相关规定，两种诉讼类型的简易程序有很多共通之处，因而直接保留与民事诉讼相同的表述。但在实践操作时，并不意味着仅需告知原告和被告，若案件存在第三人，人民法院同样应当予以告知，否则诉讼程序亦难以顺利进行。

二、关于本条第二款的实践操作

关于本条第二款规定的内容，结合本司法解释其他相关条款，在具体理解和实践操作时容易出现争议，相关问题有必要予以明确。其一，并非必须开庭。本条规定是针对需要开庭的简易程序案件，但并不意味着所有简易程序案件均需要开庭并签送达回证。本司法解释第六十九条第三款规定，人民法院经过阅卷、调查或者询问当事人，认为不需要开庭审理的，可以径行裁定驳回起诉。对于属于裁定驳回起诉情形的，在符合特定条件时，普通程序案件都可以不需要开庭审理，简易程序当然也存在不需要开庭审理的情形。其二，笔录的形式以及制作时间。告知当事人以及将告知的内容制作笔录，属于人民法院的法定职责。但关于笔录的制作时间和表现形式，并未作出具体限制，人民法院可以自主决定。如庭审前单独制作一个格式化的告知笔录，或在庭审笔录中一并记录告知内容。其三，送达回证的制作时间。签名或者捺印都需要书面载体，因而应当制作书面的送达回证。但是，对于送达回证的制作以及签名时间，本规定并未作出限制，人民法院具有自主决定权。本司法解释第一百零三条规定可以简便方式传唤当事人，第五十一条第二款规定当事人同意电子送达的，可以电子送达，因而并不需要制作书面的开庭传票，也无需直接送达给当事人。即使制作了书面开庭传票，也可以通过法院专递送达。换言之，在开庭审理前并不要求当事人在送达回证上签字确认。因此，在司法实践中，人民法院直接送达的，由当事人当场签名或捺印确认；简便方式送达的，可以在开庭期间由当事人签名或捺印确认，如庭审准备阶段或庭审结束签字确认庭审笔录阶段。尽管有倒签或补签之嫌，但因各方当事人知晓并同意，不属于审理程序的瑕疵。

三、关于本条第三款的实践操作

与本条第二款规定相同，当事人明确表示不需要举证期限、答辩期间的，人民法院应当固定相关的证据，如制作相关笔录并由当事人签名确认。人民法院决定立即开庭的，由当事人当庭举证和答辩，但当事人的举证和主张陈述，在准备充分程度上要逊于有举证期限和答辩期间的情形。若当事人在庭审过程中，发现自身当庭举证存在困难，提出延期举证的，因其已对自身的举证权利进行了处分，人民法院一般不应准许，不能提供证据的，视为没有相关证据。但当事人之间就延期举证达成一致意见的，人民法院也可以根据案件情况决定是否准许。

（章文英撰写）

第一百零五条

人民法院发现案情复杂，需要转为普通程序审理的，应当在审理期限届满前作出裁定并将合议庭组成人员及相关事项书面通知双方当事人。

案件转为普通程序审理的，审理期限自人民法院立案之日起计算。

【条文主旨】

本条是关于简易程序的转换程序以及审理期限的规定。

【起草背景】

某个案件是否适用简易程序进行审理，是人民法院根据一般经验判断案件难易程度基础上作出的决定。决定适用简易程序之后，人民法院可能发现案件并不简单，或随着诉讼程序的进展，当事人之间的情况发生改变而不适宜简易程序的，人民法院应当停止适用而转为普通程序。行政诉讼法第八十四条规定，人民法院发现案件不宜适用简易程序的，裁定转为普通程序，本条对"不宜适用"作出进一步解释即"案情复杂"。由于简易程序与普通程序存在多方面区别，且在转变程序类型之前通常已进行若干诉讼活动，在程序转变之后如何衔接相关事项如审理期限等，需要进一步予以明确。由于程序类型的转变对当事人的权利有重要影响，人民法院在作出程序转变决定时应当受到相关限制，且应当履行相关法定职责。

【条文释义】

一、"案情复杂"的界定标准

"案情复杂"是人民法院判断是否转为普通程序的前提条件，但其本身仍属于主观性表述，在具体适用时可能出现不同理解。

简易程序的适用由人民法院决定，转变为普通程序的权限仍属于人民法院。因此，案情是否复杂亦以人民法院的理解或判断为准，但当事人之间冲突的程度、主张的分歧等因素将直接影响案件的审理，人民法院在判断时应当予以考虑。

一般而言，"案情复杂"的标准与简易程序的适用条件相对应，即事实不清楚、权利义务关系不明确、争议较大等，这三者彼此关联、相互影响，最终的外化表现通常为案件能否在审理期限内审结。因此，根据已进展的诉讼活动，预判在审限内不能审结案件的，可以初步判断为"案情复杂"。但二者并非充分必要关系，有的案件相对复杂，但因承办法官的能力以及当事人的配合等，可以在简易程序的审限内审结；有的案件相对简单，但由于案件以外的正当原因如承办人休假、当事人外出等影响，可能在审限内未能审结。对于第一种情形，人民法院为更好、更深入地审理案件，可以决定转变普通程序；若案件承办人有充分把握可以审限内审结，也可以暂时不转变普通程序。但案件明显不符合简易程序适用条件，或者当事人提出适用简易程序异议的，人民法院应当转变审理程序类型。对于第二种情形，因简易程序一般不得延长审限，否则应当转变为普通程序，人民法院为避免超出审限，可以决定转变为普通程序；但对于审理程序已经基本进展完毕，案件完全符合简易程序适用条件，仅因预期外的因素而影响审限的，能否通过适当延长审限而仍保留简易程序，目前暂无明确规定。尽管民事诉讼有相关规定，但行政诉讼能否参照适用，仍需进一步的实践探索，并在经验成熟后形成制度规定。

二、转成普通程序的裁定

决定简易程序的适用或不再适用而转为普通程序，均属于人民法院的法定权限。因此，本条规定人民法院发现需要转为普通程序的，可以作出转变程序的裁定。人民法院的"发现"有多个来源，可以是案件承办人审查证据材料后的主动推定，也可以是当事人提出转变程序的请求。

案件审理的程序类型发生调整，相关诉讼活动的要求以及效果也相应改变，直接影响当事人合法诉权的行使，人民法院在决定审理程序转变时应当予以慎重。对此，本条规定了人民法院转为普通程序审理的相关限制：一是时间限制，即应当在审理期限届满前作出。由于简易程序一般不得延长审限，若审限届满未审结案件，则表明案件较为复杂，应当转变适用程序的类型，仍未转变适用程序的，则将承担超审限的相应责任，避免适用程序的转变成为责任规避的合理事由。二是形式限制，即应当以裁定书的方式作出。审理程序的转变具有重要影响，且属于人民法院对程序性事项的处理，不得以口头或通知书等方式予以确定，而应当以正式的裁定形式作出。但关于裁定的具体要求，本条司法解释未再作进一步规定，人民法院可以根据实际情况自由裁量，一般由独任审理的承办人单独作出。三是通知职责，即应当将合议庭组成人员及相关事项书面通知各方当事人。简易程序转为普通程序之后，相关诉讼活动应遵循普通程序的要求，而普通程序重要事项的告知均需采取书面形式，因而转变后的相关事项亦应当书面通知。

审理程序发生转变后，案件审理人员的调整属于最主要的转变内容之一，即由独任审理变为合议庭审理，人民法院应该重点予以告知，依法制作合议庭成员告知书。关于其他应当通知的相关事项，本条司法解释未进一步列举。一般而言，人民法院应当依法告知各方当事人的事项，都可以列入本条规定的相关事项，即简易程序无需或未书面通知而普通程序必须书面通知的事项，如应诉通知书、开庭传票、举证通知书等。对于法律未明确规定必须通知的事项，人民法院为使案件得到公平、公正、高效地审理，也可以书面形式告知各方当事人，如相关法律问题的释明等。

三、审理期限的计算

简易程序的审理期限为45日，普通程序的审理期限为6个月，关于简易程序转为普通程序后的审理期限如何计算，实践中主要有两种不同的观点：一是认为重新计算。主要理由有：其一，案件转为普通程序是已经确定案情复杂，需要充足的审限保障案件的审理质量；其二，不同程序的审理思路可能完全不同，简易程序所花费的时间，很可能对案件的审理没有实质性价值，如简便方式通知而当事人主张未收到的情形等；其三，简易程序为独任审理，转为普通程序后由合议庭审理，而新合议庭成员对案件并不熟悉，应当按照新案件计算审理期限。二是认为扣除计算，即普通程序的审限扣除简易程序已经经过的审限。这也是本条规定的选择，即从最初立案之日起计算审理期限。主要基于以下考虑：其一，简易程序转为普通程序不是新的立案，案件的案号、承办人、当事人的相关事项等均未发生改变，重新计算审限没有法律依据。关于新合议庭成员不熟悉案件的问题，由于案件的承办人未发生变更，对案件的实质审理并不会产生较大影响；其二，当事人选择简易程序的目的是案件能尽快审结，减少诉累。人民法院为了正确审理案件可以转为普通案件，但整体的审理期限不应更长，否则简易程序很可能成为审限延长的事由，而当事人的合法权益不因人民法院的决定而造成损害，反之将损害当事人选择适用简易程序的积极性；其三，简易程序所经过的审限对案件的整体审理不会产生实质性影响。相比于普通程序的6个月审限，即使全部扣除简易程序的45天审限，仍不会直接导致审理期限不足的后果。若确出现审理期限不足的情形，仍可以通过申请延长审限加以解决。

【实务指导】

一、简易程序转为普通程序后的衔接

裁定转变审理程序的，又回到立案移送后的分案环节，具体操作遵循有关分案的内部规定。一般而言，若不存在回避事由的，原则上合议庭成员的承办人不发生改变，仍由原独任承办人继续担任。此外，简易程序所开展的诉讼活动仍然有效，如送达、庭审等。但人民法院简便方式传唤、通知、送达的，若当事人否认收到或知晓，且人民法院未固定相关证据予以证实，其产生的不利后果即审限的耽误属于审理工作的失误，应当由人民法院予以承担。

一方当事人在简易程序已进展的程序中依法应当承担的不利后果，如一方当事人未在举证期限内提交证据，或在庭审中已自认不利事实等，转变审理程序后是否依然有效，实践中可能有不同处理。一般而言，当事人应当对自身权利的处分行为承担责任，在简易程序中所应承担的不利后果，不因审理程序的转变而发生改变，但另一方当事人同意免除责任且不影响案件公正处理的除外。

二、书面通知相关事项的实践操作

一般而言，转为普通程序后需要书面通知的事项均属于简易程序尚未通知的事项，但关于简易程序已经简便方式通知的事项，转为普通程序后是否应当再次书面通知，有两种不同意见：一种意见认为应当再次通知。简易程序适用简便方式传唤、通知、送达的，即使当事人认可所进展的诉讼活动，程序转变后仍应当按照普通程序的要求给予当事人书面通知，使案件材料符合一个完整普通程序的要求，完成对简易程序的一种程序确认或补足。另一种意见认为无需再次通知。简易程序所进展的诉讼活动有

效，应当包括程序性事项和实体性事项，只要当事人未予否认，所进行的程序事项应当均具有效力，不宜再进行无实际意义的重复确认，否则徒增人民法院的工作量和当事人的诉累，影响司法效率的提高。上述两种意见，都有其合理之处。在司法实践中，由于法律赋予人民法院一定的自由裁量权，在不影响各方当事人合法权益以及案件的公平公正处理且各方当事人均予以认同的情形下，人民法院可以不再重复通知。

关于转变审理程序后的通知时间，本条司法解释未进一步明确规定。实践中，为有效提高诉讼效率，案件承办人通常在作出转变审理程序的裁定时，同步申请调整合议庭组成人员并确定诉讼的相关事项，将书面通知与裁定书一并送达给当事人。但在特殊情形下，如审理期限极为接近，相关事项又不能短时间确定的，人民法院也可以先送达裁定，再另行书面通知相关事项。值得注意的是，尽管本条规定通知的对象为双方当事人，但在实践操作中不排除书面通知第三人的情形，如人民法院发现简易程序案件可能遗漏了应当参加诉讼的第三人，并进一步认为案情复杂需要转为普通程序的，人民法院依法追加第三人后，应当向其依法书面通知相关事项，如参加诉讼通知书、举证通知书、开庭传票等。

三、转为普通程序后的开庭问题

人民法院对简易程序转为普通程序具有较大的自由裁量权，只要在审理期限届满前都可以单方作出转变程序的裁定，具体阶段可以是举证期限届满后、开庭审理前，如人民法院审查各方当事人提交证据材料时发现案件较为复杂；也可以是开庭审理后，如人民法院在庭审阶段发现各方当事人之间的分歧较大、案件事实仍不清晰。无论简易程序阶段是否开庭审理，在转为普通程序后，一般都需再次开庭审理，主要理由是：简易程序开庭审理后仍需转为普通程序，通常表明开庭审理并未达到案件审结的要求，需当事人进一步准备后，人民法院再通过庭审进一步审查。但也有例外情形，即人民法院认为导致转变审理程序的因素无需开庭审理即可解决的，也可以不再开庭审理。

（章文英撰写）

第一百零六条

当事人就已经提起诉讼的事项在诉讼过程中或者裁判生效后再次起诉，同时具有下列情形的，构成重复起诉：

（一）后诉与前诉的当事人相同；

（二）后诉与前诉的诉讼标的相同；

（三）后诉与前诉的诉讼请求相同，或者后诉的诉讼请求被前诉裁判所包含。

【条文主旨】

本条是关于行政诉讼中"一事不再理"原则及判断标准的规定。

【起草背景】

为节约司法资源，避免法院就同一诉讼进行重复审理，甚至作出矛盾裁判；也为避免行政机关被迫参加不必要的诉讼，有必要将"一事不再理"原则及判断标准加以规定。因此，《行诉解释》参照《民诉解释》第二百四十七条作出上述规定。

一事不再理的概念起源于古代罗马法，表述为"ne bis in idem"。罗马人将一事不再理作为一项规制，并以诉权消耗理论作为该制度的理论解释。根据诉权消耗理论，一个案件的审理程序是基于诉权而启动的，诉讼程序启动后，诉权即被消耗。此时再次提起诉讼就不再具备诉权根据，也即一个诉讼请求只有一个诉权，不允许二次诉讼系属。"一旦限制同一诉权或请求权只能有一次诉讼系属，那么，即使允许当事人针对同一案件提出诉讼请求，被告也可以实施'既决案件的抗辩'（excptio rei judicatae）或'诉讼系属的抗辩'（excptio rei in judicatae deductae），使当事人的诉讼请求不至于诉讼系属。"① 因此，一事不再理从最初开始就包含"诉讼系属"的效力。除了诉权消耗理论外，罗马人还基于古代罗马法中的当事人关于诉讼的"认诉"（litis contestation）制度将一事不再理作为一项规范。在古代罗马法的请求权体制下，诉讼的成立以"认诉"为基础。如果当事人就一个案件再次诉讼，就违反了"认诉"制度。此外，在古代罗马法时代，由于实体法和程序法合一，诉权消耗理论与"权利确定"相伴而生。判决具有变更权利的功能，而非仅仅对实体权利的简单确认。因此，从古代罗马法的情形来看，一事不再理实际上已经包含了诉讼系属和确定判决既判力的作用，是两种效力共同作用的结果。②

罗马法的"一事不再理"理论对后世产生了深远的影响。普通法系国家通过既决事项规则和滥用程序规则来实践"一事不再理"原则。大陆法系国家则以诉讼系属效力和既判力的消极作用来实践"一事不再理"原则。我国受大陆法系影响较深，本条规定的"一事不再理"原则也以诉讼系属效力和既判力的消极作用为理论基础，具体包括两种情况，一是在诉讼系属中，禁止当事人再行提起后诉；二是在裁判确定后，禁止相同当事人对相同诉讼对象进行再次诉争。

所谓诉讼系属是指一种状态，即"通过起诉案件（何人对何人提起什么样请求、向法院申请什么样的判决）获得特定，进而形成'特定案件由特定法院来审判'的状态。"③ 这种状态要一直持续到该诉讼作出确定裁判而停止，当然也可以因当事人达成和解或提出撤诉终结诉讼而停止。诉讼系属可产生多种法律上的效果，包括法院管辖恒定的效果、当事人恒定的效果、当事人起诉的诉讼标的仅在特别条件下才能够得以变更或追加的效果以及禁止重复起诉的效果，④ 其中禁止重复起诉的效果最为重要。

---

① 张卫平：《程序公正实现中的冲突与衡平——外国民事诉讼研究引论》，成都出版社1993年版，第350页。
② 张卫平：《重复诉讼规制研究：兼论"一事不再理"》，载《中国法学》2015年第2期。
③ ［日］新堂幸司：《新民事诉讼法》，林剑锋译，法律出版社2008年版，第161页。
④ 毕玉谦：《民事诉讼起诉要件与诉讼系属之间关系的定位》，载《华东政法大学学报》2006年第4期。

既判力是指"判决一经确定就不允许当事人再行争执的确定力。"[1] 既判力有积极作用和消极作用之分。其积极作用在于，当前诉的诉讼标的是后诉诉讼标的的先决问题时，当事人的主张不得违反既判力，法院在审理后诉的时候，应当以前诉的裁判作为基础来处理后诉的诉讼标的。法院不得对前诉已经裁决的诉讼标的进行重复审理，更不能作出与前诉相矛盾的判决。禁止重复起诉主要体现的是既判力的消极作用，其消极作用在于，当事人之间的诉讼标的一旦被法院裁判并且确定后，当事人就不得就同一个诉讼标的另行起诉。如果当事人无视已经确定的裁判而另行起诉，法院应裁定驳回，无需进行实体审理。[2]

"一事不再理"原则在诉讼实践中已获得广泛认同和普遍适用，但具体如何判断是否构成重复诉讼，不能只凭法律工作者简单自主的判断，需要就具体如何判断识别作出规定。

【条文释义】

将"一事不再理"原则作为一项制度确定下来的原因在于后诉和前诉的案件具有同一性，那么如何判断前后两个案件是否具有同一性就显得十分重要。《行诉解释》参照《民诉解释》规定了认定后诉和前诉案件具有同一性所应具备的三个条件。

一、当事人相同

一般而言，形式当事人和正当当事人（实质当事人、适格当事人）的区分在"一事不再理"原则下确定同一当事人的范围没有意义。无论当事人在诉讼中仅为形式当事人，还是正当当事人，都要承受作为诉讼结果的裁判的既判力约束，不能就相同的诉讼标的或审理对象再次提起诉讼。具有"同一性"的当事人包括：原审当事人、诉讼担当人、既判力所及的一般第三人、当事人的承继人、为当事人或者其继受人（承继人）利益占有

---

[1] 林剑锋：《既判力相对性原则在我国制度化的现状与障碍》，载《现代法学》2016年第1期。
[2] 章武生等：《民事诉讼法学》，浙江大学出版社2010年版，第93页。

诉讼标的物的人等。

原审当事人是受"一事不再理"原则所约束的最直接的主体，包括原告被告双方、共同诉讼人和诉讼代表人等。此外，独立参加诉讼的原、被告以外的第三人也具有当事人的地位。要注意的是，仅处于辅助地位的第三人不是当事人，不受"一事不再理"原则的约束。

诉讼担当人，是指实体法上的权利主体或法律关系以外的第三人，以自己的名义，就他人的诉讼标的的权利义务有当事人的诉讼实施权，从而为他人担当诉讼的人。根据第三人诉讼实施权行使的依据，可分为法定诉讼担当和任意诉讼担当两种情形。前者是指依据法律的直接规定而发生的诉讼担当。例如，行政诉讼法规定，"行政机关被撤销或者职权变更的，继续行使其职权的行政机关是被告"，此时"继续行使其职权的行政机关"就是法定的诉讼担当人。后者是指第三人在法律规定的范围内，基于权利关系主体的授权而获得诉讼实施权，从而成为适格当事人的情况。诉讼担当人的诉讼结果对被担当人具有约束力，在判断"一事不再理"的构成时，诉讼担当人与被担当人具有同一性。

在民事诉讼中既判力所及的一般第三人主要是指，在有关身份关系的人事诉讼和公司关系的诉讼中所作出的具有形成效力的判决，具有对世效力，在原告胜诉时任何人均不得再次起诉。[1] 例如，对于离婚、确认婚姻或收养关系无效、解除收养关系的判决，对于第三人也具有效力。在行政诉讼的撤销诉讼中，法院会对行政行为的效力进行判断，而行政行为的效力涉及主体很多情况下并不确定，所以法院对行政行为效力的判断有可能会对诉讼当事人以外的人产生效力。例如，日本行政案件诉讼法第32条就明确规定："撤销处分或裁决的判决，对第三人也具有效力"。[2]

"脱离诉讼系属后，因当事人死亡等原因，使当事人的实体权利义务转移给了诉讼当事人以外的其他人，该承担实体权利义务的承担者，承担

---

[1] 最高人民法院修改后民事诉讼法贯彻实施工作领导小组编著：《最高人民法院民事诉讼法司法解释理解与适用》（上），人民法院出版社2015年版，第633~634页。

[2] 马立群：《行政诉讼标的理论研究——以实体与程序连接为中心》，武汉大学2011年博士学位论文。

了当事人的实体地位。承担当事人实体地位的人在外国就称为承继人。"①这里要区别承继人和诉讼承担人,两者是不同的概念。承继人是在诉讼系属后,也即诉讼结束后或确定判决后,承担当事人实体权利义务的人,而诉讼承担人是在诉讼系属中,也即诉讼过程中承担原当事人权利义务的人。诉讼承担人是当事人,承继人不是当事人。

为当事人或者其继受人(承继人)利益占有诉讼标的物的人,是指因利于当事人或其承继人的原因而占有诉讼标的物的人,如争议房产的保管者。② 要注意的是,如果占有诉讼标的物的人,对该物享有独立的利益,则不受"一事不再理"原则的约束,比如留置权人和质押权人。

二、诉讼标的相同

诉讼标的作为"一事不再理"原则中的"一事",是判断是否属于重复起诉最为核心的内容。有观点将"行政行为"等同于行政诉讼的"诉讼标的",这种观点比较适合审查作为类行政行为合法性的撤销之诉,但2014年修正的行政诉讼法在撤销之诉外还增加了履行诉讼、给付诉讼、确认诉讼等,在这些新增加的诉讼类型中有时并不存在一个作为类的行政行为,所以将行政行为等同于诉讼标的,难以起到统领各种诉讼类型的作用。而且,即便是在撤销诉讼中,法院在审查行政行为合法性的同时也要审查行政行为是否对原告合法权益构成侵犯等因行政行为而引起的法律关系。因此,在实践中不宜简单地将行政行为作为行政诉讼的诉讼标的,进而将针对同一行为合法性的审查诉请均认定为诉讼标的同一。行政行为不同于诉讼标的,即使针对同一行政行为,有不同当事人先后提起行政诉讼的,法院不得以后诉的诉讼标的已为前诉的裁判所拘束,后诉属于重复起诉为由,驳回后诉当事人的起诉。既判力的消极作用仅适用于案件的当事人,只有案件的当事人才会发生重复起诉的可能。对于案件以外的第三人,仅适用既判力的积极作用,也即禁止作出与生效裁判内容相抵触的新

---

① 张卫平:《民事诉讼:关键词展开》,中国人民大学出版社2005年版,第323页。
② 张卫平:《民事诉讼:关键词展开》,中国人民大学出版社2005年版,第323~324页。

的裁判。①

三、诉讼请求相同

学术界有关诉讼标的理论主要有旧诉讼标的理论和新诉讼标的理论两种。《行诉解释》采用了旧诉讼标的理论。在旧诉讼标的概念下诉讼请求与诉讼标的有明显的区别，因此，本条规定将诉讼请求相同与诉讼标的相同并列作为重复起诉的判断标准之一。诉讼请求相同，可以是诉讼请求完全相同，也可以是后诉的诉讼请求实质上被前诉裁判所包含。

【实务指导】

1. 当事人相同，不受当事人在前诉与后诉中的诉讼地位影响。

2. 禁止重复起诉原则不限于向同一法院起诉的情形。向其他法院起诉，构成重复起诉的，同样禁止。

3. 构成重复起诉的情形，不限于后诉独立起诉的情形，当事人通过参加诉讼或变更诉讼等方式，达成后诉与前诉构成同一诉讼的情形的，构成重复起诉，同样禁止。②

4. 在前诉与后诉当事人相同、诉讼标的同一的情况下，后诉提起与前诉相反的诉讼请求的，构成一事不再理。

5. 一般认为，既判力的消极作用仅适用于案件当事人，对其才发生重复起诉的可能。而对于案件以外的第三人，则仅适用既判力的积极作用，即后诉与前诉的裁判不得抵触。据此，在当事人一方人数众多、针对同一行政行为分别提起撤销诉讼的，法院可以采用标准诉讼，即，"首先审理其中一个或者数个有代表性的诉讼，并中止其他诉讼。在首先审理的诉讼中作出的裁判发生法律效力的情况下，如果其他诉讼的当事人认为其案件与首先审理的案件之间并无事实上或法律上的重要区别且案件事实清楚，人民法院可以参照《中华人民共和国民事诉讼法》第五十四条第四款的规

---

① （2017）最高法行申411号行政裁定书。
② 陈荣宗、林庆苗：《民事诉讼法》，我国台湾地区三民书局1996年版，第387页。

定,裁定对中止的诉讼适用已经生效的判决裁定。"采用标准诉讼的原因主要有以下两点:首先,有利于节约司法成本。现实中有大量的行政案件除当事人不一致外,没有任何差异,如果对这些案件一一审理,将耗费大量的司法资源。其次,人民法院在前诉的审理过程中需对被诉的行政行为的合法性进行全面审查,这种审查决定了人民法院不会在不同的案件中对同一行政行为的合法性作出相反的认定。[①]

也有观点认为,在行政相对人人数众多,且针对同一行政行为先后提起撤销诉讼,法院在之前的案件中就该行政行为的合法性已经作出明确判断的,则该行政裁判对于诉讼当事人以外的第三人也具有效力,其他当事人若仅就该行政行为的合法性问题提起诉讼,即构成重复起诉。因为,一旦法院对行政行为的合法性作出判断,该行政行为的效力就自然及于案件当事人以外的第三人,此时该第三人属于前述"既判力所及的一般第三人",其就同一行政行为提起的撤销诉讼属于重复起诉,人民法院可以不予立案或者驳回起诉。这样认定也有利于减少当事人的诉累,节约司法资源。比如,《民诉解释》第二百九十一条规定:"公益诉讼案件的裁判发生法律效力后,其他依法具有原告资格的机关和有关组织就同一侵权行为另行提起公益诉讼的,人民法院裁定不予受理,但法律、司法解释另有规定的除外。"该条规定是重复起诉制度的扩展适用。该条考虑到,一旦法院在公益诉讼中针对同一侵害社会公共利益的行为作出生效裁判,其他适格原告重复提起的,没有实际意义。但此种情况下排除其他适格原告提起诉讼亦有例外情形,《最高人民法院关于审理环境民事公益诉讼案件适用法律若干问题的解释》第二十八条规定:"环境民事公益诉讼案件的裁判生效后,有权提起诉讼的其他机关和社会组织就同一污染环境、破坏生态行为另行起诉,有下列情形之一的,人民法院应予受理:(一)前案原告的起诉被裁定驳回的;(二)前案原告申请撤诉被裁定准许的,但本解释第二十六条规定的情形除外。环境民事公益诉讼案件的裁判生效后,有证据证明存在前案审理时未发现的损害,有权提起诉讼的机关和社会组织另行

---

① (2017)最高法行申411号行政裁定书。

起诉的，人民法院应予受理。"① 同理，在行政诉讼中，当法院对撤销行政行为的诉讼作出裁判后，在下列情况下应当允许其他适格原告提起诉讼：一是如果法院虽然驳回前诉中当事人的诉讼请求，但就所涉的行政行为合法性未作实体审理，或者虽然进行审理，但没有在判决中对该行政行为的合法性问题进行明确阐述。二是当事人除针对该行政行为的合法性提出诉请外，还有其他诉讼请求。

（李涛撰写）

第一百零七条

第一审人民法院作出判决和裁定后，当事人均提起上诉的，上诉各方均为上诉人。

诉讼当事人中的一部分人提出上诉，没有提出上诉的对方当事人为被上诉人，其他当事人依原审诉讼地位列明。

【条文主旨】

本条是关于第二审程序中如何确定当事人诉讼地位的规定。

【起草背景】

本条沿用了《若干解释》第六十五条的规定，并参考了《民诉解释》第三百一十九条的规定。在行政诉讼实践中，经常会出现当事人一方或者双方是多人的情况，即行政诉讼法第二十七条规定的当事人一方或者双方

---

① 最高人民法院修改后民事诉讼法贯彻实施工作领导小组编著：《最高人民法院民事诉讼法司法解释理解与适用》（下），人民法院出版社2015年版，第772页。

为二人以上,因同一行政行为发生的行政案件,或者因同类行政行为发生的行政案件、人民法院认为可以合并审理并经当事人同意的,为共同诉讼。虽然该条没有像民事诉讼法一样明确区分必要的共同诉讼和普通的共同诉讼,但从条文的内容来看实际上也存在这种区分:即因同一行政行为发生的行政诉讼案件为必要的共同诉讼,因同类行政行为发生的行政诉讼案件为普通的共同诉讼。在双方当事人和第三人都提起上诉的情况下,由于上诉请求既可能针对一审裁判的全部判项提出,也可能仅针对所涉部分权利义务关系提出,因此,各方当事人并不一定互为被上诉人,而是可能存在复杂的对应关系。[1] 根据《民诉解释》第三百一十九条的规定,对于必要共同诉讼人的一人或者部分人提起上诉的,按下列情形分别处理:(1) 上诉仅对与对方当事人之间权利义务分担有意见,不涉及其他共同诉讼人利益的,对方当事人为被上诉人,未上诉的同一方当事人依原审诉讼地位列明;(2) 上诉仅对共同诉讼人之间权利义务分担有意见,不涉及对方当事人利益的,未上诉的同一方当事人为被上诉人,对方当事人依原审诉讼地位列明;(3) 上诉对双方当事人之间以及共同诉讼人之间权利义务承担有意见的,未提起上诉的其他当事人均为被上诉人。根据该规定,必要共同诉讼人的一人或者部分人提起上诉时,判断上诉人以外的原审其他当事人诉讼地位是否为被上诉人的标准在于上诉是否对其提出了权利义务分担的异议。具体而言,对于必要共同诉讼人的一人或者部分人提起上诉的,应当按照该上诉是对原审判决中与对方当事人之间权利义务分担有意见,还是仅对原审判决中共同诉讼人之间权利义务分担有意见,抑或是对双方当事人之间以及共同诉讼人之间权利义务分担均有意见,而且还要看是否涉及其他共同诉讼人利益以及对方当事人利益,综合适用该规定确定当事人诉讼地位。如对于双方均为二人以上的必要共同诉讼,双方均有一人或者部分人就共同诉讼人之间的权利义务分担提起上诉的,未提起上诉的其他当事人均为被上诉人。当然,对于上诉人在其上诉状中列明的当事

---

[1] 参见最高人民法院修改后民事诉讼法贯彻实施工作领导小组编著:《最高人民法院民事诉讼法司法解释理解与适用》(下),人民法院出版社2015年版,第849页。

人诉讼地位与该规定不符的,人民法院应当依职权确定。①

【条文释义】

本条包含以下几层涵义。第一,对第一审判决和法律规定可以上诉的第一审裁定,当事人均享有上诉权。当然,当事人上诉应当在法律规定的上诉期内上诉。根据行政诉讼法第八十五条的规定,当事人不服人民法院第一审判决的,有权在判决书送达之日起15日内向上一级人民法院提起上诉。当事人不服人民法院第一审裁定的,有权在裁定书送达之日起10日内向上一级人民法院提起上诉。逾期不提起上诉的,人民法院的第一审判决或者裁定发生法律效力。

第二,如果当事人均提起上诉的,那么上诉各方的诉讼地位均处于上诉人的地位。因此,如果原告、被告以及行政诉讼法第二十九条第二款规定的第三人,根据该条关于"人民法院判决第三人承担义务或者减损第三人权益的,第三人有权依法提起上诉"之规定提起上诉,那么该原告、被告、第三人都是上诉人,而不能只把提起上诉的原告列为上诉人,把同样提起上诉的被告及第三人仅作为被上诉人或者依原审诉讼地位列明。

第三,关于共同诉讼中一部分人提出上诉一部分人没有提出上诉时其诉讼地位如何确定的问题。该条第二款的规定是,诉讼当事人中的一部分人提出上诉,没有提出上诉的对方当事人为被上诉人,其他当事人依原审诉讼地位列明。进而言之,如果共同原告中有一部分人提出上诉,那么该部分人为上诉人,没有提出上诉的其他共同原告和第三人分别列为一审原告和一审第三人,被告(包括共同被告)列为被上诉人;如果共同被告中有一部分人提出上诉,那么该部分人为上诉人,原告(包括共同原告)列为被上诉人,没有提出上诉的其他共同被告和第三人分别列为一审被告和一审第三人;对于被判决承担义务或者被判决减损权益的第三人提出上诉,谁为被上诉人,本条未予明确。我们认为,对此可以参照适用《民诉

---

① 参见杜万华等主编:《最高人民法院民事诉讼法司法解释适用解答》,人民法院出版社2015年版,第381页。

解释》第三百一十九条的相关规定来确定各自的诉讼地位，即：（1）该第三人的上诉仅对与被告之间的权利义务分担有意见，不涉及原告利益的，那么被告为被上诉人，未上诉的原告依原审诉讼地位列明；（2）上诉仅对与原告之间权利义务的分担有意见，不涉及被告利益的，那么原告为被上诉人，未上诉的被告依原审诉讼地位列明；（3）上诉对原、被告双方当事人之间的权利义务承担有意见的，那么未提起上诉的原、被告均为被上诉人。

【实务指导】

上诉人如果在上诉状中把当事人的诉讼地位列错时，人民法院应当向其释明。必要时，人民法院也可参照适用《民诉解释》的规定依职权确定当事人的诉讼地位。当然，人民法院在依职权确定第二审程序中当事人的诉讼地位时，要充分尊重当事人的诉讼权利。由于我国行政诉讼法上并未就上诉利益或者上诉权作出原则规定，因此，不应轻易剥夺上诉人的诉讼地位。即使存在法律或者司法解释明确规定的上诉人不适格的情形，也应裁定驳回其上诉，而不能直接剥夺其上诉人地位。[①]

（谭红撰写）

第一百零八条

当事人提出上诉，应当按照其他当事人或者诉讼代表人的人数提出上诉状副本。

原审人民法院收到上诉状，应当在五日内将上诉状副本发送其他当事

[①] 参见最高人民法院修改后民事诉讼法贯彻实施工作领导小组编著：《最高人民法院民事诉讼法司法解释理解与适用》（下），人民法院出版社2015年版，第850页。

人，对方当事人应当在收到上诉状副本之日起十五日内提出答辩状。

原审人民法院应当在收到答辩状之日起五日内将副本发送上诉人。对方当事人不提出答辩状的，不影响人民法院审理。

原审人民法院收到上诉状、答辩状，应当在五日内连同全部案卷和证据，报送第二审人民法院；已经预收的诉讼费用，一并报送。

【条文主旨】

本条是关于当事人提交上诉状、答辩状和人民法院发送上诉状、答辩状副本的程序性规定。

【起草背景】

本条与《若干解释》第六十六条的规定基本相同，都规定了四款，但在个别文字上作了修改，并增加了一些内容。其中，第一款内容完全相同；在第二款中将原来的用词"送达"改为"发送"，将"10日内"改为"十五日内"；在第三款中亦将原来的用词"送达"改为"发送"，将"当事人"改为"上诉人"，并增加"对方当事人不提出答辩状的，不影响人民法院审理"的内容；在第四款中将"已经预收诉讼费用的"改为"已经预收的诉讼费用"。本条亦参考了民事诉讼法第一百六十六条和第一百六十七的规定。民事诉讼法第一百六十六条第一款规定："上诉状应当通过原审人民法院提出，并按照对方当事人或者代表人的人数提出副本。"第一百六十七条规定："原审人民法院收到上诉状，应当在五日内将上诉状副本送达对方当事人，对方当事人在收到之日起十五日内提出答辩状。人民法院应当在收到答辩状之日起五日内将副本送达上诉人。对方当事人不提出答辩状的，不影响人民法院审理。原审人民法院收到上诉状、答辩状，应当在五日内连同全部案卷和证据，报送第二审人民法院。"

【条文释义】

本条虽然规定的都是一些程序性的内容，且大多内容也是义务性的规定，但如果当事人不予以重视，可能会影响甚至严重影响到自己的实体权益；而对于收到上诉状、答辩状的原审人民法院来说，更应引起足够的重视。因为如果原审人民法院没有及时向其他当事人发送起诉状副本、向上诉人发送答辩状副本，可能构成违反法定程序。具体而言，本条包含的内容主要有四点：（1）上诉人提交上诉状副本的义务。众所周知，第二审程序的启动是基于当事人的上诉，而当事人上诉原则上要提交书面的上诉状，并按照对方当事人（其他当事人或者诉讼代表人）的人数提交上诉状副本。之所以这样规定，是为了使对方当事人更好地了解、知悉上诉人提出的上诉请求及其理由，以便更好地行使答辩的权利。当然，这也是诉讼权利平等原则的应有之义。（2）原审人民法院发送上诉状副本的义务以及对方当事人提交答辩状的权利。这里又包含两层含义：一是原审人民法院收到上诉状，应当在5日内将上诉状副本发送其他当事人。这是对原审人民法院的义务性要求，必须切实履行。原审人民法院不能超过5日期限再向对方当事人发送上诉状副本，更不能干脆不向对方当事人发送上诉状副本。二是对方当事人应当在收到上诉状副本之日起15日内提出答辩状。我们认为，对方当事人是提出还是不提出答辩状，这是其权利，而不是义务。但是，如果对方当事人提出答辩状，应当在15日内提出，而不能超过15日后才提出答辩状，这是义务性规定。如果对方当事人在15日之后提交答辩状，又没有正当理由的，原审人民法院可以不接受。（3）原审人民法院发送答辩状副本的义务。正如前述，对方当事人享有提出还是不提出答辩状的权利，因此，如果对方当事人不提出答辩状的，不影响人民法院审理。但是，如果对方当事人在规定的期限内提出答辩状的，原审人民法院应当在收到答辩状之日起5日内将副本发送上诉人。（4）原审人民法院报送案卷等材料的义务。这里包含四层含义：一是原审人民法院有承担报送案卷等材料的义务；二是报送的对象是全部案卷和证据及预收的诉讼费用；三是报送的时间必须在收到上诉状、答辩状后 5 日内；四是向第二审人民法院而不是其他人民法院报送。

【实务指导】

司法实践中，当事人因对第一审人民法院心存疑虑或者其他原因，不愿向第一审人民法院提交上诉状，而是直接向第二审人民法院提交上诉状。1991 年发布的《贯彻意见》曾经规定，当事人既可以通过原审人民法院提出上诉，也可以直接向第二审人民法院上诉。但后来的司法解释取消了直接向第二审人民法院上诉的规定。这主要是因为直接向第二审人民法院上诉，第二审人民法院仍然需要向第一审人民法院调卷，徒添周折。而且，目前法院接收材料也比较规范，当事人向原审法院递交上诉状的顾虑也减少了。当然，当事人对原审法院不放心，直接向上一级人民法院递交上诉状的，应当允许其采取这种上诉方式。[①] 第二审人民法院收到上诉状后，应当参照民事诉讼法第一百六十六条第二款的规定，即"当事人直接向第二审人民法院上诉的，第二审人民法院应当在五日内将上诉状移交原审人民法院。"这是因为，由原审人民法院通知被上诉人应诉、向其送达上诉状副本比较方便，也有利于原审人民法院对上诉人的上诉是否超过了上诉期限、上诉状的内容是否欠缺进行审查；而且，原审人民法院需要将案件的全部卷宗移交第二审人民法院。[②]

另外，根据行政诉讼法第六十七条的规定，人民法院应当在立案之日起 5 日内，将起诉状副本发送被告。虽然行政诉讼法没有规定人民法院应当在收到当事人的上诉状后向其他当事人发送上诉状副本的义务，但本解释明确规定原审人民法院应当在收到上诉状后 5 日内将上诉状副本发送其他当事人，也就是说，其他当事人收到上诉状副本是其享有的权利，而向其发送上诉状副本则是原审人民法院的义务。如果原审人民法院在收到当

---

① 参见何海波：《行政诉讼法》，法律出版社 2011 年版，第 521 页。
② 参见全国人大常委会法制工作委员会民法室编著：《〈中华人民共和国民事诉讼法〉释解与适用》，人民法院出版社 2012 年版，第 280 页。

事人的上诉状后没有向其他当事人发送上诉状副本，则应当属于行政诉讼法第七十条规定的"违反法定程序"；如果原审人民法院在收到当事人的上诉状后超过 5 日才向其他当事人发送上诉状副本，则应当属于诉讼程序瑕疵或者诉讼程序轻微违法。同理，如果对方当事人提出答辩状的，原审人民法院应当在收到答辩状之日起 5 日内将答辩状副本发送上诉人，否则亦属程序违法或者程序轻微违法。

（谭红撰写）

第一百零九条

第二审人民法院经审理认为原审人民法院不予立案或者驳回起诉的裁定确有错误且当事人的起诉符合起诉条件的，应当裁定撤销原审人民法院的裁定，指令原审人民法院依法立案或者继续审理。

第二审人民法院裁定发回原审人民法院重新审理的行政案件，原审人民法院应当另行组成合议庭进行审理。

原审判决遗漏了必须参加诉讼的当事人或者诉讼请求的，第二审人民法院应当裁定撤销原审判决，发回重审。

原审判决遗漏行政赔偿请求，第二审人民法院经审查认为依法不应当予以赔偿的，应当判决驳回行政赔偿请求。

原审判决遗漏行政赔偿请求，第二审人民法院经审理认为依法应当予以赔偿的，在确认被诉行政行为违法的同时，可以就行政赔偿问题进行调解；调解不成的，应当就行政赔偿部分发回重审。

当事人在第二审期间提出行政赔偿请求的，第二审人民法院可以进行调解；调解不成的，应当告知当事人另行起诉。

【条文主旨】

本条是关于二审人民法院对一审人民法院裁定不予立案、驳回起诉错误如何处理的规定；关于被发回重审的一审案件必须另行组成合议庭的规定；关于原审判决遗漏当事人或诉讼请求及当事人在二审提出行政赔偿请求如何处理的规定。

【起草背景】

本条规定是对《若干解释》第六十八条、第六十九条和第七十一条的完善。2014年行政诉讼法第五十一条规定："人民法院在接到起诉状时对符合本法规定的起诉条件的，应当登记立案。"根据该条规定，人民法院审理行政案件适用立案登记制，据此，本条规定将原来的"受理"改为"立案"。

【条文释义】

本条规定第一款是有关二审审理过程中，二审法院认为当事人的起诉符合法定起诉条件但原审人民法院不予立案或者驳回起诉的裁定错误时应如何处理的规定。根据本款规定，二审人民法院认为一审不予立案裁定确有错误的，应当在撤销原审裁定的同时，指令一审法院立案审理；二审人民法院认为一审驳回起诉裁定确有错误的，应当在撤销原审裁定的同时，指令一审法院继续审理。这里要注意的是，"当事人的起诉符合起诉条件"与"原审人民法院不予立案或者驳回起诉的裁定确有错误"是用"且"来连接的，换句话说，只有当两项条件同时满足时，二审法院才可以裁定撤销原审人民法院的裁定，指令原审人民法院依法立案或者继续审理。行政诉讼的起诉条件有十余项之多，原审人民法院不予立案或者驳回起诉的具体理由不成立的，二审法院也不宜简单以此为由指令立案或者继续审理,而是应当在二审程序中一并查清当事人的起诉是否符合其他起诉条件,如果仅是原审法院的不予立案或者驳回起诉理由不成立,但当事人的起诉仍然不符合其他起诉条件的,二审法院应当对一审法院存在的问题予以指正后,驳回上诉,维持一审裁定。

本条规定第二款是有关发回重审的案件应另行组成合议庭的规定。制定这项程序规定主要是从两方面考虑,一是为贯彻司法公正原则,充分保护当事人的诉权,防止原审审判人员因对重审的案件有先入为主的看法、主观偏见,或者有其他个人考虑,影响案件的公正审理。二是充分发挥程序的作用。事实证明一项好的诉讼程序有利于提高当事人对于案件结果的接受度,有利于案件的执行。从当事人的诉讼心理考虑,即使案件的原合议庭成员能够公正审理,但当事人难免会认为程序不公正,进而产生怀疑心理和抵触情绪,此时在心理上和行动上,他们都不太可能接受解决其争议的裁判。公平本身的实现重要,但公平的实现方式也同样重要。为此,本条规定第二审人民法院裁定发回原审人民法院重新审理的行政案件,原审人民法院应当另行组成合议庭进行审理。"另行组成合议庭"是指原合议庭的所有成员都必须更换,新组成的合议庭成员必须都是没有参加过本案合议庭的审判人员。此外,无论是因实体问题还是程序问题被发回重审的行政案件,都应重新组成合议庭。

本条规定第三款是有关一审法院遗漏必须参加诉讼的当事人或者诉讼请求的,二审法院应如何处理的规定。"必须参加诉讼的当事人"主要是指,原告、被告和第三人,其共同特征是与诉讼标的有利害关系的行政机关、公民、法人或者其他组织。"必须参加诉讼的当事人"与案件的处理结果有重大的利害关系,同时对于案件的具体情况也更为了解,法院在审理行政案件时为查明事实,要听取当事人的陈述,组织各方当事人进行辩论和质证,还要对当事人进行询问。如果法院在审理过程中遗漏了"必须参加诉讼的当事人"就会影响上述审理活动的进行,进而导致证据不足、认定事实不清,可能会影响案件的公正审判,因此,案件应当发回原审人民法院重新审理。"遗漏诉讼请求"是指,当事人在诉讼过程中提出了诉讼请求,而法院的判决内容却未涉及其诉讼请求。本条规定要求二审法院裁定撤销原审判决，发回原审法院重审。这主要是因为人民法院审理行政案件适用两审终审制，当事人享有由两级人民法院解决纠纷的审级权益。如果二审不发回重审而直接裁判，那么原审被遗漏的当事人或者被遗漏诉讼请求的当事人就被剥夺了上诉权，违背两审终审制的诉讼原则。另外，发回原审人民法院重新审理也有助于理顺各种诉讼法律关系，排除不必要的技术性障碍。

本条第四款、第五款是有关原审判决遗漏行政赔偿诉讼请求的，二审法院应如何处理的规定。根据本条规定，二审法院应对行政赔偿诉讼请求进行审查，包括行政行为的合法性、当事人是否有证据证明损失的存在、行政行为与当事人的损失之间是否具有因果关系以及是否存在受损害的合法权益等等。然后根据审查结果分情况处理，不应当予以赔偿的适用本条第四款，应予赔偿的适用本条第五款。

本条第四款规定，原审判决遗漏行政赔偿诉讼请求的，二审法院经审查认为依法不应当予以赔偿的，应当判决驳回行政赔偿请求。有学者认为此规定剥夺了当事人的上诉权。因为，如果法院不遗漏行政赔偿请求，一审法院对该请求进行审理，在二审中法院还应对行政赔偿请求进行审理，但本款规定使得行政赔偿请求只被法院审理了一次，剥夺了当事人的上诉权。因此，应按照本条第三款的规定由二审人民法院发回一审法院重审。这种观点没有被采纳，主要理由是，二审法院认为当事人的赔偿诉讼请求不应当予以赔偿，往往是基于认定被诉行政行为合法性的前提；在一、二审法院均认为被诉行政行为合法的前提下，没有必要对当事人的诉讼请求进行二次审查。当然除行政行为合法外，在行政行为仅程序违法未对当事人造成损失，或当事人损失与行政行为没有因果关系等情况下，也不应给予当事人行政赔偿，二审法院以此来认定行政行为不应予以赔偿的，也应遵照本款规定，直接判决驳回行政赔偿请求。这主要是因为，根据文义解释无论二审法院认定不予赔偿的理由为何，根据本款规定都应直接判决驳回行政赔偿请求。并且，实践中认定不应予以行政赔偿的理由往往是多样、交叉的，按照本款规定进行处理，有利于减少不必要的程序，提高诉讼效率。

本条第五款规定，原审判决遗漏赔偿诉讼请求，二审法院经审查认为，行政机关应当赔偿当事人损失的，应当确认被诉行政行为违法，并可以就赔偿问题进行调解；调解不成的，则应当就赔偿部分发回重审。原审遗漏的诉讼请求是行政赔偿请求，二审法院调解的规定不违反两审终审制。因为当事人不得就调解书提起上诉，无论是在一审还是在二审审理期间达成调解协议，当事人的审级利益均未受损。本规定赋予二审法院一定的裁量权，法院"可以"调解也"可以不"调解，不进行调解的话，与调解不成作相同的处理，就行政赔偿部分发回重审。① 二审法院就行政赔偿调解不成或不调解的，也仅就行政赔偿部分发回重审，这一规定兼顾了诉讼效率与形式上的公平，同时也尊重了当事人的意愿。

本条第六款是有关当事人在二审审理期间提出行政赔偿请求的，二审法院应如何处理的规定。由于当事人在一审审理时没有提出行政赔偿请求，按照不诉不理的原则，一审法院就行政赔偿问题不会进行审理和判决。因此，当事人在二审审理过程中提出行政赔偿请求的，属于提出新的诉讼请求，二审法院可就行政赔偿部分进行调解。调解不成的，法院有释明义务，应当告知当事人另行起诉。

【实务指导】

1. 原审遗漏行政赔偿请求的，仅就行政赔偿部分发回重审，二审法院不得以遗漏赔偿请求为由将全案发回重审。

2. 遗漏行政赔偿请求是指当事人在一审提起行政诉讼的同时，或者在一审诉讼过程中明确提出了行政赔偿请求，包括一并提起行政赔偿请求和单独提起行政赔偿诉讼中的部分赔偿请求，而一审判决没有就此作出判决。

3. 只要当事人在一审诉讼过程中提出了行政赔偿请求，而法院的判决主文没有涉及该项诉讼请求，即为遗漏行政赔偿诉讼请求。因为请求行政

---

① 甘文：《行政诉讼法司法解释之评论》，中国法制出版社 2000 年版，第 191~193 页。

赔偿与依法应否给予赔偿是两个不同的问题。当事人只要认为被诉行政行为对其造成损害，就可以在行政诉讼中请求行政赔偿。至于当事人提出的行政赔偿请求依法能否给予行政赔偿，这是赔偿请求合法与否的问题，需要人民法院依法进行实体审查。因此，不能将遗漏行政赔偿请求的情况只理解为依法应给予赔偿的请求被遗漏才算遗漏，而依法不应赔偿的请求被遗漏不算遗漏诉讼请求。

4. 提出行政赔偿的当事人可以是原告，也可以是依法可以提起行政赔偿的第三人。因此，原告之外的依法可以提起行政赔偿诉讼的第三人提出的行政赔偿请求被遗漏也适用本条。

5. 原审人民法院对发回重审的行政案件所作的判决、裁定，适用的一审程序，其判决或裁定仍属第一审判决或裁定。当事人对该判决或裁定不服有权依法提起上诉。

（李涛撰写）

第一百一十条

当事人向上一级人民法院申请再审，应当在判决、裁定或者调解书发生法律效力后六个月内提出。有下列情形之一的，自知道或者应当知道之日起六个月内提出：

（一）有新的证据，足以推翻原判决、裁定的；

（二）原判决、裁定认定事实的主要证据是伪造的；

（三）据以作出原判决、裁定的法律文书被撤销或者变更的；

（四）审判人员审理该案件时有贪污受贿、徇私舞弊、枉法裁判行为的。

【条文主旨】

本条是关于申请再审期间的规定。

【起草背景】

再审程序是指人民法院对于已生效的裁判、调解书,认为当事人申请再审符合法定条件的,按照第一审普通程序或第二审程序,对案件进行再次审理所适用的程序。本条原规定于《适用解释》第二十四条,现规定于《行诉解释》第一百一十条,在内容上未发生变化。对于申请再审的期间问题,行政诉讼法没有作出规定。但《若干解释》在第七十三条曾规定:"当事人申请再审,应当在判决、裁定发生法律效力后2年内提出。当事人对已经发生法律效力的行政赔偿调解书,提出证据证明调解违反自愿原则或者调解协议的内容违反法律规定的,可以在2年内申请再审。"另一方面,行政诉讼法第一百零一条规定:"人民法院审理行政案件,关于期间、送达、财产保全、开庭审理、调解、中止诉讼、终结诉讼、简易程序、执行等,以及人民检察院对行政案件受理、审理、裁判、执行的监督,本法没有规定的,适用《中华人民共和国民事诉讼法》的相关规定。"相应地,民事诉讼法第二百零五条规定:"当事人申请再审,应当在判决、裁定发生法律效力后六个月内提出;有本法第二百条第一项、第三项、第十二项、第十三项规定情形的,自知道或者应当知道之日起六个月内提出。"因此,《适用解释》在参照民事诉讼法相关规定的基础上,对《若干解释》第七十三条进行了改造,重新明确了行政诉讼申请再审的期间,并延续至《行诉解释》第一百一十条。

【条文释义】

一、关于期间的设定

对申请再审规定一定期间,并不构成对当事人申请再审权利的限制,而是在于促使当事人积极行使权利,同时维护生效裁判的既判力,尽快稳定相应的社会关系。在行政诉讼领域,大陆法系国家和地区几乎均对申请再审规定了一定的期间,如德国、日本等国家规定一般情形下的申请再审期间为1个月(30日),我国澳门地区规定为90日。相比之下,《若干解释》规定的2年的期间明显偏长。较长的申请再审期间不仅难以督促当事人及时行使申请再审的权利,使得生效裁判所确定的社会关系长期处于不稳定状态,同时,在长达2年的时间内,由于当事人住址变更、损失进一步扩大、事实和法律关系出现新的变化等因素,导致再审难度增大甚至无法通过正常法律渠道解决纠纷的情况亦不鲜见。因此,《适用解释》参照民事诉讼法将行政诉讼中申请再审的期间修改为6个月,《行诉解释》延续了这一规定。

二、关于期间的起算点

关于申请再审期间的起算点,一般有以下四种方式:(1)自当事人知道再审事由开始,以法国、德国、日本为代表;(2)自裁判生效时起算,我国之前的规定即是如此;(3)自裁判生效时起算,但当事人在裁判生效后知道再审事由的,从知道再审事由时起算,我国台湾地区即为此例;(4)自再审事由被发现或者被确定时起算。上述四种方式各有利弊,综合而言,第三种方式既规定了客观的起算时点,又照顾到了当事人主观上发现再审事由的特殊情况,相对更为合理。《行诉解释》延续了这种主客观相结合的标准。

三、关于知道或者应当知道的四种情形

对于一些有可能在裁判生效6个月后才会发现或者知道的再审申请事

项,且不能归责于当事人时,《行诉解释》出于有效保护当事人权利的考虑,规定了自知道或者应当知道之日起计算申请再审期间。

一是有新的证据,足以推翻原判决、裁定的。在行政和民事诉讼中,新证据均是再审程序启动的重要事由。根据《行政诉讼证据规定》第五十二条的规定,"新的证据"主要包括:(1)在一审程序中应当准予延期提供而未获准许的证据;(2)当事人在一审程序中依法申请调取而未获准许或者未取得,人民法院在第二审程序中调取的证据;(3)原告或者第三人提供的在举证期限届满后发现的证据。这是从客观形式角度界定了新证据。另一方面,对新证据的认定还应结合以下两方面因素:第一,证据是否在举证期限或者行政诉讼法及证据规定限定的其他期限内已经客观存在;第二,当事人未在举证期限或者司法解释规定的其他期限内提供证据,是否存在故意或者重大过失。此外,启动再审的新证据还必须达到"足以推翻原判决、裁定的"程度,也就是新证据所能证明的情况,足以形成一个充分的理由推翻原审裁判。根据《行政诉讼证据规定》第五十一条的规定,按照审判监督程序审理的案件,对当事人依法提供的新的证据,法庭应当进行质证;因原判决、裁定认定事实的证据不足而提起再审所涉及的主要证据,法庭也应当进行质证。需要强调的是,被诉行政机关如果提出再审申请,其提供的材料不构成本项规定的"新的证据",因为行政机关在未收集到足够证据的情况下是不应作出相应行政行为的,故行政机关不存在发现"新的证据"的情形,这也是行政执法中"先取证、后裁决"的当然内涵。

二是原判决、裁定认定事实的主要证据是伪造的。人民法院审理案件的过程,就是当事人举证、质证、人民法院认证的过程,这一过程通过对证据的分析、判断,将有证据证明的事实确认下来,进而作为裁判的基础。主要证据是指认定案件基本事实所必需的,且有足够证明力的证据,主要证据的缺乏将导致案件的基本事实难以认定。正因为如此,如果主要证据是伪造的,则以该证据为基础所认定的案件事实即存在极大的虚假可能性。在此情形下,应当允许案件进入再审程序。

三是据以作出原判决、裁定的法律文书被撤销或者变更的。可以作为判决、裁定依据的法律文书主要有两类：第一，有权机关作出的已经发生法律效力的判决、裁定以及裁决。《行政诉讼证据规定》第七十条规定："生效的人民法院裁判文书或者仲裁机构裁决文书确认的事实，可以作为定案依据。但是如果发现裁判文书或者裁决文书认定的事实有重大问题的，应当中止诉讼，通过法定程序予以纠正后恢复诉讼。"第二，其他部门出具的，对当事人权利义务具有确定或形成作用的法律文书。例如，公证文书以及未发生行政争议的行政裁决等。这些法律文书被撤销或者变更适用本项规定需要具备两个条件，即原判决、裁定认定的案件基本事实是根据这些法律文书作出的；据以作出判决、裁定的法律文书被撤销或者变更，导致认定案件基本事实的依据丧失。

四是审判人员审理该案件时有贪污受贿、徇私舞弊、枉法裁判行为的。司法廉洁是司法公正和司法权威的重要保障，如果审判人员在审理相关案件时存在贪污受贿、徇私舞弊、枉法裁判行为的，则裁判结果的合法性、公正性将完全丧失基础，从而成为引起再审的事由之一。需要强调的是，本项所指的贪污受贿、徇私舞弊、枉法裁判行为一般均发生在相关案件的审理过程中，但亦不能排除审判人员在作出裁判前与相关人员串通，并在作出裁判后再收受贿赂的情形。此外，审判人员的上述行为需已经相关刑事法律文书或者纪律处分决定确认。

【实务指导】

一、关于申请再审期间的衔接

由于新旧司法解释对申请再审期间规定的不一致，实践中便存在二者适用上的衔接问题，对此应本着有利于当事人的原则进行处理。当事人对2015年5月1日修正的行政诉讼法实施前已经发生法律效力的判决、裁定、调解书申请再审的，人民法院依据《若干解释》第七十三条规定的2年确定申请再审的期间，但该期间在2015年10月31日尚未届满的，截至2015年10月31日。如果当事人的申请符合本条所规定的"知道或者应当知道"的四种情形,那么由于新法对当事人更为有利,可以按照程序从新原则予以适用。当事人对2015年5月1日之后发生法律效力的裁判文书提出再审申请的,一律全部适用新法的规定。

二、关于超过期间的再审申请的处理

根据《行政再审立案规定》,申请再审期间为不变期间,不适用中止、中断、延长的规定。人民法院认为再审申请不符合法定申请再审期间要求的,应当告知再审申请人。再审申请人认为未超过法定期间的,人民法院可以要求其在10日内提交生效裁判文书的送达回证复印件或其他能够证明裁判文书实际生效日期的相应证据材料。再审申请人拒不提交上述证明材料或逾期未提交,或者提交的证据材料不足以证明申请再审未超过法定期间的,人民法院裁定驳回再审申请。

三、关于申请再审的其他条件

《行政再审立案规定》第一条规定:"当事人申请再审的,申请再审应当符合以下条件:(一)再审申请人是生效裁判文书列明的当事人,或者其他因不能归责于本人的事由未被裁判文书列为当事人,但与行政行为有利害关系的公民、法人或者其他组织;(二)受理再审申请的法院是作出生效裁判的上一级人民法院;(三)申请再审的裁判属于行政诉讼法第九十条规定的生效裁判;(四)申请再审的事由属于行政诉讼法第九十一条规定的情形。"此外,第二条规定,申请再审,有下列情形之一的,人民法院不予立案:(1)再审申请被驳回后再次提出申请的;(2)对再审判决、裁定提出申请的;(3)在人民检察院对当事人的申请作出不予提出检察建议或者抗诉决定后又提出申请的。对于前两种情形,人民法院应当告知当事人可以向人民检察院申请检察建议或者抗诉。委托他人代为申请再审的,诉讼代理人的范围为:律师、基层法律服务工作者;当事人的近亲属或者工作人员;当事人所在社区、单位以及有关社会团体推荐的公民。

(阎巍、蒋蔚撰写)

第一百一十一条

当事人申请再审的,应当提交再审申请书等材料。人民法院认为有必要的,可以自收到再审申请书之日起五日内将再审申请书副本发送对方当事人。对方当事人应当自收到再审申请书副本之日起十五日内提交书面意见。人民法院可以要求申请人和对方当事人补充有关材料,询问有关事项。

【条文主旨】

本条是关于申请再审过程中相关诉答程序的规定。

【起草背景】

诉答程序是指当事人通过起诉状、答辩状、申请书等书状的交换而明确各自主张的程序。一个运行良好的诉答程序,能够让当事人的诉辩主张尽早固定,促进事实与证据的自主开示,便于争议焦点尽快呈现,有效防止诉讼突袭,为案件的高效审查审理创造条件。再审审查虽然不是严格意义上的诉讼程序,但也具备了一定的诉讼属性,因此有必要对申请人的再审申请、被申请人的答辩、人民法院的居中引导等行为予以明确。在《行诉解释》出台之前,行政诉讼法以及相应的《若干解释》《适用解释》对此均未作出明确规定。民事诉讼法第二百零三条规定:"当事人申请再审的,应当提交再审申请书等材料。人民法院应当自收到再审申请书之日起五日内将再审申请书副本发送对方当事人。对方当事人应当自收到再审申请书副本之日起十五日内提交书面意见;不提交书面意见的,不影响人民法院审查。人民法院可以要求申请人和对方当事人补充有关材料,询问有关事项。"《行诉解释》参照民事诉讼法第二百零三条作出了本条规定。两相比较,可以发现差异主要体现在人民法院是否必须向对方当事人发送再审申请书副本上。在民事诉讼中,人民法院应当自收到再审申请书之日起

5日内将再审申请书副本发送对方当事人；而行政诉讼中人民法院对此拥有自由裁量权，如认为有必要则可向对方当事人发送，如认为无必要亦可不发送。之所以作出这种区别规定，是因为实践中绝大多数行政申请再审案件中行政机关均是被申请人。行政机关在诉讼能力和水平上普遍强于原告，在一、二审程序中一般都能充分行使诉讼权利，较好完成举证、答辩、质证、辩论等诉讼环节，特别是其对原告各项主张的回应在一、二审程序中往往已经充分表达，一、二审裁判文书中亦有相应记载，因此相比与民事诉讼中"一刀切"式的规定，在是否发送再审申请书副本事项上赋予人民法院自由裁量权，既有利于提高审查效率，也不至于实质影响行政机关的诉讼权利，是更加符合行政诉讼实践的选择。

【条文释义】

一、关于申请再审的材料

根据《行政再审立案规定》第四条的规定，当事人申请再审，应当提交下列材料：（1）再审申请书，并按照被申请人及原审其他当事人的人数提交副本；（2）再审申请人是自然人的，应当提交身份证明复印件；再审申请人是法人或者其他组织的，应当提交营业执照复印件、组织机构代码证书复印件、法定代表人或者主要负责人身份证明；法人或者其他组织不能提供组织机构代码证书复印件的，应当提交情况说明；（3）委托他人代为申请再审的，应当提交授权委托书和代理人身份证明；（4）原审判决书、裁定书、调解书，或者与原件核对无异的复印件；（5）法律、法规规定需要提交的其他材料。其中再审申请书应当载明的事项包括：再审申请人、被申请人及原审其他当事人的基本情况。当事人是自然人的，应列明姓名、性别、出生日期、民族、住址及有效联系电话、通讯地址；当事人是法人或者其他组织的，应列明名称、住所地和法定代表人或者主要负责人的姓名、职务及有效联系电话、通讯地址。原审人民法院的名称，原审判决、裁定或者调解书的案号。具体的再审请求。申请再审的具体法定事由及事实、理由。受理再审申请的人民法院名称。再审申请人的签名、捺印或者盖章。递交再审申请书的日期。当事人申请再审，一般还应提交下列材料：(1) 一审起诉状复印件、二审上诉状复印件；(2) 在原审诉讼过程中提交的主要证据材料；(3) 支持再审申请事由和再审请求的证据材料；(4) 行政机关作出相关行政行为的证据材料；(5) 其向行政机关提出申请，但行政机关不作为的相关证据材料；(6) 认为需要提交的其他材料。

二、关于人民法院对发送再审申请书副本的裁量

是否向对方当事人发送再审申请书副本，人民法院在进行裁量时有必要综合考虑案件难易程度、影响范围、申请再审的主体、是否可能存在"新的证据"、裁定再审的可能性等多方面因素。比如，如果再审申请人提供的材料中有可能存在"新的证据"，此时人民法院一般应当向对方当事人发送再审申请书副本，以便于对方当事人针对可能被认定为"新的证据"的材料作出充分的应对准备。又比如，如果再审申请的主体是行政机关，人民法院一般也应当发送再审申请书副本，因为多数行政诉讼中行政相对人的诉讼能力均弱于被诉行政机关，故而有必要及时向行政相对人发送再审申请书副本，以利于其更好应诉。

三、关于人民法院的初步审查

在申请再审的诉答程序中，人民法院只是对双方的材料进行初步审查。再审申请人提交的再审申请书等材料符合要求的，人民法院应当出具《诉讼材料收取清单》，注明收到材料日期，加盖专用收件章，并及时立案。再审申请人提出的再审申请不符合规定的，人民法院应当当场告知再审申请人。再审申请人提交的再审申请书等材料不符合要求的，人民法院应当将材料退回再审申请人，并一次性全面告知其在指定的合理期限内予以补正。再审申请人无正当理由逾期不予补正且仍坚持申请再审的，人民法院应当裁定驳回其再审申请。对方当事人自收到再审申请书副本之日起15日内未提交书面意见的，并不影响人民法院对案件的审查，但对方当事人需承担由此可能带来的不利后果。人民法院在初步审查的基础上，如认

为有必要，可以要求申请人和对方当事人补充有关材料，询问有关事项，以进一步判断当事人的再审申请是否符合法定立案条件。

【实务指导】

《行政再审立案规定》第六条规定："再审申请人提交再审申请书等材料时，应当填写送达地址确认书，并可同时附上相关材料的电子文本。"据此，《行政再审立案规定》并未要求再审申请人必须提供相关材料的电子文本。另一方面，鉴于目前全国法院申请再审案件数量呈持续上升态势，一些法院案多人少矛盾突出，为促进减轻办案压力，进一步提升审判效率，人民法院在立案环节应尽量引导当事人提供相关材料的电子文本，以为法官的后续审查、审理工作提供便利。需要强调的是，再审申请人提供了符合规定的相关书面材料的，人民法院不应仅以再审申请人未提供相应的电子文本而认定其提交的材料不符合要求。此外，要鼓励和引导再审申请人聘请律师代理申请，以促进提高再审申请的质效。

（蒋蔚撰写）

第一百一十二条

人民法院应当自再审申请案件立案之日起六个月内审查，有特殊情况需要延长的，由本院院长批准。

【条文主旨】

本条是关于人民法院再审审查期限的规定。

【起草背景】

关于审限的规定广泛存在于我国三大诉讼程序的各种类型之中,包括一审程序、二审程序、审判监督程序、特别程序、简易程序等。再审审查因具备一定的诉讼属性,为依法充分维护当事人申请再审权利,有效保障审查效率,自当对人民法院限定一定的审查期限,以促使人民法院及时审查申请再审案件,防止案件久拖不决,影响司法公正和司法权威。所谓再审审查期限,即是指人民法院受理当事人的再审申请后,依法进行审查并最终作出裁定的时间要求。在《行诉解释》出台之前,行政诉讼法和《若干解释》《适用解释》对此均未作规定,实践中人民法院对行政再审申请案件的审查期限适用民事诉讼法第二百零四条,该条第一款规定:"人民法院应当自收到再审申请书之日起三个月内审查,符合本法规定的,裁定再审;不符合本法规定的,裁定驳回申请。有特殊情况需要延长的,由本院院长批准。"《行诉解释》参照上述法律规定,结合行政案件申请再审的实际,规定了6个月的审查期限,比民事案件申请再审的期限长了3个月。至于民事诉讼法第二百零四条第一款中关于审查结果的内容,《行诉解释》另行在第一百一十六条中作了专门规定。

【条文释义】

一、关于再审审查的期限

就审查期限的设定标准而言,一方面,再审程序一旦启动,不仅影响到生效裁判的既判力,亦会导致被生效裁判所确定的社会关系重新进入不稳定状态,因此人民法院对启动再审必须严谨细致,通过规范的审查程序慎重把握启动再审的标准。审慎启动再审必然要求赋予人民法院充分、合理的审查期限,况且在不少案件中单凭再审申请人和对方当事人在立案阶段提交的材料难以判断再审申请是否符合法定条件,人民法院还需调阅原

一、二审卷宗乃至询问当事人,因此审查期限不宜过短。另一方面,正所谓迟到的正义是非正义,人民法院要在保证审查质量的基础上,尽可能提高审查效率,及时作出裁决,避免因案件长期得不到有效处理引发当事人更大的不满情绪,甚至进一步激化矛盾,是故再审审查期限也不宜过长。综合上述两方面考量,结合实践中人民法院对再审申请的平均审查时间,本条规定了6个月的审查期限。

二、关于审查的标准

在实践中不同法院对裁定再审的标准把握并不统一,有的以法定事由成立作为裁定再审标准,有的以可能改判为标准,有的以原裁判确有错误为标准。行政诉讼法第九十条规定:"当事人对已经发生法律效力的判决、裁定,认为确有错误的,可以向上一级人民法院申请再审,但判决、裁定不停止执行。"第九十一条规定:"当事人的申请符合下列情形之一的,人民法院应当再审:(一)不予立案或者驳回起诉确有错误的;(二)有新的证据,足以推翻原判决、裁定的;(三)原判决、裁定认定事实的主要证据不足、未经质证或者系伪造的;(四)原判决、裁定适用法律、法规确有错误的;(五)违反法律规定的诉讼程序,可能影响公正审判的;(六)原判决、裁定遗漏诉讼请求的;(七)据以作出原判决、裁定的法律文书被撤销或者变更的;(八)审判人员在审理该案件时有贪污受贿、徇私舞弊、枉法裁判行为的。"从体系解释的角度看,第九十一条规定的八种情形即是对第九十条"确有错误"的细化。同时,第九十一条以明确列举的形式规定了八项申请再审的法定事由,且并未设置兜底条款,表明立法者对法定事由扩大化的谨慎态度。我们认为,对申请再审案件的审查应严格以第九十一条的规定为标准。当事人在再审申请书中应明确其申请再审的具体法定事由,人民法院对符合申请再审条件的案件依法受理后,应当针对当事人主张的申请再审事由所涉及的原裁判、调解书认定案件基本事实、适用法律和审判程序等方面进行实质审查,进而判断当事人主张的申请再审事由是否成立。对于当事人未主张的事由,人民法院一般不予审查。

三、关于审查期限的延长

6个月的审查期限能够满足多数案件的审查需要,但实践中亦有一些存在特殊情况的案件在6个月内难以审查完毕,本条规定对此类案件可报请本院院长批准延长审查期限。由于实践中案件案情千差万别,故本条并未对"特殊情况"作出明确界定,需要结合个案实际决定是否延长,如案情疑难复杂、案件社会影响较大、属于新类型案件或涉众型案件等。需要延长审限的,应当在审限到期日前的合理时间内上报延长申请,并详细写明需要延长的理由。对延长审限的申请和批准,均应在办案系统中全程留痕,做到可追溯、可倒查。此外,本条并未规定单次延长的具体期间。鉴于正常情况下的审查期限是6个月,故单次延长的期间不应超过6个月,具体延长的期间由本院院长决定。

【实务指导】

一、关于审查期限的起算点

民事诉讼法第二百零四条第一款规定的3个月审查期限的起算点为收到再审申请书之日,而《行诉解释》规定行政申请再审案件的审查期限自再审申请案件立案之日起算。一般而言,如果再审申请人初次提交的再审申请书等材料在形式和实质上均符合要求,且再审申请符合其他法定条件的,那么按照立案登记制的精神,人民法院即应及时登记立案,此时再审审查的期限即开始计算。在这种情况下,"收到再审申请书之日"与"再审申请案件立案之日"相差不远,甚至可能是同一日。另一方面,立案登记制并非登记立案制,即使在申请再审案件中,人民法院也要对当事人的立案申请依法进行适度审查,况且实践中不少再审申请人初次提交的再审申请书等材料尚需进一步补正,故人民法院初次收到再审申请书等材料之后,未必即能对再审申请予以立案并转入实质审查环节,人民法院对立案申请适度审查的时间、当事人补正材料的时间等,亦不宜计入再审审查期限。因此,《行诉解释》将立案之日确定为再审审查期限的起算点,更加符合工作实际。就民事再审申请审查实践而言,"目前司法实务中一般是从当事人提交符合条件的申请再审材料,人民法院受理申请再审案件之日起计算3个月的审查期限"。①

二、关于延长审查期限的次数和批准权

本条虽然对存在特殊情况案件的批准延长审查期限作了规定,但并未对申请延长的次数作出限制,因此对于少数经延长后仍难以审查完毕的案件,可再次申请延长,是否批准由本院院长决定。实践中,部分法院院长将延长审查期限的批准权授予分管副院长、庭长行使,亦应认为并不违背本条精神。需要强调的是,具有批准权的法院相关领导应从严掌握延长标准,加强对延长理由的审核,特别是要加强对多次报请延长审限案件的审核,慎重决定是否批准,不断促进提升工作的规范性,减少随意性,督促合议庭、承办法官着力提升审查效率。

三、关于提高再审审查效率

《适用解释》第二十五条、《行诉解释》第一百一十七条均规定,人民法院逾期未对再审申请作出裁定的,当事人可以向人民检察院申请抗诉或者检察建议。这一规定一方面有利于进一步保护当事人的再审申请权,另一方面也对人民法院的再审审查工作效率提出了更高的要求。对此,人民法院在行政申请再审案件审查过程中,要在有效保障审查质量的基础上,不断提高审查效率,切实防止因案件长期未结、大量积压而影响对当事人再审申请权的保障。要充分借助智慧法院建设的契机,进一步提升再审审查工作中的信息化利用程度,不断完善在线办案平台和系统,在严格依法的前提下积极探索更加科学高效的工作方式,借助信息化有效提升审查效率。要加强向当事人就审查期限的释明,及时向当事人推送审限延长信息,防止出现当事人因不了解审限制度、不掌握相关信息而向人民检察

---

① 最高人民法院民事诉讼法修改研究小组编著:《〈中华人民共和国民事诉讼法〉修改条文理解与适用》,人民法院出版社2012年版,第457页。

院申请抗诉、检察建议或者向其他监督机关反映情况。

（蒋蔚撰写）

第一百一十三条

人民法院根据审查再审申请案件的需要决定是否询问当事人；新的证据可能推翻原判决、裁定的，人民法院应当询问当事人。

【条文主旨】

本条是关于人民法院再审审查过程中询问程序的规定。

【起草背景】

再审审查决定着再审程序是否能够开启，其虽然具备一定的诉讼属性，但又与一审和二审程序存在着较大差别。从形式上看，再审审查均采用书面审理方式，并不存在以庭审的方式进行审查的空间。人民法院在这一过程中的主导性较一审和二审程序更强，而当事人在这一过程中的参与程度相对较低，由此也导致部分当事人对再审审查程序抱有不满情绪，甚至认为法院的审查是暗箱操作。另一方面，行政诉讼法以及《若干解释》《适用解释》对再审审查程序均着墨不多，相关内容亦较为原则，实践中各地法院做法也不统一。因此，进一步细化人民法院的再审审查程序，进一步保障当事人在申请再审过程中的程序性权利，便成为立法和司法解释工作中亟待加强的方面。有鉴于此，《行诉解释》此次用了较大篇幅对申请再审和再审审查的相关事宜作了较为详细的规定。其中询问即是此次《行诉解释》新增的程序性规定。本条在内容上参考了《民诉解释》第三百九十七条，该条规定："人民法院根据审查案件的需要决定是否询问当事人。新的证据可能推翻原判决、裁定的，人民法院应当询问当事人。"实际上，在《行诉解释》出台之前，多数人民法院在行政案件再审审查过程中均有过询问当事人的实践，但因法律制度供给阙如，导致对哪些案件需要询问、询问的启动条件等均缺乏明确标准，询问程序的随意性较强，部分案件中当事人的程序性权利保障不到位。本条规定在一定程度上弥补了上述立法空白。需要指出的是，有观点主张在再审审查过程中应当引入听证程序，以进一步保障当事人的程序性权利。我们认为，在再审审查过程中无论是听证抑或是询问，其目的都在于保障当事人相关程序性权利，帮助人民法院准确判断是否需要启动再审程序。如果询问程序能够实现上述目的，即无必要再行建立听证程序，听证和询问也就仅仅是称谓上的差别。加之民事诉讼法、行政诉讼法均未规定再审审查过程中的听证程序，《民诉解释》亦只规定了询问，故《行诉解释》在对询问程序作了规定后，亦无必要再规定听证程序。

【条文释义】

从字面意思看，"询问"即是指通过问答的形式向一定对象了解相关情况。在民事诉讼法、行政诉讼法的其他条款中，有多处规定了"询问"，如民事诉讼法第一百六十九条、行政诉讼法第八十六条规定，对上诉案件人民法院经过阅卷、调查和询问当事人，对没有提出新的事实、证据或者理由，合议庭认为不需要开庭审理的，也可以不开庭审理；民事诉讼法第七十七条、第一百三十七条、第一百八十九条、第二百零三条等条款中亦规定了相应的询问程序。本条中所规定的询问，是人民法院在再审审查过程中对当事人的询问。对此，必须正确把握询问的不同启动情形。

一、关于裁量启动情形

本条规定了询问的两种启动情形，即人民法院经审查认为有需要时以及新的证据可能推翻原判决、裁定的。据此，一般情况下人民法院对于是否启动询问拥有自由裁量权，裁量的因素包括但不限于案件的复杂和难易程度、案件社会关注度、可能的影响范围和程度、原审对案件事实的查明情况和文书说理情况、再审申请材料情况、被申请人发表意见的情况等。比如，有的再审申请人提出了在原审程序中未曾提出的新的理由，且该理由可能影响对原审裁判结果的判断时，人民法院即可启动询问程序，以进一步核实认定新的理由。

二、关于应当启动情形

当再审申请人提供了可能推翻原判决、裁定的新的证据时，人民法院就必须启动询问程序。此种情形包含两方面要件，即再审申请人提供了有可能构成"新的证据"的证据材料，且该份证据材料可能推翻原判决、裁定。如果再审申请人虽然提供了新的证据材料，但该材料明显不符合"新的证据"的认定标准，或者该材料虽然可能构成"新的证据"，但又明显不足以推翻原判决、裁定的，则人民法院亦非必须启动询问程序。作出此种规定的主要理由在于，作为"新的证据"的证据材料在原审程序中未经举证、质证，有必要通过询问程序听取对方当事人对证据材料是否构成"新的证据"的意见，以及对"新的证据"的相关意见，如此既有利于人民法院准确判断"新的证据"成立与否，其真实性、合法性、关联性如何，以及其对原审裁判结果的影响等，也有利于保障对方当事人在再审查过程中的程序性权利。需要指出的是，如果案件最终被裁定进入再审程序，则再审审查过程中人民法院围绕"新的证据"所进行的询问不能替代再审程序中对该"新的证据"的质证。

三、关于当事人的询问申请权

实践中，部分案件的当事人会向人民法院提出询问申请。从本条的规定来看，人民法院在认为必要时可决定启动询问程序，在有新的证据可能推翻原判决、裁定时应当启动询问程序，本条并未规定在当事人申请询问时人民法院应如何处理。我们认为，当事人有权向人民法院申请询问，但当事人的申请并不必然导致人民法院启动询问程序，而只是人民法院自由裁量时参考的因素之一。人民法院在收到当事人的询问申请后，如综合各方面因素考量决定启动询问，则按询问的通常流程及时告知当事人；若仍决定不启动询问，亦无需另行就当事人的询问申请作出答复。

【实务指导】

一、关于询问的主体

本条并未明确在具体的询问程序中可以作为询问主体的范围。我们认为，询问并非正式的庭审程序，因此在主体的范围上应更加灵活，但考虑到询问的效果，承办法官一般应参加询问程序。实践中，询问的主体一般包括以下几种情形：合议庭整体组织询问、审判长和承办法官共同组织询问、承办法官和其他合议庭成员共同组织询问、承办法官和法官助理共同组织询问、承办法官单独组织询问等。需要强调的是，法官助理作为司法辅助人员，虽然无权独立办理案件，但因询问仅是再审审查过程中的一个环节，在程序上亦较为灵活，故不应排除法官助理单独组织询问的空间。

二、关于询问的参加人

所谓询问的参加人，是指除法官、司法辅助人员之外参加询问的其他人员，主要包括再审申请人、被申请人、诉讼代理人、第三人、证人等。一般情况下，再审申请人、被申请人均应参加询问，以切实保证询问效果，同时避免未参加一方对询问公正性的质疑。在有诉讼代理人的案件中，鼓励代理人与当事人同时参加，亦应允许当事人仅委托代理人参加询问。人民法院可视情决定是否通知第三人、证人参加询问，再审申请人、被申请人均有权向人民法院申请通知第三人、证人参加询问，是否准许由人民法院决定。此外，如果再审申请人、被申请人双方均无代表参加询问，则询问自应取消，对此当无异议。而如果再审申请人、被申请人中仅有一方参加询问，因本条并未规定人民法院必须同时询问双方当事人，故询问亦可照常进行，一方的缺席并不影响人民法院对案件的审查。当然，人民法院应将缺席情况及原因在询问笔录中如实记录。

三、关于询问的基本流程

虽然询问并非正式的庭审程序，但询问亦可参照庭审程序设定相应的基本流程。对于确定需要询问的再审申请案件，人民法院应提前一定时间通知各方面参加人，参照民事诉讼法对一审程序的规定，提前的时间应不少于 3 日。询问前，书记员应当查明各方参加人是否出席，并宣布询问时应遵循的基本纪律。询问时法官应首先宣布案由和人民法院组织询问的人员名单，并征求当事人对是否申请回避的意见。询问开始后，一般先由再审申请人陈述申请理由，再审被申请人陈述相应意见，然后由法官围绕与申请再审事由相关的证据采信、事实认定、法律适用、裁判结果以及诉讼程序等问题和法院应当依职权查明的事项等，交叉询问双方当事人。对有"新的证据可能推翻原判决、裁定的"情形，应重点围绕证据材料是否构成"新的证据"、证据的"三性"以及其对原审裁判的影响等进行询问。法官应保证双方在整个询问过程中发言机会的均等。在询问结束前，法官应按再审申请人、被申请人、第三人的先后顺序征询各方最后意见。询问结束后，各方参加人应核对询问笔录并签字。对于依法可以调解的案件，人民法院可在询问过程中进行调解。需要特别指出的是，除依法不应公开的案件外，询问程序应公开进行，有条件的应全程录音录像。

（蒋蔚撰写）

第一百一十四条

审查再审申请期间，被申请人及原审其他当事人依法提出再审申请的，人民法院应当将其列为再审申请人，对其再审事由一并审查，审查期限重新计算。经审查，其中一方再审申请人主张的再审事由成立的，应当裁定再审。各方再审申请人主张的再审事由均不成立的，一并裁定驳回再审申请。

【条文主旨】

本条是关于被申请人及原审其他当事人提出再审申请如何处理的规定。

【起草背景】

本条是借鉴《民诉解释》第三百九十八条作出的规定。

2014年行政诉讼法修改前，行政诉讼以撤销诉讼为主体，法院审理的主要内容是行政行为的合法性问题，诉讼请求仅限于原告基于行政行为合法性问题提出的撤销、确认行政行为违法无效或者赔偿等诉求，不存在民事诉讼中的被告反诉和第三人的独立诉请等问题，诉讼法律关系相对简单，当事人之间的利益对立关系较为清晰。法院判决后，不服判决的当事人呈现简单分化，如果判决肯定行政行为的合法性，则上诉人或者申请再审人限于原告，一般不存在行政机关上诉或者申请再审的问题。反之，如果判决否定行政行为的合法性，则行政机关基于各种考虑，很少有上诉或申请再审的情况。因此，在审查再审申请阶段，一般不会出现被申请人或者原审其他当事人提出再审申请的问题。且行政诉讼实行全面审查原则，只要一方当事人提起诉讼或者申请再审，法院即需对行政行为的合法性进行全面审查。在这种情况下，其他当事人在再审审查阶段是否申请再审，不影响法院的审查范围。因此，2014年修改前的行政诉讼法及相关司法解释对此问题并未作出专门具体规定。2014年行政诉讼法修改后，明确将解决行政争议作为立法宗旨，强化了行政诉讼对原告诉讼请求的回应力度，还将行政协议等纳入受案范围，扩大了履行法定职责诉讼的类型和范围，这大大增加了行政诉讼法律关系和当事人利益关系的复杂性，各方当事人的利益诉求不再局限于行政行为合法性的非此即彼上，多方面、多层次的诉请会层出不穷。因此，再审审查阶段原本很少出现的对方当事人提出再审申请的情况会逐步增多。因此，本条规定"审查再审申请期间，被申请人及原审其他当事人依法提出再审申请的,人民法院应当将其列为再审申请人,对其再审事由一并审查",以此来平等地保护当事人的诉权。

【条文释义】

因一方当事人申请再审使案件进入再审审查程序的,被申请人及原审其他当事人也有可能提出再审申请,只要其在法律规定的申请再审期限内提出符合法定条件的再审申请,法院即应将其列为再审申请人,一并审查其再审事由。现实生活中,有当事人虽然认为已生效的裁判错误并损害了自己权益,但出于各种原因,并没有申请再审。因一方当事人申请再审使得案件进入再审审查程序后,为平等保护各方当事人诉讼权利,被申请人及原审其他当事人也有权提出再审申请。只要该当事人的再审申请符合法定条件,人民法院就应当立案,并经审查后依法处理。这样不仅保护了被申请人和其他当事人的诉讼权利,也有利于一次性解决争议,避免各方当事人就同一事实分别提起再审,浪费司法资源,甚至产生矛盾裁判。

同时,在审查再审申请期间,被申请人及原审其他当事人依法提出再审申请的,审查期限重新计算。作出这样规定的原因有两点,一是增加了新的审查内容,需要为法院留出充足的审查时间;二是保护后提出再审申请的当事人的诉权,为其提供必要的应诉时间。

法院经审查后,只要有一方再审申请人的申请事由成立的,即应裁定再审。依据本条规定,其中一方再审申请人主张的再审事由成立的,应当裁定再审。各方再审申请人主张的再审事由均不成立的,一并裁定驳回再审申请。那么在部分当事人申请再审理由成立,案件应当裁定再审的情况下,其他理由不成立的,其他再审申请人的再审申请是否应当在裁定书中驳回呢?我们认为,不宜在再审裁定书中对其他不成立的再审请求予以驳回。再审审查程序的目的在于审查已经生效的裁判是否存在再审理由,是否应当启动再审程序。当案件已经进入再审,没有必要再对不成立的再审请求予以驳回。

需要注意的是,一旦案件进入再审,各方已经提出再审申请的当事人均应享有平等的诉讼权利，对其诉求应当一并审理，以有利于争议的一次性解决。因此，案件存在再审事由，进入再审程序的，应当将各方再审申请人提出的再审请求一并纳入再审审理范围，即使其他再审申请人的申请再审理由不成立，人民法院依然要对其再审请求进行审查，并不因其再审理由不成立而受影响。①

如若各方再审申请人主张的再审事由均不成立，则一并裁定驳回。

【实务指导】

1. 关于当事人的诉讼地位问题。在审查过程中，被申请人或者其他当事人也提出符合条件的再审申请的，也应列为再审申请人，从而使一个案件存在多方再审申请人。一旦案件裁定再审，各方再审申请人提出的再审请求均应纳入再审审理范围。

2. 再审审查阶段实行有限审查原则，以当事人的再审事由和行政行为的合法性为审查对象，不能事无巨细的全面审查。对于当事人未提异议的事项，除非涉及影响行政行为合法性的重大明显问题，法院原则上尊重当事人的处分权，不列入审查范围。

（李涛撰写）

第一百一十五条

审查再审申请期间，再审申请人申请人民法院委托鉴定、勘验的，人民法院不予准许。

审查再审申请期间，再审申请人撤回再审申请的，是否准许，由人民

---

① 杜万华、胡云腾：《最高人民法院民事诉讼法解释适用解析》，法律出版社 2015 年版，第 762~763 页。

法院裁定。

再审申请人经传票传唤，无正当理由拒不接受询问的，按撤回再审申请处理。

人民法院准许撤回再审申请或者按撤回再审申请处理后，再审申请人再次申请再审的，不予立案，但有行政诉讼法第九十一条第二项、第三项、第七项、第八项规定情形，自知道或者应当知道之日起六个月内提出的除外。

【条文主旨】

本条是关于再审审查期间当事人申请法院委托鉴定、勘验、撤回再审申请等有关问题的规定。

【起草背景】

审判实践中，有的案件存在重复鉴定或勘验，鉴定或勘验意见相互矛盾；有的案件当事人对鉴定或勘验范围、内容、方法等无法达成一致，鉴定或勘验机构对相关问题也无法判断，导致人民法院在证据采信上存在困难；有的案件当事人因为不愿交纳鉴定费用，在原审不申请鉴定，等到裁判结果不利于自己时才申请鉴定，影响裁判的稳定性。在再审审查实践中，原审未进行鉴定或当事人质疑原审鉴定意见的，当事人申请鉴定或者要求重新鉴定的情况比较突出，需要明确如何处理。

行政诉讼法第六十二条对原告撤诉作了规定，民事诉讼法对在一审及二审程序中当事人申请撤回起诉及上诉也作了明确规定。但对于当事人在再审审查期间是否可以撤回申请，均未作规定。再审审查程序属于审判监督程序的组成部分，从当事人在再审审查期间撤回申请的性质上看，也属于通过处分自己权利终止已启动的诉讼程序的行为，也应当比照撤回起诉或上诉的规定，对于当事人撤回再审申请的或按撤回再审申请处理的情形一并作出规定。

本条主要综合了《民诉解释》第三百九十九条、第四百条、第四百零一的规定。

【条文释义】

1. 关于在再审审查期间当事人申请鉴定或勘验的处理。鉴定意见或勘验结论作为一种证据形式，与其他证据相比，具有专业性和可靠性的特点。申请鉴定或勘验，以及申请重新鉴定或勘验是当事人在一审、二审程序中的重要权利，再审申请人在原审中放弃了该项权利，则应自行承担证明不能的不利后果，其申请再审时提出鉴定或勘验请求的，一般不应予以准许。再审申请人应当承担证明再审事由成立的责任，当事人欲通过申请鉴定或勘验推翻原判的，应由当事人自行委托或者向作出原鉴定意见、勘验结论者申请重新鉴定、勘验，由人民法院判断是否符合法定再审事由。在再审审查程序中，不应由人民法院委托鉴定或勘验以证明生效判决、裁定存在再审事由，否则将对生效裁判的既判力产生冲击。

2. 再审申请人申请撤回再审申请时的处理。当事人有权在法律规定的范围内处分自己的权利，包括诉讼权利。行政诉讼法第六十二条规定，人民法院对行政案件宣告判决或者裁定前，原告申请撤诉的，或者被告改变其所作的行政行为，原告同意并申请撤诉的，是否准许，由人民法院裁定。当事人处分自己在行政诉讼中的权利义务，一般来讲应予尊重。但行政法的权利义务关系着行政管理秩序的稳定和公共利益的保护，在当事人的撤回再审申请影响到公共秩序或公共利益，或者侵害他人合法权益时，一般应当不予准许。对于是否应予准许的考量，属于人民法院的裁判范围。因此，本条规定，再审申请人申请撤回再审申请的，是否准许，由人民法院裁定。

3. 按撤回再审申请处理的情形。民事诉讼法第一百四十三条规定，原告经传票传唤，无正当理由拒不到庭的，或者未经法庭许可中途退庭的，可以按撤诉处理。《若干解释》第四十九条第一款规定，原告或者上诉人经合法传唤，无正当理由拒不到庭或者未经法庭许可中途退庭的，可以按撤诉处理。当事人通过行使诉讼权利启动诉讼程序，就应当按时参加庭审，遵守法律规定的诉讼秩序。如果原告或者上诉人无正当理由拒不到庭或者未经法庭许可中途退庭，将会阻碍诉讼程序的顺利进行。原告或者上诉人拒绝参加庭审的行为，实际上是放弃了行使诉讼权利。本解释第一百一十三条规定："人民法院根据审查再审申请案件的需要决定是否询问当事人；新的证据可能推翻原判决、裁定的，人民法院应当询问当事人。"询问是人民法院在再审审查过程中认定当事人申请再审事由是否成立的重要方式。当事人拒不接受询问，也可以视为其放弃行使申请再审的权利。因此，本条明确，再审申请人经传票传唤，无正当理由拒不接受询问的，可以按撤回再审申请处理。

4. 撤回申请后再次申请再审的处理。本款主要参考了《民诉解释》第四百零一条的规定。对于当事人撤回再审申请或者按撤回再审申请处理后再次提出再审申请如何处理的问题，在《民诉解释》起草过程中存在争议。一种观点认为，在法律没有禁止性规定的情况下，只要仍然在申请再审期间内，当事人可以依法行使其申请再审的权利，司法解释不应限制当事人再次申请再审的权利。另外一种观点则认为，我国实行两审终审制，允许当事人对已经发生法律效力的裁判申请再审，是法律赋予当事人的一项特殊诉讼权利。因此，有必要对当事人撤回再审申请后再次提出再审申请作出较为严格的限制。从审判监督程序的角度看，当事人申请再审的目的是启动再审审理程序，推翻原有的生效裁判，让法院重新作出对自己有利的裁判。当事人的再审申请是建立在双方的证据已经经过举证、质证，人民法院已经对各方证据进行了分析认证并对各方观点是否成立进行了论证、说理的基础之上的，再审申请人对案件可能存在的证据、争议的焦点等十分清楚。因此，再审申请人在审查过程中主动提出撤回再审申请或者经传票传唤，无正当理由拒不接受询问的，只能理解为其认可原裁判结果并放弃申请再审的权利。如果允许当事人在撤回再审申请或者按撤回再审申请处理后又申请再审，不仅会浪费有限的司法资源，也给对方当事人造成讼累，故有必要对其进行规范。

《民诉解释》采纳了后一种观点，即原则上不允许当事人在撤回再审申请或者按撤回再审申请处理后再次提出再审申请，再审申请人再次提出再审申请的，人民法院不予受理。本解释采用《民诉解释》的这一规定非常有必要，也与《若干解释》第四十四条第一款第九项的规定精神相一致。《若干解释》第四十四条第一款第九项规定，已撤回起诉，无正当理由再行起诉的，人民法院不予受理。但是，有新的证据，足以推翻原判决、裁定的；原判决、裁定认定事实的主要证据不足、未经质证或者系伪造的；据以作出原判决、裁定的法律文书被撤销或者变更的；审判人员在审理该案件时有贪污受贿、徇私舞弊、枉法裁判行为的，当事人可以自知道或者应当知道之日起6个月内再次提出再审申请，人民法院应予受理。

【实务指导】

1. 对于再审审查期间当事人申请鉴定或勘验应注意的问题。再审申请人以有新证据为由申请再审，但未提交新证据，而是申请人民法院委托鉴定或勘验的，人民法院不予支持。但如果当事人在原审中依法申请鉴定或勘验，原审法院应当准许而未予准许，且未经鉴定或勘验可能影响案件基本事实认定的，说明原判决、裁定认定的基本事实缺乏证据证明，可以依据民事诉讼法的有关规定审查处理。

2. 对于当事人撤回再审申请应注意的问题。一是判断标准问题。人民法院在决定是否准许当事人撤诉时，重点考虑当事人是否有规避法律的行为，或者是否有损害公共利益和他人利益的行为，或者申请人申请撤回再审申请是否出于其自愿等。当事人在再审审查阶段申请撤回再审申请，系以其行为表明放弃通过审判监督程序对生效裁判启动再审，接受原生效裁判所确立的法律关系，因此，在再审审查阶段，人民法院不应对当事人撤回再审申请做过多干预，只要不违反法律法规的禁止性规定，不损害国家利益、社会公共利益以及他人合法权益，均应依法准许撤回再审申请。二是不予准许撤回再审申请的，诉讼程序如何进行的问题。本解释虽然没有规定人民法院依法不准许撤回再审申请时，诉讼程序应如何进行，但是，参照本解释第七十九的规定精神，人民法院裁定不予准许撤回再审申请的，应对案件及时进行审查；经传票传唤，再审申请人无正当理由拒不接受询问的可以迳行作出裁定。

3. 按撤回再审申请处理需要注意的问题。审判实践中应当注意，按撤回再审申请处理的，需要同时满足一定条件。主要包括：人民法院依法向再审申请人送达了传票；再审申请人未在传票确定的时间接受询问；再审申请人缺席询问没有正当的理由。

4. 当事人再次提出再审申请应注意的问题。第一，对于当事人再次提出的再审申请，原则上不予受理。实践中经常出现当事人以证据不够充分，需要继续调查收集证据或者双方当事人正在协商达成和解协议等理由申请撤回再审申请，却在人民法院作出准许撤回再审申请的裁定后再次申请再审。对于当事人再次提出的再审申请，此前的做法大多是予以受理，但法律效果和社会效果并不好。本条确定原则上不再受理再审申请人重新提出的再审申请，主要原因：一是当事人继续调查收集证据或者协商达成和解协议等，并不影响再审查程序的正常进行，没有必要以撤回再审申请为前提；二是当事人反复提出再审申请会浪费有限的司法资源，造成当事人的讼累；三是在6个月的申请再审期限内，当事人在撤回再审申请至重新提出再审申请期间，发现比原审程序更充分的证据的可能性不大。第二，满足四种特殊情形的，允许当事人再次申请再审。这四种情形分别是指行政诉讼法第九十一条第二项、第三项、第七项、第八项。上述例外情形，在当事人撤回再审申请或者按撤回再审申请处理的情况下同样适用。符合这四种情形时，如果不允许当事人再次提出再审申请，显然有违公平正义，无法令当事人息诉服判。但是，对于"有新的证据足以推翻原判决、裁定的"情形，应当从严把握，不能任意扩大解释，否则当事人可能利用该条来规避撤回再审申请后不得再次申请再审的规定。第三，再次提出再审申请应自知道或者应当知道该事由之日起6个月内提出。如果当事人虽然提出了符合前述四种情形的证据，并据以再次提出再审申请，但由于其并不是在知道或者应当知道该事由之日起6个月内提出再审申请，也因该申请不符合法定期限，人民法院不予受理。

（王海峰撰写）

第一百一十六条

当事人主张的再审事由成立,且符合行政诉讼法和本解释规定的申请再审条件的,人民法院应当裁定再审。

当事人主张的再审事由不成立,或者当事人申请再审超过法定申请再审期限、超出法定再审事由范围等不符合行政诉讼法和本解释规定的申请再审条件的,人民法院应当裁定驳回再审申请。

【条文主旨】

本条是关于申请再审案件审查后如何处理以及裁定再审标准的规定。

【起草背景】

《若干解释》第七十四条规定,人民法院接到当事人的再审申请后,经审查,符合再审条件的,应当立案并及时通知各方当事人;不符合再审条件的,予以驳回。该条实际上规定了以通知形式告知当事人是否再审的做法。这一做法既不规范,也容易引起当事人的质疑。在本解释作出本条规定之前,人民法院已经对裁判文书进行了改革,一律采用裁定书的形式告知当事人是否予以再审。为了对裁判文书进行统一规范,也对裁定标准予以细化规范。本条实际上改变了过去以通知形式驳回申请人再审申请的做法,并借鉴《民诉解释》第三百九十五条的规定对裁定再审的标准作了规定。

【条文释义】

裁定再审的标准可以分为形式标准和实质标准两方面。形式标准是指申请再审的案件是否符合行政诉讼法和本司法解释规定的申请再审的条件。实质标准则是指再审申请人主张的再审事由是否成立。

1. 关于形式标准。本解释第一百一十一条规定，当事人申请再审的，应当提交再审申请书等材料。因此，申请人申请再审，首先应当提交再审申请书及有关证据材料，包括申请人身份证明及原一审、二审法院裁判文书等，用于证明其提出的再审申请符合法律规定的条件。对于当事人提交的再审申请书等材料，人民法院经审查后如认为不符合申请再审条件的，应当向再审申请人释明，并参照行政诉讼法及司法解释的规定一次性全面告知当事人需要补正的内容、补充的材料及期限。当事人拒绝补正或者经补正仍不符合起诉条件的，则应裁定驳回其再审申请。

2. 关于实质标准。关于裁定再审的实质标准，司法实践中存在较大分歧，各地的裁定再审率差异较大。有的以"事由成立"作为裁定再审标准，有的以"可能改判"作为裁定再审标准，还有的以"原裁判确有错误"作为裁定再审标准。审查标准和尺度的不统一，不仅不利于保护当事人依法申请再审的权利，也严重影响司法权威和司法公信力，有必要进一步明确。一是应准确理解和把握行政诉讼法第九十一条规定的精神，将"事由成立"作为裁定再审的实质标准。不能以"确有错误"和"可能改判"为标准，不能以再审审理的标准来替代再审审查的标准。再审审查程序和再审审理程序是审判监督程序中两个相对独立的阶段，再审审查程序的目的是决定是否启动再审审理程序，再审审理程序则是对案件作出实体裁判。目的、任务不同，决定了再审审查与再审审理所采取的审查标准也存在重大区别。人民法院审查再审申请，以能够确认再审事由是否成立为必要限度，如果经审查已足以确认当事人主张的再审事由成立，则应裁定再审。二是正确区分违反法定程序性事由与实体性事由的不同，统一"事由成立"的裁判尺度。根据行政诉讼法第九十一条的规定，再审事由分为实体性事由与程序性事由两大类。其中第二、三、四、七项属于实体性事由，第一、五、六、八项属于程序性事由。对于程序性事由，原裁判的结论即使是正确的，也应裁定再审；对于事实认定有问题的案件，要区分基本事实和次要事实，综合考虑是否对当事人的权利义务造成实质影响等因素，具体问题具体分析；对于涉及下级法院行使自由裁量权的情形，上级法院应予以尊重，除非构成明显不公的，一般不宜启动再审；对于已经发生法律效力的调解书申请再审，只能依据"调解违反自愿原则"或者"调解协议内容违反法律"这两个事由提出。

【实务指导】

实际上，申请人申请再审也应当有门槛。正如当事人提起行政诉讼应当符合法定的起诉条件一样，申请人申请再审也应当符合行政诉讼法及其司法解释规定的条件。这些条件主要包括以下几个方面：一是主体应适格。有权申请再审的主体包括原审案件当事人、行政诉讼法和本司法解释规定的当事人的权利义务承继者及其他必要共同诉讼人等，其他主体不享有申请再审的权利。二是符合申请再审案件管辖的规定。行政诉讼法第九十条规定，当事人对已经发生法律效力的判决、裁定，认为确有错误的，可以向上一级人民法院申请再审。据此，当事人一般应当向上一级人民法院申请再审。三是依法属于可以申请再审的裁判。一般申请再审的对象应是发生法律效力的一审或二审裁判，对于在诉讼过程中纯粹属于推进或阻却程序进行的裁定，一般不能申请再审。比如终结或中止诉讼的裁定，先予执行的裁定等。在行政诉讼领域，行政非诉审查程序也是人民法院司法审查的重要部分，对于非诉程序中的准予或不准予执行的裁定，一般也不能申请再审。四是申请再审的裁判属于生效裁判。五是有代理人代为申请再审的应当符合法律规定。比如应当提交授权委托书，律师代理的应当提交律师资格证明等；公民代理的应当提交该公民符合行政诉讼法第三十一条规定条件的证明等。六是应当在法定期限内提出。本解释第一百一十条规定，当事人向上一级人民法院申请再审，应当在判决、裁定或者调解书发生法律效力后6个月内提出。有下列情形之一的，自知道或者应当知道之日起6个月内提出：（1）有新的证据，足以推翻原判决、裁定的；（2）原判决、裁定认定事实的主要证据是伪造的；（3）据以作出原判决、裁定的法律文书被撤销或者变更的；（4）审判人员审理该案件时有贪污受贿、徇私舞弊、枉法裁判行为的。

（王海峰撰写）

第一百一十七条

有下列情形之一的，当事人可以向人民检察院申请抗诉或者检察建议：

（一）人民法院驳回再审申请的；

（二）人民法院逾期未对再审申请作出裁定的；

（三）再审判决、裁定有明显错误的。

人民法院基于抗诉或者检察建议作出再审判决、裁定后，当事人申请再审的，人民法院不予立案。

【条文主旨】

本条是关于向检察机关申请抗诉或检察建议的规定。

【起草背景】

一段时间以来，行政案件申诉率高的问题一直是行政审判工作的痼疾。一些案件经过再审、再次再审直至多次再审，形成了无限再审、无限申诉的不正常状况，极大损害了人民法院生效裁判的稳定性，严重影响了当事人对生效裁判的信守和人民法院的公信力。一些当事人利用现有的无限再审制度反复缠讼、反复上访，成为严重的社会问题和不稳定因素。由于生效裁判稳定性的缺失，域外一些国家和地区对我国要求协助执行生效裁判不予配合，严重影响了我国司法的国际形象。在2014年行政诉讼法修改过程中，我们建议设立申请再审"路线图"制度加以遏制。一个诉讼案件经过四次审理或审查，当事人的诉讼权利一般已经得到充分保护，为了合理配置司法资源，切实解决多头申诉多头处理、重复申诉重复处理的弊端，有必要对申请再审予以适当限制。

申请再审"路线图"是指当事人申请再审被驳回、人民法院逾期未对再审申请作出裁定以及再审裁判有明显错误的，当事人可以申请抗诉，之后当事人不得重复申请抗诉。换言之，当事人在向人民法院申请再审被驳回之后，还可以向检察院申请一次抗诉，此后再向人民法院和人民检察院提出申请，人民法院和人民检察院将不再受理。民事诉讼法第二百零九条规定："有下列情形之一的，当事人可以向人民检察院申请检察建议或抗诉：（一）人民法院驳回再审申请的；（二）人民法院逾期未对再审申请作出裁定的；（三）再审判决、裁定有明显错误。人民检察院对当事人的申请应当在三个月内进行审查，作出提出或者不予提出检察建议或者抗诉的决定。当事人不得再次向人民检察院申请检察建议或者抗诉。"行政诉讼法没有作上述明确规定，本司法解释参照民事诉讼法第二百零九条规定作了明确

【条文释义】

根据本条规定，有下列情形之一的，当事人可以向人民检察院申请抗诉或检察建议。

1. 人民法院驳回再审申请的。根据《民诉解释》第三百九十五条第二款的规定，当事人主张的再审事由不成立，或者当事人申请再审超过法定申请再审期限、超出法定再审事由范围等不符合民事诉讼法和《民诉解释》规定的申请再审条件的，人民法院应当裁定驳回再审申请。在这种情况下，人民法院已经对再审申请作了法律上的判断，人民法院审查再审的工作已经完成，此时向人民检察院申请检察建议或者抗诉，不会造成重复工作。

2. 人民法院逾期未对再审申请作出裁定的。根据民事诉讼法第二百零四条第一款的规定，人民法院应当自收到再审申请书之日起3个月内审查，符合民事诉讼法规定的，裁定再审；不符合民事诉讼法规定的，裁定驳回申请。有特殊情况需要延长的，由本院院长批准。如果人民法院在收到再审申请书之日起3个月内未作出裁定，且没有延长审查期限的情形，当事人可以向人民检察院申请抗诉或者检察建议。

3. 再审判决、裁定有明显错误的。如果当事人认为人民法院作出的再

审判决、裁定有明显错误的，也可以向人民检察院申请检察建议或者抗诉。根据《民诉解释》第四百一十五条的规定，人民检察院依照民事诉讼法第二百零九条第一款第三项规定，对有明显错误的再审判决、裁定提出抗诉或者再审检察建议的，人民法院应予受理。

《适用解释》在起草过程中对本条曾经表述为"当事人不得再次申请再审，也不得再次向人民检察院申请检察建议或者抗诉"，有意见提出，民事诉讼法可以对当事人的义务作出规定，在司法解释中规定当事人的义务，需要有充分的法律依据。《适用解释》从是否立案的角度进行了规定。即人民法院基于抗诉或者检察建议作出再审判决、裁定后，当事人申请再审的，人民法院不予立案。本司法解释继续采用《适用解释》关于该条的规定。

【实务指导】

　　司法实践中应当准确把握申请再审制度。根据本条规定，当事人申请再审被驳回后，或者再审判决、裁定生效后，当事人对再审判决、裁定仍然不服的，只能向人民检察院寻求救济。人民检察院认为驳回再审申请的裁定或者再审判决、裁定确有错误的，可以向人民法院抗诉或提出检察建议。根据《民诉解释》第四百二十条的规定，人民法院审理因人民检察院抗诉或者检察建议裁定再审的案件，不受此前已经作出的驳回当事人再审裁定的影响。这一"路线图"有利于解决当事人无限申诉、法院和检察院多头处理的问题，有利于维护生效裁判的既判力和权威，有利于维护社会关系的稳定。

（王海峰撰写）

第一百一十八条

按照审判监督程序决定再审的案件，裁定中止原判决、裁定、调解书的执行，但支付抚恤金、最低生活保障费或者社会保险待遇的案件，可以不中止执行。

上级人民法院决定提审或者指令下级人民法院再审的，应当作出裁定，裁定应当写明中止原判决的执行；情况紧急的，可以将中止执行的裁定口头通知负责执行的人民法院或者作出生效判决、裁定的人民法院，但应当在口头通知后十日内发出裁定书。

【条文主旨】

本条是关于按照审判监督程序决定再审时裁定中止原判决、裁定、调解书的执行的有关规定。

【起草背景】

本条与《若干解释》第七十七条的内容基本相同，但作了部分修改。其中，把第一款中中止执行的对象"原判决"修改为"原判决、裁定、调解书"，并增加但书，即"支付抚恤金、最低生活保障费或者社会保险待遇的案件，可以不中止执行"。第二款除了表述略有差异外，即把"10日内"表述为"十日内"，其他内容完全一样。本条实际上也参考了《民诉解释》的类似规定，其第三百九十六条规定："人民法院对已经发生法律效力的判决、裁定、调解书依法决定再审，依照民事诉讼法第二百零六条规定，需要中止执行的，应当在再审裁定中同时写明中止原判决、裁定、调解书的执行；情况紧急的，可以将中止执行裁定口头通知负责执行的人民法院，并在通知后十日内发出裁定书。"而《民诉解释》第三百九十六条的产生有着一系列的立法变化。2007年民事诉讼法第一百八十五条规定："按照审判监督程序决定再审的案件，裁定中止原判决的执行。裁定由院长署名，加盖人民法院印章。"这一规定完全沿袭自 1991 年民事诉讼法。再审案件不加区分、一律中止原裁判执行的做法虽有一定合理性，但也带来不少负面效应。至 2012 年再次修改民事诉讼法时，经过多方调研论证，权衡比较多个方案，最后将上述规定修改为第二百零六条："按照审判监督程序决定再审的案件，裁定中止原判决、裁定、调解书的执行，但追索赡养费、扶养费、抚育费、抚恤金、医疗费用、劳动报酬等案件，可以不中止执行。"也就是说，再审案件以中止执行为原则，不中止执行为例外。这是因为作为执行依据的原审裁判存在再审事由，通常情况下，继续执行可能会损害再审申请人的利益，并且造成司法资源的浪费。①

【条文释义】

一般情况下，按照审判监督程序决定再审的案件，意味着该案件可能存在错误，那么再审法院应当在再审裁定中同时写明中止原判决、裁定、调解书的执行，也就是暂时停止对原判决、裁定书、调解书的执行，以防止发生执行回转等情况。但是，对于支付抚恤金、最低生活保障费或者社会保险待遇的案件，可以不中止执行。这是因为，抚恤金、最低生活保障费或者社会保险待遇的支付关涉当事人及其家属的基本生活、生命健康等紧迫问题，本款作这样的规定体现了法律的人文关怀，也与行政诉讼法第五十七条关于先予执行规定的精神一脉相承。根据行政诉讼法第五十七条的规定，人民法院对起诉行政机关没有依法支付抚恤金、最低生活保障金和工伤、医疗社会保险金的案件，权利义务关系明确、不先予执行将严重影响原告生活的，可以根据原告的申请，裁定先予执行。

根据本解释第一百零一条第一款第三项的规定，提审和指令再审应当使用裁定。本条第二款的含义是指，上级人民法院作出的提审或者指令再审裁定应当同时写明中止原判决的执行（但根据本条第一款的规定，支付抚恤金、最低生活保障费或者社会保险待遇的案件，可以不中止执行）。

---

① 参见最高人民法院修改后民事诉讼法贯彻实施工作领导小组编著：《最高人民法院民事诉讼法司法解释理解与适用》（下），人民法院出版社 2015 年版，第 1048~1049 页。

对于已经依法裁定再审,但情况紧急、不中止执行可能造成严重不公或者重大损失的案件,上级人民法院可以先将中止执行的裁定口头通知负责执行的人民法院或者作出生效判决、裁定的人民法院,但事后应当在口头通知后10日内向被通知的人民法院发送裁定书。

【实务指导】

审判实践中,有以下问题值得注意。第一,有少量案件因各种原因,由上级法院指定至与原审人民法院同级的其他法院再审,对此,关于是否应当中止执行以及裁定书的主文、署名等,可以参照指令原审法院再审裁定;第二,对于可以不需要中止执行的支付抚恤金、最低生活保障费或者社会保险待遇的案件,再审裁定仅有一项内容,即"决定再审",不再写明"中止原判决、裁定、调解书的执行"。而对于执行法院而言,只有再审裁定中写明了"中止原判决、裁定、调解书的执行"的,才能中止执行。否则,执行法院应继续执行原生效裁判。① 第三,提审或者指令再审裁定与中止原判决、裁定、调解书执行的裁定系同一个裁定,也就是说,上级人民法院在作出的提审或者指令再审裁定中同时写明中止原判决、裁定、调解书的执行,而无须再另行作出一个中止执行的裁定。

(谭红撰写)

第一百一十九条

人民法院按照审判监督程序再审的案件,发生法律效力的判决、裁定是由第一审法院作出的,按照第一审程序审理,所作的判决、裁定,当事

---

① 参见最高人民法院修改后民事诉讼法贯彻实施工作领导小组编著:《最高人民法院民事诉讼法司法解释理解与适用》(下),人民法院出版社2015年版,第1050页。

人可以上诉；发生法律效力的判决、裁定是由第二审法院作出的，按照第二审程序审理，所作的判决、裁定，是发生法律效力的判决、裁定；上级人民法院按照审判监督程序提审的，按照第二审程序审理，所作的判决、裁定是发生法律效力的判决、裁定。

人民法院审理再审案件，应当另行组成合议庭。

【条文主旨】

本条是关于再审的审理程序、再审裁判的法律效力以及审理再审案件合议庭组成的规定。

【起草背景】

人民法院按照审判监督程序审理再审案件时，如何选择适用第一审程序或第二审程序审理，按照不同程序审理的再审判决、裁定的法律效力如何以及再审时合议庭人员组成等问题，亟待明确。对此，行政诉讼法未予规制。1999年，最高人民法院在起草制定《若干解释》时，借鉴了1991年民事诉讼法第一百八十四条之规定，以与民事诉讼法之规定保持一致。2012年民事诉讼法修改时，原第一百八十四条规定的有关内容予以保留，未作变动。本条继续沿用了《若干解释》第七十六条之规定。

【条文释义】

再审案件是指人民法院经审判程序已经审结，又按照审判监督程序重新审理的案件。再审程序并非诉讼必经程序，也不是一般的第一审程序、第二审程序，而是一种审判救济程序，

曾有观点认为，再审程序有其特殊性，与原一、二审程序不完全相同，应当适当扩大审理范围，新增新的再审审级，增设再审程序中可以采用补充判决等新的规定。第二种观点认为，再审审理程序准用原一、二审

程序虽然存在一些问题，但现行规定已基本够用，目前我国再审程序依然不是一个单独的审级，没有单独的程序规定，其程序应当比照原审程序进行。经研究，我们倾向于认同第二种观点。

本条第一款强调再审审理程序根据原判决、裁定的审理情况，可以分为按照第一审程序审理以及按照第二审程序审理两种情形。第一，按照第一审程序审理的情形。第一审人民法院作出的发生法律效力的判决、裁定，如其自行再审或者由上一级人民法院指令其再审，均适用第一审程序，作出的判决、裁定是未生效的判决、裁定，当事人不服可以向上一级人民法院上诉。第二，按照第二审程序审理的情形。第一审人民法院作出的发生法律效力的判决、裁定，如由上一级人民法院提审，应适用第二审程序，作出的判决、裁定，当事人不得上诉。第二审人民法院作出的发生法律效力的判决、裁定，无论是第二审人民法院自行再审、上一级人民法院指令第二审人民法院再审还是上一级人民法院提审，均适用第二审程序再审，所作的判决、裁定，当事人不得上诉。此条规定是为了保障当事人诉权与节约司法资源的平衡，原则上保证当事人拥有经两级法院审理其案件的权利。

本条第二款强调人民法院审理再审案件，应当另行组成合议庭。设立审判监督程序的目的，在于通过再审程序使确有错误的判决和裁定得到及时依法纠正。如果准许原来审理该案的审判人员参与再审案件的审理，显然不利于对错误案件的纠正。为实现及时依法纠正错案的目的，首先在程序上应当确保原审理该案的审判人员不再参与审判监督程序，因此人民法院审理再审案件，应当另行组成合议庭。

【实务指导】

人民法院在审理再审案件时，应审慎辨别发生法律效力的判决、裁定是由第一审或第二审法院作出，以此决定再审时按照第一审程序或第二审程序审理。在审理再审案件时，应严格依法另行组成合议庭，不得以任何理由违反法定程序由原合议庭成员继续参与再审案件审理。此外，按照审判监督程序再审的行政案件也不得适用简易程序审理。

（易旺撰写）

第一百二十条

人民法院审理再审案件应当围绕再审请求和被诉行政行为合法性进行。当事人的再审请求超出原审诉讼请求，符合另案诉讼条件的，告知当事人可以另行起诉。

被申请人及原审其他当事人在庭审辩论结束前提出的再审请求，符合本解释规定的申请期限的，人民法院应当一并审理。

人民法院经再审，发现已经发生法律效力的判决、裁定损害国家利益、社会公共利益、他人合法权益的，应当一并审理。

【条文主旨】

本条是关于人民法院在审理再审案件时审理范围的规定。

【起草背景】

行政诉讼法对于一审程序和二审程度的审理范围都作出了明确规定，但尚未明确再审案件的审理范围。考虑到再审程序的审理对象是已经生效的裁判，当事人的处分权受到更多限制，再审面临更为复杂的程序等因素，因此，不能简单的套用有关一、二审审理范围的规定，有必要对再审审理范围作出单独的规定。[①] 因此，本解释借鉴《民诉解释》第四百零五

---

① 杜万华：《最高人民法院民事诉讼司法解释实务指南》，中国法制出版社2015年版，第670页。

条有关民事诉讼再审审查范围的规定,对行政诉讼再审审查范围予以明确。

【条文释义】

本条规定明确了行政再审审理范围以再审请求和被诉行政行为合法性为准。裁判与诉讼具有对应的关系,对于原告的诉请,人民法院有义务作出裁判。在过去的司法实践中,比较强调行政诉讼相对于民事诉讼的特殊性,认为民事诉讼是人民法院严格根据当事人的诉讼请求对民事权利义务和法律事实作出确认的过程,属于主观诉讼;而行政诉讼则是人民法院对行政活动合法与否作出判断的过程,相对独立于原告的诉讼请求,属于客观诉讼,法院作出的判决,在许多情况下仅涉及行政行为的合法性判断,并不直接决定相对人行政法上的权利义务,对解决当事人之间的实质争议作用不明显。2014年行政诉讼法修改前,行政审判一直以撤销诉讼审查模式为基本原则,法院的任务主要是对行政行为的合法性进行审查,对原告的诉讼请求往往忽视,这种倾向导致行政诉讼程序空转问题严重,人民群众对不以权利救济为主要目的的行政诉讼反映强烈。为此,2014年修正的行政诉讼法将"解决行政争议"作为立法目的之一,强化了行政诉讼对原告诉讼请求的回应力度。并且2014年修正的行政诉讼法在撤销之诉以外,还增加了请求确认行政行为违法或者无效之诉;请求判令行政机关予以赔偿或补偿之诉;请求行政机关依法履行法定职责或行政协议之诉等等,人民法院针对具体的诉讼请求进行审理和裁判,也更有针对性,更能作出具有明确的解决实际问题的判决。① 但行政诉讼终究还是不同于民事诉讼,它肩负着监督行政机关依法行使职权的职责,不能单纯地以当事人的请求作为审理范围。因此,在审理过程中仍应坚持对被诉行政行为的合法性进行全面审查,不能绕开行政行为的合法性问题迳行审查诉讼请求。鉴于此,再审程序也应同时围绕申请人的再审请求和行政行为的合法性进行

---

① 江必新、邵长茂:《最高人民法院关于适用〈中华人民共和国行政诉讼法〉若干问题的解释辅导读本》,中国法制出版社2015年版,第45~46页。

审理。

关于"再审请求"的审理范围问题。本条规定借鉴《民诉解释》第四百零五条的规定,以当事人的再审请求为标准,不因启动再审程序的主体(当事人申请再审或检察院抗诉)不同而分别确定审理范围,① 统一了各类再审案件的审理范围。本条规定还明确了再审进行有限审查,申请人只对生效裁判中的部分判项提出再审请求的,人民法院在对被诉行政行为进行合法性审查的前提下,在生效裁判未损害国家利益、社会利益、他人合法权益的情况下,对其他判项不予审理。该项规定一方面是出于尊重再审申请人处分权的考虑,另一方面则是基于再审程序的特殊性。首先,再审程序的制度设计侧重于监督和纠正。相较于一、二审,再审程序在性质上属于特殊救济程序,进行有限审查符合再审的定位。其次,再审审查的审查对象为已经生效的裁判,从维护已生效裁判的既判力和维护已经稳定下来的社会关系角度考虑,再审的审理范围也应以有限审查为准。再次,我国实行两审终审制,如果再审程序仍进行全面审查,那么再审就会成为事实上的"三审",不仅破坏了两审终审制,还会使得再审丧失其制度设计的初衷。最后,在一、二审已经进行全面审查的情况下,如果再审程序仍然进行全面审查,尤其是对于当事人未提出争议的判项进行审查,不利于节约司法资源,也不符合再审的定位。②

符合另案起诉条件的,法院有告知当事人可以另行起诉的释明义务。关于能否另案起诉的判断标准,可以按照《行诉解释》第一百零六条关于重复起诉的规定认定。③

为了平等的保护当事人诉讼权利,在庭审辩论结束前,被申请人及原

---

① 《最高人民法院关于适用〈中华人民共和国民事诉讼法〉审判监督程序若干问题的解释》第三十三条第一款规定:"人民法院应当在具体的再审请求范围内或在抗诉支持当事人请求的范围内审理再审案件。"《民诉解释》第四百零五条第一款规定:"人民法院审理再审案件应当围绕再审请求进行。……"

② 饶亚东、李迎新:《全面审查抑或有限审查:行政再审案件审查范围之困——兼论行政诉讼再审程序对民事诉讼法之"准用"》,载《深化司法改革与审判实践研究——全国法院第28届学术讨论会获奖论文集》(下),人民法院出版社2017年版,第1515~1518页。

③ 杜万华:《最高人民法院民事诉讼司法解释实务指南》,中国法制出版社2015年版,第671页。

审其他人提出的再审请求，符合法律法规规定的申请期限的，应当将其再审请求纳入再审审理范围，并作出裁判，无需就再审审理时提出的再审申请另行作出提起再审的裁定。采用这一做法的理由在于：第一，当事人之间享有平等的诉讼权利，自然也都有权申请再审。第二，在同一再审程序中将各方的再审请求一并审理，有利于争议的一次性解决。第三，可以防止被申请人及原审其他人另行提出再审申请，导致同一裁判被多次再审，既浪费司法资源，也容易产生矛盾裁判。

本条规定第三款是有关法院依职权启动再审程序的规定。对于涉及国家利益、社会公共利益和他人合法权益的，列入再审范围，不以当事人提出请求为限。

【实务指导】

1. 要注意区分被申请人的抗辩和再审请求，不能将抗辩作为再审请求予以裁判。

2. 关于原审诉讼请求的确定问题，要根据再审案件的审理程序分别确定。按照一审程序再审的，再审请求不超过一审时的诉讼请求；按照二审程序再审的，再审请求不超过二审的上诉请求。

3. 在认定是否超出原审请求时要注意的是，当事人在再审中提出的原审遗漏诉讼请求，不能认定为超出原审请求。按一审程序再审发现原审遗漏诉讼请求的，可以直接作出实体判决；按二审程序再审发现原审法院遗漏诉讼请求的，适用《行诉解释》第一百零九条的规定。[①]

（李涛撰写）

[①] 杜万华、胡云腾：《最高人民法院民事诉讼法解释适用解析》，法律出版社2015年版，第777页。

第一百二十一条

再审审理期间,有下列情形之一的,裁定终结再审程序:

(一)再审申请人在再审期间撤回再审请求,人民法院准许的;

(二)再审申请人经传票传唤,无正当理由拒不到庭的,或者未经法庭许可中途退庭的,按撤回再审请求处理的;

(三)人民检察院撤回抗诉的;

(四)其他应当终结再审程序的情形。

因人民检察院提出抗诉裁定再审的案件,申请抗诉的当事人有前款规定的情形,且不损害国家利益、社会公共利益或者他人合法权益的,人民法院裁定终结再审程序。

再审程序终结后,人民法院裁定中止执行的原生效判决自动恢复执行。

【条文主旨】

本条是关于再审审理期间裁定终结再审程序情形及原生效判决的效力问题的规定。

【起草背景】

本条属于新增内容,参考借鉴了《若干解释》第五十二条的规定及《民诉解释》第四百零二、四百零六条的规定。根据《若干解释》第五十二条的规定,在诉讼过程中,如果出现原告死亡而又没有近亲属或者近亲属放弃诉讼权利的,作为原告的法人或者其他组织终止后而其权利义务的承受人放弃诉讼权利的等情形时,裁定终结诉讼程序。而《民诉解释》第四百零二条系参照民事诉讼法第一百五十一条终结诉讼的规定增加,在《最高人民法院关于适用〈中华人民共和国民事诉讼法〉审判监督程序若干问题的解释》第二十五条的基础上修改而成的,其基本内容是:再审申请审查期间,有下列情形之一的,裁定终结审查:(1)再审申请人死亡或者终止,无权利义务承继者或者权利义务承继者声明放弃再审申请的;(2)在给付之诉中,负有给付义务的被申请人死亡或者终止,无可供执行的财产,也没有应当承担义务的人;(3)当事人达成和解协议且已履行完毕的,但当事人在和解协议中声明不放弃申请再审权利的除外;(4)他人未经授权以当事人名义申请再审的;(5)原审或者上一级人民法院已经裁定再审的。(6)有本解释第三百八十三条第一款规定情形的。《民诉解释》第四百零六条规定:"再审审理期间,有下列情形之一的,可以裁定终结再审程序:(一)再审申请人在再审期间撤回再审请求,人民法院准许的;(二)再审申请人经传票传唤,无正当理由拒不到庭的,或者未经法庭许可中途退庭的,按撤回再审请求处理的;(三)人民检察院撤回抗诉的;(四)有本解释第四百零二条第一项至第四项规定情形的。因人民检察院提出抗诉裁定再审的案件,申请抗诉的当事人有前款规定的情形,且不损害国家利益、社会公共利益或者他人合法权益的,人民法院应当裁定终结再审程序。再审程序终结后,人民法院裁定中止执行的原生效判决自动恢复执行。"可以看出,《民诉解释》第四百零二条规定的是终结再审查程序的情形,其第四百零六条与本条类似,规定的都是终结再审程序的情形。终结再审程序裁定与终结再审审查裁定二者既有联系,又有区别。

【条文释义】

本条主要涉及两个问题。

一、裁定终结再审程序的情形

再审审理期间,再审法院裁定终结再审程序的情形包括:一是再审申请人在再审期间撤回再审请求,人民法院准许的。二是再审申请人经传票传唤,无正当理由拒不到庭的,或者未经法庭许可中途退庭的,按撤回再审请求处理的。在再审诉讼中,由于存在一个已经生效的裁判,对于撤回再审请求、不具有再审请求权等情况无法完全参照第一、二审程序的原则处理。通常，再审都应开庭审理，如果当事人不依法参加庭审活动，势必造成法院查证和认证的困难。尤其对启动再审程序的权利人而言，不依法参加庭审，等于放弃了通过开庭审理方式主张权利的机会。因此，有人认为，再审程序作为特殊的纠错程序，在依法启动后，不应允许当事人以诉讼行为使再审程序终结，进而有可能使错误的裁判继续存在。我们认为，对于再审申请人而言，诉讼的目的是解决纠纷，在其自愿终结诉讼的情况下，法院对其处分权应当予以必要的尊重，而且这样处理也与一、二审处理原则相一致。但是，再审申请人的处分权不是绝对的、任意的，所以其撤回再审的请求需要经人民法院准许。至于按撤回再审请求处理的情况要不要经人民法院准许，本解释未予明确。但参照行政诉讼法第五十八条的规定，即经人民法院传票传唤，原告无正当理由拒不到庭，或者未经法庭许可中途退庭的，可以按照撤诉处理。虽未规定需经人民法院准许，但人民法院是要进行审查的，即对再审申请人是否按撤诉处理是在法院审查判断之后作出的决定。三是人民检察院撤回抗诉的。对此，有意见认为可以作退卷处理，但在已经因抗诉启动再审的前提下，退卷结案不具有对外效力，无法正式告知当事人。而将其作为终结再审的一种情形，则可以将终结裁定送达当事人，完成整个诉讼程序。[①] 与此相联系的一个问题是本条第二款规定的内容，即因抗诉启动再审的案件，人民检察院没有撤回抗诉，但申请抗诉的当事人撤回或者以拒不出庭、中途退庭的方式放弃通过再审程序主张权利的意思表示，此时人民法院应进行审查，如认为不损害国家利益、社会公共利益或者他人合法权益的，可以裁定终结再审程序。四是有其他应当终结再审程序情形的。这是一项兜底性规定，前已阐述，在此不赘述。

二、再审程序终结后原生效判决的法律效力问题

对于启动再审的案件，再审裁定同时要载明对原判决、裁定、调解书

[①] 参见最高人民法院修改后民事诉讼法贯彻实施工作领导小组编著：《最高人民法院民事诉讼法司法解释理解与适用》（下），人民法院出版社2015年版，第1075页。

的中止执行。但由于出现了本条第一款和第二款规定的情形，人民法院裁定终结再审程序，意味着该裁定的效力覆盖或者否定了中止执行原判决、裁定、调解书的再审裁定的效力，那么原生效判决自动恢复执行，也即执行行为继续进行。但是对于原生效裁定、调解书是否自动恢复执行，本条第三款未予明确。我们认为，可以参考民事司法实践，在人民法院裁定终结再审程序后，中止执行的原生效裁定、调解书也可自动恢复执行。例如，适用确认调解协议和实现担保物权这两类特别程序所作的裁定，如果因当事人或者案外人异议进入特殊救济程序而中止执行的，在该特殊救济程序终结后，两类案件的裁定也可自动恢复执行。[1]《民诉解释》第四百零九条规定："人民法院对调解书裁定再审后，按照下列情形分别处理：（一）当事人提出的调解违反自愿原则的事由不成立的，且调解书的内容不违反法律强制性规定的，裁定驳回再审申请；（二）人民检察院抗诉或者再审检察建议所主张的损害国家利益、社会公共利益的理由不成立的，裁定终结再审程序。前款规定情形，人民法院裁定中止执行的调解书需要继续执行的，自动恢复执行。"

【实务指导】

审判实践中应当注意以下问题。

第一，终结再审程序裁定的效力不同于终结再审审查裁定的效力，后者发生在前者之前，且再审审查程序也是再审程序启动的前置程序。一旦再审审查程序终结，则再审程序就无法启动；而再审程序的启动，是再审审查的结果，也就意味着再审审查程序完成了。终结再审程序裁定的效力与第一审程序中终结诉讼裁定的效力一样，都是诉讼程序的终结。但是，终结再审审查裁定不同于第一审程序中的终结诉讼裁定。在第一审程序中终结诉讼时，并不存在确定当事人之间权利义务的裁判文书，终结诉讼的裁定作出后，诉讼程序结束。而终结再审审查裁定作出后，仅仅是结束了

---

[1] 参见最高人民法院修改后民事诉讼法贯彻实施工作领导小组编著：《最高人民法院民事诉讼法司法解释理解与适用》（下），人民法院出版社 2015 年版，第 1076~1077 页。

人民法院依照审判监督程序启动的审查程序，并不影响已经发生法律效力的裁判的既判力以及执行程序的正常进行。[1]

第二，本条第一款第四项是一个兜底性条款，以防止挂一漏万。再审程序的启动需要具备严格的条件，一旦启动就不能随便裁定终结。在实践中要注意避免通过滥用终结再审审查的方式以达到不启动再审程序，从而损害当事人合法权益的情形出现。

第三，申请撤回再审请求与申请撤回起诉不同。根据《民诉解释》第四百一十条规定，"一审原告在再审审理程序中申请撤回起诉，经其他当事人同意，且不损害国家利益、社会公共利益、他人合法权益的，人民法院可以准许。裁定准许撤诉的，应当一并撤销原判决。一审原告在再审审理程序中撤回起诉后重复起诉的，人民法院不予受理。"可见，撤回起诉是一审原告在再审程序中撤回最初提起的诉讼请求，并需要经其他当事人同意，且不损害国家利益、社会公共利益及他人的合法权益。其结果是导致诉讼自始不存在，法院对当事人的争议也没有任何裁判，即恢复到起诉前的状态。对此，有学者断言："再审程序中规定撤诉制度，反映了对当事人自由处分权的尊重，同时考虑到对其他当事人可能造成的程序利益损失，要求需要经其他当事人同意等程序的设置进行保障。应当说这属于民事诉讼的重大进步，也必然能够推动再审制度的完善。"[2] 而撤回再审申请是再审申请人撤回启动的再审程序，从而恢复到原审生效裁判的状态。[3]

（谭红撰写）

---

[1] 参见最高人民法院修改后民事诉讼法贯彻实施工作领导小组编著：《最高人民法院民事诉讼法司法解释理解与适用》（下），人民法院出版社2015年版，第1064页。

[2] 张卫平主编：《最高人民法院民事诉讼法司法解释要点解读》，中国法制出版社2015年版，第330页。

[3] 参见江必新等编著：《最高人民法院新民事诉讼法司法解释修改要点及争议问题解读》，中国法制出版社2015年版，第62页。

第一百二十二条

人民法院审理再审案件，认为原生效判决、裁定确有错误，在撤销原生效判决或者裁定的同时，可以对生效判决、裁定的内容作出相应裁判，也可以裁定撤销生效判决或者裁定，发回作出生效判决、裁定的人民法院重新审理。

【条文主旨】

本条是关于对原生效判决、裁定确有错误的再审案件如何处理的规定。

【起草背景】

人民法院审理再审案件时，如果发现原生效判决、裁定确有错误，此时应如何处理？1999年，最高人民法院在制定《若干解释》时，赋予再审人民法院针对确有错误的生效判决、裁定采取直接裁判或是发回重审的自由裁量权，即根据不同情况酌情处理，既可以选择撤销原生效判决或者裁定的同时对生效判决、裁定的内容作出相应裁判，也可以选择裁定撤销原生效判决或者裁定，发回作出生效判决、裁定的人民法院重新审判。本条沿用了《若干解释》第七十八条的规定。

【条文释义】

再审案件不同于一审案件和二审案件，它是基于审判监督程序产生的，因此，对于再审案件的审理和判决有其程序和法律上的特殊规定。本条赋予了再审法院对经再审程序认为确有错误的判决、裁定采取直接裁判或是发回重审的自由裁量权。适用本条应注意如下问题：

第一，再审案件的范围。依据行政诉讼法的规定，再审案件包括根据当事人申请再审引发的再审案件；各级人民法院院长提请本院审判委员会讨论决定引发的再审案件；上级人民法院对下级人民法院依法行使审判监督权提起再审的再审案件；人民检察院提出抗诉引发的再审案件以及人民检察院提出检察建议引发的再审案件。以上再审案件，既包括由作出原生效判决、裁定的人民法院审理的再审案件，也包括由最高人民法院或者作出原生效判决、裁定的人民法院的上一级人民法院提审的再审案件。对于由原审人民法院审理的再审案件必须另行组成合议庭审理，原审合议庭成员应当回避，不得参加再审合议庭。上级人民法院指令下级人民法院再审的案件如果遇到有已经被原审人民法院的上一级人民法院裁定驳回再审的情形，上级人民法院除裁定中止原生效裁判的执行外，还应同时裁定撤销驳回再审的裁定。

第二，对原生效判决、裁定确有错误的再审案件的处理方式。对原生效判决、裁定确有错误的，在撤销原生效判决或者裁定的同时，是发回作出生效判决、裁定的人民法院重审，还是直接对生效判决或者裁定的内容作出相应裁判，对此本条未作硬性规定，而是为提起再审的人民法院设定了自由裁量的权力。提起再审的人民法院可以根据原生效判决或者裁定的不同情况，在可以选择的情况下，酌情处理。这样规定的理由是：一方面，人民法院按照审判监督程序提起再审的案件不是一个独立的审级，没有独立的审判程序规定。另一方面，对于一个需要纠正错误的再审案件来而言，是发回重审有利，还是直接裁判更好，不同的情况各有利弊，不便统一规定。对原生效判决、裁定确有错误的再审案件的处理，一般情况下应遵循如下原则：对于原审裁判认定事实清楚，证据充分，但适用法律法规错误的，可以不发回作出原生效裁判的人民法院重审，而是在撤销原生效裁判后直接依法改判。对于原审裁判认定基本事实不清、证据不足的，既可以发回作出原生效裁判的人民法院重审，也可以在查清事实后依法改判。所谓基本事实，是指案件的关键事实，即可能影响案件最终判决的事实。在原审裁判认定基本事实不清的情况下，为避免在再审程序中程序反复以及增加当事人的诉累，提起再审的人民法院能够查清事实的，应当查清事实后改判，不应强调以发回重审的方式查清事实，但原审法院更便于查清事实、化解纠纷的，则可以发回重审。另外，原审程序遗漏必须参加诉讼的当事人且无法达成调解协议以及其他违反法定程序的，也应当裁定发回重审。

第三，对"确有错误"的理解。本条"确有错误"是指经过审理，证明再审案件的错误已经被查实，是客观存在的事实，而不是一种待证明的可能性。其错误主要是指认定事实错误、适用法律规范错误、严重违反法定程序等。这里的法律规范既包括实体法规范，也包括程序法规范。

第四，再审案件无论是被发回重新审理，还是直接裁判，必须先中止执行原生效判决或裁定，否则不能作出新的判决或裁定。原生效判决或裁定认定事实错误，违反法律法规规定的，如果是按照第一审程序审理的，可以依法作出新的裁判。如果是按照第二审程序审理的，可以裁定撤销原判决或裁定，发回原审人民法院重新审理；如果二审人民法院判决违反法律法规的规定，可以依法改判；如果原审人民法院裁判正确，二审人民法院裁判错误的，可以撤销二审裁判，维持一审裁判。

【实务指导】

在对原判决、裁定作出改判、撤销或者变更的，应同时对被诉行政行为作出判决。根据2014年行政诉讼法第八十九条的规定，再审人民法院应当对原审人民法院的判决、裁定和被诉行政行为进行全面审查。当事人提起再审，既包括要求撤销或者变更原审判决、裁定，也包括实质解决行政争议的要求，再审人民法院在改变原审判决的同时，应当对被诉行政行为的合法性作出裁判，有利于避免程序空转，从根本上解决行政争议，维护当事人的合法权益。

（易旺撰写）

第一百二十三条

人民法院审理二审案件和再审案件，对原审法院立案、不予立案或者驳回起诉错误的，应当分别情况作如下处理：

（一）第一审人民法院作出实体判决后，第二审人民法院认为不应当立案的，在撤销第一审人民法院判决的同时，可以迳行驳回起诉；

（二）第二审人民法院维持第一审人民法院不予立案裁定错误的，再审法院应当撤销第一审、第二审人民法院裁定，指令第一审人民法院受理；

（三）第二审人民法院维持第一审人民法院驳回起诉裁定错误的，再审法院应当撤销第一审、第二审人民法院裁定，指令第一审人民法院审理。

【条文主旨】

本条是关于二审和再审人民法院对原审人民法院立案、不予立案或者驳回起诉错误的案件如何处理的规定。

【起草背景】

本条是对《若干解释》第七十九条的完善。该条就人民法院在二审、再审案件中，发现一审或原审裁判在受理案件问题上处理错误应当如何作出裁判的问题作出了规定。2014年行政诉讼法第五十一条第一款规定："人民法院在接到起诉状时对符合本法规定的起诉条件的，应当登记立案。"根据该条规定，人民法院审理行政案件适用立案登记制，据此，本条规定将原来的"受理"改为"立案"。此外，本条规定对《若干解释》第七十九条第一项也作出了一定的调整。

【条文释义】

《若干解释》第七十九条第一项规定:"第一审人民法院作出实体判决后,第二审人民法院认为不应当受理的,在撤销第一审人民法院判决的同时,可以发回重审,也可以迳行驳回起诉。"本条规定不再赋予二审法院裁量权,只规定二审法院可以"迳行驳回起诉"。原先规定二审法院可以发回重审是为了保护当事人的上诉权,但有关一审法院是否存在立案错误的情况,二审法院一般是能够作出正确的判断的,在二审法院认定一审法院立案错误的情况下,当事人对法律明确规定不应当受理的案件再次上诉,二审法院仍然不会受理。所以,规定二审法院发回重审,对于当事人来说其实是一种毫无意义的诉累。所以,本条规定二审法院可以"迳行驳回起诉",以此来减少诉累,体现诉讼效益原则,同时也加大二审程序纠错的力度,保证司法公正。[①]

本条第一项是原审人民法院作出实体判决后的有关规定,第二项、第三项是有关一、二审人民法院出现程序性错误的规定,在具体适用本条第二项、第三项的过程中要注意以下几点:第一,案件经过一审、二审人民法院两次审理后,两级法院均错误地将符合法定条件的案件裁定不予立案或驳回起诉。第二,如前所述,适用第二、三项的案件已经过二审程序,审查的对象是生效裁定。所以,本条第二、三项规定只能在再审程序中适用。而本条规定的第一项则可在二审或者再审程序适用。第三,由于作出生效裁定的人民法院是二审人民法院,因此,再审的人民法院只能是二审人民法院或者二审人民法院的上级人民法院。同时,再审案件应当依照第二审程序审理,作出的再审裁定是终审生效裁定,当事人不得上诉。第四,再审人民法院必须同时撤销一、二审裁定。第五,因诉讼活动是在一审程序进行中停止的,所以再审人民法院在裁定撤销一、二审人民法院不

[①] 甘文:《行政诉讼法司法解释之评论》,中国法制出版社2000年版,第202页;最高人民法院行政庭编:《〈关于执行《中华人民共和国行政诉讼法》若干问题的解释〉释义》,中国城市出版社2000年版,第171~172页。

予立案或驳回起诉裁定的同时，必须指令原审人民法院立案或者审理，而不能由二审人民法院或者再审人民法院直接受理或者审理。以此来保护当事人的上诉权。第六，再审人民法院指令一审人民法院立案或审理，必须以书面形式作出裁定，严格履行法定再审程序。[①]

【实务指导】

1. 本条第一项明确规定二审法院"迳行驳回起诉"，即二审法院直接驳回当事人最初的起诉，而不是当事人的上诉请求。

2. 按照本条第一项的规定，二审人民法院在撤销一审判决的同时，可以直接驳回当事人的起诉。在这种情况下，参照《民诉解释》第三百三十条"人民法院依照第二审程序审理案件，认为依法不应由人民法院受理的，可以由第二审人民法院直接裁定撤销原裁判，驳回起诉"的规定，二审人民法院应出具裁定书，在撤销一审判决的同时驳回当事人的起诉。不得在出具撤销一审判决裁定的同时，另行出具一份驳回当事人起诉的裁定。

3. 按照本条第二、三项的规定，再审法院撤销第一审、第二审人民法院裁定，指令第一审人民法院受理或审理的，原则上应先由再审法院提审，提审后撤销第一审、第二审人民法院裁定，再指令第一审人民法院受理或审理。

（李涛撰写）

第一百二十四条

人民检察院提出抗诉的案件，接受抗诉的人民法院应当自收到抗诉书

[①] 最高人民法院行政庭编：《〈关于执行《中华人民共和国行政诉讼法》若干问题的解释〉释义》，中国城市出版社2000年版，第172页。

之日起三十日内作出再审的裁定；有行政诉讼法第九十一条第二、三项规定情形之一的，可以指令下一级人民法院再审，但经该下一级人民法院再审过的除外。

人民法院在审查抗诉材料期间，当事人之间已经达成和解协议的，人民法院可以建议人民检察院撤回抗诉。

【条文主旨】

本条是关于抗诉案件启动程序的规定。

【起草背景】

行政诉讼法第九十三条规定了检察机关抗诉的事由及程序，并在第一百零一条规定，人民检察院对行政案件受理、审理、裁判、执行的监督，本法没有规定的，适用民事诉讼法的相关规定。本条参照民事诉讼法第二百一十一条的规定，对抗诉案件的启动程序作了明确。民事诉讼法第二百一十一条在2012年修正之前第一百八十八条规定，人民检察院提出抗诉的案件，接受抗诉的人民法院应当自收到抗诉书之日起30日内作出再审的裁定，对于存在事实问题的抗诉案件，可以交下一级人民法院再审的基础之上，增加规定"但经该下一级人民法院再审的除外"。这一"除外"规定主要是避免业经某一法院再审的案件再次被指令回该法院再审，从而引起对该法院自行纠错的有效性的质疑。这一规定，实现了最高人民法院一直努力争取实现的"一级法院一次再审"的再审制度改革目标，体现了"依法纠错"和"有限再审"的再审制度设立和运行价值，本司法解释予以沿用。

本条第二款是关于人民法院对检察机关不予撤回抗诉的处理的规定。在司法实践中，人民法院在审查抗诉材料期间，当事人已经达成和解协议，本案的纠纷已经实质性化解，进入再审程序已无实际意义。因此，对于人民检察院的抗诉，人民法院可以建议人民检察院撤回抗诉，不予撤回的，人民法院裁定不予立案。人民法院的撤回建议权和人民检察院的撤回义务有明确依据，即《民诉解释》第四百一十七条第二款所规定，人民法院认为人民检察院的抗诉不符合前款规定，可以建议人民检察院撤回；不予撤回的，人民法院可以裁定不予受理。这样也有利于防止因人民检察院不依照人民法院建议撤回抗诉导致案件久拖不决。本款规定最终删除了起草建议稿中的后半句"不予撤回的，人民法院裁定不予立案"。理由是，对于当事人之间已经达成和解协议的，人民法院可以建议人民检察院撤回，人民检察院也会根据相关规定和实际情况撤回抗诉，没有必要规定"不予撤回的，人民法院裁定不予立案"。

【条文释义】

一、关于 30 日内作出再审的裁定

对于"三十日内作出再审的裁定"，司法实践中主要存在两种认识：一种观点认为，作出 30 日的相对较短的期日限制，是为了防止因接受抗诉的人民法院工作拖延而迟迟不作出进入再审的裁定；另一种观点认为，30 的规定，除有督促人民法院及时裁定再审之意，还包含有接受抗诉的人民法院审查抗诉是否符合形式要件的立法本意，抗诉符合形式要件的，人民法院在该期日内作出再审的裁定。从以前的司法实践看，各级人民法院对于大多数抗诉案件进行了审查，可见后一种观点是司法实践中的主流。从《民诉解释》征求意见的情况看，对抗诉案件进行审查，包括检察机关在内的多数单位无不同意见，此后公布施行的《民诉解释》第四百一十七条，也为行政审判中进行相关审查提供了参照依据。人民法院接受人民检察院依当事人的申请提出抗诉后，在法定期限内应当审查以下四项内容。

1. 审查抗诉是否有必要的材料。检察机关提出抗诉，应当提交抗诉书和原审当事人申请书及相关证据材料。相关证据材料是指支持抗诉事由的重要证据，如依据行政诉讼法第九十一条第二项规定以新证据事由提起抗诉的，需提交新证据等材料；如依据第三项以原判决、裁定认定事实缺乏证据、证据未经质证或系伪造事由抗诉的，需提交支持相关事由的主要证据。从当前司法实践看，移送的抗诉卷宗内还应当提交原生效裁判文书，以说明原审判决、裁定认定事实、证据和裁判的基本情况，并证实当事人的基本情况、诉讼请求等。

2. 审查抗诉的裁判是否具有可抗诉性。《民行监督意见》第五条第二款规定了可以成为抗诉对象的裁判类型。总的来说，有诉的内容的判决、裁定，才可以通过再审程序纠错，检察机关也因此才可以抗诉；或者说，通过行政诉讼法赋予当事人上诉权的判决、裁定，检察机关才可以抗诉。

3. 审查抗诉对象是否出现错误。根据行政诉讼法第九十三条第一款的规定，对生效判决、裁定抗诉的，需指出有该法第九十一条规定情形之一；对调解书抗诉的，需指出发现有损害国家利益、社会公共利益的情形，进而援引法定再审事由。根据《民行监督意见》第八条的规定，人民检察院对驳回再审申请的裁定不应当提出抗诉；另外，对不再是最终的生效裁判，纠纷已经得到实质性解决且不损害国家利益、社会公共利益的情形，均不应当提出抗诉。

4. 审查是否满足当事人申请检察监督的前提条件。从1989年行政诉讼法第十条规定人民检察院有权对行政诉讼实行法律监督时起，多年来人民检察院对审判活动一直坚持"事后监督"的原则，事实证明这是符合"法院纠错先行，检察监督在后"司法规律的。人民检察院对行政诉讼的监督居于后位，意在理顺纠错顺位，强化人民法院自身纠错的有效性。因此，本司法解释第一百一十七条第一款规定，当事人向人民检察院申请抗诉须是人民法院驳回再审申请，或人民法院逾期未对再审申请作出裁定的案件。此处人民法院逾期未对再审申请作出裁定的，需结合本司法解释第一百一十二条的规定予以判断，审查是否有内部报延审限的情形。

上述四项内容的审查应当属于形式审查，至于抗诉理由是否应当支持，则属于裁定再审之后再审法院的审查任务。如果人民检察院依当事人申请提出抗诉不符合上述内容的，人民法院一般可先行与抗诉的人民检察院沟通，建议予以补正或者撤回；不予补正或者撤回的，人民法院可以裁定不予受理。

二、关于复合事由的处理

相当多抗诉案件可能出现抗诉事由不仅包括事实类事由，即行政诉讼法第九十一条第二、三项规定情形之事由，还包括法律类事由、程序类事由，即该条其他各项所规定的情形，形成所谓的"复合事由"。我们认为，该类案件由于需要重新认定案件事实和相关证据，受理抗诉的上级法院仍可以指令下级法院再审。也就是说，抗诉事由为事实类的，或者包含事实类的"复合事由"，以及对一、二审生效裁判的抗诉，上级法院可以根据需要决定提审或指令再审。包含事实类再审事由的案件，下一级法院再审纠正事实认定方面的错误，便于进行证据的调查，强调依靠下级法院发现事实、查清事实，是各国诉讼法普遍做法，也是2014年行政诉讼法修改，再审事由法定化的成果。

需要注意的是，如果案件已经该下级人民法院再审过，则不应再次指令再审。本条司法解释规定了上级法院不得将抗诉案件指令下一级法院再审的两种情形，一是没有行政诉讼法第九十一条第二、三项规定事由的，二是抗诉对象经该下一级人民法院再审过的。也就是说，人民检察院对有行政诉讼法第九十一条第二、三项规定事由的情形提出抗诉，接受抗诉的人民法院如果要交下一级人民法院审理，要看抗诉对象是否是该下一级人民法院再审后作出的，如果是，则不能再交该下一级人民法院再审，这样有利于保障当事人的合法权益，更好发挥监督职能，有效纠正错误。

司法实践中，有的检察机关希望抗诉案件留在上级人民法院再审，即便存在行政诉讼法第九十一条第二、三项事由的，也不在抗诉书中援用，而仅仅援用第四项事由。故审查中还应注意为避免指令下一级人民法院再审故意引用法律类事由，而经审查实质事由中包括第二、三项事由的情形。

三、关于驳回当事人再审申请裁定不影响适用本条

实践中，申请检察监督案件和因检察监督启动再审的案件以存在人民法院驳回再审申请的情形居多，这就意味着人民检察院或人民法院在处理

大多数抗诉案件时，必然要面对如何看待之前人民法院对同一案件作出的驳回当事人再审申请裁定的问题。

根据本条司法解释的制定精神，驳回当事人再审申请的裁定不应当成为抗诉对象，同时也不是作出驳回裁定的法院（即受理抗诉案件的法院）将抗诉案件指令下一级法院再审的法定障碍，理由如下：

1. 驳回当事人再审申请裁定本身不能成为抗诉对象。行政诉讼法第九十条规定能够成为抗诉对象的是发生法律效力的判决和裁定，这里的判决、裁定不包括驳回当事人再审申请的裁定。驳回当事人再审申请裁定既不是原审程序作出的生效裁判，也不是按原审程序进行审理作出的再审裁判。驳回当事人再审申请裁定最主要的功能是终结审查程序，而且当事人不能对原生效裁判申请再审；其对当事人的实体权利并不产生既判力和执行力，不能成为抗诉对象。即使原生效裁判存在应予再审的情形，人民检察院通过对原审裁判提起抗诉，也能达到监督和纠错的目的。因此，《民行监督意见》第八条中规定："人民法院裁定驳回再审申请后，当事人又向人民检察院申诉的，人民检察院对驳回再审申请的裁定不应当提出抗诉。人民检察院经审查认为原生效判决、裁定、调解符合抗诉条件的，应当提出抗诉。"

2. 驳回当事人再审申请裁定不是抗诉案件再审的法定障碍。在制度逻辑上，审理因检察监督或依职权提起的再审案件，无须涉及评价上级法院是否裁定驳回当事人就该案所提出的再审申请。基于驳回再审申请裁定是上级法院作出的顾虑，将驳回当事人再审申请裁定作为经抗诉等其他途径启动和审理再审的障碍，主要是观念问题。正因为实践中有不当认识，本司法解释第一百二十七条规定，人民法院审理因人民检察院抗诉裁定再审的案件，不受此前已经作出的驳回当事人再审申请裁定的限制。这一规定为本条司法解释的适用提供强有力的支持，检察机关提出抗诉的，上级法院（即受理抗诉案件的法院）依照本条裁定再审或指令原审法院再审，以及上级法院或原审法院在再审审理中独立对其实体问题作出裁判，均不受本院或上级法院驳回当事人再审申请裁定的影响。

【实务指导】

审判实践中应当注意以下问题：第一，审判中应当注意不要将"应当在三十日内再审"理解为再审审理的审限。根据本司法解释第一百一十二条的规定，再审审限为6个月；第二，人民法院接受检察机关抗诉后在法定期限内进行形式审查，应当充分认识到抗诉权是国家法律赋予检察机关的法律监督权，接受抗诉的人民法院一般应当裁定再审。审查不是限制检察机关的抗诉，而是为了减少和避免抗诉出现随意性和误差，维护司法机关整体的权威和公信；第三，尽管驳回当事人再审申请裁定不是指令再审的法定障碍，但无论是在提审还是指令再审中，无疑会成为影响审理的酌定情形，同时也可能成为当事人据以支持其主张的依据。因此，在再审裁判特别是再审改判原审裁判中，可以引用本司法解释第一百二十七条的规定，并作一定的说理释明。这样，有助于维护裁判的一致性和权威性，也有利于服判息诉，避免出现不必要的炒作。

（杨军撰写）

第一百二十五条

人民检察院提出抗诉的案件，人民法院再审开庭时，应当在开庭三日前通知人民检察院派员出席法庭。

【条文主旨】

本条是关于人民检察院针对抗诉案件出席法庭的规定。

【起草背景】

本条沿用《若干解释》第七十五条第二款的规定，同时根据最高人民检察院关于明确相关日期的建议，本条作了相应修改，明确人民法院开庭审理抗诉案件，应当在开庭3日前通知人民检察院派员出席法庭。上述修改也使得本条与《民诉解释》第四百二十一条第一款关于"人民法院开庭审理抗诉案件，应当在开庭三日前通知人民检察院、当事人和其他诉讼参与人"之规定在立法上保持一致性。

【条文释义】

《若干解释》第七十五条第二款规定："人民法院开庭审理抗诉案件时，应当通知人民检察院派员出庭。"根据人民检察院组织法第十八条第二款之规定，人民检察院按照审判监督程序提出抗诉的案件，在案件审理时，人民检察院必须派员出席法庭。《民行监督意见》第十三条第一款规定，人民法院审理抗诉案件，应当通知人民检察院派员出席法庭。本条继续沿用上了上述规定，明确规定人民法院开庭审理抗诉案件，应当在开庭3日前通知人民检察院派员出席法庭。

需要引起注意的是，人民法院再审抗诉案件时，无论是自行再审，还是指令再审，都应当通知人民检察院派员出庭。本条规定虽然只对人民法院提出了要求，但是也同时意味着人民检察院在接到人民法院的通知后，应当派员出庭。实践中，人民法院指令再审的案件，提出抗诉的人民检察院往往也会委托与接受指令再审的人民法院同级的人民检察院出庭支持抗诉。反之，如果人民检察院无正当理由不派员出庭，不影响人民法院正常开庭审理。

根据有关法律规定，人民检察院出庭支持抗诉的人员，行使对行政案件审理活动的监督职责，但是应注意以下几点：其一，再审程序中不能将检察院出庭人员的身份混同于案件当事人。人民检察院派员出庭，并不影响原审当事人的诉讼地位。出席法庭的检察人员不代表原告，也不代表被告，只是作为提出抗诉的一方，其席位常常被安排在申诉人一侧。其二，检察院出庭人员不能在法庭上进行法庭调查，组织法庭辩论，参加法庭的审理活动。其三，检察院出庭人员在宣读抗诉书之后，不得对人民法院的审判活动当庭进行评价。其四，检察院出庭人员不得对行政案件的最后裁判作出任何处理。人民检察院是国家的法律监督机关，履行监督人民法院正确适用法律的职责，但并非代替人民法院审理案件，也不是与人民法院联合办理案件。出席法庭的检察人员，应当严格遵守对人民法院审理活动"事后监督"的原则，依法履行监督职责。

【实务指导】

根据《民行监督意见》第十三条第二款之规定，人民检察院派员出席再审法庭的任务是：宣读抗诉书；对其依职权调查收集的、包括有利于和不利于申诉人的证据予以出示，并对当事人提出的问题予以说明。据此可以得出，人民检察院依职权收集的证据应当在法庭上予以出示，人民法院不得代为出示；出示的证据包括有利于和不利于申诉人的证据，体现检察机关法律监督权的中立性；人民检察院需对当事人提出的问题予以说明，该行为属于对其抗诉监督正当性依据的展示和说明，不应视为检察机关参加法庭调查和质证。检察机关调查取得的证据也应当经过当事人的当庭质证，才能作为定案依据。

在司法实践中，有些地方出庭检察人员在宣读抗诉书后，即向再审合议庭要求退庭，合议庭一般应予准许；部分地方出庭检察人员宣读抗诉书后，或发表意见或不发表意见，直至开庭完毕。本条对出庭检察人员何时退庭，未作明确规定，各地可以继续探索和总结经验。

（易旺撰写）

第一百二十六条

人民法院收到再审检察建议后，应当组成合议庭，在三个月内进行审查，发现原判决、裁定、调解书确有错误，需要再审的，依照行政诉讼法第九十二条规定裁定再审，并通知当事人；经审查，决定不予再审的，应当书面回复人民检察院。

【条文主旨】

本条是关于人民法院对再审检察建议的审查程序的规定。

【起草背景】

再审检察建议是行政诉讼法新增的一种检察机关对行政判决、裁定、调解书的监督方式。

在民事诉讼法及行政诉讼法修改之前，检察机关行使法律监督权力只能通过"抗诉"这一种途径，并且抗诉只能通过"上级抗诉"而不能实行"同级抗诉"。近年来，为了进一步促进公正司法，维护社会公平正义，检察机关积极探索民事、行政诉讼检察监督的方式，创造了地方各级人民检察院对同级人民法院已经发生法律效力的判决、裁定、调解书提出检察建议的监督方式。《民行监督意见》第七条第一款规定："地方各级人民检察院对符合本意见第五条、第六条规定情形的判决、裁定、调解书，经检察委员会决定，可以向同级人民法院提出再审检察建议。"2012年民事诉讼法修改时，借鉴了上述规定。2014年行政诉讼法修改时，借鉴了2012年修改的民事诉讼法第二百零八条的规定，增设了地方各级人民检察院对同级人民法院已经发生法律效力的判决、裁定、调解书提出检察建议的监督方式。

行政诉讼法第一百零一条规定："人民法院审理行政案件，关于期间、送达、财产保全、开庭审理、调解、中止诉讼、终结诉讼、简易程序、执行等,以及人民检察院对行政案件受理、审理、裁判、执行的监督,本法没有规定的,适用《中华人民共和国民事诉讼法》的相关规定。"根据上述规定,本条参照《民诉解释》第四百一十九条的有关规定,对人民法院审查再审检察建议的程序予以明确。

【条文释义】

关于再审检察建议的法律定位,有三种观点。第一种观点认为,它是法律监督的一种方式,检察机关一般如此理解。第二种观点认为,再审检察建议是一种事实上的检察指导行为,不具有强制性。第三种观点认为,再审检察建议包含法律监督的内容,具有法律监督的性质,但其不具有启动再审的效力。

我们认为,再审检察建议,作为民事行政检察监督的一种新途径,是检察机关对同级人民法院启动案件复查机制的建议,是否启动再审,由人民法院依法决定。再审检察建议由原审法院和检察院处理,同级的检察院能更便利地了解案件事实,也能较上级检察机关更便利地与同级人民法院沟通。因此,再审检察建议有利于就地解决纠纷。再审检察建议不受抗诉审级上提一级的限制,实现了同级建议同级处理,可以缩短办案周期,充分发挥基层法院的自我监督功能。以再审检察建议启动的再审程序,能够激活法院内部监督机制的运作,由法院自行启动再审程序,再审检察建议的处理结果由法院依职权决定,有利于增进法检两家的协作。运用再审检察建议,能够优化司法资源配置,有利于实现法律效果和社会效果的统一,减轻了上级人民法院和上级人民检察院的办案压力。

再审检察建议与抗诉的主要不同之处在于:再审检察建议是一种同级人民检察院对同级人民法院的监督方式,而抗诉是一种上一级人民检察院对下级人民法院的监督方式。抗诉必然引发再审程序,但再审检察建议并不必然引发再审程序。根据《民行监督意见》第七条第二款之规定,人民检察院认为人民法院不予再审的决定不当的,应当提请上级人民检察院提出抗诉。另外,再审检察建议的提出主体仅限于地方各级人民检察院,最高人民检察院对最高人民法院的生效裁判可以抗诉，所以法律没有赋予其再审检察建议权。

再审检察建议与抗诉的主要相同之处在于：当事人向人民检察院申请再审检察建议的条件与申请抗诉条件相同，人民检察院提出抗诉或再审检察建议的条件也相同，因此人民法院对再审检察建议也应予以认真对待，严格按照法定程序进行审查。一般情况下，人民法院审查再审检察建议，应遵循如下原则：

第一，人民法院收到再审检察建议后，应进行形式审查，符合下列条件的，应予受理：（1）再审检察建议书和原审当事人申请书及相关材料已经提交；（2）建议再审的对象为依照行政诉讼法和本解释规定可以进行再审的判决、裁定；（3）再审检察建议书列明该判决、裁定有行政诉讼法第九十一条规定的再审事由；（4）符合行政诉讼法第九十三条的规定；（5）再审检察建议经该人民检察院检察委员会讨论决定。不符合前述规定的，人民法院可以建议人民检察院予以补正或者撤回；人民检察院不予补正或者撤回的，人民法院应当函告人民检察院不予受理。

第二，人民法院受理再审检察建议后，应当进行实质审查，审查后依法作出再审裁定或者不予再审的决定。对再审检察建议的审查，应当组成合议庭，在3个月内进行审查。具体审查程序可以参照适用审查当事人申请再审案件有关程序规定，审查过程中可以调阅原审卷宗，进行书面审查，确有必要的（如有新证据的）也可以询问当事人。在审查过程中，当事人要求终结审查的，除涉及国家利益、社会公共利益的案件外，应终结审查，并函复人民检察院。

第三，人民法院采纳再审检察建议应以"确有错误"为标准。有观点认为，是否采纳再审检察建议应以检察建议书提出的再审事由是否确实存在为标准。我们认为，从行政诉讼法第九十三条第二款的规定看，该法第九十一条规定的再审事由是人民检察院是否提出再审检察建议的标准，应当与人民法院采纳检察建议标准有所不同。人民法院办理的再审检察建议是针对本院已经发生法律效力的裁判，根据行政诉讼法第九十二条的规定，应当以人民法院依职权再审的"确有错误"为标准，并由院长提交审判委员会讨论决定是否再审。司法实践中，对检法两家提出和采纳再审检察建议的标准依法作出适当区分，也有助于避免不同的司法机关对同一案件作出的结论发生直接冲突。

第四，对再审检察建议裁定进入再审程序的，应当将再审裁定送达各方当事人和检察机关；不进入再审的，以答复函等方式书面回复人民检察院，答复函可根据检察建议内容，有针对性地展开简要论述。在审查过程中，人民法院发现检察监督行为违反法律或者检察纪律的，可以向人民检察院提出司法建议。

【实务指导】

人民法院办理再审检察建议，应组成合议庭依法进行审查。合议庭审查再审检察建议，可以调阅原审卷宗进行书面审查；需要查明案件事实的，可以询问当事人，或者依职权进行调查。人民法院办理再审检察建议的审限为3个月，但可参照行政诉讼法对案件审限的相关规定，对疑难复杂案件通过扣除、延长审限，予以适当放宽。人民法院组成合议庭办理再审检察建议案件，无论最终是否采纳再审检察建议，均要有评议环节。

因采纳再审检察建议引发的再审案件的庭审不要求人民检察院派员参加，在有人民检察院调查收集案件有关证据需要出示的情况下，合议庭可以将该证据视为人民法院依职权调查取得的证据，并交由双方当事人质证。如果人民检察院要求派员在法庭出示证据并予以说明的，合议庭应当准许。

（易旺撰写）

第一百二十七条

人民法院审理因人民检察院抗诉或者检察建议裁定再审的案件，不受此前已经作出的驳回当事人再审申请裁定的限制。

【条文主旨】

本条是关于人民检察院抗诉或者检察建议裁定再审案件不受驳回裁定限制的规定。

【起草背景】

2012年民事诉讼法修改确立"三加一"路线图后，上级人民法院在决定提审还是指令再审抗诉案件，下级人民法院在审理因抗诉、再审检察建议或依职权提起的再审案件时，遇到上级法院或本院驳回当事人再审申请裁定的情况越来越多。为此，亟需司法解释予以规范、明确。《民诉解释》第四百二十条对此予以规制："人民法院审理因人民检察院抗诉或者检察建议裁定再审的案件，不受此前已经作出的驳回当事人再审申请裁定的限制。"我们在制定本司法解释时，根据行政诉讼法第一百零一条关于人民检察院对行政案件受理、审理、裁判、执行的监督，适用民事诉讼法的规定，参照上述规定，对人民检察院抗诉或者检察建议裁定再审案件不受驳回裁定限制问题予以明确。

【条文释义】

司法实践中，对驳回当事人再审申请裁定的效力存在两种不同的理解。一种观点认为，驳回当事人再审申请裁定仅对当事人申请再审程序产生终结效力，并不影响抗诉和检察建议引发的再审程序。另一种观点认为，驳回当事人再审申请裁定是人民法院依照申请再审案件的审查程序作出的法律文书，应当具有一定的程序和实体效力。

2012年民事诉讼法修改时，将当事人的再审救济途径设计为"法院纠错先行，检察监督断后"模式。2014年行政诉讼法修改时，延续了此种救济途径，行政案件因抗诉或检察建议进入再审前已存在本院或者上级人民法院作出的驳回裁定的现象成为常态。我们认为，为落实人民检察机关的监督职能，应将抗诉与检察建议引发的再审案件的审理与裁判同当事人申请再审程序中的驳回再审申请裁定区别开来，以实现人民法院依法独立公正行使审判权。

本条规定明确了因抗诉或检察建议引发的再审不受驳回再审申请裁定的限制。具体包括如下情形：第一，原审人民法院的上一级人民法院裁定驳回再审申请，后根据人民检察院抗诉提审的，上一级人民法院审理抗诉案件，不受驳回再审申请裁定的限制。第二，原审人民法院的上一级人民法院裁定驳回再审申请，后根据人民检察院抗诉指令下级人民法院再审的，原审人民法院审理抗诉案件不受上一级人民法院驳回再审申请裁定的限制。第三，原审人民法院的上一级人民法院驳回当事人申请再审，原审人民法院的同级人民检察院向原审人民法院提出检察建议，原审人民法院审查后进入再审的，不受上一级人民法院驳回再审申请裁定的限制。第四，原审人民法院是最高人民法院的案件，其根据最高人民检察院抗诉再审的，不受本院作出的驳回再审申请裁定的限制。

所谓不受驳回再审申请裁定的限制，是指：第一，人民法院对抗诉案件以及再审检察建议案件的审理不受上一级人民法院、本院驳回裁定的限制，依法独立作出裁判；第二，上一级人民法院的驳回再审申请裁定不构成其将抗诉案件指令原审人民法院再审的法律障碍；第三，无论最终是否改判，均不需要在再审裁判主文中撤销驳回再审申请裁定，这也是目前司法实践中的普遍做法，原因是相较于审查程序，经再审审理程序作出的裁判具有更强的程序正当性和裁判效力，且时间在后，因此其效力自然覆盖驳回再审申请裁定的效力。当然，对于是否需要对驳回再审申请裁定在再审裁判文书的说理部分提及，是一个值得在实务中继续研究的问题。

【实务指导】

尽管在法律上，驳回再审申请裁定对抗诉再审案件不产生实质性影响,但驳回再审申请裁定,特别是上一级人民法院的驳回再审申请裁定与再审裁判文书表述内容有冲突时,可能引发当事人的不满以及社会的质疑,因此在审理具体案件时,特别是一方当事人将人民法院驳回对方当事人的再审申请裁定作为支持其主张的依据时,或者在再审改判原审裁判的情况下,应在说理中援引本条进行释明,以化解当事人误解。

(易旺撰写)

司法解释理解与适用丛书

最高人民法院行政诉讼法司法解释理解与适用

〔下〕

最高人民法院行政审判庭 编著

人民法院出版社

PEOPLE'S COURT PRESS

凡 例

一、法律、法规、规章和规范性文件名称中的"中华人民共和国"省略，其余一般不省略，例如，《中华人民共和国行政诉讼法》简称为行政诉讼法。

二、叙述法律、法规、规章和规范性文件，必要时在名称前标明其制定机关和制定、修改年份。例如，1989 年行政诉讼法、2014 年行政诉讼法。但如无特别说明，2017 年修正行政诉讼法不再注明修改年份，一律简称为行政诉讼法。

三、全文引用法律条文时，一个条文的各个款、项之间不分段、不分行。

四、对于本书以下出现较多的司法解释和司法文件，使用缩略语：

1.《最高人民法院关于适用〈中华人民共和国行政诉讼法〉的解释》（法释〔2018〕1 号），简称为《行诉解释》；

2.《最高人民法院关于适用〈中华人民共和国行政诉讼法〉若干问题的解释》（法释〔2015〕9 号），简称为《适用解释》；

3.《最高人民法院关于执行〈中华人民共和国行政诉讼法〉若干问题的解释》（法释〔2000〕8 号），简称为《若干解释》；

4.《最高人民法院关于贯彻执行〈中华人民共和国行政诉讼法〉若干问题的意见（试行）》（法〔1991〕19 号），简称为《贯彻意见》；

5.《最高人民法院关于适用〈中华人民共和国民事诉讼法〉的解释》（法释〔2015〕5 号），简称为《民诉解释》；

6.《最高人民法院关于适用〈中华人民共和国刑事诉讼法〉的解释》（法释〔2012〕21 号），简称为《刑诉解释》；

7.《最高人民法院关于行政诉讼证据若干问题的规定》（法释

〔2002〕21号),简称为《行政诉讼证据规定》;

8.《最高人民法院关于民事诉讼证据的若干规定》(法释〔2001〕33号),简称为《民事诉讼证据规定》;

9.《最高人民法院关于行政案件管辖若干问题的规定》(法释〔2008〕1号),简称为《行政案件管辖规定》;

10.《最高人民法院关于行政申请再审案件立案程序的规定》(法释〔2017〕18号),简称为《行政再审立案规定》;

11.《最高人民法院关于进一步保护和规范当事人依法行使行政诉权的若干意见》(法发〔2017〕25号),简称为《保护和规范当事人行使诉权意见》;

12.《最高人民法院、最高人民检察院关于对民事审判活动与行政诉讼实行法律监督的若干意见(试行)》(高检会〔2011〕1号),简称为《民行监督意见》。

目　录

第一部分　条文全本

最高人民法院
　关于适用《中华人民共和国行政诉讼法》的解释
　（2018年2月6日）…………………………………………… 3

第二部分　条文释义

引　言 …………………………………………………………… 41
[条文主旨]
　引言是关于《行诉解释》制定目的和根据的概括规定。

一、受案范围

第一条 ………………………………………………………… 44
[条文主旨]
　本条是关于行政诉讼受案范围的原则规定和不属于行政诉讼受案范围的列举规定。

第二条 ·· 54

[条文主旨]

本条是关于"国家行为""具有普遍约束力的决定、命令""对行政机关工作人员的奖惩、任免等决定"以及"法律规定由行政机关最终裁决的行政行为"中的"法律"的规定。

二、管　辖

第三条 ·· 61

[条文主旨]

本条是关于法院内部管辖的规定。

第四条 ·· 65

[条文主旨]

本条是关于管辖恒定原则的规定。

第五条 ·· 68

[条文主旨]

本条是关于"本辖区内重大、复杂的案件"所包括具体情形的规定。

第六条 ·· 72

[条文主旨]

本条是关于中级人民法院对当事人向其提起的诉讼如何确定管辖的规定。

第七条 ·· 76

[条文主旨]

本条是关于中级人民法院对基层人民法院报请管辖如何处理的规定。

第八条 ·· 80

[条文主旨]

本条是关于"原告所在地"的具体情形的规定。

第九条 ··· 84

[条文主旨]

　　本条是关于"因不动产提起的行政诉讼"的规定。

第十条 ··· 87

[条文主旨]

　　本条是关于管辖异议及管辖恒定原则的规定。

第十一条 ··· 92

[条文主旨]

　　本条是关于人民法院不予审查管辖权异议申请相关情形的规定。

三、诉讼参加人

第十二条 ··· 96

[条文主旨]

　　本条是关于具有原告资格的几种特殊情形的规定。

第十三条 ·· 105

[条文主旨]

　　本条是关于债权人原则上不具有原告资格的规定。

第十四条 ·· 107

[条文主旨]

　　本条是关于"近亲属"的范围以及被限制人身自由的公民委托诉讼的规定。

第十五条 ·· 111

[条文主旨]

　　本条是关于合伙企业、个体工商户提起行政诉讼的规定。

第十六条 115

[条文主旨]

本条是关于就行政机关针对企业法人作出的行政行为某些具有诉讼权利能力的特殊主体的规定。

第十七条 121

[条文主旨]

本条是关于非营利法人组织的出资人、设立人可以自己名义提起行政诉讼的资格的规定。

第十八条 124

[条文主旨]

本条是关于业主委员会提起行政诉讼资格的规定。

第十九条 128

[条文主旨]

本条是关于经批准的行政行为引起行政争议案件的被告确定的规定。

第二十条 131

[条文主旨]

本条是关于如何确定行政机关的内设机构、派出机构或者其他组织行政诉讼被告资格的规定。

第二十一条 134

[条文主旨]

本条是关于开发区管理机构及其所属职能部门的被告资格的规定。

第二十二条 138

[条文主旨]

本条是关于复议机关"改变原行政行为"的规定。

第二十三条 ………………………………………………… 141
[条文主旨]
本条是关于发生被告资格转移时如何确定行政诉讼被告的规定。

第二十四条 ………………………………………………… 144
[条文主旨]
本条是关于村民委员会、居民委员会、高等学校等事业单位以及律师协会、注册会计师协会等行业协会被告资格的规定。

第二十五条 ………………………………………………… 147
[条文主旨]
本条是关于涉房屋征收与补偿等行政案件如何确定被告的规定。

第二十六条 ………………………………………………… 153
[条文主旨]
本条是关于变更被告和追加被告的规定。

第二十七条 ………………………………………………… 157
[条文主旨]
本条是关于追加必要共同诉讼当事人的规定。

第二十八条 ………………………………………………… 161
[条文主旨]
本条是关于追加必要共同诉讼当事人的程序性规定。

第二十九条 ………………………………………………… 163
[条文主旨]
本条是关于共同诉讼"人数众多"及推举诉讼代表人的规定。

第三十条 …………………………………………………… 166
[条文主旨]
本条是关于第三人参加诉讼的方式及在诉讼中的权利义务的规定。

第三十一条 ·· 173

[条文主旨]

本条是关于当事人向人民法院提交授权委托书的规定。

第三十二条 ·· 178

[条文主旨]

本条是关于以当事人工作人员的名义作为诉讼代理人参加诉讼的规定。

第三十三条 ·· 182

[条文主旨]

本条是关于有关社会团体推荐公民担任诉讼代理人应当符合的条件的规定。

四、证 据

第三十四条 ·· 187

[条文主旨]

本条是关于被告延期提供证据和逾期提供证据的法律后果的规定。

第三十五条 ·· 193

[条文主旨]

本条是关于原告、第三人举证期限的规定。

第三十六条 ·· 197

[条文主旨]

本条是关于当事人申请延长举证期限具体规则的规定。

第三十七条 ·· 200

[条文主旨]

本条是关于人民法院有权要求当事人提供或者补充证据的规定。

第三十八条 ·· 206

[条文主旨]

本条是关于庭前证据交换的规定。

第三十九条 ·· 214

[条文主旨]

本条是关于人民法院对于当事人申请调查收集证据因无关联性而不予准许的规定。

第四十条 ·· 218

[条文主旨]

本条是关于人民法院告知证人出庭作证义务、法律后果以及证人出庭支出费用承担的规定。

第四十一条 ·· 224

[条文主旨]

本条是关于原告或第三人要求相关行政执法人员出庭说明的规定。

第四十二条 ·· 229

[条文主旨]

本条是关于定案证据基本条件的规定。

第四十三条 ·· 235

[条文主旨]

本条是关于何为"以非法手段取得的证据"的解释性规定。

第四十四条 ·· 243

[条文主旨]

本条是关于当事人和行政机关执法人员到庭接受询问的规定。

第四十五条 ·· 247

[条文主旨]

本条是关于原告或者第三人在行政程序中未提交而在诉讼中提交的证据的效力的规定。

第四十六条 ·· 254

[条文主旨]

本条是关于人民法院责令行政机关提交证据以及对持有证据当事人实施致使证据不能使用行为的处理的规定。

第四十七条 ·· 262

[条文主旨]

本条是关于行政赔偿、补偿案件中因被告原因导致原告无法就损害情况举证、各方主张的损失价值无法认定、当事人的损失因客观原因无法鉴定情形的处理规则的规定。

五、期间、送达

第四十八条 ·· 273

[条文主旨]

本条是关于期间种类和期间计算的规定。

第四十九条 ·· 276

[条文主旨]

本条是关于立案期限计算的规定。

第五十条 ··· 278

[条文主旨]

本条是关于审理期限的定义及扣除、再审案件审理期限的计算、基层人民法院申请延长审理期限报批的规定。

第五十一条 ··· 282

[条文主旨]

本条是关于送达的规定。

第五十二条 ··· 286

[条文主旨]

本条是关于在当事人住所地以外向当事人直接送达诉讼文书的规定。

六、起诉与受理

第五十三条 ··· 288

[条文主旨]

本条是关于立案登记的规定。

第五十四条 ··· 293

[条文主旨]

本条是关于当事人提交起诉证据材料的规定。

第五十五条 ··· 297

[条文主旨]

本条是对立案阶段人民法院释明义务的规定。

第五十六条 ··· 300

[条文主旨]

本条是关于复议前置情形下复议与诉讼衔接以及复议不作为可诉性的规定。

第五十七条 ··· 305

[条文主旨]

本条是关于非复议前置情形下复议与诉讼衔接的规定。

第五十八条 · 308

［条文主旨］

本条是关于非复议前置情形下，申请人撤回复议申请再起诉如何处理的规定。

第五十九条 · 311

［条文主旨］

本条是关于非复议前置情形下复议决定维持原行政行为的，如何确定被告和起诉期限问题的规定。

第六十条 · 316

［条文主旨］

本条是关于准许撤诉的案件原告再起诉及准予撤诉的裁定确有错误的，人民法院处理程序的规定。

第六十一条 · 319

［条文主旨］

本条是关于原告或上诉人未预交诉讼费按撤诉处理后在法定期限再次起诉或上诉如何处理的规定。

第六十二条 · 322

［条文主旨］

本条是关于当事人对法院判决撤销行政行为后行政机关重新作出的行政行为不服起诉如何处理的规定。

第六十三条 · 324

［条文主旨］

本条是关于行政机关作出行政行为时不制作、不送达决定书的情况下，原告起诉应否立案的规定。

第六十四条 ………………………………………………… 327
　［条文主旨］
　　本条是关于行政机关未告知诉权和起诉期限的起诉期限计算以及最长起诉期限的规定。

第六十五条 ………………………………………………… 332
　［条文主旨］
　　本条是关于当事人不知道行政行为内容的起诉期限计算及最长起诉期限的规定。

第六十六条 ………………………………………………… 335
　［条文主旨］
　　本条是关于对行政机关不履行法定职责提起诉讼的起诉期限的规定。

第六十七条 ………………………………………………… 338
　［条文主旨］
　　本条是关于"有明确的被告"的认定及不能认定被告明确的法律后果的规定。

第六十八条 ………………………………………………… 341
　［条文主旨］
　　本条是关于行政诉讼法第四十九条第三项规定的"有具体的诉讼请求"的解释。

第六十九条 ………………………………………………… 347
　［条文主旨］
　　本条是关于裁定驳回起诉情形的列举规定。

第七十条 …………………………………………………… 358
　［条文主旨］
　　本条是关于原告提出新的诉讼请求的规定。

七、审理与判决

第七十一条 ·················· 361
[条文主旨]
本条是关于人民法院适用普通程序审理案件传唤诉讼参与人的规定。

第七十二条 ·················· 363
[条文主旨]
本条是关于延期开庭审理的规定。

第七十三条 ·················· 365
[条文主旨]
本条是关于合并审理的规定。

第七十四条 ·················· 368
[条文主旨]
本条是关于当事人申请回避的期限、形式、回避的法律后果、当庭驳回的情形、作出回避决定的期限和形式等的规定。

第七十五条 ·················· 372
[条文主旨]
本条是关于审判人员任职回避及发回重审中审判人员是否需要回避的规定。

第七十六条 ·················· 374
[条文主旨]
本条是关于财产保全和行为保全的规定。

第七十七条 ·················· 377
[条文主旨]
本条是关于诉前保全的规定。

第七十八条 ·· 379
[条文主旨]
　　本条是关于保全范围、保全方式、解除保全及赔偿的规定。

第七十九条 ·· 382
[条文主旨]
　　本条是关于原告、被告、第三人、上诉人无正当理由拒不到庭、中途退庭如何处理的规定。

第八十条 ·· 384
[条文主旨]
　　本条是关于当事人在法庭上故意拒绝陈述规制、不准予撤诉以及法庭辩论终结后原告申请撤诉如何处理的规定。

第八十一条 ·· 388
[条文主旨]
　　本条是关于被告在一审期间改变行政行为的具体规定。

第八十二条 ·· 392
[条文主旨]
　　本条是关于对当事人恶意诉讼如何处理的规定。

第八十三条 ·· 395
[条文主旨]
　　本条是关于对妨害行政诉讼行为适用罚款、拘留的规定。

第八十四条 ·· 400
[条文主旨]
　　本条是关于行政诉讼迳行调解制度的规定。

第八十五条 403

[条文主旨]

　　本条是关于调解书的制作、内容、送达以及调解书生效的规定。

第八十六条 406

[条文主旨]

　　本条是关于调解活动的规定。

第八十七条 409

[条文主旨]

　　本条是关于中止诉讼的规定。

第八十八条 413

[条文主旨]

　　本条是关于终结诉讼的规定。

第八十九条 415

[条文主旨]

　　本条是关于人民法院撤销改变原行政行为的行政复议决定同时可以判决复议机关重新作出复议决定或者判决恢复原行政行为法律效力的规定。

第九十条 419

[条文主旨]

　　本条是关于人民法院判决被告重新作出行政行为，对被告重新作出行政行为的基本要求的规定。

第九十一条 423

[条文主旨]

　　本条是关于行政机关不履行法定职责案件判决方式的规定。

第九十二条 ·· 428

[条文主旨]

本条是关于给付判决的规定。

第九十三条 ·· 430

[条文主旨]

本条是关于不履行给付义务案件起诉条件的规定。

第九十四条 ·· 434

[条文主旨]

本条是关于人民法院依职权选择判决方式的规定。

第九十五条 ·· 439

[条文主旨]

本条是关于被诉行政行为违法或者无效造成原告损失,原告请求行政赔偿救济途径的规定。

第九十六条 ·· 443

[条文主旨]

本条是关于确认违法判决适用条件的规定。

第九十七条 ·· 447

[条文主旨]

本条是关于行政机关与原告或第三人共同造成损失时行政赔偿责任如何确定的原则规定。

第九十八条 ·· 451

[条文主旨]

本条是关于行政机关不履行、拖延履行法定职责造成原告损失时行政赔偿责任如何确定的原则规定。

第九十九条 ··· 455
[条文主旨]
　　本条是关于无效行政行为的具体列举规定。

第一百条 ··· 462
[条文主旨]
　　本条是关于司法解释、规范性文件引用的规定。

第一百零一条 ··· 469
[条文主旨]
　　本条是关于裁定适用范围的规定。

第一百零二条 ··· 479
[条文主旨]
　　本条是关于适用简易程序条件的解释。

第一百零三条 ··· 484
[条文主旨]
　　本条是关于简易程序的送达、通知、传唤方式的规定。

第一百零四条 ··· 490
[条文主旨]
　　本条是关于简易程序的举证期限、答辩期间的规定。

第一百零五条 ··· 495
[条文主旨]
　　本条是关于简易程序的转换程序以及审理期限的规定。

第一百零六条 ··· 501
[条文主旨]
　　本条是关于行政诉讼中"一事不再理"原则及判断标准的规定。

第一百零七条 ·· 508

[条文主旨]

　　本条是关于第二审程序中如何确定当事人诉讼地位的规定。

第一百零八条 ·· 511

[条文主旨]

　　本条是关于当事人提交上诉状、答辩状和人民法院发送上诉状、答辩状副本的程序性规定。

第一百零九条 ·· 515

[条文主旨]

　　本条是关于二审人民法院对一审人民法院裁定不予立案、驳回起诉错误如何处理的规定；关于被发回重审的一审案件必须另行组成合议庭的规定；关于原审判决遗漏当事人或诉讼请求及当事人在二审提出行政赔偿请求如何处理的规定。

第一百一十条 ·· 520

[条文主旨]

　　本条是关于申请再审期间的规定。

第一百一十一条 ·· 526

[条文主旨]

　　本条是关于申请再审过程中相关诉答程序的规定。

第一百一十二条 ·· 529

[条文主旨]

　　本条是关于人民法院再审审查期限的规定。

第一百一十三条 ·· 534

[条文主旨]

　　本条是关于人民法院再审审查过程中询问程序的规定。

第一百一十四条 ………………………………………… 538

[条文主旨]

本条是关于被申请人及原审其他当事人提出再审申请如何处理的规定。

第一百一十五条 ………………………………………… 541

[条文主旨]

本条是关于再审审查期间当事人申请法院委托鉴定、勘验、撤回再审申请等有关问题的规定。

第一百一十六条 ………………………………………… 547

[条文主旨]

本条是关于申请再审案件审查后如何处理以及裁定再审标准的规定。

第一百一十七条 ………………………………………… 550

[条文主旨]

本条是关于向检察机关申请抗诉或检察建议的规定。

第一百一十八条 ………………………………………… 553

[条文主旨]

本条是关于按照审判监督程序决定再审时裁定中止原判决、裁定、调解书的执行的有关规定。

第一百一十九条 ………………………………………… 555

[条文主旨]

本条是关于再审的审理程序、再审裁判的法律效力以及审理再审案件合议庭组成的规定。

第一百二十条 ………………………………………… 558

[条文主旨]

本条是关于人民法院在审理再审案件时审理范围的规定。

第一百二十一条 ·· 562

[条文主旨]

本条是关于再审审理期间裁定终结再审程序情形及原生效判决的效力问题的规定。

第一百二十二条 ·· 567

[条文主旨]

本条是关于对原生效判决、裁定确有错误的再审案件如何处理的规定。

第一百二十三条 ·· 570

[条文主旨]

本条是关于二审和再审人民法院对原审人民法院立案、不予立案或者驳回起诉错误的案件如何处理的规定。

第一百二十四条 ·· 572

[条文主旨]

本条是关于抗诉案件启动程序的规定。

第一百二十五条 ·· 578

[条文主旨]

本条是关于人民检察院针对抗诉案件出席法庭的规定。

第一百二十六条 ·· 581

[条文主旨]

本条是关于人民法院对再审检察建议的审查程序的规定。

第一百二十七条 ·· 584

[条文主旨]

本条是关于人民检察院抗诉或者检察建议裁定再审案件不受驳回裁定限制的规定。

八、行政机关负责人出庭应诉

第一百二十八条 ·················· 589

[条文主旨]

本条是关于行政机关负责人范围、委托代理及有关禁止的规定。

第一百二十九条 ·················· 598

[条文主旨]

本条是关于行政机关负责人出庭应诉情形及例外的规定。

第一百三十条 ·················· 603

[条文主旨]

本条是关于行政机关相应的工作人员的规定。

第一百三十一条 ·················· 606

[条文主旨]

本条是关于行政机关负责人或者行政机关委托工作人员出庭应诉需要提供的材料的规定。

第一百三十二条 ·················· 609

[条文主旨]

本条是关于行政机关仅委托律师出庭以及法院建议行政机关负责人出庭应诉而不出庭应诉的法律后果的规定。

九、复议机关作共同被告

第一百三十三条 ·················· 616

[条文主旨]

本条是关于复议机关决定维持原行政行为的规定。

第一百三十四条 ·················· 621

[条文主旨]

本条共分三款内容。第一款是复议决定维持原行政行为时，人民法院释明原告追加或者依职权追加共同被告的规定。第二款是新增加的内容，明确了在复议决定既有维持又有改变或不予受理申请内容情况下复议机关为共同被告。第三款是关于复议机关作共同被告时的级别管辖规定。

第一百三十五条 ·················· 627

[条文主旨]

本条是人民法院对于复议决定维持原行政行为案件的审查对象及原行政机关和复议机关的举证责任、证据效力认定的规定。

第一百三十六条 ·················· 633

[条文主旨]

本条是关于复议机关为共同被告情况下的裁判方式的规定。

十、相关民事争议一并审理

第一百三十七条 ·················· 643

[条文主旨]

本条是关于一并审理民事争议提出时间的规定。

第一百三十八条 ·················· 649

[条文主旨]

本条是关于一并审理民事争议的管辖、释明的规定。

第一百三十九条 ·················· 657

[条文主旨]

本条是关于一并审理民事争议排除范围的规定。

第一百四十条 ··· 662
[条文主旨]
　　本条是关于一并审理民事争议审判组织和立案的规定。

第一百四十一条 ··· 668
[条文主旨]
　　本条是关于在一并审理相关民事争议案件中法律适用及调解的规定。

第一百四十二条 ··· 673
[条文主旨]
　　本条是关于一并审理相关民事争议案件中分别裁判、上诉审理以及发现生效裁判确有错误如何处理的规定。

第一百四十三条 ··· 677
[条文主旨]
　　本条是关于一并审理相关民事争议案件中原告申请撤诉的规定。

第一百四十四条 ··· 684
[条文主旨]
　　本条是关于一并审理相关民事争议案件诉讼费用收取标准的规定。

十一、规范性文件的一并审查

第一百四十五条 ··· 688
[条文主旨]
　　本条是关于当事人请求一并审查规范性文件的管辖法院的相关规定。

第一百四十六条 ··· 690
[条文主旨]
　　本条是关于当事人请求一并审查规范性文件的提出时间的规定。

第一百四十七条 ·· 693
[条文主旨]
　　本条是关于听取制定机关意见、制定机关申请出庭陈述意见以及行政机关未陈述意见或者未提供相关证明材料的法律后果的规定。

第一百四十八条 ·· 695
[条文主旨]
　　本条是关于人民法院如何对规范性文件进行司法审查以及如何认定规范性文件不合法的规定。

第一百四十九条 ·· 699
[条文主旨]
　　本条是关于规范性文件不合法处理方式的具体规定。

第一百五十条 ·· 703
[条文主旨]
　　本条是关于规范性文件不合法时备案程序的规定。

第一百五十一条 ·· 705
[条文主旨]
　　本条是关于人民法院发现已生效判决、裁定中规范性文件合法性认定错误时如何纠正的程序规定。

十二、执　行

第一百五十二条 ·· 711
[条文主旨]
　　本条是关于行政诉讼的执行名义的规定。

第一百五十三条 ·· 716
[条文主旨]
　　本条是关于申请强制执行期限的规定。

第一百五十四条 721

[条文主旨]

本条是关于执行管辖的规定。

第一百五十五条 727

[条文主旨]

本条是关于行政机关在行政非诉案件中申请法院强制执行其行政行为的申请条件、应提交材料以及人民法院立案受理程序的一般规定。

第一百五十六条 735

[条文主旨]

本条是行政机关向人民法院提出行政非诉执行申请有效期限的规定。

第一百五十七条 745

[条文主旨]

本条是对行政非诉案件管辖的规定。

第一百五十八条 747

[条文主旨]

本条是关于申请人民法院强制执行非诉行政行为主体的特殊规定。

第一百五十九条 750

[条文主旨]

本条是关于申请执行前申请人可以申请财产保全和提供担保的规定。

第一百六十条 753

[条文主旨]

本条是关于人民法院审查行政非诉案件的期限、组织、审查后果以及执行机构方面的规定。

第一百六十一条 ··· 764
[条文主旨]
本条是关于行政非诉案件审查内容、标准以及不准予执行裁定复议程序的规定。

十三、附 则

第一百六十二条 ··· 774
[条文主旨]
本条是关于在 2015 年 5 月 1 日之前请求确认行政行为无效,人民法院是否立案的规定。

第一百六十三条 ··· 777
[条文主旨]
本条是关于本解释时间效力和新旧司法解释衔接适用的规定。

第三部分 条文对照

行政诉讼法与行政诉讼法司法解释条文对照表 ················· 785
行政诉讼法司法解释新旧条文对照表 ······························ 900

八、行政机关负责人出庭应诉

行政机关负责人出庭应诉是2014年行政诉讼法规定的特有制度，目的在于促进行政纠纷的实质化解，及时发现行政执法中的问题，提高行政机关依法行政水平和法治意识。本部分共五条，对行政机关负责人、行政机关相应的工作人员范围及其出庭应诉需要提供的材料，行政机关负责人出庭应诉情形，委托代理及有关禁止等做出了规定。

（杨科雄撰写）

第一百二十八条

行政诉讼法第三条第三款规定的行政机关负责人，包括行政机关的正职、副职负责人以及其他参与分管的负责人。

行政机关负责人出庭应诉的，可以另行委托一至二名诉讼代理人。行政机关负责人不能出庭的，应当委托行政机关相应的工作人员出庭，不得仅委托律师出庭。

【条文主旨】

本条是关于行政机关负责人范围、委托代理及有关禁止的规定。

【起草背景】

行政机关负责人出庭应诉制度作为一种自下而上的司法制度创新，是随着社会经济文化发展和法治进程的推进结合我国国情而产生的。2014年修正行政诉讼法实施之前，比较普遍的情况是，当行政相对人将行政机关告上法庭时，作为被告的行政机关往往仅派其普通工作人员或者律师，甚至多数情况下只派律师出席庭审，行政机关的负责人鲜有亲自出庭者，人民群众意见很大。这种"告官不见官"现象的大量存在不仅挫伤了司法机关的权威，而且也无助于人民群众对行政机关的监督，更难以实现行政纠纷公正、有效和及时化解。2004年国务院《全面推进依法行政实施纲要》第28条规定："对人民法院受理的行政案件，行政机关应当积极出庭应诉、答辩。"简明扼要倡导行政机关积极出庭应诉、答辩的主张，但并未要求行政首长必须出庭应诉，行政机关仍可自行选择由行政机关负责人、律师或者其他委托人进行应诉、答辩。2008年国务院《关于加强市县政府依法行政的决定》第22条指出："要认真做好行政应诉工作，鼓励、倡导行政机关负责人出庭应诉。"首次明确要求行政机关负责人出庭应诉，一改之前"行政机关应当积极应诉"的措辞，但用"鼓励""倡导"语词。2010年国务院《关于加强法治政府建设的意见》第25条再次明确提出"对重大行政诉讼案件，行政机关负责人要主动出庭应诉"，对行政机关负责人出庭应诉的要求则更为明晰、具体的要求。2014年10月23日中国共产党第十八届中央委员会第四次全体会议通过《中共中央关于全面推进依法治国若干重大问题的决定》进一步指出"健全行政机关依法出庭应诉、支持法院受理行政案件、尊重并执行法院生效裁判的制度"，虽然没有再提行政机关负责人出庭应诉，但强调"健全行政机关依法出庭应诉"，[①] 而且将关注点扩大到"支持法院受理行政案件、尊重并执行法院生效裁判的制度"。

  为了顺应这一潮流，最高人民法院积极主动指导下级法院推广行政机关负责人出庭应诉，将推动行政机关负责人亲自出庭应诉作为近年来行政审判工作的着力点之一。2007年《最高人民法院关于加强和改进行政审判工作的意见》的通知，首次以较大篇幅对行政首长出庭应诉制度进行了规

[①] 比照行政诉讼法第三条第三款规定，"依法出庭应诉"实际上也是要求行政机关负责人出庭应诉。

定，要求人民法院肯定并支持行政领导出庭应诉，认为地方政府和行政部门领导出庭，是对行政审判工作的重视、支持和尊重，是国家法治水平提升、社会文明进步的可喜现象，对于增强行政机关的诉讼意识和应诉能力、提高审判质量与效率、妥善解决行政争议、提高执法水平等，都有重要的作用和意义。2009年《最高人民法院关于当前形势下做好行政审判工作的若干意见》中要求"通过推动行政机关法定代表人出庭应诉制度，为协调、和解提供有效的沟通平台"。即注重行政审判协调，建立健全司法与行政的良性互动机制。

一些地方的党委和政府也日益认识到行政机关负责人亲自出庭应诉的制度价值，部分地区以规范性文件的形式对这一制度作出明确规定。江苏省高院与江苏省政府联合发布《江苏省高级人民法院关于深入推进行政机关负责人行政诉讼出庭应诉工作的若干意见》；2008年甘肃省政府与省法院建立了联席会议制度，省政府下发了《关于完善行政复议应诉和行政审判工作联系制度的意见》，提出"建立健全行政首长出庭应诉制度"，2012年11月，该省政府和省法院第四次联席会议上，共同下发了《关于预防和化解行政争议完善行政与司法协调机制的意见》，在该意见中进一步明确"推进行政机关负责人出庭应诉制度建设"；等等。

2014年行政诉讼法修改中，一种观点认为，行政机关负责人出庭应诉反而会加强行政干预，不利于司法公正审理行政案件，也不符合组织法的基本规则，不应强制要求行政机关负责人出庭应诉。甚至有人认为，即使规定行政机关负责人出庭应诉也很容易被规避，达不到让行政机关负责人出庭应诉的立法目的。考虑到民告官常态化，行政机关负责人应诉负担重的情况，建议对行政机关负责人出庭应诉不作规定。但大多数常委委员、地方、法院和社会公众认为，行政诉讼是"民告官"的制度，应当对行政机关负责人出庭应诉提出要求。行政机关负责人出庭应诉，不仅有利于解决行政争议，也有利于增强行政机关负责人依法行政的意识，应当总结近年来一些地方推动行政机关负责人出庭应诉的好的做法，对行政机关负责人出庭应诉作出可行的规定。① 2014年行政诉讼法采纳了后一种意见，在该法第三条第三款规定："被诉行政机关负责人应当出庭应诉。不能出庭的，应当委托行政机关相应的工作人员出庭。"至此，在我国行政诉讼法中正式确定了行政机关负责人出庭应诉制度。

中央全面深化改革领导小组于2015年10月13日讨论通过了《关于加强和改进行政应诉工作的意见》（以下简称《意见》），明确提出行政机关要支持人民法院受理和审理行政案件，保障公民、法人和其他组织的起诉权利，认真做好答辩举证工作，依法履行出庭应诉职责，配合人民法院做好开庭审理工作。2016年6月27日，国务院办公厅以国办发〔2016〕54号文形式正式发布了该《意见》。该《意见》的出台，对于人民法院进一步做好行政案件的受理、审理和执行工作，全面发挥行政审判职能，有效监督行政机关依法行政，提高领导干部学法用法的能力，具有重大意义。为此，根据行政诉讼法的相关规定，为进一步规范和促进行政应诉工作，最高人民法院于2016年7月28日发布的《最高人民法院关于行政诉讼应诉若干问题的通知》（法〔2016〕260号）"三、依法推进行政机关负责人出庭应诉"中指出，准确理解行政诉讼法和相关司法解释的有关规定，正确把握行政机关负责人出庭应诉的基本要求，依法推进行政机关负责人出庭应诉工作。一是出庭应诉的行政机关负责人，既包括正职负责人，也包括副职负责人以及其他参与分管的负责人。二是行政机关负责人不能出庭的，应当委托行政机关相应的工作人员出庭，不得仅委托律师出庭。三是涉及重大公共利益、社会高度关注或者可能引发群体性事件等案件以及人民法院书面建议行政机关负责人出庭的案件，被诉行政机关负责人应当出庭。四是行政诉讼法第三条第三款规定的"行政机关相应的工作人员"，包括该行政机关具有国家行政编制身份的工作人员以及其他依法履行公职的人员。被诉行政行为是人民政府作出的，人民政府所属法制工作机构的工作人员，以及被诉行政行为具体承办机关的工作人员，也可以视为被诉人民政府相应的工作人员。行政机关负责人和行政机关相应的工作人员均

---

① 参见全国人大常委会法制工作委员会行政法室编：《行政诉讼法立法背景与观点全集》，法律出版社2015年，第251页。

不出庭，仅委托律师出庭的；或者人民法院书面建议行政机关负责人出庭应诉，行政机关负责人不出庭应诉的，人民法院应当记录在案并在裁判文书中载明，可以依照行政诉讼法第六十六条第二款的规定予以公告，建议任免机关、监察机关或者上一级行政机关对相关责任人员严肃处理。由此，行政机关负责人出庭应诉制度进一步得到完善。

虽然大多数人对行政机关负责人出庭应诉能够通过立法的形式明确下来都持支持的态度，但是在今后的法律适用中还存在不少分歧。大多部分分歧主要集中在行政机关负责人出庭应诉缺乏更为明确的操作指南。总的指导思想是最大程度地发挥行政机关负责人、行政机关工作人员以及律师三者的合力。具体来说，行政机关负责人对行政事务具有全面判断力的优势，行政机关具体工作人员对具体事务更为熟悉，作为诉讼代理人律师则对法律关系更为专业，三者功能各不相同，又要相互配合，以达致功效的最大化。

【条文释义】

一、行政机关负责人的范围

对于行政机关负责人的范围，主要有五种观点：第一种观点认为，行政机关负责人是指行政机关的法定代表人。也就是正职负责人和主持工作的副职负责人。如果说，行政机关负责人仅指行政机关首长（一把手）是最狭义理解的话，这是仅次于行政机关首长（一把手）的狭义理解。第二种观点认为，行政机关负责人是指行政机关的法定代表人、副职负责人和其他领导班子成员。也就是说，行政机关负责人既包括正副职负责人（尤其包括分管副职负责人）也包括其他领导班子成员。第三种观点认为，行政机关特别是职权较多工作任务繁重的行政机关的"一把手"及副职往往公务繁忙，出庭应诉的可能性小，所以这里的行政机关负责人是指行政机关的法定代表人、副职负责人和其他领导班子成员，在被诉行政机关是政府的情况下，还包括法制部门的负责人和政府的秘书长、副秘书长等。这是最广义上的行政机关负责人概念。第四种观点认为，行政诉讼在各级各地各领域情况不同，行政机关负责人的概念要根据具体情况而定，不能一概而论，否则即使有明确的规定，也可能由于脱离实际，导致流于形式。第五种观点认为，行政机关负责人是指行政机关的正职和副职负责人。这种意见是主流意见。这种意见认为，行政诉讼法所指的"负责人"不等同于法定代表人，否则行政诉讼法就不会采用"负责人"这一概念。行政机关负责人既不能限定在法定代表人，也不能扩大到所有的班子成员，而是指行政机关正职和副职领导人。[①] 另外，在整部行政诉讼法中，行政机关负责人的内涵还要与其他法条中的相关词的解释保持一致。行政诉讼法的第五十一条第四款规定："对直接负责的主管人员和其他直接责任人员依法给予处分"。第五十九条第二款规定："人民法院……可以对其主要负责人或者直接责任人员依照前款规定予以罚款、拘留；构成犯罪的，依法追究刑事责任。"第六十六条第一款规定："认为行政机关的主管人员、直接责任人员违法违纪的"，第二款规定："依法给予其主要负责人或者直接责任人员处分的司法建议"。第九十六条第五项规定："拒不履行判决、裁定、调解书，社会影响恶劣的，可以对该行政机关直接负责的主管人员和其他直接责任人员予以拘留；情节严重，构成犯罪的，依法追究刑事责任"。从以上几处出现的"主要负责人""行政机关的主管人员""行政机关直接负责的主管人员"等的表达，可以看出将行政机关负责人解释为"行政机关的正职负责人（法定代表人），还包括副职负责人尤其是分管副职负责人"并不与其他法条规定相冲突。

　　行政首长是指机关的一把手，行政机关负责人则包括一把手、主持工作和分管副负责人。行政机关一把手总揽行政事务全局，如果每个案件都要出庭，可能会严重影响其本职工作，不利于所在机关工作的开展，亦违背了2014年修正行政诉讼法规定行政机关负责人出庭应诉的本意。实践中，大多数行政机关负责人出庭应诉的案件也是由副职出庭的，而且法定代表人出庭的，一般愿意选择预期胜诉或者矛盾并不激烈的案件，这就使

---

　　① 袁杰主编、全国人大常委会法制工作委员会行政法室编著：《中华人民共和国行政诉讼法解读》，中国法制出版社2014年版，第14页。

行政机关负责人出庭应诉制度的实际效果大打折扣。因此，各方面比较一致的意见是，为了推进这项制度，应当从实际出发，对行政机关负责人作适当的扩大解释。有鉴于此，2015年《适用解释》接受了第四种观点，在其第五条对出庭应诉的行政机关负责人的范围作出了界定："行政诉讼法第三条第三款规定的'行政机关负责人'，包括行政机关的正职和副职负责人。"之后，最高人民法院发布的《关于行政诉讼应诉若干问题的通知》（法〔2016〕260号）进一步明确，出庭应诉的行政机关负责人，既包括正职负责人，也包括副职负责人以及其他参与分管的负责人。这个通知增加了"其他参与分管的负责人"。本次司法解释制定时直接承继了上述规定形成本条。依据上述规定，行政诉讼法第三条第三款规定的行政机关负责人包括：（1）行政机关正职负责人；（2）行政机关副职负责人；（3）其他参与分管的负责人，如对于地方人民政府作为被告的，参与分管的地方人民政府的秘书长等，有时也包括行政机关参与分管的党组成员等等。

二、委托代理及有关禁止

行政诉讼法第三条第三款规定，行政机关负责人应当出庭应诉，而行政诉讼法第三十一条规定，行政机关在行政诉讼中"可以委托一至二人作为诉讼代理人"。关于行政机关法定代表人之外的人员以何种身份出庭应诉的问题。行政机关法定代表人出庭应诉，其身份是明确的，但是其副职领导或者相应的工作人员应以何种身份出庭应诉存在分歧，一种意见认为，这些出庭人员不能认定为行政诉讼法第三十一条规定的诉讼代理人，也不能计算在该条规定的一至二名诉讼代理人中，否则，行政机关副职领导出庭应诉，另加一名业务经办人员和一名律师，就会超过法律规定的最多二名诉讼代理人；另一种意见认为，这些人员只能以诉讼代理人的身份出庭应诉，法律没有为其创设其他身份。现实中，对于行政机关主要负责人不能出庭应诉的，往往会办理书面委托手续，委托本机关分管负责人出庭应诉。因法人代表与受委托的分管负责人法律地位不同，该委托是否占用第三十一条一至二名诉讼代理人的名额，在实践中存在困惑，行政相对人方也存有异议。也就是说，正职出庭应诉的，还可依据第三十一条之规定委托不超过两人为诉讼代理人；如副职出庭应诉的，副职本身系受正职委托出庭应诉的，那么是否还可以委托两名诉讼代理人，还是除副职外，还可以委托一名代理人？实践中，如果行政机关副职负责人出庭应诉，相关的工作人员一般也会出庭应诉。那么，如果行政机关副职负责人和相关的工作人员均当作委托代理人，那么依据第三十一条之规定，政府委托的律师就无法出庭。实践中，一些长期担任政府法律顾问的律师对提高行政案件的审判质量很有帮助，十八届四中全会决定也要求积极推行政府法律顾问制度，吸收律师参加。为此，《适用解释》第五条规定"行政机关负责人出庭的，行政机关可以另行委托一至二名诉讼代理人"。在以往的司法实践中，行政诉讼案件行政机关负责人出庭应诉，因囿于代理人两人的限制，如再委托一名律师出庭，则案件具体经办人不能出庭，导致案件事实细节负责人不清楚、律师亦说不清楚的局面，影响案件事实的查清。因此，《适用解释》第五条规定可以构建行政机关负责人＋具体案件经办人＋律师代理人的模式。以此弥补上述不足。此种"1＋1＋1"的模式中，行政机关负责人对行政事务具有全面判断力，可以对被诉行政行为进行全面的掌握，必要时可以拍板，解决行政争议，具体经办人是对行政行为最为熟悉和了解的人，便于案件事实的查清，而律师对法律知识的了解，对法律关系更为专业，有助于审理流程的顺畅，争议焦点的突出，三者功能各不相同。本次司法解释制定时直接承继了上述规定形成本条，即行政机关负责人出庭应诉的，可以另行委托一至二名诉讼代理人。

行政机关是行政诉讼的被告，是行政案件的当事人，行政机关负责人并非行政案件的当事人。既然不是当事人，就属于其他诉讼参与人，或者属于一种特殊主体。行政诉讼法第三条第三款规定，行政机关负责人不能出庭的，应当委托行政机关工作人员出庭。依据该规定，"应当"委托意味着行政机关负责人不能出庭的情况下，必须保证有行政机关相应的工作人员出庭。这就意味着，为了保证"民告官，能见官"，行政机关负责人不能出庭应诉的，不能只委托律师出庭，而应当委托行政机关相应的工作人员出庭。行政机关负责人和行政机关相应的工作人员均不出庭，仅委托律师出庭的,按照本司法解释第一百三十二条规定,人民法院应当记录在案和在裁判文书中载明,并可以建议有关机关依法作出处理。必要时,按照《最高人民法院关于行政诉讼应诉若干问题的通知》(法〔2016〕260号),可以依照行政诉讼法第六十六条第二款的规定予以公告。

【实务指导】

一是行政机关正职和副职负责人出庭应诉是有顺序的。有人从字面解释"行政机关负责人",认为行政机关负责人一般情形就是指行政机关的法定代表人,只有在例外情形下,才由分管副职负责人或主管副职负责人代为行使法定代表人的职权。多数学者、法官从行政审判的实际出发,认为行政机关负责人不仅仅指行政机关的法定代表人,还应包括分管副职负责人或主管副职负责人。后者拓展了"行政机关负责人"的范畴。另外,在立法之前的相关政策中,行政机关负责人所指也与后者相同,此解释几成惯例。这个争议虽然此次司法解释予以解决,但是,这次司法解释并未解决行政机关负责人出庭应诉顺序问题。我们认为,行政机关负责人出庭应诉一般情形首先就是指行政机关的法定代表人,只有在其不能出庭应诉的情形下,才由有关副职负责人出庭应诉。也就是说,被诉行政机关负责人应当出庭应诉,首先是如果正职负责人能够出庭的,应当亲自出庭应诉;如果正职负责人不能出庭的,应当由主持工作或者常务的副职负责人出庭应诉;如果上述负责人均不能出庭的,应当分管副职负责人出庭应诉。

二是委托需提交的材料。行政机关的诉讼代理人除依法提交的材料外,还应当按照下列规定向人民法院提交相关材料:如果是律师的应当提交律师执业证、律师事务所证明材料,而行政机关委托相应的工作人员按照本司法解释第一百三十一条第二款规定,应当向人民法院提交加盖行政机关印章并载明工作人员的姓名、职务和代理权限的授权委托书外,还应当提交身份证件或者其他身份证明材料。诉讼代理人列入人民法院认定的诉讼代理失信名单的,在失信期间内,人民法院不准许其作为诉讼代理人参加诉讼活动。

（杨科雄、曹巍撰写）

第一百二十九条

涉及重大公共利益、社会高度关注或者可能引发群体性事件等案件以及人民法院书面建议行政机关负责人出庭的案件，被诉行政机关负责人应当出庭。

被诉行政机关负责人出庭应诉的，应当在当事人及其诉讼代理人基本情况、案件由来部分予以列明。

行政机关负责人有正当理由不能出庭应诉的，应当向人民法院提交情况说明，并加盖行政机关印章或者由该机关主要负责人签字认可。

行政机关拒绝说明理由的，不发生阻止案件审理的效果，人民法院可以向监察机关、上一级行政机关提出司法建议。

【条文主旨】

本条是关于行政机关负责人出庭应诉情形及例外的规定。

【起草背景】

行政机关负责人出庭应诉作为一项法定义务，值得提倡和鼓励，但从实践情况看将其作为适用于所有行政诉讼案件的一项硬性要求并无必要。行政机关负责人出庭应诉制度的实施，既要考虑强化行政机关负责人的法制意识，促其总结经验教训，改进执法工作，又要兼顾行政机关负责人的工作实际。因此，需要明确哪些行政案件行政机关负责人"必须"出庭应诉才为重中之重。

实践中，主要对是否明确"应当"出庭的案件类型有不同看法。一种意见认为要对"应当出庭"的案件类型予以明确列举（如社会影响大、原告人数众多等情况），否则在行政机关负责人不可能全部出庭应诉的情况下，行政机关负责人会以各种理由不出庭应诉，导致有关规定不能落实；另一种意见认为，法律明确规定被诉行政机关负责人应当出庭应诉，就不能再列举应当出庭的案件类型，否则就是缩小了法律规定负责人出庭应诉案件的范围。我们认为，从行政诉讼法第三条第三款关于"被诉行政机关负责人应当出庭应诉"之规定看，将行政机关负责人出庭应诉理解为被告的强制性义务在文义上并不为过，但是，考虑到行政机关负责人工作实际，明确底线，强调某几类案件负责人"必须"出庭应诉则更有必要。如果要强调某几类案件负责人"必须"出庭应诉，就应当明确这些案件不适用行政诉讼法第三条第三款后一句"不能出庭的"规定，实质上也就是要求这些案件被诉行政机关负责人必须出庭应诉。因此，关键在于正确理解行政机关负责人不能出庭应诉的规定和建立完善行政机关负责人必须出庭应诉的具体情形。也就是说，前者是行政机关负责人出庭应诉的"相对保留"，行政机关负责人具有正当理由的，可以不出庭应诉而委托有关工作人员出庭应诉；而后者是行政机关负责人出庭应诉的"绝对保留"，行政机关负责人不管任何理由均不得不出庭应诉，即使客观上不能出庭应诉，也应另行安排开庭。

【条文释义】

一、行政机关负责人出庭应诉的"绝对保留"

原则上，行政机关负责人"必须"出庭应诉，这些案件不适用行政诉讼法第三条第三款后一句"不能出庭的"规定。"对于重大行政诉讼，被告法定代表人应当出庭应诉，确有合理原因不能参加的，应当指定一名副职负责人参加诉讼。"① 那么，行政机关负责人在何种情形下应当出庭？也就是，哪些属于重大行政诉讼案件必须由行政机关负责人出庭应诉？在行政机关负责人出庭率普遍不高的情况，为了确保立法的规定落到实处，有必要在行政诉讼法框架内，重新细化行政机关负责人必须出庭应诉的情形。从各地探索的情况看，一般包括以下情形：（1）社会关注度高、具有较大社会影响力的案件；（2）原告5人以上的人数众多的共同诉讼、集团诉讼案件；（3）造成公民人身自由、死亡、丧失劳动能力或赔偿数额巨大等行政赔偿的案件；（4）人民政府就自然权属争议作出处理决定的行政裁决案件或者因环境污染引起的案件；（5）涉及面较广的农村集体土地或城市房屋征收补偿案件；（6）因撤销、吊销行政许可导致企业停产停业或公民丧失生活主要经济来源而引发的行政案件；（7）人大代表、政协委员参加旁听的案件；（8）涉及对规范性文件进行附带审查的案件；（9）涉外或者涉及港澳台的案件；（10）同级人民政府或上级行政机关认为需要由行政机关负责人出庭应诉的案件；（11）人民法院建议行政机关负责人出庭应诉的其他案件。

最高人民法院于2016年7月28日发布的《最高人民法院关于行政诉讼应诉若干问题的通知》（法〔2016〕260号）"三、依法推进行政机关负责人出庭应诉"中指出，涉及重大公共利益、社会高度关注或者可能引发群体性事件等案件以及人民法院书面建议行政机关负责人出庭的案件，被诉行政机关负责人应当出庭。本次司法解释制定时直接承继了上述规定形成本条第一款，即涉及重大公共利益、社会高度关注或者可能引发群体性事件等案件以及人民法院书面建议行政机关负责人出庭的案件，被诉行政机关负责人应当出庭这些案件属于行政机关负责人出庭应诉的"绝对保留"，行政机关负责人必须出庭应诉。即使客观上不能出庭应诉，也应另行安排开庭，除非行政相对人同意且法院经审查无碍公共利益和他人合法权益的除外。

同时，为了督促行政机关负责人积极出庭应诉以及凸显出庭应诉的行

---

① 江必新：《完善行政诉讼制度的若干思考》，载《中国法学》2013年第1期。

政机关负责人地位，本条第二款规定，被诉行政机关负责人出庭应诉的，应当在当事人及其诉讼代理人基本情况、案件由来部分予以列明。

二、行政机关负责人出庭应诉的"相对保留"

除行政机关负责人必须出庭应诉的"绝对保留"行政案件外，其他行政诉讼案件为行政机关负责人出庭应诉的"相对保留"案件。行政机关负责人具有正当理由的，可以不出庭应诉而委托有关工作人员出庭应诉。这涉及行政机关负责人不能出庭的正当理由及处理措施。有必要注意以下问题。

一是"不能出庭"的正当理由。行政诉讼法第三条第三款规定了行政机关负责人不能出庭时应当委托工作人员出庭应诉。但没有具体规定何种原因可以不出庭。实践中，行政机关负责人，尤其是一把手因公务繁忙有时会出现临时不能到庭的情形，过分的追求行政机关负责人高出庭率，而不注重实际效果，结果往往适得其反。因此，有必要对有正当理由可以不出庭的案件进行规定，以便于行政审判以及负责人出庭实现轻重适当，突出重点的效果。对于"行政机关负责人不能出庭的情况"，法律没有作出明确规定。本司法解释将行政机关不能出庭应诉的情况仅限于"有正当理由"。正当理由包括：（1）不可抗力。即客观上不可抗拒、不能避免且无法克服的原因。例如自然灾害、战争等。（2）客观上不能控制的其他正当事由。例如，遭遇交通事故、罹患急症、出国未返等。行政机关负责人工作忙、有其他事务需要处理等等不属于正当事由。① 总之，不能出庭应诉的理由应作相对严格限定，限指"客观不能"，否则，可能使得该条款流于形式。

二是"不能出庭"的理由说明及不说明的法律后果。（1）行政机关负责人有正当理由不能出庭应诉的，应当向人民法院提交情况说明，并加盖行政机关印章或者由该机关主要负责人签字认可。在裁判文书中，可以对行政机关负责人未出庭应诉的情况进行说明。（2）行政机关拒绝说明理

---

① 江必新、梁凤云：《最高人民法院新行政诉讼法司法解释理解与适用》，中国法制出版社2015年版，第62页。

由的，不发生阻止案件审理的效果，人民法院可以向监察机关、上一级行政机关提出司法建议。其中，"不发生阻止案件审理的效果"既指"不影响案件审理"也包括"不影响案件审理的结果"。

【实务指导】

既然行政诉讼法已经明确"不能出庭的，应当委托行政机关相应的工作人员出庭"，这就涉及到法院是否对"不能出庭"的理由审查的问题。对此形成三种意见。

第一种意见认为，法院应当对不能出庭的理由进行审查，并且在裁判文书中予以阐明。理由是：第一，法律已经规定，行政机关负责人只有在"不能出庭的"情况下，才能委托工作人员出庭。法院就有义务进行审查其理由。第二，即使法院不主动审查该理由，对方当事人也会提出质疑，认为行政机关负责人"应当出庭应诉"，没有出庭的，需要说明正当理由。法院对此也必须予以回应。第三，如果行政机关不需要说明理由就可以委托其他工作人员出庭应诉，等于没有规定行政机关负责人出庭应诉制度，既不能制约行政机关，也会这项制度完全失效。第四，既然要审查其不能出庭的理由，且对方当事人可能提出质疑，就应当在法律文书中予以阐明。

第二种意见认为，法院无须对不能出庭的理由进行审查，更无须在裁判文书中进行阐明。理由是：第一，法院对于"不能出庭"的理由很难审查，司法实践中，行政机关不能出庭的理由可能是宽泛的，比如工作忙，有些可能是涉密的，法院审查难度较大。既然很难审查，法院就无须审查。原告会要求被告提供证据、法庭核实该理由，法院事实上又很难核实一定级别以上的行政首长公务行程，如果核实可能会给审判带来不必要的压力。第二，如果法院对不能出庭的正当理由进行审查，就意味着在本次诉讼开始之前，就首先打一场关于是否正当理由的诉讼，不利于司法效率。第三，关于是否属于"不能出庭"的情形，可能引起当事人要求政府信息公开的诉讼。第四，本条设计的内容本身就是属于倡导性条款，是否属于"不能出庭"的情形,应当交由行政机关自行判断。[1]

第三种意见认为,法院应当对不能出庭的理由进行适度审查。从2014年修正行政诉讼法的立法宗旨以及行政诉讼法修改前期的征求意见稿的相关规定来看,行政机关负责人如不能出庭应诉应说明正当理由,法院对其提出的理由可通过书面形式进行适度审查。对于这一问题,目前的法律和司法解释均未作出规定。

目前,行政诉讼法已对"应当出庭应诉"作了非常明确的规定,行政机关负责人出庭应诉的义务就得到确定,为了避免发生行政负责人随意不出庭的情况,在例外情况下,行政机关负责人才可以委托工作人员出庭应诉。如行政机关负责人因健康原因、路途遥远交通不便、自然灾害等不可抗力、重大紧急工作的公务原因等正当理由不能出庭应诉,这些正当理由须有相关材料比如住院证明、会议通知等证明,以便于庭审中向原告说明并留存附卷备查的同时,法院应当要求行政机关提供不能出庭应诉的相关证据材料,对其正当理由才进行审查,并经人民法院准许,才能适用"不能出庭"的规定。行政机关负责人无正当理由拒不出庭或者拒绝说明理由的,法院可以休庭或者延期审理,依法传唤行政机关负责人出庭应诉,行政机关负责人拒不依法出庭的,人民法院依据行政诉讼法第五十八条、五十九条、六十六条第二款规定处理,也可以依据本条第四款规定,不发生阻止案件审理的效果,之后人民法院可以向监察机关、上一级行政机关提出司法建议。

(杨科雄、苏国梁撰写)

第一百三十条

行政诉讼法第三条第三款规定的"行政机关相应的工作人员",包括

---

[1] 江必新、梁凤云:《最高人民法院新行政诉讼法司法解释理解与适用》,中国法制出版社2015年版,第62~63页。

该行政机关具有国家行政编制身份的工作人员以及其他依法履行公职的人员。

被诉行政行为是地方人民政府作出的，地方人民政府所属法制工作机构的工作人员，以及被诉行政行为具体承办机关工作人员，可以视为被诉人民政府相应的工作人员。

【条文主旨】

本条是关于行政机关相应的工作人员的规定。

【起草背景】

行政诉讼法第三条第三款规定，被诉行政机关负责人应当出庭应诉。不能出庭的，应当委托行政机关相应的工作人员出庭。行政机关负责人出庭应诉制度的设计目的在于保证行政诉讼的顺利进行，更好地化解行政纠纷，提高行政机关依法行政的水平。在行政机关负责人不能出庭的情况下，应当委托行政机关相应的工作人员出庭。但是，这里所指的"行政机关相应的工作人员"并未明确，有的地方，以天津为例，《天津市高级人民法院、天津市人民政府法制办公室关于规范我市行政机关负责人出庭应诉工作的意见》（津高法〔2015〕78号）第五条第一款规定："行政机关负责人应当按照《行政诉讼法》第三条第三款的规定出庭应诉。行政机关负责人不能出庭应诉的，应当委托被诉行政行为经办机构、法制机构的工作人员出庭应诉。"鉴于全国没有统一规定，而实践中又存在争议，有必要予以明确。

【条文释义】

一般来说，对此处所委托的工作人员并非指一切工作人员，而是应有所限制，这里的"工作人员"是指在行政机关任职的工作人员。工作人员既可以是行政机关法制部门的工作人员,也可以是行政机关执法部门的工作人员;既可以是本机关法制部门的工作人员,也可以是政府法制部门的工作人员;既可以是正式的工作人员,也可以是临时的、聘用的工作人员。[①] 随着2014年行政诉讼法的实施,为进一步规范和促进行政应诉工作,最高人民法院于2016年7月28日发布《最高人民法院关于行政诉讼应诉若干问题的通知》指出,行政诉讼法第三条第三款规定的"行政机关相应的工作人员",包括该行政机关具有国家行政编制身份的工作人员以及其他依法履行公职的人员。被诉行政行为是人民政府作出的,人民政府所属法制工作机构的工作人员,以及被诉行政行为具体承办机关的工作人员,也可以视为被诉人民政府相应的工作人员。本次司法解释制定时直接承继了上述规定形成本条。行政诉讼法第三条第三款规定的"行政机关相应的工作人员",包括以下几种:一是该行政机关具有国家行政编制身份的工作人员;二是该行政机关其他依法履行公职的人员,既包括行政机关执法部门借调的、临时的、聘用的工作人员,也包括食品药品监督、卫生等部门所属的性质为事业单位的综合执法部门工作人员;三是被诉行政行为是地方人民政府作出的,地方人民政府所属法制工作机构的工作人员;四是被诉行政行为具体承办机关的工作人员,也可以视为被诉人民政府相应的工作人员,如之前国土部门以人民政府名义颁证的,国土部门的工作人员,可以视为被诉人民政府相应的工作人员。

【实务指导】

实践中,律师以行政机关法律顾问身份出庭应诉时是否属于"相应的工作人员"?我们认为,律师虽然是行政机关法律顾问但不是本条所规定的行政机关相应的工作人员,其身份仍为律师,如行政机关负责人不能出庭应诉,则必须委托至少一名相关行政机关工作人员出庭应诉,不能仅委托律师出庭应诉。若行政机关相应的工作人员本身为公职律师,则另当

[①] 江必新、梁凤云:《最高人民法院新行政诉讼法司法解释理解与适用》,中国法制出版社2015年版,第60页。

别论。

（杨科雄、曹巍撰写）

第一百三十一条

行政机关负责人出庭应诉的，应当向人民法院提交能够证明该行政机关负责人职务的材料。

行政机关委托相应的工作人员出庭应诉的，应当向人民法院提交加盖行政机关印章的授权委托书，并载明工作人员的姓名、职务和代理权限。

【条文主旨】

本条是关于行政机关负责人或者行政机关委托工作人员出庭应诉需要提供的材料的规定。

【起草背景】

从广义上说，行政机关负责人和行政机关委托相应的工作人员均属行政诉讼参与人。但他们出庭应诉的身份是不同的。行政机关委托的工作人员属于一般意义上的诉讼代理人。诉讼代理人进行诉讼活动，不是为了保护自己的合法权益，也不是以自己的名义进行诉讼活动，而是以行政机关的名义进行诉讼活动，从而保护行政机关的合法权益，实质上类似于所代表的行政机关以自己的名义，进行诉讼活动，从而保护该机关的合法权益。而且，作为诉讼代理人的行政机关委托的工作人员在诉讼中的权利义务，在授权范围内也等同于所代表的行政机关的权利义务。行政机关负责人则不同，它既不属于一般意义上的诉讼代理人也不是行政机关本身，是行政诉讼法规定的特殊的行政诉讼参与人，以自己名义参加诉讼但又不代表自己的合法权益。因此，行政机关负责人出庭应诉和行政机关委托的工作人员出庭应诉出具相关材料是不同的，有必要予以明确。

【条文释义】

行政机关负责人既不属于一般意义上的诉讼代理人也不是行政机关本身，以自己名义参加诉讼但又不代表自己的合法权益，他出庭应诉应当向人民法院提交能够证明该行政机关负责人职务的材料。该材料既证明其职务身份又证明其与被诉行政机关的关系。

民事诉讼法第五十九条第一、二款规定："委托他人代为诉讼，必须向人民法院提交由委托人签名或者盖章的授权委托书。授权委托书必须记明委托事项和权限。诉讼代理人代为承认、放弃、变更诉讼请求，进行和解，提起反诉或者上诉，必须有委托人的特别授权。"本司法解释第三十一条亦规定："当事人委托诉讼代理人，应当向人民法院提交由委托人签名或者盖章的授权委托书。委托书应当载明委托事项和具体权限。"但是，具体到行政机关委托相应的工作人员出庭应诉需要提供哪些具体材料。本条第二款规定："行政机关委托相应的工作人员出庭应诉的，应当向人民法院提交加盖行政机关印章的授权委托书，并载明工作人员的姓名、职务和代理权限。"委托他人代理诉讼，应当遵守以下几方面的规定：（1）行政机关委托相应的工作人员出庭应诉的，应当向人民法院提交加盖行政机关印章的授权委托书。一般来说，委托他人代为诉讼，必须向人民法院提交由委托人签名或者盖章的授权委托书。委托他人代为诉讼，关系到当事人对实体权利和诉讼权利的处分以及诉讼结果的承担，为避免日后因委托问题发生争议，影响判决、裁定和调解的执行，法律要求授权委托书必须用书面形式，而且要由当事人、法定代理人签名或者盖章，以表明委托诉讼代理人是当事人、法定代理人的意思表示，当事人、法定代理人对诉讼代理人在代理权限范围内的诉讼活动负责。行政机关委托相应的工作人员出庭应诉与一般委托他人代为诉讼本质上是一致的，均要求出具授权委托书，但考虑到行政机关委托相应的工作人员出庭应诉的特殊性，此处要求出具授权委托书加盖行政机关印章。(2) 授权委托书必须载明工作人员的姓名、职务和代理权限。授权委托书必须记明工作人员的姓名、职务以及委托事项和权限。特别要强调的是，工作人员是代理行政机关进行诉讼，工作人员在代理权限范围内从事的代理行为，应当由行政机关承担，超越代理权的行为，属于无权代理，后果应当由行政机关自负。因此，代理权限的范围，实际是划分行政机关和工作人员责任的范围。所以，委托工作人员必须写明代理权限，是委托工作人员申请回避、提供证据、陈述事实、进行辩论、申请诉讼保全和证据保全、请求调解、提出反诉、上诉、申请执行，还是仅就其中一项或者几项授权代理。如果授权委托书没有特别注明代理权限，只写"委托某人代理诉讼"，视为工作人员有权进行一切处分实体权利外的诉讼行为。另外，工作人员代为放弃、变更诉讼请求，进行和解，提起反诉或者上诉，必须有行政机关的特别授权。上述诉讼行为，涉及实体权利的处分，因此，行政机关必须在授权委托书中特别注明，没有注明的，工作人员的行为无法律效力，人民法院不予承认，行政机关也可以不接受。

【实务指导】

对于行政机关负责人委托相应工作人员的性质，一种意见认为，属于行政机关负责人个人进行的委派。另一种意见认为，行政机关负责人属于所在机关进行的委托。这里的"委托"是行政机关负责人个人委派，与民法上的委托不同。在行政诉讼法上，委托代理人是指接受当事人、法定代理人的委托，以当事人的名义，在当事人授权范围内代为诉讼行为的人。行政机关负责人不是行政诉讼的当事人，不能"委托"代理人。一般而言，行政机关的负责人可以委派其下级工作人员出庭应诉；行政机关负责人也可以协调政府法制部门委派其工作人员出庭应诉。[1] 本司法解释第一百三十一条第二款规定"行政机关委托相应的工作人员出庭应诉的，应当

---

[1] 江必新、梁凤云：《最高人民法院新行政诉讼法司法解释理解与适用》，中国法制出版社2015年版，第60页。

向人民法院提交加盖行政机关印章的授权委托书,并载明工作人员的姓名、职务和代理权限",该规定似乎明确了以行政机关的身份进行委托,进而统一行政诉讼活动当中的相关法律文书。

在行政机关负责人不能出庭的情况下,需要委派行政机关工作人员出庭应诉。对于委派的工作人员,由于其并非当事人,严格讲也属于委托代理人。根据行政诉讼法第三十一条的规定,当事人、法定代理人,可以委托一至二人作为诉讼代理人。如果委派的工作人员视为委托代理人,这里出现一个问题,即被委托的相应行政机关工作人员与被告委托的代理律师名额之间是否发生冲突。也就是,出庭的行政机关工作人员是否占用委托律师的名额。因为第三十一条规定的诉讼代理人中,也包括单位工作人员。从委托行政机关相应工作人员和委托律师的目的上看,二者是有差别的,前者是为了从行政行为角度进行应诉,后者是为了从律师提供法律服务角度进行的委托。因此,似乎第三条中委托相应工作人员亦不应占用被告委托律师的名额。

(杨科雄、苏国梁撰写)

第一百三十二条

行政机关负责人和行政机关相应的工作人员均不出庭,仅委托律师出庭的或者人民法院书面建议行政机关负责人出庭应诉,行政机关负责人不出庭应诉的,人民法院应当记录在案和在裁判文书中载明,并可以建议有关机关依法作出处理。

【条文主旨】

本条是关于行政机关仅委托律师出庭以及法院建议行政机关负责人出庭应诉而不出庭应诉的法律后果的规定。

【起草背景】

行政诉讼法第三条第三款规定，被诉行政机关负责人应当出庭应诉。不能出庭的，应当委托行政机关相应的工作人员出庭。这一规定是行政机关负责人出庭应诉原则，目的在于解决行政诉讼中"告官不见官"的问题。本款规定了行政机关负责人出庭应诉的义务，但是没有明确规定不出庭应诉的后果。

为了使行政机关负责人出庭应诉制度真正贯彻落实，国务院办公厅和最高人民法院有关文件对相关法律后果作了明确。《国务院办公厅关于加强和改进行政应诉工作的意见》（2016年6月27日）从行政机关的角度作了规定："要严格落实行政应诉责任追究制度，对于行政机关干预、阻碍人民法院依法受理和审理行政案件，无正当理由拒不到庭或者未经法庭许可中途退庭，被诉行政机关负责人不出庭应诉也不委托相应的工作人员出庭，拒不履行人民法院对行政案件的判决、裁定或者调解书的，由任免机关或者监察机关依照行政诉讼法、《行政机关公务员处分条例》、《领导干部干预司法活动、插手具体案件处理的记录、通报和责任追究规定》等，对相关责任人员严肃处理。"国务院有关文件已经明确了依据行政诉讼法等对相关责任人员作出处理。

之后，《最高人民法院关于行政诉讼应诉若干问题的通知》（法〔2016〕260号）规定："行政机关负责人和行政机关相应的工作人员均不出庭，仅委托律师出庭的；或者人民法院书面建议行政机关负责人出庭应诉，行政机关负责人不出庭应诉的，人民法院应当记录在案并在裁判文书中载明，可以依照行政诉讼法第六十六条第二款的规定予以公告，建议任免机关、监察机关或者上一级行政机关对相关责任人员严肃处理。"这些规定都是为实施行政诉讼法作出的针对性规定，也为本解释相关内容的起草奠定了一个良好的基础。

【条文释义】

本条内容主要参考了上述规定,从目前实施效果来看,这一内容强化了行政诉讼法的实施效果,强化了行政机关负责人及其工作人员出庭应诉的法律义务,社会各界反映良好。本条内容主要包括以下三个方面。

一是本条针对的是仅委托律师出庭或者人民法院书面建议行政机关负责人出庭应诉,行政机关负责人不出庭应诉的情形。行政诉讼法第三条第三款规定,被诉行政机关负责人应当出庭应诉。不能出庭的,应当委托行政机关相应的工作人员出庭。这就意味着,行政机关必须保证行政机关负责人或者行政机关工作人员出庭应诉,不能仅仅委托律师出庭应诉。也就是说,要保证"民告官,要见官;不见官,也要见员"。此外,为了强化这一制度的实效,本司法解释第一百二十九条第一款规定了行政机关负责人应当出庭应诉的情形。即涉及重大公共利益、社会高度关注或者可能引发群体性事件等案件以及人民法院书面建议行政机关负责人出庭的案件,被诉行政机关负责人应当出庭。对于涉及重大公共利益、社会高度关注或者可能引发群体性事件等案件,行政机关负责人应当主动出庭应诉。对于人民法院书面建议行政机关负责人出庭的案件,该"书面建议"属于具有法律效力的司法文书,行政机关负责人必须出庭应诉。对于不出庭应诉的,应当承担相应的法律后果。

二是人民法院应当记录在案和在裁判文书中载明。如果行政机关负责人没有出庭应诉,也未委托的工作人员,或者委托的工作人员不出庭应诉的,法院如何处理?在制定司法解释时,主要有两种意见:一种意见认为,行政机关负责人不出庭应诉的,不影响案件的审理。理由是:司法实践中,原告对被告的负责人或者工作人员未出庭提出质疑,法院缺乏相应的惩戒手段。建议参照行政诉讼法第六十七条第二款"被告不提出答辩状的,不影响人民法院审理"的规定。另一种意见认为,行政机关负责人不出庭应诉的,应当进行公告和司法建议。理由是:行政机关负责人或者其工作人员不出庭应诉的,既违反了行政诉讼法的规定,也属于严重的藐视法庭的行为，应当参照行政诉讼法第六十六条第二款"人民法院对被告经传票传唤无正当理由拒不到庭，或者未经法庭许可中途退庭的，可以将被告拒不到庭或者中途退庭的情况予以公告，并可以向监察机关或者被告的上一级行政机关提出依法给予其主要负责人或者直接责任人员处分的司法建议"的规定。本司法解释综合以上意见，明确了人民法院记录在案和在裁判文书中载明的义务。记录在案是将行政机关负责人和行政机关相应工作人员均不出庭以及人民法院书面建议行政机关负责人出庭应诉，行政机关负责人不出庭应诉的情况记入笔录；在裁判文书中载明是将上述事项在裁判文书中明确予以说明。载明的目的不仅在于督促行政机关负责人及其工作人员积极应诉，也是对其不依法履行法律义务的负面评价，还是对对方当事人提出的质疑作出的司法回应。

三是人民法院可以建议有关机关依法作出处理。即，人民法院可以根据行政诉讼法第六十六条、本司法解释和国务院有关文件的规定，建议任免机关、监察机关或者上一级行政机关对相关责任人员予以处理。行政诉讼法第六十六条规定："人民法院在审理行政案件中，认为行政机关的主管人员、直接责任人员违法违纪的，应当将有关材料移送监察机关、该行政机关或者其上一级行政机关；认为有犯罪行为的，应当将有关材料移送公安、检察机关。""人民法院对被告经传票传唤无正当理由拒不到庭，或者未经法庭许可中途退庭的，可以将被告拒不到庭或者中途退庭的情况予以公告，并可以向监察机关或者被告的上一级行政机关提出依法给予其主要负责人或者直接责任人员处分的司法建议。"《国务院办公厅关于加强和改进行政应诉工作的意见》（2016年6月27日）也将"无正当理由拒不到庭或者未经法庭许可中途退庭"和"被诉行政机关负责人不出庭应诉也不委托相应的工作人员出庭"的法律后果作同等处理。即，对于行政机关干预、阻碍人民法院依法受理和审理行政案件，无正当理由拒不到庭或者未经法庭许可中途退庭，被诉行政机关负责人不出庭应诉也不委托相应的工作人员出庭，由任免机关或者监察机关依照行政诉讼法、《行政机关公务员处分条例》《领导干部干预司法活动、插手具体案件处理的记录、通报和责任追究规定》等，对相关责任人员严肃处理。人民法院可以依照上述规定作出相应的处理建议。

【实务指导】

　　本司法解释中在裁判文书中载明与《最高人民法院关于行政诉讼应诉若干问题的通知》（法〔2016〕260号）中规定的"公告"方式的包含关系。在制定本司法解释时，有意见认为应当删除其中有关公告、司法建议的内容。理由是，行政诉讼法第六十六条第二款规定的公告、司法建议等措施仅针对被告经传票传唤无正当理由拒不到庭或者未经法庭许可中途退庭的情形，本条没有法律依据。起草小组经研究认为，应当继续保留本条规定。理由是，第一，行政机关负责人及其工作人员不出庭应诉，仅仅委托律师出庭应诉，严重违反行政诉讼法第三条第三款的规定，必须承担相应的法律责任；第二，行政诉讼法第六十六条第二款规定"人民法院对被告经传票传唤无正当理由拒不到庭，或者未经法庭许可中途退庭的，可以将被告拒不到庭或者中途退庭的情况予以公告，并可以向监察机关或者被告的上一级行政机关提出依法给予其主要负责人或者直接责任人员处分的司法建议"，人民法院书面建议行政机关负责人出庭应诉，行政机关负责人不出庭应诉的，与"人民法院对被告经传票传唤无正当理由拒不到庭"的法律效果相同，应当可以采用公告、司法建议的方式。因此，《最高人民法院关于行政诉讼应诉若干问题的通知》（法〔2016〕260号）中规定，行政机关负责人和行政机关相应的工作人员均不出庭，仅委托律师出庭的；或者人民法院书面建议行政机关负责人出庭应诉，行政机关负责人不出庭应诉的，人民法院应当记录在案并在裁判文书中载明，可以依照行政诉讼法第六十六条第二款的规定予以公告，建议任免机关、监察机关或者上一级行政机关对相关责任人员严肃处理。明确了"公告"制度。此外，公告、司法建议等方式也属于柔性的、间接的法律后果，目的在于督促行政机关尊重司法权威、推动行政纠纷案结事了。在本司法解释在审判委员会讨论时，有的审判委员会委员认为，当前，包括行政裁判文书在内的人民法院裁判文书都已经公开上网，行政机关负责人及其工作人员出庭应诉的情况已经在裁判文书中载明，实际上已经起到了向社会公开和监督行政机关出庭应诉的目的。如果有必要，还可以在行政审判白皮书就此问题进行专题公告，最终司法解释删除了有关公告的规定。今后，对于行政机关负责人及其工作人员不出庭应诉的，人民法院通过发布司法文件的方式予以监督和规范。

（梁凤云撰写）

九、复议机关作共同被告

2014年行政诉讼法确立了复议机关作共同被告制度,即经复议的案件,复议机关决定维持原行政行为的,作出原行政行为的行政机关和复议机关是共同被告。这是2014年行政诉讼法作出的新的制度设计,目的是为了促进行政复议功能得到更好的发挥。但行政诉讼法第二十六条第二款①规定比较原则,且对于共同被告制度下的审查对象、级别管辖、举证责任、裁判方式等均没有作出规定。本司法解释设专章规定了复议机关作共同被告情况下的相关问题,共计4个条文14个条款,是对行政诉讼法相关规定的细化和完善。

在复议机关作共同被告的情况下,同时存在一个原行政行为和一个复议决定,二者作为一个统一的整体共同构成人民法院的审查对象。统一性原则来源于以德国为代表的大陆法系通行的"原行政行为与复议决定的统一性"。在大陆法系国家,经复议的案件一般奉行"原处分主义"和"首次负担"规则,且采取原处分和复议决定一并裁判的方式。② 以"统一性原则"作为复议机关改变原行政行为的界定标准,在客观效果上可以更好地发挥行政复议机关的作用,鼓励复议机关积极查明修补原行政行为存在的事实和法律问题,纠正原行政行为存在的错误,不仅使行政争议能够得到更加及时有效的处理,也能够减轻司法机关的负担,减少当事人的诉累,符合行政诉讼法第二十六条的立法本意。③

---

① 行政诉讼法第二十六条第二款规定:"经复议的案件,复议机关决定维持原行政行为的,作出原行政行为的行政机关和复议机关是共同被告;复议机关改变原行政行为的,复议机关是被告。"
② 参见德国行政法院法第79条第1款、日本行政案件诉讼法第20条。
③ 李广宇:《新行政诉讼法司法解释读本》,法律出版社2015年版,第151页。

作出原行政行为的行政机关与复议机关作共同被告,是一种特殊形态的共同诉讼。在此情况下,必须明确复议决定与原行政行为的关系。虽然被诉行政行为既有原行政行为又有复议决定,但实际上对当事人权利义务产生实际影响和拘束力的仍然是原行政行为,而非维持该行政行为的复议决定。复议机关只是对原行政机关的意志加以肯定而已,并没有对当事人附加任何不利益。因此,在复议机关作共同被告的情况下,审理的焦点通常仍会指向原行政机关的行政行为或者不作为。这是因为,维持原行政行为的复议决定并没有设定当事人新的权利义务,或可能对当事人合法权益造成侵害的,实质上仍是原行政机关的行政行为或者不作为。

(于泓撰写)

第一百三十三条

行政诉讼法第二十六条第二款规定的"复议机关决定维持原行政行为",包括复议机关驳回复议申请或者复议请求的情形,但以复议申请不符合受理条件为由驳回的除外。

【条文主旨】

本条是关于复议机关决定维持原行政行为的规定。

【起草背景】

1989年行政诉讼法第二十五条第二款规定,"经复议的案件,复议机关决定维持原行政行为的,作出原行政行为的行政机关是被告;复议机关改变原行政行为的,复议机关是被告。"为了从制度上促进复议机关发挥监督下级机关的行政行为、救济公民权利的作用,2014年行政诉讼法第二十六条第二款规定,"经复议的案件,复议机关决定维持原行政行为的,作出原行政行为的行政机关和复议机关是共同被告。"但该规定并未对

"维持"作出界定，实务中出现对是否属于复议维持决定的错误认定，进而导致对原告诉讼请求的错误判断、行政复议机关被错列被告、甚至作出错误裁判的情况。上述情况的发生，很大程度上是由于对行政复议法、《行政复议法实施条例》相关条款之间关系的不完全掌握，以及对于2014年修正前后的行政诉讼法及相关司法解释关于复议决定"维持"或"改变"原行政行为的概念发生混淆。为了进一步厘清复议维持决定包括哪些情形，本司法解释对此作出了明确规定。

【条文释义】

"复议机关维持原行政行为"中的"维持"，首先是指行政复议法规定的"维持决定"。行政复议法第二十八条规定："行政复议机关负责法制工作的机构应当对被申请人作出的具体行政行为进行审查，提出意见，经行政复议机关的负责人同意或者集体讨论通过后，按照下列规定作出行政复议决定：（一）具体行政行为认定事实清楚，证据确凿，适用依据正确，程序合法，内容适当的，决定维持；……"《行政复议法实施条例》第四十三条亦作出相同规定。根据上述规定，只有在满足认定事实清楚、证据确凿、适用依据正确、程序合法、内容适当五个条件的基础上才能作出维持决定。

《行政复议法实施条例》除了明确维持决定外，还规定了驳回复议申请决定。该条例第四十八条第一款规定："有下列情形之一的，行政复议机关应当决定驳回行政复议申请：（一）申请人认为行政机关不履行法定职责申请行政复议，行政复议机关受理后发现该行政机关没有相应法定职责或者在受理前已经履行法定职责的；（二）受理行政复议申请后，发现该行政复议申请不符合行政复议法和本条例规定的受理条件的。"那么，行政诉讼法中规定的复议机关决定"维持"是否包括"驳回复议申请的决定"呢？对这一问题主要有以下三种观点：第一种观点认为，维持决定不包括驳回复议申请的决定。第二种观点认为，维持决定包括了驳回复议申请的决定。第三种观点认为，维持决定包括驳回复议申请的决定，但不包括因不符合受理条件驳回复议申请的情形。

本司法解释采纳了第三种观点。理由基于：

第一，维持决定与驳回复议申请决定的效果是一致的。对于"维持决定"和"驳回复议申请决定"的关系问题，参与该条例制定的人士认为，维持决定是对被申请人、申请人已经形成的行政法律关系的认可，是对被申请人的行政行为合法、适当的肯定，维持原行政行为的效力，"实际上是驳回申请人的请求"。①

第二，驳回复议申请决定适用的两种情形有较大差别。即《行政复议法实施条例》第四十八条第一款所列的两种情形，第一种情形是针对申请人提出的行政机关不履行法定职责的申请，复议机关受理后经审查发现，行政机关没有被申请的法定职责或者已经履行了法定职责的，复议机关无法适用维持、撤销、变更、责令履行等决定。只有驳回申请人的行政复议申请、终结行政复议程序，才是适当的处理方式。这种情形类似于1989年行政诉讼法中规定的"维持判决"。行政诉讼法第六十九条②驳回原告诉讼请求判决的适用情形即吸收了维持判决的情形。这个原理也完全适用于行政复议，即行政复议维持决定与驳回复议申请决定在适用条件上具有内在一致性。第二种情况则比较特殊。行政复议法及其实施条例都对复议申请条件作了明确规定，如果复议机关在受理前发现该申请不符合受理条件，可以作出不予受理的决定；如果复议机关在受理后发现该申请不符合受理条件，则应当决定驳回复议申请。这种类型的驳回申请属于程序上的驳回，类似于行政诉讼中的驳回起诉裁定。此种情况下，该决定属于复议机关自己的意思表示，若申请人不服向人民法院提起诉讼，应当由复议机关单独作为被告。

---

① 郜风涛主编、国务院法制办公室行政复议司编写：《中华人民共和国行政复议法实施条例释解与应用》，人民出版社2007年版，第171页。

② 行政诉讼法第六十九条规定："行政行为证据确凿，适用法律、法规正确，符合法定程序的，或者原告申请被告履行法定职责或者给付义务理由不成立的，人民法院判决驳回原告的诉讼请求。"

【实务指导】

在司法实践中，应当注意把握以下问题。

第一，注意区分两种驳回行政复议申请的不同情形。行政复议法中并没有规定驳回复议申请决定，《行政复议法实施条例》第四十八条第一款之所以规定两种情形，"其立法宗旨，是想让行政复议机关尽可能多地受理案件，避免因种种借口拒不受理行政复议案件的现象发生。但在实践中也确实存在某些不符合受理条件的案件，因立案审查时不够严谨或者审查期限已过而受理的情形。对于这些案件的处理，行政复议法提供的现行决定类型都不合适，各地区、各部门的行政复议机关都强烈要求增加这一行政复议决定方式。行政复议法实施条例顺应这一要求，补充规定了这一行政复议决定方式。"① 从上述内容可以看出，这种对于复议决定的补充，在性质上是有本质区别的。其中第一项属于实体上的驳回，相当于人民法院作出的驳回原告诉讼请求判决，在性质上是对复议申请进行审查之后作出的实体处理决定，实际是维持决定的替代品。此时若提起行政诉讼，就应当以复议机关和作出原行政行为的行政机关为共同被告。而第二项属于程序上的驳回，相当于人民法院作出的驳回起诉裁定，在性质上属于对行政复议申请的程序性驳回，既不属于维持原行政行为，也不属于改变原行政行为，因为行政复议机关并没有对被申请行政行为的合法性作出实体认定和处理。此时若提起行政诉讼，则应当适用行政诉讼法第二十六条第三款的规定，即"复议机关在法定期限内未作出复议决定，公民、法人或者其他组织起诉原行政行为的，作出原行政行为的行政机关是被告；起诉复议机关不作为的，复议机关是被告。"《行政复议法实施条例》第四十八条第一款规定的两种情形并不难理解，但受限于当时立法技术的原因，将分别属于实体决定和程序决定的两种决定规定在"驳回行政复议申请"这一种决定之下。行政诉讼法2014年修改后，有关原告的诉讼请求已经形成规

---

① 张越：《行政复议法学》，中国法制出版社2007年版，第447页。

范的概念，故本司法解释将两种情况以不同的表述加以区分，既符合基本法理，又便于实务操作。

第二，行政复议机关不予受理复议申请情况下的法律救济手段。在复议机关不予受理复议申请的情况下，当事人有两种法律救济手段可以选择：一种是直接起诉原行政行为。因为可能对当事人合法权益造成侵害的，实质上仍是原行政机关的行政行为或者不作为。复议机关尽管没有受理行政复议申请，但在法律没有规定行政复议必须是前置程序的情况下，并不影响当事人直接对原行政行为提起行政诉讼，并且直接起诉原行政行为还有利于从根本上解决行政争议。另一种是起诉复议机关不作为。如果当事人坚持认为复议机关应当受理其复议申请，也可以以复议机关不作为为由提起诉讼。但是，无论是直接起诉原行政行为还是起诉复议机关不作为，都不涉及另一机关作共同被告的问题，因为行政诉讼法第二十六条第三款明确规定："复议机关在法定期限内未作出复议决定，公民、法人或者其他组织起诉原行政行为的，作出原行政行为的行政机关是被告；起诉复议机关不作为的，复议机关是被告。"按照立法本意，本款所说的"复议机关在法定期限内未作出复议决定"，仅指未就实体处理作出决定。"复议机关不作为"，既包括复议机关在法定期限内不作出任何决定的消极不作为，也包括复议机关明确作出不予受理复议申请决定的积极不作为。

但是，上述两种救济手段不可以同时进行，而应当选择其一。这是因为，直接起诉原行政行为，目的是要求人民法院对原行政行为的合法性作出认定和处理；起诉复议机关不作为，直接的诉求虽然是要求人民法院撤销不予受理复议申请的决定，但撤销不予受理复议申请决定的效果，则必然导致复议机关同样要对原行政行为的合法性作出认定和处理。如果同时起诉原行政行为和复议机关不作为，就会违反一事不再理原则，造成人民法院和复议机关的重复劳动。更为重要的是，这样做还违反了司法最终原则。司法最终原则是指，行政复议活动虽然是行政争议的重要救济方式，但却不是最终裁决，除非法律另有规定，人民法院作出的终审判决才是最终裁判。据此，行政复议法第五条规定："公民、法人或者其他组织对行政复议决定不服的，可以依照行政诉讼法的规定向人民法院提起行政诉讼，但是法律规定行政复议决定为最终裁决的除外。"司法最终原则也决定了行政复议和行政诉讼应当是一种先后关系，而不能针对同一个争议同时进行这两种法律程序。因此行政复议法第十六条第二款又规定："公民、法人或者其他组织向人民法院提起行政诉讼，人民法院已经依法受理的，不得申请行政复议。"

第三，原行政行为已经司法最终裁判，利害关系人能否再申请复议？实务中出现的一种情况是，原行政行为已经进行诉讼并作出裁判，但利害关系人仍向行政复议机关提出复议申请，并进而对复议机关的作为或者不作为行为提起诉讼。我们认为，在此情况下利害关系人不得再就原行政行为申请复议。理由如前所述，一是有违司法最终原则和一事不再理原则。行政复议和行政诉讼都是解决行政争议的救济方式，但除法定的复议最终裁决外，只有人民法院作出的终审裁判具有终局性。如果原行政行为已经司法程序审理并作出终审裁判，该裁判对相关主体之间的行政法律关系已经产生既判力，既不允许复议机关作出与此相反的决定，也不允许司法机关自身轻易否定。二是利害关系人缺乏诉的利益。由于利害关系人与原行政机关之间的行政法律关系已经司法最终确定，说明原行政行为的合法性已经不容挑战。利害关系人再对该原行政行为申请复议，无论复议机关是否拒绝受理、作出决定、逾期答复等，复议机关的作为或不作为对利害关系人的合法权益均不产生任何实际影响，利害关系人再对复议机关的作为或不作为行为提起诉讼，其已经不存在诉的利益，人民法院可以在立案审查阶段不予立案，但应当向当事人说明不予立案的理由。

（于泓撰写）

第一百三十四条

复议机关决定维持原行政行为的，作出原行政行为的行政机关和复议机关是共同被告。原告只起诉作出原行政行为的行政机关或者复议机关的，人民法院应当告知原告追加被告。原告不同意追加的，人民法院应当将另一机关列为共同被告。

行政复议决定既有维持原行政行为内容，又有改变原行政行为内容或者不予受理申请内容的，作出原行政行为的行政机关和复议机关为共同被告。

复议机关作共同被告的案件，以作出原行政行为的行政机关确定案件的级别管辖。

【条文主旨】

本条共分三款内容。第一款是复议决定维持原行政行为时，人民法院释明原告追加或者依职权追加共同被告的规定。第二款是新增加的内容，明确了在复议决定既有维持又有改变或不予受理申请内容情况下复议机关为共同被告。第三款是关于复议机关作共同被告时的级别管辖规定。

【起草背景】

在《适用解释》起草过程中，对于复议决定维持原行政行为时原告只起诉作出原行政行为的行政机关或复议机关当中的某一个应当如何处理，存在较大争议。第一种观点认为，人民法院应当告知原告追加被告，如果原告不同意追加，应当尊重当事人的意思自治，人民法院可以追加另一个机关为第三人。第二种观点认为，人民法院依职权追加被告侵犯原告的处分权，但追加为第三人又会导致其与被告的诉讼关系不清晰，建议释明后仍拒绝追加的，以被告不适格为由裁定驳回起诉。第三种观点即《适用解释》第七条采纳的观点，被本司法解释所沿用。

上述争议涉及共同诉讼问题。共同诉讼有普通共同诉讼与必要共同诉讼之分，二者的区别在于"诉讼标的是否必须合一确定"。必要共同诉讼的核心意义在于，由于诉讼标的对于共同诉讼之各人必须合一确定，决定了它必须是这样一种诉讼形态："只有将一定范围内的诉讼标的全部利害关系人作为共同诉讼人，才能获得本案判决的共同诉讼形态（不允许进行单独的诉讼，而必须是全体人参加的共同诉讼形态，换言之，只有在全体成为当事人后，才具有当事人适格）。"① 以共同诉讼理论来审视复议机关为共同被告问题，正是基于原行政行为与维持决定的"统一性原则"，而这在性质上就符合"诉讼标的必须合一确定"这一固有必要共同诉讼的核心要件。行政诉讼法第二十六条第二款关于"经复议的案件，复议机关决定维持原行政行为的，作出原行政行为的行政机关和复议机关是共同被告"的规定，即符合固有必要共同诉讼中"必须数人一同被诉"的一般要求。该法第七十九条②亦对诉讼标的必须合一确定提出了明确要求。所以，诉讼标的必须合一确定决定了诉讼主体的相应确定，二者必然是一致的。

第二款规定是为了解决实务中遇到的情况，比如申请人向行政复议机关提出多项申请，复议机关经审查，分别针对多项申请作出复议决定，其中既有维持原行政行为的内容，又有改变或者不予受理申请内容的，对此如何认定成为空白。本解释针对实务中出现的问题，增加规定了本条第二款，即在复议决定涉及多项内容的情况下，只要其中包含维持原行政行为内容的，即视为复议维持决定，复议机关与原行政机关为共同被告。

第三款是关于复议机关作共同被告时的级别管辖规定。2014年行政诉讼法第十八条只规定了一般地域管辖以及在地域管辖基础上的选择管辖，没有对复议维持原行政行为情况下的共同被告如何确定级别管辖作出明确规定。由于目前我国实行的是复议"双轨制"，即行政复议法第十二条第一款规定的"对县级以上地方各级人民政府工作部门的具体行政行为不服的，由申请人选择，可以向该部门的本级人民政府申请行政复议，也可以向上一级主管部门申请行政复议。"所以，行政复议存在以下两种情况：一是申请人向作出原行政行为的行政机关的同级人民政府申请复议，二是申请人向作出原行政行为的行政机关的上一级主管部门申请行政复议。由于作出原行政行为的行政机关和复议机关往往是上下级关系，有可能分别

---

① ［日］新堂幸司：《新民事诉讼法》，林剑锋译，法律出版社2008年版，第540页。
② 行政诉讼法第七十九条规定："复议机关与作出原行政行为的行政机关为共同被告的案件，人民法院应当对复议决定和原行政行为一并作出裁判。"

对应不同级别的管辖法院，究竟如何确定管辖就成为一个必须回答的问题。行政诉讼法立法过程中涉及第十五条中级法院管辖的第一审行政案件时，曾表述为"对国务院部门或者县级以上地方人民政府所作的除行政复议决定以外的行政行为提起诉讼的案件"，因过于繁琐达成一致意见为，今后通过司法解释予以适度限缩解释，① 本款规定即符合立法原意。

【条文释义】

第一款是关于原告漏列被告如何处理的规定，即复议决定维持原行政行为时复议机关和原行政机关是法定的共同被告。在诉讼法原理上，共同被告属于共同诉讼制度的一种。共同诉讼一般分为必要的共同诉讼和普通的共同诉讼，前者是指当事人一方或者双方为两人以上、诉讼标的同一的诉讼；后者是指当事人一方或者双方为两人以上、诉讼标的同样的诉讼。必要共同诉讼的典型表现形式是两个以上行政机关共同作出一个行政行为，比如行政诉讼法第二十六条第四款的规定，由于两个以上行政机关作出同一行政行为，而在权利义务上发生不可分割的联系。对于必要的共同被告，人民法院有权在征得原告同意的基础上追加被告，原告不同意追加被告的，人民法院应当通知其以第三人的身份参加诉讼。② 之所以这样规定，目的在于尊重原告的诉讼权利。但本解释第二十六条第二款同时明确，"行政复议机关作共同被告的除外"，因此可以说，复议机关作共同被告的情形，既不是普通的共同诉讼，也不是典型的必要共同诉讼。因为，复议维持决定和原行政行为是两个不同的行政行为，但是这两个行政行为具有极高的关联度，维持的复议决定强化了原行政行为，又依附于原行政行为的效力状态。③ 从这个意义上讲，这种情形实际上是必要共同诉讼和普通共同诉讼的中间状态，行政诉讼法关于复议机关作共同被告的规定是

---

① 江必新、梁凤云：《最高人民法院新行政诉讼法司法解释理解与适用》，中国法制出版社2015年版，第83页。
② 参见《若干解释》第二十三条第二款，本解释第二十六条第二款。
③ 袁杰主编、全国人大常委会法制工作委员会行政法室编著：《中华人民共和国行政诉讼法解读》，中国法制出版社2014年版，第215页。

对共同诉讼理论的新发展。①

本条第二款为新增内容。针对申请人提出的多项行政复议申请,复议机关作出的复议决定可能部分支持部分驳回,其中既有维持原行政行为的内容,又有改变原行政行为的内容,甚至还有不予受理某项复议申请的内容。在此情况下,由于被诉行政复议决定包含多项内容,如何认定并进而对是否共同被告作出判断成为司法实务中需要解决的问题。根据本款规定,只要复议决定中包含维持原行政行为的内容,复议机关即为共同被告。但需注意的是,条款仅明确了此种情况下复议机关成为共同被告,在审理后仍应当针对复议决定的不同内容分别作出裁判。

在2014年行政诉讼法修改过程中,增加了县级以上地方人民政府为被告的案件由中级人民法院管辖的规定。在县级以上地方人民政府受理行政复议申请的情况下,考虑到复议机关有可能成为共同被告,如果按照复议机关确定案件的级别管辖,中级法院将不堪重负。故修法的立法本意是,复议机关作共同被告的案件,以作出原行政行为的行政机关确定级别管辖。对于中级人民法院管辖的一审行政案件,立法机关的权威释义中已作专门阐述,"需要说明的是,这里的行政行为是指县级以上地方人民政府直接作出的行政处理决定,不包括其所作出的维持原行政行为的行政复议决定"。② 据此,《适用解释》第八条作出上述规定,本解释沿用。

把握本条第三款需注意以下几个方面的内容。

第一,根据行政诉讼法第十八条第一款规定,经复议的案件,复议机关决定维持原行政行为的,既可以由作出原行政行为的行政机关所在地人民法院管辖,也可以由复议机关所在地人民法院管辖。如果两个以上的人民法院都有管辖权,原告可以选择其中一个法院起诉,但应当以作出原行政行为的行政机关确定案件的级别管辖。确定这一规则的主要考虑是,根据行政诉讼法第十五条的规定,对国务院部门或者县级以上地方人民政府

---

① 江必新、梁凤云:《最高人民法院新行政诉讼法司法解释理解与适用》,中国法制出版社2015年版,第76页。
② 袁杰主编、全国人大常委会法制工作委员会行政法室编著:《中华人民共和国行政诉讼解读》,中国法制出版社2014年版,第52页。

所作的行政行为提起诉讼的案件，一律由中级人民法院管辖，如果不加甄别一律以复议机关确定案件的级别管辖，将会形成基层法院无案可审、大量案件涌向上级法院的"倒金字塔"格局。实际上这种情况已经显现，基层法院的案件大幅下降，化解矛盾的功能大大减弱。更为重要的是，根据前述统一性原则，复议机关作出的维持原行政行为的决定，只是对原行政机关的意志加以肯定而已，与行政诉讼法第十五条规定的"国务院部门或者县级以上地方人民政府"所作的行政行为有着本质区别，该条款的立法原意并不包括其所作出的维持原行政行为的行政复议决定。复议机关作出维持决定的特殊性在于，只是覆盖了原行政行为的效力，真正对当事人权利义务产生影响的还是原行政行为，这样规定使得基层法院可以依法受理复议机关维持原行政行为的案件，有利于化解矛盾在基层。

第二，本款规定的"以作出原行政行为的行政机关确定案件的级别管辖"仅限于复议维持原行政行为时成为共同被告的情况，言外之意，如果对复议机关改变原行政行为的决定不服而提起诉讼，则应当以复议机关确定案件的级别管辖。因为，改变原行政行为的复议决定在性质上属于上级机关直接作出的行政处理决定，如果该上级机关属于国务院部门或者县级以上地方人民政府，则按照行政诉讼法第十五条规定由中级人民法院管辖。同理，起诉复议机关不作为的案件，亦采用相同的标准。

【实务指导】

实务中应当注意把握以下三点。

第一，法院的释明义务。原告只起诉作出原行政行为的行政机关或者复议机关的，人民法院应当告知原告追加被告。这里的"告知"有一定的释明意义，但又与一般的释明不同。不同点在于，告知并不产生特定的法律后果，其意义在于使原告准确理解行政诉讼法的规定，理解法院追加共同被告的目的，便于诉讼程序的顺利进行。

第二，在原告不同意追加的情况下，人民法院应当依职权追加。理由在于，行政诉讼法规定的经复议案件的共同被告制度是一种法定的共同被告制度，无论当事人甚至法院都不能选择，如果允许原告选择与确立该制度的立法目的不相符。诉讼法关于必要共同诉讼的一般规定是，人民法院应当对原告的选择权予以尊重，在原告只起诉其中一个被告的情况下，人民法院释明后只能追加为第三人。但是，复议维持情况下的共同被告制度是一种例外规定，之所以规定为法定共同被告，立法目的不仅仅在于解决原告和原行政行为之间的纠纷，而且在于监督和促进复议机关依法履行复议职责。此外，另一行政机关作为共同被告，解决了诉讼对象错位问题，有利于举证责任、其他诉讼义务和最终法律责任的落实。例如，在复议机关改变原行政行为认定的事实或证据以及适用的法律规范依据的情况下，即复议机关在修正原行政行为的不足或弥补了原行政行为漏洞的情况下作出维持决定，如果仅以其中一个机关为被告，不利于查明全部事实并依法作出裁判。再如，原告同时提出赔偿请求的情况下，原行政行为与复议行为与损害后果的因果关系等是审理必须查明的事实，只有在诉讼对象合一确定的情况下才能做到。

第三，注意本条第三款与行政诉讼法第十八条的关系。第十八条规定涉及的是地域管辖问题，本条第三款涉及的是级别管辖问题。这是两个不同的问题，地域管辖当事人可选择，而级别管辖则是法定的。曾有观点提出，如果复议机关级别较高而由基层法院管辖，会出现不对等的情形。我们认为，级别较高的复议机关到基层法院应诉不存在不对等的问题，法律面前人人平等，人民法院作为裁判机关也无大小高低之分，复议机关依法到作出原行政行为的行政机关所在地人民法院出庭应诉，符合法律规定。

（于泓撰写）

第一百三十五条

复议机关决定维持原行政行为的，人民法院应当在审查原行政行为合法性的同时，一并审查复议决定的合法性。

作出原行政行为的行政机关和复议机关对原行政行为合法性共同承担举证责任，可以由其中一个机关实施举证行为。复议机关对复议决定的合法性承担举证责任。

复议机关作共同被告的案件，复议机关在复议程序中依法收集和补充的证据，可以作为人民法院认定复议决定和原行政行为合法的依据。

【条文主旨】

本条是人民法院对于复议决定维持原行政行为案件的审查对象及原行政机关和复议机关的举证责任、证据效力认定的规定。

【起草背景】

本解释第二十二条将"复议机关改变原行政行为"规定为"复议机关改变原行政行为的处理结果"。很明显，新的司法解释删除了《若干解释》第七条规定的前两项内容，即改变原具体行政行为所认定的主要事实和证据、改变原具体行政行为所适用的规范依据且对定性产生影响的，而仅保留了第三项内容，即变更原具体行政行为的处理结果。《若干解释》第七条规定的三种"改变"的情形，实际上否认了复议决定修正原行政行为错误的可能。本司法解释明确将复议决定改变原行政行为的判断标准仅限定为处理结果的改变，意味着复议决定维持原行政行为的前提下，复议机关可以根据自己调查的事实和对法律适用的理解，改变原行政行为认定的事实、证据以及理由。这也意味着，当复议决定未改变原行政行为的处理结果时，即使改变了原行政行为所认定的事实、证据或适用规范依据，人民法院必须将已经改变后的事实、证据和规范依据统一到原行政行为之中去审查，而不是仅仅作为复议决定的合法性问题来审查。换言之，不是将复议决定和原行政行为作为两个互相孤立的行政决定进行审查，而是将二者"合二为一"，这时所审查的原行政行为实际上已经是经过复议决定修正之后的行政行为。

根据统一性原则，只要以原行政行为（包含经复议决定修正之后的）作为审理对象即可，不必特意将原行政行为的合法性与复议决定的合法性人为地加以区分并分别作出审查。换言之，对复议决定合法性的审查已经包含在对原行政行为合法性的审查之中。事实上，在复议决定维持原行政行为的情况下，对原告合法权益构成侵害的实质上仍是原行政行为，复议决定只是对原行政机关的意志加以肯定而已，并没有施予当事人新的负担，故只要对违法的原行政行为予以撤销就能实现原告的诉求，对于复议决定的撤销实际上是附带完成的，避免出现原行政行为被撤销但仍存在一个维持该行政行为的复议决定的尴尬局面。法院的审理对象，根本上来说还是原告可以通过诉讼应当被实现的实体权利的主张，只要对此能够查明，就能最终作出实体判决，而不应刻板地拘泥于审查原行政行为抑或复议决定。[1]

本条解决了复议决定维持原行政行为情况下的审理对象问题，将原行政行为与复议维持决定视为必须合一确定的诉讼标的。因为如果不这样做，当事人日后可能还会针对另一个尚未被诉的行政行为（复议行为）提起诉讼，就有可能导致审理的重复和裁判的矛盾，不利于行政争议的统一解决。

【条文释义】

本条第一款和第二款将《适用解释》第九条原规定的"一并审查复议程序的合法性"修改为"一并审查复议决定的合法性"。"程序"变为"决定"，说明审查内容的全面性，既包括实体问题，也包括程序问题；既包括原行政行为，也包括复议行为，二者是"统一的"整体。

复议决定的合法性应当包括三部分内容：一是实质上的原行政行为的合法性。由于原行政行为与复议维持决定之间存在密切联系，复议维持决

---

[1] 李广宇：《新行政诉讼法司法解释读本》，法律出版社 2015 年版，第 173 页。

定的合法性与原行政行为的合法性发生"重合"。二是复议机关改变原行政行为所认定的主要事实和证据、所适用的规范依据但未改变处理结果的，这些相应的事实、证据和适用规范依据已经成为原行政行为合法性不可分割的一部分，属于经复议决定修正后维持原行政行为的情形。三是复议程序自身的合法性，这部分与原行政行为的程序完全独立，应单独进行审查。

准确把握本条第二款规定的前提，不在于如何分配原行政机关与复议机关之间的举证责任，而在于将"举证责任"与"实施举证行为"这两个证据法上的概念加以区分。举证责任又称为证明责任，比较有代表性的定义为，"证明责任应当包括行为与后果两个方面，即行为意义上的证明责任与结果意义上的证明责任。前者是指当事人对所主张的事实负有提供证据证明的责任；后者指在事实处于真伪不明状态时，主张该事实的人承担不利的诉讼后果。"[①] 所以，本解释对复议维持原行政行为作共同被告情况下的证明责任作出了二元划分，即在举证责任上，对原行政行为合法性的举证责任由作出原行政行为的行政机关和复议机关共同承担。这是基于"统一性原则"所进行的分配。虽然原行政行为系由原行政机关作出，但经过复议决定维持之后，该行政行为就成为"以复议决定的形式体现出来的原行政行为"，复议机关既然对其予以认可并作出维持决定，就应当与原行政机关一道对该行政行为合法的主张承担客观的证明责任。如果证明原行政行为合法的事实真伪不明，败诉的风险也要由原行政机关和复议机关一起承担。同时，由于实施举证行为并不是一种败诉风险的分配，而是一种提供证据的行为，故可以由其中一个机关负责实施。由于作出原行政行为的机关和复议机关所掌握的能够证明原行政行为合法性的证据基本相同，由谁具体实施举证行为就不是主要问题。况且，由其中一个机关实施举证行为，还可以避免重复举证和质证认证，减轻诉讼负担，提高诉讼效率，节约行政和司法成本。

在原行政机关与复议机关共同承担举证责任的前提下，由哪一个机关

---

① 樊崇义主编：《证据法学》，法律出版社 2001 年版，第 200 页。

实施举证行为又各有侧重，应遵循"证据距离远近"原则。复议决定维持原行政行为的情况下，复议行为与原行政行为的合法性存在较大"重合"，存在两种情形：一是复议决定对原行政行为所认定的事实、证据或适用规范依据没有改变，此时完全重合，可以主要由原行政机关实施举证行为；二是复议决定虽然改变了原行政行为所认定的事实、证据或者适用规范依据但未改变结果，改变的内容已经成为原行政行为合法性的重要组成部分，可以主要由复议机关实施举证行为。

本款规定的特殊情形是，"复议机关对复议决定的合法性承担举证责任"。这里所说的"复议决定合法性"仅指程序合法性，因为实体合法性已经包含在对原行政行为合法性的审查之中。这时不存在共同承担举证责任的问题，因为作出复议决定是复议机关单方实施的行为，不涉及原行政机关，故原行政机关当然不对此承担举证责任，对于复议决定合法性的举证责任只能由复议机关独立承担。具体包括以下两方面：一是行政复议的受理程序是否合法，二是行政复议的审查和决定程序是否合法。

本条第三款是新增内容。准确把握该款规定必须调整固有思路，即认为该规定与其他司法解释中的相关规定发生冲突。《行政诉讼证据规定》第六十一条规定，"复议机关在复议程序中收集和补充的证据，或者作出原具体行政行为的行政机关在复议程序中未向复议机关提交的证据，不能作为人民法院认定原具体行政行为合法的依据。"① 上述规定表明，复议程序中产生的证据不得用以证明原行政行为合法。换言之，复议机关不得为原行政行为的合法性举证。这样规定的基础在于"先取证后裁决"，即行政机关只有在证据完备的情况下才能作出行政行为，行政机关事后获取的证据不能证明先前行政行为的合法性。但是，上述司法解释是根据1989年行政诉讼法作出的，当时这样规定是建立以下两个基础之上的：一是当时的法律规定并无共同被告制度，而是规定，复议决定维持原行政行为的情况下，原行政机关是（单独）被告；复议决定改变原行政行为的情况

---

① 本司法解释公布施行之后，该条规定与本司法解释的规定不一致，故不再适用。

下,复议机关是(单独)被告。① 二是《若干解释》第七条规定,复议决定"改变"原行政行为包括三种情况,既包括改变处理结果,也包括改变原行政行为所认定的主要事实和证据以及所适用的规范依据且对定性产生影响。由此可见,1989年行政诉讼法及相关司法解释,均是将原行政行为与复议行为作为两个完全独立的行政行为来认识,故原行政机关与复议机关应只对自己的行为承担相应的责任。

2014年行政诉讼法加大了复议机关的责任,且将复议决定与原行政行为作为一个整体来认识,不仅在实体上如此,在程序上亦如此。也就是说,复议机关只要没有改变原行政行为的处理结果,举凡改变事实、证据或适用规范依据,均属于对原行政行为的"治愈"、补正和维持,是对原行政行为的强化,复议机关改变这些事项已经成为"整体行政程序"的一个环节和步骤,故逻辑上的结论就是,行政复议机关在复议过程中可以收集和补充证据。② 在此情况下,原行政行为已不是原来作出时的状态,而是以复议决定的形式体现出来的原行政行为,原行政行为因所认定的事实、证据或适用规范依据错误导致的不合法问题已经被复议维持决定所修正,故复议机关在复议程序中收集的证据可以被用于证明原行政行为的合法性。而复议机关也是先收集证据后作出复议维持决定的,故仍符合"先取证后裁决"原则。

【实务指导】

实务中需注意以三个问题。

1. 复议决定合法性与复议程序合法性的关系。在复议机关作共同被告的情况下,审理对象是原行政行为和复议决定的合法性,《适用解释》将复议维持决定改变原行政行为所认定的事实、证据及适用的规范依据等合

---

① 1989年行政诉讼法第二十五条第二款规定,"经复议的案件,复议机关决定维持原具体行政行为的,作出原具体行政行为的行政机关是被告;复议机关改变原具体行政行为的,复议机关是被告。"

② 江必新、梁凤云:《最高人民法院新行政诉讼法司法解释理解与适用》,中国法制出版社2015年版,第91页。

法性事项放在原行政行为的合法性中去解释，才表述为"复议程序的合法性"，但并不排斥上述内容。本解释这样规定则更加明确清晰，便于理解和操作。

2. 共同承担举证责任并不意味着两个机关之间没有分工，不同情况下举证责任的主从关系不同。如果复议维持决定是纯粹的"复制"原行政行为，则以原行政机关为主、复议机关为辅；如果复议维持决定改变了原行政行为认定的事实、证据和适用的规范依据但未改变处理结果的，则应以复议机关为主、原行政机关为辅。证明原行政行为合法性的证据，由原行政机关与复议机关协商后可以由一方提交，视为双方共同举证责任的体现；如果复议机关在复议程序中收集了原行政行为作出时未收集的新的证据，可以在列举证据时予以适当说明。如果复议机关委托原行政机关实施举证行为，一般也应允许。

3. 应结合当事人的争议焦点、围绕原行政行为和复议决定的合法性进行审查。同时，在审理中和裁判时应注意分清主次、详略得当。对于复议决定认定的事实、证据或适用的规范依据等与原行政行为完全相同的，可以审查原行政行为为主，并依法确认上述事实和适用的规范依据是否成立；复议决定改变原行政行为认定的事实、证据或者适用的规范依据的，则应重点审查改变后的主要事实、证据或者适用的规范依据是否成立。若原行政机关与复议机关的答辩意见不一致且无法协商一致的，应当重点审查复议机关的理由和证据。当事人对复议程序的合法性提出争议的，就复议程序的合法性问题应当单独进行审查。

（于泓撰写）

第一百三十六条

人民法院对原行政行为作出判决的同时，应当对复议决定一并作出相应判决。

人民法院依职权追加作出原行政行为的行政机关或者复议机关为共同被告的,对原行政行为或者复议决定可以作出相应判决。

人民法院判决撤销原行政行为和复议决定的,可以判决作出原行政行为的行政机关重新作出行政行为。

人民法院判决作出原行政行为的行政机关履行法定职责或者给付义务的,应当同时判决撤销复议决定。

原行政行为合法、复议决定违法的,人民法院可以判决撤销复议决定或者确认复议决定违法,同时判决驳回原告针对原行政行为的诉讼请求。

原行政行为被撤销、确认违法或者无效,给原告造成损失的,应当由作出原行政行为的行政机关承担赔偿责任;因复议决定加重损害的,由复议机关对加重部分承担赔偿责任。

原行政行为不符合复议或者诉讼受案范围等受理条件,复议机关作出维持决定的,人民法院应当裁定一并驳回对原行政行为和复议决定的起诉。

【条文主旨】

本条是关于复议机关为共同被告情况下的裁判方式的规定。

【起草背景】

在 2014 年行政诉讼法修改之前,由于复议维持原行政行为仅以作出原行政行为的行政机关为被告,在裁判方式上只针对原行政行为作出判决。至于复议决定如何处理,《若干解释》第五十三条第一款规定,"复议决定维持原具体行政行为的,人民法院判决撤销原具体行政行为,复议决定自然无效。"之所以这样规定,是因为"复议决定维持原具体行政行为,并不是以一个具体行政行为取代另一个具体行政行为,而是对原具体行政行为的法律效力加以认可,所以复议决定在内容上从属于原具体行政行为,而不具有独立性,若原具体行政行为被判决撤销,则'皮之不存,毛将焉附',复议决定自然就失去了存在的基础"①。

在 2014 年行政诉讼法修改之后,既然作出维持决定的复议机关与作出原行政行为的行政机关为共同被告,则对复议决定与原行政行为一并作出裁判就成为必然。因为"维持复议决定与原行政行为不是同一个行政行为,也非同类行为,但属于关联度很高的两个行为,维持复议决定强化了原行政行为,又依附于原行政行为的效力状态,因此有必要在一个诉讼中解决。修法前,原来的做法是维持复议决定随着原行政行为的撤销而自然失效,剥夺了复议机关维护自己主张的权利。修法后,维持复议决定与原行政行为在一个诉讼中一并审理,便于争议一次性解决。在复议机关与原行政机关作共同被告的共同诉讼中,法院要分别审查原行政行为和复议决定的合法性,应当在一个判决中对原行政行为和复议决定的合法性一并作出裁判。"② 行政诉讼法第七十九条规定,"复议机关与作出原行政行为的行政机关为共同被告的案件,人民法院应当对复议决定和原行政行为一并作出裁判",但对于如何"一并裁判"没有作出更具体的规定。本解释在《适用解释》第十条共五款规定的基础上,补充和完善后形成七款规定,进一步明确了人民法院对此类案件进行审查和裁判应遵循的规则。

对于经过复议后赔偿义务机关的确定,总的指导思想是"谁侵权,谁赔偿"。只要职务行为导致了侵权损害的发生,作出该职务行为的主体就应当承担责任。当复议机关加重损害时,复议机关已成为侵权行为主体,当然要承担赔偿责任。复议机关仅就加重部分履行赔偿义务,实际上严格采取了"谁侵权,谁赔偿"的原则。复议决定加重受害人损害的,复议机关和最初造成侵权行为的行政机关为共同赔偿义务机关,但复议机关只对加重部分承担义务。③ 本解释与国家赔偿法的相关规定一致。

---

① 最高人民法院行政审判庭编:《〈关于执行中华人民共和国行政诉讼法若干问题的解释〉释义》,中国城市出版社 2000 年版,第 113 页。
② 袁杰主编、全国人大常委会法制工作委员会行政法室编著:《中华人民共和国行政诉讼法解读》,中国法制出版社 2014 年版,第 215~216 页。
③ 许安标主编、全国人大常委会法制工作委员会国家法室编著:《中华人民共和国国家赔偿法解读》,中国法制出版社 2010 年版,第 48 页。

【条文释义】

由于共同被告案件中的原行政行为和复议决定在具体个案中的表现形式多种多样，这就要求"一并裁判"的方式也必然要有所区别，而这些差异性是难以作简单表述的。因此，本条第一款先作出原则性的规定，即"人民法院对原行政行为作出判决的同时，应当对复议决定一并作出相应判决。"该规定与行政诉讼法第七十九条规定并无差异，起提示作用。应当注意的是，对原行政行为和复议行为裁判结果的一致性。对原行政行为及复议决定进行审查后，可以针对不同情况分别作出判决，也可以根据具体案情遵循有利于明晰法律关系、及时定分止争的原则作出适当调整。

本条第二款为新增内容，明确人民法院依职权追加被告情形下的裁判方式，既是对第一款规定的补充和完善，也与本解释第一百三十四条第一款前后呼应。既然人民法院的审查对象是"复议决定与原行政行为"，裁判对象和审查对象理应一致。

基于复议决定与原行政行为的统一性而言，针对原行政行为的判决和针对复议决定的判决在性质上应保持统一。由于维持原行政行为的复议决定与原行政行为的处理结果一致，对两者的判决也应当保持一致。裁判方式包括以下三种情形：第一，原行政行为及复议决定均合法的（包含经复议决定修正后合法的），按照行政诉讼法第六十九条的规定，应当判决一并驳回原告要求撤销原行政行为和复议决定的诉讼请求。第二，原行政行为与复议决定均违法应予撤销的（包含经复议决定修正后仍然不合法的），应当判决一并撤销原行政行为及复议决定，并可根据具体案情责令原行政机关重新作出行政行为。第三，确认原行政行为违法的，原则上应当同时判决确认复议决定违法。这里需要注意的是，如果原行政行为有违法情形但无法撤销只能确认违法的，一般情况下可以撤销复议决定。但原行政行为被确认违法的情况比较复杂，如果一律撤销也可能出现不周严的情形，比如原行政行为的实体部分有可能已经过复议决定修正，而仅仅是其程序违法需要予以确认，此时如果简单撤销复议决定，可能会导致法律关系的不清晰。因此，对原行政行为确认违法时，对复议决定一并确认违法，既简单易行，也避免出现不周严的问题。① 本条第三款和第四款即明确了原行政行为与复议决定处理结果一致情况下的裁判方式。

本条第三款是关于原行政行为与复议决定均违法应撤销情况下的裁判方式的规定，涉及的诉讼类型为撤销诉讼。本款第一句话是指，由于维持原行政行为的复议决定与原行政行为的处理结果一致，对两者的判决也应当保持一致，即在撤销原行政行为时，对于维持该行政行为的复议决定也应当撤销。本款第二句话是指，根据行政诉讼法第七十条规定，行政行为违法可以判决撤销或者部分撤销，并可以判决被告重新作出行政行为。由于"撤销诉讼是基于原告的请求权以溯及既往地消灭行政行为的效力为目的的诉讼，故撤销行政行为的判决在确定行政行为违法性的同时还发挥着宣告行政行为溯及既往地丧失效力的关联性效果。"② 撤销诉讼属于形成诉讼，行政行为一旦撤销即具有形成力，在法律上不复存在。对于原告的合法权益真正产生影响的是原行政行为，且原行政机关对争议事项具有首次管辖权、判断权甚至裁量权，因此可以判决原行政机关重作。重作判决这种判决形式来源于我国台湾地区，但台湾学者同时认为，"只有在例外情形为减轻法院负担，可认为有重大必要由行政机关进一步调查事实，且考量当事人之间之利害关系亦为适当时，始得撤销原处分，发回交由原处分机关重为调查处分"③，"实应尽量避免采用此一判决模式"④。是否判决重作应当考虑原行政机关是否存在重新作出行政行为的必要。人民法院判决重作某种意义上等于作出一个"答复判决"，法院可以在判决中阐明自己的意旨，行政机关应当遵照法院的意旨重新作出行政行为。⑤

本条第四款针对的是义务之诉和给付之诉中原行政机关负有义务而不

---

① 赵大光、李广宇、龙非：《复议机关作共同被告案件中的审查对象问题研究》，载《法律适用》2015年第8期。
② 江利红：《日本行政诉讼法》，知识产权出版社2008年版，第190页。
③ 林腾鹞：《行政诉讼法》，台湾地区三民书局2013年版，第87页。
④ 刘宗德、赖恒盈：《台湾地区行政诉讼：制度、立法与案例》，浙江大学出版社2011年版，第329页。
⑤ 江必新、梁凤云：《最高人民法院新行政诉讼法司法解释理解与适用》，中国法制出版社2015年版，第96页。

作为、复议机关却不予纠正的情形。由于义务之诉或给付之诉中的义务主体是原行政机关，故若原告的诉讼请求成立，人民法院可以直接判决原行政机关履行法定职责或者给付义务，对于复议决定只需撤销即可。应当注意的是，根据行政诉讼法第七十四条第二款第三项规定，原行政机关不履行或者拖延履行法定职责，判决履行没有意义的，可以判决确认原行政机关不作为行为违法，对于驳回申请的复议决定则应判决撤销。

本条第五款规定分别处理原则，是针对原行政行为与复议决定处理结果不一致情况下的裁判方式。即原行政行为合法而复议决定违法的情况下，判决撤销复议决定或确认其违法，同时判决驳回原告针对原行政行为的诉讼请求。因为，如果一并撤销会使本来合法的原行政行为受到不应有的株连，况且，既然原行政行为的合法性已经得到司法确认，且原告的诉讼请求中包含撤销原行政行为的请求，回应原告诉求也是应有之义。包括两种情况：一是原行政行为合法，但复议决定违反法定程序的。复议程序违法既可能是程序轻微违法，也可能是程序严重违法。如果复议程序轻微违法，可以判决确认复议决定违法；如果复议存在重大程序违法，应当根据"撤销判决优先"的原则作出撤销判决。因为某种意义上，确认违法判决是对违法行政行为的"宽容"和"妥协"，需要严格适用，不能随意解释。适用确认违法判决需要坚持以下两个原则：一是确认违法判决是撤销判决、履行职责判决的补充，不是主要的判决形式；二是确认违法判决必须符合法定条件，法定条件要严格把握。① 无论判决撤销复议决定或者确认复议决定违法，都没有必要判决复议机关重新作出复议决定，只要驳回原告针对原行政行为的诉讼请求即可。二是原行政行为合法，但复议决定改变原行政行为所认定的事实、证据或适用规范依据错误。这种情况在实践中比较少见，但理论上可能存在。如果严格贯彻统一性原则或原处分主义，同时也考虑如果原行政机关和复议机关均不再主张原行政行为的理由时，人民法院审查原行政行为的理由确实存在困难。因此，在复议决定所认定的事实、理由或依据错误的情况下，将原行政行为与复议决定一并撤

---

① 袁杰主编、全国人大常委会法制工作委员会行政法室编著：《中华人民共和国行政诉讼法解读》，中国法制出版社2014年版，第204页。

销也是符合法理的。但如果确实已经查明原行政行为合法的，出于行政争议的一次性解决和诉讼经济的考虑，也可以在撤销复议决定的同时，驳回原告针对原行政行为的诉讼请求。对此，人民法院可以在审判实践中结合法理，不断探索符合审判规律的裁判方式。

本条第六款是关于原行政机关与复议机关如何承担赔偿责任的规定。本款依照国家赔偿法第八条规定①，对《适用解释》第五款进行了修改，符合行政法和侵权法的基本原理。对于赔偿义务主体，考虑以下层面：第一，原行政行为违法给原告造成损失的，应当由原行政机关承担赔偿责任。如果复议决定并没有增加当事人的义务或减损其权利，即使复议决定改变了原行政行为所认定的事实、证据或适用规范依据，但未改变处理结果，对原告合法权益造成损害的仍然是原行政行为，故应由原行政机关承担赔偿责任。复议决定加重损害的情况主要发生在行政处罚和行政强制措施等行政行为上，比如提高行政处罚的种类或幅度、延长行政强制措施的时间或者变更种类等。本款规定有利于复议机关加强对下级行政机关的执法监督，同时对复议机关依法行使职权也起到促进作用。"原行政行为被撤销、确认违法或者无效"属于原行政行为违法的情形之一，该列举属于例示性的列举而非完全列举。原行政行为违法的情形还包括被变更、判决履行法定职责、判决履行给付义务等。

本条第七款是关于原行政行为不符合复议或者诉讼受理条件、但复议机关仍然作出维持决定的，应当一并裁定驳回起诉的规定。该款符合行政诉讼法第七十九条"一并作出裁判"的规定，弥补了《适用解释》第十条第一款只规定"一并作出判决"而未规定"裁定"的不足。行政复议法以及《行政复议法实施条例》规定的复议受理条件，与行政诉讼法及本司法解释规定的起诉受理条件基本一致，比较常见的如利害关系、申请期限与起诉期限、受案范围等。以利害关系为例，如果复议机关对于申请人资格的判断有误，进而作出了维持原行政行为的复议决定，但人民法院经审理认为原告不具有利害关系（无申请人资格）应当驳回起诉，则应当全

---

① 国家赔偿法第八条规定，"经复议机关复议的，最初造成侵权行为的行政机关为赔偿义务机关，但复议机关的复议决定加重损害的，复议机关对加重的部分履行赔偿义务。"

案裁定驳回起诉。再如：在对原行政行为已超过起诉期限的情况下，复议机关不仅作出维持原行政行为的复议决定，并且告知原告有权在收到该决定之日起15日内向人民法院起诉。从维护起诉期限制度从而维护行政法律关系的稳定性出发，不应认为因超过起诉期限而已经丧失了的诉权可以通过行政复议的方式重新获得，故亦应全案裁定驳回起诉。应当注意的是，本款规定的"受案范围等受理条件"为不完全列举，只要属于行政复议或者行政诉讼的受理条件，均应当按照本款规定依法审查处理。

【实务指导】

实务中应注意以下三个问题。

1. 慎用重作判决。2014年行政诉讼法的修改使得法院解决问题的手段今非昔比，之前出于无奈而过多地倚赖重作判决的情形，必定会大幅减少。因此，从尽快稳定行政法律关系、减少循环诉讼出发，能够通过诉讼实质解决争议的，应当尽量避免适用重作判决。[①] 在确有必要判决重作时，应当将原行政行为和复议决定一并撤销，并且判决作出原行政行为的行政机关重新作出行政行为，而不是判决两被告均重新作出行政行为，也不是只判决复议机关重新作出复议决定。

2. 复议机关与原行政机关之间不是连带责任，而是根据各自的违法行为所造成的损害后果分别承担相应的赔偿责任。首先，行为违法性是承担行政赔偿责任的前提条件。因为"无违法不赔偿"是国家赔偿责任的原则，且违法行为、损害后果、因果关系必须缺一不可。其次，如果原行政行为对相对人造成了损害后果，但复议决定并未加重损害，应由原行政机关承担赔偿责任，复议机关不承担赔偿责任。最后，因为最初作出的侵权行为和复议行为并非共同行使职权，因而对于最后的损害后果，复议机关和复议被申请人（原行政机关）应该分清责任、各自承担。基于"谁侵害，谁负责"的原则，只有在被复议的行政行为侵害了公民、法人或者其

---

① 李广宇：《新行政诉讼法司法解释读本》，法律出版社2015年版，第192页。

他组织的合法权益造成损害且复议决定加重了损害的情况下，复议机关才能成为行政赔偿义务机关，且仅对加重的部分承担赔偿责任。对于最初由原行政行为所造成的损害，由作出原行政行为的行政机关承担赔偿责任，复议机关对该部分责任不负连带责任。

3. 在实务中，根据个案具体情况准确把握复议决定"加重损害"的情形。国家赔偿责任的构成包含行为主体、行为、损害结果及因果关系等要件，如果原行政行为对相对人造成了损害，该行政行为又经过了复议，可能发生"显性"与"隐性"的损害加重后果。所谓"显性"的损害加重后果，如复议机关变更原行政行为的情形；所谓"隐性"的损害加重后果，如当原行政机关作出责令停产停业、吊销许可证和执照等行政行为后，由于复议期间不停止执行（法定情形除外），那么在复议期间原行政行为所造成的损害就处于持续扩大状态。如果复议机关维持了原行政行为，而最终经过司法裁判原行政行为被撤销或确认违法、无效，此时事实上已经出现了加重的损害后果。复议机关逾期不决的情形也是如此。既然如此，那么仅仅以复议机关明文的加重损害的决定作为确定复议机关赔偿责任的依据就不利于保护相对人的权益。[①] 实务中，"隐性"的损害加重后果往往比"显性"的损害加重后果更难判断，如复议决定驳回复议请求或者不作为等情形下复议期间的扩大损失等。在此情况下，应当查明损害后果与原行政行为及复议行为之间的因果关系，确认哪些损害后果是由原行政行为造成的、哪些损害后果是由复议行为造成或者加重的，并据此区分不同责任主体后依法作出裁判。

（于泓撰写）

[①] 马怀德主编：《国家赔偿法研究》，法律出版社2006年版，第197～198页。

十、相关民事争议一并审理

司法实践中,经常发生行政争议与民事争议交叉的情况。由于这些诉讼请求具有异质性,依法不能合并审理,但是考虑到诉讼效益原则和判决的确定性原则,人民法院可以并案的方式,将这些诉讼请求纳入到同一审理过程。[①] 为了实质性化解争议,提高审判效率,防止不同诉讼程序可能带来的裁判冲突,《若干解释》首创了一并审理行民争议制度。《若干解释》第六十一条规定:"被告对平等主体之间民事争议所作的裁决违法,民事争议当事人要求人民法院一并解决相关民事争议的,人民法院可以一并审理。"2014年修正行政诉讼法增设了一并审理行民争议制度,扩大了适用范围,第六十一条明确规定:"在涉及行政许可、登记、征收、征用和行政机关对民事争议所作的裁决的行政诉讼中,当事人申请一并解决相关民事争议的,人民法院可以一并审理。在行政诉讼中,人民法院认为行政案件的审理需以民事诉讼的裁判为依据的,可以裁定中止行政诉讼。"为贯彻执行该条规定,《适用解释》第十七条、第十八条、第十九条亦对该制度作出了具体规定。本次司法解释制定过程中,本部分以八个条文,对一并审理相关民事争议的提出、立案受理、管辖、审理、法律适用、裁判、费用等规则作出规定。

(张艳撰写)

[①] 江必新:《行政诉讼法疑难问题探讨》,北京师范学院出版社1991年版,第95页。

第一百三十七条

公民、法人或者其他组织请求一并审理行政诉讼法第六十一条规定的相关民事争议，应当在第一审开庭审理前提出；有正当理由的，也可以在法庭调查中提出。

【条文主旨】

本条是关于一并审理民事争议提出时间的规定。

【起草背景】

司法实践中，有相当一部分行政争议涉及民事法律关系，或以民事法律关系为基础，或因处理民事法律关系争议而引发。相关民事争议的消解对于行政争议的实质性化解甚为关键。在设立一并审理行民争议制度之前，民事审判与行政审判对于诉讼程序选择等问题存在不同认识，导致一些案件审理时出现互相推诿、互相等待的情形，不仅增加了当事人的诉累，也不利于纠纷的有效化解。毛雷尔在《行政法学总论》中阐明："法官应当像医生那样，及时处理病理事件，努力平息争议"。所有的程序设计，最终要为化解纠纷服务。效益被引入到法学领域，作为分析和评价法律价值的指标。程序效益主要涉及两个价值体系：经济价值体系，即诉讼中的经济成本与经济效益；伦理价值体系，即诉讼中伦理成本与伦理效益。[1] 在经济价值体系上，要求以最小的诉讼成本投入取得最大诉讼效益。在伦理价值体系上，表现为诉讼主体对程序的主观体验和感受，进而对程序权威和可靠性的评价。在有序的法治社会里，应当保持程序供给的充盈，一旦出现短缺，就得进行"程序扩容"，在经济成本不变甚至有所减

---

[1] 顾培东：《诉讼制度的哲学思考》，载柴发邦主编：《体制改革与完善诉讼制度》，中国人民公安大学出版社1991年版，第68页。

少的情况下，通过增加程序解决多个当事人的纠纷或者一个当事人的多个请求。① 此种程序设计才合乎程序经济价值指标的要求。如果人们必须经过两次或多次的程序启动和投入，才能达到最后的诉讼效果。此与程序经济价值相违背。同时，设计精良的程序可以使人们对程序运行及结果产生良好的体验和感受，能最大限度地满足人们的心理预期。人们乐于适用该程序解决纠纷，也易于接受由该程序产生出来的实体裁判结果，此种程序才能满足人们对司法程序的合理期待。为此，最高人民法院在借鉴刑事附带民事诉讼制度、总结地方法院探索经验的基础上，创设了一并审理行民争议制度。实践证明，这一制度确实能够从根本上保护行政相对人的实体权利，提高审判效率，有效解决人民法院内部纷争，防止裁判冲突，实质性化解行政、民事争议，促进行政审判的健康发展。2014年行政诉讼法修改中，全国人大常委会将这一制度上升为法律。本次司法解释制定过程中，为了解决大量存在的行政争议与民事争议相交叉的实践问题，对一并审理行民争议制度予以进一步细化，明确规定了一并审理民事争议的适用范围及审理程序等相关规则。

【条文释义】

当前随着行政管理领域扩大和行政机关职能的变化，符合司法为民宗旨和诉讼经济等原则的一并审理行民争议制度发挥着越来越重要的作用。面对复杂的行政纠纷，人们在保护自己权益的基础上，希望能够通过一次诉讼成本的投入，彻底解决纠纷。实质性化解纠纷的理念、诉的合并理论在一并审理行民争议制度得到充分体现。为充分实现其简化诉讼程序，便利当事人参加诉讼；提高审判效率，缩短解决争议时限；保障法律适用统一性，避免裁判冲突等作用，必须对一并审理民事争议的提出时间进一步予以明确。

一并审理行民争议，其前提是在行政诉讼中，存在关联民事纠纷的一

---

① 肖建国：《程序效益的实现模式》，载《民事程序法论文选萃》，中国法制出版社2004年版，第428页。

方当事人一并提起民事诉讼。没有当事人一并提起民事诉讼，就不可能产生民事、行政案件一并审理情形。那么，民事纠纷的当事人在什么时间、阶段有权一并提起民事诉讼呢？此是一并审理行民争议诉讼程序启动需要解决的先决条件。对一并审理民事争议的提出时间，有意见认为，应当参照刑事附带民事诉讼的法律规定，在立案以后第一审判决宣告以前提起民事诉讼，在判决宣告以前没有提起的，可以另行提起民事诉讼。也有意见认为，根据《若干解释》第四十五条规定，起诉状副本送达被告后，原告提出新的诉讼请求的，人民法院不予准许，但有正当理由的除外。因此，应该在立案受理阶段提起。本条借鉴其他司法解释的相关内容，最终规定为"公民、法人或者其他组织请求一并审理行政诉讼法第六十一条规定的相关民事争议，应当在第一审开庭审理前提出；有正当理由的，也可以在法庭调查中提出"。对该款规定，可以从以下几方面解读。

一、关联性是一并审理行民争议制度的本质特征

行政案件的存在是一并审理民事案件的前提条件。行政案件不成立，则一并审理民事争议亦无必要。因此，民事争议的一方当事人必须先行提起或参加了一个行政诉讼，或者是在提起行政诉讼的同时，作为行政诉讼原告的当事人对相关民事争议一并提起了民事诉讼。审判实践中一并提起民事诉讼的当事人有两种情况：行政诉讼原告可以在起诉时或者审理过程中提起；行政诉讼第三人在审理过程中提起。如果当事人先行提起了民事诉讼，之后提起相关联的行政争议。人民法院认为两案可予以合并，并适用一并审理行民争议诉讼程序审理的需经民事案件原告一方的同意。

二、在行政诉讼过程中，一方当事人就相关民事争议提起民事诉讼并要求一并审理的，民事诉讼通常应当在第一审开庭审理前提出

所谓开庭审理是指人民法院于确定的日期在当事人和其他诉讼参与人的参加下，依照法定的程序和形式，在法庭上对案件进行实体审理的诉讼活动。开庭审理是当事人行使诉权进行诉讼活动和人民法院行使审判权进行审判活动最集中、最生动的体现。这里的"第一审开庭审理前"应当是

指一审首次开庭审理前,不包括庭前证据交换程序,即应该在审前准备阶段提出。首先,如果将当事人一并提起民事诉讼的时间限定在立案受理阶段,即一并提起民事诉讼的时间节点为起诉状副本送达被告后,则不符合当事人客观认知的规律。因为审前准备程序中的举证时限、证据交换等制度可以使当事人了解对方提供的证据,进一步明晰案件事实和争点,并由此考虑其诉讼主张的妥当性以及是否需要一并提起民事诉讼。其次,如果允许当事人在行政诉讼一审判决宣告以前任意时间提起民事诉讼,不符合诉讼经济原则。因为参加诉讼的动议之及时性很重要,参加诉讼的迟延愈大,对既有当事人造成损害的可能性则愈大。当事人在行政诉讼中一并提起民事诉讼,会出现新的当事人、新的诉讼请求,此往往意味着需要重新举证、质证,容易导致程序的反复和审理期限的拖延,从而影响诉讼的效率。最后,当事人提起一并审理民事诉讼请求的时间界点,原则上应当限定在第一审开庭审理前。这样可以在行政诉讼开庭审理之前固定是否存在民事诉讼,有利于防止诉讼突袭和诉讼迟延。

三、有正当理由的,可以准许当事人在法庭调查中提出

所谓"正当理由",应当从宽理解,这是填补诉讼专业化与社会公众法律认知间鸿沟的必然要求。目前,诉讼的专业化、精细化发展速度远远快于社会公众对诉讼法律及诉讼规律的认知发展速度,二者之间存在着巨大鸿沟,这是一个世界性的普遍现象。[①] 首先,案件事实不明,当事人在起诉时很难准确把握法律事实,从而很难从法律上去定位应主张何种法律实体权利。其次,基于不同请求权有不同的举证责任,如何对诉讼进行合理安排和处理,选择最佳的处理方式进行诉讼,也需要进行专业抉择。因此,由于法律事实与客观事实的非完全契合性,当事人掌握的事实究竟能在何种程度上产生怎样的法律效果,其无法作出准确的判断。为充分实现一并审理行民争议诉讼程序的经济价值和伦理价值,应将行政诉讼中才发现存在基础民事法律关系以及第三人参加诉讼后要求一并解决民事争议等

---

① 邹碧华:《要件审判九步法》,法律出版社 2010 年版,第 50 页。

情形均纳入"正当理由"范畴。同时，对"法庭调查中"也应当做宽泛理解。既涵盖第一次法庭调查结束前的任何时间，也包括多次开庭情况下，最后一次开庭法庭调查结束前的情形。

应当注意的是，当事人在"第一审开庭审理前"或者"法庭调查中"，提出一并审理民事争议诉讼请求的，人民法院应当依法保障民事诉讼被告一方当事人的诉讼权利，要通过推迟开庭时间、宣布休庭择日另行继续开庭等方式，充分保障民事诉讼被告一方法定的答辩期限。当然，民事诉讼被告一方明确同意放弃相关诉讼权利的除外。

四、原则上提起一并审理民事争议的时间限定于一审，二审中不能提起

因为从当事人审级利益保护角度看，一旦行政诉讼进入二审，当事人不得再提起民事诉讼，否则有违二审终审的诉讼原则。当事人在二审提起民事诉讼，如进行实体审理，该部分实际上是一审终审，剥夺了民事争议当事人的上诉权，并导致审级混乱。但是，在二审中完全否定当事人提起民事诉讼的权利，既不符合司法实际情况，而且也难以避免增加讼累和出现矛盾裁判。因此，在坚持一并提起民事诉讼应限时提出的原则下，可以借鉴最高人民法院的相关司法解释，有限度地允许当事人在二审中提起。如《若干解释》第七十一条规定，当事人在第二审期间提出行政赔偿请求的，第二审人民法院可以进行调解；调解不成的，应当告知当事人另行起诉。《民诉解释》第三百二十八条规定，在第二审程序中，原审原告增加独立的诉讼请求或原审被告提出反诉的，第二审人民法院可以根据当事人自愿的原则就新增加的诉讼请求或反诉进行调解，调解不成的，告知当事人另行起诉。双方当事人同意由第二审人民法院一并审理的，第二审人民法院可以一并裁判。因此，对于当事人在二审中提起民事诉讼的，法院可采取诉前调解的办法，先调解后立案。若调解成功，行政诉讼与民事诉讼可一并结案；若调解不成，告知当事人另行起诉。对于民事诉讼的双方当事人同意由第二审人民法院一并审理的，可以一并裁判。这样既体现了对当事人处分权和程序选择权的尊重，又降低了诉讼成本，节约了司法资源，兼顾了当事人实体权益与诉权的双重保障。

【实务指导】

审判实践中应当注意以下问题。

1. 关于当事人请求一并审理民事争议时的处理。行政诉讼法第六十一条规定，当事人申请一并解决相关民事争议的，人民法院"可以"一并审理。法律规定中的"可以"，赋予人民法院决定是否一并审理民事争议的权利。人民法院在作出是否允许当事人提出的一并审理民事争议权请求时，需依赖于对参加者的需要或者权益与既有当事人的可能性负担之间的权衡。美国法院作出是否允许当事人参与诉讼时将考虑参加者的请求是否同既有当事人有着共同的论题。一方面，参加者越是试图引进新的争点，对原诉所造成的潜在损害和迟延便越大。另一方面，如果参加者能够表明他的权益事实上将会受损，参加诉讼则是允许的。美国的做法值得我们思考和借鉴，如果说行政诉讼原告一并提起民事诉讼体现了程序选择权，那么第三人参加诉讼（一并提起民事诉讼原告对行政诉讼原告提起民事诉讼）则需要法院更多的考量。如果一并提起民事诉讼原告对行政诉讼原告提起民事诉讼造成已有的行政诉讼过度的迟延，法院有权力不予准许第三人提起的一并审理民事诉讼请求。

2. 对当事人在二审中提起民事诉讼的情形，必须在征得各方当事人明确同意的情况下，才可作出实体审理。因为当事人放弃上诉权和审级利益是在二审中对民事诉讼进行实体审理的前提，第二审人民法院应将征求各方当事人意见的情况制作笔录入卷。

（张艳撰写）

第一百三十八条

人民法院决定在行政诉讼中一并审理相关民事争议，或者案件当事人一致同意相关民事争议在行政诉讼中一并解决，人民法院准许的，由受理行政案件的人民法院管辖。

公民、法人或者其他组织请求一并审理相关民事争议，人民法院经审查发现行政案件已经超过起诉期限，民事案件尚未立案的，告知当事人另行提起民事诉讼；民事案件已经立案的，由原审判组织继续审理。

人民法院在审理行政案件中发现民事争议为解决行政争议的基础，当事人没有请求人民法院一并审理相关民事争议的，人民法院应当告知当事人依法申请一并解决民事争议。当事人就民事争议另行提起民事诉讼并已立案的，人民法院应当中止行政诉讼的审理。民事争议处理期间不计算在行政诉讼审理期限内。

【条文主旨】

本条是关于一并审理民事争议的管辖、释明的规定。

【起草背景】

本条是《若干解释》和《适用解释》未作规定而新增加的内容。

诉讼管辖是法院受理案件的基础，对于保护当事人诉权和实体权利具有重要作用。我国行政诉讼法确定管辖规则主要遵循以下原则：即案件性质与法院体系相适应原则；人民法院均衡负担原则；便于原告参加诉讼原则；保证人民法院正确、公正、有效行使审判权的原则；原则性与灵活性相结合的原则。一并审理民事争议时，现有行政诉讼管辖规则同民事诉讼管辖规则具有冲突性。管辖规则的冲突使得一并审理民事案件时易发生管辖争议，增加了解决争议的诉讼成本。同时管辖问题处理不当，也会严重损害司法的尊严和公信力。本条规定第一款明确了在行政诉讼中一并审理民事争议的管辖规则，对于处理此类案件的受理问题，具有重要的指导意义。同时，本条规定第二款秉承分清主次的精神，确立行政案件的存在是一并审理民事争议的前提条件。行政案件不成立，则一并审理民事争议亦无必要。出于便民原则考量，规定了例外情形为民事案件已经立案的情况。本条规定第三款在尊重当事人诉权的基础上，就法官的释明义务作出规定，明确了行政案件的审理必须以民事争议的解决为基础的，人民法院必须作必要的释明指导，告知当事人依法申请一并解决民事争议。

总之，本条规定针对一并审理行民争议制度司法实践中的热点、难点问题，明确确定了具体规则，丰富和完善了管辖、释明等制度，充分体现了利民、便民原则，有利于推进该制度的落地生根。

【条文释义】

基于诉讼效率、司法资源以及减轻当事人诉累等各方面因素的考虑，作为一并审理行民争议诉讼程序中初始阶段的管辖法院确定环节，对于该诉讼程序的顺利进行具有重要作用。

一、关于一并审理民事争议的管辖问题

管辖是指人民法院之间受理第一审案件的职权分工。根据管辖是否由法律直接规定为标准，管辖可以分为法定管辖和裁定管辖。法定管辖是法律明确规定第一审案件由哪一个法院行使管辖权。在法定管辖中，依据法院对案件的纵横管辖关系不同，又可以分为级别管辖和地域管辖。裁定管辖是法院作出裁定或决定，以确定具体案件的管辖。根据管辖的决定方式不同，裁定管辖又可以分为指定管辖、移送管辖和管辖权的转移。鉴于裁定管辖具有个案性，因此主要关注点置于法定管辖之上。

（一）民事管辖与行政管辖的差异

1. 级别管辖。行政诉讼的级别管辖标准与民事诉讼的级别管辖标准虽有相通之处，但在具体规则上仍有较大的差异。民事案件的审级确定标准为案件的性质、繁简程度、影响范围和争议标的金额的大小。除重大涉外

案件、有重大影响案件等由中级人民法院管辖外，最具操作性的划分审级的标准为案件争议标的金额的大小。随着中级人民法院受理第一审民事案件标的金额的逐渐提高，基层人民法院成为受理第一审民事案件的主力。行政案件的级别管辖标准中没有对于标的金额的规定，而是以行政行为的作出机构、案件影响程度等为基准。如行政诉讼法第十五条规定中级人民法院管辖的第一审行政案件包括，对国务院部门或者县级以上地方人民政府所作的行政行为提起诉讼的案件、海关处理的案件等。此规定导致大量原由基层法院管辖的第一审行政案件改由中级人民法院管辖。

2. 地域管辖。地域管辖是在案件审判级别确定之后对管辖权的进一步划分，主要解决同级法院之间由哪一个法院管辖的问题。除少数例外情形，民事诉讼的一般地域管辖原则是"原告就被告"，而行政诉讼一般由最初作出具体行政行为的行政机关所在地人民法院管辖。同时《最高人民法院关于开展行政案件相对集中管辖试点工作的通知》（法〔2013〕3号）规定，为了使行政审判制度及时有效化解行政争议、妥善处理人民内部矛盾的功能得以正常发挥，通过提级管辖、指定管辖、交叉管辖和相对集中管辖等方式，在现行法律框架下实现了司法审判区域与行政管理区域的有限分离。

（二）确定一并审理民事争议管辖的原则

在诉讼管辖方面，可能出现以下两种情况：一是一并审理的民事诉讼被告与行政诉讼的被告所在地相同；二是一并审理的民事诉讼被告与行政诉讼的被告所在地不相同。按照管辖理论，一并审理民事诉讼与行政诉讼应属于一个法院管辖，并同属一种审判程序。第一种情况中的两种诉讼不存在管辖问题上的冲突。在第二种情况下，按管辖理论，只能是当民事诉讼中被告所在地与行政诉讼中被告行政机关所在地相同时才可能成立一并审理行民诉讼。而民事诉讼与行政诉讼管辖原则的不同决定了在相互关联的行政与民事争议中，行政争议所属的级别管辖与民事争议所属级别管辖很有可能发生不一致的情况。依"同一法院管辖"原则，一并审理民事争议的范围将大大缩减，不利于一并审理行民争议制度发挥应有的作用。本条确定根据选择适用的法律原则，明确一并审理民事诉讼由受理行政案件的人民法院管辖,即在诉讼管辖问题上,统一适用行政诉讼法的规定。在地域管辖上,原则上应当由行政机关所在地人民法院统一管辖;而在级别管辖上,应当由有权受理行政诉讼的人民法院统一管辖。作出本条规定基于以下考虑。

1. 合并管辖理论。合并管辖也称为牵连管辖,是指法院对某一案件行使管辖权时,合并管辖与该案存在某种牵连关系的诉讼请求。实施诉的合并使受诉法院对原本没有管辖权的案件能够一并行使管辖,合并管辖的立法目的在于为诉的合并提供必要的管辖权上的程序保障。合并管辖是对法定管辖的突破——允许特定的法院对自己原本没有法定管辖权的案件行使管辖权。

2. 借鉴域外经验。美国针对多数当事人诉讼和多个诉讼请求的诉讼在《美国联邦法典编纂》第 28 篇第 1367 条确立了补充管辖权原则。根据该原则,一旦有一基本的争议属于联邦管辖权范畴,就可在该诉讼中增加诉讼请求和当事人,而不需要这些增加的诉讼请求和当事人均单独地符合管辖权的要求。

同时,最高人民法院确立了异地交叉管辖、提级管辖与法定管辖相结合的制度,避免了地方保护主义和行政干预,一并审理民事争议由受理行政案件的人民法院管辖可以使行政诉讼、民事诉讼均得到公正审理。

二、人民法院受理一并审理民事争议的情形

民事诉讼实行"不告不理"原则,因此行政诉讼中的当事人主动向人民法院提出对于相关民事案件一并审理申请是民事诉讼启动的必要条件。行政诉讼法第六十一条规定,被告对平等主体之间民事争议所作的裁决违法,民事争议当事人要求人民法院一并解决相关民事争议的,人民法院可以一并审理。这里的"可以"赋予人民法院具有对行政诉讼与民事诉讼是否符合一并审理的条件的审查权,并具有启动的最终决定权。但人民法院在没有任何一方当事人申请的情况下不可依职权启动,即使法官在审理行政诉讼中,认为与之相关联的民事争议适宜一并解决,也无权对两诉进行一并审理。民事争议当事人对提起民事诉讼具有选择权,这种诉讼权利当

然也可以放弃,如果当事人没有选择一并提起民事诉讼的方式,则人民法院只能针对行政争议进行判决,由民事争议当事人另行提起民事诉讼。

诉的合并是指法院将两个或两个以上彼此之间有牵连的诉合并到同一法院管辖,并适用同一个诉讼程序审判。诉的合并有狭义和广义之分。狭义的诉的合并专指诉的客体合并,即诉的客观合并,是指一个诉只有一个诉讼标的,若同一个诉讼程序中存在两个以上的诉讼标的,则为诉的客观合并。广义的诉的合并,除包括诉的客体合并外,还包括诉的主体合并,即诉的主观合并。此外还存在诉的主客观合并的情形。一并审理行民争议程序属广义的诉的合并。具体可以分为两种情形:

一是在行政诉讼案件当事人申请一并审理相关民事争议,人民法院决定一并审理时,可直接由受理行政案件的人民法院一并立案受理。此时提出一并审理民事争议的当事人,可以是行政诉讼中的原告或者第三人,一方或者双方均可,即只要民事诉讼的原告一方向人民法院提出一并审理的请求,人民法院决定即符合一并审理民事争议启动的条件。此类民事争议一般与行政争议有着不可分割的关联,所依据的事实或者法律关系有牵连,具有一致性或者重叠性,属于应当一并审理的范畴。此时如果将受理前提条件限定为民事争议的双方当事人一致同意会导致纠纷无法得到实质性化解。因为民事争议的被告一般为既得利益的一方,其在民事诉讼中往往处于被动地位并持消极态度,由民事诉讼的原、被告双方对一并审理民事诉讼达成共识较为困难。

二是对于人民法院可以一并审理,亦可以不一并审理的情形,则需要案件当事人一致同意相关民事争议在行政诉讼中一并解决作为受理前提。此类民事争议一般与行政争议所依据的事实或者法律关系并不具有一致性,或者重叠性较小以至于不足以产生相互矛盾的裁判,因此民事争议与行政争议并不符合诉的合并要件。此种情形下,如一并审理行民争议,提出申请的民事争议当事人应当是双方当事人,需要两方对此达成一致意见,如有一方不同意一并审理民事诉讼,则整个诉讼便无法启动。实践中,一般由行政诉讼中的原告提出一并审理的申请,提出异议的一方多为行政诉讼中的第三人。第三人一旦提出异议,就说明一并审理民事争议违背其意愿。为了平等保护双方当事人的民事权益，应尊重双方的意愿，不宜强行一并审理。

三、行政诉讼超过起诉期限的，如何处理一并审理民事争议请求问题

司法实践中，当事人提起行政诉讼，人民法院经审查发现行政案件已经超过起诉期限的环节，可能在立案受理阶段，也可能在受理后的实体审理环节。而当事人请求一并审理民事争议或者发生于提起行政诉讼的同时，或者发生于庭审之前。因为一并审理行民争议本质上是诉的合并，是法院在审理行政案件的同时审理与行政案件相关联的民事案件，并作出裁判的诉讼活动。它要求一并审理的民事争议必须与行政诉讼相关联，且一并审理民事争议能否成立取决于行政诉讼能否成立。在行政诉讼因为超过起诉期限而无法立案或立案后裁定驳回起诉的情况下，行政争议的行政相对人实质上已经失去了寻求法院解决行政争议的机会，未立案的民事争议亦因此失去了一并审理的基础。人民法院可以告知当事人另行提起民事诉讼。但对于已经立案的民事案件应继续审理。因为民事案件具有相对的独立性，在符合立案的条件下已经立案受理的，人民法院应充分保障当事人的诉权。

四、关于人民法院的释明义务问题

释明权既是法院的职权，也是法官的义务，属于法院诉讼指挥权的范畴。现代诉讼是一项具有高度专业性的工作，而许多国家的诉讼并未实行强制律师代理，律师参与诉讼的比例并不高。在行政诉讼中，如果让没有多少诉讼经验和法律知识的当事人自己进行诉讼，而法官又严格地按照辩论主义的要求进行裁判，诉讼追求的实质公正的目标就难以实现。所以，法官依职权对纯粹的辩论主义加以调整，就成了现代国家在保障当事人实质平等的必要选择，法官职权的强化亦体现于法官的释明。德国民事诉讼法第139条第1项规定，法官可命令当事人对全部重要事实作充分且适当的陈述，关于事实陈述不充分的，法官应当向当事人发问。第2项规定，法官应当依职权要求当事人对应当斟酌的，并尚有疑点的事项加以注意。

1996年6月颁布的日本民事诉讼法也有阐明权的规定，其第149条第1款规定，法官为了明了诉讼关系，在口头辩论的期日或者期日之外，就有关事实及法律上的事项对当事人进行发问，并且催促其进行证明。法官此时进行的释明，究竟是属于法官的权利抑或是法官的义务？在德国，大部分学说及判例，则均认为释明系法院或者法官之义务，释明义务之违背，得为第三审上诉之理由。① 而在日本，20世纪50年代后期，日本最高裁判所明确要求法官"为了保证当事者主导原则真正发挥作用，必须适时地向当事者提供建议和意见。没有做到这一点的案件审理有可能被驳回"。② 之后，最高裁判所也通过一系列的判例确立进行释明的法官义务。

在一并审理行民争议程序中，如何把握法官的释明义务？法官一审未释明，二审如何进行处理？首先，行政诉讼法第六十一条的立法目的在于保证诉讼经济和诉讼效率，并非规定人民法院的释明义务。因此，人民法院可以告知原告、当事人申请一并解决相关民事争议，但不能理解为人民法院有释明义务。其次，一般情况下，人民法院未对一并审理民事争议进行释明不影响当事人的诉讼权利。人民法院未进行此种释明，至多会导致人民法院未能合并审理民事争议，但不会导致当事人该项诉讼权利的丧失或消灭，当事人仍可以另诉提出请求，故未释明并未影响当事人的诉讼权利，不存在必须纠正的必要性。最后，当行政案件的审理必须以民事争议的解决为基础的，人民法院必须作一并审理民事争议的必要释明指导，告知当事人依法提出一并解决民事争议的申请。因为当事人不申请一并解决相关的民事争议，可能导致行政案件无法正常审理。法院不予释明，直接以需要先行解决民事争议为由裁定驳回起诉的程序违法行为限制或剥夺了当事人的重要诉讼权利，直接影响到审判结果的公正性，因而必须予以纠正。当事人以此为由提起上诉的，上一级人民法院应当裁定撤销一审裁决。

因当事人对于是否一并提起民事诉讼具有选择权，若该基础性民事争

---

① 王甲乙：《阐明权》，载《民事诉讼法论文选集》，我国台湾地区五南图书出版公司1984年版，第331页。

② ［日］谷口安平：《程序的正义与诉讼》，王亚新等译，中国政法大学出版社1996年版，第39页。

议已经另案起诉，行政诉讼应中止审理。民事争议处理期间应作为行政诉讼案件审限的合理扣除期间。我国台湾地区学者张特生教授曾主张"有关行政处分是否违法并未提起行政争讼，受理民事诉讼的法院，应限期令当事人尽速提起，如不依限期提起或因其提起已逾法定不变期间而被驳回确定时，民事法院应以其诉讼无理由，判决驳回。"[①] 此对于行政诉讼中涉及的有关民事争议审理问题，也具有参照效应。

【实务指导】

审判实践中应当注意以下问题。

1. 应诉管辖在一并审理民事争议中的适用问题。原告向没有管辖权的法院提起诉讼，被告未提出异议，并进行了应诉，使得没有管辖权的法院拥有了对该案件的管辖权。此为应诉管辖。这是基于保护已进入审理的案件，保护法院及原告的利益，尊重被告在该地接受诉讼的意思表示的考虑。应诉管辖成立的要件是，被告不提出异议，且进行辩论或陈述。在判断案件当事人是否"一致同意相关民事争议在行政诉讼中一并解决"时，不能机械理解为当事人通过主动的方式作出同意的意思表示，还应该包括当事人通过被动的方式作出同意的意思表示，如当事人通过参加民事诉讼，进行辩论或陈述的方式表明其同意一并审理民事争议。

2. 民事诉讼超过诉讼时效的，如何处理一并审理民事争议诉讼请求问题。民事诉讼中的诉讼时效制度不同于行政诉讼中的起诉期限制度。在行政诉讼中，当事人提起的行政诉讼超过起诉期限会导致案件不予立案或驳回起诉的法律后果。民事诉讼中的诉讼时效完成不成为法院受理民事争议的障碍。诉讼时效完成后权利人的权利本身并不丧失，只丧失实体意义上的诉权即胜诉权，但不丧失程序意义上的诉权即起诉权。因此，如果当事人一并提起民事诉讼，人民法院不能以民事案件超过诉讼时效为由不予立案。

（张艳撰写）

[①] 转引自王韶华：《建立我国民事行政争议关联案件审理模式的构想》，载《人民司法》2004年第10期。

第一百三十九条

有下列情形之一的，人民法院应当作出不予准许一并审理民事争议的决定，并告知当事人可以依法通过其他渠道主张权利：

（一）法律规定应当由行政机关先行处理的；
（二）违反民事诉讼法专属管辖规定或者协议管辖约定的；
（三）约定仲裁或者已经提起民事诉讼的；
（四）其他不宜一并审理民事争议的情形。

对不予准许的决定可以申请复议一次。

【条文主旨】

本条是关于一并审理民事争议排除范围的规定。

【起草背景】

为实现"行了民亦了"实质性化解争议的目标，行政诉讼中创立了一并审理行民争议诉讼程序。而对于行政争议中存在的与民事法律关系存在关联的案件，人民法院需要确立一定的审查标准，确保一并审理民事争议时在职权和能力方面均不存在障碍，甚至更有优势，达到通盘考虑、总体解决、经济诉讼的目的。

《适用解释》第十七条第二款规定了相应的审查标准，即"有下列情形之一的，人民法院应当作出不予准许一并审理民事争议的决定，并告知当事人可以依法通过其他渠道主张权利：（一）法律规定应当由行政机关先行处理的；（二）违反民事诉讼法专属管辖规定或者协议管辖约定的；（三）已经申请仲裁或者提起民事诉讼的；（四）其他不宜一并审理的民事争议。"本条规定修订了《适用解释》第十七条第二款第三项，将《适用解释》相关规定中的"已经申请仲裁"修订为"约定仲裁"。作出此修订是基于仲裁条款独立性理论和裁讼管辖权划分的需要。仲裁条款独立性理论是指仲裁条款具有保障当事人通过寻求某种救济而实现当事人商事权利的特殊性质，它具有相对独立性，其有效性不受主合同有效性的影响。即使合同无效，仲裁条款也不一定无效。① 仲裁条款的独立性对裁讼管辖权的划分有着极其重要的影响。因为有效的仲裁协议（条款）是整个仲裁制度的基石。而有效的仲裁约定是当事人对争议解决方式的合意选择，是当事人行使处分权的一个实证。本条对于《适用解释》相关规定的修订符合尊重当事人意思自治原则，不仅可以达到方便当事人、减少成本的效果，而且体现对当事人权利和自由的尊重。

【条文释义】

一并审理行民争议是原则，不予一并审理是例外。并非所有相关联的行政争议和民事争议都适合采用一并审理的方式。有原则必有例外，明确例外情形，更有利于一并审理行民争议制度的贯彻执行。

一、关于排除一并审理民事争议范围问题

（一）关于"法律规定应当由行政机关先行处理的"情形

此主要是指法律规定相关民事争议必须由行政机关先行处理，人民法院对该类民事争议不能直接受理的情形。例如，对于涉及土地、山林、草原等自然资源所有权及使用权等依法应当由行政机关先行处理。土地管理法、草原法、森林法对此均作出规定，授权相关行政机关对这些争议先行予以裁决。土地管理法第十六条规定，土地所有权和使用权争议，由当事人协商解决；协商不成的，由人民政府处理。单位之间的争议，由县级以上人民政府处理；个人之间、个人与单位之间的争议，由乡级人民政府或者县级以上人民政府处理。当事人对有关人民政府的处理决定不服的，可以自接到处理决定通知之日起30日内，向人民法院起诉。在土地所有权和使用权争议解决前，任何一方不得改变土地利用现状。草原法第十六条

---

① 参见韩德培：《国际私法》，高等教育出版社、北京大学出版社2000年版，第506页。

规定，草原所有权、使用权的争议，由当事人协商解决；协商不成的，由有关人民政府处理。单位之间的争议，由县级以上人民政府处理；个人之间、个人与单位之间的争议，由乡（镇）人民政府或者县级以上人民政府处理。当事人对有关人民政府的处理决定不服的，可以依法向人民法院起诉。在草原权属争议解决前，任何一方不得改变草原利用现状，不得破坏草原和草原上的设施。森林法第十七条规定，单位之间发生的林木、林地所有权和使用权争议，由县级以上人民政府依法处理。个人之间、个人与单位之间发生的林木所有权和林地使用权争议，由当地县级或者乡级人民政府依法处理。当事人对人民政府的处理决定不服的，可以在接到通知之日起1个月内，向人民法院起诉。在林木、林地权属争议解决以前，任何一方不得砍伐有争议的林木。

（二）关于"违反民事诉讼法专属管辖规定或者协议管辖约定的"情形

民事案件管辖与行政案件管辖法律规定不同，这就必然造成民事争议的管辖法院与行政争议的管辖法院不同。一般情况下，一并提起民事案件的审理可由受理行政诉讼的法院管辖。但是因为专属管辖具有排他效力、排除效力和限制效力，其效力优先于其他管辖。因此，法院对于专属管辖应主动审查，在产生疑问时，应当依职权进行审查是否遵守了专属管辖规定；而对于一般地域管辖和特殊地域管辖，则不必主动予以关注，只有被告提出管辖权的抗辩时，法院才予以审查。例如，在法国，对于争讼案件，"法官只有在以下三种情况下才能够依职权宣告其无管辖权：（1）当争议与人的身份有关时；（2）当法律从地域上赋予另一法院专属管辖权时；（3）当被告不出庭时"。① 存在这一差别的原因在于，专属管辖事关公益，是为了人民法院能更好地调查、勘验、取证，更便于查明事实，保护当事人的合法权益。为了维护这一专属权，相关人民法院应当依职权主动予以审查。民事诉讼法第三十三条规定，"下列案件，由本条规定的人

---

① ［法］让·文森等：《法国民事诉讼法要义》（上），罗杰珍译，中国法制出版社2002年版，第447页。

民法院专属管辖：（一）因不动产纠纷提起的诉讼，由不动产所在地人民法院管辖；（二）因港口作业中发生纠纷提起的诉讼，由港口所在地人民法院管辖；（三）因继承遗产纠纷提起的诉讼，由被继承人死亡时住所地或者主要遗产所在地人民法院管辖。"

与专属管辖相对的，是任意管辖，法律在设定任意管辖时，主要考虑的是当事人的私益，以便利当事人进行诉讼和平衡原、被告的利益为出发点。对于任意管辖，法律允许双方当事人通过协议并达成合意予以变更。民事诉讼法第三十四条规定，合同或者其他财产权益纠纷的当事人可以书面协议选择被告住所地、合同履行地、合同签订地、原告住所地、标的物所在地等与争议有实际联系的地点的人民法院管辖，但不得违反本法对级别管辖和专属管辖的规定。协议管辖制度虑及程序主体的主导权、程序的选择权以及处分权，体现了公正与效益的法律价值理念。协议管辖制度赋予每个社会成员平等的协议管辖权利；遵循当事人自愿原则，避免法院不适当的干涉；同时协议管辖也要受到合理限制，不能使弱势群体的权益和国家社会的利益受损。在协议管辖中，同样体现了对于效益价值的追求，即当事人双方效益的最大化、法院效益的最大化和社会效益的最大化。因此，当事人之间的协议管辖，体现了当事人通过选择管辖法院解决纠纷的意愿。如果完全无视当事人的意思表示，一概将民事争议交由受理行政诉讼的法院管辖，法律效果和社会效果均不佳。

（三）关于"约定仲裁或者已经提起民事诉讼的"情形

民事争议一方当事人不选择一并审理民行争议程序，已经约定另行通过仲裁或已经提起民事诉讼程序解决相关民事争议的，人民法院不宜纳入一并审理范畴。仲裁协议（条款）的效力主要表现为有效的仲裁协议（条款）排斥法院的管辖权，但这种排斥力存在着例外。根据民事诉讼法和仲裁法的有关规定，人民法院对已有仲裁协议（条款）的起诉，不予受理，应告知原告向仲裁机构申请仲裁。一方起诉时未声明有仲裁协议（条款）的，人民法院受理后，另一方在首次开庭前提交仲裁协议（条款）的，人民法院应当驳回起诉，但存在仲裁协议（条款）无效等情形的除外；如果另一方在首次开庭前未对人民法院受理该案提出异议的，则视为放弃仲裁协议（条款），人民法院应当继续审理。同样，在民事争议已经通过提起民事诉讼进入程序后，当事人已经行使了程序选择权，诉讼已经确定其民事系属，不能再通过一并审理行政争议程序解决。例外的情况是：提起民事争议的当事人撤回起诉，各方同意一并审理行政争议的，人民法院可予以准许。

（四）关于"其他不宜一并审理民事争议的情形"

此为兜底性条款。为避免这项规定成为个别人民法院推诿、不受理当事人请求一并解决民事争议起诉的依据，对此不宜作扩大解释，应当将其限定在人民法院一并审理民事纠纷将会违反法律规定的情形下。

二、关于对不予准许决定的复议权

对当事人提起的民事诉讼，法院认为不符合一并审理条件时应当如何处理，存在不同的意见：第一种意见认为，当事人提出的申请只是表明其选择一并审理的意思表示，人民法院予以拒绝不会导致当事人丧失通过民事诉讼解决争议的权利，无需做出法律文书，可以口头告知不予受理即可。第二种意见认为，一并提起民事诉讼是法律赋予当事人的诉权，应当按照起诉不予受理的方式处理。民事诉讼法第一百二十三条规定，人民法院应当保障当事人依照法律规定享有的起诉权利。对符合本法第一百一十九条的起诉，必须受理。符合起诉条件的，应当在7日内立案，并通知当事人；不符合起诉条件的，应当在7日内作出裁定书，不予受理；原告对裁定不服的，可以提起上诉。第三种意见认为，人民法院不予准许一并审理民事争议申请的，应当作出决定，并准许当事人申请复议一次。我们同意第三种意见。当事人向人民法院申请一并审理民事争议是其法定权利，人民法院应慎重处理，出具相应的法律文书。但此类不予准许的文书不会妨碍当事人提起民事诉讼，故而无需采用裁定的方式，亦不必赋予当事人上诉权。为了保障当事人对人民法院决定提出异议的权利，借鉴行政诉讼法有关裁定停止执行、先予执行的规定，赋予其向申请一并审理的法院进行一次复议的权利。复议期间，行政案件不停止审理。

【实务指导】

审判实践中应当注意：一并审理民事争议由人民法院决定在行政诉讼中一并审理相关民事争议及案件当事人一致同意相关民事争议在行政诉讼中一并解决，人民法院准许两种情形。本条有关排除范围的规则适用于两种情形。

（张艳撰写）

第一百四十条

人民法院在行政诉讼中一并审理相关民事争议的，民事争议应当单独立案，由同一审判组织审理。

人民法院审理行政机关对民事争议所作裁决的案件，一并审理民事争议的，不另行立案。

【条文主旨】

本条是关于一并审理民事争议审判组织和立案的规定。

【起草背景】

人民法院决定或者准许一并审理民事争议后，如何立案及确定审判组织，是一并审理行民争议制度中的关键问题，关乎当事人合法权益的保护、公平与效率的实现。本条规定的基本内容是《适用解释》第十八条的原有规定，明确了人民法院一并审理民事争议的审判组织为审理行政案件的审判组织，确立了民事争议一般单独立案的原则及例外情形，是对一并审理行民争议制度的进一步细化。

确定行民争议由同一审判组织进行审理是因为对相关联的行政争议、民事争议作出实体处理的事实根据或处理方向应当基本一致。如果两个争议分别由不同的审判组织审理，既不符合设立一并审理行政争议制度的本意，亦不符合诉讼效益原则，难以保证法律适用的统一性和严肃性。对于行政案件和民事案件分别立案则是基于两种案件在当事人、审理标的、审理依据等方面均存在较大差异，分别立案更有利于当事人对于行政争议、民事争议分别行使上诉权，有助于实质性化解争议，减少当事人的诉累。

【条文释义】

一并审理行民争议程序中，对当事人提出的民事诉讼，人民法院应当如何确定审判组织，如何立案，需予以明确。本条对此作出规定。

一、关于审判组织问题

审判组织是指法院在审理案件时采取的审理形式、审理人数和合议庭的组成人员等。党的十八届三中、四中全会提出，完善主审法官、合议庭办案责任制，让审理者裁判、由裁判者负责。人民法院组织法修订草案规定："法官组成合议庭的，其成员对案件的事实认定和法律适用承担责任，独任庭由独任法官对案件的事实认定和法律适用承担责任。审判活动有违法情形的，人民法院应当及时调查核实，并根据违法情形依法处理。""审判委员会讨论案件，合议庭对其汇报的事实负责，审判委员会委员对本人发表的意见和最终表决负责。"行政诉讼法第六十八条规定："人民法院审理行政案件，由审判员组成合议庭，或者由审判员、陪审员组成合议庭。合议庭的成员，应当是三人以上的单数。"第八十三条规定："适用简易程序审理的行政案件，由审判员一人独任审理，并应当在立案之日起四十五日内审结。"结合上述这些规定，行政诉讼中的审判组织主要包含以下几种。

(一) 独任庭

是指由审判员一人独自完成案件的审判工作，并作出裁决的审判组织。独任庭仅适用于基层人民法院以简易程序审理的第一审行政案件。适用简易程序的案件一般具有事实清楚、权利义务关系明确、争议不大的特点，包括被诉行政行为是依法当场作出的；案件涉及款额二千元以下的；属于政府信息公开案件的；以及当事人各方同意适用简易程序的案件。担任独任审判任务的只能是审判员，陪审员不得参与审理。独任庭审判同其他审判组织形式在本质上并没有差别，只是人数不同而已。

(二) 合议庭

合议制是集体审判案件的一种制度。合议庭是实现集体审判制度的组织形式，也是我国审判活动普遍适用的基本形式。合议制具有发挥集体智慧，集思广益的优点，有利于防止个人专断、徇私舞弊，对于保证案件的公正审理具有重要意义。一审行政案件合议庭的组成形式有两种：一是全部由审判员组成合议庭；二是由审判员和陪审员共同组成合议庭。究竟哪些案件由陪审员参加合议庭审理，哪些案件由审判员组成的合议庭审理，行政诉讼法未作限制性规定。人民陪审员法（草案）就陪审员的参审范围从两个方面作出规定：一是一般规定，即涉及群体利益、公共利益、人民群众广泛关注的以及其他社会影响较大的第一审案件，均可以适用陪审制，法律规定由法官独任审理或者由法官组成合议庭审理的除外；二是明确了采用七人合议庭的案件参审范围，并作了类型化处理，第一类是社会影响重大的可能判处十年以上有期徒刑、无期徒刑的刑事案件，第二类是行政诉讼法和民事诉讼法规定的公益诉讼案件，第三类是其他涉及征地拆迁、环境保护、食品药品安全等社会公共利益的重大案件。除了上述规定，参审范围还包括当事人申请适用的案件。行政诉讼法只对第一审程序中的合议庭组成作出了规定，对第二审程序和审判监督程序中合议庭的组成没有作具体规定，可适用民事诉讼法的相关规定。民事诉讼法规定，在第二审程序中，人民法院必须组成合议庭，合议庭成员一律由审判员组成，不吸收陪审员参加。原审人民法院审理发回重审案件按照第一审程序另行组成合议庭，原合议庭成员不能参加新组成的合议庭。对于按审判监督程序再次进行审理的案件，合议庭的组成要根据原审的审级来确定。原来是第一审的，按照第一审程序另行组成合议庭；原来是第二审的，按照第二审程序另行组成合议庭，原来参加合议庭的成员不能参加新组成的合议庭。合议庭对案件进行评议时，应当坚持民主原则。合议庭成员应充分发表意见，作出表决时应少数服从多数，按多数人的意见作出决议，但少数人的意见应记入笔录。其中的少数是指没有超过合议庭成员人数的半数。评议笔录由全体合议庭成员在认真审阅确定无误后签名，对评议情况应当保密。合议庭开庭审理并且评议后，应当作出判决。对于复杂、疑难、重大的案件，经合议庭合议后认为难以作出决定的，提交审判委员会讨论决定。审判委员会的决定，合议庭应当执行。

(三) 审判委员会

审判委员会是人民法院内部设立的对审判工作实行集体领导的组织。人民法院组织法修订草案规定各级人民法院设审判委员会。审判委员会的任务是总结审判工作经验，讨论决定重大或者疑难案件的法律适用以及其他重大问题。还规定，审判委员会讨论案件的决定，合议庭应当执行。审判委员会讨论案件的决定及其理由应当在裁判文书中公开，但法律规定不宜公开的除外。

根据本条规定，审理行政案件和关联民事案件的审判组织应为同一审判组织。这里的"同一审判组织"，是指审理该行政案件的同一审判员或者同一合议庭。之所以作出如此规定，系基于以下因素：首先，确保裁判的公正性。由同一审判组织全程参与庭审及评议，进而作出最终的裁判，可以确保最终的裁判结果源于庭审及当事人提交的证据，针对行政案件和民事案件作出更为协调一致的裁判，从而最大限度地维护裁判尺度的统一和稳定。其次，符合程序正义原则。由同一审判组织审理有助于充分了解庭审情况，贯彻直接言辞原则，实现庭审的实质化。最后，提高司法效率。由同一审判组织审理可以避免法庭对相同的案件事实进行重复调查，减少程序重叠，既缩短办案时间，又节约诉讼成本，符合广大人民群众的利益需求，一定限度上能缓解当前法院案多人少的压力。

二、关于立案问题

本条就人民法院在行政诉讼中一并审理相关民事争议的立案问题进行细化规定。

(一) 单独立案

一般情况下,一并审理的民事案件应当单独立案,主要是考虑以下几个因素。第一,民事争议与行政争议的立案审查条件不同。当事人请求对民事争议一并审理,起诉必须符合法定立案条件。如果起诉不合法定条件,人民法院不能一并审理。民事案件单独立案有利于对当事人的起诉是否符合法定立案条件进行审查认定,作出处理。第二,有利于民事争议、行政争议分别裁判及上诉。民事争议相对于行政争议而言,有其自身独立性。二者在举证规则、法律适用、裁决方式等方面均存在明显差异。民事案件单独立案既符合案件的独立属性,又有利于人民法院审理程序的顺利进行。第三,方便案件诉讼费用的收取及退还。一并提起的民事诉讼需要按照《诉讼费用缴纳办法》的规定缴纳诉讼费用,没有相应的案号,不便于当事人行使知情权,亦不符合诉讼便民原则。第四,对一并审理民事争议的案件单独立案,另行计算工作量,有利于鼓励行政审判法官一并审理行民争议案件。

(二) 例外规定

一般认为,行政裁决是指法定的行政机关依照法律、法规的授权,居间裁判当事人之间发生的与行政管理活动密切相关的民事争议的一种准行政司法活动。因行政裁决引发的行政诉讼具有不同于其他行政案件的特点:一是行政争议与民事争议并存。同一案件中,既有行政法律关系,又有民事法律关系;既有行政争议,又有民事争议,两种不同性质的法律关系和争议并存。二是行政争议由民事争议的行政介入而引发。行政争议的起因是存在民事争议,最终解决取决于民事争议能否得到有效处理。三是行政争议和民事争议具有不可分性。行政争议和民事争议虽然性质不同,但都是基于同一事实产生。行政争议、民事争议中的事实认定、证据使用以及判案理由和结论等会相互影响。如果只解决行政争议,而不审理相关民事争议，案件的处理缺乏完整性。

本条规定审理行政机关对民事争议所作裁决的案件，不对民事争议另行立案。之所以将行政裁决中的民事争议作为单独立案的例外规定，是因为行政裁决不同于一般的行政行为，行政机关是为了解决民事争议而作出决定。行政裁决除具备一般具体行政行为的特征之外，还具有民事性、居间性与准司法性的特征。当事人针对行政机关作出的行政裁决提起行政诉讼时，其诉讼请求实质上包括其作为民事诉讼原告的民事请求，当事人的民事权益请求已经包含于并转化为一种行政诉讼请求。由于人民法院在对具体行政行为的合法性进行审查时必然要涉及对民事争议的审查和判断，行政裁决与其所涉民事争议密不可分。在此情形下，即便当事人不提起民事诉讼，根据行政诉讼法关于全面审查被诉行政行为合法性的原则，人民法院亦应对民事争议的处理是否合法进行全面审查。因此，无需将民事争议另行立案，而以一并审理行民争议的方式化解行政裁决引发的争议，可以最大限度地节约司法资源，提高诉讼效率，减少当事人诉累，并且有效地避免了行政机关重新作出行政裁决而带来的诸多弊端，起到事半功倍的效果。

【实务指导】

审判实践中应当注意以下问题。

1. 关于同一审判组织出现更换审判人员情形，行政案件及相关民事案件是否重新审理问题。该问题关系到直接言词原则在我国的适用。直接言词原则，是指法官必须在法庭上亲自听取当事人、证人及其他诉讼参与人的口头陈述，案件事实和证据必须由双方当事人当庭口头提出并以口头辩论和质证的方式进行调查。为贯彻直接言词原则，人民法院应当做到以下几点：（1）及时通知并保证有关人员出庭。证人出庭作证应当作为一般原则，不出庭只能是例外；（2）开庭审理过程中，合议庭的审判人员必须始终在场，参加庭审的全过程；（3）所有证据包括法庭依当事人申请或者依职权收集的证据，都必须当庭出示，当庭质证；（4）保证双方有充分的陈述和辩论的机会和时间。根据上述第二项要求，同一案件审判组织的成员更换后，案件应当重新审理，确保案件的审理和裁判由同一审判组织作出。

行政案件与民事案件作为相互关联的案件予以合并审理，其方式是由同一审判组织审理，但仍为两个独立的案件，可以共同开庭、裁决。如果一个案件对另一个案件有先决效力，可以对有先决效力的案件先行宣判。此种情形民事与行政案件分开审理，分别判决，审判组织成员的更换对原有案件的审理不会产生任何影响，无需重新进行审理。

2. 关于案号问题。为体现一并审理行民争议案件的特点，且便于第二审人民法院在民事案件、行政案件分别上诉的情况下予以一并审理，建议此类案号立为"行并民"。此外，关于不另行立案的裁判文书的案号问题，即审理行政机关对民事争议所作裁决的案件时，因民事案件与行政案件的当事人不同，为方便裁判文书的撰写可撰写两份文书，即行政诉讼文书和民事诉讼文书，在本案案号之后加标"-1""-2"的符号。

（张艳撰写）

第一百四十一条

人民法院一并审理相关民事争议，适用民事法律规范的相关规定，法律另有规定的除外。

当事人在调解中对民事权益的处分，不能作为审查被诉行政行为合法性的根据。

【条文主旨】

本条是关于在一并审理相关民事争议案件中法律适用及调解的规定。

【起草背景】

民事诉讼法第一百五十条规定,有下列情形之一的,中止诉讼:"……(五)本案必须以另一案的审理结果为依据,而另一案尚未审结的;中止诉讼的原因消除后,恢复诉讼。"在民事诉讼过程中,可能出现行政争议的先决性或行政行为合法性的审查问题。通常情况下,民事诉讼应当中止,等待行政诉讼的判决结果。在行政纠纷的审理中,人民法院认为行政案件的审理需以民事诉讼的裁判为依据的,也可以裁定中止行政诉讼。有观点认为,民事行政争议关联案件是指行政争议与民事争议在法律事实上相互联系,在处理上互为因果或互为前提、相互影响的一种案件形式。也有观点认为,只要民事和行政争议在法律事实上有交叉即为民行交叉争议,不以相互影响为必要,因为有的民事与行政争议的交叉案件在法律事实上虽有联系,但操作中,可以单独进行民事、行政诉讼,彼此判决结果互不影响。在长期的审判实践中,针对不同的情况采取过先行政诉讼后民事诉讼、先民事诉讼后行政诉讼、行政诉讼与民事诉讼分别进行或者行政附带民事诉讼等方式,以解决两种争议的交织问题。

民事争议和行政争议的交叉问题在行政诉讼法第六十一条中规定,"在涉及行政许可、登记、征收、征用和行政机关对民事争议所作的裁决的行政诉讼中,当事人申请一并解决相关民事争议的,人民法院可以一并审理。"在该规定出台之前,司法审查在该问题上作出了积极的探索和实践。〔2002〕行他字第 10 号《最高人民法院行政审判庭关于行政诉讼与民事诉讼交叉引起的审理程序如何处理问题的答复》规定,当行政诉讼与民事诉讼交叉且行政诉讼的裁判结果是民事诉讼的定案根据或裁判依据时,应当中止民事诉讼,待行政诉讼终结后再恢复民事诉讼。随后,法发〔2007〕19 号《最高人民法院关于加强和改进行政审判工作的意见》规定,正确处理行政诉讼案件和民事诉讼案件交叉的问题。要区别责任发生的时候,法律对责任实现顺序是否有专门规定以及是否涉及国家利益、公共利益。审慎解决民事责任和行政责任的冲突。要立足我国社会主义初级阶段的国情，既重视保障民事受害人的及时有效救济，也要兼顾行政与民事两种赔偿责任承担的基本公平。对选择民事或行政救济途径法律规定不明确的，要加强人民法院内部的沟通协调，不轻易否定起诉人的行政诉权或民事诉权。如争议的民事法律关系是行政行为合法的基础性前提性事实和主要构成要件的，应当先行中止行政诉讼，等候民事诉讼的判决结果。反之则可以行政诉讼先行。不同审判庭或者人民法院之间应当主动加强沟通协调，不得各行其是。法发〔2009〕38 号《最高人民法院关于当前形势下做好行政审判工作的若干意见》规定，充分发挥行政诉讼附带解决民事争议的功能，在受理行政机关对平等主体之间的民事争议所作的行政裁决、行政确权、行政处理、颁发权属证书等案件时，可以基于当事人申请一并解决相关民事争议。要正确处理行政诉讼与民事诉讼交叉问题，防止出现相互矛盾或相互推诿。要注意争议的实质性解决，促进案结事了。对于行政裁决和行政确认案件，可以在查清事实的基础上直接对行政主体对原民事性质的事项所作出的裁决或确认依法作出判决，以减少当事人的诉累。

该条规定与《适用解释》第十九条一致。为了适用法律的方便，将原第十九条规定的法律适用、调解、裁判和上诉的规定，划分为单独的两条，以第一百四十二条和第一百四十三条予以了表述。

【条文释义】

1. 审理行政许可、登记、征收、征用和行政裁决案件中，常会涉及买卖、共有、赠予、民事侵权、抵押、留置、质权、婚姻、继承等相关的民事争议，该争议本质上仍然属于民事案件，因此应当适用调整该民事法律关系的各项法律。当然，在审理程序方面，应适用民事诉讼法及其司法解释的程序规则。对于一并审理相关民事争议的法律适用问题，本条规定，一般应当适用民事法律规范的相关规定。在例外的情况下，适用行政法和行政诉讼法的有关规定。如人民法院对行政裁决中的民事争议一并审理，适用土地管理法、草原法和森林法等行政法和行政诉讼法有关规定。

本条所用的"民事法律规范"一词是从整体意义上而言,并非民事法律规范中只有民法规则,行政法律规范中只有行政法规则。很难认定某部法律法规绝对属于民法或者行政法。如土地管理法中既有土地管理的行政法规则,也有土地承包经营等民法规则。如专利法中既包括了专利行政管理部门的职责,也包括了专利权的保护范围以及侵权认定的规则,既有规范专利行政管理部门对授予专利权审查条件的规定,也有专利权的保护期限、举证责任的特殊规定以及权利人寻求救济的途径。再如,在土地承包经营权合同纠纷中,对于涉及农村集体土地承包经营合同的权利义务、土地承包经营期限等,由土地管理法规定。对于不动产登记,物权法明确不动产物权的设立、变更、转让和消灭,依照法律规定应当登记的,自记载于不动产登记簿时发生效力,与此相关的民事争议应当适用这些法律规定。行政诉讼是从民事诉讼中分离出来的,其发展之初,往往适用民事诉讼程序,而且许多司法原则是一致的,如公开审判、回避制度、两审终审制、合议制等,二者存在着紧密的联系。

2. 行政诉讼的目的是审查被诉行政行为的合法性,审查的标准应当是法律规定的该行政机关的职责。民事诉讼的目的是解决当事人的民事纠纷。行政诉讼与民事诉讼毕竟是两种不同的诉讼程序,两者之间存在着的差异。民事诉讼解决的是平等主体之间的民事争议;行政诉讼解决的是行政主体与作为行政管理相对方的公民、法人或者其他组织之间的行政争议。民事诉讼发生于法人之间、自然人之间、法人与自然人之间;行政诉讼只发生在行政主体与公民、法人或者其他组织之间。民事诉讼中双方当事人的诉讼权利是对等的,如一方起诉,另一方可以反诉;行政诉讼双方当事人的诉讼权利则是不对等的,如只能由公民、法人或者其他组织一方起诉,行政主体一方没有起诉权和反诉权。行政诉讼要求以存在某个行政行为为先行条件;民事诉讼则不需要这样的先行条件。民事诉讼中,对于事实清楚、权利义务关系明确、争议不大的简单民事案件适用简易程序;而行政诉讼无简易程序的规定。

在行政案件中,行政机关作出的行政行为实行的是先取证后裁决,行政机关只能依据当时收集的证据作出行政行为。民事争议当事人对民事行为进行的和解是对其民事权利的处分。《民诉解释》第一百零七条规定，当事人为达成调解协议或者和解协议作出妥协而认可的事实，不得在后续的诉讼中作为对其不利的根据，但法律另有规定或者当事人均同意的除外。在一些以民事行为为基础的行政行为中，行政机关需要以作出行政行为当时的民事行为为依据。而调解后，相关事实可能与行政机关当初认定的事实存在不一致此时，不能以调解后当事人的处分行为为依据，因此，调解中对民事权益的处分，不能作为审查被诉行政行为合法性的根据来判断行政机关当初作出的行政行为存在证据不足或者事实认定不清。

在一并审理民事争议的案件中，对于民事纠纷中的处分行为以及行政纠纷中作出被诉行政行为依据的事实，要慎重审查认定。一方面，不能要求行政机关对依法作出的具体行政行为作出让步，以求得争议的解决；另一方面，也不能以行政机关已作出裁决而限制当事人就民事争议部分的处分权利。正是出于上述考虑，本条针对民事纠纷中的处分原则作出了明确规定，当事人在调解中对民事权益的处分，不能作为审查被诉行政行为合法性的根据。

【实务指导】

需要注意的是，行政诉讼的第三人制度不能直接解决第三人与原告之间的民事争议，行政诉讼第三人制度是为了保护同被诉行政行为有利害关系，但没有提起诉讼的公民、法人或者其他组织，或者同案处理结果有利害关系人的利益，而让他们通过申请或者由人民法院通知参加到原告和被告之间的诉讼中来，从而参与行政争议的解决过程。这类纠纷适用的是行政诉讼程序，而非民事诉讼程序。此条款在适用时要注意以下问题。

1. 本条所用"适用民事法律规范的相关规定"是强调对具体法律条款的适用。

2. 在行政诉讼中，人民法院认为行政案件的审理需要以民事诉讼的裁判为依据的，可以裁定中止行政诉讼。

3. 行政诉讼法第六十条第一款规定，人民法院审理行政案件，不适用调解。但在行政赔偿、行政补偿以及行政机关行使法律法规规定的自由裁量权的案件可以调解。此款所规定的调解，针对的是行政机关和行政相对人之间关于行政法上的权利义，与本条规定的调解针对的事项不相同。

4. 本条规定的调解是在一并审理的民事争议中，民事争议的当事人之间民事权利义务的调解。既包括当事人在行政诉讼程序中达成的调解，也包括诉讼程序外达成的调解。

5. 当事人在调解中对民事权益的处分包括两种情形，一种是作为基础民事法律关系的处分，另一种是行政行为作出后对民事法律关系产生了影响。对于行政行为后续的民事争议，如果民事争议的当事人达成和解协议的，只要不违反法律法规的强制性规定，人民法院应当允许。不应当对民事纠纷中的当事人的处分行为给予限制。当然，该调解协议中对于民事权益的处分不能作为认定被诉行政行为依据的客观事实。

（罗霞撰写）

第一百四十二条

对行政争议和民事争议应当分别裁判。

当事人仅对行政裁判或者民事裁判提出上诉的，未上诉的裁判在上诉期满后即发生法律效力。第一审人民法院应当将全部案卷一并移送第二审人民法院，由行政审判庭审理。第二审人民法院发现未上诉的生效裁判确有错误的，应当按照审判监督程序再审。

【条文主旨】

本条是关于一并审理相关民事争议案件中分别裁判、上诉审理以及发现生效裁判确有错误如何处理的规定。

【起草背景】

行政诉讼法第六十一条规定之前，当行政行为引发的争议伴随相关民事争议时，在司法实践中多依照两类案件分别立案，由行政审判庭和民事审判庭分别审理。这种"分头而治"的审理模式不利于行政争议和民事争议的解决，如民事诉讼中法官不对登记行为的合法性进行审查，而行政机关核发的登记证书可能会成为民事诉讼中的"优势证据"影响法官对争议事实的认定。"分头而治"的审理模式浪费了司法资源，导致循环诉讼，影响了司法效率。

当民事案件和行政案件的处理结果互为因果关系或互为前提条件时，设立合理的审理模式是实践中亟待解决的问题。随着2014年行政诉讼法第六十一条规定"在涉及行政许可、登记、征收和行政机关对民事争议所作的裁决的行政诉讼中，当事人申请一并解决相关民事争议的，人民法院可以一并审理"，明确了一并审理的模式。

审判权的行使必须由当事人起诉来启动，本条关于一并审理相关民事争议案件的裁判和上诉的规定，是对民行交叉案件的审理模式的进一步细化，体现了司法审判被动行使审判权的过程，并充分尊重和保护了当事人的诉权。一并审理模式下民事案件和行政案件分别立案，行政案件与民事案件分别进行裁判，由审理行政案件的同一审判组织即同一合议庭对民事案件进行审理。这主要是防止民事案件和行政案件的结果相互冲突，保证裁判结果的一致性，解决审判资源和提高审判效率。同时，也有助于法官对争议有整体全面的了解，从而促使争议迅速解决，及时合法地保护当事人权益，减少当事人的诉累。

第一款是关于分别裁判的规定。由于行政案件和民事案件在当事人的诉讼地位、审理对象以及法律依据等方面各有不同，各自分别立案不仅有利于解决裁判文书中诉讼当事人地位的表述以及对法律关系的梳理、法律事实的认定，也有利于法官对行政案件围绕被诉行政行为的合法性审查、民事案件围绕原告的诉讼请求审查。

第二款涉及两个方面。一是关于未上诉的裁判经过上诉期限后发生法律效力的规定。分别裁判的模式保证了两个案件各自对应法定的诉讼程序进行审理。当事人未上诉的案件在上诉期满后发生法律效力，从根本上保证对审理查明的事实及时有效地作出裁判，也有利于保障当事人的上诉权利，避免审级损失。二是关于上诉案件卷宗移送以及发现确有错误如何处理的规定。考虑到纠纷中行政案件与民事案件的相关性，在法律事实上有一定的关联，为便于当事人提起上诉后法官对二审案件的审理，一审人民法院应当将全部案件材料一并移送到二审人民法院。二审人民法院在审理中，如果对未上诉的已经生效的裁判发现确有错误的，不宜直接进行改判或者发回重审，而是应当进入审判监督程序，进行提审或者指令下级人民法院再审。

【条文释义】

行政诉讼中一并审理的民事纠纷应当与行政纠纷分别立案，由同一审判组织进行审理，行政案件对应行政诉讼法作出裁判，民事案件对应民事诉讼法作出裁判，两起案件的审理结果应当分别制作行政裁判文书和民事裁判文书。

本条规范了行政案件与民事案件分别裁判。行政诉讼法第六十一条规定中使用的是"相关民事争议"的表述，为保持一致，本条采用了"民事争议"的用词。同时，行政诉讼法第一条规定，解决"行政争议"是行政诉讼法的立法宗旨之一，故使用了"行政争议"一词。

行政诉讼中一并审理的民事案件可能与行政案件同时作出裁判，也有可能会在行政案件之前作出裁判，不论两个案件作出时间的先后，当事人不服一审裁判结果提起上诉时，没有上诉的裁判经法定上诉期限后，发生法律效力。二审人民法院仅仅针对提起上诉的案件进行审理。

第一审人民法院应当将全部案卷一并移送第二审人民法院，由行政审判庭审理。第二审人民法院发现未上诉的生效裁判确有错误的，应当按照审判监督程序再审。

【实务指导】

1. 行政诉讼中一并审理的民事案件，其起诉要符合民事立案的条件，而行政案件也要符合行政诉讼的立案条件，如提起诉讼的原告是适格的，符合起诉的期限，属于人民法院审理的范围等。

2. 一并审理模式首先要求在立案阶段分别予以立案，是否进行合并审理由当事人决定。其次要求对应依照各自程序法的相关规定，由同一审判组织进行审理。这是一并审理的基础，审理中，确定先决问题，是先审理民事争议，还是先审理行政争议。先决问题的区分取决于具体案件以哪个争议为基础和前提。先决问题可以先行进行裁判。

3. 民事案件和行政案件分别按照各自的诉讼程序制作裁判文书。在裁判文书中应当注意关联纠纷中各方当事人的诉讼位置。在审理过程中应当积极运用调解手段处理民事争议。判决宣判后，按照民事判决和行政判决按照各自的诉讼程序计算生效时间和上诉时间。

4. 当事人仅对行政案件或者民事案件提出上诉的，未上诉的裁判在上诉期满后即发生法律效力。

5. 行政诉讼与民事诉讼上诉审的审理原则有所不同，行政诉讼上诉审实行全面审查原则，而民事诉讼的上诉审则受上诉请求范围的限制。如果当事人对两份判决分别提出上诉或者仅对其中一份判决提出上诉，自然应依照行政部分和民事部分分别适用各自对应的审理原则。

6. 关于证明力的问题。行政诉讼中一并审理的民事纠纷，发生法律效力的裁判结果可以在先或者在后，生效裁判所确认的事实将成为免证事实，即当事人无需就该事实举证。由于该裁判文书有公证文书的性质，按照公文书证的规则，否定公文书证确认的事实需要证据的证明力达到推翻该事实的程度，即有相反证据足以推翻达到证明相反事实成立的程度，此时不发生免除当事人举证责任的效果。

7. 一并审理模式下，不排除可以运用诉前调解、协调、和解等多元化纠纷解决机制将合并审理的案件化解在立案阶段。

（罗霞撰写）

第一百四十三条

行政诉讼原告在宣判前申请撤诉的，是否准许由人民法院裁定。人民法院裁定准许行政诉讼原告撤诉，但其对已经提起的一并审理相关民事争议不撤诉的，人民法院应当继续审理。

【条文主旨】

本条是关于一并审理相关民事争议案件中原告申请撤诉的规定。

【起草背景】

撤诉是在人民法院对案件宣告判决或者裁定前，原告撤回起诉的诉讼行为。撤诉是一种终结诉讼的制度，原告在诉讼过程中主动撤诉或者行政机关改变行政行为之后原告申请撤诉，实际上意味着当事人之间的纠纷已经得到有效的解决。人民法院经审查认为被诉行政行为违法或者明显不当，可以根据案件的具体情况，建议被告改变其作出的行政行为，主动赔偿或者补偿原告的损失，原告同意后可以申请撤诉。原告在法律规定的范围内可以处分自己的诉讼权利，也可以放弃自己的诉讼权利。但是，一经诉讼，原告便不能随意处分自己的诉讼权利，申请撤诉必须经过人民法院裁定准许。原告对行政诉讼中权利的处分，不影响民事诉讼权利的行使。本条后半部分是针对2014年行政诉讼法关于涉及审理民事争议和行政争议交叉案件，人民法院一并审理相关民事争议的新增条款作出的规定。

【条文释义】

　　撤诉一般是指原告的撤诉。申请撤诉是原告的权利，但是原告的撤诉是否能够实现则取决于人民法院。原告一经起诉，该被诉行政行为即已系属于行政诉讼，诉讼程序的主导权掌握在人民法院手中。这是因为行政诉讼针对的诉讼对象是行政行为的合法性，如果仅仅依据原告的撤诉就终止人民法院对行政行为的监督，将会使人民法院监督行政机关依法行政的职能弱化。因此，在撤诉制度中，原告所享有的仅仅是撤诉申请权。原告申请撤诉，需要经过人民法院准许撤诉，撤诉才能最终实现；人民法院裁定不准予撤诉的，案件必须继续进行。即便是在行政诉讼制度较为发达的欧洲国家，原告的撤诉权行使也是受到严格限制的。例如，在德国，根据德国行政法院法第92条第1项的规定，原告在判决发生法律效力之前，可以撤诉。在口头审理过程中已经提出申请的，撤诉应当取得被告的同意，如果有公共利益代表人参加口头审理的，则也应当取得其同意。这表明，原告申请撤诉并非一经申请就发生法律效力，必须考虑其申请行为可能造成的影响。

　　撤诉不仅适用于第一审程序，而且也适用于第二审和再审程序。在第一审程序中，是指原告撤回起诉；在第二审程序中，是指上诉人撤回上诉；在再审程序中，是指再审申请人撤回再审申请。《最高人民法院关于行政撤诉若干问题的规定》第八条第一款规定："第二审或者再审期间行政机关改变被诉具体行政行为，当事人申请撤回上诉或者再审申请的，参照本规定。"这是上述情形的主要依据。此外，《若干解释》第四十九条第一款也曾规定，原告或者上诉人经合法传唤，无正当理由拒不到庭或者未经法庭许可中途退庭的，可以按撤诉处理。

　　根据本条的规定，申请撤诉主要包括两种情形：原告主动申请撤诉和被告改变行政行为后申请撤诉。申请撤诉需要满足的条件有：一是申请撤诉的必须是原告，包括原告特别授权的法定代理人或者委托代理人。对于没有诉讼能力的原告，由其法定代理人提出。被告以及第三人均不能提出撤诉请求。如果原告是企业的原法定代表人,在诉讼期间,企业法定代表人发生变动的,不影响其原告地位。现企业法定代表人不是原告,无权行使申请撤诉的权利。例如,《最高人民法院行政审判庭关于对是否准予撤诉问题的电话答复》(1998年10月28日,〔1998〕法行字第14号)中指出,在企业法定代表人被行政机关变更或撤换的情况下,原企业法定代表人有权提起行政诉讼。新的法定代表人提出撤诉申请,缺乏法律依据。二是申请撤诉必须是原告真正自愿的,且必须明确提出。申请撤诉的行为是原告自觉自愿的行为,不能采取强迫或者其他法外压力强行使原告撤诉。即便行政机关已经变更行政行为,原告如果仍然不满意并坚持不撤诉的,人民法院也不能强行要求原告撤诉,而应当继续审理。此外,原告申请撤诉,必须以明示的方式提出,不存在默示的或者推定的申请撤诉行为。三是申请撤诉必须符合法律规定。对于原告主动申请撤诉的行为,申请撤诉的行为必须符合法律规定。即申请撤诉不能规避法律,损害国家利益、社会公共或者他人合法权益。司法实践中,有的原告提起行政诉讼之后,发现判决可能对其不利,遂申请撤诉以避免不利的诉讼后果。此处的"必须符合法律规定"还要求原告不能在撤诉过程中有违法的行为,如果在申请撤诉中,原告有违法行为需要依法处理的,人民法院可以不准予撤诉或者不按撤诉处理。对于被告"改变行政行为"的具体含义,根据《最高人民法院关于行政撤诉若干问题的规定》第三条的规定,主要包括改变被诉行政行为所认定的主要事实和证据;改变被诉行政行为所适用的规范依据且对定性产生影响;撤销、部分撤销或者变更被诉行政行为处理结果。该司法解释第四条规定了可以视为"被告改变其所作的具体行政行为"的情形:根据原告的请求依法履行法定职责;采取相应的补救、补偿措施;在行政裁决案件中,书面认可原告与第三人达成的和解;等等。四是撤诉必须在人民法院对该案宣告判决或者裁定之前提出。这是对于申请撤诉的时限要求,申请撤诉只有在宣告判决或者裁定之前才可,否则如果判决或者裁定宣告之后,就意味着诉讼程序已经终结,撤诉就没有任何意义了。五是撤诉必须经人民法院准许。撤诉行为包括了原告的申请行为和人民法院作出裁定两个环节,申请撤诉行为必须经过人民法院审查之后,符合其他撤诉条件的才可以准许。《最高人民法院关于行政撤诉若干问题的规定》第五条规定，被告改变被诉具体行政行为，原告申请撤诉，有履行内容且履行完毕的，人民法院可以裁定准许撤诉；不能即时或者一次性履行的，人民法院可以裁定准许撤诉，也可以裁定中止审理。该司法解释第八条第二款规定，准许撤回上诉或者再审申请的裁定，可以载明行政机关改变被诉具体行政行为的主要内容及履行情况，并可以根据案件具体情况，在裁定理由中明确被诉具体行政行为，或者原裁判全部或者部分不再执行。

  人民法院对申请撤诉进行审查，主要包括三方面的审查：一是程序性的审查，包括对申请撤诉的时机、方式、步骤、形式等方面的审查；二是自愿性审查，指意思表示真实性的审查；三是撤诉行为的合法性的审查。

  自愿性审查的实质是审查当事人撤诉的意思表示是否真实。意思表示不真实的法律行为，不能引起特定的法律后果的发生。行政诉讼中对于撤诉的真实的意思表示的要求是：当事人在明确被诉行政行为的性质，以及给自己带来的法律后果的基础上，自愿放弃请求司法保护的权利。人民法院在进行自愿性审查时，应当注意以下几个问题：第一，要注意审查申请人对于诉讼后果和被诉行政行为是否存在重大误解、欺诈以及串通虚假行为。按照《最高人民法院关于贯彻执行〈中华人民共和国民法通则〉若干问题的意见（试行）》第71条的规定，所谓重大误解是指行为人对行为的性质、对方当事人、标的物的品种、质量规格和数量等的错误认识，使行为的后果与自己的意思相悖，造成较大损失的情形。在行政诉讼中，重大误解通常是导致意思表示不真实的重要原因。例如，申请人因他人的解释或者劝说，将违法的行政行为当做合法的行政行为。所谓欺诈，是指故意将不真实的情况当做真实情况来表示，旨在使他人发生错误判断，并且迎合自己作出意思表示的行为。欺诈的情形主要包括，申请人听信行政机关工作人员的花言巧语或者根本不准备兑现的虚假承诺，申请人因他人的蒙蔽而误以为诉讼结果将更加于己不利等等。串通虚假行为是指表意人与相对人串通，合谋实施的与其内心意思不一致的意思表示。例如，行政机关工作人员与他人合谋，由他人游说原告撤诉的行为。原告在这种情形下的申请撤诉是原告对行政行为的合法性状况、性质、撤诉行为或者诉讼结果发生重大误解，或者受欺诈情况下的一种错误选择，不是申请人真实的意思表示。第二，要注意审查申请人的撤诉行为是否因胁迫等外在压力所致。申请人的意思表示可以因外来的压力，诸如威逼、胁迫、恐吓等而陷入不真实。所谓胁迫，是指由于他人的不正当预告危害而陷入恐慌从而作出的有瑕疵的意思表示。法院在审查申请人是否因外在压力而意思表示不真实的时候，还应当注意以下问题：其一，须有申请人以外的人施加压力行为的存在。例如，有他人的威逼、胁迫、恐吓的行为存在。如果没有压力的存在，而仅仅是申请人自己担心行政机关报复，或者害怕造成更加不利的后果的不构成意思表示不真实。其二，压力行为不一定来自被告行政机关，还可能是行政机关请托的人，其他利害关系人还可能是申请人的亲属。只要存在不当干预，不论压力系何人实施均可认定为意思表示不真实。第三，人民法院某些审判人员的动员撤诉行为也可能导致申请人撤诉的意思表示不真实。司法实践中有一些行政机关要求法院动员撤诉，或者法院顾及机关之间的关系而动员原告撤诉。由于行政诉讼是法院主持下解决行政争议的行为，法院的态度对于当事人往往发生较大影响，因此原则上人民法院不能动员原告撤诉。如果人民法院在上述两种情况下动员撤诉，该当事人申请撤诉的行为应视为非真实的意思表示，并可成为在法院裁定准予撤诉之后，当事人申诉的理由。第四，自愿撤诉不一定以完全接受行政行为为条件。有一种意见认为，申请撤诉即认为申请人完全统一被诉行政行为，并愿意接受被诉行政行为的约束。这种意见并不完全正确，理由是当事人申请撤诉的原因和动机是多种多样的，例如原告本来是对被诉行政行为的合理性存在异议，但是以行为违法为由提起诉讼，在诉讼过程中认识到通过行政诉讼不能解决行政行为的合法性问题，要准备通过行政复议解决问题，遂申请撤诉。这种情形下，显然不能认为申请人完全同意行政行为，也不能认为申请人完全愿意受行政行为约束。再比如，被诉行政行为确实存在违法情形，但是当事人考虑到行政诉讼的结果得不偿失，或者没有太多的诉讼利益，因而申请撤诉。此种情况下，也不能认为申请人完全同意被诉行政行为。基于以上分析，我们认为，不能以申请人完全同意被诉行政行为，或者自觉接受履行被诉行政行为而认定申请人申请撤诉的意思表示真实。

合法性审查是指审查申请人的撤诉行为是否有规避法律的情况存在，其不同于审理程序中对行政行为合法性的审查。人民法院在进行合法性审查时，应当注意以下几个问题：第一，准予撤诉不一定以被诉行政行为合法为前提。理由是，其一，人民法院对行政行为的合法性进行监督，除了法律赋予的司法监督职权以外，还必须以原告的起诉为条件，法院不能对一个未经起诉的行政行为行使监督权，即使行政行为是违法的。同样，如果当事人合法地放弃请求司法保护的权利，人民法院就丧失了对被诉行政行为的司法监督权限。其二，在某些特定情况下，行政行为确实违法不一定就侵犯了行政相对人的合法权益。在此种情况下，如果原告在诉讼过程中发现，尽管行政行为有违法之处，例如程序违法，但是原告本身并无诉讼利益，而且继续诉讼将会导致自己更多的损失，此时如果强行要求原告继续诉讼是不公平的。即使是原告对于被诉行政行为没有诉讼上的利益，原告也有处分自己利益的权利，不让原告在不损害他人合法权益的情况下处分自己的利益是不合理的。其三，行政行为违法与否，只有到案件审理终结时才能确定，在当事人申请撤诉时，就要求对被诉行政行为作出法律判断，也是不科学的。其四，即使被诉行政行为是违法的，也可以通过向被诉行政机关或者其上级主管机关提出司法建议解决。当然，法院如果已经明确被诉行政行为是违法的情况下，应当向当事人讲明行政行为的性质，应当明确原告的撤诉是否真正出于自愿，有无外在压力或者重大误解，如果当事人的撤诉行为确实属于自愿行为，并无其他规避法律的行为，也不损害他人的合法权益，人民法院应当准予撤诉。第二，在诉讼过程中，原告发现自己的违法事实大于或者多于被诉行政机关所认定的违法事实，或者发现自己行为的性质比被诉行政行为所认定的性质更为严重，或者发现被诉行政机关对自己的处罚偏轻等等，继续诉讼可能对自己更为不利，因而申请撤诉，人民法院应当准予撤诉。理由是，其一，人民法院能否针对原告作出不利判决本身就是一个存在较大争议的问题，从国外立法例和我国的司法实践来看，大多倾向于不对原告作出不利判决。其二，如果被诉行政行为确实具有违法性质，也可以通过司法建议的形式，要求行政机关更正。其三，准予原告撤诉，可以避免原被告双方都不到庭的尴尬局面。其四，可以减小原告提起行政诉讼的心理障碍，鼓励公民通过司法救济维护合法权益。

【实务指导】

人民法院裁定准许原告撤诉后，原告以同一事实和理由重新起诉的，应该如何处理。撤诉是原告放弃或者处分自己诉讼权利的行为，也是原告放弃诉讼请求的一种方式，撤诉是导致具体诉讼法律关系终结的诉讼活动，撤诉成立将终结诉讼程序，法律上设定撤诉的审查和程序程序，目的是保证撤诉制度的严肃性，根据"一事不再理"原则，原告以同一事实和理由重新起诉的，人民法院不予受理这一规定，有利于促进当事人严肃认真地处分自己的权利。

行政诉讼原告或者上诉人未按规定的期限预交案件受理费，又不提出缓交、减交、免交申请，或者提出申请未获批准的，人民法院按自动撤诉处理后，原告或者上诉人在法定期限内再次起诉或者上诉，并依法解决诉讼费预交问题的，人民法院如何处理。根据法律规定，对原告或者上诉人未按规定的期限预交案件受理费，又不提出缓交、减交、免交申请，或者提出申请未获批准的，人民法院应当按自动撤诉处理。按自动撤诉处理，属于当事人自动申请撤诉。对于人民法院裁定按撤诉处理后，原告或者上诉人在按规定预交了诉讼费或者经人民法院批准缓交、减交、免交诉讼费的，人民法院应予受理。出现该情况的原因是审判程序中有两个法定期限，一是预交诉讼费用的期限，二是提起诉讼或上诉的期限。《诉讼费用交纳办法》第二十二条规定："原告自接到人民法院交纳诉讼费用通知次日起7日内交纳案件受理费；反诉案件由提起反诉的当事人自提起反诉，次日起7日内交纳案件受理费。上诉案件的案件受理费由上诉人向人民法院提交上诉状时预交。双方当事人都提起上诉的，分别预交。上诉人在上诉期内未预交诉讼费用的，人民法院应当通知其在7日内预交。"根据行政诉讼法的规定，原告提出上诉的期限是15日和3个月，法律另有规定的除外，上诉人对一审判决提出上诉的期限是 15 日，对一审裁定提起上诉的期限是 10 日。在这种情况下，原告或者上诉人虽然未按照人民法院规定的期限交纳诉讼费，但由于案件未进入受理阶段，其撤诉行为应当视为未起诉或者未上诉，原告或者上诉人在法定起诉期限和上诉期限内再次起诉或者上诉并按照规定解决了诉讼费用问题后，原告或者上诉人的再次起诉和上诉就是符合法律规定的，人民法院不应当将该行为视为"原告或者上诉人以同一事实和理由重新起诉或者上诉"。

（梁卓撰写）

第一百四十四条

人民法院一并审理相关民事争议，应当按行政案件、民事案件的标准分别收取诉讼费用。

【条文主旨】

本条是关于一并审理相关民事争议案件诉讼费用收取标准的规定。

【起草背景】

行政诉讼法第一百零二条对于收取诉讼费用的具体办法规定的是"另行规定"。目前人民法院审理案件，收取诉讼费用的范围、标准的问题的具体依据是国务院 2006 年 12 月 8 日颁布的《诉讼费用交纳办法》。依照该办法第一条和第二条的规定，人民法院只能在民事案件和行政案件中收取诉讼费用。关于收取诉讼费用的标准，区分民事案件和行政案件分别规定。人民法院在一并审理相关民事争议时，针对行政争议、民事争议分别立案，诉讼费用的收取标准不应一律适用《诉讼费用交纳办法》第十三条第一款第五项规定的行政案件的收取标准,而应当根据案件性质等具体情况分别适用不同的收费标准。

【条文释义】

本条规定的主要是人民法院一并审理相关民事争议时,以何种标准收取行政案件、民事案件的诉讼费用。关于诉讼费用收取问题,主要依据是国务院 2006 年 12 月 8 日颁布的《诉讼费用交纳办法》。该办法对于民事诉讼和行政诉讼中关于诉讼费用的类型、诉讼费的计算方式、诉讼费的缴纳和责任分配作了具体规定。关于诉讼费用的缴纳,该办法第二条作出了概括性规定。首先确认交纳诉讼费用是当事人的基本义务,应该严格按照本办法的规定交纳。关于可以不交纳或者免予缴纳诉讼费的情形,也由该办法进行规定。可以不交纳诉讼费,大概有以下有如下几类:某些活动并未明显耗费司法资源,如裁定驳回起诉、驳回上诉、不予受理,对不予受理、驳回起诉管辖权异议的裁定不服提起上诉的情形;有些出于特殊社会价值的考虑,比如对于行政赔偿案件中不收取诉讼费用,这是基于对弱者权利救济的考量。这些在办法第八条中进行了列举式的规定。

诉讼费用包括:案件受理费;申请费;证人、鉴定人、翻译人员、理算人员在人民法院指定日期出庭发生的交通费、住宿费、生活费和误工补贴。根据办法第三条的规定,诉讼费的收取不得超出该范围。

对于案件的受理费一般分为针对财产申请的受理费和针对非财产申请的受理费。根据办法第十三条的规定,财产类案件一般按标的额分段计费,非财产类案件分为离婚类、侵犯人格权类、知识产权类、劳动争议类、行政案件类、管辖异议类,一般按照件数收费,涉及相关财产部分按标的额分段计费。关于行政案件收费标准规定为商标、专利、海事类行政案件收费 100 元,其他行政案件收费 50 元。需要说明的是关于非诉执行是否收费现有法律法规并无相应规定,实践中通行的做法是不收费。

申请费则一般针对申请适用特殊程序而应缴纳的费用,比如申请执行生效的判决、裁定和调解书,申请保全措施等。

对于证人等发生的费用来说，虽然行政诉讼法和民事诉讼法均规定了有出庭作证的义务，但其应参加诉讼活动发生的费用和损失，应当得到相应的补偿，交通费、住宿费、生活费，一般来说不超过当地国家工作人员的相应的补贴标准，误工补贴按照当地同行业人员的平均工资进行计算。

（梁卓撰写）

十一、规范性文件的一并审查

行政诉讼法第五十三条规定:"公民、法人或者其他组织认为行政行为所依据的国务院部门和地方人民政府及其部门制定的规范性文件不合法,在对行政行为提起诉讼时,可以一并请求对该规范性文件进行审查。""前款规定的规范性文件不含规章。"该条规定正式将一并审查规范性文件类案件纳入到行政诉讼的审理范围之中,具有十分重要的意义和价值。对规范性文件的一并审查意味着司法权对行政权的监督力度和深度进一步加强,更有利于从行政行为的源头上去解决行政争议,人民法院通过对规范性文件的一并审查,可以发现行政机关制定的规范性文件存在的违法之处,通过向制定机关提出处理建议或修改、废止该规范性文件的司法建议等方式,从行政行为的依据上即可杜绝违法行政行为的出现,从而有效地促进依法行政,在一定程度上减少行政纠纷的数量。

本部分司法解释共七条,主要内容包括以下方面:一是规范性文件一并审查案件的管辖法院;二是公民、法人或者其他组织向人民法院提出一并审查规范性文件诉讼请求的法定时间;三是人民法院发现规范性文件可能不合法时,应当如何审理;四是人民法院从哪些方面对案件中的规范性文件进行审查;五是人民法院对案件中的规范性文件经审查后如何处理,主要是指出人民法院经审查认为行政行为所依据的规范性文件合法及不合法的具体处理方式;六是人民法院发现已经发生法律效力的判决、裁定中对规范性文件合法性认定存在错误,应当如何处理。

(仝蕾撰写)

第一百四十五条

公民、法人或者其他组织在对行政行为提起诉讼时一并请求对所依据的规范性文件审查的，由行政行为案件管辖法院一并审查。

【条文主旨】

本条是关于当事人请求一并审查规范性文件的管辖法院的相关规定。

【起草背景】

行政诉讼法第五十三条："公民、法人或者其他组织认为行政行为所依据的国务院部门和地方人民政府及其部门制定的规范性文件不合法，在对行政行为提起诉讼时，可以一并请求对该规范性文件进行审查。前款规定的规范性文件不含规章。"该条规定正式赋予公民、法人或其他组织对规章以下层级的规范性文件一并提起行政诉讼的权利。由于公民、法人或者其他组织不能单独对规范性文件提起行政诉讼，所以提起对规范性文件的审查请求都是在对行政行为提起诉讼时一并提起的，而且，对规范性文件的审查与行政行为的审查也是不能分离的，规范性文件的合法性一般都是作为被诉行政行为合法性的判断因素之一，也往往是当事人提起行政诉讼的理由之一。因此，一并审查规范性文件的管辖法院也是审理行政行为的法院。

【条文释义】

管辖主要是确定法院之间受理案件的分工和权限。在此处主要是指，受理第一审行政案件的分工和权限。就一审案件管辖而言，法定管辖主要包括级别管辖、地域管辖和专属管辖。法律对于管辖的具体规定锁定了每个案件对应的审理法院。管辖法院的确定需要考虑到多种因素，如案件难易程度与法院级别、水准的匹配度；案件类型与法院审理数量的均衡度或法院审理工作开展是否存在客观障碍；案件原被告与法院的地域等等。与此同时，还需要考虑到当事人提起诉讼的便利性以及人民法院审理案件工作开展的方便和有效等。对于当事人提出的一并审查规范性文件的案件管辖亦需遵循便于当事人进行诉讼原则和便于人民法院审判执行原则。

在案件管辖对象方面，法院目前依然主要是围绕被诉行政行为进行审理，2014年行政诉讼法修改后，增加了公民、法人或者其他组织在对行政行为提起诉讼时可以一并请求对行政行为所依据的规范性文件进行审查的规定，即行政诉讼法第五十三条"公民、法人或者其他组织认为行政行为所依据的国务院部门和地方人民政府及其部门制定的规范性文件不合法，在对行政行为提起诉讼时，可以一并请求对该规范性文件进行审查。前款规定的规范性文件不含规章。"这一规定明确了法院受理的新类型案件，同时也对法院管辖这一类案件作出了指引。

由于公民、法人或者其他组织向人民法院提出一并审查规范性文件是建立在提起对其产生直接影响的行政行为的起诉的基础上的，公民、法人或者其他组织提出一并审查规范性文件的目的主要是通过证明规范性文件存在违法之处，从而达到证明被诉行政行为违法或无效的结果。因而，人民法院审查规范性文件及审查行政行为需要一体进行，也是在同一个案件中进行审理，管辖法院也自然是同一个法院。

【实务指导】

本条司法解释的含义较为明确，在行政审判工作中仅需要注意一点即可。人民法院在收到公民、法人或者其他组织提交的行政起诉状及其他起诉材料后，应认真审查其提出的诉讼请求，防止遗漏当事人提出的一并审查规范性文件的诉讼请求。同时还需关注当事人提出审查规范性文件本身的层级和数量等因素。

（仝蕾撰写）

第一百四十六条

公民、法人或者其他组织请求人民法院一并审查行政诉讼法第五十三条规定的规范性文件，应当在第一审开庭审理前提出；有正当理由的，也可以在法庭调查中提出。

【条文主旨】

本条是关于当事人请求一并审查规范性文件的提出时间的规定。

【起草背景】

一并审查规范性文件是当事人的诉讼请求之一，当事人向人民法院提出诉讼请求一般应当在起诉时，一次性完整的提出，这样才能便于人民法院及时准确的安排各项审判工作。该条基本上沿用了诉讼法的一贯规则，强调原则上当事人应当在一审开庭前提出一并审查规范性文件的诉求，只有在特殊情况下，才允许当事人在法庭调查中提出，以不影响人民法院审理工作的正常进行。

【条文释义】

公民、法人或者其他组织向人民法院提出诉讼请求必须在法定的期限内。诉讼请求是当事人期待法院予以解决的实际需求，也是当事人提起诉讼要实现的目的。而法院也要围绕当事人所提诉讼请求来开展审理工作。因此，当事人按照法律规定的时间向法院提出诉讼请求极其重要。对于公民、法人或者其他组织向人民法院提出一并审查规范性文件的诉讼请求，由于规范性文件的审查是依附于对被诉行政行为的审查，公民、法人或者其他组织一般是不服行政行为，在提起对行政行为的起诉时向人民法院一并提起对规范性文件的审查的。鉴于提起对规范性文件的一并审查请求具有一定的附随性，也考虑到这是一项新的制度设计，因而，行政诉讼法司法解释对一并提起对规范性文件审查的请求时间作出了专门的规定。

公民、法人或者其他组织在提起行政诉讼时可以请求人民法院一并审查规范性文件是行政诉讼法第五十三条的明确规定。但并不是所有的规范性文件都可以进入到司法审查之中，目前，当事人只能对被诉行政行为所依据的国务院部门和地方人民政府及其部门制定的规范性文件请求法院一并审查，更高位阶的规范性文件如规章、法规及法律等不能作为司法审查的对象。

法庭开庭审理案件主要是结合当事人诉讼请求围绕被诉行政行为合法性展开，因此，当事人诉讼请求应当在第一审开庭审理前提出，这主要是考虑到在一定时限内当事人锁定其诉讼请求，以便法庭可以及时开庭审理。

"一并审查规范性文件"作为当事人提出的诉讼请求，应当在第一审开庭审理前提出。这是基本原则。若出现被诉的行政主体作出行政行为时未指出依据的规范性文件时或者其他情况使得当事人无法获知相关规范性文件的，当事人可以在法庭调查中提出一并审查规范性文件的诉讼请求。《行诉解释》为了充分保障当事人行使诉权，也考虑到了行政实践中的特殊情况，给当事人行使权利留有客观余地。体现了司法解释的弹性和应变力。

【实务指导】

在处理涉及当事人请求一并审查规范性文件的案件中，对于该项诉讼请求的提出，需要注意以下几个问题。

(一) 对规范性文件的理解

目前，对规范性文件的名称、内涵、制作主体、制发权限以及制定程序、权限等，我国尚无统一的规定。但在行政管理领域中，规范性文件的数量可观、适用范围极广，在某种程度上，其已经成为对外行政行为作出的主要依据之一。对规范性文件的理解，可以从广义和狭义两个角度去看待。广义上,规范性文件包括经过严格立法程序,由特定主体制定的立法性文件以及行政主体根据实际需要,自行制定的各类非立法属性的文件。立法性文件主要包括:宪法、法律、行政法规、地方性法规、自治条例、单行条例和规章。非立法属性的文件主要指,行政机关制定的能够反复适用的对一定范围内的事务具有规则意义的文件。狭义的规范性文件仅指行政机关制定的具有规则意义的非立法性文件。

本条中的"规范性文件"是指国务院部门和地方人民政府及其部门制定的规范性文件,不包括国务院制定的规范性文件。

(二)对"正当理由"的理解

一般地,当事人在提起行政诉讼时请求人民法院一并审查规范性文件的,应当在第一审开庭审理前提出,至迟是在法庭调查中提出,但必须有正当理由。"正当理由"是一个模糊的法律概念,需要审判人员在具体案件中进行判断。对于是否属于"正当理由",可以从以下几个角度来进行分析和认定:一是阻却理由的合理性。使得当事人延迟提出一并审查规范性文件的理由应当具有合理性,符合生活经验和逻辑规律,此种因素也就是通常意义上的"事出有因""在情理之中"。二是阻却理由与当事人延迟提出诉求的紧密关联性。阻却事由的出现足以导致当事人无法顺利提出一并审查规范性文件的请求,如果不存在该阻却事由,则不会影响当事人在第一审开庭审理前提出一并审查规范性文件的请求。

(三)对"法庭调查中"的把握

对于开庭审理而言,可能存在两种情况:其一,法庭调查与法庭辩论两个阶段截然分开,有明确的界点。在此种开庭模式下,当事人请求法院一并审查规范性文件的请求就应当在法庭辩论阶段开始前提出方可有效。其二,法庭调查与法庭辩论两个阶段交融在一起,实际上糅合成一个阶段时,当事人就可以在这个阶段完成前提出一并审查规范性文件的请求。

(仝蕾撰写)

第一百四十七条

人民法院在对规范性文件审查过程中,发现规范性文件可能不合法的,应当听取规范性文件制定机关的意见。

制定机关申请出庭陈述意见的,人民法院应当准许。

行政机关未陈述意见或者未提供相关证明材料的,不能阻止人民法院对规范性文件进行审查。

【条文主旨】

本条是关于听取制定机关意见、制定机关申请出庭陈述意见以及行政机关未陈述意见或者未提供相关证明材料的法律后果的规定。

【起草背景】

在本司法解释起草和调研过程中,一些部委和行政机关提出,人民法院审查规范性文件,而制定机关既无从知道也没有机会阐述规范性文件合法性,在程序上存在缺失。建议司法解释对此予以明确。本条对此作了规定。

【条文释义】

本条规定了三个方面的内容。

一是人民法院在对规范性文件审查过程中,发现规范性文件可能存在不合法的,应当听取规范性文件制定机关的意见。规范性文件可能存在不合法的,因该规范性文件的合法性可能影响众多行政执法行为的合法性,甚至可能涉及行政行为的赔偿问题。因此,对于规范性文件进行合法性审查时,如果发现规范性文件可能存在不合法的,人民法院有义务听取规范性文件制定机关的意见,以保证对于规范性文件合法性审查的准确性和权威性。人民法院可以通过在法庭上听取意见的方式，也可以采取发送公函的方式，要求制定机关出具相关证明材料。

二是制定机关申请出庭陈述意见的，人民法院应当准许。这就是说，制定机关申请出庭陈述意见的，人民法院有准许的义务。这一内容实际上目的在于保障制定机关的权利，根据法律规定，制定机关可以陈述，也可以不陈述，人民法院并无强制性要求。但是，制定机关申请出庭陈述意见，因其有利于人民法院审查该规范性文件的合法性，人民法院应当准许。

三是行政机关未陈述意见或者未提供相关证明材料的，不能阻止人民法院对规范性文件进行审查。人民法院对规范性文件进行附带审查，这种附带审查是一种条款审查、客观审查，无论制定机关是否参加庭审，人民法院也要对规范性文件合法性作出判断。制定机关申请出庭陈述意见而未出庭陈述意见，或者制定机关未申请出庭陈述意见也未实际出庭陈述意见，或者人民法院征求规范性文件制定机关意见，该机关未提供相关证明材料的，不能阻止人民法院对规范性文件进行审查。此外，这里的"行政机关"还包括被诉行政机关。根据行政诉讼法第六十七条的规定，行政机关应当向人民法院提交作出行政行为的证据和所依据的规范性文件。被诉行政机关不提交所依据的规范性文件的，也不阻止人民法院对规范性文件进行审查。

【实务指导】

在本司法解释制定过程中，有的部门提出，有关制定机关的内容不应当由司法解释来进行规定。我们认为，本司法解释中对于征求制定机关意见以及制定机关陈述意见程序，均属于赋权性的规定，而对于人民法院而言，属于义务性的规定。例如，司法解释稿规定了人民法院的告知和听取意见义务，即人民法院在对规范性文件审查过程中，发现规范性文件可能存在不合法的，应当听取规范性文件制定机关的意见。同时规定了制定机关的陈述权利。对于这一内容，也是起草小组和全国人大法工委工作沟通时，立法机关表示明确肯定。相关内容更多赋予了制定机关的参与权利，尊重了制定机关的程序权利，有助于人民法院对规范性文件进行公正的合法性审查。同时，规范性文件合法性审查之后，不涉及规范性文件的废止问题，更不会影响行政管理秩序的稳定，反而有利于行政管理秩序的稳定。

（梁凤云撰写）

第一百四十八条

人民法院对规范性文件进行一并审查时，可以从规范性文件制定机关是否超越权限或者违反法定程序、作出行政行为所依据的条款以及相关条款等方面进行。

有下列情形之一的，属于行政诉讼法第六十四条规定的"规范性文件不合法"：

（一）超越制定机关的法定职权或者超越法律、法规、规章的授权范围的；

（二）与法律、法规、规章等上位法的规定相抵触的；

（三）没有法律、法规、规章依据，违法增加公民、法人和其他组织义务或者减损公民、法人和其他组织合法权益的；

（四）未履行法定批准程序、公开发布程序，严重违反制定程序的；

（五）其他违反法律、法规以及规章规定的情形。

【条文主旨】

本条是关于人民法院如何对规范性文件进行司法审查以及如何认定规范性文件不合法的规定。

【起草背景】

全面审查行政行为的合法性是行政诉讼所遵循的基本原则。在行政诉讼法修改之前，人民法院对于行政主体作出的行政行为所依据的规范性文件并无审查权。这主要是由于对于抽象行政行为的审查要涉及规范性文件之间的层级审查、司法权与立法权之间的关系定位及处理、人民法院对不合法的规范性文件如何审查及审查处理方式等等复杂的因素。而我国行政诉讼制度的建立时日并不长，行政诉讼司法实践尚需继续积累相关经验。但是随着行政诉讼理论与实践的持续深入发展，我国社会经济等方面的不断丰富以及人民群众对行政诉讼审查深度及广度要求的不断提升，对抽象行政行为的审查必然要被提上行政诉讼法的视野之中。2014年11月1日，第十二届全国人民代表大会常务委员会第十一次会议通过了《关于修改〈中华人民共和国行政诉讼法〉的决定》，2014年行政诉讼法第五十三条规定："公民、法人或者其他组织认为行政行为所依据的国务院部门和地方人民政府及其部门制定的规范性文件不合法，在对行政行为提起诉讼时，可以一并请求对该规范性文件进行审查。前款规定的规范性文件不含规章。"对于规范性文件的审查难点就在于如何判定规范性文件的合法性问题。本条就是立足于从宏观和微观两个角度对于如何判断规范性文件的合法性进行了概括列举，以加强对行政审判工作的实务指引，便于行政审判人员开展审理工作。

【条文释义】

本条司法解释第一款对如何进行规范性文件司法审查作出了规定，指出了主要的审查要点，即职权要素、程序要素及法律依据要素等。

第二款列举了"规范性文件不合法"的五种具体情形。

一、超越制定机关的法定职权或者超越法律、法规、规章的授权范围

人民法院在审查规范性文件时，审查规范性文件制定职权是一个审查

要点。主要从两个方面进行审查：一是规范性文件所涉及的管理领域是否属于制定机关法定职权的范围。每一个行政机关均有法定的职责范围，不同行政机关之间不能越权行事，均应在法定的职责范围之内行使各种职权，履行法定职责。因此，审查规范性文件的职权因素时应当审视规范性文件涵涉内容与规范性文件制定机关法定职权之间的对应性。二是规范性文件的制定是否超越法律、法规、规章的授权范围。除了行政机关自成立之初按照行政职能分工、行政工作惯例形成的职权，还包括法律、法规、规章的专门性授权规定特别赋予给行政机关的职权，即除了行政机关的常规性职权、职责之外，人民法院在审查规范性文件时，还应当关注规范性文件内容是否属于法律、法规、规章特别授权的范围。

二、与法律、法规、规章等上位法的规定相抵触

进入到人民法院司法审查范围的规范性文件在法律体系中属于效力层级较低的文件，其制定依据是宪法、法律、法规和规章。规范性文件不得违反宪法、法律、法规和规章的规定及基本原则。

三、没有法律、法规、规章依据，违法增加公民、法人和其他组织义务或减损公民、法人和其他组织合法权益

在法律关系之中，对于公民、法人或者其他组织最重要的就是对于其权利和义务的安排和处置。公民、法人或者其他组织的权利和义务是宪法、法律保障和规范的重心，而且，合法权益不得随意剥夺和减损，义务也不能随意增设和改变。对于规范性文件而言，由于其是对宪法、法律、法规和规章相关规定的细化，很多情况下，对公民、法人或者其他组织的权益和义务的影响更加直接，也更大。因此，在没有法律、法规、规章依据的情况下，规范性文件若存在违法增加公民、法人和其他组织义务或者减损公民、法人和其他组织合法权益的情形，人民法院则可以判定该规范性文件违法。

四、未履行法定批准程序、公开发布程序，严重违反制定程序

实体正义与程序正义是相互融合的，没有程序正义的保障和引导，很难有纯粹的实体正义。判断规范性文件是否合法也如此，不仅应从其实际规定内容入手进行审查，也需要审查其制定程序是否严格依照法定程序进行。对一部规范性文件而言，最主要的程序是批准程序、公开发布程序等。批准程序涉及规范性文件在行政机关内部的被认可性、权威性和慎重性以及行政机关本身的一致性。公开发布程序涉及规范性文件的正式性以及对外的效力性。但实践中，对于规范性文件的制定程序仍缺少明确的规定，在此处主要是依据正当程序的精神和一般原理进行判断。

五、其他违反法律、法规以及规章规定的情形

在审查规范性文件是否合法时，除了审查规范性文件制定机关的职权因素、规范性文件与上位法的一致性、规范性文件的内容以及规范性文件是否符合法定程序等外，还应注意对于该规范性文件，法律、法规以及规章是否有特殊规定，比如规范性文件只能对哪些部分进行规范，哪些职能部门有权对某一领域事项作出具体规定等。

【实务指导】

在审查规范性文件是否合法时，需要注意以下两个问题。

一、需要全面地去进行审查、综合地进行判定

对于规范性文件的审查是一个较为复杂的过程。规范性文件的制定本身就是一个对于某一领域特定事项进行规范和指导的综合考量过程。在行政案件中，能够影响到公民、法人或者其他组织权益的一般是规范性文件的个别条款，但在我们的审查中，不仅仅需要审查该规范性文件的相关条款，还需要对该规范性文件制定机关的制定权限、制定法律依据、规范性文件制定程序等方面也进行审查，从而综合判断该规范性文件的合法性。尽管，法院目前还不能直接在判决中宣布规范性文件无效或废止，但可以通过对规范性文件的审查对今后的司法实践产生影响，通过对规范性文件的评价、实际上的不适用以及给相关机关提出建议等方式推动有关机关对

相关的规范性文件进行重新审视或作出修改或给予补正。

二、需要注意对规范性文件中存在的严重违反制定程序情形的处理

在审查规范性文件的时候，对于规范性文件存在的程序上的问题，需要进行区分对待。可以事后予以及时补正程序瑕疵的规范性文件，可以建议有权机关在一定时限内给予补正。而对于存在严重违反制定程序的规范性文件，才可建议有权机关对该规范性文件予以废止。之所以作出区分对待，主要是考虑到规范性文件与一般的行政行为存在很大差异。一般的行政行为指向对象单一，一事一处理，影响面较小，人民法院对于一般的行政行为可以直接予以撤销。但规范性文件的适用面较广，对社会生活的影响较大，启动废止步骤往往需要经过一定的程序和行政机关内部的审批等，所以在处理上需要更加周全，只有在规范性文件的制定程序存在严重问题的时候且无法及时补正，又对当事人的合法权益产生了不可弥补的损害时，人民法院方可建议有权机关对该规范性文件予以废止或宣布无效。

（仝蕾撰写）

第一百四十九条

人民法院经审查认为行政行为所依据的规范性文件合法的，应当作为认定行政行为合法的依据；经审查认为规范性文件不合法的，不作为人民法院认定行政行为合法的依据，并在裁判理由中予以阐明。作出生效裁判的人民法院应当向规范性文件的制定机关提出处理建议，并可以抄送制定机关的同级人民政府、上一级行政机关、监察机关以及规范性文件的备案机关。

规范性文件不合法的，人民法院可以在裁判生效之日起三个月内，向规范性文件制定机关提出修改或者废止该规范性文件的司法建议。

规范性文件由多个部门联合制定的，人民法院可以向该规范性文件的主办机关或者共同上一级行政机关发送司法建议。

接收司法建议的行政机关应当在收到司法建议之日起六十日内予以书面答复。情况紧急的，人民法院可以建议制定机关或者其上一级行政机关立即停止执行该规范性文件。

【条文主旨】

本条是关于规范性文件不合法处理方式的具体规定。

【起草背景】

行政诉讼法第六十四条规定："人民法院在审理行政案件中，经审查认为本法第五十三条规定的规范性文件不合法的，不作为认定行政行为合法的依据，并向制定机关提出处理建议。"《适用解释》第二条规定，请求一并审查规章以下规范性文件属于当事人的"具体的诉讼请求"，明确该权利属于当事人的诉讼权利。第二十一条规定："规范性文件不合法的，人民法院不作为认定行政行为合法的依据，并在裁判理由中予以阐明。作出生效裁判的人民法院应当向规范性文件的制定机关提出处理建议，并可以抄送制定机关的同级人民政府或者上一级行政机关。"依照行政诉讼法的规定，明确规定了人民法院的提出处理建议和抄送有关机关的职责。本条是对《适用解释》第二十一条的补充和完善。

【条文释义】

本条分为四款，内容主要分为两个方面。

1. 人民法院经审查认为行政行为所依据的规范性文件合法的，应当作为认定行政行为合法的依据；经审查认为规范性文件不合法的，不作为人民法院认定行政行为合法的依据，并在裁判理由中予以阐明。作出生效裁判的人民法院应当向规范性文件的制定机关提出处理建议，并可以抄送制

定机关的同级人民政府、上一级行政机关、监察机关以及规范性文件的备案机关

一是"不作为认定行政行为合法的依据"是指不作为认定被诉行政行为合法的依据。本条中，虽然没有明确法院可以在判决中宣告相关条款对本案的效力，但是，由于该规范性文件已经在本案中，对其相关条款已经作了"合法、有效、合理、适当"审查，其相关条款的合法性、有效性、合理性等得到了确认，在今后类似的案件中，具有一定的预决效力。也就是说，如果今后当事人根据其他法院的生效判决，提出该规范性文件已被认定为不合法，人民法院应当认定该生效判决对本案具有拘束力。

二是裁判理由中阐明相关规范性文件的合法性。人民法院对规范性文件进行合法性审查之后，如果不对合法性审查情况予以阐明，当事人可能质疑法院遗漏诉讼请求，甚至质疑法院包庇制定机关，因此，各方比较一致的意见是，人民法院应当对合法性审查的情况在裁判理由中予以说明。实际上，在裁判理由中阐明相关规范性文件合法性，是人民法院一直以来的做法。前已述及，《最高人民法院关于审理行政案件适用法律规范问题的座谈会纪要》指出，规范性文件不是正式的法律渊源，对人民法院不具有法律规范意义上的约束力。但是，人民法院经审查认为被诉行政行为依据的规范性文件合法、有效并合理、适当的，在认定被诉行政行为合法性时应承认其效力；人民法院可以在裁判理由中对规范性文件是否合法、有效、合理或适当进行评述。也就是说，人民法院对规范性文件进行合法性审查之后，如果认为其合法、有效、合理、适当，就应当承认其效力，即规范性文件可以作为行政行为的依据；反之，人民法院如果认为规范性文件不合法的，不作为认定行政行为合法的依据。人民法院可以在"裁判理由"部分对规范性文件是否合法进行认定。[①] 人民法院在对规范性文件进行合法性审查时，如果发现规范性文件明显不当的，也不能认定其为行政行为的依据。司法实践中，为了配合所谓的"专项整治"活动，一些规范性文件规避法律，设置明显不当的行政处罚、执法期限等等，人民法院可

---

① 袁杰主编、全国人大常委会法制工作委员会行政法室编著：《中华人民共和国行政诉讼法解读》，中国法制出版社 2014 年版，第 180 页。

以认定该规范性文件不符合法律规定或者明显不当，不作为行政行为的依据。

三是人民法院在裁判理由中对一并申请审查的规范性文件予以阐明，是人民法院必须遵守的义务。根据《适用解释》第二条的规定，"请求一并审查规章以下规范性文件"属于"具体的诉讼请求"，人民法院对当事人提出的这一诉讼请求不能置之不顾，不能避重就轻，应当详细予以阐明。

四是抄送。为了便于上级行政机关的监督，人民法院可以抄送制定机关的同级人民政府、上一级行政机关、监察机关以及规范性文件的备案机关。根据《国家行政机关公文处理办法》的规定，抄送可以是上行文、平行文和下行文。抄送的功能主要是：备案、协调、告知和执行。抄送的意义主要在于知会、提醒、督促，本身不具有法律上的约束力，因此，人民法院可以在向制定机关提出处理建议的同时，可以抄送制定机关的同级人民政府、上一级行政机关、监察机关以及规范性文件的备案机关。

2. 提出司法建议。行政诉讼法第六十四条规定的是"并向制定机关提出处理建议"。该条明确规定人民法院"向制定机关提出处理建议"的义务，目的在于促进制定机关修改完善相关条款。该条没有对建议的具体程序、建议的内容和效力作出规定。本条第二款、第三款和第四款就司法建议的具体程序作了规定。主要是：第一，规范性文件不合法的，人民法院可以在裁判生效之日起3个月内，向规范性文件制定机关提出修改或者废止该规范性文件的司法建议。人民法院发出司法建议的时间是"在裁判生效之日起三个月内"；向规范性文件制定机关提出建议的内容是"修改或者废止该规范性文件"，防止规范性文件导致更多违法行政行为。第二，规范性文件由多个部门联合制定的，人民法院可以向该规范性文件的主办机关或者共同上一级行政机关发送司法建议。多个部门制定的规范性文件，往往有主办机关，应当可以向主办机关发出司法建议。如果多个部门有共同上一级行政机关的，可以向共同上一级行政机关发送司法建议。第三，接收司法建议的行政机关应当在收到司法建议之日起60日内予以书面答复。司法建议是人民法院发出的具有法律效力的司法文件，必须在法定时间内予以书面答复。情况紧急的，人民法院可以建议制定机关或者其上一级行政机关立即停止执行该规范性文件。这也是大陆法系国家的做法。例如，德国行政法院法第47条规定，为了防止严重不利或者处于其他重要理由而迫切需要的情况下，高等行政法院可以依申请作出暂时命令。接受司法建议的行政机关应当依法立即或者在较短时间内停止执行该规范性文件。

【实务指导】

在司法实践中，需要注意以下两个问题：一是人民法院对行政诉讼案件裁定驳回起诉的，由于该案并未进入实体审查，而且对规范性文件的审查为附带性审查，因此裁定驳回起诉的在裁定书中不需要对规范性文件的合法性表态。二是行政诉讼案件进入第二审程序的，上级法院发现下级法院对规范性文件的审查意见错误，可以进行纠正。上级法院应在裁判文书中予以说明。但下级法院对行政行为的处理结果正确，规范性文件审查存在错误的，因其属于附带审查，对行政诉讼案件无须改判。

（梁凤云撰写）

第一百五十条

人民法院认为规范性文件不合法的，应当在裁判生效后报送上一级人民法院进行备案。涉及国务院部门、省级行政机关制定的规范性文件，司法建议还应当分别层报最高人民法院、高级人民法院备案。

【条文主旨】

本条是关于规范性文件不合法时备案程序的规定。

【起草背景】

本司法解释第一百四十五条规定，公民、法人或者其他组织在对行政行为提起诉讼时一并请求对所依据的规范性文件审查的，由行政行为案件管辖法院一并审查。也就是说，基于规范性文件一并审查附带性质，规范性文件的审查依托于行政行为案件。这就可能导致同样一个规范性文件，不同的法院会对该规范性文件的合法性作出不一致的判断。因此，为了保证法律的统一适用，有必要明确规范性文件的备案程序。

【条文释义】

备案的意义在于便于上级法院掌握下级法院对规范性文件合法性审查的基本情况，便于对下指导和监督，防止因为规范性文件合法性判断的不一致导致司法适用的不统一。本条主要包括两个方面的内容。

一是人民法院认为规范性文件不合法的，应当在裁判生效后报送上一级人民法院进行备案。报送规范性文件的法院是作出生效裁判的法院，例如，二审法院作出生效裁判的，应当由二审法院报送；一审法院作出生效裁判的，应当由一审法院报送；高级人民法院作出一审裁判后，当事人向最高人民法院提起上诉的，由最高人民法院决定。

二是涉及国务院部门、省级行政机关制定的规范性文件，司法建议还应当分别层报最高人民法院、高级人民法院进行备案。规范性文件制定机关是国务院部门、省级行政机关的，由于这些部门制定的规范性文件涉及面广、涉及行政管理领域众多，应当层报最高人民法院和高级人民法院。

在本司法解释征求意见过程中，有的部门建议删除备案的内容，理由是没有法律依据，并且考虑到我国地域广阔、法院层级较多，如各地区、各层级法院均有权审查各类规范性文件，特别是针对国务院部门制定的在全国范围内适用的规范性文件，如何确保不同法院甚至统一法院的不同法官审查标准的统一，避免对行政管理秩序稳定性造成较大冲击，建议作慎重研究。起草小组认为,应当继续保留现有条文。理由是,相关内容更多的是人民法院的义务规定,备案义务是司法解释对法院的要求,有利于解决有关部门提出的上述问题。

【实务指导】

本条中,对于涉及国务院部门制定的规范性文件、省级行政机关制定的规范性文件,应当分别层报最高人民法院、高级人民法院备案,在司法实践中,需要注意的问题是:第一,"省级行政机关"是指省、自治区、直辖市人民政府,不包括省、自治区、直辖市人民政府下属的职能部门。第二,"分别层报"是指,对于涉及国务院部门制定的规范性文件,应当层报最高人民法院备案;对于省级行政机关制定的规范性文件,应当层报高级人民法院备案。

(梁凤云撰写)

第一百五十一条

各级人民法院院长对本院已经发生法律效力的判决、裁定,发现规范性文件合法性认定错误,认为需要再审的,应当提交审判委员会讨论。

最高人民法院对地方各级人民法院已经发生法律效力的判决、裁定,上级人民法院对下级人民法院已经发生法律效力的判决、裁定,发现规范性文件合法性认定错误的,有权提审或者指令下级人民法院再审。

【条文主旨】

本条是关于人民法院发现已生效判决、裁定中规范性文件合法性认定错误时如何纠正的程序规定。

【起草背景】

在2014年行政诉讼法修改后,人民法院如何对规范性文件进行审查以及发现规范性文件不合法如何处理,一直都是行政审判工作中的一个难点。人民法院内部发现本院已生效的法律文书中关于规范性文件合法性认定错误时,如何处理也是一个需要重点考虑和需要实际解决的问题。行政诉讼法第九十二条第一款规定,各级人民法院院长对本院已经发生法律效力的判决、裁定,发现有本法第九十一条规定情形之一,或者发现调解违反自愿原则或者调解书内容违法,认为需要再审的,应当提交审判委员会讨论决定。行政诉讼法第九十一条规定:"当事人的申请符合下列情形之一的,人民法院应当再审:(一)不予立案或者驳回起诉确有错误的;(二)有新的证据,足以推翻原判决、裁定的;(三)原判决、裁定认定事实的主要证据不足、未经质证或者系伪造的;(四)原判决、裁定适用法律、法规确有错误的;(五)违反法律规定的诉讼程序,可能影响公正审判的;(六)原判决、裁定遗漏诉讼请求的;(七)据以作出原判决、裁定的法律文书被撤销或者变更的;(八)审判人员在审理该案件时有贪污受贿、徇私舞弊、枉法裁判行为的。"民事诉讼法第一百九十八条第一款规定,各级人民法院院长对本院已经发生法律效力的判决、裁定、调解书,发现确有错误,认为需要再审的,应当提交审判委员会讨论决定。《行诉解释》第一百五十一条规定的原理与行政诉讼法、民事诉讼法的上述条文是一致的。规范性文件虽然仅是当事人的诉讼请求之一,但其具有自身的独特性,尽管人民法院对规范性文件是一并审查,但规范性文件的合法与否以及人民法院对规范性文件合法性的判定不仅对个案会产生直接的影响,更会对规范性文件在一定地域或一定行政管理领域的适用产生影响,因此,对规范性文件的判定极其重要。考虑到上述因素,该条司法解释将人民法院对规范性文件合法性审查是否正确也作为判断一个生效法律文书是否正确的决定性要素。只要人民法院内部发现本院已生效判决、裁定中对于规范性文件合法性认定错误,即按照程序启动再审。

【条文释义】

一、启动再审的主体

启动再审的主体包括：各级人民法院院长、最高人民法院及上级人民法院。

启动再审的主体之一是各级人民法院院长。对本院发生法律效力的判决、裁定启动再审之前必须要发现规范性文件合法性认定的错误，而发现的途径多种多样，如在审理关联案件或者审理后案时发现关联案件或前案判决、裁定中对规范性文件合法性的判定是错误的等。该条司法解释实际上给人民法院自我纠错提供了一条有效的路径。

启动再审的另一主体是最高人民法院及上级人民法院。根据人民法院组织法第十三条第一款、第二款关于"各级人民法院院长对本院已经发生法律效力的判决和裁定，如果发现在认定事实上或者在适用法律上确有错误，必须提交审判委员会处理。最高人民法院对各级人民法院已经发生法律效力的判决和裁定，上级人民法院对下级人民法院已经发生法律效力的判决和裁定，如果发现确有错误，有权提审或者指令下级人民法院再审"之规定，以及第十六条第二款关于"下级人民法院的审判工作受上级人民法院监督"之规定，最高人民法院及上级人民法院基于上级法院对下级法院的审级监督权力和职责，对于下级人民法院已生效的判决、裁定，发现规范性文件合法性认定错误的，可以提审或指令下级人民法院再审。最高人民法院及上级人民法院一般是通过审查申请再审的案件发现生效裁判对规范性文件合法性认定错误的。

二、启动再审的实质要件

启动再审的实质要件主要包括两个：其一，认为已生效判决、裁定中对规范性文件合法性的认定是错误的。规范性文件合法性认定错误主要包括：（1）对规范性文件相关条款合法性的认定不正确，如规范性文件相关条款合法,但被认定为不合法等;(2)对规范性文件制定机关制定权限认定不正确,如规范性文件制定机关制定的该规范性文件已经超越法定职权,或超出地域管理或事项管理范围,而生效判决或裁定却认定该规范性文件合法等;(3)对规范性文件与上位法的关系判断不正确,如规范性文件与宪法、法律、法规或规章存在冲突,违法增设公民、法人或其他组织的义务等,但生效判决或裁定认定该规范性文件不存在与上位法相冲突的情形等。其二,认为需要再审的。启动再审程序需要耗费额外的司法资源重新对案件进行审理,因此,需要慎之又慎,而且尽可能使再审程序能成为通过其他救济途径无法解决之时的最后方式。在一并审查规范性文件的案件中,由于审查中心在于被诉行政行为的合法性,规范性文件是审查被诉行政行为合法性的一个要素,如果已生效的判决、裁定对被诉行政行为合法性的判断以及裁判结果无误,即使对规范性文件的审查存在一定偏差,也要考虑是否只能通过启动再审程序才能予以纠正的问题。如果确有再审必要,再行启动再审程序。

三、启动再审的程序

各级人民法院院长认为本院已生效的判决、裁定中对规范性文件的认定错误时,认为需要再审的,应当按照正常程序,提请本院审判委员会讨论决定是否再审本案。

最高人民法院及上级人民法院发现已经发生法律效力的判决、裁定中对于规范性文件合法性认定错误的,可以通过裁定提审案件或指令下级人民法院再审案件来启动对案件的再审程序。

【实务指导】

行政审判人员或其他人员发现本院已生效的判决、裁定存在对规范性文件合法性认定错误的情况,需要层层上报,上报前是否需要合议庭合议或者业务部门法官集体讨论等,法律、司法解释没有明确予以规定。按照人民法院内部的工作惯例,行政审判人员或其他人员发现本院已生效的判决、裁定确实存在问题时,首先还是应当在合议庭内部进行讨论,然后经过审判业务部门全体法官会议讨论后再层层上报审批,院长审批后,提交本院审判委员会讨论决定是否予以再审。

最高人民法院及上级人民法院行政审判人员在审查申请再审案件过程中,发现已经发生法律效力的判决、裁定中对规范性文件合法性认定错误的,也需要经过合议庭合议、法官集体讨论等程序,依据法律及司法解释等的规定,作出相应的处理。

(仝蕾撰写)

十二、执 行

行政诉讼法规定的执行，是指行政判决书、行政裁定书、行政赔偿判决书和行政调解书作出并发生法律效力后，将上述法律文书或者行政机关作出的生效行政行为所涉及的当事人的权利义务付诸实现的活动。在全面依法治国背景下，国家提倡行政机关严格执法、全民守法，使经过司法审查后确定的当事人权利义务尽早得以实现。但如果当事人拒不履行相关义务，人民法院或相关行政主体可依法通过强制执行方式使上述权利义务得以实现，使法律关系趋于稳定。

行政诉讼法规定的执行有别于民事、刑事案件的执行，它既包括行政诉讼案件的执行，还包括行政非诉案件的执行。其中，行政诉讼案件中的执行又可分为以下三种：一是行政机关依法直接强制执行；二是行政机关或第三人向一审人民法院申请强制执行；三是公民、法人或者其他组织向一审人民法院申请强制执行。行政非诉案件的执行，指公民、法人或者其他组织对行政行为不提起诉讼又不履行的，由行政机关申请人民法院强制执行。从实施主体看，实践中的行政非诉案件存在由行政机关作为执行主体组织实施和由人民法院负责执行两种基本模式。上述执行的标的既包括财产，也包括人身；执行的依据既包括人民法院作出的生效行政判决、裁定和调解书，也包括行政机关作出的生效行政决定。目前，如何理顺行政强制执行体制，如何推进审判权与执行权相分离，在中央层面正作为重大司法改革项目深入论证和研究，相信在不久的将来，现实中存在的一些执行争议与难题就会厘清，从理念到制度设计会更加科学合理。

（王晓滨撰写）

第一百五十二条

对发生法律效力的行政判决书、行政裁定书、行政赔偿判决书和行政调解书，负有义务的一方当事人拒绝履行的，对方当事人可以依法申请人民法院强制执行。

人民法院判决行政机关履行行政赔偿、行政补偿或者其他行政给付义务，行政机关拒不履行的，对方当事人可以依法向法院申请强制执行。

【条文主旨】

本条是关于行政诉讼的执行名义的规定。

【起草背景】

行政诉讼的执行，作为行政诉讼活动的重要环节，是将经司法审查后认可的当事人权利义务付诸实施的活动，是整个行政诉讼活动的"最后一公里"，对权利义务得以切实、及时地实现至关重要。以何种名义执行，是执行活动获得合法性的基础。对此，行政诉讼法第九十四条规定了"当事人必须履行人民法院发生法律效力的判决、裁定、调解书。"而新司法解释的本条规定，对于执行名义又作了进一步细化，列举为行政判决书、行政裁定书、行政赔偿判决书和行政调解书，以便于实践中的具体理解和操作。需要特别指明的是，在法学用语上，"执行名义"与"执行依据"是相似的，[1] 而本文表述的"执行名义"，在概念内涵上并不完全等同于"执行依据"。由于行政机关代表国家作出的各类生效行政决定，往往也是具有法定确定力、羁束力和执行力的生效行政法律文书，虽然因行政诉讼可能需接受司法审查，但法院一旦予以支持并作出驳回原告诉讼请求的判

---

[1] 如我国台湾地区将"执行名义"定义为"依法律规定得以之为依据，而利用国家强制力，强制债务人履行其义务者。强制执行与当事人之权利义务关系密切，故就执行名义之种类必须以法律明定之。"引自陈清秀：《行政诉讼法》，元照出版公司2012年版，第759页。

决之后（此为 2014 年行政诉讼法所确定的被告实体胜诉的唯一方式），执行的依据仍然是上述生效行政法律文书，而非驳回原告诉讼请求这一而无实体可执行内容生效判决书。至于行政机关程序胜诉（如裁定驳回起诉或不予立案）后的执行依据，则更是上述生效行政法律文书。当然，实践中有许多情况，例如法院判决行政机关败诉（如撤销、变更、给付判决等）或者主持调解达成一致意见时，执行依据则有必要明确为生效的判决书、裁定书或调解书。

本条第一款是关于诉讼过程中"对方当事人"申请法院强制执行的一般规定，这也是《若干解释》第八十三条的原有规定。本条第二款是新增加的内容，主要强调了针对行政机关不履行行政赔偿、补偿以及其他行政给付义务的判决时"对方当事人"的申请权。这里的"对方当事人"，并非指所有的行政诉讼中胜诉的原告或者被告，一些情况下还应包括其合法权益得到维护的有利害关系的第三人，同时，由于实践中一些行政机关对特定管理事项有直接的行政强制权（如公安机关、海关以及税务机关等），其可在判决后依法强制执行甚至在诉讼期间不停止执行，故无需申请法院强制执行。此外，还应当正确区分行政诉讼执行与行政非诉执行过程中的申请法院强制执行，前者是诉讼过程中的一个环节，后者则是一整套独立的程序设计与制度安排。本条规定仅指行政诉讼中的申请法院强制执行。

【条文释义】

一、关于行政诉讼中申请人民法院强制执行的一般规定

本条第一款规定了"对发生法律效力的行政判决书、行政裁定书、行政赔偿判决书和行政调解书，负有义务的一方当事人拒绝履行的，对方当事人可以依法申请人民法院强制执行。"该条规定的意义主要在于明确生效行政裁判中享有权利的当事人各方均有权依法申请法院强制执行。当年《若干解释》第八十三条作此规定，一个主要出发点是 1989 年行政诉讼法并未规定公民、法人和其他组织对于行政机关拒不履行判决的情形可以申

请法院强制执行，2014年行政诉讼法依然如此。行政诉讼法第九十五条规定："公民、法人或者其他组织拒绝履行判决、裁定、调解书的，行政机关可以向第一审人民法院申请强制执行，或者由行政机关依法强制执行。"虽然行政诉讼法第九十六条规定了行政机关拒绝履行裁判、调解书法院可以采取的措施，但该法并未规定行政机关如不履行生效裁判，公民、法人或者其他组织也可以申请法院强制执行。因而当年曾有观点片面认为公民、法人或者其他组织不能申请执行，此为误解。当事人对于法院的生效裁判都有自觉履行的义务，如果负有义务的一方当事人拒绝履行，对方当事人申请法院强制执行是法律应有之义，即便法律未作明确表述。这一点从行政诉讼法第九十四条关于"当事人必须履行人民法院发生法律效力的判决、裁定"的规定以及前述的该法第九十六条规定的人民法院可采取罚款、拘留措施的规定中也可以推导出来。本条对此进一步加以明确，对于正确理解和确认申请执行的主体是必要的。同时需加注意的是，对于本身具有强制执行权的行政机关而言，无需申请法院强制执行。根据最高人民法院〔2013〕行他字第11号答复精神，对驳回诉讼请求判决生效后行政机关向人民法院提出的强制执行申请，"一、法律已授予行政机关强制执行权的，人民法院不予受理，并告知由行政机关强制执行；二、法律未授予行政机关强制执行权的，人民法院对符合法定条件的申请，可以作出准予强制执行的裁定，并应明确强制执行的内容。"

二、关于行政机关未履行行政给付义务类判决的特别规定

本条第二款规定了"人民法院判决行政机关履行行政赔偿、行政补偿或者其他行政给付义务，行政机关拒不履行的，对方当事人可以依法向法院申请强制执行。"该规定较之于本条第一款的规定精神一致，但单列出来"判决行政赔偿、行政补偿或者其他行政给付义务"的情形，具有重要的现实指导意义，其主要目的是明确针对特定判决情形下的申请权行使主体与给付内容，强化司法保障，督促行政机关自动履行生效判决义务。此处的"对方当事人"通常是相关诉讼的原告，有时也包括第三人。这些领域往往涉及老百姓最切身的基本权益，需要引起行政机关高度重视，坚决

避免无正当理由不主动履行行政给付义务现象,更不可当"老赖"。可以说,履行此种义务的情况也是衡量行政机关依法行政水平的重要标尺。我们认为,在当前全面推进依法治国的大背景下,这种情形会越来越少,但人民法院也不可掉以轻心,要时刻秉持权利保护理念,切实使行政相对人合法的诉权与实体权益保障到位。

【实务指导】

一、要准确理解作为履行义务依据的裁判文书与调解书

本条所规定的"行政判决书"通常指根据行政诉讼法相关规定针对被诉行政行为作出的实体性判决;而"行政赔偿判决书"是指因行政行为被认定违法后法院判决行政机关赔偿相对方损失的给付判决,是司法救济权利的重要表现形式;"行政裁定书"是指根据行政诉讼法的相关规定就程序性问题作出的裁定;"行政调解书"系2014年行政诉讼法修改时新增加的内容,是指2014年行政诉讼法第六十条规定的当事人在自愿、合法原则基础上,针对行政赔偿、补偿以及行政机关行使法律、法规规定的自由裁量权的案件,在法院主持下达成协议并由法院正式制作的调解书,而以往《若干解释》第八十三条所规定调解书仅限于"行政赔偿调解书"可作为申请法院强制执行的依据,2014年行政诉讼法的修改对调解书适用范围作了扩大。在上述四类文书之外,人民法院在行政诉讼法中形成的其他法律文书(如针对妨害诉讼行为作出的罚款、拘留决定书等),本条虽未提及,但其执行力毋庸置疑,也可以作为强制执行依据。

上述文书必须是已经生效的法律文书。生效的判决和裁定通常指已经超过法定上诉、抗诉期限而没有上诉、抗诉的判决和裁定以及终审作出的判决和裁定等。调解书应当是经过双方当事人签收后具有法律效力的调解书。如果是尚未生效的判决、裁定和调解书,因不具备依法执行条件,故不存在拒不执行问题。

二、要正确理解裁判文书和调解书要求当事人履行义务的内容

该问题涉及上述法律文书有哪些可执行内容。我们认为，可以从四个方面加以诠释：第一，对于大多数行政机关胜诉的案件（如判决驳回原告诉讼请求），判决主文本身在司法执行领域是没有可执行内容的，但判决理由所肯定的合法的行政决定常常包含需执行内容，也即在行政执行领域，具有确定力、羁束力和执行力的生效行政行为所加诸于公民、法人或者其他组织应当承担的法定义务，有时需要强制执行。这些义务经过法院审理后被认可，也即需要申请法院强制执行的标的和内容是被法院认可的行政行为，而非法院的生效裁判本身。因此，所要架构的程序应类似于行政非诉程序，而非司法执行程序。第二，对于大多数行政机关败诉的案件（如判决变更行政处罚的数额，判决被告重新作出行政行为或责令其采取某种补救措施，判决被告承担赔偿责任等），执行标的和内容往往是法院通过裁判活动直接依法加诸于被告的义务，执行依据就是法院的生效裁判。第三，对于行政协议案件中行政机关败诉的情形（如法院判决被告承担继续履行、采取补救措施、赔偿损失等责任），执行标的和内容往往是法院依据当事人协议之约定，依法加诸于被告的义务。第四，还有一些行政机关败诉的案件（如单独判决撤销行政行为，判决确认行政行为违法或者无效），判决往往是对行政行为合法性、有效性的判断、评价与处置，属于法律关系确认类或者形成类的判决，通常情况下在司法执行和行政执行领域没有明确的可执行内容；但对于单独判决撤销行政行为，如果存在诉讼期间行政机关未停止执行等情形，其后需要恢复性救济，有时也可视为具有可执行性。

（王晓滨撰写）

第一百五十三条

申请执行的期限为二年。申请执行时效的中止、中断,适用法律有关规定。

申请执行的期限从法律文书规定的履行期间最后一日起计算;法律文书规定分期履行的,从规定的每次履行期间的最后一日起计算;法律文书中没有规定履行期限的,从该法律文书送达当事人之日起计算。

逾期申请的,除有正当理由外,人民法院不予受理。

【条文主旨】

本条是关于申请强制执行期限的规定。

【起草背景】

申请强制执行的期限,直接关乎作为行政诉讼胜诉一方当事人的权利实现的实效性与可得性,也是为了提高行政效率,节约和集中使用行政资源、审判资源的需要。申请强制执行的期限在行政诉讼法中并未规定,1991年7月施行的《贯彻意见》第八十七条规定了当事人向第一审人民法院申请执行的期限为3个月。而《若干解释》第八十四条规定在延长的同时也对不同主体作了区分,规定了申请人是公民的,申请执行的期限为1年,申请人是行政机关、法人或者其他组织的为180日。而本解释则统一规定了申请执行的期限为2年,不再区分不同主体。这种变化愈发便利了当事人申请执行,在彰显人民法院保护诉权制度不断完善的同时,也更有利于当事人实体权益获得充分救济,从而促进争议的实质性化解。此规定也与民事诉讼法第二百三十九条的规定保持了一致。

【条文释义】

一、关于申请执行期限的一般规定

本条第一款规定了"申请执行的期限为二年。申请执行时效的中止、中断,适用法律有关规定。"人民法院的执行程序在行政、民事和刑事三大诉讼中,除刑事案件以外,一般依当事人的申请而启动。之所以这样规定,主要理由有三点:首先,强制执行不是所有案件的必经程序,并非每个生效裁判都需要强制执行,若负有义务的当事人在法院生效裁判作出后自动履行了义务,即不必进入执行程序;其次,当事人履行法院生效裁判一般都有一定的期限,有些案件尚需分期履行,法院对当事人履行生效裁判的情况难以掌握,而享有权利的一方当事人对此应当是最清楚的;再次,在生效裁判执行过程中,有些案件的当事人之间还可以达成执行和解,甚至还可以处分或放弃自己的民事权利。因此,法院强制执行程序的发生一般须以当事人提出申请为前提,当事人没有提出申请,或者虽然提出了申请,但不符合申请执行的有关条件的,也不能引起人民法院强制执行程序。在行政诉讼过程中,当事人申请法院强制执行生效裁判等法律文书,应当在法定期限内提出申请,这不仅是维护行政秩序的需要,也是规范诉讼秩序的需要,同时也是约束当事人正当行使诉讼权利的需要。如果一个生效裁判作出后,负有履行义务的当事人拒不履行生效裁判所确定的义务,而享有权利的一方当事人无正当理由在法定期限内未提出申请执行,过了若干年以后才申请法院强制执行。不仅表明权利人对该项权利的主张不具有紧迫感,或者该项权利对其并不很重要,因而可以视为是对权利的一种放弃,而且在此种情况下的强制执行已失去了其应有的意义。同时,限定申请执行的期限,有利于及时实现行政管理效率,增强当事人的诉权意识,保持诉讼秩序的稳定性、严肃性。当然,申请执行期限的确定应当合理、可行,如前所述,本款规定在《若干解释》原有的第八十四条关于"申请人是公民的,申请执行生效的行政判决书、行政裁定书、行政赔偿判决书和行政赔偿调解书的期限为 1 年，申请人是行政机关、法人或者其他组织的为 180 日"规定的基础上，不再区分公民与行政机关、法人或者其他组织，统一规定为 2 年，无疑是行政诉讼权利保护的一大进步和此次《行诉解释》修改的亮点。

二、关于申请执行期限的计算方式

本条第二款规定了"申请执行的期限从法律文书规定的履行期间最后一日起计算；法律文书规定分期履行的，从规定的每次履行期间的最后一日起计算；法律文书中没有规定履行期限的，从该法律文书送达当事人之日起计算。"从此项规定的变化过程看，《贯彻意见》第八十七条规定了"申请执行的期限从法律文书规定期间的最后一日起计算。法律文书中没有规定履行期间的，从该法律文书生效之日起计算"，《若干解释》第八十四条第二款则在上述规定基础上将"从该法律文书生效之日起计算"进一步明确为"从该法律文书送达当事人之日起计算"，提高了实践的可操作性。而本条第二款的规定则对此作了进一步细化，区分了"法律文书规定分期履行的，从规定的每次履行期间的最后一日起计算；法律文书中没有规定履行期限的，从该法律文书送达当事人之日起计算"，这样更加便于应对实践中的各种复杂情况，充分考虑到了当事人的履行能力以及各方当事人在执行过程中所表达的意愿，有利于人民法院做好执行调解、和解工作，促进案结事了人和。

三、关于逾期的正当理由的特别规定

本条第三款规定了"逾期申请的，除有正当理由外，人民法院不予受理。"该款是在上述 2 年申请期限的原则性规定同时，针对逾期申请执行的例外情况的规定。所谓有"正当理由"，通常是指逾期申请是由于不能归责于当事人的客观原因所致，例如在法定期限内，作为申请执行人的公民突然患病失去行为能力，或者由于某种特殊原因其本人不能亲自申请又无法委托他人代为申请，或者遭遇不可抗力的天灾人祸而不能在有效的期限内提出申请；行政机关、法人和其他组织合并、分立或解散，尚未确定承受其权利义务的主体；等等。当事人如果遇有这种特殊情况，不能在法定期限内申请执行的，法院经审查属实，可以根据具体情况适当延长申请执行的期限。这样就使得这该项规定更具有合理性，也使法院在处理这类问题时有了一定的灵活性。此外，《贯彻意见》第八十七条曾规定"逾期申请的，除有正当理由外，不予执行。"而《若干解释》第八十四条与本条第三款规定均为"人民法院不予受理"，是充分考虑到执行活动本身既有强制因素，也有非强制因素。逾期申请只导致当事人无法通过向法院申请执行方式寻求救济，并不当然导致实体权利义务灭失，如另一方当事人自愿执行，仍应予以认可并支持，故目前的表述更为科学。

【实务指导】

一、如何理解申请时效的中止、中断

本条第一款规定了"申请执行时效的中止、中断，适用法律有关规定。"首先，在概念的使用上，行政诉讼有别于民事诉讼，仅有"起诉期限"并无"诉讼时效"之概念，而在执行领域则使用了"申请执行时效"的用法，其主旨也是为设定符合实践需要的合理的执行期限。

其次，所谓"申请执行时效的中止"，指发生了法律规定的某些特殊原因而中止申请执行期限的计算，待这些原因消除之后的次日起继续计算申请执行时效。从原因构成上讲，应当注意区别"申请执行时效的中止"与"期限的扣除与延长"之间的区别，后者规定于行政诉讼法第四十八条之中，主要指"因不可抗力或其他不属于其自身原因"导致耽误期限的扣除情形，以及因上述情况之外的"其他特殊情况"（如见义勇为受伤）耽误起诉期限的可申请延长等情形，而前者在诉讼法中有专门规定。行政诉讼的执行中止事由主要参照民事诉讼法第二百五十六条的规定："有下列情形之一的，人民法院应当裁定中止执行：（一）申请人表示可以延期执行的；（二）案外人对执行标的提出确有理由的异议的；（三）作为一方当事人的公民死亡，需要等待继承人继承权利或者承担义务的；（四）作

为一方当事人的法人或者其他组织终止，尚未确定权利义务承受人的；（五）人民法院认为应当中止执行的其他情形。中止的情形消失后，恢复执行。"同时，该法第二百五十八条规定了"中止和终结执行的裁定，送达当事人后立即生效。"

再者，所谓"申请执行时效的中断"与"诉讼时效的中断"密切相连，民事诉讼法第三百三十九条明确规定了"申请执行时效的中止、中断，适用法律有关诉讼时效中止、中断的规定"。而行政诉讼中申请执行的时效，存在与民事诉讼相类似的中断情形。具体而言，"诉讼时效中断"主要指因发生提起诉讼、当事人一方提出要求或者同意履行义务等事由而导致诉讼时效中断，从中断时起，诉讼时效期间重新计算的制度。2017年10月1日施行的民法总则第一百九十五条规定："有下列情形之一的，诉讼时效中断，从中断、有关程序终结时起，诉讼时效期间重新计算：（一）权利人向义务人提出履行请求；（二）义务人同意履行义务；（三）权利人提起诉讼或者申请仲裁；（四）与提起诉讼或者申请仲裁具有同等效力的其他情形。"民法总则第一百九十七条同时规定："诉讼时效的期间、计算方法以及中止、中断的事由由法律规定，当事人约定无效。"可见，无论申请时效的中止或中断，都应当坚持法定性。当然，鉴于民事诉讼时效制度与行政诉讼起诉期限制度的不同，在申请执行时效的中断方面亦会有所区别，并不完全一致。而依照本款之规定，须"适用法律有关规定"，也即其他法律另有不同规定的，应适用专门规定。

二、关于期限延长与申请主体的综合考量

本条规定的亮点之一，就是在很大程度上延长了申请执行期限，不再区别对待申请主体的诉权。从最初的《贯彻意见》不区分主体统一规定为3个月，到《若干解释》针对不同主体规定了不同的申请期限，即"申请人是公民的，申请执行的期限为1年；申请人是行政机关、法人或者其他组织的，申请执行的期限为180日"，是一种诉权保障的进步，当时的考虑：一是从实践情况看，原规定的申请执行期限3个月偏短，不利于对当事人申请执行权利的保护；二是行政机关、法人和其他组织，在行使诉

权利方面，较之作为自然人的公民更具有便利条件，因而对其申诉执行期限的限定比公民要严格一些。公民由于受各方面条件的局限，其申请执行的期限比行政机关、法人和其他组织应当长一些，故对不同主体的申请期限区别对待。而从实践变化情况看，不少申请执行超期问题源自行政机关、法人和其他组织一方，限定过苛的期限不利于矛盾的实质性化解。最高人民法院于2016年明确提出用两到三年时间基本解决"执行难"，执行工作被提高到前所未有的重视程度。过短的申请期限不利于涉及诉讼的执行矛盾的解决，且2012年修改后的民事诉讼法第二百三十九条已经将申请执行期限扩展到2年。综合上述考虑，本次《行诉解释》将行政诉讼中申请执行的期限统一扩展到2年，同时不再区分申请主体，公民、法人、其他组织和行政机关的申请执行期限方面实行同等对待、一体保护，这也是在诉讼程序中体现司法公正的具体举措。

（王晓滨撰写）

第一百五十四条

发生法律效力的行政判决书、行政裁定书、行政赔偿判决书和行政调解书，由第一审人民法院执行。

第一审人民法院认为情况特殊，需要由第二审人民法院执行的，可以报请第二审人民法院执行；第二审人民法院可以决定由其执行，也可以决定由第一审人民法院执行。

【条文主旨】

本条是关于执行管辖的规定。

【起草背景】

执行管辖，是指申请执行人的申请由哪一级或哪一地人民法院受理和执行。依照本条规定，生效行政裁判以由第一审人民法院执行为原则，即行政诉讼案件无论经过几级法院审理，生效的行政裁判均由第一审人民法院执行。这与民事诉讼法关于执行管辖的规定基本相同，与行政诉讼法及本司法解释关于行政诉讼案件管辖的规定也是相协调的。本条规定沿用了《若干解释》第八十五条的相同规定，在原则和精神上并无变化。它对于处理法院作为执行主体时，如何配置执行权以及上下级法院之间如何协调执行问题，具有重要的指导意义。

但是，随着行政诉讼管辖制度的改革，近年来，以铁路法院为依托的跨区划法院建设以及各地推进的集中管辖、交叉管辖、提级管辖如火如荼、不断深入。因此，这里的"第一审人民法院"在很多方面较以往已有了很大变化。在管辖制度的改革朝着有利于法院依法独立公正行使裁判权、有效排除外部不当干预迈进的同时，因为地域变化等原因，客观上也给执行便捷性带来一些新的难题，需要在今后工作中加强调研，进一步寻求解决的适当路径。

【条文释义】

一、要正确理解执行所涉法律文书与执行行为之间的关系问题

该问题涉及人民法院在诉讼活动中作出生效裁判、调解书后，有关的强制执行依据如何认识？强制执行方式如何设计？我们认为，结合上述分析的各类情形看，首先，从概念上要区分法院判决所认可的基于生效行政决定确定的当事人的义务与法院判决所直接设定并加诸于当事人的义务两者之间的根本区别。前者是已经过公权力的前期程序形成的行政义务，多体现为行政机关在诉讼中胜诉情形，后者是法院裁判所设定的义务，多体现为行政机关败诉情形。故对于前者，强制执行的依据可理解为经过法院认可的生效的行政决定，对于后者，强制执行的依据主要是法院的生效裁判。而对于当事人而言，其应当履行的义务都是受法院生效裁判所羁束的法定义务。如此，在逻辑上凸显了生效行政行为的法律效力和权威性，在程序上也便于针对不同的情形设计不同的强制执行方式。

其次，就强制执行方式而言，其前提是作为执行依据的行政决定或生效裁判具有可执行内容。对于前一种义务，如果公民、法人或其他组织拒不履行，行政机关可以依据行政诉讼法第九十五的规定依法强制执行，也可以由行政机关或者第三人明确被执行人的义务后，向一审法院申请强制执行（类似于非诉行政程序），而在提出申请之后的强制执行模式设计上，可以考虑引入"裁执分离"，法院经审查裁定准予执行后可以探索交由行政机关（如被告是政府所属部门的交由政府）组织实施；对于后一种义务，如果行政机关拒不履行生效裁判确定的义务，公民、法人和其他组织可申请法院强制执行，法院经审查后可以直接组织实施，以切实保障行政诉讼中相对弱势一方当事人的合法权益，此类情形在判决被告履行给付义务等案件中最为典型。此外，在有关行政协议诉讼案件中，我们认为，针对法院判决驳回原告诉讼请求的，有些义务可以由行政机关依法或者依协议约定强制执行，有些经由行政机关明确具体义务内容后向法院提出强制执行申请，经法院审查后可引入"裁执分离"，由行政机关组织实施强制执行活动；而针对法院判决被告承担继续履行、采取补救措施、赔偿损失等责任的情形，经由公民、法人或者其他组织提出强制执行申请和法院审查，可由法院直接组织实施强制执行活动。本条主要规范由法院作为执行主体直接执行的情形。

二、由一审法院执行是基本原则

本条第一款规定了"发生法律效力的行政判决书、行政裁定书、行政赔偿判决书和行政调解书，由第一审人民法院执行。"该规定确立了由一审法院执行的基本原则。根据行政诉讼法的规定，我国的各级人民法院都可能成为行政案件的第一审法院，因此各级人民法院都可能成为具有执行管辖权的法院。发生法律效力的行政判决书、行政裁定书、行政赔偿判决书和行政赔偿调解书,既可能是第一审法院作出的,也可能是第二审法院作出的,还可能是上级法院作出的;而生效裁判文书或调解书所确立了法律关系及当事人实体权利义务归属,既可能存在一、二审法院的裁判文书或调解书认定一致,也可能存在因二审改判而与一审不一致的情形。第一审法院不得因为生效裁判不是本院作出或与本院裁判不一致而拒绝执行。

规定行政案件由第一审法院执行,主要是因为第一审法院是最初办理案件的审判机关,了解、熟悉案件的情况,有利于案件的执行;同时,一般情况下,第一审法院与最初作出行政行为的行政机关以及原告即申请执行人和被申请执行人往往在同在一地,由第一审法院负责执行,既便于当事人申请执行,也便于法院受理和执行。但在部分实行设置跨区划法院或集中管辖、交叉管辖改革的法院,此种优势会受到一定影响,而改进委托执行等方式亦不失为有益探索。

行政调解书,是由人民法院主持当事人协商并达成调解协议后制作的法律文书。行政诉讼法第六十条规定:"人民法院审理行政案件,不适用调解。但是,行政赔偿、补偿以及行政机关行使法律、法规规定的自由裁量权的案件可以调解。"因此,目前行政调解书也成为执行依据之一。行政调解书一经生效,即与判决书、裁定书具有同等的法律效力,当事人逾期不履行行政调解书所确定的义务,同样可以作为强制执行的根据。

三、由二审法院执行是例外情形

本条第二款规定了"第一审人民法院认为情况特殊,需要由第二审人民法院执行的,可以报请第二审人民法院执行;第二审人民法院可以决定由其执行,也可以决定由第一审人民法院执行。"该款规定系以一审法院执行为原则的例外情形。也即如果一审法院认为情况特殊,不宜由其执行而需由二审法院执行时,可以报请二审法院执行。这里所谓"特殊情况",一般是指一审法院由于客观上存在某种困难或障碍,不便于、不适宜执行,或者难以达到执行的目的和效果。根据该款规定,生效裁判无论是由一审法院执行还是由二审法院执行,当事人都应当向一审法院提出执行申请，一审法院认为需要由二审法院执行的，应当书面报请二审法院决定，并据实陈明本院不宜、不便或者难以执行的理由。二审法院对一审法院的报请，应当及时研究并作出是否由本院执行的决定。二审法院决定仍由一审法院执行的，一审法院应当执行二审法院的决定，不得再次报请或者拒绝执行。可见，二审法院作为上级法院，在决定执行主体问题上有较大的裁量权。

【实务指导】

一、据以执行的法律文书表述的执行内容应明确具体

本条虽然旨在明确执行管辖主体，但作为执行依据的发生法律效力相关法律文书，其内容是否清晰明确，是否具有可执行性，也是确保执行效果的一个不容忽视的问题。无论是行政裁判文书、调解书还是据以执行的行政机关的生效法律文书，在制作之时对于今后可能涉及的执行事项，应当根据各种具体特定情况，写明需要执行的具体内容，以减少日后引起纷争。由于不停止行政行为的执行是行政诉讼的一项特有原则，法院在作出生效行政裁判时，有些被诉行政行为可能已经执行完毕或者已部分执行，如果生效行政裁判撤销、部分撤销了被诉行政行为，或者对被诉行政行为作了变更或确认其违法，就意味着生效裁判的执行通常情况下即为恢复已被行政行为约束的内容。但是，如果被约束的内容并非相对人的合法权益，或者是相对人依法应当履行的义务，或者这种权益的恢复将会给国家利益、公共利益或者他人的合法权益造成重大损失的，则不发生此种恢复问题，宜由行政机关采取其他相应的补救措施。

例如，根据行政诉讼法的规定，行政案件判决方式主要有：一是判决撤销或者部分撤销行政行为，并可以判决被告重新作出行政行为；二是判决被告履行其法定职责；三是判决变更显失公正的行政处罚；四是判决确认行政行为违法或者无效；五是判决驳回原告诉讼请求。我们认为，后两种判决形式在判决书主文部分缺乏可执行内容，这是由上述判决本身的法

律特性决定的，执行主体也无法确定执行事项。而第一种撤销判决如果单独作出通常情况下缺乏可执行性，但存在行政机关已执行完毕需恢复性救济时仍具有可执行性。因此，法院在制作具有可执行内容的法律文书时，既要对被诉行政行为的合法性、有效性作出判断，也要对相对人依法应当得到恢复或救济的合法权益一并作出处理，可执行的内容应当明确、具体，便于操作。对一些需要通过行政赔偿方式恢复或弥补相对人合法权益的，应当通过行政赔偿程序审理和判决。就裁定书而言，大多数的裁定没有执行力，具有执行力的主要集中于一些财产保全、证据保全、先予执行等裁定。在执行过程中，对于具有执行内容，但作为执行根据的法律文书没有明确载明具体的执行内容、执行对象、执行方式等而无法操作的，应当提交作出生效判决的法院重新作出判决，或者以裁定的形式加以补正。

二、关于委托执行

如前所述，鉴于部分地方法院目前正在进行的管辖制度改革，使得有些案件需要跨地域执行，对当事人和法院都带来不便，因此，在特定情形下委托执行成为一种有益的可选方式。对于委托执行，民事诉讼法第二百二十九条作出了明确规定，即被执行人或者被执行的财产在外地的，可以委托当地人民法院代为执行。受委托人民法院收到委托函件后，必须在15日内开始执行，不得拒绝。执行完毕后，应当将执行结果及时函复委托人民法院；在30日内如果还未执行完毕，也应当将执行情况函告委托人民法院。受委托人民法院自收到委托函件之日起15日内不执行的，委托人民法院可以请求受委托人民法院的上级人民法院指令受委托人民法院执行。实践中，基于行政案件的复杂性和行政机关职权的地域性特点，委托执行的情形并不普遍，但可以作为今后的探索方向。

（王晓滨撰写）

第一百五十五条

行政机关根据行政诉讼法第九十七条的规定申请执行其行政行为,应当具备以下条件:

(一)行政行为依法可以由人民法院执行;

(二)行政行为已经生效并具有可执行内容;

(三)申请人是作出该行政行为的行政机关或者法律、法规、规章授权的组织;

(四)被申请人是该行政行为所确定的义务人;

(五)被申请人在行政行为确定的期限内或者行政机关催告期限内未履行义务;

(六)申请人在法定期限内提出申请;

(七)被申请执行的行政案件属于受理执行申请的人民法院管辖。

行政机关申请人民法院执行,应当提交行政强制法第五十五条规定的相关材料。

人民法院对符合条件的申请,应当在五日内立案受理,并通知申请人;对不符合条件的申请,应当裁定不予受理。行政机关对不予受理裁定有异议,在十五日内向上一级人民法院申请复议的,上一级人民法院应当在收到复议申请之日起十五日内作出裁定。

【条文主旨】

本条是关于行政机关在行政非诉案件中申请法院强制执行其行政行为的申请条件、应提交材料以及人民法院立案受理程序的一般规定。

【起草背景】

行政诉讼法第九十七条规定:"公民、法人或者其他组织对行政行为在法定期间不提起诉讼又不履行的,行政机关可以申请人民法院强制执行,或者依法强制执行。"仅此一条规定,其重大立法意义在于确立了行政诉讼法上的行政非诉制度。此处的"申请人民法院强制执行",不同于该法第九十五条规定的行政诉讼中行政机关或者第三人"可以向第一审人民法院申请强制执行",是一套独立完整的程序运行模式和制度安排(有观点通俗地称之为"准官告民程序")。由于法律对此规定得比较简约,因此很多具体事项需要通过司法解释加以补充和完善。《行诉解释》的本条规定就是规范行政机关向法院提出行政非诉申请应当具备的条件、应当提交的材料以及法院如何立案受理。法院经审查如果认为行政机关的申请符合条件,立案受理后所形成的案件,即是本书所称的行政非诉案件。人民法院审查行政非诉案件,最终应当依法作出准予或者不准予执行裁定。

人民法院依法审查行政非诉案件,是维护人民群众切身合法权益、实现行政管理职能和效率的重要途径和保障。根据现行法律的规定,目前我国只有少数行政机关具有比较完整的强制执行权,有些行政机关具有部分强制执行权,相当一部分行政机关不具有强制执行权。因此,许多行政行为需要申请法院强制执行。目前,人民法院每年受理的这类案件平均在20万件以上,能否及时、正确地办理好这类案件,对于保障当事人合法权益、监督行政机关依法行政有着重要意义。

就行政机关申请条件而言,《若干解释》第八十六条曾作出七项具体规定,《行诉解释》的本条规定沿用了上述规定,只是将原规定中"具体行政行为"改为"行政行为",将原五项中的"被申请人在具体行政行为确定的期限内或者行政机关另行指定的期限内未履行义务"中的"行政机关另行指定的期限"改为"行政机关催告期限"。

对行政机关应提交的材料而言,《若干解释》未作规定,本条第二款是新增加的内容,即要求行政机关应按行政强制法第五十五条的规定提交相关材料。同时,对法院立案受理行政非诉案件的程序,依照行政强制法相关规定作了细化规定。特别是有关不予受理裁定的复议程序,较以往的做法具有开拓性,创新性。

【条文释义】

一、行政机关申请非诉执行应当具备的条件

本条第一款以列举的方式规定了行政机关申请法院执行应当具备的七项条件，只有同时具备这些条件，法院才能依法受理行政非诉案件。

1. 申请执行的行政行为应当是依法可以由法院执行的。依法可以由法院执行的行政行为，主要指依法可以对其提起行政诉讼，当事人在法定期限内既不提起诉讼又不履行，没有行政强制执行权的行政机关可以申请法院强制执行。理解该项规定的关键点：一是对于行政机关自身有强制执行权的情形，即不属于"依法可以由人民法院执行"，法院对行政机关提出的申请有权不予受理；二是虽然非诉申请事项限于"依法可以由人民法院执行"，但并不等于法院裁定准予执行后，只能由法院由动用强制力量执行。目前，全国许多地方正积极推进由法院审查作裁定、由行政机关组织实施的"裁执分离"模式，这是因应中国国情和行政强制执行现实需要的方式选择，这一实践对于推进行政强制执行体制整体设计和制度改革具有积极意义。

2. 行政行为已经生效并具有可执行内容。所谓"已经生效"主要有三方面含义：一是行政行为本身已经具备了发生法律效力的必要要件；二是具备对行政行为发生法律效力具有决定意义的其他要件。如行政处罚法第三条第二款规定了"没有法定依据或者不遵守法定程序的，行政处罚无效。"可见，生效行政行为应当是具有法律依据、依照法定程序作出的行政行为；三是生效行政行为还应当包括行政主体资格合法、依法已穷尽了行政程序，并已经依法送达当事人等。只有这些要件同时具备，方可以成为生效的行政行为。所谓依法穷尽行政程序，主要指行政行为依法应当履行的审批程序已经履行完毕，当事人依法申请行政救济的程序业已完结等。所谓"具有可执行内容"指行政行为具有可执行性，即行政行为确定被执行人具有给付的义务。这种给付义务主要表现为物权的转移和债权的

实现以及要求被执行人为一定的行为等。如果行政行为没有要求当事人履行一定的给付义务或为一定的行为（如只属于确认自然资源所有权、使用权或注销、吊销相关证照等确认类或形成类的行为），则往往不具有可执行性，强制执行就失去了对象和内容，申请执行也就失去了意义，法院则不应受理。

3. 申请人是作出该行政行为的行政机关或者法律、法规、规章授权的组织。此项规定的重点在于强调申请人当为行政行为作出人。除行政机关外，还包括法律、法规、规章的组织。需加注意的是，如果有关组织是受行政机关委托而从事某种行政行为，则以委托机关为申请人；如果是行政机关的派出机构，则在其自身法定职权之外，仍由派出其的行政机关作为申请人。

4. 被申请人是该行政行为所确定的义务人。主要指行政行为所指向的行政相对人，在特定情形下，也包括其他可能对行政行为的执行造成直接妨害的被执行人。如被征收房屋的实际占用者等。

5. 被申请人在行政行为确定的期限内或者行政机关催告期限内未履行义务。上述期限通常由法律、法规、规章或者其他规范性文件明确规定，缺乏相关规定时，也可以由行政机关根据行政管理客观需要和当事人必要的准备期限与可接受程度科学合理地加以酌定。

6. 申请人在法定期限内提出申请。根据行政强制法第五十三条以及《行诉解释》第一百五十六条的规定，这一申请期限应当为被执行人的法定起诉期限届满之日起3个月内。

7. 被申请执行的行政案件属于受理申请执行的人民法院管辖。根据《行诉解释》第一百五十七条之规定，此类行政非诉案件由申请人所在地基层法院受理；执行对象为不动产的由不动产所在地的基层法院受理。基层法院认为执行确有困难的，可以报请上级法院执行。上级人民法院可以决定由其执行，也可以决定由下级人民法院执行。

二、行政机关申请非诉执行应当提交的材料

本条第二款规定了"行政机关申请人民法院执行，应当提交行政强制

法第五十五条规定的相关材料。"行政强制法第五十五条规定的相关材料有："（一）强制执行申请书；（二）行政决定书及作出决定的事实、理由和依据；（三）当事人的意见及行政机关催告情况；（四）申请强制执行标的情况；（五）法律、行政法规规定的其他材料。"其中，"强制执行申请书"是启动行政非诉程序最关键的材料，其内容通常包括申请人、被申请人（被执行人）、申请理由、执行根据、申请执行内容、受理执行的法院名称以及申请执行的时间等情况，该条专门规定"强制执行申请书应当由行政机关负责人签名，加盖行政机关的印章，并注明日期"；"行政决定书"指据以执行的行政法律文书，是行政行为的文字表现形式；"当事人的意见及行政机关催告情况"指根据行政强制法第三十五条、第三十六条之规定行政机关履行催告义务以及保障当事人陈述权、申辩权的相关记录；"申请强制执行标的情况"通常指申请人应当提供的被执行人是否具有可供执行的财产以及财产所在地、数量等方面的材料。如果申请人不能提供被执行人财产具体状况的，应当提供被执行人财产状况的有关线索；"法律、行政法规规定的其他材料"指除申请执行书，据以执行的法律文书以外的与执行有关的必要材料，因案件情况不同，对这些材料的要求也不同，但要注意只限于"法律、行政法规"规定的范围。对必须提交的有关材料，行政机关以及行政行为确定的权利人应当主动提交，法院也可以要求行政机关提交；拒绝提交的，法院可裁定不予受理。也即行政机关要对其申请强制执行的行政行为承担全部举证责任。

《若干解释》第九十一条曾规定："行政机关申请人民法院强制执行其具体行政行为，应当提交申请执行书、据以执行的行政法律文书、证明该具体行政行为合法的材料和被执行人财产状况以及其他必须提交的材料。"《行诉解释》为防止重复规定，删除了上述规定，比照行政强制法作了一般性要求。除此之外，特定情形下法律、行政法规和司法解释还会有特殊要求。如《国有土地上房屋征收与补偿条例》第二十八条规定了："强制执行申请书应当附具补偿金额和专户存储账号、产权调换房屋和周转用房的地点和面积等材料。"《最高人民法院关于办理申请人民法院强制执行国有土地上房屋征收补偿决定案件若干问题的规定》进一步规定需提交"社会稳定风险评估材料"。这些都是为了保护当事人切身基本权益、确保执行工作平稳有序运行的制度设计。法院要在司法实践中要对行政机关提交的申请材料适格性进行严格审查。

三、人民法院针对行政非诉案件的立案程序

本条第三款规定了"人民法院对符合条件的申请，应当在五日内立案受理，并通知申请人；对不符合条件的申请，应当裁定不予受理。行政机关对不予受理裁定有异议，在十五日内向上一级人民法院申请复议的，上一级人民法院应当在收到复议申请之日起十五日内作出裁定。"此规定与行政强制法第五十六条的内容基本一致。①但有两点需要说明：第一，结合行政强制法第五十六条有关上一级法院针对下级法院的不予受理裁定经复议"作出是否受理的裁定"之规定，《行诉解释》的本条第三款则规定为"作出裁定"，就是考虑到司法实践中由于相关事实、证据的复杂性，由上一级法院径直作出"是否受理裁定"有时并不适宜，反而有可能增大案件执行压力且不利于给下级法院、行政机关进一步做申请人协调工作留余地。因此，对于一些事实问题有待查清、程序问题有待完善等情形，上一级法院可以裁定"撤销原裁定，由下级法院重新作出裁定"，如此可操作性更强。第二，之所以规定人民法院对符合条件的申请应当立案受理，并通知申请人，对不符合条件的申请，应当裁定不予受理，其意义在于：一是可以使法院办理这类案件的程序更加规范，防止在办案中出现草率从事等随意性问题，增强办案人员的责任感；二是可以在工作效率上对审判人员有所约束；三是所作不予受理裁定宜由合议庭合议，有利于发挥集体智慧，从而提高办案质量，维护司法公正。

---

① 行政强制法第五十六条规定："人民法院接到行政机关强制执行的申请，应当在五日内受理。行政机关对人民法院不予受理的裁定有异议的，可以在十五日内向上一级人民法院申请复议，上一级人民法院应当自收到复议申请之日起十五日内作出是否受理的裁定。"

【实务指导】

一、关于"裁执分离"改革的基本内容

本条第一款第一项在申请条件中规定了"行政行为依法可以由人民法院执行",但并不意味着必须由法院执行。主要是基于全国法院正在努力推进"裁执分离"改革的实践。

"裁执分离"是近年来最高人民法院积极推进的一项执行模式改革举措,目前的规范性文件依据主要表现为行政非诉执行领域的司法解释。最高人民法院于2012年3月26日颁布的《关于办理申请人民法院强制执行国有土地上房屋征收补偿决定案件若干问题的规定》,在房屋征收补偿领域确立了"裁执分离"模式,其中第九条规定:"人民法院裁定准予执行的,一般由作出征收补偿决定的市、县级人民政府组织实施,也可以由人民法院执行。"此规定是行政非诉执行领域确立"裁执分离"的明确依据。"裁执分离"不仅是房屋征收补偿,也是其他行政执行领域的发展方向;不仅是行政非诉案件,也是诉讼案件的探索方向,全国人大常委会法律委员会在通过行政强制法的审议报告中明确指出,给法院改革探索由法院作裁定、由行政机关组织实施的"裁执分离"的强制执行模式留有空间;中央综合治理委员会等有关机关也明确建议最高人民法院不断拓展"裁执分离"适用范围。近年来,浙江、吉林、山东、内蒙古等地积极推进"裁执分离"改革,加之部分地区设立跨区划管辖法院,相应一些试点地区的行政非诉案件也转由此类法院管辖,这在很大程度有利于合理配置裁判权与执行权,促进权益保护,提升行政效率。

就行政诉讼案件而言,针对行政机关或者第三人依据行政诉讼法第九十五条向一审法院申请强制执行,由谁动用强制力量执行问题上,在十八届四中全会确定的完善行政综合执法体制改革、理顺行政强制执行体制改革以及推进审判权与执行权相分离改革等改革任务不断推进的大背景下,探索由人民法院裁判、由行政机关组织实施的"裁执分离"改革举措有着

较大的发展空间。一方面，对于行政机关和第三人申请强制执行法院裁判、调解书所设定的义务的情形，法院接到执行申请后可以向被执行人发出执行通知，直接采取强制执行措施，也可以在条件成熟的时候，探索采取通过作出裁定、由行政机关组织实施的方式落实"裁执分离"；另一方面，对于法院作出驳回诉讼请求判决后，行政机关或第三人就生效行政决定申请法院强制执行的，其内容实质上仍是请求执行行政行为所确定的义务，可以比照行政非诉程序，由法院裁定准予执行、由行政机关组织实施，这种"裁执分离"模式应当成为法院作出驳回诉讼请求判决之后，被诉行政行为执行的基本路径。而在上述两种情形之下的"裁执分离"，都有必要成为今后诉讼领域拓展"裁执分离"的重点。在此方面，行政诉讼与行政非诉案件的执行依据本质上区别不大，法院今后可适度拓宽在诉讼案件中也适用"裁执分离"原则，引入准行政非诉程序，裁定由有关行政机关具体组织实施。而其与行政非诉程序的不同之处在于，对于申请强制执行的行政行为的合法性，由于在诉讼过程已经进行过审查，法院通常可以针对申请直接作出准予执行裁定，而无需对申请执行内容再深入细致地审查。

二、关于行政机关申请非诉执行的相关"催告"

本条第一款第五项规定将"被申请人在行政行为确定的期限内或者行政机关催告期限内未履行义务"作为行政机关申请非诉执行的必备条件，第二款规定应提交的相关申请材料中所提及的行政强制法第五十五条规定了"当事人的意见及行政机关催告情况"。这里的"催告"均为新增加的内容，是行政程序正当性的重要体现。根据行政强制法的有关规定，"催告"在两个领域体现出来：一个领域是无强制执行权的行政机关在申请法院强制执行前的催告。行政强制法第五十四条规定了"行政机关申请人民法院强制执行前，应当催告当事人履行义务。催告书送达十日后当事人仍未履行义务的，行政机关可以向所在地有管辖权的人民法院申请强制执行……"，也即提出行政非诉执行申请之前，行政机关至少要给当事人留出10日的履行义务的时间。另一个领域是具有行政强制权的行政机关在作出强制执行前的催告。行政强制法第三十五条规定:"行政机关作出强制执行决定前,应当事先催告当事人履行义务。催告应当以书面形式作出,并载明下列事项:(一)履行义务的期限;(二)履行义务的方式;(三)涉及金钱给付的,应当有明确的金额和给付方式;(四)当事人依法享有的陈述权和申辩权。"我们认为,基于上述"裁执分离"改革,没有法定强制执行权的行政机关在法院作出准予执行裁定并明确执行主体后,也可能获得行政强制权;在组织实施强制执行过程中,亦应当遵循行政强制法第三十五条的规定,再行制作并送达书面催告书,以切实保障当事人的陈述权、申辩权等正当权益,体现程序公正。

(王晓滨撰写)

第一百五十六条

没有强制执行权的行政机关申请人民法院强制执行其行政行为,应当自被执行人的法定起诉期限届满之日起三个月内提出。逾期申请的,除有正当理由外,人民法院不予受理。

【条文主旨】

本条是行政机关向人民法院提出行政非诉执行申请有效期限的规定。

【起草背景】

行政非诉案件,作为由人民法院审查的有别于行政诉讼案件的一类重要案件类型,类似于"准官告民"程序,其实质上相当于行政机关诉负有履行义务的当事人不执行行政行为。设定行政机关提出申请的期限如同行政诉讼程序中设定起诉期限,是十分必要、不可或缺的。它既有利于督促行政机关及时行使申请权、启动程序，促进涉及公共利益的行政行为的实现，也有利于及时制止、纠正不法行为，促进被执行人合法权益保障，彰显行政机关合法行政行为的法律权威，促进行政机关工作人员增强法治理念和效能意识。

《若干解释》第八十八条曾规定："行政机关申请人民法院强制执行其具体行政行为，应当自被执行人的法定起诉期限届满之日起180日内提出。"此次司法解释的修改，将原规定中"具体行政行为"改为"行政行为"，将行政机关申请法院强制执行的期限由"180天"改为"三个月"，在很大程度上是基于促进行政机关尽早履行申请职责，不断提高行政效率，尽快纠正违法行为，及时实现公共利益等考量所作的改变。

本条规定与行政强制法第五十三条的规定精神一致。行政强制法第五十三条规定了"当事人在法定期限内不申请行政复议或者提起行政诉讼，又不履行行政决定的，没有行政强制执行权的行政机关可以自期限届满之日起三个月内，依照本章规定申请人民法院强制执行。"这里，行政强制法的规定包含范围更广，即不仅包括未及时履行诉权的情形，还包括未及时履行行政复议请求权情形。行政复议法规定的复议请求权一般申请期限为自知道行政行为之日起60日，行政诉讼法规定的一般起诉期限为6个月。通常情况下，复议范围与起诉范围相一致，对于法律规定当事人可以直接向法院起诉的情形，后者的期限能够覆盖前者。但也不排除以下两种情形：一种情形是复议终局。即如果法律规定行政复议是行政救济的最终程序，如果当事人在法定申请复议期限内没有申请又不履行行政决定的，没有直接强制执行权的行政机关可以在当事人收到行政决定之日起的60日后的次日起3个月内申请人民法院强制执行。另一种情形是复议前置。即行政行为相对人不经复议不得向法院起诉。如果其在收到行政决定后，在法定期限内既不申请复议又不履行行政决定，行政机关可以向法院申请强制执行。因此，有别于行政强制法的上述规定范围，本条在司法实践中主要是针对当事人可以直接向法院申请强制执行，以及在复议前置情形下复议机关已作出复议决定，行政相对人在法定起诉期限内仍不起诉的情形。此外，值得注意的是，《行诉解释》第一百五十三条规定的行政机关和第三人在行政诉讼中申请法院强制执行的期限为 2 年,而在行政非诉程序中的申请期限为 3 个月。其中一个重要考量因素就是在行政非诉案件中,存在当事人有条件行使诉权而自己不及时行使甚至放弃行使的情形,已经产生了可能使公共利益延迟实现的客观效果,在此背景下亦无必要延长行政机关申请法院强制执行的期限。

【条文释义】

一、如何理解"没有强制执行权的行政机关"

本条规定的申请人民法院强制执行的主体是"没有强制执行权的行政机关"。此处第一个问题是,如何看待在申请执行阶段"没有强制执行权的行政机关"?按照行政强制法第十三条有关"行政强制执行由法律设定。法律没有规定行政机关强制执行的,作出行政决定的行政机关应当申请人民法院强制执行"之规定,本条之"没有强制执行权的行政机关"应指法律没有授予行政机关强制执行权的行政机关。法律、法规赋予行政机关以行政强制执行权,属于法律、法规的一种特别授权,除法律、法规另有规定外,这种权力具有排他性。行政机关是行使行政管理职权的国家机关,为了保证国家行政管理活动的有效进行,特别是对那些不及时强制执行就无法或者难以达到行政管理效果、实现行政管理目的的领域,法律、法规赋予了某些行政机关以强制执行权。当行政管理相对一方当事人拒不履行行政行为所确定的义务时,作出该行为的行政机关即可依法径行执行,强制相对人履行义务或接收处罚,而无须申请法院强制执行。例如,根据城乡规划法第六十五条、第六十八条之规定,乡镇人民政府对违反乡村规划的违法建筑有权强制拆除;县级以上地方人民政府对城乡规划主管部门作出的限期拆除决定当事人逾期不拆除的违法建筑,有权责成有关部门强制拆除;最高人民法院于 2013 年 4 月发布的《关于违法的建筑物、构筑物、设施等强制拆除问题的批复》,明确指出针对涉及违反城乡规划法的违法建筑物、构筑物、设施等的强制拆除,由于法律已经授予行政机关强制执行权，法院不受理行政机关提出的行政非诉执行申请。对此，法院不具有对类似特定事项强制执行的主管权，行政机关申请法院强制执行的，法院不应受理。目前，我国共有十多部法律规定了行政机关直接强制执行，税务、海关、公安、公路主管部门、水行政主管部门、防汛指挥机构等部门和地方人民政府，通过法律单独授权具有强制执行权，大部分执行部门没有直接强制执行权，需要申请法院强制执行。此外，实践中还有一些行政法规和地方性法规定了行政强制执行，需要进行系统的清理或处理。① 行政强制法第四十六条第二款规定了"没有行政强制执行权的行政机关应当申请人民法院强制执行。但是，当事人在法定期限内不申请行政复议或者提起行政诉讼，经催告仍不履行的，在实施行政管理过程中已经采取查封、扣押措施的行政机关，可以将查封、扣押的财物依法拍卖抵缴罚款。"此规定意味着，已经采取查封、扣押措施的行政机关，可通过将相关财物依法拍卖抵缴罚款的方式实现直接强制执行，这也是已有的十余部法律明确规定特定领域行政强制执行权之外的另一项原则性赋权规定。

另一个值得探讨的问题是，通过法院作出裁定准予执行后，行政机关可否获得强制执行权？例如，原《城市房屋拆迁管理条例》第十七条规定了当事人拒不履行住建部门所作的拆迁裁决的，由市、县政府责成有关部门强制拆迁或者申请法院强制执行；在2011年颁布实施的《国有土地上房屋征收与补偿条例》第二十八条中，对于拒不履行补偿决定的，规定由市、县级政府申请法院强制执行。面对当时的复杂情况，经中央各有关部门充分协商后，2012年《最高人民法院关于办理申请强制执行房屋征收补偿决定案件若干规定》第九条规定了"法院裁定准予执行的，一般由作出征收决定的市县人民政府组织实施，也可以由人民法院执行。"因此，作为"裁执分离"改革的重要探索，今后有必要确立行政机关除了法律设定的行政强制执行权外，还可能依据法院的生效裁判获得行政强制权的执行理念。

---

① 在行政强制法起草过程中，据全国人大常务委员会有关部门统计，截至2010年上半年的600件行政法规中，有52件规定了行政强制执行，其中直接规定的有9件。参见乔晓阳主编：《中华人民共和国行政强制法解读》，中国法制出版社2011年版，第49、50页。

也就是说，当行政机关自身没有强制执行权时，通过向人民法院提出强制执行申请，人民法院经审查可以由本院负责执行的机构执行，或者采取"裁执分离"模式，交由行政机关组织实施，行政机关由此获得了一种法院裁定准予执行后的强制执行权。我们认为，从法院裁判的既判力、行政行为的效力理论以及法条本身的涵义出发，结合人民法院的司法实践，上述解释是相对合理的。目前，最高人民法院正在积极推行在行政行为强制执行领域的"裁执分离"改革，党的十八届四中全会也提出了推进审判权与执行权的分离，可以说，在强制执行的实施模式上，还存在较大的改革探索空间。当公民、法人或者其他组织拒绝履行时，执行机关采取什么执行举措，要根据法律规定和案件的具体情况，结合判决、裁定规定的内容，采取相应的执行措施。目前，行政强制法第十二条规定的执行方式主要有加处罚款或者滞纳金，划拨存款、汇款，拍卖或者依法处理查封、扣押的场所、设施或者财物，排除妨碍、恢复原状，代履行和其他强制执行方式。我们认为，法院在裁决确定执行主体时需要结合本地"裁执分离"改革整体推进情况审慎行事。对于不动产领域涉及的房屋拆除、土地腾迁、代履行等执行事项，由行政机关组织实施更为稳妥高效；而涉及划拨存款、汇款等金钱给付义务的执行，基于法院正在推进的执行联动机制建设，目前可通过申请法院采取措施强制执行。而从实际情况看，目前大量存在当事人拒不履行的罚款决定、征费决定等情形，过分畸重申请法院强制执行效果并不理想。我们认为，随着行政机关综合执法体制改革、理顺行政强制体制改革等不断引向深入，该领域今后也可以作进一步改革尝试和探索。

二、如何理解行政非诉案件的申请期限

关于行政机关提起行政非诉执行申请的期限，本条第一款规定了"应当自被执行人的法定起诉期限届满之日起三个月内提出。"此处的"法定起诉期限"，主要指公民、法人或者其他组织依法享有诉权的期限，当其在该期限内不提起诉讼又不履行行政行为时，待该期限一过，行政机关即有权通过向法院申请强制执行而启动行政非诉程序。有关期限在不同法律

和司法解释中有不同的规定。此处规定的3个月的期限,是与行政诉讼法第四十五条、第四十六条等有关起诉期限的规定相对应衔接的,就起诉期限的一般规定而言,行政诉讼法第四十五条规定了对复议决定或者复议机关逾期不作决定不服的起诉期限是15天,直接向法院起诉的是6个月(自知道或者应当知道行政行为之日起)。期满行政机关即可以在本条所规定的3个月内申请法院强制执行。

本条的规定保持了与行政强制法第五十三条规定的一致性。如前所述,行政强制法第五十三条规定的要义是强调行政机关申请强制执行的前提是当事人不申请行政复议或者提起行政诉讼,又不履行行政决定。在适用范围上包括了复议终局与复议前置,较之于本条适用范围更广,逻辑上也更为周延。事实上,本条规定并不排斥复议终局或复议前置情形下行政非诉程序的启动,而是突出强调了不行使诉权是启动行政非诉程序的主要前提。起诉期限与复议期限的关系问题,目前法律有不同规定。对于复议终局的,主要指自被执行人申请复议的期限届满之日起3个月内,行政机关可启动非诉程序;而对于占绝大多数的非复议终局情形,主要包括复议前置及当事人可直接起诉(有选择权)两种类型,不论哪种,行政机关申请法院强制执行行政行为,应当自被执行人的法定起诉期限届满之日起3个月内提出。

《若干解释》第八十八条有关"行政机关申请人民法院强制执行其具体行政行为,应当自被执行人的法定起诉期限届满之日起180日内提出"的规定,目前应已被行政强制法和本条规定替代。此外,有关3个月申请执行期限的起算点。我国民法总则规定的期间计算方法是以历法为计算方法,即以日、月、年计算期间,开始的当天不算入,从下一日开始计算。据此,行政机关申请法院强制执行的3个月的起算日应从当事人申请司法救济的期间届满之日的次日起算。另外,法定期限属除斥期间还是可变期间曾有一定争议。在制定行政强制法过程中,立法机关认为3个月的期间为除斥期间。理由是行政机关申请法院强制执行其行政决定,是出于公共利益,与民事案件当事人申请法院执行是处分自己私利不同。为了提高行政效率,维护公共利益,行政机关应在一个不变的期间内向法院申请强制执行，因此该 3 个月的除斥期间没有中止、中断之说。①

三、如何理解正当理由

虽然除斥期间不产生中止、中断的法律效果，但是上述概念不同于期限不计入和期限延长。本条规定了"逾期申请的，除有正当理由外，人民法院不予受理"，这是行政强制法第五十三条没有规定的，既考虑到了司法实践的客观需要，也有利于在法律上厘清对中止、中断以及延长等概念的准确理解，体现了原则性与灵活性相结合。中止是因一些特定事由（如一方当事人主体资格丧失，需要等待新的权利继受者等）而导致期限计算暂停，中断是因一些特定事由（如当事人起诉）而使得期限重新计算。而本条的规定的情形属于期限的延长。行政诉讼法第四十八条规定："公民、法人或者其他组织因不可抗力或者其他不属于其自身的原因耽误起诉期限的，被耽误的时间不计算在起诉期限内。公民、法人或者其他组织因前款规定以外的其他特殊情况耽误起诉期限的，在障碍消除后十日内，可以申请延长期限，是否准许由人民法院决定。"上述两款即分别为期限不计入和期限延长情形。实践中，行政机关未能在 3 个月提交申请的"正当理由"，主要有不可抗力、涉案国家秘密等不宜公开事项或者需履行进一步调查程序等，人民法院对此可综合酌定，避免简单以超期为由将行政非诉申请拒之门外。如实践中出现的需要采用公告方式送达催告书而无法在法定期限内申请等情形，一般应认可行政机关逾期申请的正当性。

【实务指导】

一、关于行政机关既有强制执行权又可申请法院执行的情形

在界定是否系"没有强制执行权的行政机关"问题上，有一种特殊情形是，法律既授予了行政机关强制执行权，同时又规定也可以申请法院强

---

① 参见乔晓阳主编：《中华人民共和国行政强制法解读》，中国法制出版社 2011 年版，第 177 页。

制执行的行政行为。例如，税收征收管理法第八十八条第三款规定："当事人对税务机关的处罚决定逾期不申请行政复议也不向人民法院起诉、又不履行的，作出处罚决定的税务机关可以采取本法第四十条规定的强制执行措施，或者申请人民法院强制执行。"海关法第九十三条规定："当事人逾期不履行海关的处罚决定又不申请复议或者向人民法院提起诉讼的，作出处罚决定的海关可以将其保证金抵缴或者将其被扣留的货物、物品、运输工具依法变价抵缴，也可以申请人民法院强制执行。"对此，《若干解释》第八十七条第二款曾经规定："法律、法规规定既可以由行政机关依法强制执行，也可以申请人民法院强制执行，行政机关申请人民法院强制执行的，人民法院可以依法受理"。《行诉解释》已将此款删除。

对此，我们目前把握的总体原则是，如果行政机关申请法院强制执行的，法院可以依法受理。此种情形看似使得行政机关具有选择权，但从原理和操作实效上看，由行政机关执行更为适宜。应当注意的是，如果行政机关选择了行政强制执行程序并已开始执行，行政机关又向法院申请强制执行的，法院一般不应受理。这主要是因为"一事不再理"是一项重要的法治原则，行政行为的执行活动也应当遵循这一原则，行政程序和司法程序既不能相互代替，也不能相互混淆，以保持法定程序的完整性、有效性和严肃性，以及不同法律程序之间的相对独立性和排他性，行政强制执行程序一经启动，司法强制执行则不应介入。同时，从行政机关行使权力的便捷性和相关国家权益保护的效率看，行政机关在此种情形下不仅有权直接强制执行，甚至在行政复议、诉讼期间仍可依法不停止执行，似并无必要申请法院强制执行。从长远发展角度，此种情形今后宜通过立法修改逐步取消，因为其不符合行政强制法的立法本意，即行政非诉程序宜适用于行政机关没有强制执行权的情形。人民法院在今后"裁执分离"改革中也有必要进一步厘清此问题。此外，实践中还有一类情形是法律只授予行政机关部分行政强制执行权，行政机关对没有授予的部分申请法院强制执行的，法院亦应当受理。如公安机关同时作出拘留和罚款决定，前者可自行执行，后者需申请法院执行。

二、如何理解"法定起诉期限"

本条规定表述的"法定起诉期限",是实践中比较复杂又比较重要的问题。按照行政诉讼法及司法解释,既有一般规定又有特殊规定,主要有以下情形需准确把握。

一是复议的起诉期限。行政诉讼法第四十五条规定:"公民、法人或者其他组织不服复议决定的,可以在收到复议决定书之日起十五日内向人民法院提起诉讼。复议机关逾期不作决定的,申请人可以在复议期满之日起十五日内向人民法院提起诉讼。法律另有规定的除外。"由上可见,涉及复议事项的起诉期限为15日。

二是直接向法院起诉的期限。行政诉讼法第四十六条规定:"公民、法人或者其他组织直接向人民法院提起诉讼的,应当自知道或者应当知道作出行政行为之日起6个月内提出。法律另有规定的除外。因不动产提起诉讼的案件自行政行为作出之日起超过20年,其他案件自行政行为作出之日起超过五年提起诉讼的,人民法院不予受理。"由上可见,直接起诉时为知道或者应当知道作出行政行为之日起6个月。如果当事人有正当理由证明不知道行为内容,不动产案件最长期限自行政行为作出之日起20年,其他案件5年。这种不知晓或不知道其内容的情形一般发生于行政机关没有依法送达给当事人法律文书,或者存在其他与行政行为有利害关系的人当中。根据《行诉解释》第一百五十五条的规定,前一种情形属于没有生效的行政行为,行政机关申请强制执行的,法院不应受理;而后一种情形,利害关系人一般不会直接成为被执行人。

三是不作为的起诉期限。行政诉讼法第四十七条规定:"公民、法人或者其他组织申请行政机关履行保护其人身权、财产权等合法权益的法定职责,行政机关在接到申请之日起两个月内不履行的,公民、法人或者其他组织可以向人民法院提起诉讼。法律、法规对行政机关履行职责的期限另有规定的,从其规定。公民、法人或者其他组织在紧急情况下请求行政机关履行保护其人身权、财产权等合法权益的法定职责,行政机关不履行的,提起诉讼不受前款规定期限的限制。"但上述规定并未涉及起诉截止期限，对此，《行诉解释》第六十六条规定了"公民、法人或者其他组织依照行政诉讼法第四十七条第一款的规定，对行政机关不履行法定职责提起诉讼的，应当在行政机关履行法定职责期限届满之日起六个月内提出。"也即第3个月至第8个月是不作为案件的起诉期限（不包括上述紧急情况）。

四是未告知起诉期限的情形。过去《若干解释》第四十一条曾规定了"行政机关作出具体行政行为时，未告知公民、法人或者其他组织诉权或者起诉期限的，起诉期限从公民、法人或者其他组织知道或者应当知道诉权或者起诉期限之日起计算，但从知道或者应当知道具体行政行为内容之日起最长不得超过2年。"而《行诉解释》第六十四条则规定了"行政机关作出行政行为时，未告知公民、法人或者其他组织起诉期限的，起诉期限从公民、法人或者其他组织知道或者应当知道起诉期限之日起计算，但从知道或者应当知道行政行为内容之日起最长不得超过一年。复议决定未告知公民、法人或者其他组织起诉期限的，适用前款规定。"上述规定所涉及的就是行政机关的告知义务（教示义务），旧规定界定了"未告知诉权或者起诉期限"的情形，新规定只规定了未告知起诉期限的情形，且将起诉期间由当事人知道行政行为内容之日起最长2年缩短为1年。从目前权利保障的及时性和节约行政成本、司法成本等因素考虑，更具有合理性，对促使行政机关规范行政执法程序、依法履行告知义务及保护当事人合法权益是必要的。实践中需加注意的是，为更好地督促行政机关履行上述义务，在行政机关未告知当事人起诉期限，而申请法院强制执行其行政行为时，法院应当告知行政机关先履行告知当事人起诉期限的义务，当事人在法定期间仍不起诉也不履行的，行政机关方可申请法院强制执行。

（王晓滨撰写）

第一百五十七条

行政机关申请人民法院强制执行其行政行为的,由申请人所在地的基层人民法院受理;执行对象为不动产的,由不动产所在地的基层人民法院受理。

基层人民法院认为执行确有困难的,可以报请上级人民法院执行,上级人民法院可以决定由其执行,也可以决定由下级人民法院执行。

【条文主旨】

本条是对行政非诉案件管辖的规定。

【起草背景】

行政机关在行政管理过程中作出的行政行为,是行使国家管理权的具体表现。公民,法人或者其他组织对行政行为无异议的,应当自觉履行行政行为规定的义务。对于应当履行的义务不履行的,因涉及公共利益的实现,行政机关或者人民法院有权依法通过强制方式强制其履行义务。对于行政机关作出的业已生效的行政行为,行政机关依法具有执行权的,由该行政机关强制执行;行政机关没有执行权的,申请人民法院予以强制执行。此时会涉及人民法院审查行政非诉案件的管辖权配置问题。

本条沿用了《若干解释》第八十九条的规定,就行政机关申请人民法院强制执行其行政行为的,分别以申请人和执行对象为标准确定地域管辖;以基层人民法院受理为原则确定级别管辖。

【条文释义】

行政诉讼法和本解释关于执行问题的规定,实际上涉及了两种不同的执行,即人民法院对生效行政裁判的执行和人民法院、行政机关对生效行政行为（或行政决定）的执行。按照执行根据的不同，可分为对人民法院生效行政判决、裁定的执行和对行政机关行政行为的执行。按照执行机关的不同，可分为人民法院依法对生效行政裁判的执行和依申请对行政行为的执行，行政机关依法律授权对行政行为的执行。需要说明的是，对于人民法院作出的"驳回原告诉讼请求"的判决，其本身并无可执行内容，所涉及的执行依据依然是行政机关作出的生效行政行为（或行政决定）。人民法院的执行与行政机关的执行有着显著的区别，前者的执行机关是人民法院，属于司法执行的性质，适用的司法执行程序，执行根据是人民法院作出的生效裁判和行政机关作出的行政法律文书，被执行人既可以是负有履行义务的公民、法人和其他组织，也可以是行政机关，执行的强制措施因被执行人的不同而各异。后者的执行机关是作出行政行为的行政机关，属于行政执行的性质；执行的根据是行政行为，适用的是行政执行程序及其行政强制措施，执行的对象只能是作为行政相对人的公民、法人或其他组织。

根据本条规定，行政机关申请人民法院强制执行其行政行为，分别以申请人和执行对象为标准确定地域管辖。即主要以申请人所在地的基层人民法院作为管辖法院，涉及执行对象是不动产的，以不动产所在地的基层人民法院作为管辖法院。主要出于以下几点原因：其一，以申请人为标准的管辖法院更具有确定性，便于申请执行的行政机关快速高效启动程序，提高行政管理效率；其二，以申请人为确定管辖的标准，方便申请强制执行的行政机关提供据以证明行政行为合法的相关材料，有利于人民法院对行政行为合法性的审查；其三，考虑到涉及不动产执行案件的特殊性，根据被执行的不动产财产所在地确定这类案件的管辖法院，也充分照顾到了办理涉及不动产执行案件的特殊性。

关于报请上级法院执行的问题，主要是指基层人民法院认为受理、审查或者执行某一非诉行政行为存在困难，或者认为由上一级法院执行更为有利的，这可以报请其隶属的上一级法院决定。这主要是考虑到有些案件由于当事人地位特殊，或因牵涉地域较广，有管辖权的基层人民法院，因可能受到干预或者其他原因不便执行或者难以执行的，为提高执行工作效率，可以由基层人民法院说明理由，报请上级法院执行。上级人民法院应当进行审查并作出是否由本院执行的决定，如果上级人民法院经审查认为基层人民法院报请上级人民法院执行的理由不能成立或者不够充分，决定仍由基层人民法院执行的，基层人民法院应当执行，不应再行报请或者拒绝执行。这里的上一级人民法院可以是中级人民法院、高级人民法院、甚至最高人民法院。

【实务指导】

党的十八大以来，人民法院按照中央的要求加快推进和完善行政诉讼管辖制度改革，在部分中级人民法院辖区内开展行政案件相对集中管辖试点工作，通过提级管辖、指定管辖、交叉管辖和相对集中管辖等方式，在现行法律框架下实现了司法审判区域与行政管理区域的有限分离的实践探索。根据《最高人民法院关于开展行政案件相对集中管辖试点工作的通知》（法〔2013〕3号）的要求，将部分基层人民法院管辖的一审行政案件，通过上级人民法院统一指定的方式，交由其他基层人民法院集中管辖；非集中管辖法院的行政审判庭仍予保留，主要负责非诉行政执行案件等有关工作，同时协助、配合集中管辖法院做好本地区行政案件的协调、处理工作。通过相对集中管辖的方式，将司法审判区域与行政区划相分离，审查非诉执行案件的人民法院与审查诉讼案件的人民法院相分离，将更有利于人民法院依法独立行使职权。因此，涉及行政非诉案件的管辖权配置随着行政审判体制改革的不断深化将呈现不同的表现形式。

（梁卓撰写）

第一百五十八条

行政机关根据法律的授权对平等主体之间民事争议作出裁决后，当事人在法定期限内不起诉又不履行，作出裁决的行政机关在申请执行的期限内未申请人民法院强制执行的，生效行政裁决确定的权利人或者其继承人、权利承受人在六个月内可以申请人民法院强制执行。

享有权利的公民、法人或者其他组织申请人民法院强制执行生效行政裁决，参照行政机关申请人民法院强制执行行政行为的规定。

【条文主旨】

本条是关于申请人民法院强制执行非诉行政行为主体的特殊规定。

【起草背景】

本条基本沿用了《若干解释》第九十条的相关规定。在审判实践中，有些行政机关根据法律的授权，对平等主体之间民事争议作出裁决后，在法定期限内不愿意向法院申请强制执行，往往因为超过申请期间而牺牲利害关系人的合法权益。为有效保护公民、法人或者其他组织合法权益，及时行使申请人民法院强制执行非诉行政行为的权利，本条赋予了生效裁决确定的权利人或者其继承人、权利承受人的申请主体资格。为保持与2014年修正后的行政诉讼法关于6个月起诉期限的规定保持一致，本条将原《若干解释》90日的申请期限修改为6个月。

【条文释义】

申请强制执行非诉行政行为的申请人一般为作出该行政行为的行政机关。行政机关申请强制执行生效行政裁决，既是一种法定权利，也是一种法定义务，行政机关只有依法行使这项权利、履行这项义务，才能发挥行政管理的效能，实现行政管理的目的。但是在行政裁决类案件中，行政机关根据法律的授权，对平等主体之间民事争议作出裁决后，具有法律上的利益的一方当事人如果不具有申请强制执行的权利，难以保护自身的合法权益。在现实的行政管理中，许多行政机关在对平等主体之间的民事争议作出裁决后，往往因为怕交执行费、嫌麻烦或者因为人情关系，不愿意申请人民法院强制执行，从而导致丧失申请人民法院强制执行的时机，致使相关的利害关系人的权利受损。在实践中有时会遇到行政机关在作出行政行为后，既不执行也不申请人民法院执行的情况。在这种情况下行政行为所确定的权利人的权利实际上是无法实现的。本条赋予了行政行为所确定的权利人在一定条件下申请人民法院强制执行行政行为的权利，从而启动强制执行程序，及时实现行政行为的效力。行政机关根据法律的授权，对平等主体之间民事争议作出裁决，已确认了一方当事人所享有的特定权利，如果不允许权利人行使申请执行权，即意味着否定和剥夺了该项权利。对于行政机关应当申请执行而未依法履行申请职责，可以通过权利人起诉行政机关不履行法定职责的方式解决，虽然这在法律上和程序上不存在障碍，但从诉讼经济的角度看，允许权利人、权利承受人享有申请权，能够使行政行为尽早得到实现，从而提高行政管理的效率。

本条第二款是指享有权利的公民、法人或者其他组织申请人民法院强制执行生效行政裁决，也应当符合行政机关申请执行的有关程序上的规定。除部分只能适用于行政机关的规定外，权利人与行政机关申请执行的要件基本相同。

【实务指导】

权利人申请执行的行政行为只限于法律授权行政机关对平等主体之间作出的裁决。享有权利的公民、法人或者其他组织申请人民法院强制执行行政行为，应当在作出裁决的行政机关在申请执行的期限届满后的6个月内向人民法院申请强制执行，超过6个月的，除有正当理由外，人民法院不予受理。依据本司法解释第一百五十六条规定，没有强制执行权的行政机关申请人民法院强制执行其行政行为，应当自被执行人的法定起诉期限届满之日起3个月内提出。

（梁卓撰写）

第一百五十九条

行政机关或者行政行为确定的权利人申请人民法院强制执行前,有充分理由认为被执行人可能逃避执行的,可以申请人民法院采取财产保全措施。后者申请强制执行的,应当提供相应的财产担保。

【条文主旨】

本条是关于申请执行前申请人可以申请财产保全和提供担保的规定。

【起草背景】

本条沿用了《若干解释》第九十二条的相关规定。财产保全,是指人民法院根据申请人的申请,采取查封、扣押、冻结或者法律规定的其他方法,控制与案件有关的财产的强制性措施。行政机关或者行政行为确定的权利人申请人民法院强制执行前,被执行人可能出于逃避执行的故意,通过对非诉执行涉及的财物采取转移、隐匿、毁损、挥霍或者变卖等办法,致使行政决定无法执行或者难以执行。因而,本条规定了行政机关或者行政行为确定的权利人如果有充分的理由认为被执行人可能逃避执行的,有申请人民法院采取财产保全措施的权利。但在此种情况下,申请财产保全的权利人需要提供相应的担保。

【条文释义】

设定财产保全的目的是确保将来的判决能够得以执行。在非诉执行前申请人民法院采取财产保全措施必须符合以下两个条件:其一,财产保全的申请一般是在申请强制执行行政行为之前提出。根据《最高人民法院行政审判庭对如何执行〈关于执行中华人民共和国行政诉讼法若干问题的解释〉第九十二条的请示的答复》(法行〔2000〕21号):"申请人在具体行政行为对外发生法律效力后至申请执行的期限内,依据《最高人民法院关于执行〈中华人民共和国行政诉讼法〉若干问题的解释》第九十二条的规定,可以向人民法院申请采取财产保全措施。"这主要是基于财产保全是为了防止被执行人逃避执行而设定的一种制度,当发现被执行人有逃避执行的可能时,如不及时采取财产保全措施,就可能造成难以挽回的后果。因此,申请人在申请执行前有权提出财产保全申请。在司法实践中,财产保全的申请与非诉执行申请可能同时提出,对此,也应当视为在申请执行前申请财产保全的情况,人民法院应当首先对财产保全的申请进行审查。其二,申请人必须有充分的理由认为被执行人有逃避执行的可能。这里的理由必须具有一定有形的、现实和客观的根据。比如,被执行人有逃避执行的迹象,被执行人有逃避执行的意思表示,被执行人以往的不良诚信记录等等,而且这些理由一定是比较充分的,即认为被执行人有逃避执行的可能具有一定的合理性和现实性。其三,有权提出财产保全申请的,既可能是行政机关,也可能是行政行为确定的权利人。行政行为确定的权利人在申请人民法院财产保全时,应当提供与被保全财产相应的财产担保。这是由于财产保全是人民法院依申请在非诉执行前对被执行人财产采取的一种强制措施,申请执行的行政行为的合法性尚未进行审查,或者说行政行为是否应当予以执行尚处于不确定状态,如果经审查行政行为有明显违法或错误,将会给被执行人造成经济损失。本条没有规定行政机关申请财产保全时是否应当提供担保,一般来说,由于行政机关没有自己的财产,且如果承担责任亦由国家财产负担,没有必要提供担保。其四,行政机关或者权利人申请人民法院对被申请人财产保全的,人民法院应当对财产保全的申请进行审查,并作出是否予以财产保全的裁定。

【实务指导】

财产保全的范围措施及程序等,参照民事诉讼法及其有关规定。财产保全限于诉讼请求所涉及的范围,或者与本案有关的财物。财产保全限于诉讼请求的范围具有两层含义:一是指财产保全应以当事人请求保全的对象为限。当事人申请对某种类物或某特定物，如一台洗衣机，采取财产保全措施的，人民法院在采取保全措施时，不应当改变物种或超出其范围；二是指对财物申请保全措施的，实际采取保全措施的价值或金额，不得超过请求的价值或金额，或者两者在价值上应当大致相同。所谓与本案有关的财物是指保全的财物是本案诉讼标的所涉及的财物，如被扣押的物品、被冻结的存款等，或者虽然不是本案诉讼标的所涉及的财物，但却是与本案诉讼标的有牵连的财物，如被罚款人在银行中的存款等。

财产保全的具体措施有：第一，查封。查封是指人民法院对需要进行保全的财产清点以后，加贴封条，就地封存，或者易地封存，不允许任何人处分的一种强制措施。被查封的财物，不仅被申请人和其他单位、个人不得擅自处分、移动，其他人民法院也不得借故将已查封的财物，作为其他案件的抵押物或者作为标的物，判给本案以外的当事人。被查封的财物没有改变所有权，只是财产所有人对该财物的处分权的行使在一定期间内受到限制。被查封的财产可以交给财物所有人保管，也可以由人民法院委托有关单位或者个人保管，而由财物所有人支付保管费。查封的目的是防止财物被转移、隐匿、毁损等。第二，扣押。扣押是指人民法院将被保全的财产运往异地或者就地扣留，在一定期限内不准被申请人处分或者动用的一种保全措施。人民法院在被申请人的住所扣押财产的时候，必须登记造册，由被申请人和在场见证人在清单上签名或者盖章后归入案卷。第三，冻结。冻结是指人民法院依法通知银行或者其他金融机构，不准被申请人提取或者处分其在银行或金融机构的存款或其他有价证券的一种强制措施，被人民法院依法冻结的款项，任何人都不得动用，银行或其他金融机构也不得截留、动用。法律规定的其他方法，是指提取、扣留被申请人的劳动收入，禁止被申请人转让或者放弃债权，通知产权管理机关或其他有关部门不予办理被保全财物的所有权转移手续，扣押有关权利证书，拍卖、变卖财物等方法。

（梁卓撰写）

第一百六十条

人民法院受理行政机关申请执行其行政行为的案件后，应当在七日内由行政审判庭对行政行为的合法性进行审查，并作出是否准予执行裁定。

人民法院在作出裁定前发现行政行为明显违法并损害被执行人合法权益的，应当听取被执行人和行政机关的意见，并自受理之日起三十日内作出是否准予执行的裁定。

需要采取强制执行措施的，由本院负责强制执行非诉行政行为的机构执行。

【条文主旨】

本条是关于人民法院审查行政非诉案件的期限、组织、审查后果以及执行机构方面的规定。

【起草背景】

人民法院对于行政非诉案件立案受理后，如何设定审查期限、审查组织、审查后果以及执行机构，是架构整个行政非诉制度的极为关键的问题。关系到当事人合法权益保护程度以及行政效率、审判效率和执行效果。本条规定明确了法院在行政非诉程序中是对申请据以执行的行政行为的合法性进行审查，审查期限区分了7日和30日两种情形，审查组织是人民法院的行政审判庭，审查结果是作出是否准予执行裁定，执行主体为法院内设执行机构（不需要由行政机关按"裁执分离"改革要求执行的）。这些重要的制度设计经历了一系列反复论证和逐步改进的过程。

从行政诉讼法诞生之初到《若干解释》的颁布出台，对于行政机关申请据以强制执行的行政决定之合法性，法院是否应当审查曾有过争议。一种意见认为，无须进行合法性审查。主要理由：一是申请执行的行政行为已不具有可诉性，即当事人在法定起诉期限内不起诉，已经丧失了起诉权,因而也就不属于司法审查的范围;二是法院对行政机关申请执行其行政行为的案件,只能对其申请的条件是否符合规定作程序性审查,而不能对行政行为作实体性审查;三是如果由法院对据以申请执行的行政决定强制执行后,一旦发现行政行为违法或错误,给被执行人造成损失,应当由作出行政行为的行政机关负责赔偿。另一种意见认为,应当对行政行为的合法性进行审查。主要理由是:一是当事人对行政行为不起诉也不履行,行政诉讼法及有关的法律法规之所以规定行政机关可以申请法院强制执行,而没有赋予大多数行政机关以强制执行权,其根本意义仍在于建立一种司法权与行政权的监督制约机制。法院必须依法行使法律所授予的这种司法审查权,而不得放弃这种法定职责。二是既然有申请就应当有审查。申请的结果有两种可能,即接受申请决定予以执行和不接受申请决定不予执行。如果申请只能有一种可能即必须执行,那么就无需规定为申请,而是交付或由法院强制执行。若如此,法院也就成了行政机关的执行机构。三是行政行为一经法院决定执行,即表明行政行为的合法性已经得到了司法确认,而这种确认活动必须体现审判机关的合法性和公正性。那种认为只要行政机关的申请符合程序规定,无论行政行为是否合法正确都应当予以执行,即使执行的行政行为违法错误,与法院也不相关的观点,显然是不符合立法原意,也与司法宗旨相背离。四是从目前情况看,当事人对行政行为不起诉也不履行的成因比较复杂,行政机关申请法院强制执行的行政行为违法错误的情况时有发生(如全国法院2016年裁定不准予执行率达17%,超过了行政诉讼案件行政机关败诉率),一些法院不经审查就交付执行而造成严重后果的教训是深刻的,由此引发的赔偿责任归属亦增加了问题复杂性。因此,法院认真履行对行政行为合法性审查的职责,既具有合法性、合理性,更具有现实意义。

《若干解释》当年采纳了第二种意见,第九十三条规定了"人民法院受理行政机关申请执行其具体行政行为的案件后,应当在30日内由行政审判庭组成合议庭对具体行政行为的合法性进行审查,并就是否准予强制执行作出裁定;需要采取强制执行措施的,由本院负责强制执行非诉行政行为的机构执行。"行政强制法虽然未直接表述"合法性",但是从该法第五十七条有关"行政决定具备法定执行效力"以及第五十八条第一款所列举的"三明显"(即明显缺乏事实根据,明显缺乏法律、法规依据,其他明显违法并损害被执行人合法权益)的规定看,审查行政行为合法性亦是题中之意。《行诉解释》本条规定则是在《若干解释》第九十三条基础上,又作了进一步细化,不仅肯定了对行政行为合法性的审查,而且依照行政强制法的相关规定,区分了不同情形下适用不同的审查期限和审查程序。另外,本条第二款是新增加内容,其作用在于强化对行政机关的行政决定可能存在明显违法情形的审查职责与审查程序。

【条文释义】

一、一般事项的审查

本条第一款规定了"人民法院受理行政机关申请执行其行政行为的案件后,应当在七日内由行政审判庭对行政行为的合法性进行审查,并作出是否准予执行裁定。"理解本款规定,首先,要关注审查期限为何由《若干解释》统一规定的 30 日变为本款规定的 7 日。法院审理各类诉讼案件,都有法定期间要求,办理行政非诉案件,同样应当有期限限制,这对于提高法院办案效率和行政管理效率,维护行政管理秩序,稳定行政法律关系,都有重要意义。本款规定直接依照行政强制法第五十七条有关"人民法院对行政机关强制执行的申请进行书面审查,对符合本法第五十五条规定,且行政决定具备法定执行效力的,除本法第五十八条规定的情形外,人民法院应当自受理之日起 7 日内作出执行裁定"之规定,相比较《若干解释》一般性规定的 30 日大大缩短,主要是基于提高行政效率、加快公共利益实现的角度考虑。其次,审查行政行为的合法性,结合行政强制法的相关规定,一般采取书面审查的方式进行。这种方式有别于开庭审查或者召开听证会审查的形式,主要以行政机关提供的书面材料为主进行审查。审查内容主要包括:行政机关是否在法定期限内提出的申请,行政机关是否按照《行诉解释》第一百五十五条第二款(指向行政强制法第五十五条）的规定提交材料，行政决定是否具备法定执行效力，以及行政决定是否具有行政强制法第五十八条第一款所列举的"三明显"情形。再次，应当由行政审判庭组成合议庭进行审查。主要考虑到行政行为合法性审查的专业性比较强，适用法律上的疑难问题比较多，判断是否合法的难度也比较大，规定由行政审判庭组成合议庭对行政行为合法性进行审查是必要的。具体理由：一是行政行为合法性的审查是一项严肃的司法行为，审查的结果既关系到行政机关的行政行为合法性能否得到司法确认、能否准予执行，也关系到公民、法人或其他组织合法权益的司法保护问题；二是行政行为合法性审查涉及的内容比较多、难度比较大，审查的标准也不易掌握，由审判人员个人承办不利于保证办案质量；三是根据本条规定，法院对行政行为合法性的审查，既有程序也有实体，审查结论以裁定方式作出，组成合议庭审查更具规范性。

二、明显违法并损害被执行人合法权益事项的审查

本条第二款规定了"人民法院在作出裁定前发现行政行为明显违法并损害被执行人合法权益的，应当听取被执行人和行政机关的意见，并自受理之日起三十日内作出是否准予执行的裁定。"该条规定旨在强调对于重大疑难复杂的行政案件，办案期限设置为30日。该期限设置一方面直接依照了行政强制法第五十七条规定的法院发现存在"三明显"之一的情形时，"在作出裁定前可以听取被执行人和行政机关的意见"，且"应当自受理之日起30日内作出是否执行的裁定"，另一方面也参考了《若干解释》第九十三条所规定的30日。这里所规定的30日，是从立案受理之日起到作出是否准予执行裁定的期间。从司法实践的情况看，这个期间的规定是符合实际，也是可行的；没有特殊原因和正当理由超过该期限规定的，就属于违反行政非诉案件办案程序的行为。至于30日是否可能申请延长，正如人民法院办理行政诉讼案件经上级法院审批可以延长审限，我们认为，行政非诉案件在很多时候也有延长办案期限的必要。为此，2012年的《最高人民法院关于办理申请人民法院强制执行国有土地上房屋征收补偿决定案件若干问题的规定》第四条规定："人民法院应当自立案之日起三

十日内作出是否准予执行的裁定；有特殊情况需要延长审查期限的，由高级人民法院批准"。

三、执行机构方面的规定

本条第三款规定了"需要采取强制执行措施的，由本院负责强制执行非诉行政行为的机构执行。"这是关于强制执行如果由法院担当，法院内部机构分工方面的规定，虽然与《若干解释》第九十三条的文字表述完全相同，但随着执行体制改革的推进，也应当被赋予新的内涵。我们认为，所谓"需要"采取"强制执行措施"，除了对应于不需要采取强制执行手段之外，还蕴含着"裁执分离"情形下，存在不需要由法院实施强制执行的情形；而"强制执行措施"的提法，在过去并未区分行政强制执行与行政强制措施，2012年施行的行政强制法对此作了区分，而此处的"强制执行措施"，事实上就是"强制执行手段"或"强制执行方式"之同义语，不应理解为"强制措施"。而"本院负责强制执行非诉行政行为的机构执行"通常是指执行局。据此，法院在作出准予执行裁定后，如果需要由法院直接执行，执行机构应指定被执行人自动履行义务的期限，说服教育被执行人自觉履行生效行政决定所确定的义务，讲明拒不执行的法律后果。经宣传法治和说服教育，被执行人在指定的期限届满后仍拒不履行的，可依法予以强制执行。

这里，需要重点介绍一下"不需要"由法院作为执行主体，而应当根据"裁执分离"要求由行政机关作为执行主体的改革历程，也就是对于"裁执分离"改革的艰难探索。

前文提到了在行政诉讼案件中推进"裁执分离"的可行性。事实上，这一问题最初是在行政非诉执行领域引起巨大争议的、事关强制执行权配置和社会稳定的敏感问题，至今仍存有争议。在涉及由谁动用强制力量组织实施强制执行活动问题（即执行主体问题）上，按照以往的一般理解似倾向于"申请法院强制执行"即由法院动用强制力量执行。在房屋征收领域，原有的《城市房屋拆迁管理条例》第十七条规定了对被拆迁人不履行拆迁裁决拒不搬迁的，既可以由市、县人民政府直接责成有关部门强制拆迁的"行政强拆",也可以由拆迁主管部门"申请法院强制执行"。据不完全统计,很多地方"行政强拆"占到80%以上。新的《国有土地上房屋征收与补偿条例》将"双轨"变为一律申请法院强制执行的"单轨",一时全国法院根本无力承受巨大压力,也引发了理论界和实务工作者深刻反思至今尚不成熟的行政非诉执行理论和制度架构的合理性。

在上述条例颁布之际,国务院有关部门对外口径为"对法院强制执行的模式,行政法规也不宜规定,拟再同有关国家机关协商解决";[①] 其后,全国人大法律委员会在通过行政强制法的审议报告中,专门提到目前法院正在开展由法院审查作裁定、由行政机关组织实施的强制执行模式改革,"考虑到这种执行方式尚在改革探索,草案对具体执行方式可不作规定,为法院探索改革执行方式留有空间。"最高人民法院经过与中央政法委、全国人大常委会法工委、国务院有关部门的艰苦沟通协调,最终以《关于办理申请人民法院强制执行国有土地上房屋征收补偿决定案件若干问题的规定》的司法解释形式规定了法院审查作出准予裁定后,"一般由政府组织实施,也可以由人民法院执行",从而在制度层面确立了这种法院审查、政府组织实施的"裁执分离"模式。"裁执分离"在实践中也遭遇了很多阻力,主要体现为因缺乏一元性规定,地方党政机关往往强烈要求法院执行。

我们认为,推进"裁执分离"改革的主要理由是:第一,行政行为的执行需要动员各方面的资源,而法院掌握的资源有限,由行政机关组织实施更为便捷。第二,如果由法院自行强制执行,同样存在滥用执行权的风险,且缺少外部监督机制,不仅未给当事人合法权益保障带来益处,反而可能扩大侵害后果。第三,如果由行政机关组织实施,一旦出现问题,法院可实施监督,为合法权益受侵害的当事人提供司法救济,有利于缓解行政机关和相对人之间的紧张关系。第四,在强制执行之外,现有制度设计提供的司法保护能够在很大程度上起到全方位保障公民权益的作用。如在

---

① 参见国务院法制办、住房和城乡建设部关于《国有土地上房屋征收与补偿条例》第二次公开征收意见吸收采纳情况的说明,载《国有土地上房屋征收与补偿条例(单行本)》,中国法制出版社2011年版,第26页。

房屋征收中存在五重司法保护：一是在征收财产时当事人对征收决定不服可向法院起诉；二是达不成补偿协议时可向法院起诉；三是决定作出后不履行，行政机关申请法院强制执行的，法院可以继续审查；四是行政机关在执行过程中如果对其造成不法侵害，当事人还可以寻求司法救济；五是如果行政强制行为造成损害，相对人可以向行政机关（或法院）申请国家赔偿。这些保障如果能够落到实处，足以对当事人权益实施有效保护。特别在土地、房屋征收领域，市、县级人民政府有别于其下属部门，在职权配置、执行能力方面比法院更有优势，目前大量违法建设的强制拆除无需经过非诉执行程序都可完成，法院在合法财产征收方面发挥好对行政非诉案件司法审查职能即能够较为充分地起到对行政权行使的监督作用，单纯以"法律没有规定行政机关强制执行权"而片面要求法院组织实施，与国情现实有所脱节。因此，从长远发展看，在整个非诉执行制度中涉及人身、财产类行政行为的执行，如果能够完善统一的执行体制机制建设，建立以政府为主导的专门由行政机关组织实施制度，让法院真正居于中立和相对超然的地位，更有利于发挥好司法审查功能，提升司法监督水平。

目前，全国许多法院积极开展"裁执分离"改革，取得了良好效果。最高人民法院与城乡和住房保障建设部有关部门于 2014 年联合召开房屋征收补偿工作经验交流会，重点总结研讨了各地开展"裁执分离"经验。最高人民法院还于 2014 年 7 月下发了《关于在征收拆迁案件中进一步严格规范司法行为积极推进"裁执分离"的通知》（法〔2014〕191 号）。需要说明的是，"裁执分离"原则以《国有土地上房屋征收与补偿条例》施行引发的问题为背景，经中央政法委协调，有关中央国家机关反复论证形成基本共识后规定于司法解释之中的，目前有必要进一步深化和扩大适用范围。如前所述，立法机关专门提出了"为法院探索改革执行方式留有空间"，中央综合治理委员会组织多家单位联合调研形成的报告也指明要进一步细化"裁执分离"机制，拓宽"裁执分离"适用范围。在 2014 年行政诉讼法修改过程中，一些全国人大常委会组成人员和最高人民法院也呼吁和建议对行政非诉执行规定"裁执分离"制度，虽然本条规定此次未作修改，但比较明确的共识是，如果确需建立"裁执分离"制度，可通过修改行政强制法进行。目前在贯彻落实十八届四中全会确定的完善行政综合执法体制改革、理顺行政强制执行体制改革以及推进审判权与执行权相分离改革等项改革任务过程中，相关的工作正在积极推进，有望在不久的将来取得重大进展。

【实务指导】

一、关于"裁执分离"后强制执行行为的可诉性

各地在推进"裁执分离"改革过程中遇到的一个现实问题是，行政机关或第三人申请法院强制执行后，经适用"裁执分离"原则，由行政机关组织实施之后，该组织实施的强制执行行为是否属于行政诉讼受案范围。一种意见认为，由行政机关组织实施的活动在性质上属于《行诉解释》第一条第二款第七项所规定的"行政机关根据人民法院的生效裁判、协助执行通知书作出的执行行为，但行政机关扩大执行范围或者采取违法方式实施的除外"，通常不属于行政诉讼的受案范围；另一种意见认为，行政非诉案件的执行依据并非法院裁定，而是行政机关的行政决定，其组织实施行为在性质上仍是行政强制执行，应当接受人民法院的司法审查。至于是否存在"行政机关扩大执行范围或者采取违法方式实施"，恰恰是立案受理之后的审查事项，而非限制立案的条件。

我们认同后一种意见主要理念的同时，结合当事人就此类执行行为提起诉讼的理由，在处理方式上可作进一步细分。最高人民法院审判委员会对此问题研究后形成的意见是：行政机关申请人民法院强制执行，人民法院依法作出准予执行裁定后，行政机关就其申请并经法院审查准予执行的行政决定所实施的强制执行行为，其行为本身仍然是行政行为，并非司法行为。因当事人在人民法院受理准予执行案件后未在法定期限内对征收补偿决定提起行政诉讼，其已经丧失对征收补偿决定的诉权，故在行政机关强制执行后当事人针对征收补偿决定提起行政诉讼的，人民法院不应予以受理。行政机关强制执行后，被执行人及利害关系人以征收补偿决定违法

等为由笼统起诉执行行为违法的,人民法院也不应予以受理。被执行人及利害关系人以行政机关强制执行行为存在违反法定程序、执行行为超过法院裁定确定的范围等特定情形,造成其不应有的损失为由提起行政诉讼的,属于行政诉讼的受理范围,人民法院应予受理。

结合对上述意见的理解,我们认为,"裁执分离"主要是强制执行的审查活动与组织实施活动在法律主体、法律关系以及法律责任上的分离,尽管有的经过了行政诉讼,但是,对于自身具有强制执行权的行政机关而言,其作出的行政强制执行行为所涉及的权利义务与生效行政判决涉及的权利义务并不完全一致,也就是说,行政强制执行行为在行政裁判之外影响了当事人的权利义务,因此,应当允许被执行人对行政强制执行行为提起行政诉讼。对于根据法院裁判而组织实施强制执行的行政机关而言,尽管其系依据法院裁判而有权组织实施的,但是,法院裁判仅赋予了行政机关组织实施的职权,对于行政机关具体组织实施中的程序是否合法、有无侵犯被执行人的合法权益等问题,难以由先期的法院裁判所预知和羁束,因此应允许被执行人对其后的强制执行行为提起行政诉讼。当然,如果被执行人仅起诉行政机关无组织实施职权或者以征收补偿决定违法等为由笼统起诉执行行为违法的情形可以除外。同样,法院在其后被执行人提起的针对此类行政事实行为的行政诉讼中,通常不再专门审查作为执行依据的行政行为本身的合法性(因在诉讼过程中已经进行过审查),主要审查重点为行政机关在组织实施过程中是否有新出现的行政违法情形。对此,2012年4月5日颁布的《最高人民法院关于认真贯彻执行〈关于办理申请人民法院强制执行国有土地上房屋征收补偿决定案件若干问题的规定〉的通知》(法〔2012〕97号)明确规定了法院"对被执行人及利害关系人认为强制执行过程中具体行政行为违法而提起的行政诉讼或者行政赔偿诉讼,应当依法受理"。另需说明的是,"裁执分离"后的强制执行行为,不仅包括经过行政非诉程序后行政机关组织实施的执行行为,也包括法院在诉讼中作出驳回原告诉讼请求裁定之后,行政机关依据行政诉讼法第九十五条经向法院申请并由法院裁定准予执行后所组织实施的执行行为(执行的实体依据依然是生效行政决定)。此外,上述意见指出,如果行政机关强制执行后,被执行人及利害关系人以征收补偿决定违法等为由笼统起诉执行行为违法的,人民法院不应予以受理。根据《行诉解释》第六十九条相关规定精神,已经立案的,应当裁定驳回起诉。

二、关于诉讼期间不停止执行问题

2014年修正行政诉讼法第五十六条确立了诉讼期间不停止执行行政行为的原则。对于本身有法定强制执行权的行政机关以及在"裁执分离"背景下行政机关组织实施相关执行活动期间被执行人提起诉讼或行政赔偿诉讼如何处理具有指导意义。该条第一款规定:"诉讼期间,不停止行政行为的执行。但有下列情形之一的,裁定停止执行:(一)被告认为需要停止执行的;(二)原告或者利害关系人申请停止执行,人民法院认为该行政行为的执行会造成难以弥补的损失,并且停止执行不损害国家利益、社会公共利益的;(三)人民法院认为该行政行为的执行会给国家利益、社会公共利益造成重大损害的;(四)法律、法规规定停止执行的。"该条规定之要义在于,对于当事人已经提起的行政诉讼,并不能就此而阻却行政机关依照法律明确规定或者在"裁执分离"背景下经法院裁定后所组织实施的执行活动的正常进行,除非出现上述的四种情形。为强化对上述原则的理解,结合行政强制法第四十四条的规定,最高人民法院在给湖北省高级人民法院的〔2013〕行他字9号答复中指出:"当事人对行政机关作出的限期拆除违法建筑物、构筑物、设施等的决定不服,申请行政复议或者提起行政诉讼的,复议机关或者人民法院应当按照行政复议法和行政诉讼法的相关规定,决定是否停止执行。"此外,根据行政强制法第三十四条规定精神,行政机关经向当事人送达催告书、行政强制执行决定书后,其没有在催告书确定的期限内履行义务的,有强制执行权有行政机关可依法强制执行。其后,当事人仍有权在法定期限内针对作为强制执行依据的相关行政行为申请行政复议或者提起行政诉讼;同时也可以针对强制执行活动本身的事实行为,认为侵害其人身权、财产权等合法权益而提起行政诉讼或者行政赔偿诉讼。

三、关于准予执行裁定形式的考量

人民法院办理行政非诉案件，经审查决定准予执行或者不准予执行，均应当作出裁定。在《若干解释》出台前，各地法院在办理非诉行政执行案件中，准予或不准予执行的法律文书不很统一，有的是以通知的形式作出，有的是以裁定的形式作出，个别的还有以函件或口头方式处理的情况。在送达和告知的问题上，往往只对申请人而不对被执行人。《若干解释》和行政强制法均规定了应当作出裁定以回应行政机关依法提出的强制执行申请，一是有利于规范这类案件的处理方式，统一法律文书，防止因做法不一致而影响人民法院行为的严肃性；二是以裁定的方式决定是否准予执行，必须向申请人和被执行人送达法律文书（行政强制法第五十八条仅规定了送达行政机关，在《最高人民法院关于办理申请人民法院强制执行国有土地上房屋征收补偿决定案件若干问题的规定》中同时规定了应同时送达被执行人），有利于增强人民法院执行活动的公正性和透明度；三是审查申请执行的行政行为合法性，是人民法院的一项重要工作任务，行政庭为此所承担的工作量是比较大的，作出裁定意味着一起行政非诉案件有了正式结果，既体现了人民法院工作的严肃性，体现了办理行政非诉案件是法院全部工作的重要组成部分，也加大了审判人员的责任，便于对办案质量进行监督和评价。《行诉解释》的本条规定承继了这一理念。同时，在表述方式上，本条规定仍与《若干解释》第九十三条有关作出是否"准予执行裁定"保持一致，而行政诉讼法第五十七、五十八条的表述为分别为作出"执行裁定""是否执行的裁定"。我们认为，"准予"两字的表述更能准确反映出行政非诉案件执行依据是行政机关生效的行政决定，而非法院的裁定。

（王晓滨撰写）

第一百六十一条

被申请执行的行政行为有下列情形之一的，人民法院应当裁定不准予执行：

（一）实施主体不具有行政主体资格的；

（二）明显缺乏事实根据的；

（三）明显缺乏法律、法规依据的；

（四）其他明显违法并损害被执行人合法权益的情形。

行政机关对不准予执行的裁定有异议，在十五日内向上一级人民法院申请复议的，上一级人民法院应当在收到复议申请之日起三十日内作出裁定。

【条文主旨】

本条是关于行政非诉案件审查内容、标准以及不准予执行裁定复议程序的规定。

【起草背景】

行政非诉案件的审查标准，是处理这类案件能够在多大程度发挥司法职能，调节社会关系，体现公平正义的衡量基准。它决定着人民法院在什么情形下裁定行政机关据以申请执行的行政行为准予执行或者不准予执行。虽然《行诉解释》第一百六十条规定了对行政行为合法性进行审查的一般标准，但是需要审查哪些内容，审查强度如何把握，仍是应进一步明确的事项。

对此，《若干解释》第九十五条曾经规定了"三明显"，即"被申请执行的具体行政行为有下列情形之一的，人民法院应当裁定不准予执行：（一）明显缺乏事实根据的；（二）明显缺乏法律依据的；（三）其他明显违法并损害被执行人合法权益的。"其后，行政强制法第五十八对此作了进一步肯定,其中第一款规定:"人民法院发现有下列情形之一的,在作出裁定前可以听取被执行人和行政机关的意见:(一)明显缺乏事实根据的;(二)明显缺乏法律、法规依据的;(三)其他明显违法并损害被执行人合法权益的。"这里,行政强制法仅是在第二项中增加了"法规"也作为依据的表述,其他与《若干解释》相同,《行诉解释》的本条规定,在上述基础上又增加了"实施主体不具有行政主体资格"作为第一项,如此进一步丰富了审查内容和审查标准。此外,本条规定还增加了行政机关对不准予执行裁定有异议的申请复议程序规定。既丰富了行政机关在准"官告民"的行政非诉程序中进一步寻求司法救济的渠道和方式,也与行政强制法相关规定保持了一致。

这里,需要强调的一点是,对于行政机关据以申请执行的行政行为,人民法院不仅要进行形式审查,还应当进行实质性审查。在行政强制法立法过程中,有的意见认为,法律已经给当事人提供了行政复议或者行政诉讼的救济途径,当事人在不行使申请救济的权利,又不履行行政决定确定的义务的前提下,行政机关才向法院申请执行。因此,法院除了对申请进行形式审查,如申请材料是否齐全、自己是否有管辖权、申请是否逾期等外,没有必要主动性地对所申请的行政行为的合法性进行审查。上述意见经立法机关研究后未予采纳。理由是:我国目前行政执法的状况还不尽如人意,行政执法中的违法情况屡见不鲜。同时,公众法治观念有待于进一步提高,有些行政行为相对人权利自我保护意识淡漠,没有在法定期间内提起行政救济。如果人民法院对行政机关的执行申请不作实质审查,就会将错就错,甚至错上加错,有损法律的公正。[1]

当然,也应看到,本条规定虽然对申请执行的行政行为合法性审查作了列举和概括规定,为此类案件合法性审查提供了一定的依据,但仍然比较原则,操作性还有待改进,需要在实践中继续探索和研究。

---

[1] 乔晓阳主编:《中华人民共和国行政强制法解读》,中国法制出版社2011年版,第193、194页。

【条文释义】

一、关于行政非诉案件的审查标准

根据本条规定，对申请执行的行政行为合法性审查的内容和标准主要有四个方面：一是实施主体不具有行政主体资格；二是是否明显缺乏事实根据；三是是否明显缺乏法律依据；四是是否存在其他明显违法并损害被执行人合法权益的情形。

（一）实施主体不具有行政主体资格的

指针对据以申请执行的行政行为，存在实施主体不具有行政主体资格的严重不适格的重大且明显违法情形。按照违法的程度，可将违法的行政行为分为三个等级，即轻微的违法、一般的违法和重大且明显的违法。对于轻微违法的行政行为，可予补正；对于一般违法的行政行为，可予撤销；对于重大且明显违法的行政行为，则属于无效行政行为。2014年修正的行政诉讼法增加了对无效行政行为适用条件、把握程度和处理方式的表述，其中第七十五条规定："行政行为有实施主体不具有行政主体资格或者没有依据等重大且明显违法情形，原告申请确认行政行为无效的，人民法院判决确决无效"。这里，"实施主体不具有行政主体资格"被列举为无效行政行为的一种表现形态。《行诉解释》第九十九条也规定了"有下列情形之一的，属于行政诉讼法第七十五条规定的'重大且明显违法'：（一）行政行为实施主体不具有行政主体资格；（二）行政行为没有法律规范依据；（三）行政行为的内容客观上不可能实施；（四）其他重大明显违法的情形"，亦首当其冲将无行政主体资格列为无效行政行为之列。把握无效行政行为的核心要义，一是该行为自始无效，无需法院作出判断后才没有效力，二是属于重大且明显违法，这种情形具有一定的不确定性，实践中适用条件更加严格，适用情形相对较少。

按照行政诉讼法的规定以及司法实践，行政主体一般分为两类：一是国家行政机关，二是法律法规规章授权的组织。实践中，不具有行政主体资格的情形常表现为以下几种：一是没有法律法规规章授权的行政机关内设机构、派出机构，但实践中以自己名义作出的行政行为；二是根本不具有行政管理职能的社会团体、组织或者法人，没有法律法规依据，或者超出法律法规授权，擅自以自己名义对外实施行政管理的行为。如某社会团体对团体成员的结婚年龄作出限制的行为，某工厂对进入厂区道路的车辆进行处罚的行为。严格而言，不具有行政主体资格的主体所作的行政行为，并不是法律意义上的行政行为，有关主体申请人民法院强制执行缺乏基础合法性，人民法院难以支持。实践中人民法院需加注意，一是可以告知申请者可通过民事或其他途径解决问题，二是避免将有行政主体资格的主体误认为无行政主体资格主体。因此，在原有规定基础上增加上述规定是十分必要的。

（二）明显缺乏事实根据的

所谓明显缺乏事实根据，实质上指认定事实的主要证据不足。之所以对缺乏事实根据冠以"明显"加以限定，目的是对那些不是明显缺乏事实根据的行政行为不作无效认定，不将其纳入不准予执行的情形之列。例如，行政行为认定违法行为人有违法所得决定予以没收，在违法所得的认定上，一部分数额证据充分，另一部分数额的认定缺乏证据，而被处罚人对此没有提出异议或者不能提出否定的证据，或者说既不能表明认定该部分违法所得的主要证据充分，也不能认定其是合法财产。从行政诉讼中一般由被告承担举证责任的角度说，这种情形在诉讼程序的合法性审查中一般是难以原谅的，但在行政非诉审查程序中则可以不认为是明显缺乏事实根据；只有缺乏事实根据达到明显的程度，才能裁定不准予执行。当然，这种明显程度如何掌握，需要结合具体案件具体分析，实践中难以一概而论。但作为人民法院审查行政非诉案件的重要标准之一，要有充分的现实可操作性，在很多案件中表现为达到任何有理智的人均能够判断的程度。

（三）明显缺乏法律、法规依据的

所谓明显缺乏法律、法规依据，是指行政行为没有法律、法规依据或者适用法律、法规有明显的错误等情形。本条规定在行政强制法和《行诉解释》中增加了"法规"依据，扩充了以往仅对"法律"的较窄理解。

一般表现为：第一，行政行为没有适用法律、法规规范，并且行政行为所针对的特定行为或者事项没有相应的法律、法规可以适用，即找不到相应的法定依据；第二，行政行为适用的是已经废止或者失去效力的法律、法规规范；第三，行政行为所适用的法律、法规规范不适用于该行政行为所针对的特定行为或者事项；第四，行政行为确实是适用了某些"规定"，但这种"规定"既不是法律、法规，也不是规章及以下的规范性文件。如某个人的讲话、民间机构章程等；第五，行政行为适用了没有相应法律、法规为依据或者与法律、法规相冲突的规章及以下的其他规范性文件或政策。对于第五种情况，要具体案件具体分析。如果其他规范性文件或政策没有相应的法律、法规为依据，但是行政机关根据基层行政管理工作的实际需要或者国家利益、公共利益的需要而制定，这种规范性文件确有一定的合理性和必要性，而且与法律、法规、规章以及相关政策精神也不冲突，就不宜认定为没有依据。例如，在河道中取沙，一般情况下对疏通河道是有利的。但如果不分季节、不分地点地滥挖滥取，就可能影响河道的畅通和防洪工作。但是，归于特定地段河道的取沙季节和地点的确定，法律、法规以及规章不太可能作出规定，只能由当地的规范性文件加以确定。行政机关适用这种规范性文件作出的行政行为，就不能认定为没有依据。而如果某基层行政机关出于地方利益的需要，规定本地商业企业只能销售本地的产品，否则将给予处罚。这种规定既侵犯了企业的经营自主权，也违反了反不正当竞争法的规定，适用这类规定作出的行政处罚，即属于明显缺乏法律、法规依据的行为。

  本条规定要与行政诉讼法第七十条所规定的"适用法律、法规错误"有所区别。后者主要指所适用的法律、法规依据未能准确对应行政行为所针对的行为或情形，而相关情形本身有法律、法规依据。如适用工商行政管理的法律规范处理税务违法行为等；如果应当适用同一法律的甲条款而适用了乙条款，两个条款在对违法行为或特定事项的性质认定、处罚（处理）上没有原则性的差别，也可归于适用法律、法规错误而非没有法律、法规依据处理。司法实践中，"适用法律、法规错误"主要针对一般违法情形，而非重大且明显违法情形。

（四）其他明显违法并损害被执行人合法权益的情形

所谓其他明显违法行人合法权益的。是一种概括性规定，也是一个兜底条款，即除前三项列举规定的情形以外，行政行为有其他明显违法并且损害被执行人合法权益的情形。其他明显违法的情形，一般应当包括行政行为超越了行政机关的法定职权范围；行政机关滥用职权作出行政行为并损害被执行人合法权益；行政机关严重违反法定程序等。这里有几个相关的问题值得注意：一是超越职权的行政行为无须附加损害被执行人合法权益的条件，即只要是行政机关的越权行为，无论是否损害了被执行人的合法权益，都不应准予执行；二是滥用职权和违反法定程序应当是明显的严重的，如行政机关在作出处罚时剥夺当事人的申辩权，并且因当事人申辩对已经作出的处罚又多次加重处罚，又如违反了重要的法定程序，应当适用听证程序的没有举行听证等；三是滥用职权和违反法定程序应当同时损害了被执行人的合法权益，或者说虽然行政行为存在滥用职权和违反法定程序的问题，如果并未损害被执行人的合法权益，也不产生该项规定的后果；四是被执行人的合法权益应当是一种实体上的权益；五是显失公正的行政处罚不宜包括在该条第三项规定的情形之内。现实生活中，也可能存在这样的情况：行政行为虽然没有明显滥用职权和违反法定程序等情形，但确实损害了被执行人实体上的合法权益。此种情况可从两个方面分析，其一，行政行为如果损害了被执行人的合法权益，必然存在前述严重违法、不应准予执行的问题，可以适用相应款项作出处理；其二，损害被执行人实体上的合法权益应当作为首要的核心的问题加以考虑，无论是因行政行为何种问题所致，都不应当准予执行。

二、关于不准予执行裁定的复议程序

本条第二款规定了"行政机关对不准予执行的裁定有异议，在十五日内向上一级人民法院申请复议的，上一级人民法院应当在收到复议申请之日起三十日内作出裁定。"这是新增加的内容，与行政强制法相关规定保持基本一致。行政强制法第五十八条第二款规定了"行政机关对人民法院不予执行的裁定有异议的，可以自收到裁定之日起十五日内向上一级人民法院申请复议,上一级人民法院应当自收到复议申请之日起三十日内作出是否执行的裁定。"

针对不准予执行裁定设定复议程序,是行政强制法的一个创举,新司法解释的本条规定亦对此予以直接体现和进一步明晰。对于行政非诉程序这种"准官告民"程序,以往没有复议程序的设计,对于行政机关申请权的保障以及平衡诉讼与非诉两种独立程序的权利救济实效性,是存在制度缺失的。从近些年来人民法院针对行政机关提出的行政非诉申请作出的不准予执行裁定比率看,平均达到13%以上,2016、2017年更是接近18%,因此,很有必要规定相关的司法救济程序。并且,由于本身系行政非诉程序而非诉讼程序,故向上一级法院提起的是复议而非上诉,上级法院作出的也是裁定而非决定,因此事实上产生了准二审程序的效果。对于实践中有的被执行人时常强烈提出为什么只给予行政机关复议请求权,而针对法院作出的准予执行裁定其反而无权提出复议,而基本的制度原理在于,行政非诉程序的适用条件是行政相对人(通常为被执行人)不申请行政复议或者不提起行政诉讼,又不履行生效行政决定。也就是法律已经赋予行政相对人复议请求权和诉权而其无正当理由主动放弃行使,那么,在行政非诉环节即无必要再行给予其相关请求权,这样在一定程度上也有助于督促行政相对人及时行使复议请求权和诉权。当然,如果在行政机关组织强制执行实施活动中出现侵权现象,其针对行政事实行为仍有权提起行政诉讼或者行政赔偿诉讼。

还有一个需说明的问题是:如果上一级法院经过复议之后,以裁定形式维持了下一级法院的不准予执行裁定,那么行政决定如何处理?从理论上讲,行政决定的法律效力主要体现在其具有强制执行力,即靠国家强制力保障其实施。如果行政决定经过两级法院以裁定的形式不准予执行,说明该行政决定已失去执行效力,即丧失了法律效力,如同行政诉讼中行政行为被人民法院判决撤销的效果相类似。

【实务指导】

一、关于行政非诉案件审查标准的争议

相对于行政诉讼案件的审查，本条规定与行政诉讼法第七十条、第七十四条、第七十五、第七十七条所确立的审查标准有所区别。第一，在规定方式上，行政诉讼法第七十条针对撤销判决采取了列举方式，如主要证据不足，适用法律、法规错误，违反法定程序，超越职权，滥用职权和明显不当。第七十四条针对判决确认违法但不撤销的两类情形以及仅判决确认违法而不需要撤销或者判决履行的三类情形，第七十五条针对判决确认无效，第七十七条针对判决变更均采取了概括与列举相结合的方式，而《行诉解释》的本条规定亦采取了列举与概括相结合的方式，涵盖面更集中更广泛；第二，在规定事项或内容上，本条规定较之于行政诉讼法相关有增有减，如行政诉讼法第七十条列举的违反法定程序、超越职权、滥用职权、明显不当，第七十七条有关行政处罚显失公平等，本条规定没有列举，而本条第四项有关"其他明显违法且损害被执行人合法权益"的内容，诉讼审查标准中未作出类似规定；第三，本条规定与诉讼审查标准虽然都指向既要审查事实证据也要审查适用法律等内容，但除与行政诉讼法第七十条共同列举了"实施主体不具有行政主体资格"一种情形相同外，其他的审查标准和强度并不等同，也就是存在"三明显"差异。

事实上，人民法院对申请执行的行政行为的合法性如何进行审查，审查标准如何确定，审查强度如何把握，在理论上和实践中一直没有很好解决，认识不尽一致，做法不够统一。长期以来，一种有代表性的观点主张应坚持严格性审查。即应当按照行政诉讼法第七十条等规定内容逐项进行审查，既要审查行政行为程序是否合法，也要审查行政行为实体上是否合法。主要理由是：无论是被诉行政行为还是行政非诉行为，其合法性的标准都应当是一致的，不应当离开行政诉讼法的规定另立标准。另一种观点主张应坚持程序性审查。即只对申请执行的程序和条件是否合法进行审

查，而无须对行政行为是否合法进行审查。主要理由是：相对人对行政行为已经丧失或放弃了诉权，因而该行政行为失去了进入司法审查程序的可能，人民法院也就不能对其进行合法性审查。还有一种观点主张应坚持适当性审查。即承认对行政非诉行为的审查与被诉行政行为的审查应当有所区别，既不赞成严格性审查的观点，也不认同程序性审查的观点，而主张以是否明显或严重影响行政行为合法性和被执行人实体合法权益为标准进行审查。主要理由是：其一，诉讼过程中的合法性审查与申请执行程序中的合法性审查应当有所区别。行政诉讼法的诉讼审查标准，是建立在开庭、举证、质证、认证等诉讼程序的基础上的，对于行政非诉行为不可能也没必要按照诉讼程序进行，否则就体现不出两种不同程序的区别。其二，对申请执行的行政非诉行为的合法性进行审查，是人民法院的一项重要的法定职责。当事人对行政行为不起诉也不履行，行政诉讼法及有关的法律法规之所以规定行政机关可以申请法院强制执行，其根本意义是建立一种司法权与行政权的监督制约机制；如果法院只就申请执行程序是否合法进行审查，而不问行政行为实体是否合法，就难以履责到位，无法有力发挥监督制约作用。其三，审查的标准和内容应当适当，重点应放在是否明显或严重影响行政行为合法性、侵犯被执行人合法权益上，这样更有利于兼顾权益保护与促进行政效率两种价值。第三种观点为行政强制法和《行诉解释》所采纳。

二、对不准予执行裁定复议程序的考量

本条规定第二款规范了行政机关不服法院的不准予裁定的复议程序，其直接法源是行政诉讼法第五十八规定的"行政机关对人民法院不予执行的裁定有异议的，可以自收到裁定之日起十五日内向上一级人民法院申请复议，上一级人民法院应当自收到复议申请之日起三十日内作出是否执行的裁定。"同时，《行诉解释》第一百五十五条第三款也规定了行政机关不服不予受理裁定的复议程序，即"人民法院对符合条件的申请，应当在五日内立案受理，并通知申请人；对不符合条件的申请，应当裁定不予受理。行政机关对不予受理裁定有异议，在十五日内向上一级人民法院申请

复议的，上一级人民法院应当在收到复议申请之日起十五日内作出裁定。"对照上述相关规定，实践操作中一些具体操作的细节问题值得进一步关注：

一是相对于行政强制法有关对"不予执行裁定"申请复议的表述，本条第二款表述为"不准予执行裁定"，一字之差，更鲜明地指出了行政非诉程序的执行依据自始至终应当生效的行政决定，而非法院裁定。二是相对于行政强制法有关上一级法院作出"是否执行的裁定"，本条规定第二款规定为"作出裁定"，其初衷就是给上级法院一些缓冲空间。因为审查行政行为合法性、考量是否准予执行的司法实践中，一些事实认定或法律适用问题很复杂，有的还需进一步调查了解，直接由上级法院径直作出是否准予执行的判断不大适宜，会徒增上级法院职责压力且不利于给下级法院、行政机关进一步做申请人协调工作留余地。因此，对于一些事实问题有待查清、程序问题有待完善等情形，上一级法院可以裁定"撤销原裁定，由下级法院重新作出裁定。"如此可操作性更强。三是行政强制法第五十六条和《行诉解释》第一百五十五条第三款针对不予受理裁定的复议审查期限均规定为15天，而《行诉解释》的本条第二款规定为30天，且并未区分一般书面审查和疑难情形审查两种不同情形（一般书面审查期限是7天，疑难情形审查是30天内作出是否准予执行裁定），就是考虑到复议审查不同于初次审查，要给予承担复议审查职责的法院相对合理的期限，才有利于确保上一级法院审查的全面性、公正性，及时指明、纠正下级法院存在的问题，避免流于形式。四是虽然本条第二款与行政强制法均未规定在复议审查30天期满后，是否存在因合理原因可以延长的情形。我们认为，与行政诉讼法二审期间法院因合理原因可以延长审限之原理相类似，行政非诉程序中上一级法院复议审查的期限在某些特定情形下也有延长的必要性，适用条件、适用程序可比照诉讼程序的二审期限延长为宜，通常由高级人民法院决定。

（王晓滨撰写）

十三、附　则

第一百六十二条

公民、法人或者其他组织对 2015 年 5 月 1 日之前作出的行政行为诉讼，请求确认行政行为无效的，人民法院不予立案。

【条文主旨】

本条是关于在 2015 年 5 月 1 日之前请求确认行政行为无效，人民法院是否立案的规定。

【起草背景】

确认行政行为无效的诉讼制度最早规定在 2000 年最高人民法院《若干解释》。最高人民法院首次通过司法解释在行政诉讼中增加确认无效判决的方式，为司法实践中的确认行政行为无效判决提供了依据。在此基础上，2014 年行政诉讼法第七十五条规定："行政行为有实施主体不具有行政主体资格或者没有依据等重大且明显违法情形，原告申请确认行政行为无效的，人民法院判决确认无效。"第七十五条首次从立法上确立了"确认行政行为无效"这一判决方式，成为其修改的一大亮点。2017 年修正的行政诉讼法中关于确认行政行为无效的规定与 2014 年修正的行政诉讼法完全保持一致。由于 2014 年修正的行政诉讼法自 2015 年 5 月 1 日起施行，换句话说，法律所规定的确认行政行为无效的诉讼制度自 2015 年 5 月 1 日起施行。为了进一步完善确认行政行为无效的诉讼制度，维持行政法律关系和法律秩序的稳定性，避免行政诉权的滥用，本条司法解释对确认行政行为无效之诉中被诉行政行为作出的时间进行了限制。

【条文释义】

本条是法不溯及既往原则的具体体现。

立法法第九十三条规定："法律、行政法规、地方性法规、自治条例和单行条例、规章不溯及既往，但为了更好地保护公民、法人和其他组织的权利和利益而作的特别规定除外。"由此可见，立法法从法律层面设立了"法不溯及既往"的原则。

法的溯及力是关于法是否溯及既往的效力的问题，即法对它生效前所发生的事件和行为是否适用的问题。法律不溯及既往，是指法律文件的规定仅适用于法律文件生效以后的事件和行为，对于法律文件生效以前的事件和行为不适用。因此，2014年行政诉讼法自2015年5月1日起生效，其规定不可适用于其生效前的事件和行为。遂针对2015年5月1日之前作出的行政行为提起确认无效之诉的，人民法院应当不予立案。

另外，从区分实体法规则和程序法规则的角度分析，结论亦是如此。"实体从旧，程序从新"是指如果法律分为实体法和程序法，则实体法遵循的是不溯及既往原则，而程序法遵循的是溯及既往原则。这是因为实体法创造、确定和规范权利和义务，而程序法不创造新的权利和义务，只是提供法律救济和实现权利的方法和途径。具体而言，行政行为无效属于实体法规则，按照"实体从旧"原则，该无效规定不具有溯及力，只有修改后的行政诉讼法颁布施行后发生的行政行为，才适用无效的规定。确认行政行为无效判决属于程序法规则，尽管"程序从新"，2014年行政诉讼法施行前发生的行政行为理论上可以提起确认行政行为无效之诉，但由于缺乏实体规则，没有必要提起确认行政行为无效之诉。

【实务指导】

一、对于2015年5月1日以后作出的行政行为才适用确认行政行为无效的规定

本条将无效行政行为"一刀切"为两个阶段。对2015年5月1日以前的无效行政行为提起确认无效之诉的,人民法院将一律不予立案。此前,各地法院在该问题的理解和适用上并未统一,本条对此予以明确。

二、对于2015年5月1日以后的行政行为,公民、法人或者其他组织提起行政行为确认无效之诉,不受诉讼时效的限制

确认行政行为无效之诉是指公民、法人或者其他组织请求法院确认行政行为自始无效的诉讼。无效的行政行为虽然在法律上无效,但因其具有行政行为的外观,可能对公民的合法权益造成侵害,因此允许公民对此提起诉讼。无效行政行为的"无效"具有如下特征:一是自始无效。即行政行为从作出之时就没有法律上的约束力。二是当然无效。即该无效不是由于法院的判决导致,而是其本身就无效,法院的确认只是对该事实予以宣告而已。三是绝对无效。即该行政行为所包含的意思表示完全不被法律承认,法院判决宣告无效,应视为该行政行为从未存在。正因为其具有这三个无效的特征,行政法理论赋予相对人及利害关系人对无效行政行为具有两项权利:其一,相对人可以与之对抗。无效行政行为具有重大且明显违法的特征,判断起来相对容易,相对人及利害关系人在任何阶段都可以拒绝执行无效行政行为,不因拒绝而被追究责任。其二,确认行政行为无效之诉不受法定起诉期限的限制。事实上,自《若干解释》第五十七条初步构建确认行政行为无效的诉讼制度以来,学界和实务界关于确认行政行为无效之诉是否受法定起诉期限的限制一直争论不休。

本次司法解释没有明确规定请求确认行政行为无效是否受法定起诉期限的限制,但第九十四条第二款规定:"公民、法人或者其他组织起诉请

求确认行政行为无效，人民法院审查认为行政行为不属于无效情形，经释明，原告请求撤销行政行为的，应当继续审理并依法作出相应判决；原告请求撤销行政行为但超过法定起诉期限的，裁定驳回起诉；原告拒绝变更诉讼请求的，判决驳回其诉讼请求。"第九十四条第二款的逻辑推演如下：公民、法人或者其他组织确认行政行为无效的诉讼请求经人民法院审查并被确认为不属于无效情形，再经法院释明后，该条文共列举了三种结果：第一种是原告请求撤销行政行为及其法律后果，第二种是原告不变更诉讼请求，即继续请求确认行政行为无效及其法律后果，第三种是原告请求撤销行政行为但已超过法定起诉期限及其法律后果。由此可见，"请求撤销行政行为"这一诉讼请求受到了法定起诉期限的限制，但"请求确认行政行为无效"这一诉讼请求并未受到法定起诉期限的限制。因此可得，确认行政行为无效之诉不受法定起诉期限的限制。

由于人民法院对于 2015 年 5 月 1 日之后作出的行政行为的确认无效之诉才予以立案，所以针对 2015 年 5 月 1 日之后作出的行政行为，公民、法人或者其他组织提起确认无效之诉，不受法定起诉期限的限制。

三、无效行政行为诉讼中的举证责任分配问题

"重大且明显"的举证责任由原告承担，被告仅承担"一般违法"情形下合法性的举证责任。

（王艳彬撰写）

第一百六十三条

本解释自 2018 年 2 月 8 日起施行。

本解释施行后，《最高人民法院关于执行〈中华人民共和国行政诉讼法〉若干问题的解释》（法释〔2000〕8 号）、《最高人民法院关于适用〈中华人民共和国行政诉讼法〉若干问题的解释》（法释〔2015〕9 号）同

时废止。最高人民法院以前发布的司法解释与本解释不一致的，不再适用。

【条文主旨】

本条是关于本解释时间效力和新旧司法解释衔接适用的规定。

【起草背景】

2014年11月1日通过的新修改的行政诉讼法是自1989年行政诉讼法颁布以来的一次全面修改。为了贯彻落实好2014年行政诉讼法，2015年4月20日最高人民法院审判委员会第1648次会议通过了《适用解释》。由于《适用解释》是针对2014年行政诉讼法的部分新制度、新条款的择要式、配套式规定，条文内容较少，因此，没有规定的部分仍然适用2000年《若干解释》。这就造成了新旧司法解释不能衔接甚至冲突条款并存的局面。在司法实践中，地方人民法院对于如何正确适用2014年行政诉讼法、如何准确适用新旧司法解释存在着不同的理解和做法，造成了法律适用的不统一，因而有必要制定一部全面的行政诉讼法司法解释。

此次制定的司法解释是对《适用解释》和《若干解释》的修改、补充和完善。本司法解释公布施行后，旧的司法解释将予以废止，同时对于最高人民法院以往发布的其他与本司法解释不一致的司法解释的条文一并明确不予适用，而未产生冲突的条文则可以继续适用。

【条文释义】

一、本解释的时间效力

司法解释的施行时间也就是司法解释的生效时间。司法解释从何时开始生效，一般根据司法解释的性质和实际需要来决定。《最高人民法院关于司法解释工作的规定》（法发〔2007〕12号）第二十五条规定，司法解释自公告发布之日起施行，但司法解释另有规定的除外。《最高人民法院办公厅关于规范司法解释施行日期有关问题的通知》（法办〔2007〕396号）规定，（1）今后各部门起草的司法解释对施行日期没有特别要求的，司法解释条文中不再规定"本解释（规定）自公布之日起施行"的条款，施行时间一律以发布司法解释的最高人民法院公告中明确的日期为准。（2）司法解释对施行日期有特别要求的，应当在司法解释条文中规定相应条款，明确具体施行时间，我院公告的施行日期应当与司法解释的规定相一致。

最高人民法院于2018年2月7日公布《行诉解释》，本解释条文"本解释自2018年2月8日起施行"以明文规定的形式明确了本解释施行时间，也就是说本解释自2018年2月8日发生法律效力，任何组织和个人都必须遵守本解释规定。

二、有关司法解释的废止

根据本解释的规定，本解释生效时，《若干解释》和《适用解释》同时废止。此外，最高人民法院以往发布的其他与本司法解释不一致的司法解释的条文一并明确不予适用，而未产生冲突的条文则可以继续适用在相关行政诉讼活动中。

本条文对因新司法解释的公布施行而导致旧有司法解释失效进行了明示的规定，实际上是一种司法解释的废止。司法解释的废止存在以下三种情况：一是司法解释本身规定了有效期限，期限结束，该司法解释自动终止；二是司法解释专为某一特定情况而制定，一旦该情况消失，即应废止该司法解释；三是以新的司法解释替代旧的司法解释。在司法解释的新旧交替的衔接问题上，本条文属于第三种情况，系属以新的司法解释替代旧的司法解释。此外，司法解释的废止分为明示的废止与默示的废止，明示废止是在新的司法解释或者其他法律文件中明文规定废止旧的司法解释；默示废止是在适用法律中出现新旧司法解释的冲突时，使用新司法解释而使旧司法解释事实上被废止。本条文直接规定了《若干解释》和《适用解释》的废止,属于明示废止。

《行诉解释》是对《若干解释》和《适用解释》的全面覆盖,《行诉解释》实施后,前述两项司法解释相应废止。人民法院在审理案件中,要按照"程序从新"的原则,对于已经按照《若干解释》和《适用解释》完成的程序事项,仍然有效。这涉及法律有无溯及力的问题。所谓法律的溯及力,即是法律溯及既往的效力。简言之,就是新的法律施行后,对它生效前发生的事件和行为是否适用新法的问题。对于新旧法律的适用衔接应秉持新法优于旧法原则。在本司法解释公布施行之前,在相关的司法活动中应遵循《若干解释》和《适用解释》的规定。在本解释公布施行之前已经受理但尚未审结的一审案件适用本解释的相关规定。这一原则的作用就是在于避免因法律修订造成新法、旧法对同一事项有不同的规定,而给法律适用带来新旧衔接的问题,为法律的更新与完善提供法律适用上的保障。

三、本解释注意事项

根据条文规定,本解释生效时,《若干解释》和《适用解释》同时废止,但需强调的是,该条文还存在些注意事项。由于本司法解释没有对行政协议的相关内容作出明确规定,所以凡是涉及行政协议的相关内容,参照《适用解释》涉及行政协议的相关规定适用,在适用法律方面可以援引行政诉讼法、民事诉讼法以及合同法的有关规定。此外,有关行政公益诉讼的问题,最高人民法院决定制定专项司法解释,《行诉解释》中亦未作规定。有些行政审判实践中的问题,本次司法解释也没有作出硬性的统一规定。

【实务指导】

依据本条文的规定,在本解释公布施行之日起,最高人民法院的《若干解释》和《适用解释》同时废止,不再作为司法实践中可以依照执行的司法解释。此外,最高人民法院以前发布的司法解释与本解释不一致的,也不再适用。虽然行政诉讼与民事诉讼、国家赔偿有所不同，但在新旧司法解释的衔接问题上，存在可以参考之处。因此，在这一问题上，《最高人民法院关于修改后的民事诉讼法施行时未结案件适用法律若干问题的规定》（法释〔2012〕23号）和《最高人民法院关于适用〈中华人民共和国国家赔偿法〉若干问题的解释（一）》（法释〔2011〕4号）等具有代表性的司法解释的规定，同样可以参照借鉴。

在司法实务中，对于新公布施行的司法解释如何适用的问题上，尤其是对于新的司法解释施行之时尚未审结的案件应当如何处理存在着较多的问题和争议。结合"新法优于旧法""法不溯及既往"以及"信赖利益保护"等基本法律原则，根据相关法律文件的精神和审判实践经验，各级法院在行政诉讼的相关司法实践中对于2018年2月8日前已经进入审理程序但尚未审结的案件，审理中遇到的具体问题仍旧适用《若干解释》和《适用解释》的规定。依照本解释公布施行前已经完成的程序事项，仍然有效。对于2018年2月8日前发生法律效力的判决、裁定或者行政赔偿调解书不服申请再审，或者人民法院依照审判监督程序再审的，各级人民法院在实际操作过程中遇到的实体性及程序性问题适用本解释。

本条文还涉及对于既往司法解释的清理。党的十八大以来，习近平总书记对于深化司法体制改革、树立公正高效权威的社会主义司法制度，提出了"加强和规范司法解释工作，统一法律适用标准"的重要指示。为落实这一重要指示精神，2017年5月8日，最高人民法院审判委员会讨论通过《最高人民法院关于废止部分司法解释和司法解释性质文件（第十二批）的决定》（法释〔2017〕17号），开展了首次专门针对行政审判实体和程序相关的司法解释和司法解释性质文件的清理工作。该决定废止了《最高人民法院关于药品行政案件管辖问题的答复》《最高人民法院行政庭对〈关于管理公证行政案件中适用法规问题的请示〉的答复》等16项司法解释和司法解释性质文件。本条则以明示规定的方式废止了《若干解释》和《适用解释》两项司法解释，及时以明确的规定废止了失效的司法解释，充分体现了司法解释清理的相关精神。

（王艳彬撰写）

第三部分　条文对照

第二編　茶與休閒

行政诉讼法与行政诉讼法司法解释条文对照表

行政诉讼法	原司法解释[①]	行诉解释[②]
第一章　总则		
第一条　为保证人民法院公正、及时审理行政案件，解决行政争议，保护公民、法人和其他组织的合法权益，监督行政机关依法行使职权，根据宪法，制定本法。		
第二条　公民、法人或者其他组织认为行政机关和行政机关工作人员的行政行为侵犯其合法权益，有权依照本法向人民法院提起诉讼。 前款所称行政行为，包括法律、法规、规章授权的组织作出的行政行为。		

[①] 原司法解释包括《最高人民法院关于执行〈中华人民共和国行政诉讼法〉若干问题的解释》（法释〔2000〕8号，以下简称《若干解释》）和《最高人民法院关于适用〈中华人民共和国行政诉讼法〉若干问题的解释》（法释〔2015〕9号，以下简称《适用解释》）。

[②] 行诉解释是指2018年2月6日发布的《最高人民法院关于适用〈中华人民共和国行政诉讼法〉的解释》（法释〔2018〕1号）。

行政诉讼法	原司法解释	行诉解释
第三条 人民法院应当保障公民、法人和其他组织的起诉权利，对应当受理的行政案件依法受理。 行政机关及其工作人员不得干预、阻碍人民法院受理行政案件。 被诉行政机关负责人应当出庭应诉。不能出庭的，应当委托行政机关相应的工作人员出庭。	《适用解释》第一条第一款、第四款 人民法院对符合起诉条件的案件应当立案，依法保障当事人行使诉讼权利。 当事人对不予立案裁定不服的，可以提起上诉。 第五条 行政诉讼法第三条第三款规定的"行政机关负责人"，包括行政机关的正职和副职负责人。行政机关负责人出庭应诉的，可以另行委托一至二名诉讼代理人。	第一百二十八条 行政诉讼法第三条第三款规定的行政机关负责人，包括行政机关的正职、副职负责人以及其他参与分管的负责人。 行政机关负责人出庭应诉的，可以另行委托一至二名诉讼代理人。行政机关负责人不能出庭的，应当委托行政机关相应的工作人员出庭，不得仅委托律师出庭。 第一百二十九条 涉及重大公共利益、社会高度关注或者可能引发群体性事件等案件以及人民法院书面建议行政机关负责人出庭的案件，被诉行政机关负责人应当出庭。 被诉行政机关负责人出庭应诉的，应当在当事人及其诉讼代理人基本情况、案件由来部分予以列明。 行政机关负责人有正当理由不能出庭应诉的，应当向人民法院提交情况说明，并加盖行

行政诉讼法	原司法解释	行诉解释
		政机关印章或者由该机关主要负责人签字认可。 行政机关拒绝说明理由的，不发生阻止案件审理的效果，人民法院可以向监察机关、上一级行政机关提出司法建议。 **第一百三十条** 行政诉讼法第三条第三款规定的"行政机关相应的工作人员"，包括该行政机关具有国家行政编制身份的工作人员以及其他依法履行公职的人员。 被诉行政行为是地方人民政府作出的，地方人民政府法制工作机构的工作人员，以及被诉行政行为具体承办机关工作人员，可以视为被诉人民政府相应的工作人员。 **第一百三十一条** 行政机关负责人出庭应诉的，应当向人民法院提交能够证明该行政机关负责人职务的材料。 行政机关委托相应

行政诉讼法	原司法解释	行诉解释
		的工作人员出庭应诉的，应当向人民法院提交加盖行政机关印章的授权委托书，并载明工作人员的姓名、职务和代理权限。 **第一百三十二条** 行政机关负责人和行政机关相应的工作人员均不出庭，仅委托律师出庭的或者人民法院书面建议行政机关负责人出庭应诉，行政机关负责人不出庭应诉的，人民法院应当记录在案和在裁判文书中载明，并可以建议有关机关依法作出处理。
第四条 人民法院依法对行政案件独立行使审判权，不受行政机关、社会团体和个人的干涉。 人民法院设行政审判庭，审理行政案件。		
第五条 人民法院审理行政案件，以事实为根据，以法律为准绳。		

行政诉讼法	原司法解释	行诉解释
第六条 人民法院审理行政案件，对行政行为是否合法进行审查。		
第七条 人民法院审理行政案件，依法实行合议、回避、公开审判和两审终审制度。		
第八条 当事人在行政诉讼中的法律地位平等。		
第九条 各民族公民都有用本民族语言、文字进行行政诉讼的权利。 在少数民族聚居或者多民族共同居住的地区，人民法院应当用当地民族通用的语言、文字进行审理和发布法律文书。 人民法院应当对不通晓当地民族通用的语言、文字的诉讼参与人提供翻译。		
第十条 当事人在行政诉讼中有权进行辩论。		

行政诉讼法	原司法解释	行诉解释
第十一条 人民检察院有权对行政诉讼实行法律监督。		
第二章 受案范围		
第十二条 人民法院受理公民、法人或者其他组织提起的下列诉讼： （一）对行政拘留、暂扣或者吊销许可证和执照、责令停产停业、没收违法所得、没收非法财物、罚款、警告等行政处罚不服的； （二）对限制人身自由或者对财产的查封、扣押、冻结等行政强制措施和行政强制执行不服的； （三）申请行政许可，行政机关拒绝或者在法定期限内不予答复，或者对行政机关作出的有关行政许可的其他决定不服的； （四）对行政机关作出的关于确认土地、矿藏、水流、森林、山岭、草原、荒地、滩涂、海域等自然资源的	《若干解释》第一条第一款 公民、法人或者其他组织对具有国家行政职权的机关和组织及其工作人员的行政行为不服，依法提起诉讼的，属于人民法院行政诉讼的受案范围。 《适用解释》第十一条 行政机关为实现公共利益或者行政管理目标，在法定职责范围内，与公民、法人或者其他组织协商订立的具有行政法上权利义务内容的协议，属于行政诉讼法第十二条第一款第十一项规定的行政协议。 公民、法人或者其他组织就下列行政协议提起行政诉讼的，人民法院应当依法受理： （一）政府特许经营协议； （二）土地、房屋	第一条第一款 公民、法人或者其他组织对行政机关及其工作人员的行政行为不服，依法提起诉讼的，属于人民法院行政诉讼的受案范围。

行政诉讼法	原司法解释	行诉解释
所有权或者使用权的决定不服的； （五）对征收、征用决定及其补偿决定不服的； （六）申请行政机关履行保护人身权、财产权等合法权益的法定职责，行政机关拒绝履行或者不予答复的； （七）认为行政机关侵犯其经营自主权或者农村土地承包经营权、农村土地经营权的； （八）认为行政机关滥用行政权力排除或者限制竞争的； （九）认为行政机关违法集资、摊派费用或者违法要求履行其他义务的； （十）认为行政机关没有依法支付抚恤金、最低生活保障待遇或者社会保险待遇的； （十一）认为行政机关不依法履行、未按照约定履行或者违法变更、解除政府特许经营协议、土地房屋征收补	等征收征用补偿协议； （三）其他行政协议。	

行政诉讼法	原司法解释	行诉解释
偿协议等协议的； （十二）认为行政机关侵犯其他人身权、财产权等合法权益的。 除前款规定外，人民法院受理法律、法规规定可以提起诉讼的其他行政案件。		
第十三条　人民法院不受理公民、法人或者其他组织对下列事项提起的诉讼： （一）国防、外交等国家行为； （二）行政法规、规章或者行政机关制定、发布的具有普遍约束力的决定、命令； （三）行政机关对行政机关工作人员的奖惩、任免等决定； （四）法律规定由行政机关最终裁决的行政行为。	《若干解释》第一条第二款　公民、法人或者其他组织对下列行为不服提起诉讼的，不属于人民法院行政诉讼的受案范围： （一）行政诉讼法第十二条规定的行为； （二）公安、国家安全等机关依照刑事诉讼法的明确授权实施的行为； （三）调解行为以及法律规定的仲裁行为； （四）不具有强制力的行政指导行为； （五）驳回当事人对行政行为提起申诉的重复处理行为； （六）对公民、法人或者其他组织权利义务不产生实际影响的行	第一条第二款　下列行为不属于人民法院行政诉讼的受案范围： （一）公安、国家安全等机关依照刑事诉讼法的明确授权实施的行为； （二）调解行为以及法律规定的仲裁行为； （三）行政指导行为； （四）驳回当事人对行政行为提起申诉的重复处理行为； （五）行政机关作出的不产生外部法律效力的行为； （六）行政机关为作出行政行为而实施的准备、论证、研究、层报、咨询等过程性行为；

行政诉讼法	原司法解释	行诉解释
	为。 第二条 行政诉讼法第十二条第（一）项规定的国家行为，是指国务院、中央军事委员会、国防部、外交部等根据宪法和法律的授权，以国家的名义实施的有关国防和外交事务的行为，以及经宪法和法律授权的国家机关宣布紧急状态、实施戒严和总动员等行为。 第三条 行政诉讼法第十二条第（二）项规定的"具有普遍约束力的决定、命令"，是指行政机关针对不特定对象发布的能反复适用的行政规范性文件。 第四条 行政诉讼法第十二条第（三）项规定的"对行政机关工作人员的奖惩、任免等决定"，是指行政机关作出的涉及该行政机关公务员权利义务的决定。 第五条 行政诉讼法第十二条第（四）项规定的"法律规定由行	（七）行政机关根据人民法院的生效裁判、协助执行通知书作出的执行行为，但行政机关扩大执行范围或者采取违法方式实施的除外； （八）上级行政机关基于内部层级监督关系对下级行政机关作出的听取报告、执法检查、督促履责等行为； （九）行政机关针对信访事项作出的登记、受理、交办、转送、复查、复核意见等行为； （十）对公民、法人或者其他组织权利义务不产生实际影响的行为。 第二条 行政诉讼法第十三条第一项规定的"国家行为"，是指国务院、中央军事委员会、国防部、外交部等根据宪法和法律的授权，以国家的名义实施的有关国防和外交事务的行为，以及经宪法和法律授权的国家机关宣

行政诉讼法	原司法解释	行诉解释
	政机关最终裁决的具体行政行为"中的"法律",是指全国人民代表大会及其常务委员会制定、通过的规范性文件。	布紧急状态等行为。 行政诉讼法第十三条第二项规定的"具有普遍约束力的决定、命令",是指行政机关针对不特定对象发布的能反复适用的规范性文件。 行政诉讼法第十三条第三项规定的"对行政机关工作人员的奖惩、任免等决定",是指行政机关作出的涉及行政机关工作人员公务员权利义务的决定。 行政诉讼法第十三条第四项规定的"法律规定由行政机关最终裁决的行政行为"中的"法律",是指全国人民代表大会及其常务委员会制定、通过的规范性文件。
第三章　管辖		
第十四条　基层人民法院管辖第一审行政案件。	《适用解释》第十三条　对行政协议提起诉讼的案件,适用行政诉讼法及其司法解释的规定确定管辖法院。	
第十五条　中级人民法院管辖下列第一审	《若干解释》第八条　有下列情形之一	第五条　有下列情形之一的,属于行政诉

行政诉讼法	原司法解释	行诉解释
行政案件： （一）对国务院部门或者县级以上地方人民政府所作的行政行为提起诉讼的案件； （二）海关处理的案件； （三）本辖区内重大、复杂的案件。 （四）其他法律规定由中级人民法院管辖的案件。	的，属于行政诉讼法第十四条第（三）项规定的"本辖区内重大、复杂的案件"： （一）被告为县级以上人民政府，且基层人民法院不适宜审理的案件； （二）社会影响重大的共同诉讼、集团诉讼案件； （三）重大涉外或者涉及香港特别行政区、澳门特别行政区、台湾地区的案件； （四）其他重大、复杂案件。	讼法第十五条第三项规定的"本辖区内重大、复杂的案件"： （一）社会影响重大的共同诉讼案件； （二）涉外或者涉及香港特别行政区、澳门特别行政区、台湾地区的案件； （三）其他重大、复杂案件。
第十六条　高级人民法院管辖本辖区内重大、复杂的第一审行政案件。		
第十七条　最高人民法院管辖全国范围内重大、复杂的第一审行政案件。		
第十八条　行政案件由最初作出行政行为的行政机关所在地人民法院管辖。经复议的案件，也可以由复议机关	《若干解释》第六条　各级人民法院行政审判庭审理行政案件和审查行政机关申请执行其具体行政行为的案	第三条　各级人民法院行政审判庭审理行政案件和审查行政机关申请执行其行政行为的案件。

行政诉讼法	原司法解释	行诉解释
所在地人民法院管辖。 经最高人民法院批准，高级人民法院可以根据审判工作的实际情况，确定若干人民法院跨行政区域管辖行政案件。	件。 专门人民法院、人民法庭不审理行政案件，也不审查和执行行政机关申请执行其具体行政行为的案件。	专门人民法院、人民法庭不审理行政案件，也不审查和执行行政机关申请执行其行政行为的案件。铁路运输法院等专门人民法院审理行政案件，应当执行行政诉讼法第十八条第二款的规定。
第十九条 对限制人身自由的行政强制措施不服提起的诉讼，由被告所在地或者原告所在地人民法院管辖。	《若干解释》第九条 行政诉讼法第十八条规定的"原告所在地"，包括原告的户籍所在地、经常居住地和被限制人身自由地。 行政机关基于同一事实既对人身又对财产实施行政处罚或者采取行政强制措施的，被限制人身自由的公民、被扣押或者没收财产的公民、法人或者其他组织对上述行为均不服的，既可以向被告所在地人民法院提起诉讼，也可以向原告所在地人民法院提起诉讼，受诉人民法院可一并管辖。	第八条 行政诉讼法第十九条规定的"原告所在地"，包括原告的户籍所在地、经常居住地和被限制人身自由地。 对行政机关基于同一事实，既采取限制公民人身自由的行政强制措施，又采取其他行政强制措施或者行政处罚不服的，由被告所在地或者原告所在地的人民法院管辖。
第二十条 因不动产提起的行政诉讼，由		第九条 行政诉讼法第二十条规定的"因

行政诉讼法	原司法解释	行诉解释
不动产所在地人民法院管辖。		不动产提起的行政诉讼"是指因行政行为导致不动产物权变动而提起的诉讼。 不动产已登记的，以不动产登记簿记载的所在地为不动产所在地；不动产未登记的，以不动产实际所在地为不动产所在地。
第二十一条　两个以上人民法院都有管辖权的案件，原告可以选择其中一个人民法院提起诉讼。原告向两个以上有管辖权的人民法院提起诉讼的，由最先立案的人民法院管辖。		第四条　立案后，受诉人民法院的管辖权不受当事人住所地改变、追加被告等事实和法律状态变更的影响。
第二十二条　人民法院发现受理的案件不属于本院管辖的，应当移送有管辖权的人民法院，受移送的人民法院应当受理。受移送的人民法院认为受移送的案件按照规定不属于本院管辖的，应当报请上级人民法院指定管辖，不得再自行移送。	《若干解释》第十条　当事人提出管辖异议，应当在接到人民法院应诉通知之日起10日内以书面形式提出。 对当事人提出的管辖异议，人民法院应当进行审查。异议成立的，裁定将案件移送有管辖权的人民法院；异议不成立的，裁定驳回。	第十条　人民法院受理案件后，被告提出管辖异议的，应当在收到起诉状副本之日起十五日内提出。 对当事人提出的管辖异议，人民法院应当进行审查。异议成立的，裁定将案件移送有管辖权的人民法院；异议不成立的，裁定驳回。 人民法院对管辖异议

行政诉讼法	原司法解释	行诉解释
		审查后确定有管辖权的，不因当事人增加或者变更诉讼请求等改变管辖，但违反级别管辖、专属管辖规定的除外。 **第十一条** 有下列情形之一的，人民法院不予审查： （一）人民法院发回重审或者按第一审程序再审的案件，当事人提出管辖异议的； （二）当事人在第一审程序中未按照法律规定的期限和形式提出管辖异议，在第二审程序中提出的。
第二十三条 有管辖权的人民法院由于特殊原因不能行使管辖权的，由上级人民法院指定管辖。 人民法院对管辖权发生争议，由争议双方协商解决。协商不成的，报它们的共同上级人民法院指定管辖。		
第二十四条 上级人民法院有权审理下级人民法院管辖的第一审		**第七条** 基层人民法院对其管辖的第一审行政案件，认为需要由

行政诉讼法	原司法解释	行诉解释
行政案件。 下级人民法院对其管辖的第一审行政案件，认为需要由上级人民法院审理或者指定管辖的，可以报请上级人民法院决定。		中级人民法院审理或者指定管辖的，可以报请中级人民法院决定。中级人民法院应当根据不同情况在七日内分别作出以下处理： （一）决定自行审理； （二）指定本辖区其他基层人民法院管辖； （三）决定由报请的人民法院审理。
第四章 诉讼参加人		
第二十五条 行政行为的相对人以及其他与行政行为有利害关系的公民、法人或者其他组织，有权提起诉讼。 有权提起诉讼的公民死亡，其近亲属可以提起诉讼。 有权提起诉讼的法人或者其他组织终止，承受其权利的法人或者其他组织可以提起诉讼。 人民检察院在履行职责中发现生态环境和资源保护、食品药品安	《若干解释》第十一条 行政诉讼法第二十四条规定的"近亲属"，包括配偶、父母、子女、兄弟姐妹、祖父母、外祖父母、孙子女、外孙子女和其他具有扶养、赡养关系的亲属。 公民因被限制人身自由而不能提起诉讼的，其近亲属可以依其口头或者书面委托以该公民的名义提起诉讼。 第十二条 与具体行政行为有法律上利害	第十二条 有下列情形之一的，属于行政诉讼法第二十五条第一款规定的"与行政行为有利害关系"： （一）被诉的行政行为涉及其相邻权或者公平竞争权的； （二）在行政复议等行政程序中被追加为第三人的； （三）要求行政机关依法追究加害人法律责任的； （四）撤销或者变更行政行为涉及其合法

行政诉讼法	原司法解释	行诉解释
全、国有财产保护、国有土地使用权出让等领域负有监督管理职责的行政机关违法行使职权或者不作为，致使国家利益或者社会公共利益受到侵害的，应当向行政机关提出检察建议，督促其依法履行职责。行政机关不依法履行职责的，人民检察院依法向人民法院提起诉讼。	关系的公民、法人或者其他组织对该行为不服的，可以依法提起行政诉讼。 **第十三条** 有下列情形之一的，公民、法人或者其他组织可以依法提起行政诉讼： （一）被诉的具体行政行为涉及其相邻权或者公平竞争权的； （二）与被诉的行政复议决定有法律上利害关系或者在复议程序中被追加为第三人的； （三）要求主管行政机关依法追究加害人法律责任的； （四）与撤销或者变更具体行政行为有法律上利害关系的。 **第十四条第一款、第二款** 合伙企业向人民法院提起诉讼的，应当以核准登记的字号为原告，由执行合伙企业事务的合伙人作诉讼代表人；其他合伙组织提起诉讼的，合伙人为共同原告。 不具备法人资格的	权益的； （五）为维护自身合法权益向行政机关投诉，具有处理投诉职责的行政机关作出或者未作出处理的； （六）其他与行政行为有利害关系的情形。 **第十三条** 债权人以行政机关对债务人所作的行政行为损害债权实现为由提起行政诉讼的，人民法院应当告知其就民事争议提起民事诉讼，但行政机关作出行政行为时依法应予保护或者应予考虑的除外。 **第十四条** 行政诉讼法第二十五条第二款规定的"近亲属"，包括配偶、父母、子女、兄弟姐妹、祖父母、外祖父母、孙子女、外孙子女和其他具有扶养、赡养关系的亲属。 公民因被限制人身自由而不能提起诉讼的，其近亲属可以依其口头或者书面委托以该

行政诉讼法	原司法解释	行诉解释
	其他组织向人民法院提起诉讼的,由该组织的主要负责人作诉讼代表人;没有主要负责人的,可以由推选的负责人作诉讼代表人。 第十五条 联营企业、中外合资或者合作企业的联营、合资、合作各方,认为联营、合资、合作企业权益或者自己一方合法权益受具体行政行为侵害的,均可以自己的名义提起诉讼。 第十六条 农村土地承包人等土地使用权人对行政机关处分其使用的农村集体所有土地的行为不服,可以自己的名义提起诉讼。 第十七条 非国有企业被行政机关注销、撤销、合并、强令兼并、出售、分立或者改变企业隶属关系的,该企业或者其法定代表人可以提起诉讼。 第十八条 股份制企业的股东大会、股东代表大会、董事会等认	公民的名义提起诉讼。近亲属起诉时无法与被限制人身自由的公民取得联系,近亲属可以先行起诉,并在诉讼中补充提交委托证明。 第十五条 合伙企业向人民法院提起诉讼的,应当以核准登记的字号为原告。未依法登记领取营业执照的个人合伙的全体合伙人为共同原告;全体合伙人可以推选代表人,被推选的代表人,应当由全体合伙人出具推选书。 个体工商户向人民法院提起诉讼的,以营业执照上登记的经营者为原告。有字号的,以营业执照上登记的字号为原告,并应当注明该字号经营者的基本信息。 第十六条 股份制企业的股东大会、股东会、董事会等认为行政机关作出的行政行为侵犯企业经营自主权的,可以企业名义提起诉讼。

行政诉讼法	原司法解释	行诉解释
	为行政机关作出的具体行政行为侵犯企业经营自主权的，可以企业名义提起诉讼。	联营企业、中外合资或者合作企业的联营、合资、合作各方，认为联营、合资、合作企业权益或者自己一方合法权益受行政行为侵害的，可以自己的名义提起诉讼。 非国有企业被行政机关注销、撤销、合并、强令兼并、出售、分立或者改变企业隶属关系的，该企业或者其法定代表人可以提起诉讼。 **第十七条** 事业单位、社会团体、基金会、社会服务机构等非营利法人的出资人、设立人认为行政行为损害法人合法权益的，可以自己的名义提起诉讼。 **第十八条** 业主委员会对于行政机关作出的涉及业主共有利益的行政行为，可以自己的名义提起诉讼。 业主委员会不起诉的，专有部分占建筑物总面积过半数或者占总户数过半数的业主可以

行政诉讼法	原司法解释	行诉解释
		提起诉讼。
第二十六条 公民、法人或者其他组织直接向人民法院提起诉讼的，作出行政行为的行政机关是被告。 经复议的案件，复议机关决定维持原行政行为的，作出原行政行为的行政机关和复议机关是共同被告；复议机关改变原行政行为的，复议机关是被告。 复议机关在法定期限内未作出复议决定，公民、法人或者其他组织起诉原行政行为的，作出原行政行为的行政机关是被告；起诉复议机关不作为的，复议机关是被告。 两个以上行政机关作出同一行政行为的，共同作出行政行为的行政机关是共同被告。 行政机关委托的组织所作的行政行为，委托的行政机关是被告。 行政机关被撤销或者职权变更的，继续行	《若干解释》第七条 复议决定有下列情形之一的，属于行政诉讼法规定的"改变原具体行政行为"： （一）改变原具体行政行为所认定的主要事实和证据的； （二）改变原具体行政行为所适用的规范依据且对定性产生影响的； （三）撤销、部分撤销或者变更原具体行政行为处理结果的。 第十九条 当事人不服经上级行政机关批准的具体行政行为，向人民法院提起诉讼的，应当以在对外发生法律效力的文书上署名的机关为被告。 第二十条 行政机关组建并赋予行政管理职能但不具有独立承担法律责任能力的机构，以自己的名义作出具体行政行为，当事人不服提起诉讼的，应当以组	第十九条 当事人不服经上级行政机关批准的行政行为，向人民法院提起诉讼的，以在对外发生法律效力的文书上署名的机关为被告。 第二十条 行政机关组建并赋予行政管理职能但不具有独立承担法律责任能力的机构，以自己的名义作出行政行为，当事人不服提起诉讼的，应当以组建该机构的行政机关为被告。 法律、法规或者规章授权行使行政职权的行政机关内设机构、派出机构或者其他组织，超出法定授权范围实施行政行为，当事人不服提起诉讼的，应当以实施该行为的机构或者组织为被告。 没有法律、法规或者规章规定，行政机关授权其内设机构、派出机构或者其他组织行使

行政诉讼法	原司法解释	行诉解释
使其职权的行政机关是被告。	建该机构的行政机关为被告。 行政机关的内设机构或者派出机构在没有法律、法规或者规章授权的情况下，以自己的名义作出具体行政行为，当事人不服提起诉讼的，应当以该行政机关为被告。 法律、法规或者规章授权行使行政职权的行政机关内设机构、派出机构或者其他组织，超出法定授权范围实施行政行为，当事人不服提起诉讼的，应当以实施该行为的机构或者组织为被告。 **第二十一条** 行政机关在没有法律、法规或者规章规定的情况下，授权其内设机构、派出机构或者其他组织行使行政职权的，应当视为委托。当事人不服提起诉讼的，应当以该行政机关为被告。 **第二十二条** 复议机关在法定期间内不作复议决定，当事人对原	行政职权的，属于行政诉讼法第二十六条规定的委托。当事人不服提起诉讼的，应当以该行政机关为被告。 **第二十一条** 当事人对由国务院、省级人民政府批准设立的开发区管理机构作出的行政行为不服提起诉讼的，以该开发区管理机构为被告；对由国务院、省级人民政府批准设立的开发区管理机构所属职能部门作出的行政行为不服提起诉讼的，以其职能部门为被告；对其他开发区管理机构所属职能部门作出的行政行为不服提起诉讼的，以开发区管理机构为被告；开发区管理机构没有行政主体资格的，以设立该机构的地方人民政府为被告。 **第二十二条** 行政诉讼法第二十六条第二款规定的"复议机关改变原行政行为"，是指复议机关改变原行政行为的处理结果。复议机关

行政诉讼法	原司法解释	行诉解释
	具体行政行为不服提起诉讼的，应当以作出原具体行政行为的行政机关为被告；当事人对复议机关不作为不服提起诉讼的，应当以复议机关为被告。 《适用解释》第六条 行政诉讼法第二十六条第二款规定的"复议机关决定维持原行政行为"，包括复议机关驳回复议申请或者复议请求的情形，但以复议申请不符合受理条件为由驳回的除外。 行政诉讼法第二十六条第二款规定的"复议机关改变原行政为"，是指复议机关改变原行政行为的处理结果。 第七条 复议机关决定维持原行政行为的，作出原行政行为的行政机关和复议机关是共同被告。原告只起诉作出原行政行为的行政机关或者复议机关的，人民法院应当告知原告追加被告。原告不同意	改变原行政行为所认定的主要事实和证据、改变原行政行为所适用的规范依据，但未改变原行政行为处理结果的，视为复议机关维持原行政行为。 复议机关确认原行政行为无效，属于改变原行政行为。 复议机关确认原行政行为违法，属于改变原行政行为，但复议机关以违反法定程序为由确认原行政行为违法的除外。 第二十三条 行政机关被撤销或者职权变更，没有继续行使其职权的行政机关的，以其所属的人民政府为被告；实行垂直领导的，以垂直领导的上一级行政机关为被告。 第二十四条 当事人对村民委员会或者居民委员会依据法律、法规、规章的授权履行行政管理职责的行为不服提起诉讼的，以村民委员会或者居民委员会为

行政诉讼法	原司法解释	行诉解释
	追加的,人民法院应当将另一机关列为共同被告。 **第八条** 作出原行政行为的行政机关和复议机关为共同被告的,以作出原行政行为的行政机关确定案件的级别管辖。	被告。 当事人对村民委员会、居民委员会受行政机关委托作出的行为不服提起诉讼的,以委托的行政机关为被告。 当事人对高等学校等事业单位以及律师协会、注册会计师协会等行业协会依据法律、法规、规章的授权实施的行政行为不服提起诉讼的,以该事业单位、行业协会为被告。 当事人对高等学校等事业单位以及律师协会、注册会计师协会等行业协会受行政机关委托作出的行为不服提起诉讼的,以委托的行政机关为被告。 **第二十五条** 市、县级人民政府确定的房屋征收部门组织实施房屋征收与补偿工作过程中作出行政行为,被征收人不服提起诉讼的,以房屋征收部门为被告。 征收实施单位受房屋征收部门委托,在委

行政诉讼法	原司法解释	行诉解释
		托范围内从事的行为，被征收人不服提起诉讼的，应当以房屋征收部门为被告。 **第五十九条** 公民、法人或者其他组织向复议机关申请行政复议后，复议机关作出维持决定的，应当以复议机关和原行为机关为共同被告，并以复议决定送达时间确定起诉期限。 **第一百三十三条** 行政诉讼法第十十六条第二款规定的"复议机关决定维持原行政行为"，包括复议机关驳回复议申请或者复议请求的情形，但以复议申请不符合受理条件为由驳回的除外。 **第一百三十四条** 复议机关决定维持原行政行为的，作出原行政行为的行政机关和复议机关是共同被告。原告只起诉作出原行政行为的行政机关或者复议机关的，人民法院应当告知原告追加被告。原告

行政诉讼法	原司法解释	行诉解释
		不同意追加的，人民法院应当将另一机关列为共同被告。 行政复议决定既有维持原行政行为内容，又有改变原行政行为内容或者不予受理申请内容的，作出原行政行为的行政机关和复议机关为共同被告。 复议机关作共同被告的案件，以作出原行政行为的行政机关确定案件的级别管辖。
第二十七条 当事人一方或双方为二人以上，因同一行政行为发生的行政案件，或者因同类行政行为发生的行政案件、人民法院认为可以合并审理并经当事人同意的，为共同诉讼。	**《若干解释》第四十六条** 有下列情形之一的，人民法院可以决定合并审理： （一）两个以上行政机关分别依据不同的法律、法规对同一事实作出具体行政行为，公民、法人或者其他组织不服向同一人民法院起诉的； （二）行政机关就同一事实对若干公民、法人或者其他组织分别作出具体行政行为，公民、法人或者其他组织不服分别向同一人民法	**第二十七条** 必须共同进行诉讼的当事人没有参加诉讼的，人民法院应当依法通知其参加；当事人也可以向人民法院申请参加。 人民法院应当对当事人提出的申请进行审查，申请理由不成立的，裁定驳回；申请理由成立的，书面通知其参加诉讼。 前款所称的必须共同进行诉讼，是指按照行政诉讼法第二十七条的规定，当事人一方或者双方为两人以上，因

行政诉讼法	原司法解释	行诉解释
	院起诉的； （三）在诉讼过程中，被告对原告作出新的具体行政行为，原告不服向同一人民法院起诉的； （四）人民法院认为可以合并审理的其他情形。	同一行政行为发生行政争议，人民法院必须合并审理的诉讼。 　　第七十三条　根据行政诉讼法第二十七条的规定，有下列情形之一的，人民法院可以决定合并审理： 　　（一）两个以上行政机关分别对同一事实作出行政行为，公民、法人或者其他组织不服向同一人民法院起诉的； 　　（二）行政机关就同一事实对若干公民、法人或者其他组织分别作出行政行为，公民、法人或者其他组织不服分别向同一人民法院起诉的； 　　（三）在诉讼过程中，被告对原告作出新的行政行为，原告不服向同一人民法院起诉的； 　　（四）人民法院认为可以合并审理的其他情形。
第二十八条　当事人一方人数众多的共同诉	《若干解释》第十四条第三款　同案原告	第二十九条　行政诉讼法第二十八条规定

行政诉讼法	原司法解释	行诉解释
讼，可以由当事人推选代表人进行诉讼。代表人的诉讼行为对其所代表的当事人发生效力，但代表人变更、放弃诉讼请求或者承认对方当事人的诉讼请求，应当经被代表的当事人同意。	为 5 人以上，应当推选 1 至 5 名诉讼代表人参加诉讼；在指定期限内未选定的，人民法院可以依职权指定。	的"人数众多"，一般指十人以上。 根据行政诉讼法第二十八条的规定，当事人一方人数众多的，由当事人推选代表人。当事人推选不出的，可以由人民法院在起诉的当事人中指定代表人。 行政诉讼法第二十八条规定的代表人为二至五人。代表人可以委托一至二人作为诉讼代理人。
第二十九条　公民、法人或者其他组织同被诉行政行为有利害关系但没有提起诉讼，或者同案件处理结果有利害关系的，可以作为第三人申请参加诉讼，或者由人民法院通知参加诉讼。 人民法院判决第三人承担义务或者减损第三人权益的，第三人有权依法提起上诉。	《若干解释》第二十三条　原告所起诉的被告不适格，人民法院应当告知原告变更被告；原告不同意变更的，裁定驳回起诉。 应当追加被告而原告不同意追加的，人民法院应当通知其以第三人的身份参加诉讼。 第二十四条　行政机关的同一具体行政行为涉及两个以上利害关系人，其中一部分利害关系人对具体行政行为不服提起诉讼，人民法院应当通知没有起诉的	第二十六条　原告所起诉的被告不适格，人民法院应当告知原告变更被告；原告不同意变更的，裁定驳回起诉。 应当追加被告而原告不同意追加的，人民法院应当通知其以第三人的身份参加诉讼，但行政复议机关作共同被告的除外。 第二十八条　人民法院追加共同诉讼的当事人时，应当通知其他当事人。应当追加的原告，已明确表示放弃实

行政诉讼法	原司法解释	行诉解释
	其他利害关系人作为第三人参加诉讼。 第三人有权提出与本案有关的诉讼主张，对人民法院的一审判决不服，有权提起上诉。	体权利的，可不予追加；既不愿意参加诉讼，又不放弃实体权利的，应追加为第三人，其不参加诉讼，不能阻碍人民法院对案件的审理和裁判。 **第三十条** 行政机关的同一行政行为涉及两个以上利害关系人，其中一部分利害关系人对行政行为不服提起诉讼，人民法院应当通知没有起诉的其他利害关系人作为第三人参加诉讼。 与行政案件处理结果有利害关系的第三人，可以申请参加诉讼，或者由人民法院通知其参加诉讼。人民法院判决其承担义务或者减损其权益的第三人，有权提出上诉或者申请再审。 行政诉讼法第二十九条规定的第三人，因不能归责于本人的事由未参加诉讼，但有证据证明发生法律效力的判决、裁定、调解书损害

行政诉讼法	原司法解释	行诉解释
		其合法权益的，可以依照行政诉讼法第九十条的规定，自知道或者应当知道其合法权益受到损害之日起六个月内，向上一级人民法院申请再审。
第三十条 没有诉讼行为能力的公民，由其法定代理人代为诉讼。法定代理人互相推诿代理责任的，由人民法院指定其中一人代为诉讼。		
第三十一条 当事人、法定代理人，可以委托一至二人作为诉讼代理人。 下列人员可以被委托为诉讼代理人： （一）律师、基层法律服务工作者； （二）当事人的近亲属或者工作人员； （三）当事人所在社区、单位以及有关社会团体推荐的公民。	《若干解释》第二十五条 当事人委托诉讼代理人，应当向人民法院提交由委托人签名或者盖章的授权委托书。委托书应当载明委托事项和具体权限。公民在特殊情况下无法书面委托的，也可以口头委托。口头委托的，人民法院应当核实并记录在卷；被诉机关或者其他有义务协助的机关拒绝人民法院向被限制人身自由的公民核实的，视为委托成立。当事人	第三十一条 当事人委托诉讼代理人，应当向人民法院提交由委托人签名或者盖章的授权委托书。委托书应当载明委托事项和具体权限。公民在特殊情况下无法书面委托的，也可以由他人代书，并由自己捺印等方式确认，人民法院应当核实并记录在卷；被诉行政机关或者其他有义务协助的机关拒绝人民法院向被限制人身自由的公民核实的，视为委托成立。当

行政诉讼法	原司法解释	行诉解释
	解除或者变更委托的,应当书面报告人民法院,由人民法院通知其他当事人。	事人解除或者变更委托的,应当书面报告人民法院。 **第三十二条** 依照行政诉讼法第三十一条第二款第二项规定,与当事人有合法劳动人事关系的职工,可以当事人工作人员的名义作为诉讼代理人。以当事人的工作人员身份参加诉讼活动,应当提交以下证据之一加以证明: (一)缴纳社会保险记录凭证; (二)领取工资凭证; (三)其他能够证明其为当事人工作人员身份的证据。 **第三十三条** 根据行政诉讼法第三十一条第二款第三项规定,有关社会团体推荐公民担任诉讼代理人的,应当符合下列条件: (一)社会团体属于依法登记设立或者依法免予登记设立的非营利性法人组织; (二)被代理人属

行政诉讼法	原司法解释	行诉解释
		于该社会团体的成员，或者当事人一方住所地位于该社会团体的活动地域； （三）代理事务属于该社会团体章程载明的业务范围； （四）被推荐的公民是该社会团体的负责人或者与该社会团体有合法劳动人事关系的工作人员。 专利代理人经中华全国专利代理人协会推荐，可以在专利行政案件中担任诉讼代理人。
第三十二条 代理诉讼的律师，有权按照规定查阅、复制本案有关材料，有权向有关组织和公民调查，收集与本案有关的证据。对涉及国家秘密、商业秘密和个人隐私的材料，应当依照法律规定保密。 当事人和其他诉讼代理人有权按照规定查阅、复制本案庭审材料，但涉及国家秘密、商业秘密和个人隐私的内容除外。		

行政诉讼法	原司法解释	行诉解释
第五章 证据		
第三十三条 证据包括： （一）书证； （二）物证； （三）视听资料； （四）电子数据； （五）证人证言； （六）当事人的陈述； （七）鉴定意见； （八）勘验笔录、现场笔录。 以上证据经法庭审查属实，才能作为认定案件事实的根据。		第四十条 人民法院在证人出庭作证前应当告知其如实作证的义务以及作伪证的法律后果。 证人因履行出庭作证义务而支出的交通、住宿、就餐等必要费用以及误工损失，由败诉一方当事人承担。
第三十四条 被告对作出的行政行为负有举证责任，应当提供作出该行政行为的证据和所依据的规范性文件。 被告不提供或者无正当理由逾期提供证据，视为没有相应证据。但是，被诉行政行为涉及第三人合法权益，第三人提供证据的除外。	《若干解释》第二十六条 在行政诉讼中，被告对其作出的具体行政行为承担举证责任。 被告应当在收到起诉状副本之日起10日内提交答辩状，并提供作出具体行政行为时的证据、依据；被告不提供或者无正当理由逾期提供的，应当认定该具体行政行为没有证据、依据。	

行政诉讼法	原司法解释	行诉解释
	《适用解释》第九条第二款 作出原行政行为的行政机关和复议机关对原行政行为合法性共同承担举证责任，可以由其中一个机关实施举证行为。复议机关对复议程序的合法性承担举证责任。	
第三十五条 在诉讼过程中，被告及其诉讼代理人不得自行向原告、第三人和证人收集证据。		
第三十六条 被告在作出行政行为时已经收集了证据，但因不可抗力等正当事由不能提供的，经人民法院准许，可以延期提供。 原告或者第三人提出了其在行政处理程序中没有提出的理由或者证据的，经人民法院准许，被告可以补充证据。	《若干解释》第二十八条 有下列情形之一的，被告经人民法院准许可以补充相关的证据： （一）被告在作出具体行政行为时已经收集证据，但因不可抗力等正当事由不能提供的； （二）原告或者第三人在诉讼过程中，提出了其在被告实施行政行为过程中没有提出的反驳理由或者证据的。	第三十四条 根据行政诉讼法第三十六条第一款的规定，被告申请延期提供证据的，应当在收到起诉状副本之日起十五日内以书面方式向人民法院提出。人民法院准许延期提供的，被告应当在正当事由消除后十五日内提供证据。逾期提供的，视为被诉行政行为没有相应的证据。 第三十六条 当事人申请延长举证期限，应当在举证期限届满前

行政诉讼法	原司法解释	行诉解释
		向人民法院提出书面申请。 申请理由成立的，人民法院应当准许，适当延长举证期限，并通知其他当事人。申请理由不成立的，人民法院不予准许，并通知申请人。
第三十七条 原告可以提供证明行政行为违法的证据。原告提供的证据不成立的，不免除被告的举证责任。	《若干解释》第二十七条 原告对下列事项承担举证责任： （一）证明起诉符合法定条件，但被告认为原告起诉超过起诉期限的除外； （二）在起诉被告不作为的案件中，证明其提出申请的事实； （三）在一并提起的行政赔偿诉讼中，证明因受被诉行为侵害而造成损失的事实； （四）其他应当由原告承担举证责任的事项。	**第三十五条** 原告或者第三人应当在开庭审理前或者人民法院指定的交换证据清单之日提供证据。因正当事由申请延期提供证据的，经人民法院准许，可以在法庭调查中提供。逾期提供证据的，人民法院应当责令其说明理由；拒不说明理由或者理由不成立的，视为放弃举证权利。 原告或者第三人在第一审程序中无正当事由未提供而在第二审程序中提供的证据，人民法院不予接纳。
第三十八条 在起诉被告不履行法定职责		**第四十七条** 根据行政诉讼法第三十八条

行政诉讼法	原司法解释	行诉解释
的案件中，原告应当提供其向被告提出申请的证据。但有下列情形之一的除外： （一）被告应当依职权主动履行法定职责的； （二）原告因正当理由不能提供证据的。 　　在行政赔偿、补偿的案件中，原告应当对行政行为造成的损害提供证据。因被告的原因导致原告无法举证的，由被告承担举证责任。		第二款的规定，在行政赔偿、补偿案件中，因被告的原因导致原告无法就损害情况举证的，应当由被告就该损害情况承担举证责任。 　　对于各方主张损失的价值无法认定的，应当由负有举证责任的一方当事人申请鉴定，但法律、法规、规章规定行政机关在作出行政行为时依法应当评估或者鉴定的除外；负有举证责任的当事人拒绝申请鉴定的，由其承担不利的法律后果。 　　当事人的损失因客观原因无法鉴定的，人民法院应当结合当事人的主张和在案证据，遵循法官职业道德，运用逻辑推理和生活经验、生活常识等，酌情确定赔偿数额。
第三十九条　人民法院有权要求当事人提供或者补充证据。		**第三十七条**　根据行政诉讼法第三十九条的规定，对当事人无争议，但涉及国家利益、公共利益或者他人合法权益的事实，人民法院

行政诉讼法	原司法解释	行诉解释
		可以责令当事人提供或者补充有关证据。
第四十条 人民法院有权向有关行政机关以及其他组织、公民调取证据。但是，不得为证明行政行为的合法性调取被告作出行政行为时未收集的证据。	《若干解释》第二十九条 有下列情形之一的，人民法院有权调取证据： （一）原告或者第三人及其诉讼代理人提供了证据线索，但无法自行收集而申请人民法院调取的； （二）当事人应当提供而无法提供原件或者原物的。	
第四十一条 与本案有关的下列证据，原告或者第三人不能自行收集的，可以申请人民法院调取： （一）由国家机关保存而须由人民法院调取的证据； （二）涉及国家秘密、商业秘密和个人隐私的证据； （三）确因客观原因不能自行收集的其他证据。		第三十九条 当事人申请调查收集证据，但该证据与待证事实无关联、对证明待证事实无意义或者其他无调查收集必要的，人民法院不予准许。 第四十六条 原告或者第三人确有证据证明被告持有的证据对原告或者第三人有利的，可以在开庭审理前书面申请人民法院责令行政机关提交。 申请理由成立的，人民法院应当责令行政

行政诉讼法	原司法解释	行诉解释
		机关提交，因提交证据所产生的费用，由申请人预付。行政机关无正当理由拒不提交的，人民法院可以推定原告或者第三人基于该证据主张的事实成立。 持有证据的当事人以妨碍对方当事人使用为目的，毁灭有关证据或者实施其他致使证据不能使用行为的，人民法院可以推定对方当事人基于该证据主张的事实成立，并可依照行政诉讼法第五十九条规定处理。
第四十二条 在证据可能灭失或者以后难以取得的情况下，诉讼参加人可以向人民法院申请保全证据，人民法院也可以主动采取保全措施。		
第四十三条 证据应当在法庭上出示，并由当事人互相质证。对涉及国家秘密、商业秘密和个人隐私的证据，不得在公开开庭时出	《若干解释》第三十条 下列证据不能作为认定被诉具体行政行为合法的根据： （一）被告及其诉讼代理人在作出具体行	第三十八条 对于案情比较复杂或者证据数量较多的案件，人民法院可以组织当事人在开庭前向对方出示或者交换证据，并将交换证

行政诉讼法	原司法解释	行诉解释
示。 人民法院应当按照法定程序，全面、客观地审查核实证据。对未采纳的证据应当在裁判文书中说明理由。 以非法手段取得的证据，不得作为认定案件事实的根据。	政行为后自行收集的证据； （二）被告严重违反法定程序收集的其他证据。 **第三十一条** 未经法庭质证的证据不能作为人民法院裁判的根据。 复议机关在复议过程中收集和补充的证据，不能作为人民法院维持原具体行政行为的根据。 被告在二审过程中向法庭提交在一审过程中没有提交的证据，不能作为二审法院撤销或者变更一审裁判的根据。	据清单的情况记录在卷。 **第四十一条** 有下列情形之一，原告或者第三人要求相关行政执法人员出庭说明的，人民法院可以准许： （一）对现场笔录的合法性或者真实性有异议的； （二）对扣押财产的品种或者数量有异议的； （三）对检验的物品取样或者保管有异议的； （四）对行政执法人员身份的合法性有异议的； （五）需要出庭说明的其他情形。 **第四十二条** 能够反映案件真实情况、与待证事实相关联、来源和形式符合法律规定的证据，应当作为认定案件事实的根据。 **第四十三条** 有下列情形之一的，属于行政诉讼法第四十三条第三款规定的"以非法手

行政诉讼法	原司法解释	行诉解释
		段取得的证据": （一）严重违反法定程序收集的证据材料； （二）以违反法律强制性规定的手段获取且侵害他人合法权益的证据材料； （三）以利诱、欺诈、胁迫、暴力等手段获取的证据材料。 **第四十四条** 人民法院认为有必要的，可以要求当事人本人或者行政机关执法人员到庭，就案件有关事实接受询问。在询问之前，可以要求其签署保证书。 保证书应当载明据实陈述、如有虚假陈述愿意接受处罚等内容。当事人或者行政机关执法人员应当在保证书上签名或者捺印。 负有举证责任的当事人拒绝到庭、拒绝接受询问或者拒绝签署保证书，待证事实又欠缺其他证据加以佐证的，人民法院对其主张的事

行政诉讼法	原司法解释	行诉解释
		实不予认定。 **第四十五条** 被告有证据证明其在行政程序中依照法定程序要求原告或者第三人提供证据，原告或者第三人依法应当提供而没有提供，在诉讼程序中提供的证据，人民法院一般不予采纳。
第六章 起诉和受理		
第四十四条 对属于人民法院受案范围的行政案件，公民、法人或者其他组织可以先向行政机关申请复议，对复议决定不服的，再向人民法院提起诉讼；也可以直接向人民法院提起诉讼。 法律、法规规定应当先向行政机关申请复议，对复议决定不服再向人民法院提起诉讼的，依照法律、法规的规定。	《若干解释》**第三十三条** 法律、法规规定应当先申请复议，公民、法人或者其他组织未申请复议直接提起诉讼的，人民法院不予受理。 复议机关不受理复议申请或者在法定期限内不作出复议决定，公民、法人或者其他组织不服，依法向人民法院提起诉讼的，人民法院应当依法受理。 **第三十四条** 法律、法规未规定行政复议为提起行政诉讼必经程序，公民、法人或者其他组织既提起诉讼又	**第五十七条** 法律、法规未规定行政复议为提起行政诉讼必经程序，公民、法人或者其他组织既提起诉讼又申请行政复议的，由先立案的机关管辖；同时立案的，由公民、法人或者其他组织选择。公民、法人或者其他组织已经申请行政复议，在法定复议期间内又向人民法院提起诉讼的，人民法院裁定不予立案。 **第五十八条** 法律、法规未规定行政复议为提起行政诉讼必经程序，公民、法人或者其他组织向复议机关申

行政诉讼法	原司法解释	行诉解释
	申请行政复议的，由先受理的机关管辖；同时受理的，由公民、法人或者其他组织选择。公民、法人或者其他组织已经申请行政复议，在法定复议期间内又向人民法院提起诉讼的，人民法院不予受理。 **第三十五条** 法律、法规未规定行政复议为提起行政诉讼必经程序，公民、法人或者其他组织向复议机关申请行政复议后，又经复议机关同意撤回复议申请，在法定起诉期限内对原具体行政行为提起诉讼的，人民法院应当依法受理。	请行政复议后，又经复议机关同意撤回复议申请，在法定起诉期限内对原行政行为提起诉讼的，人民法院应当依法立案。
第四十五条 公民、法人或者其他组织不服复议决定的，可以在收到复议决定书之日起十五日内向人民法院提起诉讼。复议机关逾期不作决定的，申请人可以在复议期满之日起十五日内向人民法院提起诉讼。法律另有规定的除外。		**第五十六条** 法律、法规规定应当先申请复议，公民、法人或者其他组织未申请复议直接提起诉讼的，人民法院裁定不予立案。 依照行政诉讼法第四十五条的规定，复议机关不受理复议申请或者在法定期限内不作出复议决定，公民、法人

行政诉讼法	原司法解释	行诉解释
		或者其他组织不服，依法向人民法院提起诉讼的，人民法院应当依法立案。
第四十六条 公民、法人或者其他组织直接向人民法院提起诉讼的，应当自知道或者应当知道作出行政行为之日起六个月内提出。法律另有规定的除外。 因不动产提起诉讼的案件自行政行为作出之日起超过二十年，其他案件自行政行为作出之日起超过五年提起诉讼的，人民法院不予受理。	《若干解释》第四十一条 行政机关作出具体行政行为时，未告知公民、法人或者其他组织诉权或者起诉期限的，起诉期限从公民、法人或者其他组织知道或者应当知道诉权或者起诉期限之日起计算，但从知道或者应当知道具体行政行为内容之日起最长不得超过2年。 复议决定未告知公民、法人或者其他组织诉权或者法定起诉期限的，适用前款规定。 第四十二条 公民、法人或者其他组织不知道行政机关作出的具体行政行为内容的，其起诉期限从知道或者应当知道该具体行政行为内容之日起计算。对涉及不动产的具体行政行为从作出之日起超过20年、其他具体行政行为从作出之日起超过5	第六十四条 行政机关作出行政行为时，未告知公民、法人或者其他组织起诉期限的，起诉期限从公民、法人或者其他组织知道或者应当知道起诉期限之日起计算，但从知道或者应当知道行政行为内容之日起最长不得超过一年。 复议决定未告知公民、法人或者其他组织起诉期限的，适用前款规定。 第六十五条 公民、法人或者其他组织不知道行政机关作出的行政行为内容的，其起诉期限从知道或者应当知道该行政行为内容之日起计算，但最长不得超过行政诉讼法第四十六条第二款规定的起诉期限。

行政诉讼法	原司法解释	行诉解释
	年提起诉讼的，人民法院不予受理。 《适用解释》第十二条　公民、法人或者其他组织对行政机关不依法履行、未按照约定履行协议提起诉讼的，参照民事法律规范关于诉讼时效的规定；对行政机关单方变更、解除协议等行为提起诉讼的，适用行政诉讼法及其司法解释关于起诉期限的规定。	
第四十七条　公民、法人或者其他组织申请行政机关履行保护其人身权、财产权等合法权益的法定职责，行政机关在接到申请之日起两个月内不履行的，公民、法人或者其他组织可以向人民法院提起诉讼。法律、法规对行政机关履行职责的期限另有规定的，从其规定。 公民、法人或者其他组织在紧急情况下请求行政机关履行保护其人身权、财产权等合法	《若干解释》第三十九条　公民、法人或者其他组织申请行政机关履行法定职责，行政机关在接到申请之日起60日内不履行的，公民、法人或者其他组织向人民法院提起诉讼，人民法院应当依法受理。法律、法规、规章和其他规范性文件对行政机关履行职责的期限另有规定的，从其规定。 公民、法人或者其他组织在紧急情况下请求行政机关履行保护其	第六十六条　公民、法人或者其他组织依照行政诉讼法第四十七条第一款的规定，对行政机关不履行法定职责提起诉讼的，应当在行政机关履行法定职责期限届满之日起六个月内提出。

行政诉讼法	原司法解释	行诉解释
权益的法定职责，行政机关不履行的，提起诉讼不受前款规定期限的限制。	人身权、财产权的法定职责，行政机关不履行的，起诉期间不受前款规定的限制。 《适用解释》第四条　公民、法人或者其他组织依照行政诉讼法第四十七条第一款的规定，对行政机关不履行法定职责提起诉讼的，应当在行政机关履行法定职责期限届满之日起六个月内提出。	
第四十八条　公民、法人或者其他组织因不可抗力或者其他不属于其自身的原因耽误起诉期限的，被耽误的时间不计算在起诉期限内。 公民、法人或者其他组织因前款规定以外的其他特殊情况耽误起诉期限的，在障碍消除后十日内，可以申请延长期限，是否准许由人民法院决定。	《若干解释》第四十三条　由于不属于起诉人自身的原因超过起诉期限的，被耽误的时间不计算在起诉期间内。因人身自由受到限制而不能提起诉讼的，被限制人身自由的时间不计算在起诉期间内。	
第四十九条　提起诉讼应当符合下列条件：	《若干解释》第四十条　行政机关作出具体行政行为时，没有制	第五十四条　依照行政诉讼法第四十九条的规定，公民、法人或

行政诉讼法	原司法解释	行诉解释
（一）原告是符合本法第二十五条规定的公民、法人或者其他组织； （二）有明确的被告； （三）有具体的诉讼请求和事实根据； （四）属于人民法院受案范围和受诉人民法院管辖。	作或者没有送达法律文书，公民、法人或者其他组织不服向人民法院起诉的，只要能证明具体行政行为存在，人民法院应当依法受理。 　　**第四十四条**　有下列情形之一的，应当裁定不予受理；已经受理的，裁定驳回起诉： 　　（一）请求事项不属于行政审判权限范围的； 　　（二）起诉人无原告诉讼主体资格的； 　　（三）起诉人错列被告且拒绝变更的； 　　（四）法律规定必须由法定或者指定代理人、代表人为诉讼行为，未由法定或者指定代理人、代表人为诉讼行为的； 　　（五）由诉讼代理人代为起诉，其代理不符合法定要求的； 　　（六）起诉超过法定期限且无正当理由的； 　　（七）法律、法规规定行政复议为提起诉	者其他组织提起诉讼时应当提交以下起诉材料： 　　（一）原告的身份证明材料以及有效联系方式； 　　（二）被诉行政行为或者不作为存在的材料； 　　（三）原告与被诉行政行为具有利害关系的材料； 　　（四）人民法院认为需要提交的其他材料。 　　由法定代理人或者委托代理人代为起诉的，还应当在起诉状中写明或者在口头起诉时向人民法院说明法定代理人或者委托代理人的基本情况，并提交法定代理人或者委托代理人的身份证明和代理权限证明等材料。 　　**第五十一条**　人民法院可以要求当事人签署送达地址确认书，当事人确认的送达地址为人民法院法律文书的送达地址。

行政诉讼法	原司法解释	行诉解释
	讼必经程序而未申请复议的； （八）起诉人重复起诉的； （九）已撤回起诉，无正当理由再行起诉的； （十）诉讼标的为生效判决的效力所羁束的； （十一）起诉不具备其他法定要件的。 前款所列情形可以补正或者更正的，人民法院应当指定期间责令补正或者更正；在指定期间已经补正或者更正的，应当依法受理。 第三十八条 人民法院判决撤销行政机关的具体行政行为后，公民、法人或者其他组织对行政机关重新作出的具体行政行为不服向人民法院起诉的，人民法院应当依法受理。 《适用解释》第二条 行政诉讼法第四十九条第三项规定的"有具体的诉讼请求"是指：	当事人同意电子送达的，应当提供并确认传真号、电子信箱等电子送达地址。 当事人送达地址发生变更的，应当及时书面告知受理案件的人民法院；未及时告知的，人民法院按原地址送达，视为依法送达。 人民法院可以通过国家邮政机构以法院专递方式进行送达。 第六十二条 人民法院判决撤销行政机关的行政行为后，公民、法人或者其他组织对行政机关重新作出的行政行为不服向人民法院起诉的，人民法院应当依法立案。 第六十三条 行政机关作出行政行为时，没有制作或者没有送达法律文书，公民、法人或者其他组织只要能证明行政行为存在，并在法定期限内起诉的，人民法院应当依法立案。 第六十七条 原告提供被告的名称等信息

行政诉讼法	原司法解释	行诉解释
	（一）请求判决撤销或者变更行政行为； （二）请求判决行政机关履行法定职责或者给付义务； （三）请求判决确认行政行为违法； （四）请求判决确认行政行为无效； （五）请求判决行政机关予以赔偿或者补偿； （六）请求解决行政协议争议； （七）请求一并审查规章以下规范性文件； （八）请求一并解决相关民事争议； （九）其他诉讼请求。 当事人未能正确表达诉讼请求的，人民法院应当予以释明。 第三条　有下列情形之一，已经立案的，应当裁定驳回起诉： （一）不符合行政诉讼法第四十九条规定的； （二）超过法定起	足以使被告与其他行政机关相区别的，可以认定为行政诉讼法第四十九条第二项规定的"有明确的被告"。 起诉状列写被告信息不足以认定明确的被告的，人民法院可以告知原告补正；原告补正后仍不能确定明确的被告的，人民法院裁定不予立案。 第六十八条　行政诉讼法第四十九条第三项规定的"有具体的诉讼请求"是指： （一）请求判决撤销或者变更行政行为； （二）请求判决行政机关履行特定法定职责或者给付义务； （三）请求判决确认行政行为违法； （四）请求判决确认行政行为无效； （五）请求判决行政机关予以赔偿或者补偿； （六）请求解决行政协议争议； （七）请求一并审

行政诉讼法	原司法解释	行诉解释
	诉期限且无正当理由的； （三）错列被告且拒绝变更的； （四）未按照法律规定由法定代理人、指定代理人、代表人为诉讼行为的； （五）未按照法律、法规规定先向行政机关申请复议的； （六）重复起诉的； （七）撤回起诉后无正当理由再行起诉的； （八）行政行为对其合法权益明显不产生实际影响的； （九）诉讼标的已为生效裁判所羁束的； （十）不符合其他法定起诉条件的。 人民法院经过阅卷、调查和询问当事人，认为不需要开庭审理的，可以径行裁定驳回起诉。	查规章以下规范性文件； （八）请求一并解决相关民事争议； （九）其他诉讼请求。 当事人单独或者一并提起行政赔偿、补偿诉讼的，应当有具体的赔偿、补偿事项以及数额；请求一并审查规章以下规范性文件的，应当提供明确的文件名称或者审查对象；请求一并解决相关民事争议的，应当有具体的民事诉讼请求。 当事人未能正确表达诉讼请求的，人民法院应当要求其明确诉讼请求。 **第六十九条** 有下列情形之一，已经立案的，应当裁定驳回起诉： （一）不符合行政诉讼法第四十九条规定的； （二）超过法定起诉期限且无行政诉讼法第四十八条规定情形

831

行政诉讼法	原司法解释	行诉解释
		的;
（三）错列被告且拒绝变更的;
（四）未按照法律规定由法定代理人、指定代理人、代表人为诉讼行为的;
（五）未按照法律、法规规定先向行政机关申请复议的;
（六）重复起诉的;
（七）撤回起诉后无正当理由再行起诉的;
（八）行政行为对其合法权益明显不产生实际影响的;
（九）诉讼标的已为生效裁判或者调解书所羁束的;
（十）其他不符合法定起诉条件的情形。
前款所列情形可以补正或者更正的，人民法院应当指定期间责令补正或者更正；在指定期间已经补正或者更正的，应当依法审理。
人民法院经过阅卷、调查或者询问当事

行政诉讼法	原司法解释	行诉解释
		人，认为不需要开庭审理的，可以迳行裁定驳回起诉。 **第一百零六条** 当事人就已经提起诉讼的事项在诉讼过程中或者裁判生效后再次起诉，同时具有下列情形的，构成重复起诉： （一）后诉与前诉的当事人相同； （二）后诉与前诉的诉讼标的相同； （三）后诉与前诉的诉讼请求相同，或者后诉的诉讼请求被前诉裁判所包含。
第五十条 起诉应当向人民法院递交起诉状，并按照被告人数提出副本。 书写起诉状确有困难的，可以口头起诉，由人民法院记入笔录，出具注明日期的书面凭证，并告知对方当事人。		
第五十一条 人民法院在接到起诉状时对符合本法规定的起诉条	《若干解释》第三十二条第一款、第二款、第四款 人民法院	**第四十九条** 行政诉讼法第五十一条第二款规定的立案期限，因

行政诉讼法	原司法解释	行诉解释
件的，应当登记立案。 对当场不能判定是否符合本法规定的起诉条件的，应当接收起诉状，出具注明收到日期的书面凭证，并在七日内决定是否立案。不符合起诉条件的，作出不予立案的裁定。裁定书应当载明不予立案的理由。原告对裁定不服的，可以提起上诉。 起诉状内容欠缺或者有其他错误的，应当给予指导和释明，并一次性告知当事人需要补正的内容。不得未经指导和释明即以起诉不符合条件为由不接收起诉状。 对于不接收起诉状、接收起诉状后不出具书面凭证，以及不一次性告知当事人需要补正的起诉状内容的，当事人可以向上级人民法院投诉，上级人民法院应当责令改正，并对直接负责的主管人员和其他直接责任人员依法给予处分。	应当组成合议庭对原告的起诉进行审查。符合起诉条件的，应当在7日内立案；不符合起诉条件的，应当在7日内裁定不予受理。 7日内不能决定是否受理的，应当先予受理；受理后经审查不符合起诉条件的，裁定驳回起诉。 前三款规定的期限，从受诉人民法院收到起诉状之日起计算；因起诉状内容欠缺而责令原告补正的，从人民法院收到补正材料之日起计算。 第三十六条 人民法院裁定准许原告撤诉后，原告以同一事实和理由重新起诉的，人民法院不予受理。 准予撤诉的裁定确有错误，原告申请再审的，人民法院应当通过审判监督程序撤销原准予撤诉的裁定，重新对案件进行审理。 第三十七条 原告或者上诉人未按规定的	起诉状内容欠缺或者有其他错误通知原告限期补正的，从补正后递交人民法院的次日起算。由上级人民法院转交下级人民法院立案的案件，从受诉人民法院收到起诉状的次日起算。 第五十三条 人民法院对符合起诉条件的案件应当立案，依法保障当事人行使诉讼权利。 对当事人依法提起的诉讼，人民法院应当根据行政诉讼法第五十一条的规定接收起诉状。能够判断符合起诉条件的，应当当场登记立案；当场不能判断是否符合起诉条件的，应当在接收起诉状后七日内决定是否立案；七日内仍不能作出判断的，应当先予立案。 第五十五条 依照行政诉讼法第五十一条的规定，人民法院应当就起诉状内容和材料是否完备以及是否符合行政诉讼法规定的起诉条

行政诉讼法	原司法解释	行诉解释
	期限预交案件受理费，又不提出缓交、减交、免交申请，或者提出申请未获批准的，按自动撤诉处理。在按撤诉处理后，原告或者上诉人在法定期限内再次起诉或者上诉，并依法解决诉讼费预交问题的，人民法院应予受理。 《适用解释》第一条第二款、第三款　对当事人依法提起的诉讼，人民法院应当根据行政诉讼法第五十一条的规定，一律接收起诉状。能够判断符合起诉条件的，应当当场登记立案；当场不能判断是否符合起诉条件的，应当在接收起诉状后七日内决定是否立案；七日内仍不能作出判断的，应当先予立案。 起诉状内容或者材料欠缺的，人民法院应当一次性全面告知当事人需要补正的内容、补充的材料及期限。在指定期限内补正并符合起诉条件的，应当登记立	件进行审查。 起诉状内容或者材料欠缺的，人民法院应当给予指导和释明，并一次性全面告知当事人需要补正的内容、补充的材料及期限。在指定期限内补正并符合起诉条件的，应当登记立案。当事人拒绝补正或者经补正仍不符合起诉条件的，退回诉状并记录在册；坚持起诉的，裁定不予立案，并载明不予立案的理由。 第六十条　人民法院裁定准许原告撤诉后，原告以同一事实和理由重新起诉的，人民法院不予立案。 准予撤诉的裁定确有错误，原告申请再审的，人民法院应当通过审判监督程序撤销原准予撤诉的裁定，重新对案件进行审理。 第六十一条　原告或者上诉人未按规定的期限预交案件受理费，又不提出缓交、减交、免交申请，或者提出申

行政诉讼法	原司法解释	行诉解释
	案。当事人拒绝补正或者经补正仍不符合起诉条件的，裁定不予立案，并载明不予立案的理由。	请未获批准的，按自动撤诉处理。在按撤诉处理后，原告或者上诉人在法定期限内再次起诉或者上诉，并依法解决诉讼费预交问题的，人民法院应予立案。
第五十二条 人民法院既不立案，又不作出不予立案裁定的，当事人可以向上一级人民法院起诉。上一级人民法院认为符合起诉条件的，应当立案、审理，也可以指定其他下级人民法院立案、审理。	《若干解释》第三十二条第三款 受诉人民法院在7日内既不立案，又不作出裁定的，起诉人可以向上一级人民法院申诉或者起诉。上一级人民法院认为符合受理条件的，应予受理；受理后可以移交或者指定下级人民法院审理，也可以自行审理。	第六条 当事人以案件重大复杂为由，认为有管辖权的基层人民法院不宜行使管辖权或者根据行政诉讼法第五十二条的规定，向中级人民法院起诉，中级人民法院应当根据不同情况在七日内分别作出以下处理： （一）决定自行审理； （二）指定本辖区其他基层人民法院管辖； （三）书面告知当事人向有管辖权的基层人民法院起诉。
第五十三条 公民、法人或者其他组织认为行政行为所依据的国务院部门和地方人民政府及其部门制定的规范性文件不合法，在对	《适用解释》第二十条 公民、法人或者其他组织请求人民法院一并审查行政诉讼法第五十三条规定的规范性文件，应当在第一审开	第一百四十五条 公民、法人或者其他组织在对行政行为提起诉讼时一并请求对所依据的规范性文件审查的，由行政行为案件管辖法

行政诉讼法	原司法解释	行诉解释
行政行为提起诉讼时，可以一并请求对该规范性文件进行审查。 前款规定的规范性文件不含规章。	庭审理前提出；有正当理由的，也可以在法庭调查中提出。	院一并审查。 **第一百四十六条** 公民、法人或者其他组织请求人民法院一并审查行政诉讼法第五十三条规定的规范性文件，应当在第一审开庭审理前提出；有正当理由的，也可以在法庭调查中提出。
第七章 审理和判决		
第一节 一般规定		
第五十四条 人民法院公开审理行政案件，但涉及国家秘密、个人隐私和法律另有规定的除外。 涉及商业秘密的案件，当事人申请不公开审理的，可以不公开审理。		
第五十五条 当事人认为审判人员与本案有利害关系或者有其他关系可能影响公正审判，有权申请审判人员回避。 审判人员认为自己与本案有利害关系或者有其他关系，应当申请	《若干解释》第四十七条 当事人申请回避，应当说明理由，在案件开始审理时提出；回避事由在案件开始审理后知道的，应当在法庭辩论终结前提出。 被申请回避的人员，在人民法院作出是	**第七十四条** 当事人申请回避，应当说明理由，在案件开始审理时提出；回避事由在案件开始审理后知道的，应当在法庭辩论终结前提出。 被申请回避的人员，在人民法院作出是

行政诉讼法	原司法解释	行诉解释
回避。 　　前两款规定，适用于书记员、翻译人员、鉴定人、勘验人。 　　院长担任审判长时的回避，由审判委员会决定；审判人员的回避，由院长决定；其他人员的回避，由审判长决定。当事人对决定不服的，可以申请复议一次。	否回避的决定前，应当暂停参与本案的工作，但案件需要采取紧急措施的除外。 　　对当事人提出的回避申请，人民法院应当在3日内以口头或者书面形式作出决定。 　　申请人对驳回回避申请决定不服的，可以向作出决定的人民法院申请复议一次。复议期间，被申请回避的人员不停止参与本案的工作。对申请人的复议申请，人民法院应当在3日内作出复议决定，并通知复议申请人。	否回避的决定前，应当暂停参与本案的工作，但案件需要采取紧急措施的除外。 　　对当事人提出的回避申请，人民法院应当在三日内以口头或者书面形式作出决定。对当事人提出的明显不属于法定回避事由的申请，法庭可以依法当庭驳回。 　　申请人对驳回回避申请决定不服的，可以向作出决定的人民法院申请复议一次。复议期间，被申请回避的人员不停止参与本案的工作。对申请人的复议申请，人民法院应当在三日内作出复议决定，并通知复议申请人。 　　**第七十五条**　在一个审判程序中参与过本案审判工作的审判人员，不得再参与该案其他程序的审判。 　　发回重审的案件，在一审法院作出裁判后又进入第二审程序的，原第二审程序中合议庭

行政诉讼法	原司法解释	行诉解释
		组成人员不受前款规定的限制。
第五十六条 诉讼期间，不停止行政行为的执行。但有下列情形之一的，裁定停止执行： （一）被告认为需要停止执行的； （二）原告或者利害关系人申请停止执行，人民法院认为该行政行为的执行会造成难以弥补的损失，并且停止执行不损害国家利益、社会公共利益的； （三）人民法院认为该行政行为的执行会给国家利益、社会公共利益造成重大损害的； （四）法律、法规规定停止执行的。 当事人对停止执行或者不停止执行的裁定不服的，可以申请复议一次。		
第五十七条 人民法院对起诉行政机关没有依法支付抚恤金、最低生活保障金和工伤、医疗社会保险金的案	《若干解释》第四十八条 人民法院对于因一方当事人的行为或者其他原因，可能使具体行政行为或者人民法	第七十六条 人民法院对于因一方当事人的行为或者其他原因，可能使行政行为或者人民法院生效裁判不能或

行政诉讼法	原司法解释	行诉解释
件,权利义务关系明确、不先予执行将严重影响原告生活的,可以根据原告的申请,裁定先予执行。 当事人对先予执行裁定不服的,可以申请复议一次。复议期间不停止裁定的执行。	院生效裁判不能或者难以执行的案件,可以根据对方当事人的申请作出财产保全的裁定;当事人没有提出申请的,人民法院在必要时也可以依法采取财产保全措施。 人民法院审理起诉行政机关没有依法发给抚恤金、社会保险金、最低生活保障费等案件,可以根据原告的申请,依法书面裁定先予执行。 当事人对财产保全或者先予执行的裁定不服的,可以申请复议。复议期间不停止裁定的执行。	者难以执行的案件,根据对方当事人的申请,可以裁定对其财产进行保全、责令其作出一定行为或者禁止其作出一定行为;当事人没有提出申请的,人民法院在必要时也可以裁定采取上述保全措施。 人民法院采取保全措施,可以责令申请人提供担保;申请人不提供担保的,裁定驳回申请。 人民法院接受申请后,对情况紧急的,必须在四十八小时内作出裁定;裁定采取保全措施的,应当立即开始执行。 当事人对保全的裁定不服的,可以申请复议;复议期间不停止裁定的执行。 **第七十七条** 利害关系人因情况紧急,不立即申请保全将会使其合法权益受到难以弥补的损害的,可以在提起诉讼前向被保全财产所在地、被申请人住所地

行政诉讼法	原司法解释	行诉解释
		或者对案件有管辖权的人民法院申请采取保全措施。申请人应当提供担保，不提供担保的，裁定驳回申请。 人民法院接受申请后，必须在四十八小时内作出裁定；裁定采取保全措施的，应当立即开始执行。 申请人在人民法院采取保全措施后三十日内不依法提起诉讼的，人民法院应当解除保全。 当事人对保全的裁定不服的，可以申请复议；复议期间不停止裁定的执行。 **第七十八条** 保全限于请求的范围，或者与本案有关的财物。 财产保全采取查封、扣押、冻结或者法律规定的其他方法。人民法院保全财产后，应当立即通知被保全人。 财产已被查封、冻结的，不得重复查封、冻结。 涉及财产的案件，

· 841 ·

行政诉讼法	原司法解释	行诉解释
		被申请人提供担保的，人民法院应当裁定解除保全。 申请有错误的，申请人应当赔偿被申请人因保全所遭受的损失。 **第九十三条** 原告请求被告履行法定职责或者依法履行支付抚恤金、最低生活保障待遇或者社会保险待遇等给付义务，原告未先向行政机关提出申请的，人民法院裁定驳回起诉。 人民法院经审理认为原告所请求履行的法定职责或者给付义务明显不属于行政机关权限范围的，可以裁定驳回起诉。
第五十八条 经人民法院传票传唤，原告无正当理由拒不到庭，或者未经法庭许可中途退庭的，可以按照撤诉处理；被告无正当理由拒不到庭，或者未经法庭许可中途退庭的，可以缺席判决。	《若干解释》第四十九条 原告或者上诉人经合法传唤，无正当理由拒不到庭或者未经法庭许可中途退庭的，可以按撤诉处理。 原告或者上诉人申请撤诉，人民法院裁定不予准许的，原告或者上诉人经合法传唤无正当理由拒不到庭，或者	**第七十一条** 人民法院适用普通程序审理案件，应当在开庭三日前用传票传唤当事人。对证人、鉴定人、勘验人、翻译人员，应当用通知书通知其到庭。当事人或者其他诉讼参与人在外地的，应当留有必要的在途时间。 **第七十二条** 有下

行政诉讼法	原司法解释	行诉解释
	未经法庭许可而中途退庭的，人民法院可以缺席判决。 　　第三人经合法传唤无正当理由拒不到庭，或者未经法庭许可中途退庭的，不影响案件的审理。	列情形之一的，可以延期开庭审理： 　　（一）应当到庭的当事人和其他诉讼参与人有正当理由没有到庭的； 　　（二）当事人临时提出回避申请且无法及时作出决定的； 　　（三）需要通知新的证人到庭，调取新的证据，重新鉴定、勘验，或者需要补充调查的； 　　（四）其他应当延期的情形。 　　**第七十九条**　原告或者上诉人申请撤诉，人民法院裁定不予准许的，原告或者上诉人经传票传唤无正当理由拒不到庭，或者未经法庭许可中途退庭的，人民法院可以缺席判决。 　　第三人经传票传唤无正当理由拒不到庭，或者未经法庭许可中途退庭的，不发生阻止案件审理的效果。 　　根据行政诉讼法第五十八条的规定，被告

行政诉讼法	原司法解释	行诉解释
		经传票传唤无正当理由拒不到庭，或者未经法庭许可中途退庭的，人民法院可以按期开庭或者继续开庭审理，对到庭的当事人诉讼请求、双方的诉辩理由以及已经提交的证据及其他诉讼材料进行审理后，依法缺席判决。
第五十九条 诉讼参与人或者其他人有下列行为之一的，人民法院可以根据情节轻重，予以训诫、责令具结悔过或者处一万元以下的罚款、十五日以下的拘留；构成犯罪的，依法追究刑事责任： （一）有义务协助调查、执行的人，对人民法院的协助调查决定、协助执行通知书，无故推拖、拒绝或者妨碍调查、执行的； （二）伪造、隐藏、毁灭证据或者提供虚假证明材料，妨碍人民法院审理案件的； （三）指使、贿买、胁迫他人作伪证或		第八十三条 行政诉讼法第五十九条规定的罚款、拘留可以单独适用，也可以合并适用。 对同一妨害行政诉讼行为的罚款、拘留不得连续适用。发生新的妨害行政诉讼行为的，人民法院可以重新予以罚款、拘留。 第八十二条 当事人之间恶意串通，企图通过诉讼等方式侵害国家利益、社会公共利益或者他人合法权益的，人民法院应当裁定驳回起诉或者判决驳回其请求，并根据情节轻重予以罚款、拘留；构成犯罪的，依法追究刑事责任。

行政诉讼法	原司法解释	行诉解释
者威胁、阻止证人作证的； （四）隐藏、转移、变卖、毁损已被查封、扣押、冻结的财产的； （五）以欺骗、胁迫等非法手段使原告撤诉的； （六）以暴力、威胁或者其他方法阻碍人民法院工作人员执行职务，或者以哄闹、冲击法庭等方法扰乱人民法院工作秩序的； （七）对人民法院审判人员或者其他工作人员、诉讼参与人、协助调查和执行的人员恐吓、侮辱、诽谤、诬陷、殴打、围攻或者打击报复的。 人民法院对有前款规定的行为之一的单位，可以对其主要负责人或者直接责任人员依照前款规定予以罚款、拘留；构成犯罪的，依法追究刑事责任。 罚款、拘留须经人民法院院长批准。当事		

行政诉讼法	原司法解释	行诉解释
人不服的，可以向上一级人民法院申请复议一次。复议期间不停止执行。		
第六十条　人民法院审理行政案件，不适用调解。但是，行政赔偿、补偿以及行政机关行使法律、法规规定的自由裁量权的案件可以调解。 调解应当遵循自愿、合法原则，不得损害国家利益、社会公共利益和他人合法权益。		第八十四条　人民法院审理行政诉讼法第六十条第一款规定的行政案件，认为法律关系明确、事实清楚，在征得当事人双方同意后，可以迳行调解。 第八十五条　调解达成协议，人民法院应当制作调解书。调解书应当写明诉讼请求、案件的事实和调解结果。 调解书由审判人员、书记员署名，加盖人民法院印章，送达双方当事人。 调解书经双方当事人签收后，即具有法律效力。调解书生效日期根据最后收到调解书的当事人签收的日期确定。 第八十六条　人民法院审理行政案件，调解过程不公开，但当事人同意公开的除外。 经人民法院准许，

行政诉讼法	原司法解释	行诉解释
		第三人可以参加调解。人民法院认为有必要的，可以通知第三人参加调解。
调解协议内容不公开，但为保护国家利益、社会公共利益、他人合法权益，人民法院认为确有必要公开的除外。
当事人一方或者双方不愿调解、调解未达成协议的，人民法院应当及时判决。
当事人自行和解或者调解达成协议后，请求人民法院按照和解协议或者调解协议的内容制作判决书的，人民法院不予准许。
第六十一条　在涉及行政许可、登记、征收、征用和行政机关对民事争议所作的裁决的行政诉讼中，当事人申请一并解决相关民事争议的，人民法院可以一并审理。
在行政诉讼中，人民法院认为行政案件的审理需以民事诉讼的裁	《若干解释》第五十一条　在诉讼过程中，有下列情形之一的，中止诉讼：
（一）原告死亡，须等待其近亲属表明是否参加诉讼的；
（二）原告丧失诉讼行为能力，尚未确定法定代理人的；
（三）作为一方当	第八十七条　在诉讼过程中，有下列情形之一的，中止诉讼：
（一）原告死亡，须等待其近亲属表明是否参加诉讼的；
（二）原告丧失诉讼行为能力，尚未确定法定代理人的；
（三）作为一方当事人的行政机关、法人

行政诉讼法	原司法解释	行诉解释
判为依据的，可以裁定中止行政诉讼。	事人的行政机关、法人或者其他组织终止，尚未确定权利义务承受人的； （四）一方当事人因不可抗力的事由不能参加诉讼的； （五）案件涉及法律适用问题，需要送请有权机关作出解释或者确认的； （六）案件的审判须以相关民事、刑事或者其他行政案件的审理结果为依据，而相关案件尚未审结的； （七）其他应当中止诉讼的情形。 中止诉讼的原因消除后，恢复诉讼。 第五十二条 在诉讼过程中，有下列情形之一的，终结诉讼： （一）原告死亡，没有近亲属或者近亲属放弃诉讼权利的； （二）作为原告的法人或者其他组织终止后，其权利义务的承受人放弃诉讼权利的。 因本解释第五十一	或者其他组织终止，尚未确定权利义务承受人的； （四）一方当事人因不可抗力的事由不能参加诉讼的； （五）案件涉及法律适用问题，需要送请有权机关作出解释或者确认的； （六）案件的审判须以相关民事、刑事或者其他行政案件的审理结果为依据，而相关案件尚未审结的； （七）其他应当中止诉讼的情形。 中止诉讼的原因消除后，恢复诉讼。 第八十八条 在诉讼过程中，有下列情形之一的，终结诉讼： （一）原告死亡，没有近亲属或者近亲属放弃诉讼权利的； （二）作为原告的法人或者其他组织终止后，其权利义务的承受人放弃诉讼权利的。 因本解释第八十七条第一款第一、二、三

行政诉讼法	原司法解释	行诉解释
	条第一款第（一）、（二）、（三）项原因中止诉讼满90日仍无人继续诉讼的，裁定终结诉讼，但有特殊情况的除外。 **第六十一条** 被告对平等主体之间民事争议所作的裁决违法，民事争议当事人要求人民法院一并解决相关民事争议的，人民法院可以一并审理。 《适用解释》**第十七条** 公民、法人或者其他组织请求一并审理行政诉讼法第六十一条规定的相关民事争议，应当在第一审开庭审理前提出；有正当理由的，也可以在法庭调查中提出。 有下列情形之一的，人民法院应当作出不予准许一并审理民事争议的决定，并告知当事人可以依法通过其他渠道主张权利： （一）法律规定应当由行政机关先行处理的；	项原因中止诉讼满九十日仍无人继续诉讼的，裁定终结诉讼，但有特殊情况的除外。 **第一百三十七条** 公民、法人或者其他组织请求一并审理行政诉讼法第六十一条规定的相关民事争议，应当在第一审开庭审理前提出；有正当理由的，也可以在法庭调查中提出。 **第一百三十八条** 人民法院决定在行政诉讼中一并审理相关民事争议，或者案件当事人一致同意相关民事争议在行政诉讼中一并解决，人民法院准许的，由受理行政案件的人民法院管辖。 公民、法人或者其他组织请求一并审理相关民事争议，人民法院经审查发现行政案件已经超过起诉期限，民事案件尚未立案的，告知当事人另行提起民事诉讼；民事案件已经立案的，由原审判组织继续

· 849 ·

行政诉讼法	原司法解释	行诉解释
	（二）违反民事诉讼法专属管辖规定或者协议管辖约定的； （三）已经申请仲裁或者提起民事诉讼的； （四）其他不宜一并审理的民事争议。 对不予准许的决定可以申请复议一次。 **第十八条** 人民法院在行政诉讼中一并审理相关民事争议的，民事争议应当单独立案，由同一审判组织审理。 审理行政机关对民事争议所作裁决的案件，一并审理民事争议的，不另行立案。 **第十九条** 人民法院一并审理相关民事争议，适用民事法律规范的相关规定，法律另有规定的除外。 当事人在调解中对民事权益的处分，不能作为审查被诉行政行为合法性的根据。 行政争议和民事争议应当分别裁判。当事人仅对行政裁判或者民	审理。 人民法院在审理行政案件中发现民事争议为解决行政争议的基础，当事人没有请求人民法院一并审理相关民事争议的，人民法院应当告知当事人依法申请一并解决民事争议。当事人就民事争议另行提起民事诉讼并已立案的，人民法院应当中止行政诉讼的审理。民事争议处理期间不计算在行政诉讼审理期限内。 **第一百三十九条** 有下列情形之一的，人民法院应当作出不予准许一并审理民事争议的决定，并告知当事人可以依法通过其他渠道主张权利： （一）法律规定应当由行政机关先行处理的； （二）违反民事诉讼法专属管辖规定或者协议管辖约定的； （三）约定仲裁或者已经提起民事诉讼的；

行政诉讼法	原司法解释	行诉解释
	事裁判提出上诉的，未上诉的裁判在上诉期满后即发生法律效力。第一审人民法院应当将全部案卷一并移送第二审人民法院，由行政审判庭审理。第二审人民法院发现未上诉的生效裁判确有错误的，应当按照审判监督程序再审。	（四）其他不宜一并审理民事争议的情形。 对不予准许的决定可以申请复议一次。 **第一百四十条** 人民法院在行政诉讼中一并审理相关民事争议的，民事争议应当单独立案，由同一审判组织审理。 人民法院审理行政机关对民事争议所作裁决的案件，一并审理民事争议的，不另行立案。 **第一百四十一条** 人民法院一并审理相关民事争议，适用民事法律规范的相关规定，法律另有规定的除外。 当事人在调解中对民事权益的处分，不能作为审查被诉行政行为合法性的根据。 **第一百四十二条** 对行政争议和民事争议应当分别裁判。 当事人仅对行政裁判或者民事裁判提出上诉的，未上诉的裁判在

行政诉讼法	原司法解释	行诉解释
		上诉期满后即发生法律效力。第一审人民法院应当将全部案卷一并移送第二审人民法院，由行政审判庭审理。第二审人民法院发现未上诉的生效裁判确有错误的，应当按照审判监督程序再审。
第六十二条 人民法院对行政案件宣告判决或者裁定前，原告申请撤诉的，或者被告改变其所作的行政行为，原告同意并申请撤诉的，是否准许，由人民法院裁定。	《若干解释》第五十条 被告在一审期间改变被诉具体行政行为的，应当书面告知人民法院。 原告或者第三人对改变后的行为不服提起诉讼的，人民法院应当就改变后的具体行政行为进行审理。 被告改变原具体行政行为，原告不撤诉，人民法院经审查认为原具体行政行为违法的，应当作出确认其违法的判决；认为原具体行政行为合法的，应当判决驳回原告的诉讼请求。 原告起诉被告不作为，在诉讼中被告作出具体行政行为，原告不撤诉的，参照上述规定	第八十条 原告或者上诉人在庭审中明确拒绝陈述或者以其他方式拒绝陈述，导致庭审无法进行，经法庭释明法律后果后仍不陈述意见的，视为放弃陈述权利，由其承担不利的法律后果。 当事人申请撤诉或者依法可以按撤诉处理的案件，当事人有违反法律的行为需要依法处理的，人民法院可以不准许撤诉或者不按撤诉处理。 法庭辩论终结后原告申请撤诉，人民法院可以准许，但涉及到国家利益和社会公共利益的除外。 第八十一条 被告

行政诉讼法	原司法解释	行诉解释
	处理。	在一审期间改变被诉行政行为的,应当书面告知人民法院。 原告或者第三人对改变后的行政行为不服提起诉讼的,人民法院应当就改变后的行政行为进行审理。 被告改变原违法行政行为,原告仍要求确认原行政行为违法的,人民法院应当依法作出确认判决。 原告起诉被告不作为,在诉讼中被告作出行政行为,原告不撤诉的,人民法院应当就不作为依法作出确认判决。 **第一百四十三条** 行政诉讼原告在宣判前申请撤诉的,是否准许由人民法院裁定。人民法院裁定准许行政诉讼原告撤诉,但其对已经提起的一并审理相关民事争议不撤诉的,人民法院应当继续审理。
第六十三条 人民法院审理行政案件,以法律和行政法规、地方	**《若干解释》第六十二条** 人民法院审理行政案件,适用最高人民	**第一百条** 人民法院审理行政案件,适用最高人民法院司法解释

行政诉讼法	原司法解释	行诉解释
性法规为依据。地方性法规适用于本行政区域内发生的行政案件。 人民法院审理民族自治地方的行政案件，并以该民族自治地方的自治条例和单行条例为依据。 人民法院审理行政案件，参照规章。	法院司法解释的，应当在裁判文书中援引。 人民法院审理行政案件，可以在裁判文书中引用合法有效的规章及其他规范性文件。 《适用解释》第十四条 人民法院审查行政机关是否依法履行、按照约定履行协议或者单方变更、解除协议是否合法，在适用行政法律规范的同时，可以适用不违反行政法和行政诉讼法强制性规定的民事法律规范。	的，应当在裁判文书中援引。 人民法院审理行政案件，可以在裁判文书中引用合法有效的规章及其他规范性文件。
第六十四条 人民法院在审理行政案件中，经审查认为本法第五十三条规定的规范性文件不合法的，不作为认定行政行为合法的依据，并向制定机关提出处理建议。	《适用解释》第二十一条 规范性文件不合法的，人民法院不作为认定行政行为合法的依据，并在裁判理由中予以阐明。作出生效裁判的人民法院应当向规范性文件的制定机关提出处理建议，并可以抄送制定机关的同级人民政府或者上一级行政机关。	**第一百四十七条** 人民法院在对规范性文件审查过程中，发现规范性文件可能不合法的，应当听取规范性文件制定机关的意见。 制定机关申请出庭陈述意见的，人民法院应当准许。 行政机关未陈述意见或者未提供相关证明材料的，不能阻止人民法院对规范性文件进行审查。 **第一百四十八条**

行政诉讼法	原司法解释	行诉解释
		人民法院对规范性文件进行一并审查时，可以从规范性文件制定机关是否超越权限或者违反法定程序、作出行政行为所依据的条款以及相关条款等方面进行。
有下列情形之一的，属于行政诉讼法第六十四条规定的"规范性文件不合法"：
（一）超越制定机关的法定职权或者超越法律、法规、规章的授权范围的；
（二）与法律、法规、规章等上位法的规定相抵触的；
（三）没有法律、法规、规章依据，违法增加公民、法人和其他组织义务或者减损公民、法人和其他组织合法权益的；
（四）未履行法定批准程序、公开发布程序，严重违反制定程序的；
（五）其他违反法律、法规以及规章规定的情形。

行政诉讼法	原司法解释	行诉解释
		第一百四十九条 人民法院经审查认为行政行为所依据的规范性文件合法的，应当作为认定行政行为合法的依据；经审查认为规范性文件不合法的，不作为人民法院认定行政行为合法的依据，并在裁判理由中予以阐明。作出生效裁判的人民法院应当向规范性文件的制定机关提出处理建议，并可以抄送制定机关的同级人民政府、上一级行政机关、监察机关以及规范性文件的备案机关。 规范性文件不合法的，人民法院可以在裁判生效之日起三个月内，向规范性文件制定机关提出修改或者废止该规范性文件的司法建议。 规范性文件由多个部门联合制定的，人民法院可以向该规范性文件的主办机关或者共同上一级行政机关发送司法建议。

行政诉讼法	原司法解释	行诉解释
		接收司法建议的行政机关应当在收到司法建议之日起六十日内予以书面答复。情况紧急的，人民法院可以建议制定机关或者其上一级行政机关立即停止执行该规范性文件。 **第一百五十条** 人民法院认为规范性文件不合法的，应当在裁判生效后报送上一级人民法院进行备案。涉及国务院部门、省级行政机关制定的规范性文件，司法建议还应当分别层报最高人民法院、高级人民法院备案。 **第一百五十一条** 各级人民法院院长对本院已经发生法律效力的判决、裁定，发现规范性文件合法性认定错误，认为需要再审的，应当提交审判委员会讨论。 最高人民法院对地方各级人民法院已经发生法律效力的判决、裁定，上级人民法院对下级人民法院已经发生法

行政诉讼法	原司法解释	行诉解释
		律效力的判决、裁定，发现规范性文件合法性认定错误的，有权提审或者指令下级人民法院再审。
第六十五条 人民法院应当公开发生法律效力的判决书、裁定书，供公众查阅，但涉及国家秘密、商业秘密和个人隐私的内容除外。		
第六十六条 人民法院在审理行政案件中，认为行政机关的主管人员、直接责任人员违法违纪的，应当将有关材料移送监察机关、该行政机关或者其上一级行政机关；认为有犯罪行为的，应当将有关材料移送公安、检察机关。 　　人民法院对被告经传票传唤无正当理由拒不到庭，或者未经法庭许可中途退庭的，可以将被告拒不到庭或者中途退庭的情况予以公告，并可以向监察机关或者被告的上一级行政		

行政诉讼法	原司法解释	行诉解释
机关提出依法给予其主要负责人或者直接责任人员处分的司法建议。		
第二节　第一审普通程序		
第六十七条　人民法院应当在立案之日起五日内，将起诉状副本发送被告。被告应当在收到起诉状副本之日起十五日内向人民法院提交作出行政行为的证据和所依据的规范性文件，并提出答辩状。人民法院应当在收到答辩状之日起五日内，将答辩状副本发送原告。 被告不提出答辩状的，不影响人民法院审理。	《若干解释》第四十五条　起诉状副本送达被告后，原告提出新的诉讼请求的，人民法院不予准许，但有正当理由的除外。	第七十条　起诉状副本送达被告后，原告提出新的诉讼请求的，人民法院不予准许，但有正当理由的除外。
第六十八条　人民法院审理行政案件，由审判员组成合议庭，或者由审判员、陪审员组成合议庭。合议庭的成员，应当是三人以上的单数。		
第六十九条　行政行为证据确凿，适用法律、法规正确，符合法	《若干解释》第五十六条　有下列情形之一的，人民法院应当判	

行政诉讼法	原司法解释	行诉解释
定程序的，或者原告申请被告履行法定职责或者给付义务理由不成立的，人民法院判决驳回原告的诉讼请求。	决驳回原告的诉讼请求： （一）起诉被告不作为理由不能成立的； （二）被诉具体行政行为合法但存在合理性问题的； （三）被诉具体行政行为合法，但因法律、政策变化需要变更或者废止的； （四）其他应当判决驳回诉讼请求的情形。	
第七十条 行政行为有下列情形之一的，人民法院判决撤销或者部分撤销，并可以判决被告重新作出行政行为： （一）主要证据不足的； （二）适用法律、法规错误的； （三）违反法定程序的； （四）超越职权的； （五）滥用职权的； （六）明显不当的。	**第五十九条** 根据行政诉讼法第五十四条第（二）项规定判决撤销违法的被诉具体行政行为，将会给国家利益、公共利益或者他人合法权益造成损失的，人民法院在判决撤销的同时，可以分别采取以下方式处理： （一）判决被告重新作出具体行政行为； （二）责令被诉行政机关采取相应的补救措施； （三）向被告和有关机关提出司法建议；	

行政诉讼法	原司法解释	行诉解释
	（四）发现违法犯罪行为的，建议有权机关依法处理。 　　**第六十条**　人民法院判决被告重新作出具体行政行为，如不及时重新作出具体行政行为，将会给国家利益、公共利益或者当事人利益造成损失的，可以限定重新作出具体行政行为的期限。 　　人民法院判决被告履行法定职责，应当指定履行的期限，因情况特殊难于确定期限的除外。	
第七十一条　人民法院判决被告重新作出行政行为的，被告不得以同一的事实和理由作出与原行政行为基本相同的行政行为。	**《若干解释》第五十四条**　人民法院判决被告重新作出具体行政行为，被告重新作出的具体行政行为与原具体行政行为的结果相同，但主要事实或者主要理由有改变的，不属于行政诉讼法第五十五条规定的情形。 　　人民法院以违反法定程序为由，判决撤销被诉具体行政行为的，行政机关重新作出具体	**第九十条**　人民法院判决被告重新作出行政行为，被告重新作出的行政行为与原行政行为的结果相同，但主要事实或者主要理由有改变的，不属于行政诉讼法第七十一条规定的情形。 　　人民法院以违反法定程序为由，判决撤销被诉行政行为的，行政机关重新作出行政行为不受行政诉讼法第七十

行政诉讼法	原司法解释	行诉解释
	行政行为不受行政诉讼法第五十五条规定的限制。 　　行政机关以同一事实和理由重新作出与原具体行政行为基本相同的具体行政行为，人民法院应当根据行政诉讼法第五十四条第（二）项、第五十五条的规定判决撤销或者部分撤销，并根据行政诉讼法第六十五条第三款的规定处理。	一条规定的限制。 　　行政机关以同一事实和理由重新作出与原行政行为基本相同的行政行为，人民法院应当根据行政诉讼法第七十条、第七十一条的规定判决撤销或者部分撤销，并根据行政诉讼法第九十六条的规定处理。
第七十二条　人民法院经过审理，查明被告不履行法定职责的，判决被告在一定期限内履行。	《适用解释》第二十二条　原告请求被告履行法定职责的理由成立，被告违法拒绝履行或者无正当理由逾期不予答复的，人民法院可以根据行政诉讼法第七十二条的规定，判决被告在一定期限内依法履行原告请求的法定职责；尚需被告调查或者裁量的，应当判决被告针对原告的请求重新作出处理。	第九十一条　原告请求被告履行法定职责的理由成立，被告违法拒绝履行或者无正当理由逾期不予答复的，人民法院可以根据行政诉讼法第七十二条的规定，判决被告在一定期限内依法履行原告请求的法定职责；尚需被告调查或者裁量的，应当判决被告针对原告的请求重新作出处理。
第七十三条　人民法院经过审理，查明被	《适用解释》第二十三条　原告申请被告	第九十二条　原告申请被告依法履行支付

行政诉讼法	原司法解释	行诉解释
告依法负有给付义务的，判决被告履行给付义务。	依法履行支付抚恤金、最低生活保障待遇或者社会保险待遇等给付义务的理由成立，被告依法负有给付义务而拒绝或者拖延履行义务且无正当理由的，人民法院可以根据行政诉讼法第七十三条的规定，判决被告在一定期限内履行相应的给付义务。	抚恤金、最低生活保障待遇或者社会保险待遇等给付义务的理由成立，被告依法负有给付义务而拒绝或者拖延履行义务的，人民法院可以根据行政诉讼法第七十三条的规定，判决被告在一定期限内履行相应的给付义务。
第七十四条　行政行为有下列情形之一的，人民法院判决确认违法，但不撤销行政行为： 　　（一）行政行为依法应当撤销，但撤销会给国家利益、社会公共利益造成重大损害的； 　　（二）行政行为程序轻微违法，但对原告权利不产生实际影响的。 　　行政行为有下列情形之一，不需要撤销或者判决履行的，人民法院判决确认违法： 　　（一）行政行为违法，但不具有可撤销内容的；	**《若干解释》第五十七条**　人民法院认为被诉具体行政行为合法，但不适宜判决维持或者驳回诉讼请求的，可以作出确认其合法或者有效的判决。 　　有下列情形之一的，人民法院应当作出确认被诉具体行政行为违法或者无效的判决： 　　（一）被告不履行法定职责，但判决责令其履行法定职责已无实际意义的； 　　（二）被诉具体行政行为违法，但不具有可撤销内容的； 　　（三）被诉具体行政行为依法不成立或者	**第九十六条**　有下列情形之一，且对原告依法享有的听证、陈述、申辩等重要程序性权利不产生实质损害的，属于行政诉讼法第七十四条第一款第二项规定的"程序轻微违法"： 　　（一）处理期限轻微违法； 　　（二）通知、送达等程序轻微违法； 　　（三）其他程序轻微违法的情形。

行政诉讼法	原司法解释	行诉解释
（二）被告改变原违法行政行为，原告仍要求确认原行政行为违法的； （三）被告不履行或者拖延履行法定职责，判决履行没有意义的。	无效的。	
第七十五条 行政行为有实施主体不具有行政主体资格或者没有依据等重大且明显违法情形，原告申请确认行政行为无效的，人民法院判决确认无效。		**第九十四条** 公民、法人或者其他组织起诉请求撤销行政行为，人民法院经审查认为行政行为无效的，应当作出确认无效的判决。 公民、法人或者其他组织起诉请求确认行政行为无效，人民法院审查认为行政行为不属于无效情形，经释明，原告请求撤销行政行为的，应当继续审理并依法作出相应判决；原告请求撤销行政行为但超过法定起诉期限的，裁定驳回起诉；原告拒绝变更诉讼请求的，判决驳回其诉讼请求。 **第九十九条** 有下列情形之一的，属于行政诉讼法第七十五条规

行政诉讼法	原司法解释	行诉解释
		定的"重大且明显违法": （一）行政行为实施主体不具有行政主体资格； （二）减损权利或者增加义务的行政行为没有法律规范依据； （三）行政行为的内容客观上不可能实施； （四）其他重大且明显违法的情形。
第七十六条　人民法院判决确认违法或者无效的，可以同时判决责令被告采取补救措施；给原告造成损失的，依法判决被告承担赔偿责任。	《若干解释》第五十八条　被诉具体行政行为违法，但撤销该具体行政行为将会给国家利益或者公共利益造成重大损失的，人民法院应当作出确认被诉具体行政行为违法的判决，并责令被诉行政机关采取相应的补救措施；造成损害的，依法判决承担赔偿责任。	第九十五条　人民法院经审理认为被诉行政行为违法或者无效，可能给原告造成损失，经释明，原告请求一并解决行政赔偿争议的，人民法院可以就赔偿事项进行调解；调解不成的，应当一并判决。人民法院也可以告知其就赔偿事项另行提起诉讼。 第九十七条　原告或者第三人的损失系由其自身过错和行政机关的违法行政行为共同造成的，人民法院应当依据各方行为与损害结果之间有无因果关系以及

行政诉讼法	原司法解释	行诉解释
		在损害发生和结果中作用力的大小，确定行政机关相应的赔偿责任。 　　**第九十八条**　因行政机关不履行、拖延履行法定职责，致使公民、法人或者其他组织的合法权益遭受损害的，人民法院应当判决行政机关承担行政赔偿责任。在确定赔偿数额时，应当考虑该不履行、拖延履行法定职责的行为在损害发生过程和结果中所起的作用等因素。
第七十七条　行政处罚明显不当，或者其他行政行为涉及对款额的确定、认定确有错误的，人民法院可以判决变更。 　　人民法院判决变更，不得加重原告的义务或者减损原告的权益。但利害关系人同为原告，且诉讼请求相反的除外。	《若干解释》第五十五条　人民法院审理行政案件不得加重对原告的处罚，但利害关系人同为原告的除外。 　　人民法院审理行政案件不得对行政机关未予处罚的人直接给予行政处罚。	
第七十八条　被告不依法履行、未按照约	《适用解释》第十五条　原告主张被告不	

行政诉讼法	原司法解释	行诉解释
定履行或者违法变更、解除本法第十二条第一款第十一项规定的协议的，人民法院判决被告承担继续履行、采取补救措施或者赔偿损失等责任。 被告变更、解除本法第十二条第一款第十一项规定的协议合法，但未依法给予补偿的，人民法院判决给予补偿。	依法履行、未按照约定履行协议或者单方变更、解除协议违法，理由成立的，人民法院可以根据原告的诉讼请求判决确认协议有效、判决被告继续履行协议，并明确继续履行的具体内容；被告无法继续履行或者继续履行已无实际意义的，判决被告采取相应的补救措施；给原告造成损失的，判决被告予以赔偿。 原告请求解除协议或者确认协议无效，理由成立的，判决解除协议或者确认协议无效，并根据合同法等相关法律规定作出处理。 被告因公共利益需要或者其他法定理由单方变更、解除协议，给原告造成损失的，判决被告予以补偿。	
第七十九条 复议机关与作出原行政行为的行政机关为共同被告的案件，人民法院应当对复议决定和原行政行为一并作出裁判。	**《若干解释》第五十三条** 复议决定维持原具体行政行为的，人民法院判决撤销原具体行政行为，复议决定自然无效。	**第八十九条** 复议决定改变原行政行为错误，人民法院判决撤销复议决定时，可以一并责令复议机关重新作出复议决定或者判决恢复

行政诉讼法	原司法解释	行诉解释
	复议决定改变原具体行政行为错误，人民法院判决撤销复议决定时，应当责令复议机关重新作出复议决定。 《适用解释》第九条第一款 复议机关决定维持原行政行为的，人民法院应当在审查原行政行为合法性的同时，一并审查复议程序的合法性。 第十条 人民法院对原行政行为作出判决的同时，应当对复议决定一并作出相应判决。 人民法院判决撤销原行政行为和复议决定的，可以判决作出原行政行为的行政机关重新作出行政行为。 人民法院判决作出原行政行为的行政机关履行法定职责或者给付义务的，应当同时判决撤销复议决定。 原行政行为合法、复议决定违反法定程序的，应当判决确认复议决定违法，同时判决驳	原行政行为的法律效力。 第一百三十五条 复议机关决定维持原行政行为的，人民法院应当在审查原行政行为合法性的同时，一并审查复议决定的合法性。 第一百三十六条 人民法院对原行政行为作出判决的同时，应当对复议决定一并作出相应判决。 人民法院依职权追加作出原行政行为的行政机关或者复议机关为共同被告的，对原行政行为或者复议决定可以作出相应判决。 人民法院判决撤销原行政行为和复议决定的，可以判决作出原行政行为的行政机关重新作出行政行为。 人民法院判决作出原行政行为的行政机关履行法定职责或者给付义务的，应当同时判决撤销复议决定。 原行政行为合法、复议决定违法的，人民

行政诉讼法	原司法解释	行诉解释
	回原告针对原行政行为的诉讼请求。 　　原行政行为被撤销、确认违法或者无效，给原告造成损失的，应当由作出原行政行为的行政机关承担赔偿责任；因复议程序违法给原告造成损失的，由复议机关承担赔偿责任。	法院可以判决撤销复议决定或者确认复议决定违法，同时判决驳回原告针对原行政行为的诉讼请求。 　　原行政行为被撤销、确认违法或者无效，给原告造成损失的，应当由作出原行政行为的行政机关承担赔偿责任；因复议决定加重损害的，由复议机关对加重部分承担赔偿责任。 　　原行政行为不符合复议或者诉讼受案范围等受理条件，复议机关作出维持决定的，人民法院应当裁定一并驳回对原行政行为和复议决定的起诉。
第八十条　人民法院对公开审理和不公开审理的案件，一律公开宣告判决。 　　当庭宣判的，应当在十日内发送判决书；定期宣判的，宣判后立即发给判决书。 　　宣告判决时，必须告知当事人上诉权利、		

行政诉讼法	原司法解释	行诉解释
上诉期限和上诉的人民法院。		
第八十一条 人民法院应当在立案之日起六个月内作出第一审判决。有特殊情况需要延长的，由高级人民法院批准，高级人民法院审理第一审案件需要延长的，由最高人民法院批准。	《若干解释》第六十四条 行政诉讼法第五十七条、第六十条规定的审限，是指从立案之日起至裁判宣告之日止的期间。鉴定、处理管辖争议或者异议以及中止诉讼的时间不计算在内。 第八十一条 再审案件按照第一审程序审理的，适用行政诉讼法第五十七条规定的审理期限。 再审案件按照第二审程序审理的，适用行政诉讼法第六十条规定的审理期限。 第八十二条 基层人民法院申请延长审理期限，应当直接报请高级人民法院批准，同时报中级人民法院备案。	第五十条 行政诉讼法第八十一条、第八十三条、第八十八条规定的审理期限，是指从立案之日起至裁判宣告、调解书送达之日止的期间，但公告期间、鉴定期间、调解期间、中止诉讼期间、审理当事人提出的管辖异议以及处理人民法院之间的管辖争议期间不应计算在内。 再审案件按照第一审程序或者第二审程序审理的，适用行政诉讼法第八十一条、第八十八条规定的审理期限。审理期限自再审立案的次日起算。 基层人民法院申请延长审理期限，应当直接报请高级人民法院批准，同时报中级人民法院备案。 第四十八条 期间包括法定期间和人民法院指定的期间。 期间以时、日、

行政诉讼法	原司法解释	行诉解释
		月、年计算。期间开始的时和日，不计算在期间内。 期间届满的最后一日是节假日的，以节假日后的第一日为期间届满的日期。 期间不包括在途时间，诉讼文书在期满前交邮的，视为在期限内发送。
第三节　简易程序		
第八十二条　人民法院审理下列第一审行政案件，认为事实清楚、权利义务关系明确、争议不大的，可以适用简易程序： 　　（一）被诉行政行为是依法当场作出的； 　　（二）案件涉及款额二千元以下的； 　　（三）属于政府信息公开案件的。 　　除前款规定以外的第一审行政案件，当事人各方同意适用简易程序的，可以适用简易程序。 　　发回重审、按照审		第一百零二条　行政诉讼法第八十二条规定的行政案件中的"事实清楚"，是指当事人对争议的事实陈述基本一致，并能提供相应的证据，无须人民法院调查收集证据即可查明事实；"权利义务关系明确"，是指行政法律关系中权利和义务能够明确区分；"争议不大"，是指当事人对行政行为的合法性、责任承担等没有实质分歧。

行政诉讼法	原司法解释	行诉解释
判监督程序再审的案件不适用简易程序。		
第八十三条 适用简易程序审理的行政案件，由审判员一人独任审理，并应当在立案之日起四十五日内审结。		第一百零三条 适用简易程序审理的行政案件，人民法院可以用口头通知、电话、短信、传真、电子邮件等简便方式传唤当事人、通知证人、送达裁判文书以外的诉讼文书。 以简便方式送达的开庭通知，未经当事人确认或者没有其他证据证明当事人已经收到的，人民法院不得缺席判决。 第一百零四条 适用简易程序案件的举证期限由人民法院确定，也可以由当事人协商一致并经人民法院准许，但不得超过十五日。被告要求书面答辩的，人民法院可以确定合理的答辩期间。 人民法院应当将举证期限和开庭日期告知双方当事人，并向当事人说明逾期举证以及拒不到庭的法律后果，由双方当事人在笔录和开

行政诉讼法	原司法解释	行诉解释
		庭传票的送达回证上签名或者捺印。 　　当事人双方均表示同意立即开庭或者缩短举证期限、答辩期间的，人民法院可以立即开庭审理或者确定近期开庭。
第八十四条　人民法院在审理过程中，发现案件不宜适用简易程序的，裁定转为普通程序。		第一百零五条　人民法院发现案情复杂，需要转为普通程序审理的，应当在审理期限届满前作出裁定并将合议庭组成人员及相关事项书面通知双方当事人。 　　案件转为普通程序审理的，审理期限自人民法院立案之日起计算。
第四节　第二审程序		
第八十五条　当事人不服人民法院第一审判决的，有权在判决书送达之日起十五日内向上一级人民法院提起上诉。当事人不服人民法院第一审裁定的，有权在裁定书送达之日起十日内向上一级人民法院提起上诉。逾期不提起	《若干解释》　第六十三条　裁定适用于下列范围： 　　（一）不予受理； 　　（二）驳回起诉； 　　（三）管辖异议； 　　（四）终结诉讼； 　　（五）中止诉讼； 　　（六）移送或者指定管辖；	第五十二条　人民法院可以在当事人住所地以外向当事人直接送达诉讼文书。当事人拒绝签署送达回证的，采用拍照、录像等方式记录送达过程即视为送达。审判人员、书记员应当在送达回证上注明送达情况并签名。

行政诉讼法	原司法解释	行诉解释
上诉的，人民法院的第一审判决或者裁定发生法律效力。	（七）诉讼期间停止具体行政行为的执行或者驳回停止执行的申请； （八）财产保全； （九）先予执行； （十）准许或者不准许撤诉； （十一）补正裁判文书中的笔误； （十二）中止或者终结执行； （十三）提审、指令再审或者发回重审； （十四）准许或者不准许执行行政机关的具体行政行为； （十五）其他需要裁定的事项。 对第（一）（二）、（三）项裁定，当事人可以上诉。 **第六十五条** 第一审人民法院作出判决和裁定后，当事人均提起上诉的，上诉各方均为上诉人。 诉讼当事人中的一部分人提出上诉，没有提出上诉的对方当事人为被上诉人，其他当事	**第一百零一条** 裁定适用于下列范围： （一）不予立案； （二）驳回起诉； （三）管辖异议； （四）终结诉讼； （五）中止诉讼； （六）移送或者指定管辖； （七）诉讼期间停止行政行为的执行或者驳回停止执行的申请； （八）财产保全； （九）先予执行； （十）准许或者不准许撤诉； （十一）补正裁判文书中的笔误； （十二）中止或者终结执行； （十三）提审、指令再审或者发回重审； （十四）准许或者不准许执行行政机关的行政行为； （十五）其他需要裁定的事项。 对第一、二、三项裁定，当事人可以上诉。 裁定书应当写明裁

行政诉讼法	原司法解释	行诉解释
	人依原审诉讼地位列明。 **第六十六条** 当事人提出上诉，应当按照其他当事人或者诉讼代表人的人数提出上诉状副本。 原审人民法院收到上诉状，应当在5日内将上诉状副本送达其他当事人，对方当事人应当在收到上诉状副本之日起10日内提出答辩状。 原审人民法院应当在收到答辩状之日起5日内将副本送达当事人。 原审人民法院收到上诉状、答辩状，应当在5日内连同全部案卷和证据，报送第二审人民法院。已经预收诉讼费用的，一并报送。	定结果和作出该裁定的理由。裁定书由审判人员、书记员署名，加盖人民法院印章。口头裁定的，记入笔录。 **第一百零七条** 第一审人民法院作出判决和裁定后，当事人均提起上诉的，上诉各方均为上诉人。 诉讼当事人中的一部分人提出上诉，没有提出上诉的对方当事人为被上诉人，其他当事人依原审诉讼地位列明。 **第一百零八条** 当事人提出上诉，应当按照其他当事人或者诉讼代表人的人数提出上诉状副本。 原审人民法院收到上诉状，应当在五日内将上诉状副本发送其他当事人，对方当事人应当在收到上诉状副本之日起十五日内提出答辩状。 原审人民法院应当在收到答辩状之日起五日内将副本发送上诉

行政诉讼法	原司法解释	行诉解释
		人。对方当事人不提出答辩状的，不影响人民法院审理。 　　原审人民法院收到上诉状、答辩状，应当在五日内连同全部案卷和证据，报送第二审人民法院；已经预收的诉讼费用，一并报送。
第八十六条　人民法院对上诉案件，应当组成合议庭，开庭审理。经过阅卷、调查和询问当事人，对没有提出新的事实、证据或者理由，合议庭认为不需要开庭审理的，也可以不开庭审理。		
第八十七条　人民法院审理上诉案件，应当对原审人民法院的判决、裁定和被诉行政行为进行全面审查。	《若干解释》第六十七条　第二审人民法院审理上诉案件，应当对原审人民法院的裁判和被诉具体行政行为是否合法进行全面审查。 　　当事人对原审人民法院认定的事实有争议的，或者第二审人民法院认为原审人民法院认定事实不清楚的，第二审人民法院应当开庭审	

行政诉讼法	原司法解释	行诉解释
	理。	
第八十八条 人民法院审理上诉案件，应当在收到上诉状之日起三个月内作出终审判决。有特殊情况需要延长的，由高级人民法院批准，高级人民法院审理上诉案件需要延长的，由最高人民法院批准。		
第八十九条 人民法院审理上诉案件，按照下列情形，分别处理： （一）原判决、裁定认定事实清楚，适用法律、法规正确的，判决或者裁定驳回上诉，维持原判决、裁定； （二）原判决、裁定认定事实错误或者适用法律、法规错误的，依法改判、撤销或者变更； （三）原判决认定基本事实不清、证据不足的，发回原审人民法院重审，或者查清事实后改判；	《若干解释》第六十八条 第二审人民法院经审理认为原审人民法院不予受理或者驳回起诉的裁定确有错误，且起诉符合法定条件的，应当裁定撤销原审人民法院的裁定，指令原审人民法院依法立案受理或者继续审理。 第六十九条 第二审人民法院裁定发回原审人民法院重新审理的行政案件，原审人民法院应当另行组成合议庭进行审理。 第七十条 第二审人民法院审理上诉案件，需要改变原审判决	第一百零九条 第二审人民法院经审理认为原审人民法院不予立案或者驳回起诉的裁定确有错误且当事人的起诉符合起诉条件的，应当裁定撤销原审人民法院的裁定，指令原审人民法院依法立案或者继续审理。 第二审人民法院裁定发回原审人民法院重新审理的行政案件，原审人民法院应当另行组成合议庭进行审理。 原审判决遗漏了必须参加诉讼的当事人或者诉讼请求的，第二审人民法院应当裁定撤销

行政诉讼法	原司法解释	行诉解释
（四）原判决遗漏当事人或者违法缺席判决等严重违反法定程序的，裁定撤销原判决，发回原审人民法院重审。 原审人民法院对发回重审的案件作出判决后，当事人提起上诉的，第二审人民法院不得再次发回重审。 人民法院审理上诉案件，需要改变原审判决的，应当同时对被诉行政行为作出判决。	的，应当同时对被诉具体行政行为作出判决。 **第七十一条** 原审判决遗漏了必须参加诉讼的当事人或者诉讼请求的，第二审人民法院应当裁定撤销原审判决，发回重审。 原审判决遗漏行政赔偿请求，第二审人民法院经审查认为依法不应当予以赔偿的，应当判决驳回行政赔偿请求。 原审判决遗漏行政赔偿请求，第二审人民法院经审理认为依法应当予以赔偿的，在确认被诉具体行政行为违法的同时，可以就行政赔偿问题进行调解；调解不成的，应当就行政赔偿部分发回重审。 当事人在第二审期间提出行政赔偿请求的，第二审人民法院可以进行调解；调解不成的，应当告知当事人另行起诉。 **第七十二条** 有下列情形之一的，属于行	原审判决，发回重审。 原审判决遗漏行政赔偿请求，第二审人民法院经审查认为依法不应当予以赔偿的，应当判决驳回行政赔偿请求。 原审判决遗漏行政赔偿请求，第二审人民法院经审理认为依法应当予以赔偿的，在确认被诉行政行为违法的同时，可以就行政赔偿问题进行调解；调解不成的，应当就行政赔偿部分发回重审。 当事人在第二审期间提出行政赔偿请求的，第二审人民法院可以进行调解；调解不成的，应当告知当事人另行起诉。

行政诉讼法	原司法解释	行诉解释
	政诉讼法第六十三条规定的"违反法律、法规规定"： （一）原判决、裁定认定的事实主要证据不足； （二）原判决、裁定适用法律、法规确有错误； （三）违反法定程序，可能影响案件正确裁判； （四）其他违反法律、法规的情形。	
第五节　审判监督程序		
第九十条　当事人对已经发生法律效力的判决、裁定，认为确有错误的，可以向上一级人民法院申请再审，但判决、裁定不停止执行。	《若干解释》第七十三条　当事人申请再审，应当在判决、裁定发生法律效力后2年内提出。 当事人对已经发生法律效力的行政赔偿调解书，提出证据证明调解违反自愿原则或者调解协议的内容违反法律规定的，可以在2年内申请再审。 《适用解释》第二十四条　当事人向上一级人民法院申请再审，	第一百一十条　当事人向上一级人民法院申请再审，应当在判决、裁定或者调解书发生法律效力后六个月内提出。有下列情形之一的，自知道或者应当知道之日起六个月内提出： （一）有新的证据，足以推翻原判决、裁定的； （二）原判决、裁定认定事实的主要证据是伪造的；

行政诉讼法	原司法解释	行诉解释
	应当在判决、裁定或者调解书发生法律效力后六个月内提出。有下列情形之一的，自知道或者应当知道之日起六个月内提出： （一）有新的证据，足以推翻原判决、裁定的； （二）原判决、裁定认定事实的主要证据是伪造的； （三）据以作出原判决、裁定的法律文书被撤销或者变更的； （四）审判人员审理该案件时有贪污受贿、徇私舞弊、枉法裁判行为的。	（三）据以作出原判决、裁定的法律文书被撤销或者变更的； （四）审判人员审理该案件时有贪污受贿、徇私舞弊、枉法裁判行为的。 **第一百一十一条** 当事人申请再审的，应当提交再审申请书等材料。人民法院认为有必要的，可以自收到再审申请书之日起五日内将再审申请书副本发送对方当事人。对方当事人应当自收到再审申请书副本之日起十五日内提交书面意见。人民法院可以要求申请人和对方当事人补充有关材料，询问有关事项。 **第一百一十二条** 人民法院应当自再审申请案件立案之日起六个月内审查，有特殊情况需要延长的，由本院院长批准。 **第一百一十三条** 人民法院根据审查再审申请案件的需要决定是否询问当事人；新的证

行政诉讼法	原司法解释	行诉解释
		据可能推翻原判决、裁定的,人民法院应当询问当事人。 **第一百一十四条** 审查再审申请期间,被申请人及原审其他当事人依法提出再审申请的,人民法院应当将其列为再审申请人,对其再审事由一并审查,审查期限重新计算。经审查,其中一方再审申请人主张的再审事由成立的,应当裁定再审。各方再审申请人主张的再审事由均不成立的,一并裁定驳回再审申请。 **第一百一十五条** 审查再审申请期间,再审申请人申请人民法院委托鉴定、勘验的,人民法院不予准许。 审查再审申请期间,再审申请人撤回再审申请的,是否准许,由人民法院裁定。 再审申请人经传票传唤,无正当理由拒不接受询问的,按撤回再审申请处理。 人民法院准许撤回

行政诉讼法	原司法解释	行诉解释
		再审申请或者按撤回再审申请处理后,再审申请人再次申请再审的,不予立案,但有行政诉讼法第九十一条第二项、第三项、第七项、第八项规定情形,自知道或者应当知道之日起六个月内提出的除外。
第九十一条 当事人的申请符合下列情形之一的,人民法院应当再审: (一)不予立案或者驳回起诉确有错误的; (二)有新的证据,足以推翻原判决、裁定的; (三)原判决、裁定认定事实的主要证据不足、未经质证或者系伪造的; (四)原判决、裁定适用法律、法规确有错误的; (五)违反法律规定的诉讼程序,可能影响公正审判的; (六)原判决、裁定遗漏诉讼请求的;	《若干解释》第七十四条 人民法院接到当事人的再审申请后,经审查,符合再审条件的,应当立案并及时通知各方当事人;不符合再审条件的,予以驳回。 第七十七条 按照审判监督程序决定再审的案件,应当裁定中止原判决的执行;裁定由院长署名,加盖人民法院印章。 上级人民法院决定提审或者指令下级人民法院再审的,应当作出裁定,裁定应当写明中止原判决的执行;情况紧急的,可以将中止执行的裁定口头通知负责执行的人民法院或者作	第一百一十六条 当事人主张的再审事由成立,且符合行政诉讼法和本解释规定的申请再审条件的,人民法院应当裁定再审。 当事人主张的再审事由不成立,或者当事人申请再审超过法定申请再审期限、超出法定再审事由范围等不符合行政诉讼法和本解释规定的申请再审条件的,人民法院应当裁定驳回再审申请。 第一百一十八条 按照审判监督程序决定再审的案件,裁定中止原判决、裁定、调解书的执行,但支付抚恤金、最低生活保障费或者社会保险待遇的案

行政诉讼法	原司法解释	行诉解释
（七）据以作出原判决、裁定的法律文书被撤销或者变更的； （八）审判人员在审理该案件时有贪污受贿、徇私舞弊、枉法裁判行为的。	出生效判决、裁定的人民法院，但应当在口头通知后10日内发出裁定书。 　　第七十九条　人民法院审理二审案件和再审案件，对原审法院受理、不予受理或者驳回起诉错误的，应当分别情况作如下处理： 　　（一）第一审人民法院作出实体判决后，第二审人民法院认为不应当受理的，在撤销第一审人民法院判决的同时，可以发回重审，也可以迳行驳回起诉； 　　（二）第二审人民法院维持第一审人民法院不予受理裁定错误的，再审法院应当撤销第一审、第二审人民法院裁定，指令第一审人民法院受理； 　　（三）第二审人民法院维持第一审人民法院驳回起诉裁定错误的，再审法院应当撤销第一审、第二审人民法院裁定，指令第一审人民法院审理。	件，可以不中止执行。 　　上级人民法院决定提审或者指令下级人民法院再审的，应当作出裁定，裁定应当写明中止原判决的执行；情况紧急的，可以将中止执行的裁定口头通知负责执行的人民法院或者作出生效判决、裁定的人民法院，但应当在口头通知后十日内发出裁定书。 　　第一百二十条　人民法院审理再审案件应当围绕再审请求和被诉行政行为合法性进行。当事人的再审请求超出原审诉讼请求，符合另案诉讼条件的，告知当事人可以另行起诉。 　　被申请人及原审其他当事人在庭审辩论结束前提出的再审请求，符合本解释规定的申请期限的，人民法院应当一并审理。 　　人民法院经再审，发现已经发生法律效力的判决、裁定损害国家利益、社会公共利益、

行政诉讼法	原司法解释	行诉解释
	第八十条 人民法院审理再审案件，发现生效裁判有下列情形之一的，应当裁定发回作出生效判决、裁定的人民法院重新审理： （一）审理本案的审判人员、书记员应当回避而未回避的； （二）依法应当开庭审理而未经开庭即作出判决的； （三）未经合法传唤当事人而缺席判决的； （四）遗漏必须参加诉讼的当事人的； （五）对与本案有关的诉讼请求未予裁判的； （六）其他违反法定程序可能影响案件正确裁判的。	他人合法权益的，应当一并审理。 第一百二十一条 再审审理期间，有下列情形之一的，裁定终结再审程序： （一）再审申请人在再审期间撤回再审请求，人民法院准许的； （二）再审申请人经传票传唤，无正当理由拒不到庭的，或者未经法庭许可中途退庭，按撤回再审请求处理的； （三）人民检察院撤回抗诉的； （四）其他应当终结再审程序的情形。 因人民检察院提出抗诉裁定再审的案件，申请抗诉的当事人有前款规定的情形，且不损害国家利益、社会公共利益或者他人合法权益的，人民法院裁定终结再审程序。 再审程序终结后，人民法院裁定中止执行的原生效判决自动恢复执行。

行政诉讼法	原司法解释	行诉解释
		第一百二十三条 人民法院审理二审案件和再审案件，对原审法院立案、不予立案或者驳回起诉错误的，应当分别情况作如下处理： （一）第一审人民法院作出实体判决后，第二审人民法院认为不应当立案的，在撤销第一审人民法院判决的同时，可以迳行驳回起诉； （二）第二审人民法院维持第一审人民法院不予立案裁定错误的，再审法院应当撤销第一审、第二审人民法院裁定，指令第一审人民法院受理； （三）第二审人民法院维持第一审人民法院驳回起诉裁定错误的，再审法院应当撤销第一审、第二审人民法院裁定，指令第一审人民法院审理。
第九十二条 各级人民法院院长对本院已经发生法律效力的判	《若干解释》第七十六条 人民法院按照审判监督程序再审的案	第一百一十九条 人民法院按照审判监督程序再审的案件，发生

行政诉讼法	原司法解释	行诉解释
决、裁定，发现有本法第九十一条规定情形之一，或者发现调解违反自愿原则或者调解书内容违法，认为需要再审的，应当提交审判委员会讨论决定。 最高人民法院对地方各级人民法院已经发生法律效力的判决、裁定，上级人民法院对下级人民法院已经发生法律效力的判决、裁定，发现有本法第九十一条规定情形之一，或者发现调解违反自愿原则或者调解书内容违法的，有权提审或者指令下级人民法院再审。	件，发生法律效力的判决、裁定是由第一审人民法院作出的，按照第一审程序审理，所作的判决、裁定，当事人可以上诉；发生法律效力的判决、裁定是由第二审人民法院作出的，按照第二审程序审理，所作的判决、裁定是发生法律效力的判决、裁定；上级人民法院按照审判监督程序提审的，按照第二审程序审理，所作的判决、裁定是发生法律效力的判决、裁定。 人民法院审理再审案件，应当另行组成合议庭。 **第七十八条** 人民法院审理再审案件，认为原生效判决、裁定确有错误，在撤销原生效判决或者裁定的同时，可以对生效判决、裁定的内容作出相应裁判，也可以裁定撤销生效判决或者裁定，发回作出生效判决、裁定的人民法院重新审判。	法律效力的判决、裁定是由第一审法院作出的，按照第一审程序审理，所作的判决、裁定，当事人可以上诉；发生法律效力的判决、裁定是由第二审法院作出的，按照第二审程序审理，是发生法律效力的判决、裁定；上级人民法院按照审判监督程序提审的，按照第二审程序审理，所作的判决、裁定是发生法律效力的判决、裁定。 人民法院审理再审案件，应当另行组成合议庭。 **第一百二十二条** 人民法院审理再审案件，认为原生效判决、裁定确有错误，在撤销原生效判决或者裁定的同时，可以对生效判决、裁定的内容作出相应裁判，也可以裁定撤销生效判决或者裁定，发回作出生效判决、裁定的人民法院重新审理。

行政诉讼法	原司法解释	行诉解释
第九十三条 最高人民检察院对各级人民法院已经发生法律效力的判决、裁定，上级人民检察院对下级人民法院已经发生法律效力的判决、裁定，发现有本法第九十一条规定情形之一，或者发现调解书损害国家利益、社会公共利益的，应当提出抗诉。 地方各级人民检察院对同级人民法院已经发生法律效力的判决、裁定，发现有本法第九十一条规定情形之一，或者发现调解书损害国家利益、社会公共利益的，可以向同级人民法院提出检察建议，并报上级人民检察院备案；也可以提请上级人民检察院向同级人民法院提出抗诉。 各级人民检察院对审判监督程序以外的其他审判程序中审判人员的违法行为，有权向同级人民法院提出检察建议。	《若干解释》第七十五条 对人民检察院按照审判监督程序提出抗诉的案件，人民法院应当再审。 人民法院开庭审理抗诉案件时，应当通知人民检察院派员出庭。 《适用解释》第二十五条 有下列情形之一的，当事人可以向人民检察院申请抗诉或者检察建议： （一）人民法院驳回再审申请的； （二）人民法院逾期未对再审申请作出裁定的； （三）再审判决、裁定有明显错误的。 人民法院基于抗诉或者检察建议作出再审判决、裁定后，当事人申请再审的，人民法院不予立案。	第一百一十七条 有下列情形之一的，当事人可以向人民检察院申请抗诉或者检察建议： （一）人民法院驳回再审申请的； （二）人民法院逾期未对再审申请作出裁定的； （三）再审判决、裁定有明显错误的。 人民法院基于抗诉或者检察建议作出再审判决、裁定后，当事人申请再审的，人民法院不予立案。 第一百二十四条 人民检察院提出抗诉的案件，接受抗诉的人民法院应当自收到抗诉书之日起三十日内作出再审的裁定；有行政诉讼法第九十一条第二、三项规定情形之一的，可以指令下一级人民法院再审，但经该下一级人民法院再审过的除外。 人民法院在审查抗诉材料期间，当事人之间已经达成和解协议

行政诉讼法	原司法解释	行诉解释
		的，人民法院可以建议人民检察院撤回抗诉。 第一百二十五条 人民检察院提出抗诉的案件，人民法院再审开庭时，应当在开庭三日前通知人民检察院派员出庭。 第一百二十六条 人民法院收到再审检察建议后，应当组成合议庭，在三个月内进行审查，发现原判决、裁定、调解书确有错误，需要再审的，依照行政诉讼法第九十二条规定裁定再审，并通知当事人；经审查，决定不予再审的，应当书面回复人民检察院。 第一百二十七条 人民法院审理因人民检察院抗诉或者检察建议裁定再审的案件，不受此前已经作出的驳回当事人再审申请裁定的限制。
第八章　执行		
第九十四条　当事人必须履行人民法院发		

行政诉讼法	原司法解释	行诉解释
生法律效力的判决、裁定、调解书。		
第九十五条 公民、法人或者其他组织拒绝履行判决、裁定、调解书的，行政机关或者第三人可以向第一审人民法院申请强制执行，或者由行政机关依法强制执行。	《若干解释》第八十三条 对发生法律效力的行政判决书、行政裁定书、行政赔偿判决书和行政赔偿调解书，负有义务的一方当事人拒绝履行的，对方当事人可以依法申请人民法院强制执行。 第八十四条 申请人是公民的，申请执行生效的行政判决书、行政裁定书、行政赔偿判决书和行政赔偿调解书的期限为1年，申请人是行政机关、法人或者其他组织的为180日。 申请执行的期限从法律文书规定的履行期间最后一日起计算；法律文书中没有规定履行期限的，从该法律文书送达当事人之日起计算。 逾期申请的，除有正当理由外，人民法院不予受理。 第八十五条 发生法律效力的行政判决	第一百五十二条 对发生法律效力的行政判决书、行政裁定书、行政赔偿判决书和调解书，负有义务的一方当事人拒绝履行的，对方当事人可以依法申请人民法院强制执行。 人民法院判决行政机关履行行政赔偿、行政补偿或者其他行政给付义务，行政机关拒不履行，对方当事人可以依法向法院申请强制执行。 第一百五十三条 申请执行的期限为二年。申请执行时效的中止、中断，适用法律有关规定。 申请执行的期限从法律文书规定的履行期间最后一日起计算；法律文书规定分期履行的，从规定的每次履行期间的最后一日起计算；法律文书中没有规定履行期限的，从该法律文书送达当事人之日

行政诉讼法	原司法解释	行诉解释
	书、行政裁定书、行政赔偿判决书和行政赔偿调解书，由第一审人民法院执行。 第一审人民法院认为情况特殊需要由第二审人民法院执行的，可以报请第二审人民法院执行；第二审人民法院可以决定由其执行，也可以决定由第一审人民法院执行。	起计算。 逾期申请的，除有正当理由外，人民法院不予受理。 **第一百五十四条** 发生法律效力的行政判决书、行政裁定书、行政赔偿判决书和行政调解书，由第一审人民法院执行。 第一审人民法院认为情况特殊，需要由第二审人民法院执行的，可以报请第二审人民法院执行；第二审人民法院可以决定由其执行，也可以决定由第一审人民法院执行。
第九十六条 行政机关拒绝履行判决、裁定、调解书的，第一审人民法院可以采取下列措施： （一）对应当归还的罚款或者应当给付的款额，通知银行从该行政机关的账户内划拨； （二）在规定期限内不履行的，从期满之日起，对该行政机关负责人按日处五十元至一	《若干解释》第九十六条 行政机关拒绝履行人民法院生效判决、裁定的，人民法院可以依照行政诉讼法第六十五条第三款的规定处理，并可以参照民事诉讼法第一百零二条的有关规定，对主要负责人或者直接责任人员予以罚款处罚。	

行政诉讼法	原司法解释	行诉解释
百元的罚款； （三）将行政机关拒绝履行的情况予以公告； （四）向监察机关或者该行政机关的上一级行政机关提出司法建议。接受司法建议的机关，根据有关规定进行处理，并将处理情况告知人民法院； （五）拒不履行判决、裁定、调解书，社会影响恶劣的，可以对该行政机关直接负责的主管人员和其他直接责任人员予以拘留；情节严重，构成犯罪的，依法追究刑事责任。		
第九十七条 公民、法人或者其他组织对行政行为在法定期限内不提起诉讼又不履行的，行政机关可以申请人民法院强制执行，或者依法强制执行。	《若干解释》第八十六条 行政机关根据行政诉讼法第六十六条的规定申请执行其具体行政行为，应当具备以下条件： （一）具体行政行为依法可以由人民法院执行； （二）具体行政行为已经生效并具有可执行内容； （三）申请人是作	**第一百五十五条** 行政机关根据行政诉讼法第九十七条的规定申请执行其行政行为，应当具备以下条件： （一）行政行为依法可以由人民法院执行； （二）行政行为已经生效并具有可执行内容； （三）申请人是作出该行政行为的行政机

行政诉讼法	原司法解释	行诉解释
	出该具体行政行为的行政机关或者法律、法规、规章授权的组织； （四）被申请人是该具体行政行为所确定的义务人； （五）被申请人在具体行政行为确定的期限内或者行政机关另行指定的期限内未履行义务； （六）申请人在法定期限内提出申请； （七）被申请执行的行政案件属于受理申请执行的人民法院管辖。 人民法院对符合条件的申请，应当立案受理，并通知申请人；对不符合条件的申请，应当裁定不予受理。 **第八十七条** 法律、法规没有赋予行政机关强制执行权，行政机关申请人民法院强制执行的，人民法院应当依法受理。 法律、法规规定既可以由行政机关依法强制执行，也可以申请人	关或者法律、法规、规章授权的组织； （四）被申请人是该行政行为所确定的义务人； （五）被申请人在行政行为确定的期限内或者行政机关催告期限内未履行义务； （六）申请人在法定期限内提出申请； （七）被申请执行的行政案件属于受理执行申请的人民法院管辖。 行政机关申请人民法院执行，应当提交行政强制法第五十五条规定的相关材料。 人民法院对符合条件的申请，应当在五日内立案受理，并通知申请人；对不符合条件的申请，应当裁定不予受理。行政机关对不予受理裁定有异议，在十五日内向上一级人民法院申请复议的，上一级人民法院应当在收到复议申请之日起十五日内作出裁定。

行政诉讼法	原司法解释	行诉解释
	民法院强制执行，行政机关申请人民法院强制执行的，人民法院可以依法受理。 　　第八十八条　行政机关申请人民法院强制执行其具体行政行为，应当自被执行人的法定起诉期限届满之日起180日内提出。逾期申请的，除有正当理由外，人民法院不予受理。 　　第八十九条　行政机关申请人民法院强制执行其具体行政行为的，由申请人所在地的基层人民法院受理；执行对象为不动产的，由不动产所在地的基层人民法院受理。 　　基层人民法院认为执行确有困难的，可以报请上级人民法院执行；上级人民法院可以决定由其执行，也可以决定由下级人民法院执行。 　　第九十条　行政机关根据法律的授权对平等主体之间民事争议作出裁决后，当事人在法	第一百五十六条　没有强制执行权的行政机关申请人民法院强制执行其行政行为，应当自被执行人的法定起诉期限届满之日起三个月内提出。逾期申请的，除有正当理由外，人民法院不予受理。 　　第一百五十七条　行政机关申请人民法院强制执行其行政行为的，由申请人所在地的基层人民法院受理；执行对象为不动产的，由不动产所在地的基层人民法院受理。 　　基层人民法院认为执行确有困难的，可以报请上级人民法院执行；上级人民法院可以决定由其执行，也可以决定由下级人民法院执行。 　　第一百五十八条　行政机关根据法律的授权对平等主体之间民事争议作出裁决后，当事人在法定期限内不起诉又不履行，作出裁决的行政机关在申请执行的

行政诉讼法	原司法解释	行诉解释
	定期限内不起诉又不履行，作出裁决的行政机关在申请执行的期限内未申请人民法院强制执行的，生效具体行政行为确定的权利人或者其继承人、权利承受人在90日内可以申请人民法院强制执行。 享有权利的公民、法人或者其他组织申请人民法院强制执行具体行政行为，参照行政机关申请人民法院强制执行具体行政行为的规定。 **第九十一条** 行政机关申请人民法院强制执行其具体行政行为，应当提交申请执行书、据以执行的行政法律文书、证明该具体行政行为合法的材料和被执行人财产状况以及其他必须提交的材料。 享有权利的公民、法人或者其他组织申请人民法院强制执行的，人民法院应当向作出裁决的行政机关调取有关材料。	期限内未申请人民法院强制执行的，生效行政裁决确定的权利人或者其继承人、权利承受人在六个月内可以申请人民法院强制执行。 享有权利的公民、法人或者其他组织申请人民法院强制执行生效行政裁决，参照行政机关申请人民法院强制执行行政行为的规定。 **第一百五十九条** 行政机关或者行政行为确定的权利人申请人民法院强制执行前，有充分理由认为被执行人可能逃避执行的，可以申请人民法院采取财产保全措施。后者申请强制执行的，应当提供相应的财产担保。 **第一百六十条** 人民法院受理行政机关申请执行其行政行为的案件后，应当在七日内由行政审判庭对行政行为的合法性进行审查，并作出是否准予执行的裁定。 人民法院在作出裁

行政诉讼法	原司法解释	行诉解释
	第九十二条 行政机关或者具体行政行为确定的权利人申请人民法院强制执行前，有充分理由认为被执行人可能逃避执行的，可以申请人民法院采取财产保全措施。后者申请强制执行的，应当提供相应的财产担保。 **第九十三条** 人民法院受理行政机关申请执行其具体行政行为的案件后，应当在30日内由行政审判庭组成合议庭对具体行政行为的合法性进行审查，并就是否准予强制执行作出裁定；需要采取强制执行措施的，由本院负责强制执行非诉行政行为的机构执行。 **第九十四条** 在诉讼过程中，被告或者具体行政行为确定的权利人申请人民法院强制执行被诉具体行政行为，人民法院不予执行，但不及时执行可能给国家利益、公共利益或者他人合法权益造成不可弥	定前发现行政行为明显违法并损害被执行人合法权益的，应当听取被执行人和行政机关的意见，并自受理之日起三十日内作出是否准予执行的裁定。 需要采取强制执行措施的，由本院负责强制执行非诉行政行为的机构执行。 **第一百六十一条** 被申请执行的行政行为有下列情形之一的，人民法院应当裁定不准予执行： （一）实施主体不具有行政主体资格的； （二）明显缺乏事实根据的； （三）明显缺乏法律、法规依据的； （四）其他明显违法并损害被执行人合法权益的情形。 行政机关对不准予执行的裁定有异议，在十五日内向上一级人民法院申请复议的，上一级人民法院应当在收到复议申请之日起三十

行政诉讼法	原司法解释	行诉解释
	补的损失的，人民法院可以先予执行。后者申请强制执行的，应当提供相应的财产担保。 **第九十五条** 被申请执行的具体行政行为有下列情形之一的，人民法院应当裁定不准予执行： （一）明显缺乏事实根据的； （二）明显缺乏法律依据的； （三）其他明显违法并损害被执行人合法权益的。	内作出裁定。
第九章 涉外行政诉讼		
第九十八条 外国人、无国籍人、外国组织在中华人民共和国进行行政诉讼，适用本法。法律另有规定的除外。		
第九十九条 外国人、无国籍人、外国组织在中华人民共和国进行行政诉讼，同中华人民共和国公民、组织有同等的诉讼权利和义务。 外国法院对中华人		

行政诉讼法	原司法解释	行诉解释
民共和国公民、组织的行政诉讼权利加以限制的，人民法院对该国公民、组织的行政诉讼权利，实行对等原则。		
第一百条　外国人、无国籍人、外国组织在中华人民共和国进行行政诉讼，委托律师代理诉讼的，应当委托中华人民共和国律师机构的律师。		
第十章　附则		
第一百零一条　人民法院审理行政案件，关于期间、送达、财产保全、开庭审理、调解、中止诉讼、终结诉讼、简易程序、执行等，以及人民检察院对行政案件受理、审理、裁判、执行的监督，本法没有规定的，适用《中华人民共和国民事诉讼法》的相关规定。	《若干解释》第九十七条　人民法院审理行政案件，除依照行政诉讼法和本解释外，可以参照民事诉讼的有关规定。	
第一百零二条　人民法院审理行政案件，应当收取诉讼费用。诉讼费用由败诉方承担，双方都有责任的由双方分担。收取	《适用解释》第十六条　对行政机关不依法履行、未按照约定履行协议提起诉讼的，诉讼费用准用民事案件交	第一百四十四条　人民法院一并审理相关民事争议，应当按行政案件、民事案件的标准分别收取诉讼费用。

行政诉讼法	原司法解释	行诉解释
诉讼费用的具体办法另行规定。	纳标准；对行政机关单方变更、解除协议等行为提起诉讼的，诉讼费用适用行政案件交纳标准。	
第一百零三条 本法自1990年10月1日起施行。	《若干解释》第九十八条 本解释自发布之日起施行，最高人民法院《关于贯彻执行〈中华人民共和国行政诉讼法〉若干问题的意见（试行）》同时废止；最高人民法院以前所作的司法解释以及与有关机关联合发布的规范性文件，凡与本解释不一致的，按本解释执行。 《适用解释》第二十六条 2015年5月1日前起诉期限尚未届满的，适用修改后的行政诉讼法关于起诉期限的规定。 2015年5月1日前尚未审结案件的审理期限，适用修改前的行政诉讼法关于审理期限的规定。依照修改前的行政诉讼法已经完成的程序事项，仍然有效。	第一百六十二条 公民、法人或者其他组织对2015年5月1日之前作出的行政行为提起诉讼，请求确认行政行为无效的，人民法院不予立案。 第一百六十三条 本解释自2018年2月8日起施行。 本解释施行后，《最高人民法院关于执行〈中华人民共和国行政诉讼法〉若干问题的解释》（法释〔2000〕8号）、《最高人民法院关于适用〈中华人民共和国行政诉讼法〉若干问题的解释》（法释〔2015〕9号）同时废止。最高人民法院以前发布的司法解释与本解释不一致的，不再适用。

行政诉讼法	原司法解释	行诉解释
	对2015年5月1日前发生法律效力的判决、裁定或者行政赔偿调解书不服申请再审，或者人民法院依照审判监督程序再审的，程序性规定适用修改后的行政诉讼法的规定。 **第二十七条** 最高人民法院以前发布的司法解释与本解释不一致的，以本解释为准。	

行政诉讼法司法解释新旧条文对照表

行诉解释[①]	若干解释[②]	适用解释[③]
一、受案范围	一、受案范围	
第一条 公民、法人或者其他组织对行政机关及其工作人员的行政行为不服，依法提起诉讼的，属于人民法院行政诉讼的受案范围。 下列行为不属于人民法院行政诉讼的受案范围： （一）公安、国家安全等机关依照刑事诉讼法的明确授权实施的行为； （二）调解行为以及法律规定的仲裁行为； （三）行政指导行为； （四）驳回当事人对行政行为提起申诉的重复处理行为；	第一条 公民、法人或者其他组织对具有国家行政职权的机关和组织及其工作人员的行政行为不服，依法提起诉讼的，属于人民法院行政诉讼的受案范围。 公民、法人或者其他组织对下列行为不服提起诉讼的，不属于人民法院行政诉讼的受案范围： （一）行政诉讼法第十二条规定的行为； （二）公安、国家安全等机关依照刑事诉讼法的明确授权实施的行为； （三）调解行为以及法律规定的仲裁行为； （四）不具有强制力的行政指导行为； （五）驳回当事人对行政行为提起申诉的重复	第十一条 行政机关为实现公共利益或者行政管理目标，在法定职责范围内，与公民、法人或者其他组织协商订立的具有行政法上权利义务内容的协议，属于行政诉讼法第十二条第一款第十一项规定的行政协议。 公民、法人或者其他组织就下列行政协议提起行政诉讼的，人民法院应当依法受理： （一）政府特许经营协议； （二）土地、房屋等征收征用补偿协议； （三）其他行政协议。

[①]《最高人民法院关于适用〈中华人民共和国行政诉讼法〉的解释》（法释〔2018〕1号）简称《行诉解释》。
[②]《最高人民法院关于执行〈中华人民共和国行政诉讼法〉若干问题的解释》（法释〔2000〕8号）简称《若干解释》。
[③]《最高人民法院关于适用〈中华人民共和国行政诉讼法〉若干问题的解释》（法释〔2015〕9号）简称《适用解释》。

行诉解释	若干解释	适用解释
（五）行政机关作出的不产生外部法律效力的行为； （六）行政机关为作出行政行为而实施的准备、论证、研究、层报、咨询等过程性行为； （七）行政机关根据人民法院的生效裁判、协助执行通知书作出的执行行为，但行政机关扩大执行范围或者采取违法方式实施的除外； （八）上级行政机关基于内部层级监督关系对下级行政机关作出的听取报告、执法检查、督促履责等行为； （九）行政机关针对信访事项作出的登记、受理、交办、转送、复查、复核意见等行为； （十）对公民、法人或者其他组织权利义务不产生实际影响的行为。	处理行为； （六）对公民、法人或者其他组织权利义务不产生实际影响的行为。	
第二条 行政诉讼法第十三条第一项规定的"国家行为"，是指国务院、中央军事委员会、国防部、外交部等根据宪法和法律的授权，以国家	**第二条** 行政诉讼法第十二条第（一）项规定的国家行为，是指国务院、中央军事委员会、国防部、外交部等根据宪法和法律的授权，以国家的	

行诉解释	若干解释	适用解释
的名义实施的有关国防和外交事务的行为，以及经宪法和法律授权的国家机关宣布紧急状态等行为。 　　行政诉讼法第十三条第二项规定的"具有普遍约束力的决定、命令"，是指行政机关针对不特定对象发布的能反复适用的规范性文件。 　　行政诉讼法第十三条第三项规定的"对行政机关工作人员的奖惩、任免等决定"，是指行政机关作出的涉及行政机关工作人员公务员权利义务的决定。 　　行政诉讼法第十三条第四项规定的"法律规定由行政机关最终裁决的行政行为"中的"法律"，是指全国人民代表大会及其常务委员会制定、通过的规范性文件。	名义实施的有关国防和外交事务的行为，以及经宪法和法律授权的国家机关宣布紧急状态、实施戒严和总动员等行为。 　　第三条　行政诉讼法第十二条第（二）项规定的"具有普遍约束力的决定、命令"，是指行政机关针对不特定对象发布的能反复适用的行政规范性文件。 　　第四条　行政诉讼法第十二条第（三）项规定的"对行政机关工作人员的奖惩、任免等决定"，是指行政机关作出的涉及该行政机关公务员权利义务的决定。 　　第五条　行政诉讼法第十二条第（四）项规定的"法律规定由行政机关最终裁决的具体行政行为"中的"法律"，是指全国人民代表大会及其常务委员会制定、通过的规范性文件。	
二、管辖	二、管辖	
第三条　各级人民法院行政审判庭审理行政案件和审查行政机关	第六条　各级人民法院行政审判庭审理行政案件和审查行政机关	

行诉解释	若干解释	适用解释
申请执行其行政行为的案件。 专门人民法院、人民法庭不审理行政案件,也不审查和执行行政机关申请执行其行政行为的案件。铁路运输法院等专门人民法院审理行政案件,应当执行行政诉讼法第十八条第二款的规定。	申请执行其具体行政行为的案件。 专门人民法院、人民法庭不审理行政案件,也不审查和执行行政机关申请执行其具体行政为的案件。	
第四条 立案后,受诉人民法院的管辖权不受当事人住所地改变、追加被告等事实和法律状态变更的影响。		
第五条 有下列情形之一的,属于行政诉讼法第十五条第三项规定的"本辖区内重大、复杂的案件": (一)社会影响重大的共同诉讼案件; (二)涉外或者涉及香港特别行政区、澳门特别行政区、台湾地区的案件; (三)其他重大、复杂案件。	第八条 有下列情形之一的,属于行政诉讼法第十四条第(三)项规定的"本辖区内重大、复杂的案件": (一)被告为县级以上人民政府,且基层人民法院不适宜审理的案件; (二)社会影响重大的共同诉讼、集团诉讼案件; (三)重大涉外或者涉及香港特别行政区、澳门特别行政区、台湾地区的案件; (四)其他重大、复杂案件。	

行诉解释	若干解释	适用解释
第六条 当事人以案件重大复杂为由,认为有管辖权的基层人民法院不宜行使管辖权或者根据行政诉讼法第五十二条的规定,向中级人民法院起诉,中级人民法院应当根据不同情况在七日内分别作出以下处理: （一）决定自行审理; （二）指定本辖区其他基层人民法院管辖; （三）书面告知当事人向有管辖权的基层人民法院起诉。	第三十二条第三款 受诉人民法院在7日内既不立案,又不作出裁定的,起诉人可以向上一级人民法院申诉或者起诉。上一级人民法院认为符合受理条件的,应予受理;受理后可以移交或者指定下级人民法院审理,也可以自行审理。	
第七条 基层人民法院对其管辖的第一审行政案件,认为需要由中级人民法院审理或者指定管辖的,可以报请中级人民法院决定。中级人民法院应当根据不同情况在七日内分别作出以下处理: （一）决定自行审理; （二）指定本辖区其他基层人民法院管辖; （三）决定由报请的人民法院审理。		

行诉解释	若干解释	适用解释
第八条 行政诉讼法第十九条规定的"原告所在地",包括原告的户籍所在地、经常居住地和被限制人身自由地。 　　对行政机关基于同一事实,既采取限制公民人身自由的行政强制措施,又采取其他行政强制措施或者行政处罚不服的,由被告所在地或者原告所在地的人民法院管辖。	**第九条** 行政诉讼法第十八条规定的"原告所在地",包括原告的户籍所在地、经常居住地和被限制人身自由地。 　　行政机关基于同一事实既对人身又对财产实施行政处罚或者采取行政强制措施的,被限制人身自由的公民、被扣押或者没收财产的公民、法人或者其他组织对上述行为均不服的,既可以向被告所在地人民法院提起诉讼,也可以向原告所在地人民法院提起诉讼,受诉人民法院可一并管辖。	
第九条 行政诉讼法第二十条规定的"因不动产提起的行政诉讼"是指因行政行为导致不动产物权变动而提起的诉讼。 　　不动产已登记的,以不动产登记簿记载的所在地为不动产所在地;不动产未登记的,以不动产实际所在地为不动产所在地。		

行诉解释	若干解释	适用解释
第十条 人民法院受理案件后,被告提出管辖异议的,应当在收到起诉状副本之日起十五日内提出。 　　对当事人提出的管辖异议,人民法院应当进行审查。异议成立的,裁定将案件移送有管辖权的人民法院;异议不成立的,裁定驳回。 　　人民法院对管辖异议审查后确定有管辖权的,不因当事人增加或者变更诉讼请求等改变管辖,但违反级别管辖、专属管辖规定的除外。	**第十条** 当事人提出管辖异议,应当在接到人民法院应诉通知之日起10日内以书面形式提出。 　　对当事人提出的管辖异议,人民法院应当进行审查。异议成立的,裁定将案件移送有管辖权的人民法院;异议不成立的,裁定驳回。	
第十一条 有下列情形之一的,人民法院不予审查: 　　(一)人民法院发回重审或者按第一审程序再审的案件,当事人提出管辖异议的; 　　(二)当事人在第一审程序中未按照法律规定的期限和形式提出管辖异议,在第二审程序中提出的。		

行诉解释	若干解释	适用解释
三、诉讼参加人	三、诉讼参加人	
第十二条 有下列情形之一的,属于行政诉讼法第二十五条第一款规定的"与行政行为有利害关系": (一)被诉的行政行为涉及其相邻权或者公平竞争权的; (二)在行政复议等行政程序中被追加为第三人的; (三)要求行政机关依法追究加害人法律责任的; (四)撤销或者变更行政行为涉及其合法权益的; (五)为维护自身合法权益向行政机关投诉,具有处理投诉职责的行政机关作出或者未作出处理的; (六)其他与行政行为有利害关系的情形。	第十二条 与具体行政行为有法律上利害关系的公民、法人或者其他组织对该行为不服的,可以依法提起行政诉讼。 第十三条 有下列情形之一的,公民、法人或者其他组织可以依法提起行政诉讼: (一)被诉的具体行政行为涉及其相邻权或者公平竞争权的; (二)与被诉的行政复议决定有法律上利害关系或者在复议程序中被追加为第三人的; (三)要求主管行政机关依法追究加害人法律责任的; (四)与撤销或者变更具体行政行为有法律上利害关系的。 第十六条 农村土地承包人等土地使用权人对行政机关处分其使用的农村集体所有土地的行为不服,可以自己的名义提起诉讼。	
第十三条 债权人以行政机关对债务人所		

行诉解释	若干解释	适用解释
作的行政行为损害债权实现为由提起行政诉讼的,人民法院应当告知其就民事争议提起民事诉讼,但行政机关作出行政行为时依法应予保护或者应予考虑的除外。		
第十四条 行政诉讼法第二十五条第二款规定的"近亲属",包括配偶、父母、子女、兄弟姐妹、祖父母、外祖父母、孙子女、外孙子女和其他具有扶养、赡养关系的亲属。 公民因被限制人身自由而不能提起诉讼的,其近亲属可以依其口头或者书面委托以该公民的名义提起诉讼。近亲属起诉时无法与被限制人身自由的公民取得联系,近亲属可以先行起诉,并在诉讼中补充提交委托证明。	**第十一条** 行政诉讼法第二十四条规定的"近亲属",包括配偶、父母、子女、兄弟姐妹、祖父母、外祖父母、孙子女、外孙子女和其他具有扶养、赡养关系的亲属。 公民因被限制人身自由而不能提起诉讼的,其近亲属可以依其口头或者书面委托以该公民的名义提起诉讼。	
第十五条 合伙企业向人民法院提起诉讼的,应当以核准登记的字号为原告。未依法登记领取营业执照的个人合伙的全体合伙人为共同原告。全体合伙人可以推选	**第十四条第一款、第二款** 合伙企业向人民法院提起诉讼的,应当以核准登记的字号为原告,由执行合伙企业事务的合伙人作诉讼代表人;其他合伙组织提起诉讼的,	

行诉解释	若干解释	适用解释
代表人；被推选的代表人,应当由全体合伙人出具推选书。 　　个体工商户向人民法院提起诉讼的,以营业执照上登记的经营者为原告。有字号的,以营业执照上登记的字号为原告,并应当注明该字号经营者的基本信息。	合伙人为共同原告。 　　不具备法人资格的其他组织向人民法院提起诉讼的,由该组织的主要负责人作诉讼代表人;没有主要负责人的,可以由推选的负责人作诉讼代表人。	
第十六条　股份制企业的股东大会、股东会、董事会等认为行政机关作出的行政行为侵犯企业经营自主权的,可以企业名义提起诉讼。 　　联营企业、中外合资或者合作企业的联营、合资、合作各方,认为联营、合资、合作企业权益或者自己一方合法权益受行政行为侵害的,可以自己的名义提起诉讼。 　　非国有企业被行政机关注销、撤销、合并、强令兼并、出售、分立或者改变企业隶属关系的,该企业或者其法定代表人可以提起诉讼。	**第十八条**　股份制企业的股东大会、股东代表大会、董事会等认为行政机关作出的具体行政行为侵犯企业经营自主权的,可以企业名义提起诉讼。 　　**第十五条**　联营企业、中外合资或者合作企业的联营、合资、合作各方,认为联营、合资、合作企业权益或者自己一方合法权益受具体行政行为侵害的,均可以自己的名义提起诉讼。 　　**第十七条**　非国有企业被行政机关注销、撤销、合并、强令兼并、出售、分立或者改变企业隶属关系的,该企业或者其法定代表人可以提起诉讼。	

行诉解释	若干解释	适用解释
第十七条 事业单位、社会团体、基金会、社会服务机构等非营利法人的出资人、设立人认为行政行为损害法人合法权益的，可以自己的名义提起诉讼。		
第十八条 业主委员会对于行政机关作出的涉及业主共有利益的行政行为，可以自己的名义提起诉讼。 业主委员会不起诉的，专有部分占建筑物总面积过半数或者占总户数过半数的业主可以提起诉讼。		
第十九条 当事人不服经上级行政机关批准的行政行为，向人民法院提起诉讼的，以在对外发生法律效力的文书上署名的机关为被告。	**第十九条** 当事人不服经上级行政机关批准的具体行政行为，向人民法院提起诉讼的，应当以在对外发生法律效力的文书上署名的机关为被告。	
第二十条 行政机关组建并赋予行政管理职能但不具有独立承担法律责任能力的机构，以自己的名义作出行政行为，当事人不服提起诉讼的，应当以组建该机构的行政机关为被告。	**第二十条** 行政机关组建并赋予行政管理职能但不具有独立承担法律责任能力的机构，以自己的名义作出具体行政行为，当事人不服提起诉讼的，应当以组建该机构的行政机关为被告。	

行诉解释	若干解释	适用解释
法律、法规或者规章授权行使行政职权的行政机关内设机构、派出机构或者其他组织，超出法定授权范围实施行政行为，当事人不服提起诉讼的，应当以实施该行为的机构或者组织为被告。 没有法律、法规或者规章规定，行政机关授权其内设机构、派出机构或者其他组织行使行政职权的，属于行政诉讼法第二十六条规定的委托。当事人不服提起诉讼的，应当以该行政机关为被告。	行政机关的内设机构或者派出机构在没有法律、法规或者规章授权的情况下，以自己的名义作出具体行政行为，当事人不服提起诉讼的，应当以该行政机关为被告。 法律、法规或者规章授权行使行政职权的行政机关内设机构、派出机构或者其他组织，超出法定授权范围实施行政行为，当事人不服提起诉讼的，应当以实施该行为的机构或者组织为被告。 **第二十一条** 行政机关在没有法律、法规或者规章规定的情况下，授权其内设机构、派出机构或者其他组织行使行政职权的，应当视为委托。当事人不服提起诉讼的，应当以该行政机关为被告。	
第二十一条 当事人对由国务院、省级人民政府批准设立的开发区管理机构作出的行政行为不服提起诉讼的，以该开发区管理机构为被告；对由国务院、省级人民政府批准设立的开发区管		

行诉解释	若干解释	适用解释
理机构所属职能部门作出的行政行为不服提起诉讼的,以其职能部门为被告;对其他开发区管理机构所属职能部门作出的行政行为不服提起诉讼的,以开发区管理机构为被告;开发区管理机构没有行政主体资格的,以设立该机构的地方人民政府为被告。		
第二十二条 行政诉讼法第二十六条第二款规定的"复议机关改变原行政行为",是指复议机关改变原行政行为的处理结果。复议机关改变原行政行为所认定的主要事实和证据、改变原行政行为所适用的规范依据,但未改变原行政行为处理结果的,视为复议机关维持原行政行为。 　　复议机关确认原行政行为无效,属于改变原行政行为。 　　复议机关确认原行政行为违法,属于改变原行政行为,但复议机关以违反法定程序为由确认原行政行为违法的除外。	**第七条** 复议决定有下列情形之一的,属于行政诉讼法规定的"改变原具体行政行为": 　　(一)改变原具体行政行为所认定的主要事实和证据的; 　　(二)改变原具体行政行为所适用的规范依据且对定性产生影响的; 　　(三)撤销、部分撤销或者变更原具体行政行为处理结果的。	**第六条第二款** 行政诉讼法第二十六条第二款规定的"复议机关改变原行政行为",是指复议机关改变原行政行为的处理结果。

行诉解释	若干解释	适用解释
第二十三条 行政机关被撤销或者职权变更,没有继续行使其职权的行政机关的,以其所属的人民政府为被告;实行垂直领导的,以垂直领导的上一级行政机关为被告。		
第二十四条 当事人对村民委员会或者居民委员会依据法律、法规、规章的授权履行行政管理职责的行为不服提起诉讼的,以村民委员会或者居民委员会为被告。 当事人对村民委员会、居民委员会受行政机关委托作出的行为不服提起诉讼的,以委托的行政机关为被告。 当事人对高等学校等事业单位以及律师协会、注册会计师协会等行业协会依据法律、法规、规章的授权实施的行政行为不服提起诉讼的,以该事业单位、行业协会为被告。 当事人对高等学校等事业单位以及律师协会、注册会计师协会等行业协会受行政机关委托		

行诉解释	若干解释	适用解释
作出的行为不服提起诉讼的,以委托的行政机关为被告。		
第二十五条 市、县级人民政府确定的房屋征收部门组织实施房屋征收与补偿工作过程中作出行政行为,被征收人不服提起诉讼的,以房屋征收部门为被告。 征收实施单位受房屋征收部门委托,在委托范围内从事的行为,被征收人不服提起诉讼的,应当以房屋征收部门为被告。		
第二十六条 原告所起诉的被告不适格,人民法院应当告知原告变更被告;原告不同意变更的,裁定驳回起诉。 应当追加被告而原告不同意追加的,人民法院应当通知其以第三人的身份参加诉讼,但行政复议机关作共同被告的除外。	**第二十三条** 原告所起诉的被告不适格,人民法院应当告知原告变更被告;原告不同意变更的,裁定驳回起诉。 应当追加被告而原告不同意追加的,人民法院应当通知其以第三人的身份参加诉讼。	
第二十七条 必须共同进行诉讼的当事人没有参加诉讼的,人民法院应当依法通知其参加;当事人也可以向人民法		

行诉解释	若干解释	适用解释
院申请参加。 　　人民法院应当对当事人提出的申请进行审查，申请理由不成立的，裁定驳回；申请理由成立的，书面通知其参加诉讼。 　　前款所称的必须共同进行诉讼，是指按照行政诉讼法第二十七条的规定，当事人一方或者双方为两人以上，因同一行政行为发生行政争议，人民法院必须合并审理的诉讼。		
第二十八条　人民法院追加共同诉讼的当事人时，应当通知其他当事人。应当追加的原告，已明确表示放弃实体权利的，可不予追加；既不愿意参加诉讼，又不放弃实体权利的，应追加为第三人，其不参加诉讼，不能阻碍人民法院对案件的审理和裁判。		
第二十九条　行政诉讼法第二十八条规定的"人数众多"，一般指十人以上。 　　根据行政诉讼法第二十八条的规定，当事人	第十四条第三款　同案原告为5人以上，应当推选1至5名诉讼代表人参加诉讼；在指定期限内未选定的，人民法院可以依职权指定。	

行诉解释	若干解释	适用解释
一方人数众多的,由当事人推选代表人。当事人推选不出的,可以由人民法院在起诉的当事人中指定代表人。 行政诉讼法第二十八条规定的代表人为二至五人。代表人可以委托一至二人作为诉讼代理人。		
第三十条 行政机关的同一行政行为涉及两个以上利害关系人,其中一部分利害关系人对行政行为不服提起诉讼,人民法院应当通知没有起诉的其他利害关系人作为第三人参加诉讼。 与行政案件处理结果有利害关系的第三人,可以申请参加诉讼,或者由人民法院通知其参加诉讼。人民法院判决其承担义务或者减损其权益的第三人,有权提出上诉或者申请再审。 行政诉讼法第二十九条规定的第三人,因不能归责于本人的事由未参加诉讼,但有证据证明发生法律效力的判决、裁定、调解书损害其合法权	第二十四条 行政机关的同一具体行政行为涉及两个以上利害关系人,其中一部分利害关系人对具体行政行为不服提起诉讼,人民法院应当通知没有起诉的其他利害关系人作为第三人参加诉讼。 第三人有权提出与本案有关的诉讼主张,对人民法院的一审判决不服,有权提起上诉。	

行诉解释	若干解释	适用解释
益的,可以依照行政诉讼法第九十条的规定,自知道或者应当知道其合法权益受到损害之日起六个月内,向上一级人民法院申请再审。		
第三十一条 当事人委托诉讼代理人,应当向人民法院提交由委托人签名或者盖章的授权委托书。委托书应当载明委托事项和具体权限。公民在特殊情况下无法书面委托的,也可以由他人代书,并由自己捺印等方式确认,人民法院应当核实并记录在卷;被诉行政机关或者其他有义务协助的机关拒绝人民法院向被限制人身自由的公民核实的,视为委托成立。当事人解除或者变更委托的,应当书面报告人民法院。	第二十五条 当事人委托诉讼代理人,应当向人民法院提交由委托人签名或者盖章的授权委托书。委托书应当载明委托事项和具体权限。公民在特殊情况下无法书面委托的,也可以口头委托。口头委托的,人民法院应当核实并记录在卷;被诉机关或者其他有义务协助的机关拒绝人民法院向被限制人身自由的公民核实的,视为委托成立。当事人解除或者变更委托的,应当书面报告人民法院,由人民法院通知其他当事人。	
第三十二条 依照行政诉讼法第三十一条第二款第二项规定,与当事人有合法劳动人事关系的职工,可以当事人工作人员的名义作为诉讼代理人。以当事人的工作人员身份参加诉讼活动,		

行诉解释	若干解释	适用解释
应当提交以下证据之一加以证明： （一）缴纳社会保险记录凭证； （二）领取工资凭证； （三）其他能够证明其为当事人工作人员身份的证据。		
第三十三条 根据行政诉讼法第三十一条第二款第三项规定，有关社会团体推荐公民担任诉讼代理人的，应当符合下列条件： （一）社会团体属于依法登记设立或者依法免予登记设立的非营利性法人组织； （二）被代理人属于该社会团体的成员，或者当事人一方住所地位于该社会团体的活动地域； （三）代理事务属于该社会团体章程载明的业务范围； （四）被推荐的公民是该社会团体的负责人或者与该社会团体有合法劳动人事关系的工作人员。 专利代理人经中华		

行诉解释	若干解释	适用解释
全国专利代理人协会推荐,可以在专利行政案件中担任诉讼代理人。		
四、证据	四、证据	
第三十四条 根据行政诉讼法第三十六条第一款的规定,被告申请延期提供证据的,应当在收到起诉状副本之日起十五日内以书面方式向人民法院提出。人民法院准许延期提供的,被告应当在正当事由消除后十五日内提供证据。逾期提供的,视为被诉行政行为没有相应的证据。	**第二十六条第二款** 被告应当在收到起诉状副本之日起10日内提交答辩状,并提供作出具体行政行为时的证据、依据;被告不提供或者无正当理由逾期提供的,应当认定该具体行政行为没有证据、依据。	
第三十五条 原告或者第三人应当在开庭审理前或者人民法院指定的交换证据清单之日提供证据。因正当事由申请延期提供证据的,经人民法院准许,可以在法庭调查中提供。逾期提供证据的,人民法院应当责令其说明理由;拒不说明理由或者理由不成立的,视为放弃举证权利。 　　原告或者第三人在第一审程序中无正当事由未提供而在第二审程序中提供的证据,人民法	**第二十七条** 原告对下列事项承担举证责任: 　　(一)证明起诉符合法定条件,但被告认为原告起诉超过起诉期限的除外; 　　(二)在起诉被告不作为的案件中,证明其提出申请的事实; 　　(三)在一并提起的行政赔偿诉讼中,证明因受被诉行为侵害而造成损失的事实; 　　(四)其他应当由原告承担举证责任的事项。	

行诉解释	若干解释	适用解释
院不予接纳。		
第三十六条 当事人申请延长举证期限,应当在举证期限届满前向人民法院提出书面申请。 申请理由成立的,人民法院应当准许,适当延长举证期限,并通知其他当事人。申请理由不成立的,人民法院不予准许,并通知申请人。		
第三十七条 根据行政诉讼法第三十九条的规定,对当事人无争议,但涉及国家利益、公共利益或者他人合法权益的事实,人民法院可以责令当事人提供或者补充有关证据。		
第三十八条 对于案情比较复杂或者证据数量较多的案件,人民法院可以组织当事人在开庭前向对方出示或者交换证据,并将交换证据清单的情况记录在卷。 当事人在庭前证据交换过程中没有争议并记录在卷的证据,经审判人员在庭审中说明后,可以作为认定案件事实的依据。		

行诉解释	若干解释	适用解释
第三十九条 当事人申请调查收集证据,但该证据与待证事实无关联、对证明待证事实无意义或者其他无调查收集必要的,人民法院不予准许。		
第四十条 人民法院在证人出庭作证前应当告知其如实作证的义务以及作伪证的法律后果。 证人因履行出庭作证义务而支出的交通、住宿、就餐等必要费用以及误工损失,由败诉一方当事人承担。		
第四十一条 有下列情形之一,原告或者第三人要求相关行政执法人员出庭说明的,人民法院可以准许: (一)对现场笔录的合法性或者真实性有异议的; (二)对扣押财产的品种或者数量有异议的; (三)对检验的物品取样或者保管有异议的; (四)对行政执法人员身份的合法性有异议的;		

行诉解释	若干解释	适用解释
（五）需要出庭说明的其他情形。		
第四十二条 能够反映案件真实情况、与待证事实相关联、来源和形式符合法律规定的证据,应当作为认定案件事实的根据。		
第四十三条 有下列情形之一的,属于行政诉讼法第四十三条第三款规定的"以非法手段取得的证据": （一）严重违反法定程序收集的证据材料; （二）以违反法律强制性规定的手段获取且侵害他人合法权益的证据材料; （三）以利诱、欺诈、胁迫、暴力等手段获取的证据材料。	**第三十条** 下列证据不能作为认定被诉具体行政行为合法的根据: （一）被告及其诉讼代理人在作出具体行政行为后自行收集的证据; （二）被告严重违反法定程序收集的其他证据。	
第四十四条 人民法院认为有必要的,可以要求当事人本人或者行政机关执法人员到庭,就案件有关事实接受询问。在询问之前,可以要求其签署保证书。 保证书应当载明据实陈述、如有虚假陈述愿意接受处罚等内容。当事		

行诉解释	若干解释	适用解释
人或者行政机关执法人员应当在保证书上签名或者捺印。 　　负有举证责任的当事人拒绝到庭、拒绝接受询问或者拒绝签署保证书,待证事实又欠缺其他证据加以佐证的,人民法院对其主张的事实不予认定。		
第四十五条　被告有证据证明其在行政程序中依照法定程序要求原告或者第三人提供证据,原告或者第三人依法应当提供而没有提供,在诉讼程序中提供的证据,人民法院一般不予采纳。		
第四十六条　原告或者第三人确有证据证明被告持有的证据对原告或者第三人有利的,可以在开庭审理前书面申请人民法院责令行政机关提交。 　　申请理由成立的,人民法院应当责令行政机关提交,因提交证据所产生的费用,由申请人预付。行政机关无正当理由拒不提交的,人民法院可以推定原告或者第三人		

行诉解释	若干解释	适用解释
基于该证据主张的事实成立。 　　持有证据的当事人以妨碍对方当事人使用为目的,毁灭有关证据或者实施其他致使证据不能使用行为的,人民法院可以推定对方当事人基于该证据主张的事实成立,并可依照行政诉讼法第五十九条规定处理。		
第四十七条　根据行政诉讼法第三十八条第二款的规定,在行政赔偿、补偿案件中,因被告的原因导致原告无法就损害情况举证的,应当由被告就该损害情况承担举证责任。 　　对于各方主张损失的价值无法认定的,应当由负有举证责任的一方当事人申请鉴定,但法律、法规、规章规定行政机关在作出行政行为时依法应当评估或者鉴定的除外;负有举证责任的当事人拒绝申请鉴定的,由其承担不利的法律后果。 　　当事人的损失因客观原因无法鉴定的,人民		

行诉解释	若干解释	适用解释
民法院应当结合当事人的主张和在案证据，遵循法官职业道德，运用逻辑推理和生活经验、生活常识等，酌情确定赔偿数额。		
五、期间、送达		
第四十八条 期间包括法定期间和人民法院指定的期间。 期间以时、日、月、年计算。期间开始的时和日，不计算在期间内。 期间届满的最后一日是节假日的，以节假日后的第一日为期间届满的日期。 期间不包括在途时间，诉讼文书在期满前交邮的，视为在期限内发送。		
第四十九条 行政诉讼法第五十一条第二款规定的立案期限，因起诉状内容欠缺或者有其他错误通知原告限期补正的，从补正后递交人民法院的次日起算。由上级人民法院转交下级人民法院立案的案件，从受诉人民法院收到起诉状的次日起算。	**第三十二条第四款** 前三款规定的期限，从受诉人民法院收到起诉状之日起计算；因起诉状内容欠缺而责令原告补正的，从人民法院收到补正材料之日起计算。	

行诉解释	若干解释	适用解释
第五十条 行政诉讼法第八十一条、第八十三条、第八十八条规定的审理期限,是指从立案之日起至裁判宣告、调解书送达之日止的期间,但公告期间、鉴定期间、调解期间、中止诉讼期间、审理当事人提出的管辖异议以及处理人民法院之间的管辖争议期间不应计算在内。 再审案件按照第一审程序或者第二审程序审理的,适用行政诉讼法第八十一条、第八十八条规定的审理期限。审理期限自再审立案的次日起算。 基层人民法院申请延长审理期限,应当直接报请高级人民法院批准,同时报中级人民法院备案。	**第六十四条** 行政诉讼法第五十七条、第六十条规定的审限,是指从立案之日起至裁判宣告之日止的期间。鉴定、处理管辖争议或者异议以及中止诉讼的时间不计算在内。 **第八十一条** 再审案件按照第一审程序审理的,适用行政诉讼法第五十七条规定的审理期限。 再审案件按照第二审程序审理的,适用行政诉讼法第六十条规定的审理期限。 **第八十二条** 基层人民法院申请延长审理期限,应当直接报请高级人民法院批准,同时报中级人民法院备案。	
第五十一条 人民法院可以要求当事人签署送达地址确认书,当事人确认的送达地址为人民法院法律文书的送达地址。 当事人同意电子送达的,应当提供并确认传		

行诉解释	若干解释	适用解释
真号、电子信箱等电子送达地址。 　　当事人送达地址发生变更的,应当及时书面告知受理案件的人民法院;未及时告知的,人民法院按原地址送达,视为依法送达。 　　人民法院可以通过国家邮政机构以法院专递方式进行送达。		
第五十二条　人民法院可以在当事人住所地以外向当事人直接送达诉讼文书。当事人拒绝签署送达回证的,采用拍照、录像等方式记录送达过程即视为送达。审判人员、书记员应当在送达回证上注明送达情况并签名。		
六、起诉与受理	**五、起诉与受理**	
第五十三条　人民法院对符合起诉条件的案件应当立案,依法保障当事人行使诉讼权利。 　　对当事人依法提起的诉讼,人民法院应当根据行政诉讼法第五十一条的规定接收起诉状。能够判断符合起诉条件的,应当当场登记立案;当场	**第三十二条第一款、第二款**　人民法院应当组成合议庭对原告的起诉进行审查。符合起诉条件的,应当在7日内立案;不符合起诉条件的,应当在7日内裁定不予受理。 　　7日内不能决定是否受理的,应当先予受理;	**第一条第一款、第二款**　人民法院对符合起诉条件的案件应当立案,依法保障当事人行使诉讼权利。 　　对当事人依法提起的诉讼,人民法院应当根据行政诉讼法第五十一条的规定,

行诉解释	若干解释	适用解释
不能判断是否符合起诉条件的,应当在接收起诉状后七日内决定是否立案;七日内仍不能作出判断的,应当先予立案。	受理后经审查不符合起诉条件的,裁定驳回起诉。	一律接收起诉状。能够判断符合起诉条件的,应当当场登记立案;当场不能判断是否符合起诉条件的,应当在接收起诉状后七日内决定是否立案;七日内仍不能作出判断的,应当先予立案。
第五十四条 依照行政诉讼法第四十九条的规定,公民、法人或者其他组织提起诉讼时应当提交以下起诉材料: (一)原告的身份证明材料以及有效联系方式; (二)被诉行政行为或者不作为存在的材料; (三)原告与被诉行政行为具有利害关系的材料; (四)人民法院认为需要提交的其他材料。 由法定代理人或者委托代理人代为起诉的,还应当在起诉状中写明或者在口头起诉时向人民法院说明法定代理人或者委托代理人的基本情况,并提交法定代理人		

行诉解释	若干解释	适用解释
或者委托代理人的身份证明和代理权限证明等材料。		
第五十五条 依照行政诉讼法第五十一条的规定,人民法院应当就起诉状内容和材料是否完备以及是否符合行政诉讼法规定的起诉条件进行审查。 　　起诉状内容或者材料欠缺的,人民法院应当给予指导和释明,并一次性全面告知当事人需要补正的内容、补充的材料及期限。在指定期限内补正并符合起诉条件的,应当登记立案。当事人拒绝补正或者经补正仍不符合起诉条件的,退回诉状并记录在册;坚持起诉的,裁定不予立案,并载明不予立案的理由。		**第一条第三款、第四款** 起诉状内容或者材料欠缺的,人民法院应当一次性全面告知当事人需要补正的内容、补充的材料及期限。在指定期限内补正并符合起诉条件的,应当登记立案。当事人拒绝补正或者经补正仍不符合起诉条件的,裁定不予立案,并载明不予立案的理由。 　　当事人对不予立案裁定不服的,可以提起上诉。
第五十六条 法律、法规规定应当先申请复议,公民、法人或者其他组织未申请复议直接提起诉讼的,人民法院裁定不予立案。 　　依照行政诉讼法第四十五条的规定,复议机关不受理复议申请或者	**第三十三条** 法律、法规规定应当先申请复议,公民、法人或者其他组织未申请复议直接提起诉讼的,人民法院不予受理。 　　复议机关不受理复议申请或者在法定期限内不作出复议决定,公	

行诉解释	若干解释	适用解释
在法定期限内不作出复议决定,公民、法人或者其他组织不服,依法向人民法院提起诉讼的,人民法院应当依法立案。	民、法人或者其他组织不服,依法向人民法院提起诉讼的,人民法院应当依法受理。	
第五十七条 法律、法规未规定行政复议为提起行政诉讼必经程序,公民、法人或者其他组织既提起诉讼又申请行政复议的,由先立案的机关管辖;同时立案的,由公民、法人或者其他组织选择。公民、法人或者其他组织已经申请行政复议,在法定复议期间内又向人民法院提起诉讼的,人民法院裁定不予立案。	第三十四条 法律、法规未规定行政复议为提起行政诉讼必经程序,公民、法人或者其他组织既提起诉讼又申请行政复议的,由先受理的机关管辖;同时受理的,由公民、法人或者其他组织选择。公民、法人或者其他组织已经申请行政复议,在法定复议期间内又向人民法院提起诉讼的,人民法院不予受理。	
第五十八条 法律、法规未规定行政复议为提起行政诉讼必经程序,公民、法人或者其他组织向复议机关申请行政复议后,又经复议机关同意撤回复议申请,在法定起诉期限内对原行政行为提起诉讼的,人民法院应当依法立案。	第三十五条 法律、法规未规定行政复议为提起行政诉讼必经程序,公民、法人或者其他组织向复议机关申请行政复议后,又经复议机关同意撤回复议申请,在法定起诉期限内对原具体行政行为提起诉讼的,人民法院应当依法受理。	
第五十九条 公民、法人或者其他组织向复议机关申请行政复议后,复议机关作出维持决定		

行诉解释	若干解释	适用解释
的,应当以复议机关和原行为机关为共同被告,并以复议决定送达时间确定起诉期限。		
第六十条 人民法院裁定准许原告撤诉后,原告以同一事实和理由重新起诉的,人民法院不予立案。 准予撤诉的裁定确有错误,原告申请再审的,人民法院应当通过审判监督程序撤销原准予撤诉的裁定,重新对案件进行审理。	第三十六条 人民法院裁定准许原告撤诉后,原告以同一事实和理由重新起诉的,人民法院不予受理。 准予撤诉的裁定确有错误,原告申请再审的,人民法院应当通过审判监督程序撤销原准予撤诉的裁定,重新对案件进行审理。	
第六十一条 原告或者上诉人未按规定的期限预交案件受理费,又不提出缓交、减交、免交申请,或者提出申请未获批准的,按自动撤诉处理。在按撤诉处理后,原告或者上诉人在法定期限内再次起诉或者上诉,并依法解决诉讼费预交问题的,人民法院应予立案。	第三十七条 原告或者上诉人未按规定的期限预交案件受理费,又不提出缓交、减交、免交申请,或者提出申请未获批准的,按自动撤诉处理。在按撤诉处理后,原告或者上诉人在法定期限内再次起诉或者上诉,并依法解决诉讼费预交问题的,人民法院应予受理。	
第六十二条 人民法院判决撤销行政机关的行政行为后,公民、法人或者其他组织对行政机关重新作出的行政行	第三十八条 人民法院判决撤销行政机关的具体行政行为后,公民、法人或者其他组织对行政机关重新作出的具	

行诉解释	若干解释	适用解释
为不服向人民法院起诉的,人民法院应当依法立案。	体行政行为不服向人民法院起诉的,人民法院应当依法受理。	
第六十三条 行政机关作出行政行为时,没有制作或者没有送达法律文书,公民、法人或者其他组织只要能证明行政行为存在,在法定期限内起诉的,人民法院应当依法立案。	第四十条 行政机关作出具体行政行为时,没有制作或者没有送达法律文书,公民、法人或者其他组织不服向人民法院起诉的,只要能证明具体行政行为存在,人民法院应当依法受理。	
第六十四条 行政机关作出行政行为时,未告知公民、法人或者其他组织起诉期限的,起诉期限从公民、法人或者其他组织知道或者应当知道起诉期限之日起计算,但从知道或者应当知道行政行为内容之日起最长不得超过一年。 复议决定未告知公民、法人或者其他组织起诉期限的,适用前款规定。	第四十一条 行政机关作出具体行政行为时,未告知公民、法人或者其他组织诉权或者起诉期限的,起诉期限从公民、法人或者其他组织知道或者应当知道诉权或者起诉期限之日起计算,但从知道或者应当知道具体行政行为内容之日起最长不得超过2年。 复议决定未告知公民、法人或者其他组织诉权或者法定起诉期限的,适用前款规定。	
第六十五条 公民、法人或者其他组织不知道行政机关作出的行政行为内容的,其起诉期限从知道或者应当知道该行政行为内容之日起计	第四十二条 公民、法人或者其他织不知道行政机关作出的具体行政行为内容的,其起诉期限从知道或者应当知道该具体行政行为内容之	

行诉解释	若干解释	适用解释
算,但最长不得超过行政诉讼法第四十六条第二款规定的起诉期限。	日起计算。对涉及不动产的具体行政行为从作出之日起超过20年、其他具体行政行为从作出之日起超过5年提起诉讼的,人民法院不予受理。	
第六十六条 公民、法人或者其他组织依照行政诉讼法第四十七条第一款的规定,对行政机关不履行法定职责提起诉讼的,应当在行政机关履行法定职责期限届满之日起六个月内提出。		第四条 公民、法人或者其他组织依照行政诉讼法第四十七条第一款的规定,对行政机关不履行法定职责提起诉讼的,应当在行政机关履行法定职责期限届满之日起六个月内提出。
第六十七条 原告提供被告的名称等信息足以使被告与其他行政机关相区别的,可以认定为行政诉讼法第四十九条第二项规定的"有明确的被告"。 起诉状列写被告信息不足以认定明确的被告的,人民法院可以告知原告补正;原告补正后仍不能确定明确的被告的,人民法院裁定不予立案。		
第六十八条 行政诉讼法第四十九条第三项规定的"有具体的诉讼请求"是指:		第二条 行政诉讼法第四十九条第三项规定的"有具体的诉讼请求"是指:

行诉解释	若干解释	适用解释
（一）请求判决撤销或者变更行政行为； （二）请求判决行政机关履行特定法定职责或者给付义务； （三）请求判决确认行政行为违法； （四）请求判决确认行政行为无效； （五）请求判决行政机关予以赔偿或者补偿； （六）请求解决行政协议争议； （七）请求一并审查规章以下规范性文件； （八）请求一并解决相关民事争议； （九）其他诉讼请求。 当事人单独或者一并提起行政赔偿、补偿诉讼的，应当有具体的赔偿、补偿事项以及数额；请求一并审查规章以下规范性文件的，应当提供明确的文件名称或者审查对象；请求一并解决相关民事争议的，应当有具体的民事诉讼请求。 当事人未能正确表达诉讼请求的，人民法院应当要求其明确诉讼请		（一）请求判决撤销或者变更行政行为； （二）请求判决行政机关履行法定职责或者给付义务； （三）请求判决确认行政行为违法； （四）请求判决确认行政行为无效； （五）请求判决行政机关予以赔偿或者补偿； （六）请求解决行政协议争议； （七）请求一并审查规章以下规范性文件； （八）请求一并解决相关民事争议； （九）其他诉讼请求。 当事人未能正确表达诉讼请求的，人民法院应当予以释明。

行诉解释	若干解释	适用解释
求。		
第六十九条 有下列情形之一，已经立案的，应当裁定驳回起诉： （一）不符合行政诉讼法第四十九条规定的； （二）超过法定起诉期限且无行政诉讼法第四十八条规定情形的； （三）错列被告且拒绝变更的； （四）未按照法律规定由法定代理人、指定代理人、代表人为诉讼行为的； （五）未按照法律、法规规定先向行政机关申请复议的； （六）重复起诉的； （七）撤回起诉后无正当理由再行起诉的； （八）行政行为对其合法权益明显不产生实际影响的； （九）诉讼标的已为生效裁判或者调解书所羁束的； （十）不符合其他法定起诉条件的。 前款所列情形可以补正或者更正的，人民法院应当指定期间责令补	第四十四条 有下列情形之一的，应当裁定不予受理；已经受理的，裁定驳回起诉： （一）请求事项不属于行政审判权限范围的； （二）起诉人无原告诉讼主体资格的； （三）起诉人错列被告且拒绝变更的； （四）法律规定必须由法定或者指定代理人、代表人为诉讼行为，未由法定或者指定代理人、代表人为诉讼行为的； （五）由诉讼代理人代为起诉，其代理不符合法定要求的； （六）起诉超过法定期限且无正当理由的； （七）法律、法规规定行政复议为提起诉讼必经程序而未申请复议的； （八）起诉人重复起诉的； （九）已撤回起诉，无正当理由再行起诉的； （十）诉讼标的为生效判决的效力所羁束的； （十一）起诉不具备	第三条 有下列情形之一，已经立案的，应当裁定驳回起诉： （一）不符合行政诉讼法第四十九条规定的； （二）超过法定起诉期限且无正当理由的； （三）错列被告且拒绝变更的； （四）未按照法律规定由法定代理人、指定代理人、代表人为诉讼行为的； （五）未按照法律、法规规定先向行政机关申请复议的； （六）重复起诉的； （七）撤回起诉后无正当理由再行起诉的； （八）行政行为对其合法权益明显不产生实际影响的； （九）诉讼标的已为生效裁判所羁束的； （十）不符合其

行诉解释	若干解释	适用解释
正或者更正；在指定期间已经补正或者更正的，应当依法审理。 人民法院经过阅卷、调查或者询问当事人，认为不需要开庭审理的，可以迳行裁定驳回起诉。	其他法定要件的。 前款所列情形可以补正或者更正的，人民法院应当指定期间责令补正或者更正；在指定期间已经补正或者更正的，应当依法受理。	他法定起诉条件的。 人民法院经过阅卷、调查和询问当事人，认为不需要开庭审理的，可以迳行裁定驳回起诉。
第七十条 起诉状副本送达被告后，原告提出新的诉讼请求的，人民法院不予准许，但有正当理由的除外。	**第四十五条** 起诉状副本送达被告后，原告提出新的诉讼请求的，人民法院不予准许，但有正当理由的除外。	
七、审理与判决	**六、审理与判决**	
第七十一条 人民法院适用普通程序审理案件，应当在开庭三日前用传票传唤当事人。对证人、鉴定人、勘验人、翻译人员应当用通知书通知其到庭。当事人或者其他诉讼参与人在外地的，应当留有必要的在途时间。		
第七十二条 有下列情形之一的，可以延期开庭审理： （一）应当到庭的当事人和其他诉讼参与人有正当理由没有到庭的； （二）当事人临时提出回避申请且无法及时		

行诉解释	若干解释	适用解释
作出决定的; （三）需要通知新的证人到庭，调取新的证据，重新鉴定、勘验，或者需要补充调查的; （四）其他应当延期的情形。		
第七十三条 根据行政诉讼法第二十七条的规定,有下列情形之一的,人民法院可以决定合并审理： （一）两个以上行政机关分别对同一事实作出行政行为,公民、法人或者其他组织不服向同一人民法院起诉的; （二）行政机关就同一事实对若干公民、法人或者其他组织分别作出行政行为,公民、法人或者其他组织不服分别向同一人民法院起诉的; （三）在诉讼过程中,被告对原告作出新的行政行为,原告不服向同一人民法院起诉的; （四）人民法院认为可以合并审理的其他情形。	**第四十六条** 有下列情形之一的,人民法院可以决定合并审理： （一）两个以上行政机关分别依据不同的法律、法规对同一事实作出具体行政行为,公民、法人或者其他组织不服向同一人民法院起诉的; （二）行政机关就同一事实对若干公民、法人或者其他组织分别作出具体行政行为,公民、法人或者其他组织不服分别向同一人民法院起诉的; （三）在诉讼过程中,被告对原告作出新的具体行政行为,原告不服向同一人民法院起诉的; （四）人民法院认为可以合并审理的其他情形。	
第七十四条 当事人申请回避,应当说明理	**第四十七条** 当事人申请回避,应当说明理	

行诉解释	若干解释	适用解释
由,在案件开始审理时提出;回避事由在案件开始审理后知道的,应当在法庭辩论终结前提出。 　　被申请回避的人员,在人民法院作出是否回避的决定前,应当暂停参与本案的工作,但案件需要采取紧急措施的除外。 　　对当事人提出的回避申请,人民法院应当在三日内以口头或者书面形式作出决定。对当事人提出的明显不属于法定回避事由的申请,法庭可以依法当庭驳回。 　　申请人对驳回回避申请决定不服的,可以向作出决定的人民法院申请复议一次。复议期间,被申请回避的人员不停止参与本案的工作。对申请人的复议申请,人民法院应当在三日内作出复议决定,并通知复议申请人。	由,在案件开始审理时提出;回避事由在案件开始审理后知道的,应当在法庭辩论终结前提出。 　　被申请回避的人员,在人民法院作出是否回避的决定前,应当暂停参与本案的工作,但案件需要采取紧急措施的除外。 　　对当事人提出的回避申请,人民法院应当在3日内以口头或者书面形式作出决定。 　　申请人对驳回回避申请决定不服的,可以向作出决定的人民法院申请复议一次。复议期间,被申请回避的人员不停止参与本案的工作。对申请人的复议申请,人民法院应当在3日内作出复议决定,并通知复议申请人。	
第七十五条　在一个审判程序中参与过本案审判工作的审判人员,不得再参与该案其他程序的审判。 　　发回重审的案件,在		

行诉解释	若干解释	适用解释
一审法院作出裁判后又进入第二审程序的,原第二审程序中合议庭组成人员不受前款规定的限制。		
第七十六条　人民法院对于因一方当事人的行为或者其他原因,可能使行政行为或者人民法院生效裁判不能或者难以执行的案件,根据对方当事人的申请,可以裁定对其财产进行保全、责令其作出一定行为或者禁止其作出一定行为;当事人没有提出申请的,人民法院在必要时也可以裁定采取上述保全措施。 　　人民法院采取保全措施,可以责令申请人提供担保;申请人不提供担保的,裁定驳回申请。 　　人民法院接受申请后,对情况紧急的,必须在四十八小时内作出裁定;裁定采取保全措施的,应当立即开始执行。 　　当事人对保全的裁定不服的,可以申请复议;复议期间不停止裁定的执行。	第四十八条　人民法院对于因一方当事人的行为或者其他原因,可能使具体行政行为或者人民法院生效裁判不能或者难以执行的案件,可以根据对方当事人的申请作出财产保全的裁定;当事人没有提出申请的,人民法院在必要时也可以依法采取财产保全措施。 　　人民法院审理起诉行政机关没有依法发给抚恤金、社会保险金、最低生活保障费等案件,可以根据原告的申请,依法书面裁定先予执行。 　　当事人对财产保全或者先予执行的裁定不服的,可以申请复议。复议期间不停止裁定的执行。	

行诉解释	若干解释	适用解释
第七十七条 利害关系人因情况紧急，不立即申请保全将会使其合法权益受到难以弥补的损害的，可以在提起诉讼前向被保全财产所在地、被申请人住所地或者对案件有管辖权的人民法院申请采取保全措施。申请人应当提供担保，不提供担保的，裁定驳回申请。 人民法院接受申请后，必须在四十八小时内作出裁定；裁定采取保全措施的，应当立即开始执行。 申请人在人民法院采取保全措施后三十日内不依法提起诉讼的，人民法院应当解除保全。 当事人对保全的裁定不服的，可以申请复议；复议期间不停止裁定的执行。		
第七十八条 保全限于请求的范围，或者与本案有关的财物。 财产保全采取查封、扣押、冻结或者法律规定的其他方法。人民法院保全财产后，应当立即通知		

行诉解释	若干解释	适用解释
被保全人。 　　财产已被查封、冻结的,不得重复查封、冻结。 　　涉及财产的案件,被申请人提供担保的,人民法院应当裁定解除保全。 　　申请有错误的,申请人应当赔偿被申请人因保全所遭受的损失。		
第七十九条　原告或者上诉人申请撤诉,人民法院裁定不予准许的,原告或者上诉人经传票传唤无正当理由拒不到庭,或者未经法庭许可中途退庭的,人民法院可以缺席判决。 　　第三人经传票传唤无正当理由拒不到庭,或者未经法庭许可中途退庭的,不发生阻止案件审理的效果。 　　根据行政诉讼法第五十八条的规定,被告经传票传唤无正当理由拒不到庭,或者未经法庭许可中途退庭的,人民法院可以按期开庭或者继续开庭审理,对到庭的当事人诉讼请求、双方的诉辩理由以及已经提交的证据及其他诉讼材料进行	**第四十九条**　原告或者上诉人经合法传唤,无正当理由拒不到庭或者未经法庭许可中途退庭的,可以按撤诉处理。 　　原告或者上诉人申请撤诉,人民法院裁定不予准许的,原告或者上诉人经合法传唤无正当理由拒不到庭,或者未经法庭许可而中途退庭的,人民法院可以缺席判决。 　　第三人经合法传唤无正当理由拒不到庭,或者未经法庭许可中途退庭的,不影响案件的审理。	

行诉解释	若干解释	适用解释
审理后，依法缺席判决。		
第八十条 原告或者上诉人在庭审中明确拒绝陈述或者以其他方式拒绝陈述，导致庭审无法进行，经法庭释明法律后果后仍不陈述意见的，视为放弃陈述权利，由其承担不利的法律后果。 当事人申请撤诉或者依法可以按撤诉处理的案件，当事人有违反法律的行为需要依法处理的，人民法院可以不准许撤诉或者不按撤诉处理。 法庭辩论终结后原告申请撤诉，人民法院可以准许，但涉及到国家利益和社会公共利益的除外。		
第八十一条 被告在一审期间改变被诉行政行为的，应当书面告知人民法院。 原告或者第三人对改变后的行政行为不服提起诉讼的，人民法院应当就改变后的行政行为进行审理。 被告改变原违法行政行为，原告仍要求确认原行政行为违法的，人民	第五十条 被告在一审期间改变被诉具体行政行为的，应当书面告知人民法院。 原告或者第三人对改变后的行为不服提起诉讼的，人民法院应当就改变后的具体行政行为进行审理。 被告改变原具体行政行为，原告不撤诉，人民法院经审查认为原具	

行诉解释	若干解释	适用解释
法院应当依法作出确认判决。 原告起诉被告不作为,在诉讼中被告作出行政行为,原告不撤诉的,人民法院应当就不作为依法作出确认判决。	体行政行为违法的,应当作出确认其违法的判决;认为原具体行政行为合法的,应当判决驳回原告的诉讼请求。 原告起诉被告不作为,在诉讼中被告作出具体行政行为,原告不撤诉的,参照上述规定处理。	
第八十二条 当事人之间恶意串通,企图通过诉讼等方式侵害国家利益、社会公共利益或者他人合法权益的,人民法院应当裁定驳回起诉或者判决驳回其请求,并根据情节轻重予以罚款、拘留;构成犯罪的,依法追究刑事责任。		
第八十三条 行政诉讼法第五十九条规定的罚款、拘留可以单独适用,也可以合并适用。 对同一妨害行政诉讼行为的罚款、拘留不得连续适用。发生新的妨害行政诉讼行为的,人民法院可以重新予以罚款、拘留。		
第八十四条 人民法院审理行政诉讼法第六十条第一款规定的行		

行诉解释	若干解释	适用解释
政案件,认为法律关系明确、事实清楚,在征得当事人双方同意后,可以迳行调解。		
第八十五条 调解达成协议,人民法院应当制作调解书。调解书应当写明诉讼请求、案件的事实和调解结果。 调解书由审判人员、书记员署名,加盖人民法院印章,送达双方当事人。 调解书经双方当事人签收后,即具有法律效力。调解书生效日期根据最后收到调解书的当事人签收的日期确定。		
第八十六条 人民法院审理行政案件,调解过程不公开,但当事人同意公开的除外。 经人民法院准许,第三人可以参加调解。人民法院认为有必要的,可以通知第三人参加调解。 调解协议内容不公开,但为保护国家利益、社会公共利益、他人合法权益,人民法院认为确有必要公开的除外。 当事人一方或者双		

行诉解释	若干解释	适用解释
方不愿调解、调解未达成协议的,人民法院应当及时判决。 　　当事人自行和解或者调解达成协议后,请求人民法院按照和解协议或者调解协议的内容制作判决书的,人民法院不予准许。		
第八十七条　在诉讼过程中,有下列情形之一的,中止诉讼: 　　(一)原告死亡,须等待其近亲属表明是否参加诉讼的; 　　(二)原告丧失诉讼行为能力,尚未确定法定代理人的; 　　(三)作为一方当事人的行政机关、法人或者其他组织终止,尚未确定权利义务承受人的; 　　(四)一方当事人因不可抗力的事由不能参加诉讼的; 　　(五)案件涉及法律适用问题,需要送请有权机关作出解释或者确认的; 　　(六)案件的审判须以相关民事、刑事或者其他行政案件的审理结果	**第五十一条**　在诉讼过程中,有下列情形之一的,中止诉讼: 　　(一)原告死亡,须等待其近亲属表明是否参加诉讼的; 　　(二)原告丧失诉讼行为能力,尚未确定法定代理人的; 　　(三)作为一方当事人的行政机关、法人或者其他组织终止,尚未确定权利义务承受人的; 　　(四)一方当事人因不可抗力的事由不能参加诉讼的; 　　(五)案件涉及法律适用问题,需要送请有权机关作出解释或者确认的; 　　(六)案件的审判须以相关民事、刑事或者其他行政案件的审理结果	

行诉解释	若干解释	适用解释
为依据,而相关案件尚未审结的; （七）其他应当中止诉讼的情形。 中止诉讼的原因消除后,恢复诉讼。	为依据,而相关案件尚未审结的; （七）其他应当中止诉讼的情形。 中止诉讼的原因消除后,恢复诉讼。	
第八十八条 在诉讼过程中,有下列情形之一的,终结诉讼: （一）原告死亡,没有近亲属或者近亲属放弃诉讼权利的; （二）作为原告的法人或者其他组织终止后,其权利义务的承受人放弃诉讼权利的。 因本解释第八十七条第一款第一、二、三项原因中止诉讼满九十日仍无人继续诉讼的,裁定终结诉讼,但有特殊情况的除外。	第五十二条 在诉讼过程中,有下列情形之一的,终结诉讼: （一）原告死亡,没有近亲属或者近亲属放弃诉讼权利的; （二）作为原告的法人或者其他组织终止后,其权利义务的承受人放弃诉讼权利的。 因本解释第五十一条第一款第（一）、（二）、（三）项原因中止诉讼满90日仍无人继续诉讼的,裁定终结诉讼,但有特殊情况的除外。	
第八十九条 复议决定改变原行政行为错误,人民法院判决撤销复议决定时,可以一并责令复议机关重新作出复议决定或者判决恢复原行政行为的法律效力。	第五十三条 复议决定维持原具体行政行为的,人民法院判决撤销原具体行政行为,复议决定自然无效。 复议决定改变原具体行政行为错误,人民法院判决撤销复议决定时,应当责令复议机关重新作出复议决定。	

行诉解释	若干解释	适用解释
第九十条 人民法院判决被告重新作出行政行为,被告重新作出的行政行为与原行政行为的结果相同,但主要事实或者主要理由有改变的,不属于行政诉讼法第七十一条规定的情形。 人民法院以违反法定程序为由,判决撤销被诉行政行为的,行政机关重新作出行政行为不受行政诉讼法第七十一条规定的限制。 行政机关以同一事实和理由重新作出与原行政行为基本相同的行政行为,人民法院应当根据行政诉讼法第七十条、第七十一条的规定判决撤销或者部分撤销,并根据行政诉讼法第九十六条的规定处理。	第五十四条 人民法院判决被告重新作出具体行政行为,被告重新作出的具体行政行为与原具体行政行为的结果相同,但主要事实或者主要理由有改变的,不属于行政诉讼法第五十五条规定的情形。 人民法院以违反法定程序为由,判决撤销被诉具体行政行为的,行政机关重新作出具体行政行为不受行政诉讼法第五十五条规定的限制。 行政机关以同一事实和理由重新作出与原具体行政行为基本相同的具体行政行为,人民法院应当根据行政诉讼法第五十四条第(二)项、第五十五条的规定判决撤销或者部分撤销,并根据行政诉讼法第六十五条第三款的规定处理。	
第九十一条 原告请求被告履行法定职责的理由成立,被告违法拒绝履行或者无正当理由逾期不予答复的,人民法院可以根据行政诉讼法第七十二条的规定,判决	第六十条第二款 人民法院判决被告履行法定职责,应当指定履行的期限,因情况特殊难于确定期限的除外。	第二十二条 原告请求被告履行法定职责的理由成立,被告违法拒绝履行或者无正当理由逾期不予答复的,人民法院可以根据行政诉讼法第

行诉解释	若干解释	适用解释
被告在一定期限内依法履行原告请求的法定职责;尚需被告调查或者裁量的,应当判决被告针对原告的请求重新作出处理。		七十二条的规定,判决被告在一定期限内依法履行原告请求的法定职责;尚需被告调查或者裁量的,应当判决被告针对原告的请求重新作出处理。
第九十二条 原告申请被告依法履行支付抚恤金、最低生活保障待遇或者社会保险待遇等给付义务的理由成立,被告依法负有给付义务而拒绝或者拖延履行义务的,人民法院可以根据行政诉讼法第七十三条的规定,判决被告在一定期限内履行相应的给付义务。		第二十三条 原告申请被告依法履行支付抚恤金、最低生活保障待遇或者社会保险待遇等给付义务的理由成立,被告依法负有给付义务而拒绝或者拖延履行义务且无正当理由的,人民法院可以根据行政诉讼法第七十三条的规定,判决被告在一定期限内履行相应的给付义务。
第九十三条 原告请求被告履行法定职责或者依法履行支付抚恤金、最低生活保障待遇或者社会保险待遇等给付义务,原告未先向行政机关提出申请的,人民法院裁定驳回起诉。 人民法院经审理认为原告所请求履行的法		

行诉解释	若干解释	适用解释
定职责或者给付义务明显不属于行政机关权限范围的,可以裁定驳回起诉。		
第九十四条 公民、法人或者其他组织起诉请求撤销行政行为,人民法院经审查认为行政行为无效的,应当作出确认无效的判决。 公民、法人或者其他组织起诉请求确认行政行为无效,人民法院审查认为行政行为不属于无效情形,经释明,原告请求撤销行政行为的,应当继续审理并依法作出相应判决;原告请求撤销行政行为但超过法定起诉期限的,裁定驳回起诉;原告拒绝变更诉讼请求的,判决驳回其诉讼请求。		
第九十五条 人民法院经审理认为被诉行政行为违法或者无效,可能给原告造成损失,经释明,原告请求一并解决行政赔偿争议的,人民法院可以就赔偿事项进行调解;调解不成的,应当一并判决。人民法院也可以		

行诉解释	若干解释	适用解释
告知其就赔偿事项另行提起诉讼。		
第九十六条 有下列情形之一,且对原告依法享有的听证、陈述、申辩等重要程序性权利不产生实质损害的,属于行政诉讼法第七十四条第一款第二项规定的"程序轻微违法": （一）处理期限轻微违法； （二）通知、送达等程序轻微违法； （三）其他程序轻微违法的情形。		
第九十七条 原告或者第三人的损失系由其自身过错和行政机关的违法行政行为共同造成的,人民法院应当依据各方行为与损害结果之间有无因果关系以及在损害发生和结果中作用力的大小,确定行政机关相应的赔偿责任。		
第九十八条 因行政机关不履行、拖延履行法定职责,致使公民、法人或者其他组织的合法权益遭受损害的,人民法院应当判决行政机关承		

行诉解释	若干解释	适用解释
担行政赔偿责任。在确定赔偿数额时,应当考虑该不履行、拖延履行法定职责的行为在损害发生过程和结果中所起的作用等因素。		
第九十九条 有下列情形之一的,属于行政诉讼法第七十五条规定的"重大且明显违法": (一)行政行为实施主体不具有行政主体资格; (二)减损权利或者增加义务的行政行为没有法律规范依据; (三)行政行为的内容客观上不可能实施; (四)其他重大且明显违法的情形。		
第一百条 人民法院审理行政案件,适用最高人民法院司法解释的,应当在裁判文书中援引。 人民法院审理行政案件,可以在裁判文书中引用合法有效的规章及其他规范性文件。	**第六十二条** 人民法院审理行政案件,适用最高人民法院司法解释的,应当在裁判文书中援引。 人民法院审理行政案件,可以在裁判文书中引用合法有效的规章及其他规范性文件。	
第一百零一条 裁定适用于下列范围: (一)不予立案;	**第六十三条** 裁定适用于下列范围: (一)不予受理;	

行诉解释	若干解释	适用解释
（二）驳回起诉； （三）管辖异议； （四）终结诉讼； （五）中止诉讼； （六）移送或者指定管辖； （七）诉讼期间停止行政行为的执行或者驳回停止执行的申请； （八）财产保全； （九）先予执行； （十）准许或者不准许撤诉； （十一）补正裁判文书中的笔误； （十二）中止或者终结执行； （十三）提审、指令再审或者发回重审； （十四）准许或者不准许执行行政机关的行政行为； （十五）其他需要裁定的事项。 对第一、二、三项裁定，当事人可以上诉。 裁定书应当写明裁定结果和作出该裁定的理由。裁定书由审判人员、书记员署名，加盖人民法院印章。口头裁定的，记入笔录。	（二）驳回起诉； （三）管辖异议； （四）终结诉讼； （五）中止诉讼； （六）移送或者指定管辖； （七）诉讼期间停止具体行政行为的执行或者驳回停止执行的申请； （八）财产保全； （九）先予执行； （十）准许或者不准许撤诉； （十一）补正裁判文书中的笔误； （十二）中止或者终结执行； （十三）提审、指令再审或者发回重审； （十四）准许或者不准许执行行政机关的具体行政行为； （十五）其他需要裁定的事项。 对第（一）、（二）、（三）项裁定，当事人可以上诉。	

行诉解释	若干解释	适用解释
第一百零二条 行政诉讼法第八十二条规定的行政案件中的"事实清楚",是指当事人对争议的事实陈述基本一致,并能提供相应的证据,无须人民法院调查收集证据即可查明事实;"权利义务关系明确",是指行政法律关系中权利和义务能够明确区分;"争议不大",是指当事人对行政行为的合法性、责任承担等没有实质分歧。		
第一百零三条 适用简易程序审理的行政案件,人民法院可以用口头通知、电话、短信、传真、电子邮件等简便方式传唤当事人、通知证人、送达裁判文书以外的诉讼文书。 以简便方式送达的开庭通知,未经当事人确认或者没有其他证据证明当事人已经收到的,人民法院不得缺席判决。		
第一百零四条 适用简易程序案件的举证期限由人民法院确定,也可以由当事人协商一致并经人民法院准许,但不		

行诉解释	若干解释	适用解释
得超过十五日。被告要求书面答辩的,人民法院可以确定合理的答辩期间。 　　人民法院应当将举证期限和开庭日期告知双方当事人,并向当事人说明逾期举证以及拒不到庭的法律后果,由双方当事人在笔录和开庭传票的送达回证上签名或者捺印。 　　当事人双方均表示同意立即开庭或者缩短举证期限、答辩期间的,人民法院可以立即开庭审理或者确定近期开庭。		
第一百零五条　人民法院发现案情复杂,需要转为普通程序审理的,应当在审理期限届满前作出裁定并将合议庭组成人员及相关事项书面通知双方当事人。 　　案件转为普通程序审理的,审理期限自人民法院立案之日起计算。		
第一百零六条　当事人就已经提起诉讼的事项在诉讼过程中或者裁判生效后再次起诉,同时具有下列情形的,构成重复起诉:		

行诉解释	若干解释	适用解释
（一）后诉与前诉的当事人相同； （二）后诉与前诉的诉讼标的相同； （三）后诉与前诉的诉讼请求相同，或者后诉的诉讼请求被前诉裁判所包含。		
第一百零七条 第一审人民法院作出判决和裁定后，当事人均提起上诉的，上诉各方均为上诉人。 　　诉讼当事人中的一部分人提出上诉，没有提出上诉的对方当事人为被上诉人，其他当事人依原审诉讼地位列明。	**第六十五条** 第一审人民法院作出判决和裁定后，当事人均提起上诉的，上诉各方均为上诉人。 　　诉讼当事人中的一部分人提出上诉，没有提出上诉的对方当事人为被上诉人，其他当事人依原审诉讼地位列明。	
第一百零八条 当事人提出上诉，应当按照其他当事人或者诉讼代表人的人数提出上诉状副本。 　　原审人民法院收到上诉状，应当在五日内将上诉状副本发送其他当事人，对方当事人应当在收到上诉状副本之日起十五日内提出答辩状。 　　原审人民法院应当在收到答辩状之日起五日内将副本发送上诉人。	**第六十六条** 当事人提出上诉，应当按照其他当事人或者诉讼代表人的人数提出上诉状副本。 　　原审人民法院收到上诉状，应当在5日内将上诉状副本送达其他当事人，对方当事人应当在收到上诉状副本之日起10日内提出答辩状。 　　原审人民法院应当在收到答辩状之日起5日内将副本送达当事人。	

行诉解释	若干解释	适用解释
对方当事人不提出答辩状的,不影响人民法院审理。 原审人民法院收到上诉状、答辩状,应当在五日内连同全部案卷和证据,报送第二审人民法院;已经预收的诉讼费用,一并报送。	原审人民法院收到上诉状、答辩状,应当在5日内连同全部案卷和证据,报送第二审人民法院。已经预收诉讼费用的,一并报送。	
第一百零九条 第二审人民法院经审理认为原审人民法院不予立案或者驳回起诉的裁定确有错误且当事人的起诉符合起诉条件的,应当裁定撤销原审人民法院的裁定,指令原审人民法院依法立案或者继续审理。 第二审人民法院裁定发回原审人民法院重新审理的行政案件,原审人民法院应当另行组成合议庭进行审理。 原审判决遗漏了必须参加诉讼的当事人或者诉讼请求的,第二审人民法院应当裁定撤销原审判决,发回重审。 原审判决遗漏行政赔偿请求,第二审人民法院经审查认为依法不应	**第六十八条** 第二审人民法院经审理认为原审人民法院不予受理或者驳回起诉的裁定确有错误,且起诉符合法定条件的,应当裁定撤销原审人民法院的裁定,指令原审人民法院依法立案受理或者继续审理。 **第六十九条** 第二审人民法院裁定发回原审人民法院重新审理的行政案件,原审人民法院应当另行组成合议庭进行审理。 **第七十条** 第二审人民法院审理上诉案件,需要改变原审判决的,应当同时对被诉具体行政行为作出判决。 **第七十一条** 原审判决遗漏了必须参加诉讼的当事人或者诉讼请	

行诉解释	若干解释	适用解释
当予以赔偿的,应当判决驳回行政赔偿请求。 原审判决遗漏行政赔偿请求,第二审人民法院经审理认为依法应当予以赔偿的,在确认被诉行政行为违法的同时,可以就行政赔偿问题进行调解;调解不成的,应当就行政赔偿部分发回重审。 当事人在第二审期间提出行政赔偿请求的,第二审人民法院可以进行调解;调解不成的,应当告知当事人另行起诉。	求的,第二审人民法院应当裁定撤销原审判决,发回重审。 原审判决遗漏行政赔偿请求,第二审人民法院经审查认为依法不应当予以赔偿的,应当判决驳回行政赔偿请求。 原审判决遗漏行政赔偿请求,第二审人民法院经审理认为依法应当予以赔偿的,在确认被诉具体行政行为违法的同时,可以就行政赔偿问题进行调解;调解不成的,应当就行政赔偿部分发回重审。 当事人在第二审期间提出行政赔偿请求的,第二审人民法院可以进行调解;调解不成的,应当告知当事人另行起诉。	
第一百一十条 当事人向上一级人民法院申请再审,应当在判决、裁定或者调解书发生法律效力后六个月内提出。有下列情形之一的,自知道或者应当知道之日起六个月内提出: (一)有新的证据,	**第七十三条** 当事人申请再审,应当在判决、裁定发生法律效力后2年内提出。 当事人对已经发生法律效力的行政赔偿调解书,提出证据证明调解违反自愿原则或者调解协议的内容违反法律规	**第二十四条** 当事人向上一级人民法院申请再审,应当在判决、裁定或者调解书发生法律效力后六个月内提出。有下列情形之一的,自知道或者应当知道之日起六个月内提出:

行诉解释	若干解释	适用解释
足以推翻原判决、裁定的； （二）原判决、裁定认定事实的主要证据是伪造的； （三）据以作出原判决、裁定的法律文书被撤销或者变更的； （四）审判人员审理该案件时有贪污受贿、徇私舞弊、枉法裁判行为的。	定的，可以在2年内申请再审。	（一）有新的证据，足以推翻原判决、裁定的； （二）原判决、裁定认定事实的主要证据是伪造的； （三）据以作出原判决、裁定的法律文书被撤销或者变更的； （四）审判人员审理该案件时有贪污受贿、徇私舞弊、枉法裁判行为的。
第一百一十一条 当事人申请再审的，应当提交再审申请书等材料。人民法院认为有必要的，可以自收到再审申请书之日起五日内将再审申请书副本发送对方当事人。对方当事人应当自收到再审申请书副本之日起十五日内提交书面意见。人民法院可以要求申请人和对方当事人补充有关材料，询问有关事项。		
第一百一十二条 人民法院应当自再审申请案件立案之日起六个月内审查，有特殊情况需		

行诉解释	若干解释	适用解释
要延长的,由本院院长批准。		
第一百一十三条 人民法院根据审查再审申请案件的需要决定是否询问当事人;新的证据可能推翻原判决、裁定的,人民法院应当询问当事人。		
第一百一十四条 审查再审申请期间,被申请人及原审其他当事人依法提出再审申请的,人民法院应当将其列为再审申请人,对其再审事由一并审查,审查期限重新计算。经审查,其中一方再审申请人主张的再审事由成立的,应当裁定再审。各方再审申请人主张的再审事由均不成立的,一并裁定驳回再审申请。		
第一百一十五条 审查再审申请期间,再审申请人申请人民法院委托鉴定、勘验的,人民法院不予准许。 审查再审申请期间,再审申请人撤回再审申请的,是否准许,由人民法院裁定。 再审申请人经传票		

行诉解释	若干解释	适用解释
传唤,无正当理由拒不接受询问的,按撤回再审申请处理。 　　人民法院准许撤回再审申请或者按撤回再审申请处理后,再审申请人再次申请再审的,不予立案,但有行政诉讼法第九十一条第二项、第三项、第七项、第八项规定情形,自知道或者应当知道之日起六个月内提出的除外。		
第一百一十六条 当事人主张的再审事由成立,且符合行政诉讼法和本解释规定的申请再审条件的,人民法院应当裁定再审。 　　当事人主张的再审事由不成立,或者当事人申请再审超过法定申请再审期限、超出法定再审事由范围等不符合行政诉讼法和本解释规定的申请再审条件的,人民法院应当裁定驳回再审申请。	**第七十四条** 人民法院接到当事人的再审申请后,经审查,符合再审条件的,应当立案并及时通知各方当事人;不符合再审条件的,予以驳回。	
第一百一十七条 有下列情形之一的,当事人可以向人民检察院申请抗诉或者检察建议:		**第二十五条** 有下列情形之一的,当事人可以向人民检察院申请抗诉或者检察

行诉解释	若干解释	适用解释
（一）人民法院驳回再审申请的； （二）人民法院逾期未对再审申请作出裁定的； （三）再审判决、裁定有明显错误的。 　　人民法院基于抗诉或者检察建议作出再审判决、裁定后，当事人申请再审的，人民法院不予立案。		建议： 　　（一）人民法院驳回再审申请的； 　　（二）人民法院逾期未对再审申请作出裁定的； 　　（三）再审判决、裁定有明显错误的。 　　人民法院基于抗诉或者检察建议作出再审判决、裁定后，当事人申请再审的，人民法院不予立案。
第一百一十八条 按照审判监督程序决定再审的案件，裁定中止原判决、裁定、调解书的执行，但支付抚恤金、最低生活保障费或者社会保险待遇的案件，可以不中止执行。 　　上级人民法院决定提审或者指令下级人民法院再审的，应当作出裁定，裁定应当写明中止原判决的执行；情况紧急的，可以将中止执行的裁定口头通知负责执行的人民法院或者作出生效判决、裁定的人民法院，但应当在口头通知后十日内发出裁定书。	**第七十七条** 按照审判监督程序决定再审的案件，应当裁定中止原判决的执行；裁定由院长署名，加盖人民法院印章。 　　上级人民法院决定提审或者指令下级人民法院再审的，应当作出裁定，裁定应当写明中止原判决的执行；情况紧急的，可以将中止执行的裁定口头通知负责执行的人民法院或者作出生效判决、裁定的人民法院，但应当在口头通知后10日内发出裁定书。	

行诉解释	若干解释	适用解释
第一百一十九条 人民法院按照审判监督程序再审的案件,发生法律效力的判决、裁定是由第一审法院作出的,按照第一审程序审理,所作的判决、裁定,当事人可以上诉;发生法律效力的判决、裁定是由第二审法院作出的,按照第二审程序审理,所作的判决、裁定,是发生法律效力的判决、裁定;上级人民法院按照审判监督程序提审的,按照第二审程序审理,所作的判决、裁定是发生法律效力的判决、裁定。 人民法院审理再审案件,应当另行组成合议庭。	**第七十六条** 人民法院按照审判监督程序再审的案件,发生法律效力的判决、裁定是由第一审人民法院作出的,按照第一审程序审理,所作的判决、裁定,当事人可以上诉;发生法律效力的判决、裁定是由第二审人民法院作出的,按照第二审程序审理,所作的判决、裁定是发生法律效力的判决、裁定;上级人民法院按照审判监督程序提审的,按照第二审程序审理,所作的判决、裁定是发生法律效力的判决、裁定。 人民法院审理再审案件,应当另行组成合议庭。	
第一百二十条 人民法院审理再审案件应当围绕再审请求和被诉行政行为合法性进行。当事人的再审请求超出原审诉讼请求,符合另案诉讼条件的,告知当事人可以另行起诉。 被申请人及原审其他当事人在庭审辩论结束前提出的再审请求,符		

行诉解释	若干解释	适用解释
合本解释规定的申请期限的,人民法院应当一并审理。 人民法院经再审,发现已经发生法律效力的判决、裁定损害国家利益、社会公共利益、他人合法权益的,应当一并审理。		
第一百二十一条 再审审理期间,有下列情形之一的,裁定终结再审程序: (一)再审申请人在再审期间撤回再审请求,人民法院准许的; (二)再审申请人经传票传唤,无正当理由拒不到庭的,或者未经法庭许可中途退庭,按撤回再审请求处理的; (三)人民检察院撤回抗诉的; (四)有其他应当终结再审程序的情形。 因人民检察院提出抗诉裁定再审的案件,申请抗诉的当事人有前款规定的情形,且不损害国家利益、社会公共利益或者他人合法权益的,人民法院裁定终结再审程序。		

行诉解释	若干解释	适用解释
再审程序终结后,人民法院裁定中止执行的原生效判决自动恢复执行。		
第一百二十二条 人民法院审理再审案件,认为原生效判决、裁定确有错误,在撤销原生效判决或者裁定的同时,可以对生效判决、裁定的内容作出相应裁判,也可以裁定撤销生效判决或者裁定,发回作出生效判决、裁定的人民法院重新审理。	**第七十八条** 人民法院审理再审案件,认为原生效判决、裁定确有错误,在撤销原生效判决或者裁定的同时,可以对生效判决、裁定的内容作出相应裁判,也可以裁定撤销生效判决或者裁定,发回作出生效判决、裁定的人民法院重新审判。	
第一百二十三条 人民法院审理二审案件和再审案件,对原审法院立案、不予立案或者驳回起诉错误的,应当分别情况作如下处理: (一)第一审人民法院作出实体判决后,第二审人民法院认为不应当立案的,在撤销第一审人民法院判决的同时,可以迳行驳回起诉; (二)第二审人民法院维持第一审人民法院不予立案裁定错误的,再审法院应当撤销第一审、第二审人民法院裁定,指	**第七十九条** 人民法院审理二审案件和再审案件,对原审法院受理、不予受理或者驳回起诉错误的,应当分别情况作如下处理: (一)第一审人民法院作出实体判决后,第二审人民法院认为不应当受理的,在撤销第一审人民法院判决的同时,可以发回重审,也可以迳行驳回起诉; (二)第二审人民法院维持第一审人民法院不予受理裁定错误的,再审法院应当撤销第一审、	

行诉解释	若干解释	适用解释
令第一审人民法院受理； （三）第二审人民法院维持第一审人民法院驳回起诉裁定错误的，再审法院应当撤销第一审、第二审人民法院裁定，指令第一审人民法院审理。	第二审人民法院裁定，指令第一审人民法院受理； （三）第二审人民法院维持第一审人民法院驳回起诉裁定错误的，再审法院应当撤销第一审、第二审人民法院裁定，指令第一审人民法院审理。	
第一百二十四条 人民检察院提出抗诉的案件，接受抗诉的人民法院应当自收到抗诉书之日起三十日内作出再审的裁定；有行政诉讼法第九十一条第二、三项规定情形之一的，可以指令下一级人民法院再审，但经该下一级人民法院再审过的除外。 人民法院在审查抗诉材料期间，当事人之间已经达成和解协议的，人民法院可以建议人民检察院撤回抗诉。		
第一百二十五条 人民检察院提出抗诉的案件，人民法院再审开庭时，应当在开庭三日前通知人民检察院派员出庭。	**第七十五条** 对人民检察院按照审判监督程序提出抗诉的案件，人民法院应当再审。 人民法院开庭审理抗诉案件时，应当通知人民检察院派员出庭。	

行诉解释	若干解释	适用解释
第一百二十六条 人民法院收到再审检察建议后，应当组成合议庭，在三个月内进行审查，发现原判决、裁定、调解书确有错误，需要再审的，依照行政诉讼法第九十二条规定裁定再审，并通知当事人；经审查，决定不予再审的，应当书面回复人民检察院。		
第一百二十七条 人民法院审理因人民检察院抗诉或者检察建议裁定再审的案件，不受此前已经作出的驳回当事人再审申请裁定的限制。		
八、行政机关负责人出庭应诉		
第一百二十八条 行政诉讼法第三条第三款规定的行政机关负责人，包括行政机关的正职、副职负责人以及其他参与分管的负责人。 行政机关负责人出庭应诉的，可以另行委托一至二名诉讼代理人。行政机关负责人不能出庭的，应当委托行政机关相应的工作人员出庭，不得仅委托律师出庭。		**第五条** 行政诉讼法第三条第三款规定的"行政机关负责人"，包括行政机关的正职和副职负责人。行政机关负责人出庭应诉的，可以另行委托一至二名诉讼代理人。

行诉解释	若干解释	适用解释
第一百二十九条 涉及重大公共利益、社会高度关注或者可能引发群体性事件等案件以及人民法院书面建议行政机关负责人出庭的案件，被诉行政机关负责人应当出庭。 被诉行政机关负责人出庭应诉的，应当在当事人及其诉讼代理人基本情况、案件由来部分予以列明。 行政机关负责人有正当理由不能出庭应诉的，应当向人民法院提交情况说明，并加盖行政机关印章或者由该机关主要负责人签字认可。 行政机关拒绝说明理由的，不发生阻止案件审理的效果，人民法院可以向监察机关、上一级行政机关提出司法建议。		
第一百三十条 行政诉讼法第三条第三款规定的"行政机关相应的工作人员"，包括该行政机关具有国家行政编制身份的工作人员以及其他依法履行公职的人员。 被诉行政行为是地		

行诉解释	若干解释	适用解释
方人民政府作出的,地方人民政府所属法制工作机构的工作人员,以及被诉行政行为具体承办机关工作人员,可以视为被诉人民政府相应的工作人员。		
第一百三十一条 行政机关负责人出庭应诉的,应当向人民法院提交能够证明该行政机关负责人职务的材料。 行政机关委托相应的工作人员出庭应诉的,应当向人民法院提交加盖行政机关印章的授权委托书,并载明工作人员的姓名、职务和代理权限。		
第一百三十二条 行政机关负责人和行政机关相应的工作人员均不出庭,仅委托律师出庭的或者人民法院书面建议行政机关负责人出庭应诉,行政机关负责人不出庭应诉的,人民法院应当记录在案和在裁判文书中载明,并可以建议有关机关依法作出处理。		

行诉解释	若干解释	适用解释
九、复议机关作共同被告		
第一百三十三条 行政诉讼法第二十六条第二款规定的"复议机关决定维持原行政行为",包括复议机关驳回复议申请或者复议请求的情形,但以复议申请不符合受理条件为由驳回的除外。		第六条第一款 行政诉讼法第二十六条第二款规定的"复议机关决定维持原行政行为",包括复议机关驳回复议申请或者复议请求的情形,但以复议申请不符合受理条件为由驳回的除外。
第一百三十四条 复议机关决定维持原行政行为的,作出原行政行为的行政机关和复议机关是共同被告。原告只起诉作出原行政行为的行政机关或者复议机关的,人民法院应当告知原告追加被告。原告不同意追加的,人民法院应当将另一机关列为共同被告。 　　行政复议决定既有维持原行政行为内容,又有改变原行政行为内容或者不予受理申请内容的,作出原行政行为的行政机关和复议机关为共同被告。 　　复议机关作共同被告的案件,以作出原行政		第七条 复议机关决定维持原行政行为的,作出原行政行为的行政机关和复议机关是共同被告。原告只起诉作出原行政行为的行政机关或者复议机关的,人民法院应当告知原告追加被告。原告不同意追加的,人民法院应当将另一机关列为共同被告。 　　第八条 作出原行政行为的行政机关和复议机关为共同被告的,以作出原行政行为的行政机关确定案件的级别管辖。

行诉解释	若干解释	适用解释
行为的行政机关确定案件的级别管辖。		
第一百三十五条 复议机关决定维持原行政行为的，人民法院应当在审查原行政行为合法性的同时，一并审查复议决定的合法性。 作出原行政行为的行政机关和复议机关对原行政行为合法性共同承担举证责任，可以由其中一个机关实施举证行为。复议机关对复议决定的合法性承担举证责任。 复议机关作共同被告的案件，复议机关在复议程序中依法收集和补充的证据，可以作为人民法院认定复议决定和原行政行为合法的依据。	第三十一条第二款 复议机关在复议过程中收集和补充的证据，不能作为人民法院维持原具体行政行为的根据。	第九条 复议机关决定维持原行政行为的，人民法院应当在审查原行政行为合法性的同时，一并审查复议程序的合法性。 作出原行政行为的行政机关和复议机关对原行政行为合法性共同承担举证责任，可以由其中一个机关实施举证行为。复议机关对复议程序的合法性承担举证责任。
第一百三十六条 人民法院对原行政行为作出判决的同时，应当对复议决定一并作出相应判决。 人民法院依职权追加作出原行政行为的行政机关或者复议机关为共同被告的，对原行政行为或者复议决定可以作出相应判决。		第十条 人民法院对原行政行为作出判决的同时，应当对复议决定一并作出相应判决。 人民法院判决撤销原行政行为和复议决定的，可以判决作出原行政行为的行政机关重新作出行政行为。

行诉解释	若干解释	适用解释
人民法院判决撤销原行政行为和复议决定的,可以判决作出原行政行为的行政机关重新作出行政行为。 　　人民法院判决作出原行政行为的行政机关履行法定职责或者给付义务的,应当同时判决撤销复议决定。 　　原行政行为合法、复议决定违法的,人民法院可以判决撤销复议决定或者确认复议决定违法,同时判决驳回原告针对原行政行为的诉讼请求。 　　原行政行为被撤销、确认违法或者无效,给原告造成损失的,应当由作出原行政行为的行政机关承担赔偿责任;因复议决定加重损害的,由复议机关对加重部分承担赔偿责任。 　　原行政行为不符合复议或者诉讼受案范围等受理条件,复议机关作出维持决定的,人民法院应当裁定一并驳回对原行政行为和复议决定的起诉。		人民法院判决作出原行政行为的行政机关履行法定职责或者给付义务的,应当同时判决撤销复议决定。 　　原行政行为合法、复议决定违反法定程序的,应当判决确认复议决定违法,同时判决驳回原告针对原行政行为的诉讼请求。 　　原行政行为被撤销、确认违法或者无效,给原告造成损失的,应当由作出原行政行为的行政机关承担赔偿责任;因复议程序违法给原告造成损失的,由复议机关承担赔偿责任。

行诉解释	若干解释	适用解释
十、相关民事争议的一并审理		
第一百三十七条 公民、法人或者其他组织请求一并审理行政诉讼法第六十一条规定的相关民事争议，应当在第一审开庭审理前提出；有正当理由的，也可以在法庭调查中提出。	第六十一条 被告对平等主体之间民事争议所作的裁决违法，民事争议当事人要求人民法院一并解决相关民事争议的，人民法院可以一并审理。	第十七条第一款 公民、法人或者其他组织请求一并审理行政诉讼法第六十一条规定的相关民事争议，应当在第一审开庭审理前提出；有正当理由的，也可以在法庭调查中提出。
第一百三十八条 人民法院决定在行政诉讼中一并审理相关民事争议，或者案件当事人一致同意相关民事争议在行政诉讼中一并解决，人民法院准许的，由受理行政案件的人民法院管辖。 公民、法人或者其他组织请求一并审理相关民事争议，人民法院经审查发现行政案件已经超过起诉期限，民事案件尚未立案的，告知当事人另行提起民事诉讼；民事案件已经立案的，由原审判组织继续审理。 人民法院在审理行政案件中发现民事争议为解决行政争议的基础，当事人没有请求人民法		

行诉解释	若干解释	适用解释
院一并审理相关民事争议的,人民法院应当告知当事人依法申请一并解决民事争议。当事人就民事争议另行提起民事诉讼并已立案的,人民法院应当中止行政诉讼的审理。民事争议处理期间不计算在行政诉讼审理期限内。		
第一百三十九条 有下列情形之一,人民法院应当作出不予准许一并审理民事争议的决定,并告知当事人可以依法通过其他渠道主张权利: (一)法律规定应当由行政机关先行处理的; (二)违反民事诉讼法专属管辖规定或者协议管辖约定的; (三)约定仲裁或者已经提起民事诉讼的; (四)其他不宜一并审理民事争议的情形。 对不予准许的决定可以申请复议一次。		第十七条第二款 有下列情形之一的,人民法院应当作出不予准许一并审理民事争议的决定,并告知当事人可以依法通过其他渠道主张权利: (一)法律规定应当由行政机关先行处理的; (二)违反民事诉讼法专属管辖规定或者协议管辖约定的; (三)已经申请仲裁或者提起民事诉讼的; (四)其他不宜一并审理的民事争议。 对不予准许的决定可以申请复议一次。

行诉解释	若干解释	适用解释
第一百四十条 人民法院在行政诉讼中一并审理相关民事争议的,民事争议应当单独立案,由同一审判组织审理。 人民法院审理行政机关对民事争议所作裁决的案件,一并审理民事争议的,不另行立案。		第十八条 人民法院在行政诉讼中一并审理相关民事争议的,民事争议应当单独立案,由同一审判组织审理。 审理行政机关对民事争议所作裁决的案件,一并审理民事争议的,不另行立案。
第一百四十一条 人民法院一并审理相关民事争议,适用民事法律规范的相关规定,法律另有规定的除外。 当事人在调解中对民事权益的处分,不能作为审查被诉行政行为合法性的根据。 第一百四十二条 对行政争议和民事争议应当分别裁判。 当事人仅对行政裁判或者民事裁判提出上诉的,未上诉的裁判在上诉期满后即发生法律效力。第一审人民法院应当将全部案卷一并移送第二审人民法院,由行政审判庭审理。第二审人民法院发现未上诉的生效裁判确有错误的,应当按照		第十九条 人民法院一并审理相关民事争议,适用民事法律规范的相关规定,法律另有规定的除外。 当事人在调解中对民事权益的处分,不能作为审查被诉行政行为合法性的根据。 行政争议和民事争议应当分别裁判。当事人仅对行政裁判或者民事裁判提出上诉的,未上诉的裁判在上诉期满后即发生法律效力。第一审人民法院应当将全部案卷一并移送第二审人民法院,由行政审判庭审理。第二审人民

行诉解释	若干解释	适用解释
审判监督程序再审。		法院发现未上诉的生效裁判确有错误的,应当按照审判监督程序再审。
第一百四十三条 行政诉讼原告在宣判前申请撤诉的,是否准许由人民法院裁定。人民法院裁定准许行政诉讼原告撤诉,但其对已经提起的一并审理相关民事争议不撤诉的,人民法院应当继续审理。		
第一百四十四条 人民法院一并审理相关民事争议,应当按行政案件、民事案件的标准分别收取诉讼费用。		
十一、规范性文件的一并审查		
第一百四十五条 公民、法人或者其他组织在对行政行为提起诉讼时一并请求对所依据的规范性文件审查的,由行政行为案件管辖法院一并审查。		
第一百四十六条 公民、法人或者其他组织请求人民法院一并审查行政诉讼法第五十三条规定的规范性文件,应当		**第二十条** 公民、法人或者其他组织请求人民法院一并审查行政诉讼法第五十三条规定的规范性

行诉解释	若干解释	适用解释
在第一审开庭审理前提出；有正当理由的，也可以在法庭调查中提出。		文件，应当在第一审开庭审理前提出；有正当理由的，也可以在法庭调查中提出。
第一百四十七条 人民法院在对规范性文件审查过程中，发现规范性文件可能不合法的，应当听取规范性文件制定机关的意见。 制定机关申请出庭陈述意见的，人民法院应当准许。 行政机关未陈述意见或者未提供相关证明材料的，不能阻止人民法院对规范性文件进行审查。		
第一百四十八条 人民法院对规范性文件进行一并审查时，可以从规范性文件制定机关是否超越权限或者违反法定程序、作出行政行为所依据的条款以及相关条款等方面进行。 有下列情形之一的，属于行政诉讼法第六十四条规定的"规范性文件不合法"： （一）超越制定机关的法定职权或者超越法		

行诉解释	若干解释	适用解释
律、法规、规章的授权范围的； （二）与法律、法规、规章等上位法的规定相抵触的； （三）没有法律、法规、规章依据，违法增加公民、法人和其他组织义务或者减损公民、法人和其他组织合法权益的； （四）未履行法定批准程序、公开发布程序，严重违反制定程序的； （五）其他违反法律、法规以及规章规定的情形。		
第一百四十九条 人民法院经审查认为行政行为所依据的规范性文件合法的，应当作为认定行政行为合法的依据；经审查认为规范性文件不合法的，不作为人民法院认定行政行为合法的依据，并在裁判理由中予以阐明。作出生效裁判的人民法院应当向规范性文件的制定机关提出处理建议，并可以抄送制定机关的同级人民政府、上一级行政机关、监察机关以及规范性文件的备案		**第二十一条** 规范性文件不合法的，人民法院不作为认定行政行为合法的依据，并在裁判理由中予以阐明。作出生效裁判的人民法院应当向规范性文件的制定机关提出处理建议，并可以抄送制定机关的同级人民政府或者上一级行政机关。

行诉解释	若干解释	适用解释
机关。 　　规范性文件不合法的,人民法院可以在裁判生效之日起三个月内,向规范性文件制定机关提出修改或者废止该规范性文件的司法建议。 　　规范性文件由多个部门联合制定的,人民法院可以向该规范性文件的主办机关或者共同上一级行政机关发送司法建议。 　　接收司法建议的行政机关应当在收到司法建议之日起六十日内予以书面答复。情况紧急的,人民法院可以建议制定机关或者其上一级行政机关立即停止执行该规范性文件。		
第一百五十条　人民法院认为规范性文件不合法的,应当在裁判生效后报送上一级人民法院进行备案。涉及国务院部门、省级行政机关制定的规范性文件,司法建议还应当分别层报最高人民法院、高级人民法院备案。		

行诉解释	若干解释	适用解释
第一百五十一条 各级人民法院院长对本院已经发生法律效力的判决、裁定,发现规范性文件合法性认定错误,认为需要再审的,应当提交审判委员会讨论。 最高人民法院对地方各级人民法院已经发生法律效力的判决、裁定,上级人民法院对下级人民法院已经发生法律效力的判决、裁定,发现规范性文件合法性认定错误的,有权提审或者指令下级人民法院再审。		
十二、执行	**七、执行**	
第一百五十二条 对发生法律效力的行政判决书、行政裁定书、行政赔偿判决书和行政调解书,负有义务的一方当事人拒绝履行的,对方当事人可以依法申请人民法院强制执行。 人民法院判决行政机关履行行政赔偿、行政补偿或者其他行政给付义务,行政机关拒不履行的,对方当事人可以依法向法院申请强制执行。	**第八十三条** 对发生法律效力的行政判决书、行政裁定书、行政赔偿判决书和行政赔偿调解书,负有义务的一方当事人拒绝履行的,对方当事人可以依法申请人民法院强制执行。	

行诉解释	若干解释	适用解释
第一百五十三条 申请执行的期限为二年。申请执行时效的中止、中断，适用法律有关规定。 申请执行的期限从法律文书规定的履行期间最后一日起计算；法律文书规定分期履行的，从规定的每次履行期间的最后一日起计算；法律文书中没有规定履行期限的，从该法律文书送达当事人之日起计算。 逾期申请的，除有正当理由外，人民法院不予受理。	**第八十四条** 申请人是公民的，申请执行生效的行政判决书、行政裁定书、行政赔偿判决书和行政赔偿调解书的期限为1年，申请人是行政机关、法人或者其他组织的为180日。 申请执行的期限从法律文书规定的履行期间最后一日起计算；法律文书中没有规定履行期限的，从该法律文书送达当事人之日起计算。 逾期申请的，除有正当理由外，人民法院不予受理。	
第一百五十四条 发生法律效力的行政判决书、行政裁定书、行政赔偿判决书和行政调解书，由第一审人民法院执行。 第一审人民法院认为情况特殊，需要由第二审人民法院执行的，可以报请第二审人民法院执行；第二审人民法院可以决定由其执行，也可以决定由第一审人民法院执行。	**第八十五条** 发生法律效力的行政判决书、行政裁定书、行政赔偿判决书和行政赔偿调解书，由第一审人民法院执行。 第一审人民法院认为情况特殊需要由第二审人民法院执行的，可以报请第二审人民法院执行；第二审人民法院可以决定由其执行，也可以决定由第一审人民法院执行。	

行诉解释	若干解释	适用解释
第一百五十五条 行政机关根据行政诉讼法第九十七条的规定申请执行其行政行为,应当具备以下条件: （一）行政行为依法可以由人民法院执行; （二）行政行为已经生效并具有可执行内容; （三）申请人是作出该行政行为的行政机关或者法律、法规、规章授权的组织; （四）被申请人是该行政行为所确定的义务人; （五）被申请人在行政行为确定的期限内或者行政机关催告期限内未履行义务; （六）申请人在法定期限内提出申请; （七）被申请执行的行政案件属于受理执行申请的人民法院管辖。 　　行政机关申请人民法院执行,应当提交行政强制法第五十五条规定的相关材料。 　　人民法院对符合条件的申请,应当在五日内立案受理,并通知申请	**第八十六条** 行政机关根据行政诉讼法第六十六条的规定申请执行其具体行政行为,应当具备以下条件: （一）具体行政行为依法可以由人民法院执行; （二）具体行政行为已经生效并具有可执行内容; （三）申请人是作出该具体行政行为的行政机关或者法律、法规、规章授权的组织; （四）被申请人是该具体行政行为所确定的义务人; （五）被申请人在具体行政行为确定的期限内或者行政机关另行指定的期限内未履行义务; （六）申请人在法定期限内提出申请; （七）被申请执行的行政案件属于受理申请执行的人民法院管辖。 　　人民法院对符合条件的申请,应当立案受理,并通知申请人;对不符合条件的申请,应当裁定不予受理。	

行诉解释	若干解释	适用解释
人；对不符合条件的申请，应当裁定不予受理。行政机关对不予受理裁定有异议，在十五日内向上一级人民法院申请复议的，上一级人民法院应当在收到复议申请之日起十五日内作出裁定。	第八十七条 法律、法规没有赋予行政机关强制执行权，行政机关申请人民法院强制执行的，人民法院应当依法受理。 法律、法规规定既可以由行政机关依法强制执行，也可以申请人民法院强制执行，行政机关申请人民法院强制执行的，人民法院可以依法受理。 第九十一条 行政机关申请人民法院强制执行其具体行政行为，应当提交申请执行书、据以执行的行政法律文书、证明该具体行政行为合法的材料和被执行人财产状况以及其他必须提交的材料。 享有权利的公民、法人或者其他组织申请人民法院强制执行的，人民法院应当向作出裁决的行政机关调取有关材料。	
第一百五十六条 没有强制执行权的行政机关申请人民法院强制执行其行政行为，应当自被执行人的法定起诉期限届满之日起三个月内提出。逾期申请的，除有	第八十八条 行政机关申请人民法院强制执行其具体行政行为，应当自被执行人的法定起诉期限届满之日起180日内提出。逾期申请的，除有正当理由外，人民法	

行诉解释	若干解释	适用解释
正当理由外,人民法院不予受理。	院不予受理。	
第一百五十七条 行政机关申请人民法院强制执行其行政行为的,由申请人所在地的基层人民法院受理;执行对象为不动产的,由不动产所在地的基层人民法院受理。 基层人民法院认为执行确有困难的,可以报请上级人民法院执行;上级人民法院可以决定由其执行,也可以决定由下级人民法院执行。	**第八十九条** 行政机关申请人民法院强制执行其具体行政行为的,由申请人所在地的基层人民法院受理;执行对象为不动产的,由不动产所在地的基层人民法院受理。 基层人民法院认为执行确有困难的,可以报请上级人民法院执行;上级人民法院可以决定由其执行,也可以决定由下级人民法院执行。	
第一百五十八条 行政机关根据法律的授权对平等主体之间民事争议作出裁决后,当事人在法定期限内不起诉又不履行,作出裁决的行政机关在申请执行的期限内未申请人民法院强制执行的,生效行政裁决确定的权利人或者其继承人、权利承受人在六个月内可以申请人民法院强制执行。 享有权利的公民、法人或者其他组织申请人民法院强制执行生效行	**第九十条** 行政机关根据法律的授权对平等主体之间民事争议作出裁决后,当事人在法定期限内不起诉又不履行,作出裁决的行政机关在申请执行的期限内未申请人民法院强制执行的,生效具体行政行为确定的权利人或者其继承人、权利承受人在 90 日内可以申请人民法院强制执行。 享有权利的公民、法人或者其他组织申请人民法院强制执行具体行	

行诉解释	若干解释	适用解释
政裁决,参照行政机关申请人民法院强制执行行政行为的规定。	政行为,参照行政机关申请人民法院强制执行具体行政行为的规定。	
第一百五十九条 行政机关或者行政行为确定的权利人申请人民法院强制执行前,有充分理由认为被执行人可能逃避执行的,可以申请人民法院采取财产保全措施。后者申请强制执行的,应当提供相应的财产担保。	**第九十二条** 行政机关或者具体行政行为确定的权利人申请人民法院强制执行前,有充分理由认为被执行人可能逃避执行的,可以申请人民法院采取财产保全措施。后者申请强制执行的,应当提供相应的财产担保。	
第一百六十条 人民法院受理行政机关申请执行其行政行为的案件后,应当在七日内由行政审判庭对行政行为的合法性进行审查,并作出是否准予执行裁定。 人民法院在作出裁定前发现行政行为明显违法并损害被执行人合法权益的,应当听取被执行人和行政机关的意见,并自受理之日起三十日内作出是否准予执行的裁定。 需要采取强制执行措施的,由本院负责强制执行非诉行政行为的机构执行。	**第九十三条** 人民法院受理行政机关申请执行其具体行政行为的案件后,应当在30日内由行政审判庭组成合议庭对具体行政行为的合法性进行审查,并就是否准予强制执行作出裁定;需要采取强制执行措施的,由本院负责强制执行非诉行政行为的机构执行。	

行诉解释	若干解释	适用解释
第一百六十一条 被申请执行的行政行为有下列情形之一的,人民法院应当裁定不准予执行: (一)实施主体不具有行政主体资格的; (二)明显缺乏事实根据的; (三)明显缺乏法律、法规依据的; (四)其他明显违法并损害被执行人合法权益的情形。 　　行政机关对不准予执行的裁定有异议,在十五日内向上一级人民法院申请复议的,上一级人民法院应当在收到复议申请之日起三十日内作出裁定。	**第九十五条** 被申请执行的具体行政行为有下列情形之一的,人民法院应当裁定不准予执行: (一)明显缺乏事实根据的; (二)明显缺乏法律依据的; (三)其他明显违法并损害被执行人合法权益的。	
十三、附则	**八、其他**	
第一百六十二条 公民、法人或者其他组织对2015年5月1日之前作出的行政行为提起诉讼,请求确认行政行为无效的,人民法院不予立案。		**第二十六条** 2015年5月1日前起诉期限尚未届满的,适用修改后的行政诉讼法关于起诉期限的规定。 　　2015年5月1日前尚未审结案件的审理期限,适用修改前的行政诉讼法关于审

行诉解释	若干解释	适用解释
		理期限的规定。依照修改前的行政诉讼法已经完成的程序事项，仍然有效。 　　对 2015 年 5 月 1 日前发生法律效力的判决、裁定或者行政赔偿调解书不服申请再审，或者人民法院依照审判监督程序再审的，程序性规定适用修改后的行政诉讼法的规定。
第一百六十三条 本解释自 2018 年 2 月 8 日起施行。 　　本解释施行后，《最高人民法院关于执行〈中华人民共和国行政诉讼法〉若干问题的解释》（法释〔2000〕8 号）、《最高人民法院关于适用〈中华人民共和国行政诉讼法〉若干问题的解释》（法释〔2015〕9 号）同时废止。最高人民法院以前发布的司法解释与本解释不一致的，不再适用。	**第九十八条** 本解释自发布之日起施行，最高人民法院《关于贯彻执行〈中华人民共和国行政诉讼法〉若干问题的意见（试行）》同时废止；最高人民法院以前所作的司法解释以及与有关机关联合发布的规范性文件，凡与本解释不一致的，按本解释执行。	**第二十七条** 最高人民法院以前发布的司法解释与本解释不一致的，以本解释为准。